Caro aluno, seja bem-vindo!

A partir de agora, você tem a oportunidade de estudar com uma coleção didática da SM que integra um conjunto de recursos educacionais impressos e digitais desenhados especialmente para auxiliar os seus estudos.

Para acessar os recursos digitais integrantes deste projeto, cadastre-se no *site* da SM e ative sua conta.

Qui-1-LA

CB037860

Veja como ativar sua conta SM:

1. Acesse o *site* <**www.edicoessm.com.br**>.

2. Se você não possui um cadastro, basta clicar em "Login/Cadastre-se" e, depois, clicar em "Quero me cadastrar" e seguir as instruções.

3. Se você já possui um cadastro, digite seu *e-mail* e sua senha para acessar.

4. Após acessar o *site* da SM, entre na área "Ativar recursos digitais" e insira o código indicado abaixo:

X8RUW - 5T2EB - 99HQY - XZEQ6

Você terá acesso aos recursos digitais por 12 meses, a partir da data de ativação desse código.

Ressaltamos que o código de ativação somente poderá ser utilizado uma vez, conforme descrito no "Termo de Responsabilidade do Usuário dos Recursos Digitais SM", localizado na área de ativação do código no *site* da SM.

Em caso de dúvida, entre em contato com nosso **Atendimento**, pelo telefone **0800 72 54876** ou pelo *e-mail* **atendimento@grupo-sm.com** ou pela internet <**www.edicoessm.com.br**>.

Desejamos muito sucesso nos seus estudos!

Requisitos mínimos recomendados para uso dos conteúdos digitais SM

Computador	Tablet	Navegador
PC Windows	**Tablet IPAD IOS**	**Internet Explorer 10**
• Windows XP ou superior	• IOS versão 7.x ou mais recente	**Google Chrome 20** ou mais recente
• Processador dual-core	• Armazenamento mínimo: 8GB	**Mozilla Firefox 20** ou mais recente
• 1 GB de memória RAM	• Tela com tamanho de 10"	
PC Linux	**Outros fabricantes**	Recomendado o uso do Google Chrome
• Ubuntu 9.x, Fedora Core 12 ou OpenSUSE 11.x	• Sistema operacional Android versão 3.0 (Honeycomb) ou mais recente	
• 1 GB de memória RAM	• Armazenamento mínimo: 8GB	Você precisará ter o programa Adobe Acrobat instalado, *kit* multimídia e conexão à internet com, no mínimo, 1Mb
Macintosh	• 512 MB de memória RAM	
• MAC OS 10.x	• Processador dual-core	
• Processador dual-core		
• 1 GB de memória RAM		

2088_1701302

QUÍMICA 1

ENSINO MÉDIO 1º ANO

ORGANIZADORA EDIÇÕES SM
Obra coletiva concebida, desenvolvida e produzida por Edições SM.

EDITOR RESPONSÁVEL
Murilo Tissoni Antunes

Julio Cezar Foschini Lisboa
Licenciado em Química pela Universidade de São Paulo (USP).
Mestre em Ensino de Ciências – Química pela USP.

Aline Thaís Bruni
Bacharela em Química pela Universidade Federal de São Carlos (UFSCar).
Mestra em Química e Doutora em Ciências pela Universidade Estadual de Campinas (Unicamp-SP).
Professora no Ensino Superior.

Ana Luiza Petillo Nery
Bacharela e Licenciada em Química pela USP.
Doutora em Ciências pela USP.
Professora no Ensino Médio.

Rodrigo Marchiori Liegel
Bacharel e Licenciado em Química pela USP.
Mestre e Doutor em Química Inorgânica pela USP.
Professor no Ensino Médio.

Vera Lúcia Mitiko Aoki
Bacharela e Licenciada em Química pela USP.
Professora no Ensino Médio.

São Paulo,
2ª edição 2014

Ser Protagonista Química – Volume 1
© Edições SM Ltda.
Todos os direitos reservados

Direção editorial	Juliane Matsubara Barroso
Gerência editorial	Angelo Stefanovits
Gerência de processos editoriais	Rosimeire Tada da Cunha
Coordenação de área	Fabíola Bovo Mendonça
Coordenação da obra	Julio Cezar Foschini Lisboa
Edição	Cláudia Cantarin, Eugênia Pessotti, Maria Aiko Nishijima, Murilo Tissoni Antunes, Patrícia A. Santos, Sérgio Paulo Nunes Teixeira Braga
Apoio editorial	Aline P. Bordino, Andreza Cristina Souza Silva, Armando de Souza Maia Junior, Guilherme Favarin, Mariana Rodrigues Pacheco
Consultoria	Adelaide Viveiros
Assistência de produção editorial	Alzira Aparecida Bertholim Meana, Camila de Lima Cunha, Flávia R. R. Chaluppe, Silvana Siqueira
Preparação e revisão	Cláudia Rodrigues do Espírito Santo (Coord.), Angélica Lau P. Soares, Edilene Santos, Eliana Vila Nova, Fátima Valentina Cezare Pasculli, Fernanda Oliveira Souza, Izilda de Oliveira Pereira, Maíra de Freitas Cammarano, Renata Tavares, Rosinei Aparecida Rodrigues Araujo, Valéria Cristina Borsanelli, Marco Aurélio Feltran (apoio de equipe)
Coordenação de *design*	Erika Tiemi Yamauchi Asato
Coordenação de arte	Ulisses Pires
Edição de arte	Melissa Steiner Rocha Antunes
Projeto gráfico	Erika Tiemi Yamauchi Asato, Catherine Ishihara
Capa	Erika Tiemi Yamauchi Asato, Adilson Casarotti sobre ilustração de Sabeena Karnik
Iconografia	Priscila Ferraz, Completo Iconografia Ltda., Jaime Yamane, Mariana Zanato, Sara Alencar
Tratamento de imagem	Robson Mereu, Ideraldo Araújo, Claudia Fidelis
Editoração eletrônica	Setup Bureau, Equipe SM
Fabricação	Alexander Maeda
Impressão	EGB-Editora Gráfica Bernardi Ltda.

Dados Internacionais de Catalogação na Publicação (CIP)
(Câmara Brasileira do Livro, SP, Brasil)

Ser protagonista : química, 1º ano : ensino médio /
obra coletiva concebida, desenvolvida e
produzida por Edições SM . — 2. ed. — São Paulo :
Edições SM, 2014. — (Coleção ser protagonista ; 1)

Vários autores
Bibliografia.
ISBN 978-85-418-0229-1 (aluno)
ISBN 978-85-418-0230-7 (professor)

1. Química (Ensino médio) I. Série.

14-06353   CDD-540.7

Índices para catálogo sistemático:
1. Química : Ensino médio 540.7

2ª edição, 2014

Edições SM Ltda.
Rua Tenente Lycurgo Lopes da Cruz, 55
Água Branca   05036-120   São Paulo   SP   Brasil
Tel. 11 2111-7400
edicoessm@grupo-sm.com
www.edicoessm.com.br

Apresentação

Esta obra desafia e convida você a exercer papel central em seus estudos, a assumir responsabilidades com a sua comunidade e a contribuir para a divulgação de um conhecimento científico contextualizado, que trabalha também questões de valores em uma sociedade em constante transformação.

Cada capítulo da coleção é um estímulo para que você estabeleça uma relação entre algumas situações vivenciadas em seu cotidiano e os fenômenos químicos que as explicam. Esse convite é feito a todo momento: nas aberturas de unidades e capítulos, nas atividades experimentais e nas leituras, que envolvem ciência, tecnologia e sociedade.

Aqui você terá elementos para, individualmente ou em grupo, posicionar-se criticamente ante os impactos que a tecnologia e as atividades industriais impõem ao meio ambiente e analisar, com base nos conceitos desenvolvidos, os meios para minimizar esses impactos.

A cada capítulo, você vai descobrir a importância da Química e de outras ciências para a compreensão do mundo em que vivemos. E, sobretudo, vai ampliar seu conhecimento para que, com outros estudantes e profissionais, e no pleno exercício da cidadania, colabore de forma efetiva em questões que afetam a sua vida, a de seus parentes e amigos, e a de muitas outras pessoas da Terra.

Bons estudos.

A organização do livro

» Páginas de abertura

Abertura de capítulo
O texto relaciona o contexto da imagem com o assunto do capítulo.

Abertura de unidade
Imagem e texto informativos relacionados ao tema da unidade. Atividades estimulam a reflexão e mobilizam conhecimentos prévios.

» Apresentação dos conteúdos

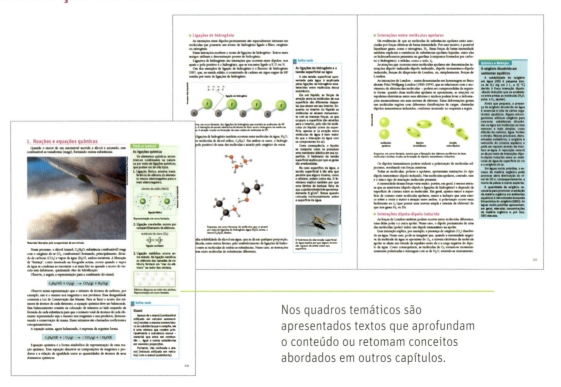

Nos quadros temáticos são apresentados textos que aprofundam o conteúdo ou retomam conceitos abordados em outros capítulos.

» Atividades

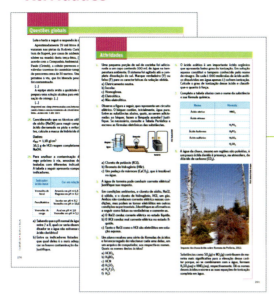

Vestibular e Enem
Seleção de questões sobre os conteúdos do capítulo.

Atividades sobre os temas estudados no(s) módulo(s) anterior(es).

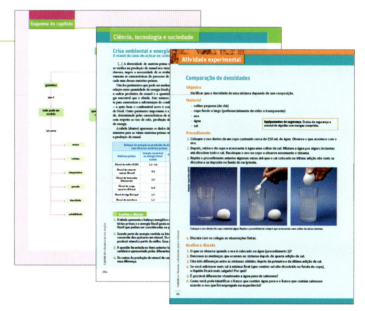

Esquema do capítulo
Apresenta uma sugestão de "resumo esquemático" dos principais conteúdos abordados no capítulo.

Ciência, tecnologia e sociedade
Texto complementar acompanhado de questões que estimulam a reflexão, a discussão e o posicionamento perante assuntos tratados no capítulo.

Atividade experimental
Atividades práticas relacionadas ao tema do capítulo. Pode ser um experimento, a construção de um modelo, etc.

Projetos
Dois projetos propõem atividades que envolvem a comunidade escolar.

Química e... (Biologia, Física, Geografia, etc.)
Texto e atividades que relacionam a Química com outras áreas do conhecimento.

5

Sumário

Unidade 1 – Introdução ao estudo da Química **14**

Capítulo 1 Química: objeto de estudo e aplicações **16**
1. Química: a ciência que estuda a matéria 17
   Matéria 17
2. Conhecimento químico 20
   A contribuição da Química para a sociedade 21
- **Atividades** 22
- **Atividade experimental:** Normas de segurança, símbolos e tratamento de resíduos 23
- **Questões globais** 24
- **Ciência, tecnologia e sociedade:** Sobre o natural e o artificial ou sintético 25
- **Esquema do capítulo** 26
- **Entrevista:** Como as pessoas que conheço veem a Química? 27

Capítulo 2 Unidades de medida **28**
1. Estudo das unidades de medida 29
   Massa 29
   Volume 29
   Temperatura 30
   Densidade 30
   Pressão 31
   Solubilidade 31
   Exatidão e precisão nas medidas ... 32
- **Atividades** 33

- **Atividade experimental:** Utilização de instrumento de medida de volume e determinação do volume de uma gota de água 34
- **Questões globais** 35
- **Ciência, tecnologia e sociedade:** Nem o álcool escapa 36
- **Esquema do capítulo** 37
- **Vestibular e Enem** 38

- **Para explorar** 39

Unidade 2 – Propriedades dos materiais **40**

Capítulo 3 Matéria e energia **42**
1. Alguns conceitos importantes 43
   Matéria e energia em uma combustão 43
   Propriedades da matéria 44
- **Atividades** 46
2. Mudanças de estado físico 47
   Gráficos de mudança de estado físico 48
- **Atividades** 50
- **Atividade experimental:** Aquecimento de uma amostra de água e construção do gráfico de mudança de estado físico da água 51
- **Questões globais** 52
- **Ciência, tecnologia e sociedade:** Amazônia em cinzas 53
- **Esquema do capítulo** 54
- **Vestibular e Enem** 55

Capítulo 4 Sistemas, substâncias puras e misturas 56
1. Sistemas 57
    Sistemas homogêneo e heterogêneo e fases 57
2. Substâncias puras e misturas 58
    Substâncias puras 58
    Misturas 59
- **Atividades** 61
- **Atividade experimental:** Comparação de densidades 62
- **Questões globais** 63
- **Ciência, tecnologia e sociedade:** Postos fraudulentos são fechados em São Paulo / Adulteração da gasolina 65
- **Esquema do capítulo** 66
- **Vestibular e Enem** 67

Capítulo 5 Separação de misturas 70
1. Propriedades específicas e separação de misturas 71
    Filtração comum 71
    Filtração a vácuo 71

Decantação 71
Sifonação 72
Centrifugação 72
Levigação 72
Catação 73
Peneiração ou tamização 73
Ventilação 73
Extração por solventes 73
Separação magnética 73
Cristalização fracionada 73
Liquefação fracionada 74
Fusão fracionada 74
Dissolução fracionada 74
Destilação simples 75
Destilação fracionada 75
Destilação por arraste a vapor 75
- **Atividades** 76
- **Atividade experimental:** Simulação de tratamento de água 77
- **Questões globais** 78
- **Ciência, tecnologia e sociedade:** Cai do céu, mas pode faltar 79
- **Esquema do capítulo** 80
- **Vestibular e Enem** 81

Sumário

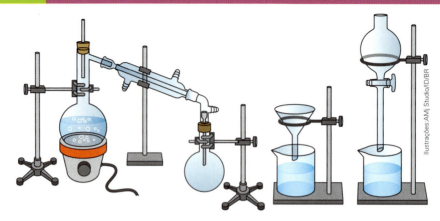

Capítulo 6   Propriedades e transformações da matéria **84**

1. Transformações da matéria 85
   - Descrição das transformações da matéria 85
   - Fenômenos físicos e químicos 86
   - Reações químicas 87
- **Atividades** 88
2. Leis de Lavoisier e de Proust 89
   - Lei de Lavoisier (Lei da Conservação da Massa) 89
   - Previsão das massas dos produtos em uma reação química 90
   - Lei de Proust (Lei das Proporções Constantes) 91
   - Aplicações da Lei de Proust 93
- **Atividades** 94
3. Substâncias simples e compostas 95
   - Compostos e elementos químicos 97
- **Atividades** 98
- **Atividade experimental:** Relações de massas nas transformações químicas 99
- **Questões globais** 100
- **Ciência, tecnologia e sociedade:** O homem que descozinhou o ovo 101
- **Esquema do capítulo** 102
- **Vestibular e Enem** 103

- **Para explorar** 105
- **Química e Matemática:** Proporcionalidade direta 106

Unidade 3 – Do macro ao micro   **108**

Capítulo 7   Modelos atômicos e características dos átomos **110**

1. Os primeiros modelos atômicos 111
   - Primeiras ideias sobre átomos 111
   - O modelo atômico de Dalton 111
   - Raios catódicos 113
   - O modelo atômico de Thomson ... 115
   - Comparação entre o modelo de Thomson e o de Dalton 115
- **Atividades** 116
2. O modelo de Rutherford e as partículas fundamentais do átomo 117
   - O experimento de Rutherford 117
   - Próton, nêutron e elétron 118
   - Os íons e o modelo de Rutherford 118
   - Número atômico 119
   - Número de massa 119
   - Representação de espécies químicas 119
   - Isótopos 120
   - Elemento, substância simples e substância composta 120
- **Atividades** 121
3. A reelaboração do modelo atômico de Rutherford 122
   - O espectro eletromagnético 122
   - Espectros atômicos 123
   - O modelo atômico de Rutherford-Bohr 124
   - Distribuição eletrônica em camadas ou níveis de energia 125
   - Critérios para prever a distribuição eletrônica 126
- **Atividades** 127
- **Atividade experimental:** Teste de chama: transição eletrônica 128
- **Questões globais** 129
- **Ciência, tecnologia e sociedade:** Radioatividade e a medicina 131
- **Esquema do capítulo** 132
- **Vestibular e Enem** 133

- **Para explorar** 135

8

Unidade 4 – Tabela Periódica   136

Capítulo 8   A organização dos elementos 138

1. Evolução histórica da classificação dos elementos: das tríades à Tabela atual 139
   - As tríades de Döbereiner 139
   - O parafuso telúrico de Chancourtois 139
   - Lei das Oitavas de Newlands 139
   - A Tabela de Mendeleiev 140
   - A Tabela Periódica atual 142
   - Classificação dos elementos químicos 144
- **Atividades** 145
- **Atividade experimental:** Obtenção e propriedades de substâncias simples 146
- **Questões globais** 147
- **Ciência, tecnologia e sociedade:** A Tabela Periódica e os novos elementos químicos 148
- **Esquema do capítulo** 149
- **Vestibular e Enem** 150

Capítulo 9   Propriedades dos grupos da Tabela Periódica 152

1. Propriedades químicas e físicas dos grupos da Tabela Periódica 153
- **Atividades** 154
2. Propriedades periódicas e aperiódicas 155
   - Raio atômico 155
   - Raio iônico 155
   - Energia de ionização 156
   - Afinidade eletrônica (AE) 157
   - Eletronegatividade 157
- **Atividades** 158

Gustavo Roth/Folhapress

- **Atividade experimental:** Propriedades periódicas e aperiódicas — construção e interpretação de gráficos 159
- **Questões globais** 160
- **Ciência, tecnologia e sociedade:** Os halogênios e a saúde humana 161
- **Esquema do capítulo** 162
- **Vestibular e Enem** 163

- **Para explorar** 165

- **Projeto 1:** Produtos químicos domésticos 166

Unidade 5 – Interações atômicas e moleculares   168

Capítulo 10   Ligações químicas, características das substâncias iônicas, moleculares e metálicas 170

1. Introdução ao estudo das ligações químicas 171
   - Modelo do octeto e estabilidade dos gases nobres 171
   - Valência 171
   - Substâncias iônicas, moleculares e metálicas 172
- **Atividades** 174
2. Ligação iônica 175
   - Fórmula e nomenclatura de substâncias iônicas 176
   - Dissolução de substâncias iônicas em água 177
- **Atividades** 178
3. Ligação covalente 179
   - Fórmulas das substâncias moleculares: as representações de Lewis 180
   - Alotropia 182
   - Ionização de substâncias moleculares em água 182
4. Ligação metálica 183
   - Ligas metálicas 184
   - Eletronegatividade e as ligações químicas 185
- **Atividades** 186
- **Atividade experimental:** Aquecimento de substâncias 187
- **Questões globais** 188
- **Ciência, tecnologia e sociedade:** Embalagem cartonada longa vida 189
- **Esquema do capítulo** 190
- **Vestibular e Enem** 191

9

Sumário

Capítulo 11 **Geometria molecular**.................. **194**

1. Estrutura espacial das moléculas 195

   Teoria de repulsão dos pares eletrônicos 196

   Prevendo a geometria molecular 197

- **Atividades** 198

2. A polaridade das ligações e das moléculas 199

   Ligações polares e ligações apolares 199

   Momento de dipolo e polaridade das moléculas 200

   Geometria molecular e polaridade das moléculas 201

- **Atividades** 202
- **Atividade experimental:** Geometria molecular 203
- **Questões globais** 204
- **Ciência, tecnologia e sociedade:** Cozinha com moléculas polares: forno de micro-ondas 206
- **Esquema do capítulo** 207
- **Vestibular e Enem** 208

Capítulo 12 **Estrutura molecular e propriedades dos materiais: forças intermoleculares** **210**

1. Estado físico das substâncias e as forças intermoleculares 211

   Interações dipolo-dipolo 211

   Ligações de hidrogênio 212

   Interações entre moléculas apolares 213

   Interações dipolo-dipolo induzido 213

- **Atividades** 214

2. Propriedades das substâncias moleculares 215

   Temperatura de ebulição 215

   Solubilidade 216

   Outros solventes 217

- **Atividades** 218
- **Atividade experimental:** Forças intermoleculares: determinação do teor de etanol na gasolina 219
- **Questões globais** 220
- **Ciência, tecnologia e sociedade:** Há algo no ar: a química e os perfumes 222
- **Esquema do capítulo** 223
- **Vestibular e Enem** 224

- **Para explorar** 227

Unidade 6 – Reações químicas   228

Capítulo 13 **Balanceamento de equações e tipos de reações químicas** **230**

1. Reações e equações químicas 231

   Balanceamento de equações químicas 232

   Equações iônicas 233

- **Atividades** 234

2. Tipos de reações 235

   Reações de metátese 235

   Reação de decomposição ou análise 236

   Reações de síntese ou de adição 236

   Reações de oxirredução 237

3. Exemplos de reações de metátese 240

   Reações com formação de gás 240

   Reações entre ácidos e hidróxidos (bases) 241

- **Atividades** 242
- **Atividade experimental:** Reatividade de metais 244
- **Questões globais** 245
- **Ciência, tecnologia e sociedade:** Os catalisadores automotivos 247
- **Esquema do capítulo** 248
- **Vestibular e Enem** 249

- **Para explorar** 251

Unidade 7 – Funções da Química inorgânica 252

Capítulo 14 Ácidos e bases 254
1. Introdução às funções inorgânicas.... 255
   Soluções eletrolíticas e soluções não eletrolíticas......... 255
2. Ácidos 256
   Principais ácidos e suas aplicações 257
   Ácido segundo a Teoria de Dissociação Iônica de Arrhenius 258
   Classificação dos ácidos inorgânicos 259
   Força dos ácidos 259
   Nomenclatura dos ácidos inorgânicos 260
   Fórmulas dos ácidos 260
- **Atividades** 261
3. Bases ou hidróxidos 262
   Principais bases e suas aplicações 263
   Base, segundo a Teoria de Dissociação de Arrhenius 264
   Classificação das bases inorgânicas 264
   Nomenclatura das bases 265
   Escala para medir o caráter ácido e básico: pH 266
- **Atividades** 267
- **Atividade experimental:** Indicadores ácido-base 268
- **Questões globais** 269
- **Ciência, tecnologia e sociedade:** Nova ameaça para os recifes de corais 271
- **Esquema do capítulo** 272
- **Vestibular e Enem** 273

Capítulo 15 Sais e óxidos 276
1. Sais 277
   O que são sais? 277
2. Reação de neutralização 278
   Neutralização total 278
   Neutralização parcial 278
   Classificação dos sais 279
   Nomenclatura e fórmulas dos sais 280
   Sais e algumas aplicações 281
- **Atividades** 282
3. Óxidos 283
   Nomenclatura dos óxidos 283
   Classificação dos óxidos 284
   Alguns óxidos importantes 286
   Poluição atmosférica e óxidos 287
- **Atividades** 288
- **Atividade experimental:** A chuva ácida 289
- **Questões globais** 290
- **Ciência, tecnologia e sociedade:** Terra em alerta 291
- **Esquema do capítulo** 292
- **Vestibular e Enem** 293

- **Para explorar** 295
- **Química e Biologia:** Qualidade do ar 296

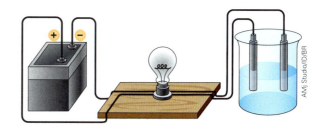

Sumário

Unidade 8 – Contando átomos e moléculas   **298**

Capítulo 16   **Relações entre massas de átomos e moléculas** **300**

1. Massa atômica 301
   - Número de massa e massa do átomo 302
   - Isótopos e massa atômica 303
   - ■ **Atividades** 304
2. Massas moleculares 305
   - Lei volumétrica de Gay-Lussac 305
   - O Princípio de Avogadro 306
   - Determinação das massas moleculares 307
   - ■ **Atividades** 308
   - ■ **Atividade experimental:** Determinação de um padrão de massa 309
   - ■ **Questões globais** 310
   - ■ **Ciência, tecnologia e sociedade:** A química e o controle de dopagem no esporte 311
   - ■ **Esquema do capítulo** 312
   - ■ **Vestibular e Enem** 313

Capítulo 17   **Mol: quantidade de matéria** **316**

1. Quantidade de matéria 317
   - Determinação da proporção entre átomos 317
   - Mol, a unidade de quantidade de matéria 318
   - A constante de Avogadro 319
   - ■ **Atividades** 320
2. Relações entre mol, massa molar e constante de Avogadro 321
   - Massa molar 321
   - A massa molar e a constante de Avogadro 322

- Relação entre mol, massa molar e quantidade de partículas 322
- Quantidade de matéria de átomos e de moléculas – determinação de fórmulas 323
- ■ **Atividades** 324
- ■ **Atividade experimental:** Água de hidratação 325
- ■ **Questões globais** 326
- ■ **Ciência, tecnologia e sociedade:** Quilograma: uma questão de peso? 327
- ■ **Esquema do capítulo** 328
- ■ **Vestibular e Enem** 329

■ **Para explorar** 331

Unidade 9 – Estudo dos gases   **332**

Capítulo 18   **Os gases e suas transformações** **334**

1. Características e variáveis dos gases 335
   - Teoria cinética dos gases 335
   - Variáveis de estado de um gás 336
   - Volume molar e Hipótese de Avogadro 337
2. Transformações gasosas 338
   - Transformação isotérmica ou Lei de Boyle 338
   - Transformação isobárica ou Lei de Gay-Lussac 339
   - Transformação isocórica (isovolumétrica) ou Lei de Charles e Gay-Lussac 339
   - Equação de estado dos gases 340
   - ■ **Atividades** 341
3. Misturas de gases 342
   - Pressão parcial 342
   - Volume parcial 343
   - Densidade dos gases 343
4. Difusão e efusão 345
   - ■ **Atividades** 346
   - ■ **Atividade experimental:** Volume molar dos gases 347
   - ■ **Questões globais** 348
   - ■ **Ciência, tecnologia e sociedade:** Hidratos gasosos: gás armazenado no gelo 350
   - ■ **Esquema do capítulo** 351
   - ■ **Vestibular e Enem** 352

■ **Para explorar** 355
■ **Química e Biologia:** A produção de biogás 356

12

Unidade 10 – Estequiometria — 358

Capítulo 19 Relações estequiométricas nas transformações químicas 360

1. Tipos de fórmulas 361
   - Composição centesimal ou fórmula porcentual 361
   - Fórmula mínima ou empírica 361
   - Fórmula molecular 362
- Atividades 364
2. Cálculo estequiométrico 365
   - Relações entre grandezas 365
   - Proporção entre as quantidades de matéria 366
   - Proporção entre números de moléculas 366
   - Proporção entre massas e quantidade de matéria 367
   - Proporções entre volumes de gases e quantidade de matéria 367
- Atividades 368
- Atividade experimental: Determinação das quantidades de reagentes e de produtos que participam de uma reação química ... 369
- Questões globais 370
- Ciência, tecnologia e sociedade: Carbono contabilizado 371
- Esquema do capítulo 372
- Vestibular e Enem 373

Capítulo 20 Rendimento das reações 376

1. Reagente em excesso e reagente limitante 377
   - Determinação do reagente limitante 378
2. Reagentes impuros e rendimento de uma reação 379
   - Reagentes impuros 379
   - Rendimento de uma reação 380
- Atividades 381
- Atividade experimental: Há limitações para a ocorrência de uma reação? 382
- Questões globais 383
- Ciência, tecnologia e sociedade: Crise ambiental e energias renováveis 384
- Esquema do capítulo 385
- Vestibular e Enem 386

- **Para explorar** 389
- **Química e Geografia:** Minerais e metais 390
- **Projeto 2:** Corrosão de materiais: como enfrentá-la? 392
- **Respostas dos exercícios** 395
- **Referências bibliográficas** 423
- **Siglas de universidades** 424

UNIDADE

1

Introdução ao estudo da Química

Nesta unidade

1. Química: objeto de estudo e aplicações
2. Unidades de medida

A Química estuda os materiais — suas propriedades, sua estrutura e suas transformações. Nesta unidade, você vai entrar em contato com as áreas de atuação dessa ciência e analisar sua importância para a sociedade humana. Esta unidade também aborda os princípios que orientam o desenvolvimento científico e o trabalho em laboratório. Prepare-se para descobrir a Química e surpreender-se com sua abrangência!

Fotografia da Terra produzida em 1972 pelos tripulantes da missão Apollo 17.

Enquanto a nave espacial estadunidense da missão Apollo 17 se dirigia à Lua, em 1972, seus tripulantes produziram esta fotografia do planeta Terra. Trata-se de uma imagem clássica — um registro histórico —, em que se vê parte da península Arábica e da costa africana (e a ilha de Madagascar). Você consegue identificar essas regiões na fotografia?

A obtenção de imagens como esta resulta da aplicação do conhecimento científico e tecnológico acumulado pelo ser humano durante muitos anos e em diferentes áreas das ciências, entre elas a Química.

Questões para reflexão

1. Registre suas ideias sobre a importância das ciências, em especial da Química, para a produção desta fotografia específica.
2. "A Química está em toda parte." Você concorda com essa afirmação? Por quê?
3. É muito comum as pessoas associarem a Química somente à poluição e a produtos tóxicos, esquecendo-se de sua contribuição para o desenvolvimento e o bem-estar da sociedade. Sugira uma explicação para esse fato.

CAPÍTULO 1
Química: objeto de estudo e aplicações

Neste capítulo

1. Química: a ciência que estuda a matéria.
2. Conhecimento químico.

Frutas (**A**), legumes (**B**), grãos (**C**) e verduras (**D**): como você acha que esses alimentos estão relacionados com a Química?

Observe atentamente as fotografias acima e responda: O que frutas, legumes, grãos e verduras têm em comum? Há alguma relação desses alimentos, que são denominados naturais, com a Química? Ou essa ciência está relacionada apenas com certos objetos produzidos pelo ser humano, como pilhas, medicamentos, etc.?

Não se preocupe se suas respostas não forem muito exatas: no momento, é importante você saber que todos esses materiais – e muitos outros, naturais ou não – são objeto de estudo da Química.

São inúmeros os exemplos de aplicação dos conhecimentos dessa ciência: certificação da qualidade da água de uma fonte mineral, cálculo do teor de poluentes presentes no ar, determinação da quantidade de conservantes utilizados em certo alimento, considerando os limites seguros para a saúde do consumidor, e avaliação da qualidade de alimentos vendidos sem conservantes, os quais também podem ser nocivos à saúde humana.

O uso de fertilizantes artificiais e agrotóxicos, por um lado, aumenta a produtividade agrícola e contribui para diminuir a escassez de alimentos e a fome. Por outro, lança na natureza materiais tóxicos que podem comprometer o meio ambiente.

É possível dizer se a Química é boa ou má com base nos exemplos citados? Relacione algumas de suas conclusões e depois discuta com seus companheiros de classe.

1. Química: a ciência que estuda a matéria

Química é o ramo da ciência que estuda a matéria, suas propriedades, estruturas e transformações. A Química está presente em tudo – nos alimentos, nas roupas, nos livros, no piso e nas paredes da sala de aula, nos aparelhos de TV, na água, na areia, no ar... A própria manutenção da vida (respiração, digestão de alimentos, etc.) envolve processos químicos.

Diversos processos químicos ocorrem em nosso organismo em todas as etapas da vida.

A ciência, de modo simplificado, pode ser entendida como um conjunto de conhecimentos desenvolvidos pelo ser humano com a utilização de métodos, por meio dos quais é possível fazer previsões e elaborar explicações, sempre provisórias, sobre o universo em que vivemos.

▶ Matéria

Definir matéria não é uma tarefa tão fácil quanto possa parecer, pois essa palavra, que vem do latim *materia*, pode ter diversos significados. Basta consultar bons dicionários para verificar quantas definições diferentes são dadas a ela. Leia algumas, extraídas de conceituados dicionários.

- A substância de que os corpos são formados.
- Qualquer substância sólida, líquida ou gasosa que ocupa lugar no espaço.
- Tudo o que não é espiritual ou em que não predomina o espírito.
- Notícia, reportagem, artigo, texto qualquer de jornal ou revista.
- Disciplina escolar.
- Qualquer substância que tem ou é suscetível de receber uma forma ou na qual atua determinado agente.
- O que dá realidade concreta a algo individual, que é objeto de intuição no espaço e dotado de massa mecânica.
- Aquilo a que se atribui força ou energia, que é princípio de movimento.

Em sua opinião, quais dessas definições estão mais relacionadas com o que a Química estuda? Discuta sua opinião com os colegas e o professor.

Além dessas definições, encontram-se nos mesmos dicionários dezenas de outras, algumas bem ligadas ao que a Química estuda, outras não. Entretanto, quando consultamos livros de autores conceituados nessa disciplina, alguns deles internacionalmente, vemos que eles consideram matéria tudo aquilo que possui massa e ocupa lugar no espaço.

O estudo da Química engloba, portanto, todo o mundo material, inclusive nós mesmos, que somos constituídos de matéria.

■ Química tem história

A Química do século XIX ao XXI

A Química desempenhou papel fundamental na segunda fase da Revolução Industrial, ocorrida no século XIX.

Nesse século, o incremento na fabricação de corantes e de medicamentos sustentou a industrialização da Alemanha.

No século XX, destacou-se a indústria dos derivados do petróleo, a petroquímica, com a proliferação dos polímeros e fertilizantes, além dos combustíveis.

Por estar relacionado ao estudo da matéria, é cada vez mais difícil encontrar um ramo de atividade produtiva que não envolva o conhecimento químico.

O náilon, uma fibra sintética desenvolvida na primeira metade do século XX, é empregado na confecção de roupas, por exemplo.

Características da matéria

Observe as fotografias a seguir.

O gás cloro (**A**) no interior do recipiente incolor pode ser observado devido à sua coloração característica. O metal mercúrio (**B**) é líquido; cobre (**C**) e alumínio (**D**) são sólidos.

A olho nu é possível diferenciar, por exemplo, um objeto confeccionado com cobre de um feito com alumínio. Isso é possível porque cada um desses metais apresenta propriedades que lhes são características: a cor do alumínio, por exemplo, é bem diferente da cor do cobre.

Essa mesma distinção pode ser feita entre a água e o gás cloro quando colocados em recipientes fechados distintos. A água é líquida e incolor, e o cloro, um gás de coloração esverdeada.

Cada material é encontrado na natureza num estado físico característico (sólido, líquido ou gasoso).

O estado físico de um material depende das condições de temperatura e pressão em que ele é armazenado. À temperatura ambiente (25 °C) e ao nível do mar (1 atm), a água se encontra em maior quantidade no estado líquido. Nessas mesmas condições de temperatura e pressão, o ar que respiramos – uma mistura contendo, principalmente, nitrogênio, oxigênio, argônio e vapor de água – é um material gasoso.

Transformações da matéria

Tanto nos processos industriais mais sofisticados quanto no dia a dia, observamos constantemente transformações da matéria – objeto de estudo da Química.

Transformação da matéria é qualquer processo (ou conjunto de processos) pelo qual as propriedades de determinado material são modificadas.

Um cubo de gelo, quando retirado do congelador e mantido à temperatura ambiente, depois de algum tempo se transforma em água líquida. Se essa água for aquecida a temperaturas superiores a 100 °C, ao nível do mar, ela passa para o estado gasoso. São também exemplos de transformação da matéria o amadurecimento de um fruto, o cozimento dos alimentos, a queima dos combustíveis nos motores dos veículos e o próprio processo de crescimento e envelhecimento dos seres vivos.

Na análise das transformações da matéria, os químicos procuram identificar as propriedades que foram mantidas e as que sofreram modificações, constatando se um novo material foi ou não obtido.

Saiba mais

O ar é matéria

O ar que respiramos é matéria, pois possui massa e ocupa lugar no espaço.

Há uma série de experimentos simples que comprovam essa afirmação. Um balão de festas (bexiga) aumenta de volume à medida que o ar é injetado em seu interior. Isso mostra que o ar ocupa lugar no espaço.

Pode-se verificar que os gases também constituem matéria determinando a massa de cilindros de ar comprimido utilizados para mergulho. À medida que o gás é utilizado, a massa total do cilindro diminui.

A massa do cilindro de ar comprimido diminui conforme o ar é utilizado pelo mergulhador.

Energia e transformações da matéria

O ser humano usa a energia proveniente dos alimentos para o crescimento e a manutenção de seu organismo, bem como para realizar as mais variadas atividades: ler, escrever, estudar, trabalhar e até mesmo descansar.

Para sustentar a sociedade contemporânea, o ser humano utiliza, principalmente, a energia da queima dos combustíveis, a do movimento das águas e a das usinas nucleares.

As transformações da matéria envolvem algum tipo de energia. Por exemplo, a passagem da água do estado sólido (gelo) para o estado líquido e do líquido para o gasoso ocorre devido à transferência de energia térmica (calor) para a amostra de água. Outro exemplo: a queima da parafina de uma vela produz energia luminosa (luz) e energia térmica.

Saiba mais

A "Química verde"

Protótipo de disco de plástico produzido com amido de milho.

A produção química inclui diversos produtos, como medicamentos, plásticos, gasolina, fertilizantes, pesticidas e tecidos sintéticos (náilon e poliéster).

Embora esses produtos sejam importantes, alguns materiais e processos usados em sua fabricação podem prejudicar o meio ambiente e a saúde humana.

A Química tem contribuído para a descontaminação ambiental e para o desenvolvimento de processos mais limpos de produção, visando à menor geração de resíduos tóxicos, ao menor consumo energético e ao maior reaproveitamento de materiais.

A expressão "Química verde" refere-se ao desenvolvimento de processos que reduzem ou eliminam a geração de resíduos tóxicos.

Os avanços nessa área incluem a transformação do milho em plástico biodegradável, a produção de solventes atóxicos e a redução de resíduos gerados na manufatura de produtos farmacêuticos populares, como o ibuprofeno (anti-inflamatório e antitérmico).

O calor transferido para o gelo ocasiona a sua mudança de estado físico. A queima da vela gera energia luminosa e térmica para o ambiente.

Algumas transformações requerem energia para ocorrer, como o cozimento dos alimentos, que se processa mediante fornecimento de energia térmica. Outras, no entanto, ocorrem com liberação de energia: a queima dos combustíveis, por exemplo, libera energia térmica.

O ser humano, no decorrer do desenvolvimento das sociedades, aprendeu a utilizar as transformações da matéria para obter energia em diversas formas, entre elas a térmica, a elétrica, a luminosa e a nuclear.

As diferentes formas de energia podem ser transformadas umas nas outras. Por exemplo, a energia térmica liberada na queima do álcool ou da gasolina pode ser convertida em energia mecânica, capaz de promover o movimento dos pistões do motor para que o veículo adquira movimento.

No Brasil, as principais fontes de energia elétrica são as usinas hidrelétricas, que convertem a energia potencial da água armazenada em represas na energia cinética que movimenta geradores e produz a energia elétrica. Em vários países da Europa e da Ásia e na América do Norte, as principais fontes de energia elétrica são as usinas nucleares e as usinas termoelétricas (queima do carvão, do gás natural ou dos derivados de petróleo).

A exploração crescente dessas fontes de energia tem provocado impactos ambientais e sociais, como prejuízos à flora e à fauna decorrentes do alagamento de grandes áreas para a construção de hidrelétricas; remanejamento de milhares de pessoas por conta do alagamento de cidades e áreas nas quais elas moravam ou exerciam alguma atividade econômica; poluição atmosférica provocada pela queima de combustíveis fósseis, a qual afeta o ambiente e a saúde das pessoas, entre outros impactos.

2. Conhecimento químico

O conhecimento químico formal teve início no século XVI, quando foi estabelecida a concepção de ciência moderna. Parte dele, entretanto, sempre esteve presente nas sociedades e na relação cotidiana do ser humano com a natureza.

O domínio do fogo significou um grande avanço tecnológico para a humanidade. Além da iluminação noturna, do aquecimento e da proteção contra o ataque de animais, o fogo permitiu o cozimento de alimentos, ampliando as possibilidades de consumo de vegetais e carnes.

Reconhecer materiais inflamáveis, apagar a chama utilizando água ou areia, verificar transformações nos alimentos ao assá-los ou cozinhá-los constituem conhecimento químico. Esse saber foi obtido **de modo empírico**, ou seja, com base em observação, prática, erros e acertos.

As carnes passaram a ser conservadas por mais tempo ao serem defumadas (em contato com a fumaça), secas ao sol ou salgadas.

A prática de conservar carne com sal é muito comum em várias regiões do Brasil.

Objetos de bronze eram muito utilizados por algumas civilizações na Antiguidade (séculos V e VI a.C.).

Um passo decisivo para o desenvolvimento das sociedades foi a identificação dos metais e das suas propriedades adequadas para produção de ferramentas. Os primeiros metais a serem utilizados – ouro, prata e cobre – eram extraídos diretamente da natureza, sem a necessidade de processos que envolvessem transformações.

De algum modo, o ser humano percebeu que certos minérios, quando expostos ao fogo, transformavam-se em metais. Chumbo e estanho foram obtidos dessa forma.

Entre 2000 e 3000 a.C., algumas civilizações dominaram a produção e o uso do bronze (mistura metálica de cobre e estanho), um material resistente e adequado para a confecção de armas e ferramentas. Essa tecnologia impulsionou a agricultura e permitiu uma nova organização econômica das sociedades.

Por volta de 1500 a.C., foi possível produzir o ferro a partir de seus minérios, com o desenvolvimento de fornos capazes de atingir temperaturas mais elevadas que a de fogueiras. As ligas obtidas desse metal produziam ferramentas e armas muito mais resistentes que as de bronze.

O desenvolvimento da cerâmica e do vidro, das técnicas de mumificação e de alguns medicamentos são outros exemplos de aquisição de conhecimento das transformações e propriedades dos materiais.

Representação artística do processo de mumificação feito pelos egípcios. Esse processo possibilitou a ampliação dos conhecimentos sobre a anatomia humana e os materiais que conservavam os corpos.

A contribuição da Química para a sociedade

A Química é responsável por uma série de avanços científicos e tecnológicos que têm contribuído para o aumento da qualidade e da expectativa de vida do ser humano.

Entre essas contribuições, merecem destaque o aumento da produção agrícola, o desenvolvimento de medicamentos, a elaboração de novos materiais (mais leves, mais resistentes, biodegradáveis e recicláveis) e a produção de combustíveis menos poluentes.

Aplicação de adubo em plantação de soja em Itiquira (MT). Essa prática fornece nutrientes essenciais para o crescimento das plantas.

Apesar de todas essas contribuições, o que predomina na sociedade é uma imagem negativa da Química, pois são muitos os processos industriais que geram resíduos tóxicos, os quais, quando não são devidamente tratados, provocam sérios danos ambientais. Dessa forma, é comum as pessoas relacionarem a palavra "química" com poluição, contaminação, desastres, situações de perigo ou risco de explosão.

Apesar desse aspecto negativo e da necessidade de reversão desse quadro, a Química tem uma participação fundamental no desenvolvimento da sociedade.

Os profissionais dessa área – professores, pesquisadores, químicos industriais, técnicos químicos de nível médio e engenheiros químicos – não são diferentes dos demais profissionais: o que todos buscam é um mundo melhor, em que as pessoas tenham mais qualidade de vida, mais conforto e segurança.

■ Química tem história

Contribuições da alquimia* para a Química moderna

Os alquimistas desenvolveram a técnica de destilação, muito semelhante à atual.

Os alquimistas são responsáveis pelo desenvolvimento de inúmeras técnicas de laboratório, entre elas a calcinação, a destilação, a cristalização e o aquecimento em banho de areia e em banho-maria, muitas delas utilizadas nos laboratórios atuais.

Eles obtiveram também alguns materiais, como o ácido sulfúrico e o ácido nítrico, e investigaram algumas de suas propriedades, como a capacidade de dissolver metais.

* A alquimia caracterizava-se por um conjunto de práticas e técnicas realizado na Idade Média por pessoas que buscavam, por exemplo, meios para conseguir obter a transmutação de metais em ouro, que era considerado um símbolo da perfeição.

Níquel Náusea – Fernando Gonsales

Atividades

1. Observe, na fotografia abaixo, a praia do Meio, localizada no Parque Nacional de Fernando de Noronha (PE).
   É possível afirmar que esse é um "ambiente natural", em que a Química não está presente? Por quê?

   Praia do Meio, Fernando de Noronha (PE), maio de 2007.

2. Cite exemplos que demonstrem que o conhecimento científico sempre esteve presente nas sociedades humanas, mesmo antes do século XVI.

3. Por que o domínio do fogo significou um grande avanço tecnológico para a sociedade?

4. Quais fatores interferem no estado físico dos materiais? Dê exemplos.

5. Observe o par de tênis da imagem.

   Identifique nele pelo menos dois materiais cuja produção industrial está relacionada ao conhecimento químico.

6. I. As transformações da matéria envolvem algum tipo de energia.
   II. As diferentes formas de energia podem ser transformadas umas nas outras.

   Você concorda ou não com essas afirmações? Dê exemplos que justifiquem sua resposta.

7. As imagens abaixo mostram alguns processos que envolvem transformações da matéria.

   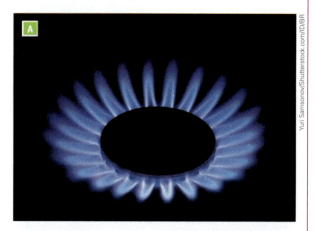

   Queima de gás na boca de um fogão (A). Ebulição da água (B).

   a) Qual é o tipo de energia envolvida em cada um desses processos?
   b) Qual transformação se processa com absorção de energia?
   c) Qual das duas transformações envolve liberação de energia?

8. A Química é responsável por diversos avanços científicos e tecnológicos, como o aumento na produção de alimentos e a descoberta de medicamentos. Muitos processos industriais geram, no entanto, resíduos tóxicos, que provocam sérios danos ambientais e à saúde. Em sua opinião, a Química traz mais benefícios ou prejuízos para as pessoas e para o meio ambiente? É possível ter avanços nessa área sem afetar o ambiente e a saúde das pessoas?

Atividade experimental

Normas de segurança, símbolos e tratamento de resíduos

Objetivo
Conhecer as normas básicas de segurança, símbolos que alertam para os perigos e algumas técnicas de descarte de resíduos.

Procedimento
Fazer uma relação das ocorrências mais comuns, indicadas pelo professor.

Analise e discuta

Parte A

1. Individualmente, relacione as alternativas de ação em cada uma das ocorrências relatadas.
2. Forme um grupo com alguns de seus colegas (o professor deve definir quantos alunos fazem parte de cada grupo). O grupo analisa as propostas individuais e elege as melhores alternativas para agir em cada um dos casos dos acidentes relatados.
3. Monte um painel com as regras de segurança em laboratórios químicos, resumindo as conclusões dos grupos.
4. Analise as regras de segurança indicadas por seu professor e complemente as regras criadas pelo grupo.
5. Associe os símbolos de alerta mostrados no quadro ao lado com as quatro primeiras ocorrências citadas por seu professor.

Alguns símbolos de segurança utilizados em produtos químicos para alertar sobre o risco envolvido em seu manuseio.

Parte B

1. Individualmente, relacione os procedimentos que você considera viáveis e que poderiam ser adotados para o descarte dos resíduos de experiências realizadas em laboratórios (materiais corrosivos, materiais formados por metais pesados, como pilhas alcalinas, etc.).
2. Monte um painel de apresentação desses procedimentos.
3. Comente, com seus colegas, o painel apresentado. Se necessário, complemente-o com informações fornecidas por seus colegas.

Questões globais

9. Dê exemplos de conhecimento que você adquiriu por meio de observações.

10. As fotografias a seguir mostram o êmbolo de uma seringa vazia sendo puxado (**A**) e, a seguir, pressionado, com um dedo indicador tampando a extremidade em que a agulha é fixada (**B**).

    Observe que não é possível pressionar o êmbolo até o final. Sugira uma explicação para esse fenômeno.

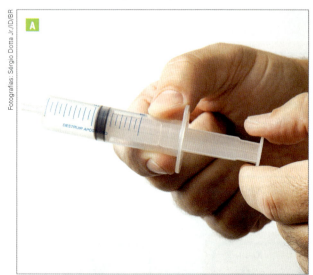

11. A Química ocupa-se do estudo das propriedades e das transformações dos materiais. Explique o conhecimento químico envolvido nas seguintes situações.

    a) No uso de metais para a produção de ferramentas.
    b) Na obtenção de metais a partir dos seus respectivos minérios.

12. Leia as frases a seguir, muitas delas encontradas em estabelecimentos comerciais e em propagandas.

    I. Peruca feita de cabelo 100% humano, sem química.
    II. Piscina com água mineral corrente, sem química.
    III. Escova gradativa à base de queratina e proteínas do mel, sem química.

    Comente o equívoco dessas expressões.

13. É cada vez maior o número de veículos abastecidos com etanol — combustível obtido da cana-de-açúcar, do milho, da beterraba ou da mandioca, por exemplo. Que tipos de problema o aumento da produção de etanol pode provocar em relação à preservação do meio ambiente e ao combate à fome?

Ciência, tecnologia e sociedade

Sobre o natural e o artificial ou sintético

Na sociedade são observadas inúmeras confusões relacionadas à linguagem científica, entre elas o uso adequado das palavras "natural" e "artificial" ou "sintético".

Não raro, observam-se pessoas e os próprios meios de comunicação definindo produtos artificiais como prejudiciais à saúde humana e ao meio ambiente.

Mas, afinal, o que é um produto natural?

O termo "natural" pode se referir a um material extraído da natureza, sem que tenha sofrido qualquer intervenção humana. Em uma concepção mais branda, natural pode ser considerado o material em que não há adição de componentes sintetizados em laboratório, isento de produtos artificiais.

"Natural" e "artificial" são matérias, pois possuem massa e ocupam lugar no espaço. Portanto, são objetos de estudo da Química.

Apesar de os produtos sintéticos estarem associados, geralmente, a substâncias tóxicas, muitos frutos, folhas e raízes também contêm em sua composição substâncias que, se ingeridas ainda que em pequenas quantidades, podem levar uma pessoa à morte. Na natureza são encontrados venenos poderosos.

Também não se pode dizer que todo produto artificial causa prejuízos à saúde. Populações humanas existem hoje graças à interferência maciça do ser humano na natureza. Essa interferência se dá, por exemplo, por meio do desenvolvimento de técnicas agrícolas, as quais garantem a produção de alimentos, e de tecnologias médicas e farmacêuticas relacionadas à produção de medicamentos capazes de controlar inúmeras doenças.

A confusão no uso dos termos muito provavelmente se justifica pelo fato de muitos artefatos desenvolvidos pela indústria química, considerados de grande valia em curto prazo, terem prejudicado o meio ambiente e o ser humano. Entre os exemplos está o DDT (dicloro-di-

Embalagem de banana desidratada. Algum produto industrializado pode ser considerado 100% natural?

fenil-tricloroetano), um pesticida utilizado no combate ao mosquito da malária e do tifo. Seu desenvolvimento rendeu ao suíço Paul H. Müller, em 1948, o prêmio Nobel da Medicina. A partir da década de 1970, contudo, seu uso foi proibido nos Estados Unidos e em vários países, pois estudos comprovaram sua alta toxicidade: o DDT acumula-se na natureza, contamina alimentos, é potencialmente cancerígeno, causa partos prematuros e danos neurológicos, respiratórios e cardiovasculares.

Fonte de pesquisa: BATESON, M. C. Sobre a naturalidade das coisas. In: *As coisas são assim*. São Paulo: Companhia das Letras, 2003. p. 22-29.

Analise e discuta

1. Muitas pessoas afirmam ter uma aparência saudável por consumirem apenas produtos naturais. É viável, atualmente, o consumo apenas de produtos naturais? Explique.
2. No rótulo de uma loção para a pele, lê-se: "Leite hidratante. Produto natural". Em sua opinião, esse produto pode ser considerado natural?
3. "Todo produto natural é saudável e todo produto artificial causa danos à saúde e ao meio ambiente." Você concorda ou não com essa afirmação? Por quê?
4. Aponte e discuta a possível causa do uso inadequado dos termos "natural" e "sintético".
5. No dia 11 de março de 2009, o uso, a fabricação, a comercialização, a importação e a exportação do inseticida DDT foram proibidos no Brasil. Apesar de o DDT ser banido em mais de 80 países, a África do Sul viu-se às voltas com uma grave crise de saúde pública quando mais de 60 mil pessoas contraíram malária. Por isso, resolveu voltar a usar DDT para combater os vetores da doença (mosquito). Analise com seus colegas os aspectos positivos e negativos do uso do DDT.

Esquema do capítulo

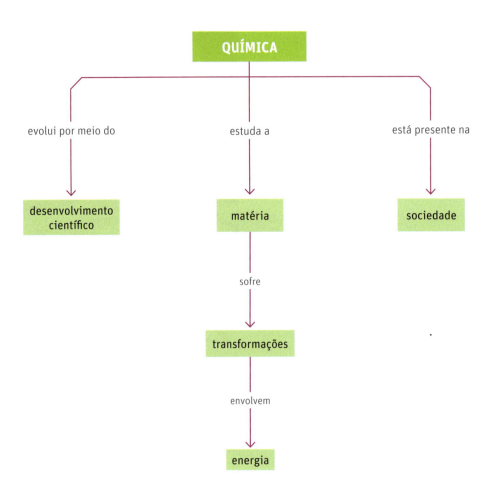

Entrevista

Como as pessoas que conheço veem a Química?

O que as pessoas que convivem com você pensam da Química? Será que elas consideram as aplicações dessa ciência fundamentais para a vida humana ou uma ameaça à vida na Terra?

É o que você e os seus amigos vão descobrir!

Em várias situações da vida escolar, e também fora dela, como no mercado de trabalho, muitas vezes somos requisitados a realizar pesquisas, entrevistas e expor oralmente projetos, objetivos, procedimentos, resultados e opiniões.

O desafio do seu grupo é elaborar uma entrevista com pessoas próximas: vizinhos, funcionários da escola, parentes, amigos. As perguntas precisam ser bem formuladas pelo grupo para, no final, vocês chegarem a uma conclusão sobre a visão que essas pessoas têm da Química.

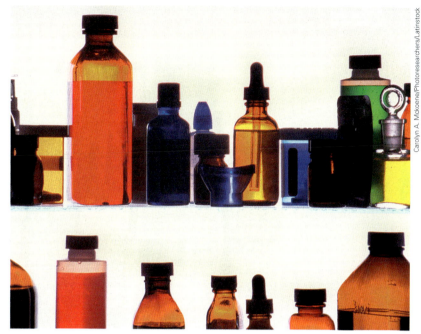

Frascos contendo medicamentos e outros materiais. É possível associar essa imagem com a Química?

1. Faça uma lista das pessoas que poderão ser consultadas pelo grupo.
2. Ao começar a entrevista, identifique-as, anotando a idade, a profissão, o sexo e as respostas às questões escolhidas pelo grupo. Esses dados auxiliarão na elaboração das conclusões da entrevista.
3. Peça que o entrevistado cite pelo menos três exemplos de material em que a Química está presente. Se necessário, dê algumas dicas.
4. Solicite também que o entrevistado explique cada um dos exemplos escolhidos: se os materiais (produtos) são importantes ou não para o ser humano; se podem ou não poluir o ambiente; se a produção desses materiais causa danos ao ambiente, ao ser humano, etc.
5. Peça ao professor de Língua Portuguesa que o oriente em como proceder para traçar o perfil das pessoas entrevistadas.
6. Elabore uma lista pontuando os exemplos citados e também as definições apresentadas.
7. O conteúdo das entrevistas deve ser transformado em uma apresentação oral com aproximadamente 10 minutos de duração.
8. É fundamental organizar um texto para conduzir a apresentação. Lembre-se: você não lerá o texto, ele será apenas um guia para sua fala.
9. Elabore uma conclusão sobre o trabalho.
10. Proponha uma ação que vise à conscientização das pessoas sobre a importância da Química na sociedade, principalmente aquelas que veem apenas os aspectos negativos dessa ciência.

Orientações para a apresentação oral

- Use expressões de cortesia, como "bom dia" ou "obrigado pela presença".
- Olhe para todas as pessoas da sala.
- Certifique-se de que esteja sendo ouvido por todos.
- Utilize linguagem informal, mas evite as gírias.
- Evite ler os textos: demonstre que você conhece o que está escrito.

CAPÍTULO 2

Unidades de medida

Neste capítulo

1. Estudo das unidades de medida.

Bomba de etanol. Destaque mostra densímetro, aparelho que indica a qualidade desse combustível.

A imagem acima mostra um densímetro – aparelho instalado em bombas de combustível para verificar a qualidade do etanol. Esse instrumento permite ao consumidor constatar, por meio da observação da densidade desse líquido, se o combustível adquirido está ou não de acordo com as especificações exigidas por lei.

Todos os dias as pessoas fazem diversos tipos de medição. Elas podem dosar a quantidade de açúcar ou de adoçante no café, no leite ou em sucos, observar a temperatura ambiente (quando alta, a escolha é por roupas mais leves e, quando baixa, por roupas mais grossas), regular a pressão dos pneus de bicicletas, automóveis e caminhões… Os exemplos são numerosos.

Algumas medidas podem ser feitas qualitativamente, ou seja, sem atribuição de um valor numérico, ou quantitativamente, com atribuição de um valor numérico.

Para saber se uma pessoa está ou não com febre, você acha mais confiável a informação obtida quando a testa dela é tocada por outra pessoa que diz "Não está com febre" (uma medida qualitativa), ou por um termômetro clínico, que indica 36,5 °C (uma medida quantitativa)? É possível que outras pessoas, pelo toque, discordem da afirmação da primeira e considerem o estado febril?

Em sua opinião, o valor obtido por meio de um termômetro clínico ou de qualquer outro instrumento de medida pode não estar correto? Por quê?

Nas ciências experimentais, como a Química, as medições são fundamentais. É o que você vai perceber em seus estudos sobre as unidades de medida.

1. Estudo das unidades de medida

A queima de um material possibilita a observação de vários aspectos: sua facilidade para entrar em combustão, a cor da chama, a emissão de energia térmica, etc. Essas observações são **qualitativas**, pois não envolvem números.

Entretanto, muitos fenômenos são mais bem compreendidos por informações **quantitativas**. Medidas de massa, volume, temperatura, entre outras, feitas sistematicamente nos supermercados, nas padarias, nos laboratórios, são fundamentais para a Química e as ciências experimentais.

Tudo o que existe no Universo e que pode ser medido é chamado de **grandeza física** ou simplesmente **grandeza**, e os valores devem ser expressos em **unidades**.

Para facilitar e uniformizar a comunicação científica e comercial entre os diversos países, foi criado o **Sistema Internacional de Unidades (SI)**, que estabeleceu padrões para as unidades de medida das grandezas físicas.

Veja alguns exemplos no quadro a seguir.

Grandeza	Nome da unidade	Abreviatura
Massa	quilograma	kg
Comprimento	metro	m
Volume	metro cúbico	m^3
Temperatura termodinâmica	kelvin	K

Fonte de pesquisa disponível em: <http://www.inmetro.gov.br/inovacao/publicacoes/Si.pdf>. Acesso em: 29 maio 2014.

› Massa

A **massa** é uma grandeza relacionada à quantidade de material presente em um corpo, e sua medida é feita por uma **balança**, que permite a comparação entre a massa de um objeto e a massa adotada como padrão.

As balanças são equipamentos usados para medir a massa dos corpos.

Apesar de a unidade-padrão de massa ser o **quilograma (kg)**, é muito comum medi-la usando seus submúltiplos (como o grama, g, e o miligrama, mg) ou múltiplos (como o megagrama, Mg). Embora o megagrama seja a unidade do SI para indicar a massa correspondente a 1000 kg, a unidade que se usa com maior frequência é a tonelada (símbolo t), que é aceita como unidade em uso no SI.

› Volume

O **volume** é a grandeza que corresponde ao espaço ocupado por um corpo. A medida de volume de líquidos geralmente é feita com o uso de vidrarias apropriadas, como cilindros graduados ou provetas (**A**), pipetas (**B**) e balões volumétricos (**C**), que apresentam marcações que permitem medir volumes (veja ao lado).

As unidades de volume derivam das unidades de comprimento. A unidade-padrão de comprimento é o metro (m), e a de volume, o metro cúbico (m^3), que corresponde ao volume de um cubo de 1 metro de aresta e equivale a 1000 litros. As unidades mais usadas no dia a dia, entretanto, são o litro (L) e o mililitro (mL), que são unidades também aceitas pelo SI.

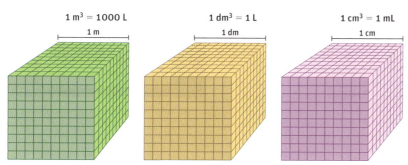

Vidrarias utilizadas para medir o volume de líquidos: proveta (**A**), pipeta (**B**) e balão volumétrico (**C**).

O primeiro cubo apresenta volume de 1 m^3 (1 m × 1 m × 1 m), que corresponde à unidade-padrão de volume no SI. Em Química, entretanto, as unidades mais utilizadas são o litro (L), que corresponde a 1 dm^3, e o mililitro (mL), que corresponde a 1 cm^3.

❯ Temperatura

A medida da temperatura é feita por meio de **termômetros**. O termômetro mais comum é o que relaciona a temperatura com a altura da coluna de um líquido no interior de um tubo fino de vidro. Um aumento de temperatura faz com que o líquido se dilate e a coluna desse líquido suba dentro do tubo de vidro. O líquido colocado nos termômetros geralmente é o mercúrio, pois a dilatação térmica desse metal é grande e uniforme. A graduação na parte externa do tubo é chamada de **escala termométrica**.

No Brasil, a escala mais comum de medida de temperatura é a de **graus Celsius**. De forma simplificada, pode-se dizer que há dois pontos de referência nessa escala: o de congelamento (0 °C) e o de ebulição da água (100 °C), ao nível do mar. Essa escala foi dividida em 100 partes iguais, chamadas de "graus".

No SI adota-se a **temperatura termodinâmica** medida pela unidade **kelvin**, muito utilizada no meio científico. Sua relação com a escala em graus Celsius é expressa da seguinte forma:

$$T\,(K) = t\,(°C) + 273{,}15$$

O zero kelvin, ou zero termodinâmico, é a temperatura mais baixa que pode existir e corresponde a −273,15 °C. Até hoje nunca se conseguiu atingir essa temperatura.

Na maioria dos cálculos que envolvem a conversão de graus Celsius em kelvin, o valor 273,15 pode ser aproximado para 273, pois os termômetros utilizados não permitem a leitura de valores de temperatura até a segunda casa decimal.

Os termômetros de laboratório permitem uma medida de temperatura mais ampla e mais precisa do que os termômetros clínicos.

■ Química tem história

Escala termodinâmica de temperatura

William Thomson propôs uma escala de temperatura que não incluía valores negativos, pois partia do zero absoluto, equivalente a −273 °C.

Em 1882, a rainha Vitória recompensou Thomson com o título de Lord Kelvin por sua grande contribuição às ciências, e sua escala de temperatura passou a ser chamada Kelvin, adotada atualmente como padrão internacional de temperatura.

Lord Kelvin (1824-1907).

❯ Densidade

Todos os anos, os meios de comunicação noticiam derramamentos de petróleo no mar. Esse óleo não afunda e forma uma grande mancha na superfície da água, que pode ser contida com o uso de boias. Materiais mais densos que a água tendem a afundar nela, e os menos densos, a flutuar. O óleo não afunda por ter densidade menor que a da água.

A **densidade** é uma grandeza que relaciona a massa de um material com o volume que ele ocupa.

A densidade pode ser expressa pela divisão da massa pelo volume.

$$\text{densidade} = \frac{\text{massa}}{\text{volume}} \Rightarrow d = \frac{m}{V}$$

A unidade de densidade no SI é o quilograma por metro cúbico (**kg/m³**), embora as unidades mais utilizadas sejam o grama por centímetro cúbico (**g/cm³**) e o grama por mililitro (**g/mL**).

A densidade depende da temperatura, pois os materiais sofrem contração ou dilatação de seu volume com a variação da temperatura. Assim, é adequado indicar a temperatura em que foi feita a medição.

Material	Água	Óleo de soja	Vidro	Isopor
d (g/cm³), a 25 °C	1,0	0,9	2,5	0,01

Fontes de pesquisa disponíveis em: <http://www.abrapex.com.br/02Caracter.html>; <http://www.laborglas.com.br/pdf/Tubo-de-Vidro-Alcalino.pdf>; <http://www.engetecno.com.br/port/legislacao/geral_oleo_soja.htm>. Acessos em: 24 jul. 2014.

Se um cubo de chumbo (**A**) e outro de alumínio (**B**) de volumes iguais a 27 cm³ forem colocados separadamente em uma balança, a 25 °C, a massa de cada um deles será, respectivamente, 305,1 g e 72,9 g.

Pressão

É mais fácil perfurar uma folha de papel com a ponta de uma caneta do que aplicar a mesma força para tentar rompê-la com a palma da mão. Isso ocorre porque a folha recebe uma pressão maior quando em contato com a ponta fina da caneta.

A **pressão** é uma grandeza que corresponde à força aplicada sobre um corpo ou objeto dividida pela área sobre a qual a força é exercida.

A pressão pode ser expressa pela seguinte fórmula.

$$\text{pressão} = \frac{\text{força}}{\text{área}} \Rightarrow p = \frac{F}{a}$$

É comum utilizar as unidades **milímetro de mercúrio (mmHg)** e **atmosfera (atm)**, embora a unidade-padrão de pressão no SI seja o **pascal (Pa)**.

Veja algumas unidades de pressão e as correspondências no quadro abaixo.

atm	mmHg	cmHg	torr	bar	Pa
1	760	76	760	1	$1,0 \times 10^5$

Fonte de pesquisa: LIDE, David R. *CRC handbook of Chemistry and Physics*. Internet version (87th edition). CRC-Press. Taylor and Francis Group. Florida: Boca Raton, 2007. p. 1-35.

A camada de ar que envolve a Terra exerce uma pressão sobre todos os corpos – a **pressão atmosférica**. Essa pressão depende da altitude local. Quanto maior a altitude, mais rarefeito torna-se o ar e, portanto, a pressão é menor do que em um local de menor altitude.

Ao nível do mar, a pressão do ar atmosférico é de 1 atm (pressão normal), que corresponde a aproximadamente $1,0 \times 10^5$ Pa (o valor exato é $1,01325 \times 10^5$ Pa).

Ação e cidadania

Pressão e hipertensão

O coração humano bate cerca de 60 a 80 vezes por minuto para bombear o sangue pelo corpo. A pressão arterial é resultado da força que o sangue exerce contra a parede interna das artérias.

A pressão arterial adequada pode ser mantida sob controle com a prática diária de atividades físicas (sempre supervisionadas por um médico) e com a adoção de uma alimentação balanceada. Quem fuma ou consome grande quantidade de bebidas alcoólicas ou sal de cozinha está mais sujeito a ter problemas com a pressão arterial.

A campanha "Eu sou 12 por 8", criada pela Sociedade Brasileira de Cardiologia, busca conscientizar a população sobre a hipertensão arterial por meio de palestras, debates, exames e encaminhamento médico.

Solubilidade

Quando uma pequena quantidade de sal de cozinha é adicionada a um copo de água, nota-se após algum tempo que o sal "desaparece", originando um líquido incolor e transparente, que é a mistura da água com o sal nela dissolvido. Costuma-se dizer, no caso dessa mistura, que o sal é o **soluto**, e a água, o **solvente**. A mistura resultante é uma **solução**.

O que acontecerá se a essa solução for acrescentado cada vez mais sal de cozinha? Por quê?

Em vários casos, há um limite na quantidade de soluto que pode ser dissolvido em determinada quantidade de solvente a certa temperatura e pressão. Esse limite é conhecido por **solubilidade**.

A solubilidade é obtida experimentalmente, e a sua variação com a temperatura pode ser representada em gráficos ou curvas de solubilidade.

Pela análise dos gráficos, verifica-se que a solubilidade depende do tipo de material a ser dissolvido na água, bem como da temperatura.

Observe que a solubilidade do cromato de potássio é cerca de 65 g desse material em 100 g de água a 20 °C. Assim, se o cromato de potássio (soluto) for gradativamente adicionado a 100 g de água (solvente), a 20 °C, sob agitação constante, será possível dissolver um máximo de 65 g desse soluto. Qualquer quantidade de cromato de potássio adicionada acima desse valor, nas condições do experimento, implicará a não dissolução da massa excedente. Nesse caso, dizemos que a solução está **saturada**.

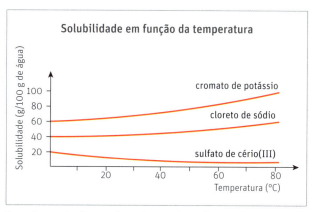

Fonte de pesquisa disponível em: <http://web.ccead.puc-rio.br/condigital/mvsl/Sala%20de%20Leitura/conteudos/SL_solubilidade.pdf>. Acesso em: 29 maio 2014.

Exatidão e precisão nas medidas

Os valores de massa, volume, temperatura, pressão, densidade e solubilidade utilizados na Química são, sempre que possível, obtidos pela média de várias medidas. Em geral, quanto maior o número de medidas feitas, menor a incerteza do valor médio obtido. A **precisão** e a **exatidão** de uma medida estão relacionadas com esse procedimento.

Precisão, exatidão e erros

A **precisão** ou **repetibilidade** de uma medida indica o quanto essas medidas repetidas estão próximas umas das outras. Os cientistas tentam obter valores mais precisos realizando muitas medidas e calculando a média dos resultados.

A **exatidão** mostra que o valor de uma medida está muito próximo do valor normalmente aceito como referência (também denominado **valor real**).

Medidas precisas podem resultar em valores inexatos. Esse erro ocorre quando, por exemplo, um resíduo sólido fica no prato de uma balança. Se esse resíduo não for retirado, todas as pesagens apresentarão um **erro sistemático**, e os valores obtidos serão precisos (próximos entre si), porém a massa média obtida será inexata (distante do valor real).

Há também a possibilidade de **erros aleatórios**, os quais podem ter várias causas. Leituras incorretas executadas pelo operador e mudanças nas condições experimentais podem levar a medidas imprecisas e inexatas.

Os conceitos de precisão e exatidão podem ser ilustrados pela distribuição de dardos lançados contra um alvo, como ilustramos abaixo. A figura **A** mostra que o atirador foi preciso e exato, porque todos os dardos atingiram o centro do alvo. A figura **B** mostra que o atirador foi preciso, mas não exato, pois os dardos não atingiram o centro do alvo (apesar de todos eles estarem juntos). A figura **C** indica que o atirador não foi preciso nem exato.

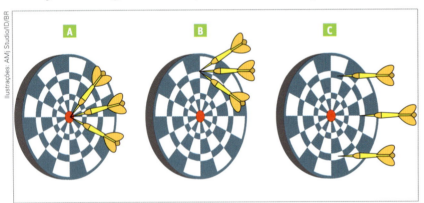

Fonte de pesquisa: KOTZ, J. C.; TREICHEL, P. M. J. *Química Geral e reações químicas*. 5. ed. São Paulo: Pioneira Thomson Learning, 2005. v. 1. p. 22.

Algarismos significativos

Os **algarismos significativos** de uma medida são todos aqueles conhecidos com exatidão mais um último dígito duvidoso, que pode ser avaliado ou estimado.

A medida do corpo do besouro, obtida com a régua da figura ao lado, é 1,55 cm. Nesse caso, temos certeza de que os dois primeiros algarismos 1 e 5 estão corretos, mas o último algarismo 5 é duvidoso, pois foi estimado. No exemplo, são três os algarismos significativos, e a incerteza encontra-se no último algarismo da direita.

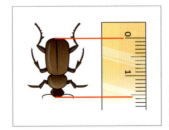

Saiba mais

Incerteza nas medidas experimentais

Quando uma pessoa realiza uma medida, o resultado obtido não é apenas um número. Essa medida possui unidades e também o que se denomina incerteza da medida.

A incerteza em uma medida representa, entre outras, a impossibilidade de construção de instrumentos absolutamente precisos e da existência de observadores absolutamente exatos. Quando um instrumento é usado, pode-se afirmar que existe uma faixa de valores na qual se encontra o resultado.

O termômetro representado na figura a seguir apresenta divisões em unidades e décimos de graus. Imagine que esse método de medida seja absolutamente correto e, portanto, que as unidades fornecidas pelo fabricante sejam precisas.

Qual é, em unidades do termômetro, a temperatura medida?

A temperatura que se observa está, sem dúvida alguma, entre 35,5 °C e 35,6 °C, sendo possível estimar os centésimos de graus. A coluna do líquido ultrapassa pouco a marca de 35,5 °C, e pode-se estimar que a temperatura seja 35,52 °C. No entanto, não é possível afirmar que o valor correto seja exatamente esse. Essa medida tem quatro números significativos, mas o último dígito (2) é incerto. Pode-se dizer que "o resultado" está entre 35,5 °C e 35,6 °C.

Fonte de pesquisa disponível em: <http://efisica.if.usp.br/mecanica/universitario/incertezas/algarismos/>. Acesso em: 29 maio 2014.

Atividades

1. A preocupação com a intensificação do efeito estufa tem sido cada vez maior. Em alguns dias do verão de 2009, a temperatura na cidade de São Paulo chegou a atingir 34 °C. Qual o valor dessa temperatura na escala Kelvin?

2. Determine a densidade de uma amostra de gasolina, em gramas por cm^3, sabendo que 1,5 kg desse material ocupa o volume de 2 litros.

3. A densidade da platina é 21,45 g/cm^3. Determine a massa, em gramas, de uma peça cúbica de platina de 2,0 cm de aresta.

4. Um béquer muito utilizado em laboratório mede volumes de até 250 mL. Determine esse volume em:
   a) centímetros cúbicos.
   b) litros.
   c) metros cúbicos.
   d) decímetros cúbicos.

5. Na tradução de um livro de receitas, a temperatura permaneceu em graus Fahrenheit (°F), unidade muito utilizada nos Estados Unidos. Na receita, o alimento deveria permanecer no forno a 392 °F durante 30 minutos. Determine a temperatura do forno em °C, sabendo que a relação entre a escala Fahrenheit e a escala Celsius é dada pela seguinte expressão.

$$°C = \frac{(°F - 32)}{1,8}$$

6. Determine o volume de uma gota de água, em litros, sabendo que 1 mL de água contém 20 gotas. Explique o seu raciocínio.

7. A determinação da densidade de um sólido de formato irregular pode ser feita da seguinte maneira.
   • Medição da massa do sólido com o auxílio de uma balança.
   • Introdução do sólido na proveta contendo certa quantidade de líquido. **Obs.:** O sólido deve ser mais denso que o líquido e não se dissolver nele, assim como deve ter tamanho compatível com o da proveta.
   • Determinação do volume do sólido pelo registro da diferença entre o volume inicial e o volume final do líquido, indicados na proveta.
   • Cálculo da densidade por meio do quociente entre massa e volume.

   Ao se colocar um pequeno sólido cristalino de massa igual a 2,1 g em uma proveta contendo 10 mL de água, observou-se que o volume final do líquido foi de 10,6 mL. O sólido era formado por vidro ou diamante? Justifique.
   Dados: $d_{vidro} = 2,7\ g/cm^3$; $d_{diamante} = 3,5\ g/cm^3$.

8. Observe a figura a seguir.

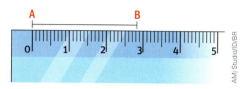

   a) Como você expressaria a medida do comprimento do segmento AB?
   b) Quais são os algarismos corretos dessa medida?
   c) Qual é o algarismo duvidoso nessa medida?

9. Um estudante, A, faz quatro medições do diâmetro de uma moeda usando um instrumento chamado paquímetro. Outro estudante, B, mede a mesma moeda usando uma régua plástica comum. Os resultados obtidos estão na tabela a seguir.

Estudante A	Estudante B
2,625 cm	2,61 cm
2,624 cm	2,60 cm
2,625 cm	2,62 cm
2,623 cm	2,63 cm

   a) Qual estudante obteve a média mais precisa? Por quê?
   b) Qual é o algarismo duvidoso nas medidas feitas pelo estudante A?
   c) Quantos algarismos significativos apresentam os valores obtidos pelo estudante B? A incerteza encontra-se em qual algarismo?

10. A densidade da água a 25 °C é 1,00 g/cm^3, e a densidade do gelo a 0 °C é 0,92 g/cm^3.
    a) Se uma garrafa de refrigerante de 2 000 mL for preenchida com 1 500 mL de água, a 25 °C, e depois colocada sem tampa em um congelador, qual o volume que o sólido (gelo) ocupará depois do congelamento total da água?
    b) Se essa mesma garrafa for totalmente preenchida com água e tampada antes de ir ao congelador, ela poderá estourar? Justifique.

11. Um químico necessita de uma pequena porção de um material líquido, cuja densidade é de 0,8 g/cm^3. Dispondo apenas de uma proveta, como ele poderia obter 5,0 g desse material?

12. A solubilidade do nitrato de potássio em água é de 48 g/100 mL de água a 30 °C. Determine:
    a) a maior massa de nitrato de potássio que pode ser dissolvida em 500 mL de água, a 30 °C.
    b) a menor massa de água necessária para dissolver completamente 144 g de nitrato de potássio, a 30 °C.

Atividade experimental

Utilização de instrumento de medida de volume e determinação do volume de uma gota de água

Objetivo

Determinar o volume de uma gota de água e verificar a precisão dos instrumentos de medida.

Material

- conta-gotas comum
- proveta de 10 mL
- béquer de 50 mL
- frasco com água destilada

Equipamentos de segurança: Óculos de segurança e avental de algodão com mangas compridas.

Instrumentos de laboratório: frasco (**A**), béquer (**B**), proveta (**C**) e conta-gotas (**D**).

Procedimento

1. Use o conta-gotas para transferir 2,0 mL de água destilada para a proveta, contando o número de gotas necessário para atingir esse volume.
2. Registre o número de gotas contido no volume de água medido.
3. Repita os procedimentos 1 e 2 utilizando, agora, 3,0 mL de água.
4. Compartilhe seus resultados com os demais grupos.
5. Transfira o volume total de água para o béquer. Verifique se é possível medir esse volume com precisão.

	Grupo 1	Grupo 2	Grupo 3	Grupo 4	Grupo 5	Grupo 6	Grupo 7	Grupo 8
2,0 mL								
3,0 mL								

Analise e discuta

1. O número de gotas obtido para 2,0 mL de água é coerente com o obtido para 3,0 mL? Justifique.
2. Qual é o volume ocupado por uma gota de água? Como você chegou a esse resultado?
3. Todos os grupos chegaram ao mesmo resultado? Justifique.
4. O valor determinado na questão 2 é exato? Justifique.
5. Quais erros experimentais poderiam ocorrer no procedimento adotado? Discuta com os colegas.
6. Compare a precisão do béquer com a precisão da proveta no que diz respeito à determinação do volume.

Questões globais

13. Alguns cientistas escalaram o pico da Neblina (no norte do Amazonas) e fizeram várias medições da pressão atmosférica local, obtendo um valor médio de 530 mmHg. Faça a conversão desse valor em mmHg para atm.

14. Um bloco metálico de 100 cm³ tem massa de 0,9 kg. Determine as seguintes grandezas.
a) A densidade do metal em g/mL.
b) O volume, em L, ocupado por 180 g desse metal.

15. As moedas de R$ 1,00 cunhadas a partir de 2002 têm massa de 7,00 g. Expresse essa massa em quilogramas e em miligramas.

16. Certo medicamento pediátrico, comercializado na forma líquida, apresenta a seguinte indicação.

> Crianças: a dose pediátrica é de 1 gota/kg, com intervalos de 6 horas entre cada administração. Não exceda 4 administrações, em doses fracionadas, em um período de 24 horas.

Sabendo que cada mL (16 gotas) contém 200 mg do medicamento, determine as seguintes grandezas.
a) O volume máximo, em mL, que uma criança de 20 kg pode ingerir em cada administração.
b) A massa máxima, em mg, que essa criança pode ingerir no período de 24 horas.

17. Uma amostra de 72,5 g de um metal desconhecido é colocada em uma proveta que contém 10 mL de água, provocando um deslocamento no nível da água de forma que o volume final passa a ser de 35 mL. Determine a densidade, em g/cm³, do metal desconhecido.

18. A tabela a seguir mostra a solubilidade de vários sais à temperatura ambiente.

Sal	Solubilidade em g/100 mL de água
Nitrato de prata	260
Sulfato de alumínio	160
Nitrato de potássio	52
Brometo de potássio	64
Cloreto de sódio	36

Considere que 50 mL de uma solução saturada de um desses sais foram completamente evaporados. Se o resíduo sólido obtido em um dos recipientes foi de 32 g, esse sólido deve ser:
a) nitrato de prata.
b) sulfato de alumínio.
c) nitrato de potássio.
d) brometo de potássio.
e) cloreto de sódio.

19. Dois estudantes usaram diferentes instrumentos para medir o diâmetro de um disco metálico. Um deles utilizou uma régua comum, e o outro, um paquímetro. Os resultados obtidos encontram-se na tabela abaixo.

Estudante A (régua)	Estudante B (paquímetro)
1,29 cm	1,291 cm
1,30 cm	1,294 cm
1,29 cm	1,295 cm
1,28 cm	1,292 cm

a) Calcule o valor médio para cada conjunto de dados.
b) Qual dos resultados é mais preciso? Justifique.

20. Clorofórmio ($d = 1,4$ g/cm³) e etanol ($d = 0,79$ g/cm³) estão contidos, separadamente, em dois frascos não rotulados. Considerando que apenas o etanol é solúvel em água ($d = 1,00$ g/cm³), descreva como um químico identificaria os dois líquidos utilizando apenas água e tubos de ensaio. **Obs.**: Os líquidos não devem ser inalados.

21. Um líquido é obtido através da dissolução de açúcar em água, sendo que a massa de açúcar corresponde a 8% da massa total. Sabendo que a densidade do líquido obtido é 1,05 g/mL, calcule:
a) a massa de água contida em 0,5 litro do líquido obtido;
b) o volume do líquido que contém 5,6 g de açúcar.

22. Uma solução saturada de NH_4Cl foi preparada a 80 °C utilizando-se 200 g de água. Posteriormente, essa solução sofreu um resfriamento sob agitação até atingir 40 °C. A solubilidade do NH_4Cl varia com a temperatura, conforme mostrado no gráfico.

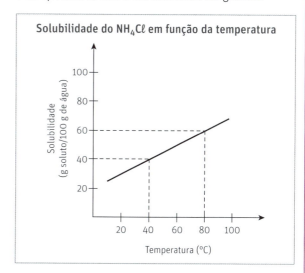

Determine a massa de sal depositada nesse processo.

Ciência, tecnologia e sociedade

Nem o álcool escapa

Combustível da cana adulterado ganha os postos e torna carros flexíveis duas vezes mais vulneráveis às bombas batizadas

Se a adulteração de gasolina já é um fantasma antigo, agora os proprietários de carros bicombustíveis têm uma preocupação a mais: o álcool "batizado". Os estragos que ele provoca no motor são tão devastadores quanto os causados pela colega de bombas. [...]

São dois os tipos de álcool combustível: o anidro, que entra na composição regular da gasolina, numa razão de 25% para cada litro; e o hidratado, usado nos motores *flex*. Como o primeiro está livre de impostos e por isso acaba saindo mais barato, espertinhos têm vendido o anidro misturado com água – o álcool "molhado", como já é conhecido. Um veneno, como explica o assessor técnico [de uma fábrica automotiva] Carlos Henrique Ferreira:

– O álcool hidratado leva até 7% de água pura. O que os adulteradores fazem é colocar água da torneira, que vem com cloro e sais minerais, em quantidades fora da especificação. Já chegamos a encontrar álcool com 20% de água adicionada – alarma-se.

Para o mercado, a alteração significa sonegação de impostos e concorrência desleal. Para o carro, uma doença que ataca todo o circuito percorrido pela mistura. Bombas de combustível estragadas, bicos injetores entupidos e corroídos, borrachas deterioradas, tubulações e catalisador danificados, depósitos na câmara de combustão e outros males acarretam perda de potência, aumento no consumo e falhas no funcionamento do motor. [...]

Para ajudar o motorista a não ser ludibriado, a ANP [Agência Nacional de Petróleo] bolou uma tática simples: acrescentar uma tintura laranja ao álcool anidro. Assim, se a bomba estiver colorida, o combustível que está ali não é o álcool hidratado, mas a mistura irregular. [...]

De olho na mistura

O problema

Álcool "molhado", ou seja, o anidro acrescido de água não pura – com cloro e sais minerais, por exemplo – e em quantidades muito acima do estabelecido.

Fiscalização em posto de combustíveis, Brasília (DF), 2012.

As consequências

Corrosão e entupimento de componentes do motor e de todo o circuito percorrido pelo combustível. Bombas, bicos injetores, tubulações, borrachas, catalisador, câmara de combustão: todos sofrem. [...]

Os sintomas

Perda de potência, aumento no consumo e falhas no funcionamento do motor.

Previna-se

A utilização de corante laranja no álcool anidro, proposta pela ANP, vai se tornar obrigatória ano que vem. Então, olho na bomba: se o álcool estiver colorido, rejeite. Só serve se for transparente. Procure abastecer em posto de confiança, desconfie de preços excessivamente baixos e sempre peça nota fiscal – ela é seu álibi caso você queira brigar por ressarcimentos.

ERTHAL, Aline Duque; CALMON, Julio. Disponível em: <http://www.jornalcana.com.br/nem-o-alcool-escapa/>. Acesso em: 29 maio 2014.

Analise e discuta

1. Discuta com seus companheiros de grupo a diferença entre "álcool anidro", "álcool hidratado" e "álcool molhado".
2. Alguns postos de combustíveis apresentam densímetros acoplados às bombas para que o consumidor verifique a qualidade do combustível. Em sua opinião, esses aparelhos garantem ou não ao consumidor a aquisição de um produto de qualidade? Por quê?
3. Considere a seguinte situação hipotética: ao terminar de "encher o tanque", a bomba de combustível indicava a compra de 44,3 L de combustível. Esse instrumento de medida havia sido recentemente testado e aprovado pela fiscalização. De acordo com o que você estudou sobre as unidades de medida, pode-se afirmar que o consumidor adquiriu exatamente a quantidade indicada na bomba? Por quê?

Esquema do capítulo

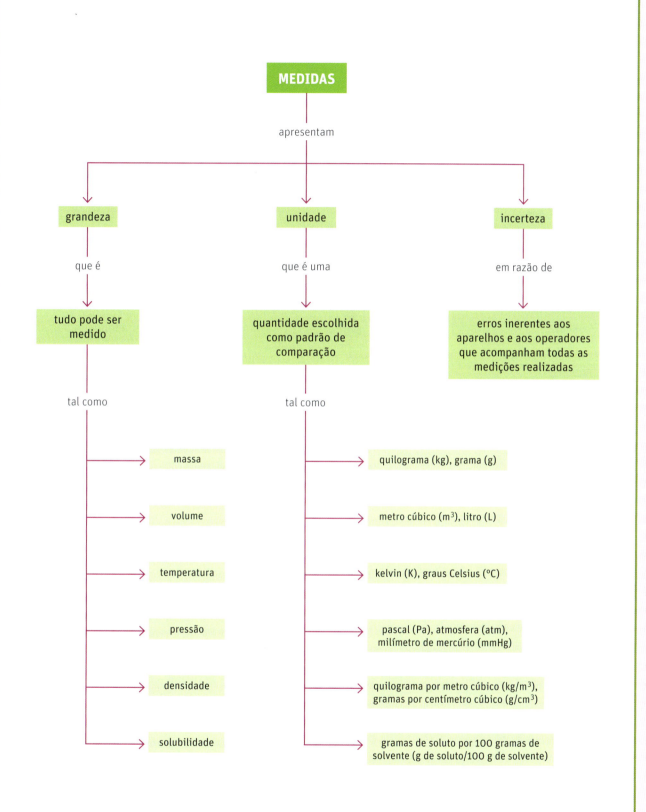

Vestibular e Enem

23. (Enem) O controle de qualidade é uma exigência da sociedade moderna na qual os bens de consumo são produzidos em escala industrial. Nesse controle de qualidade são determinados parâmetros que permitem checar a qualidade de cada produto. O álcool combustível é um produto de amplo consumo muito adulterado, pois recebe adição de outros materiais para aumentar a margem de lucro de quem o comercializa. De acordo com a Agência Nacional de Petróleo (ANP), o álcool combustível deve ter densidade entre 0,805 g/cm³ e 0,811 g/cm³.

Em algumas bombas de combustível a densidade do álcool pode ser verificada por meio de um densímetro similar ao desenhado abaixo, que consiste em duas bolas com valores de densidade diferentes e verifica quando o álcool está fora da faixa permitida. Na imagem, são apresentadas situações distintas para três amostras de álcool combustível.

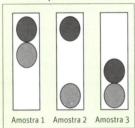

Amostra 1   Amostra 2   Amostra 3

A respeito das amostras ou do densímetro, pode-se afirmar que:

a) a densidade da bola escura deve ser igual a 0,811 g/cm³.
b) a amostra 1 possui densidade menor do que a permitida.
c) a bola clara tem densidade igual à densidade da bola escura.
d) a amostra que está dentro do padrão estabelecido é a de número 2.
e) o sistema poderia ser feito com uma única bola de densidade entre 0,805 g/cm³ e 0,811 g/cm³.

24. (UFG-GO) Uma peça metálica com geometria cúbica foi fabricada com um dos elementos químicos apresentados na tabela a seguir.

Metal	Densidade (g/cm³)
Pt	21,1
Au	19,3
Pd	12,0
Ag	10,5
Cr	7,2

Considerando-se a aresta do cubo igual a 2,5 cm e a massa total da peça igual a 112,5 g, conclui-se que o metal utilizado para construção da peça metálica foi:

a) a Pt
b) o Au
c) o Pd
d) a Ag
e) o Cr

25. (Enem) Pelas normas vigentes, o litro do álcool hidratado que abastece os veículos deve ser constituído de 96% de álcool puro e 4% de água (em volume). As densidades desses componentes são dadas na tabela 1. Um técnico de um órgão de defesa do consumidor inspecionou cinco postos suspeitos de venderem álcool hidratado fora das normas. Colheu uma amostra do produto em cada posto, mediu a densidade de cada uma, obtendo a tabela 2.

Tabela 1

Substância	Densidade (g/L)
Água	1 000
Álcool	800

Tabela 2

Posto	Densidade do combustível (g/L)
I	822
II	820
III	815
IV	808
V	805

A partir desses dados, o técnico pôde concluir que estavam com o combustível adequado somente os postos:

a) I e II.
b) I e III.
c) II e IV.
d) III e V.
e) IV e V.

26. (Acafe-SC) Quando se espreme um limão em água, as sementes ficam imersas na solução obtida, mas, adicionando-se açúcar, passam a flutuar na superfície. Isso ocorre porque:

a) as sementes diminuem sua densidade.
b) o açúcar aumenta a densidade da solução.
c) a solução não se altera.
d) o açúcar reduz a densidade da solução.
e) a densidade das sementes aumenta.

27. (Enem) A gasolina é vendida por litro, mas, em sua utilização como combustível, a massa é o que importa. Um aumento da temperatura ambiente leva a um aumento no volume da gasolina. Para diminuir os efeitos práticos dessa variação, os tanques dos postos de gasolina são subterrâneos. Se os tanques não fossem subterrâneos:

I. Você levaria vantagem ao abastecer o carro na hora mais quente do dia, pois estaria comprando mais massa por litro de combustível.
II. Abastecendo com a temperatura mais baixa, você estaria comprando mais massa de combustível para cada litro.
III. Se a gasolina fosse vendida por quilograma em vez de por litro, o problema comercial decorrente da dilatação da gasolina estaria resolvido.

Dessas considerações, somente:

a) I é correta.
b) II é correta.
c) III é correta.
d) I e II são corretas.
e) II e III são corretas.

Para explorar

Livros

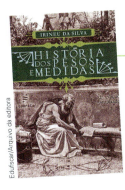

- ***História dos pesos e medidas**, de Irineu da Silva. São Carlos, SP: Edufscar, 2010.*
  O livro aborda a história dos pesos e das medidas desde a Antiguidade até os dias atuais, associando-os com as relações humanas e suas implicações sociais.

- ***Tudo o que você faz tem a ver com a química**, de Mariza Magalhães. São Paulo: Livraria da Física, 2007.*
  O livro relaciona de forma descontraída fenômenos químicos com o dia a dia das pessoas. Entre os temas abordados estão: higiene pessoal, objetos de uso diário, alimentação, remédios, transporte e lazer.

- ***Química na cabeça**, de Alfredo Luis Mateus. Belo Horizonte: Ed. da UFMG, 2001.*
  O autor apresenta, por meio de vários experimentos, utilizando materiais simples e de fácil acesso, diversas explicações e fatos sobre a Química.

Sites

- <http://www.pontociencia.org.br>. Acesso em: 25 mar. 2014.
  Esse projeto desenvolvido por alunos e professores da Universidade Federal de Minas Gerais disponibiliza um acervo de informações das várias áreas da ciência, dentre elas, a Química. Nesse *site*, você também encontrará instruções passo a passo, com fotos e vídeos, de experimentos de Química, Física e Biologia.

- <http://mundoestranho.abril.com.br/materia/como-foram-calculados-o-metro-o-litro-e-o-quilo>. Acesso em: 25 mar. 2014.
  Essa matéria fornece informações sobre como foram calculadas as unidades metro e quilo.

UNIDADE 2

Propriedades dos materiais

Nesta unidade

- **3** Matéria e energia
- **4** Sistemas, substâncias puras e misturas
- **5** Separação de misturas
- **6** Propriedades e transformações da matéria

Os seres humanos retiram da natureza inúmeros materiais, como o petróleo — um recurso natural de grande importância econômica. A análise da composição e das propriedades desses materiais é o que permite sua utilização e transformação para suprir nossas necessidades materiais e energéticas.

Nesta unidade, além de conhecer um pouco mais sobre as propriedades dos materiais, você vai identificar do que eles são formados e quais os processos mais adequados para separar seus componentes.

Refinaria de petróleo em Paulínia (SP), 2012.

O petróleo é um recurso mineral resultante de uma complexa mistura de materiais. Nas refinarias, como a de Paulínia (SP) — a maior do país —, mostrada na fotografia abaixo, são extraídos diversos subprodutos do petróleo, como a gasolina, o óleo *diesel*, o gás de cozinha e muitos outros.

Do petróleo retiram-se materiais que são utilizados diretamente ou transformados em outros, cujas aplicações são determinadas pelas propriedades específicas. Todas as transformações realizadas para obter subprodutos do petróleo demandam energia.

Questões para reflexão

1. Em sua opinião, a fotografia a seguir fornece informações sobre se os processos em refinarias prejudicam o ambiente? Justifique.
2. Produtos derivados do petróleo são usados como matéria-prima para a fabricação de diversos tipos de plástico. O descarte de plástico pode ser prejudicial ao ambiente? Justifique.
3. Vazamentos de petróleo formam manchas que causam sérios problemas ambientais. Por que o petróleo boia na superfície da água?

CAPÍTULO 3
Matéria e energia

Neste capítulo
1. Alguns conceitos importantes.
2. Mudanças de estado físico.

Chama provocada por gasolina. É possível identificar as transformações que ocorrem quando um combustível está em chamas?

A imagem acima mostra um material combustível em chamas. Como se caracteriza um material combustível e o que o diferencia de um não combustível?

Quando nos aproximamos de algo que está em chamas, podemos observar algumas transformações, como a liberação de energia térmica, a emissão de luz (em diversos casos) e a diminuição da massa do combustível, entre outras.

Em sua opinião, o fogo – de grande importância para a sobrevivência e para o desenvolvimento da humanidade – é formado por matéria ou energia?

Neste capítulo, você vai aprofundar um pouco mais os seus conhecimentos sobre matéria e energia, reconhecer que algumas propriedades podem ser utilizadas na identificação dos materiais, enquanto outras não, e ainda analisar o comportamento de alguns sistemas durante o aquecimento dos materiais. Você vai perceber também que energia e matéria estão relacionadas a processos de transformação química.

1. Alguns conceitos importantes

Muitas transformações ocorrem ao nosso redor e dentro de nós mesmos a todo instante. Essas transformações envolvem **matéria** e **energia**. A chama mostrada na fotografia da abertura deste capítulo representa um exemplo de queima de matéria com liberação de energia.

▷ Matéria e energia em uma combustão

A matéria pode ser encontrada, principalmente, na forma de sólido, líquido ou gás. A energia, como já vimos, pode se manifestar sob a forma de luz, de calor, de eletricidade, de movimento (de água ou de ar), entre outras.

A combustão, ou queima, é um tipo de transformação que envolve a combinação entre um material **combustível** e um material **comburente** (material capaz de interagir com um combustível resultando em combustão, geralmente o gás oxigênio), com formação de outros materiais e liberação de energia. Durante uma combustão, parte da energia armazenada no combustível e no comburente é transformada em energia térmica e luminosa.

A exploração e o refino dos combustíveis fósseis – matéria resultante da decomposição de restos de animais, plantas e outros seres vivos soterrados há milhões de anos – permitiram uma série de facilidades no mundo contemporâneo. A gasolina que movimenta nossos automóveis, o óleo *diesel* que abastece ônibus e caminhões, o gás de cozinha usado para aquecer, assar ou cozinhar os alimentos e o carvão mineral usado em usinas termoelétricas são alguns exemplos da aplicação dos combustíveis fósseis.

As reações de combustão são de extrema importância não só pela energia obtida por meio da queima de combustíveis, mas também por sua participação em nosso metabolismo. A "queima" da glicose, por exemplo, consiste em sua transformação com liberação gradual de energia, que é utilizada ou armazenada durante os processos metabólicos. Essa energia contribui para a manutenção da temperatura corpórea, para a respiração e para a execução de muitas atividades realizadas pelo nosso corpo.

Chama obtida pela queima do gás de cozinha, também conhecido por gás liquefeito de petróleo (GLP).

Saiba mais

O controle do fogo

Aprender a produzir e a controlar o fogo foi uma das grandes conquistas da humanidade. Com o fogo, o ser humano conseguiu afugentar os animais que o ameaçavam e não temer mais o frio ou a escuridão. Alimentos cozidos ou assados passaram a fazer parte da dieta humana.

O fogo também colaborou com o desenvolvimento de várias técnicas, como a produção de utensílios de cerâmica com barro e a obtenção dos metais a partir dos minérios.

O vidro, as ligas metálicas, a porcelana, o cimento armado e muitos outros materiais extremamente importantes no nosso cotidiano são produzidos pela ação do fogo.

Representação artística de um ser humano primitivo produzindo e controlando o fogo, um dos principais avanços da humanidade. Louis Figuier, 1870. Gravura colorizada posteriormente.

43

❯ Propriedades da matéria

Quando uma porção de água pura em uma panela ferve ao ser aquecida na boca do fogão, podemos observar pelo menos dois fenômenos: a água líquida sendo transformada em água gasosa e a combustão do gás, que produz uma chama azul e fornece energia para o aquecimento da água. Essas duas transformações têm diferentes características.

Durante a ebulição da água é possível identificar duas transformações distintas: a combustão (queima) do gás e a mudança de estado físico da água.

A fervura (ebulição) não altera a composição da matéria (a água continua sendo água) e ocorre a uma temperatura específica nas condições do aquecimento, o que corresponde a uma propriedade física da água.

Já a queima (combustão) do gás de cozinha implica uma alteração de composição, pois o gás e o oxigênio se transformam em outros materiais. A combustibilidade é uma propriedade química do gás de cozinha.

As **propriedades químicas** de um material estão associadas à sua capacidade de transformar-se em outro material. Uma propriedade química da gasolina é a de queimar-se em determinadas condições e, com isso, produzir energia e outros materiais.

As **propriedades físicas** de um material são as que podem ser observadas ou medidas sem que ocorra modificação na composição do material. Alguns exemplos de propriedades físicas são: a cor, a dureza, o estado físico (sólido, líquido ou gasoso) e a densidade. Uma propriedade física da gasolina é ser líquida em condições ambientes.

As **propriedades físicas** podem ser **gerais** ou **específicas**.

Propriedades físicas gerais da matéria

A massa e o volume são propriedades físicas gerais da matéria, uma vez que são comuns a toda matéria, independentemente da sua constituição. As propriedades físicas gerais não permitem diferenciar materiais. Por exemplo, a medida de 1 quilograma pode representar a massa de muitos materiais diferentes, assim como 1 litro pode representar o volume de inúmeros materiais.

Alguns alimentos são comercializados pela sua massa, e outros, pelo volume.

Química e Física

Aceleração da gravidade, massa e peso

O astronauta Alan L. Bean, da missão Apollo 12, na Lua, 1969. O peso do astronauta na Lua é aproximadamente seis vezes menor que na Terra, mas a massa dele é a mesma tanto aqui como lá.

A **força gravitacional** terrestre atrai os corpos para o centro do planeta. A força com que a Terra os atrai é o **peso** do corpo. O peso depende da **massa** de cada corpo e da aceleração da gravidade do planeta.

A massa de um corpo está relacionada à quantidade de matéria que o constitui e não depende da aceleração da gravidade. Por isso, o peso de um corpo pode variar em diferentes planetas, mas a massa será sempre a mesma.

Um astronauta que for à Lua poderá pular alto sem muito esforço, pois lá a força gravitacional é cerca de seis vezes menor que na Terra.

Propriedades físicas específicas da matéria

O conhecimento da massa ou do volume de um objeto não permite a identificação do material de que ele é feito. Os materiais apresentam, porém, certas propriedades físicas – tais como densidade, temperatura em que o material ferve (temperatura de ebulição) ou se funde (temperatura de fusão), condutibilidades elétrica e térmica, cor, textura, sabor e cheiro – que variam de um material para outro. Essas são as **propriedades físicas específicas da matéria**. Cada material apresenta um **conjunto** exclusivo de propriedades específicas, o que possibilita a sua identificação.

Cor, textura, sabor e cheiro são propriedades específicas chamadas de **organolépticas** – aquelas percebidas pelos órgãos dos sentidos. Em muitos casos não é adequado utilizar todas essas propriedades para identificar materiais, porque há gases tóxicos incolores e inodoros e líquidos letais com a mesma aparência da água. Por isso, não devemos inalar, ingerir ou manipular materiais de composição desconhecida.

Observe algumas propriedades físicas específicas da água na tabela abaixo.

Estado físico a 25 °C e 1 atm	Líquido
Temperatura em que a água ferve, a 1 atm	100 °C
Temperatura em que o gelo se funde, a 1 atm	0 °C
Densidade, a 25 °C e 1 atm	1 g/cm^3
Propriedades organolépticas	Incolor, inodora, insípida

Fonte de pesquisa disponível em: <http://www.uff.br/ecosed/PropriedadesH2O.pdf>.
Acesso em: 12 abr. 2014.

Ser líquida, incolor, inodora e insípida não é característica exclusiva da água. Podemos afirmar, entretanto, que ferver a 100 °C e congelar a 0 °C (ambos a 1 atm), ter densidade de 1 g/cm^3, ser incolor, inodora e insípida correspondem a um conjunto de propriedades que pertence somente à água.

Da mesma forma, uma pessoa pode ser reconhecida pelo conjunto de suas características: fisionomia, cor da pele, dos olhos e dos cabelos, impressões digitais e outras características pessoais. É por isso que essas características são consideradas para a expedição de documentos de identificação de uma pessoa, como cédula de identidade, Carteira Nacional de Habilitação, passaporte e carteira profissional.

Propriedades extensivas e intensivas da matéria

As propriedades físicas também podem ser classificadas, de acordo com a quantidade da amostra, em extensivas ou intensivas. As **propriedades extensivas** variam conforme a quantidade do material contido na amostra. É o caso da energia liberada em uma combustão: duplicando, por exemplo, a quantidade de combustível, duplica-se a quantidade de energia liberada. As **propriedades intensivas** são as que não dependem da quantidade de material contido na amostra. É o caso da temperatura e da densidade, que não se alteram quando a quantidade de material é modificada.

Saiba mais

Plasma: o quarto estado

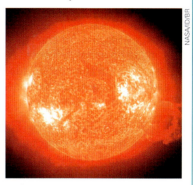

O plasma está a uma temperatura de aproximadamente 84 mil graus Celsius em determinadas regiões da superfície solar.

Além de se apresentar nos estados sólido, líquido e gasoso, a matéria pode ser encontrada em um quarto estado físico, denominado **plasma**.

O plasma é formado por um conjunto de partículas em condições especiais. Os plasmas geralmente são muito quentes e densos (como no núcleo das estrelas).

Acredita-se que 99% de tudo o que existe no Universo esteja na forma de plasma. Esse estado da matéria, no entanto, não é comum na Terra, pois só ocorre em condições especiais.

A massa e o volume são propriedades extensivas (dependem da quantidade da amostra). A densidade (relação entre massa e volume) é uma propriedade intensiva (não depende da quantidade da amostra analisada). Independentemente da quantidade de gelo presente na água líquida, ele flutua porque tem densidade menor que a da água do mar.
Iceberg na Groenlândia, 2010.

Atividades

1. Uma chaleira contendo água foi colocada sobre a boca acesa de um fogão. Quais são as transformações físicas e químicas que ocorrem nessa situação?

2. Um químico analisa algumas propriedades do acetato de etila, um dos componentes do removedor de esmalte de unhas, a fim de verificar sua capacidade de entrar em combustão, sua densidade e solubilidade em água. Quais dessas propriedades são físicas e quais são químicas?

3. Não é recomendável experimentar, cheirar ou manusear materiais desconhecidos na tentativa de identificá-los porque há propriedades organolépticas que não oferecem segurança. Quais materiais você conhece que não podem ser diferenciados apenas pelo aspecto visual?

4. Considere os objetos a seguir e responda.

Canudos plásticos.

Prego.

Fio de cobre.

Giz.

Bexigas (balões de festa).

Garrafas de refrigerante.

Copo de vidro.

a) Quais possuem massa?
b) Quais ocupam lugar no espaço?
c) Qual deles apresenta maior elasticidade?
d) Quais deles têm baixa resistência ao impacto (baixa tenacidade)?
e) Quais objetos são bons condutores de eletricidade?
f) Quais conduzem bem o calor?

5. Classifique as propriedades citadas a seguir em extensivas ou intensivas.
   a) A temperatura em que o gelo derrete.
   b) A cor do açúcar.
   c) A densidade da gasolina.
   d) A massa de um livro.

6. Cite uma propriedade intensiva capaz de diferenciar uma panela feita de aço de outra, feita de barro.

7. Indique se as propriedades apresentadas são extensivas ou intensivas.
   a) A energia liberada na queima de álcool.
   b) A temperatura em que o álcool ferve.

8. Relacione as descrições feitas a seguir com propriedades físicas ou químicas dos materiais envolvidos.
   a) O ferro se transforma em ferrugem na presença de ar e umidade.
   b) O ferro é cinza e sólido em condições ambientes.
   c) O papel produz cinzas ao pegar fogo.
   d) O alumínio apresenta densidade de 2,7 g/cm^3.
   e) O etanol ferve a 78 °C, sob pressão de 10^5 Pa (aproximadamente 1 atm).
   f) A combustão do etanol libera gases e energia.

9. Cite uma característica apresentada somente pelos gases e uma específica dos sólidos.

10. Temperatura é uma propriedade geral, mas a temperatura em que um líquido ferve é uma propriedade específica desse líquido. Discuta essa afirmação.

2. Mudanças de estado físico

Uma observação atenta revela que a matéria, além de ser encontrada no estado sólido, líquido ou gasoso, pode coexistir em mais de um estado físico. Isso ocorre nas **mudanças de estado físico** ou de **estados de agregação**.

Variações de temperatura e de pressão podem provocar mudanças do estado físico da matéria sem, contudo, alterar sua composição.

Se cubos de gelo forem retirados de um congelador e expostos à temperatura ambiente, depois de alguns instantes, eles começam a derreter. Dizemos que o gelo sofre **fusão** (passagem do estado sólido ao líquido). O processo inverso é denominado **solidificação** (passagem do estado líquido ao sólido).

Quando a água líquida é colocada em aquecimento, em determinado instante ela começa a ferver, e bolhas de vapor de água saem do líquido. Trata-se da **ebulição** da água (passagem do estado líquido ao gasoso). Porém, se uma tampa for colocada sobre o recipiente que contém a água em ebulição, o vapor de água transforma-se em água líquida na superfície interna da tampa. A passagem do estado gasoso ao líquido por diminuição de temperatura ou aumento de pressão recebe o nome de **condensação** ou **liquefação**.

Alguns materiais podem passar diretamente do estado sólido ao gasoso (**sublimação**). É o que acontece com as bolinhas de naftalina usadas para evitar a presença de traças em armários. A naftalina sublima, e o tamanho da bolinha diminui, deixando o armário impregnado com seu cheiro (seus vapores). O processo inverso é chamado também de **sublimação** ou **ressublimação** (passagem do estado gasoso ao sólido).

As mudanças de estado estão representadas no esquema abaixo.

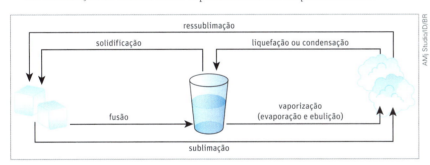

Esquema, fora de escala e em cores-fantasia, da mudança de estado físico da água. Lembre-se de que a água no estado gasoso é invisível. Portanto, o que geralmente se vê quando a fervemos é água na forma de névoa — gotículas formadas pela condensação do vapor.

Os processos que ocorrem com aquecimento (**absorção de calor**) são chamados de **endotérmicos**. É o caso da **fusão**, da **vaporização** e da **sublimação**.

Os processos que ocorrem com resfriamento (**liberação de calor**) são chamados de **exotérmicos**. É o que ocorre na **condensação** (ou **liquefação**), na **solidificação** e na **ressublimação**.

Observações:
1. Os termos **gás** e **vapor** não são sinônimos. Todo vapor é gás, mas nem todo gás é vapor. Considera-se vapor um gás que pode passar para o estado líquido apenas por aumento de pressão, sem que seja necessária uma diminuição de temperatura.
2. A **vaporização** pode ocorrer em velocidades diferentes, dependendo da quantidade de energia envolvida. A **evaporação** corresponde a uma vaporização que ocorre na superfície do líquido a uma temperatura abaixo da de ebulição. A **ebulição** corresponde à vaporização quando o líquido atinge a temperatura de ebulição.

Saiba mais

Gelo-seco

O gelo-seco é muito utilizado para produzir o efeito especial de "nevoeiro" em eventos, apresentações musicais, espetáculos teatrais e danceterias.

Gelo-seco é o nome popular do dióxido de carbono solidificado, muito utilizado como recurso de refrigeração. A temperatura na superfície de um bloco de gelo-seco é igual ou inferior a −78 °C. Ao ser aquecido na pressão atmosférica, ele torna-se imediatamente gás de dióxido de carbono (gás carbônico), sem passar pelo estado líquido (sublimação).

Quando o ar quente circula sobre o gelo-seco, forma-se uma "nuvem branca" que, por ser mais densa que o ar, permanece ao nível do chão. Esse efeito é utilizado em espetáculos teatrais e apresentações musicais.

Gráficos de mudança de estado físico

O acompanhamento dos valores de temperatura em função do tempo de aquecimento do gelo até sua total vaporização nos permite construir a curva de aquecimento da água, como veremos a seguir.

Curva de aquecimento da água

Considere uma amostra de água a −25 °C, retirada de um *freezer*, sendo aquecida até alcançar a temperatura de 130 °C, sob pressão de 1 atm (aproximadamente 1×10^5 Pa). A temperatura do sistema é medida em intervalos regulares de tempo, e os valores obtidos são usados para construir um gráfico de temperatura (em °C) em função do tempo de aquecimento (em minutos). Com esse procedimento, é possível construir o seguinte gráfico.

Química tem história

Pontos zero e cem

Anders Celsius (1701-1744). Gravura contemporânea. Colorizada posteriormente. Sem data.

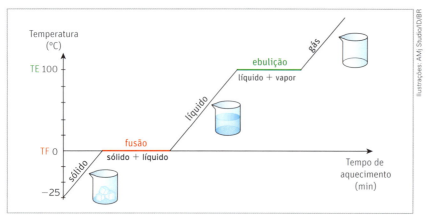

Diagrama de mudança de estado físico da água ou curva de aquecimento da água.

Sob aquecimento contínuo, a temperatura do gelo aumenta até atingir 0 °C, mas permanece constante durante sua **fusão**. Essa temperatura constante corresponde **à temperatura de fusão** (TF) ou **ponto de fusão** (PF) do gelo. A temperatura do sistema (gelo + água líquida) não varia.

Depois da fusão, a temperatura da água líquida aumenta com o aquecimento até atingir 100 °C, quando se inicia a segunda mudança de estado físico (ebulição). Graficamente, observa-se um segundo patamar paralelo ao eixo do tempo. Note que a temperatura também permanece constante durante a passagem do estado líquido para vapor, pois a energia fornecida ao sistema é absorvida para converter todo o líquido em vapor. Essa temperatura é chamada de **temperatura de ebulição** (TE) ou **ponto de ebulição** (PE) da água.

Sob pressão constante, as temperaturas de fusão e de ebulição da água apresentam valores fixos e tabelados. O tempo de aquecimento, entretanto, varia de acordo com a quantidade de matéria que está sendo aquecida e analisada.

Celsius estudou Astronomia, Matemática e Física experimental. Trabalhou como professor de Astronomia e passou quatro anos visitando os principais observatórios europeus. Foi o primeiro a associar a aurora boreal ao campo magnético da Terra, fez observações sobre eclipses e publicou um catálogo com um total de trezentas estrelas e com o cálculo de suas magnitudes.

Ele ficou conhecido, contudo, principalmente pela escala termométrica que hoje leva seu nome. Apesar de a escala (divisão em cem partes iguais com cada divisão correspondendo a 1 grau) já ser conhecida, Celsius propôs dois "pontos fixos" no termômetro: o ponto de ebulição (ponto cem) e o de congelamento (ponto zero) da água.

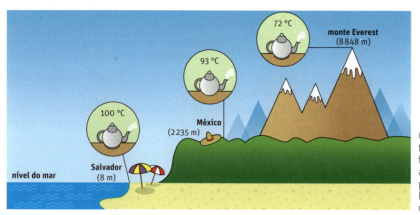

Os valores da temperatura de fusão e ebulição da água dependem da pressão atmosférica. Representação fora de escala.

Curva de aquecimento de outros materiais

O estudo do aquecimento de diversos materiais levou à constatação de que apenas os materiais puros, isto é, formados por um único constituinte, apresentam temperaturas constantes durante a fusão e a ebulição. O gráfico ao lado demonstra o aspecto geral das curvas de aquecimento dos materiais puros. Os valores de TF e TE são específicos de cada material e podem ser utilizados para identificá-los.

Observe os exemplos a seguir.

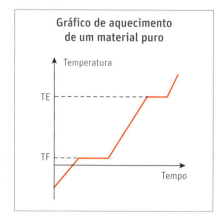
Gráfico de aquecimento de um material puro

Material	TF (°C) ao nível do mar	TE (°C) ao nível do mar
Oxigênio	−223,0	−183,0
Etanol	−114,0	78,0
Acetona	−95,0	56,0
Mercúrio	−39,0	357,0
Alumínio	660,0	2 519,0

Fonte de pesquisa: LIDE, David R. *CRC handbook of Chemistry and Physics.* Internet version (87th edition). CRC-Press. Taylor and Francis Group. Florida: Boca Raton, 2007.

É importante observar que a temperatura de fusão de um material puro é a mesma de sua solidificação. Da mesma forma, as temperaturas de ebulição e liquefação são iguais para um mesmo material puro, dependendo se ocorre aquecimento ou resfriamento do sistema. Observe o gráfico de resfriamento da água apresentado ao lado.

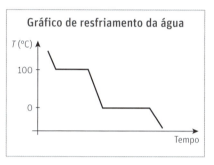
Gráfico de resfriamento da água

Exercício resolvido

11. Um químico recebeu uma amostra sólida para ser analisada. Ele fez o aquecimento contínuo de **uma parte** dessa amostra utilizando uma fonte constante de calor, anotando a temperatura a cada 2 minutos e observando o estado físico do material. Tabelou esses dados e construiu o gráfico abaixo, que representa o processo de aquecimento da amostra nas condições em que o experimento foi realizado.

Analise o gráfico e responda às questões a seguir.

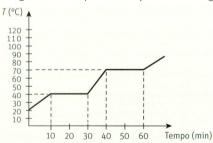

a) Determine o estado físico da amostra, sob mesma pressão, nas seguintes temperaturas: 35 °C, 60 °C e 100 °C.

b) Qual a temperatura de fusão (TF) da amostra sob mesma pressão? A partir de que instante iniciou-se a fusão? Quanto tempo foi necessário para que a amostra sofresse fusão total?

c) Qual o aspecto (estado) físico do material após 20 minutos de aquecimento?

d) Caso o químico interrompesse o aquecimento após 35 minutos, e a amostra sofresse um resfriamento, em que temperatura a amostra começaria a se solidificar?

e) Qual a temperatura de ebulição (TE) da amostra?

f) Supondo que o químico tivesse usado toda a amostra, ocorreria mudança na TF e na TE? E no tempo de aquecimento? A TF e a TE são propriedades extensivas ou intensivas?

Solução

a) Sólido a 35 °C, pois ainda não atingiu a TF. Líquido a 60 °C, pois é uma temperatura intermediária entre 40 °C e 70 °C. Gasoso a 100 °C, por estar a uma temperatura superior à TE.

b) A TF da amostra é de 40 °C. A fusão inicia-se aos 10 minutos de aquecimento, sendo necessários 20 minutos para que toda a amostra derreta. Durante esse tempo, o calor fornecido ao sistema é utilizado para transformar o sólido em líquido e, por isso, a temperatura não varia.

c) Haverá líquido e sólido no sistema porque apenas parte do sólido sofreu fusão.

d) A solidificação ocorre na mesma temperatura que a fusão. Portanto, a 40 °C.

e) A TE é 70 °C, em que se observa o segundo patamar (entre 40 e 60 minutos).

f) A TF e a TE não dependem da massa da amostra analisada e, portanto, não mudam e são exemplos de propriedades intensivas. Já o tempo de aquecimento seria maior, pois depende da quantidade da amostra.

Atividades

12. As temperaturas de fusão e de ebulição do ferro são, respectivamente, 1 530 °C e 2 450 °C. Indique o estado físico do ferro nas seguintes temperaturas.
a) 20 °C c) 1 000 °C e) 3 000 °C
b) 100 °C d) 2 000 °C

13. Observe a tabela abaixo, cujos valores foram obtidos sob pressão de 1 atm.

Material	Temperatura de fusão (°C)	Temperatura de ebulição (°C)
Cálcio	842,0	1 484,0
Cobre	1085,0	2 562,0
Bromo	−7,2	59,0
Amônia	−78,0	−33,0
Ouro	1064,0	2 856,0

Fonte de pesquisa: LIDE, David R. *CRC handbook of Chemistry and Physics*. Internet version (87th edition). CRC-Press. Taylor and Francis Group. Florida: Boca Raton, 2007. Seção 4.

Classifique esses materiais como sólidos, líquidos ou gasosos, a 1 atm, nas seguintes temperaturas.
a) 20 °C b) −100 °C c) 1 000 °C

14.

Substância	TF (medida a 1 atm)	TE (medida a 1 atm)
X	−70 °C	10 °C
Y	−25 °C	25 °C
W	70 °C	320 °C
R	−160 °C	−30 °C
T	0 °C	100 °C

Dentre as substâncias citadas, a que está no estado gasoso à temperatura de 5 °C e a que está no estado sólido a 25 °C são respectivamente:
a) R e W c) Y e X e) W e T
b) X e R d) T e Y

15. Considere dois béqueres iguais contendo quantidades diferentes de água pura a 25 °C. Eles foram aquecidos durante 20 minutos, sob pressão de 1 atm, com uma mesma chama. A temperatura da água em cada béquer foi medida em função do tempo de aquecimento e os resultados encontrados estão registrados nos gráficos abaixo.

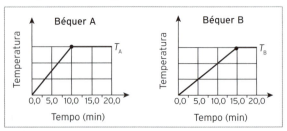

a) Qual o valor das temperaturas T_A e T_B? Justifique.
b) Por que demorou mais tempo para que a água contida no béquer B entrasse em ebulição?

16. O gráfico ao lado representa a variação de temperatura observada no aquecimento de uma substância A.

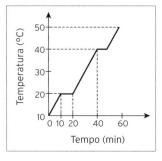

a) Em qual faixa de temperatura essa substância permanece sólida?
b) Em qual faixa de temperatura ela é totalmente líquida?
c) Qual a temperatura de ebulição da substância A?
d) Quanto tempo demora a fusão?

17. O gráfico representa a curva de resfriamento da água pura à pressão constante de 1 atm. Julgue correto ou incorreto cada um dos itens a seguir e, no caso de erro, reescreva a frase corretamente.

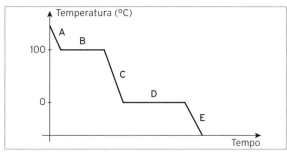

a) O fenômeno que ocorre na região B da curva é a solidificação, e há duas fases em equilíbrio.
b) Na região C da curva, há somente a fase sólida.
c) Nas regiões B e D da curva, a temperatura permanece constante.
d) Na região D da curva, coexistem as fases sólida e líquida.

18. Observe alguns dados sobre o metal mercúrio.

Densidade	13,6 g/mL
Temperatura de fusão	−38,8 °C
Temperatura de ebulição	356,6 °C
Estado físico natural	Líquido à temperatura ambiente
Solubilidade em água	Praticamente insolúvel

Fonte de pesquisa: LIDE, David R. *CRC handbook of Chemistry and Physics*. Internet version (87th edition). CRC-Press. Taylor and Francis Group. Florida: Boca Raton, 2007. p. 712.

a) Qual é a menor temperatura, em graus Celsius, que pode ser medida com um termômetro de mercúrio? Justifique.
b) Esse termômetro pode ser usado para medir a TE da água sob pressão de 1 atm? Por quê?
c) Quando o mercúrio é adicionado à água, ambos à temperatura ambiente, ele flutua ou afunda? Indique os dados que lhe permitem explicar sua resposta.

Atividade experimental

Aquecimento de uma amostra de água e construção do gráfico de mudança de estado físico da água

Objetivo

Monitorar a temperatura durante o aquecimento de uma amostra de água líquida e construir o gráfico da temperatura em função do tempo de aquecimento.

Material

- béquer de 500 mL ou panela de mesma capacidade
- termômetro que meça temperaturas até 110 °C
- suporte de ferro com garra
- tripé com tela de amianto*
- bico de Bunsen, lamparina ou fogão
- água de torneira e sal de cozinha
- bastão de vidro

Equipamentos de segurança: Avental de algodão com mangas compridas e óculos de segurança.

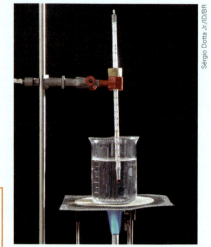

Demonstração do experimento montado.

* O material que compõe a chamada "tela de amianto" é a cerâmica, embora o nome antigo tenha sido mantido.

Procedimento

Realize esta atividade em grupo.

1. Coloque o béquer com aproximadamente 350 mL de água líquida sobre o tripé de ferro apoiado na tela de amianto.
2. Prenda o termômetro de maneira que seu bulbo fique abaixo do nível da água. **Cuidado para não aproximar o bulbo do termômetro do fundo do recipiente**.
3. Espere 5 minutos para que o sistema atinja o equilíbrio térmico e anote a temperatura inicial da água.
4. Inicie o aquecimento da água com a chama de um bico de gás. Agite o sistema usando um bastão de vidro. **Cuidado para não bater o bastão no termômetro**. Anote em seu caderno as temperaturas em intervalos de 1 minuto.
5. Determine a temperatura em que a água entra em ebulição.
6. Registre a temperatura do sistema por 5 minutos após o início da ebulição.
7. Adicione uma pequena quantidade de sal de cozinha à água em ebulição. Anote como o sistema se comporta após essa adição.
8. Continue aquecendo o sistema e anote a nova temperatura de ebulição.
9. Registre a temperatura do sistema por 5 minutos após o início da ebulição.
10. Construa o gráfico para o aquecimento da água — T (°C) × tempo (min).

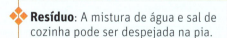

Resíduo: A mistura de água e sal de cozinha pode ser despejada na pia.

Tempo (min)	T (°C)
0	
1	
2	
3	
4	
5	
6	
7	
8	
9	
10	

Analise e discuta

1. Como você interpreta a curva de aquecimento da água da torneira?
2. Qual a temperatura de ebulição da água da torneira?
3. Durante o aquecimento, a temperatura de ebulição da água da torneira permanece constante?
4. O que acontece com o sistema que contém água em ebulição quando você adiciona uma pequena quantidade de sal de cozinha?
5. Compare os resultados obtidos pelo seu grupo com os resultados dos outros grupos de sua sala. Esses resultados são compatíveis?

Questões globais

19. O gráfico a seguir mostra a mudança de estado físico de um material provocada pelo aumento de temperatura. Indique o nome das transformações ocorridas nos intervalos A e B.

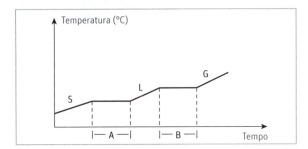

20. Duas amostras de parafina, uma de 50,0 g (amostra A) e outra de 100,0 g (amostra B) foram colocadas em tubos de ensaio separados para serem submetidas à fusão. Ambas as amostras foram aquecidas pela mesma fonte de calor. No decorrer do aquecimento de cada uma delas, as temperaturas foram anotadas de 30 em 30 segundos.

Um estudante, ao considerar esse procedimento, fez as seguintes previsões.

  I. A fusão da amostra A deve ocorrer a temperatura mais baixa que a da amostra B.
  II. A temperatura de fusão da amostra B deve ser o dobro da temperatura de fusão da amostra A.
  III. A amostra A alcança a temperatura de fusão em um tempo menor que a amostra B.
  IV. Ambas as amostras entram em fusão à mesma temperatura.

Quais afirmativas estão corretas? Justifique sua resposta.

21. Para combater traças e baratas, era comum a colocação de algumas bolinhas de naftalina no guarda-roupa. Com o passar do tempo, as bolinhas diminuíam de tamanho. Qual é a explicação desse fenômeno?

22. Analise a tabela.

Materiais	Temperatura de fusão (°C) (1 atm)	Temperatura de ebulição (°C) (1 atm)
Mercúrio	−38,8	356,6
Amônia	−77,7	−33,3
Benzeno	5,5	80,1
Naftaleno	80,3	217,9

Fonte de pesquisa: LIDE, David R. *CRC handbook of Chemistry and Physics*. Internet version (87th edition). CRC-Press. Taylor and Francis Group. Florida: Boca Raton, 2007. Seções 3 e 4.

Dos materiais citados, indique:
a) um líquido a 0 °C.
b) um gás a 0 °C.
c) os sólidos a 0 °C.
d) os gases a 600 K.
e) um líquido a 300 K.
f) os sólidos a 100 K.

23. Com base na tabela do exercício acima, determine a temperatura de fusão do mercúrio na escala Kelvin.

24. Leia o texto abaixo, que descreve o ferro.
"O ferro é um metal cinza que conduz calor e eletricidade. Ele é dúctil (capacidade de ser transformado em fios), maleável (capacidade de ser transformado em lâminas), muito duro e apresenta alta tenacidade (resistência ao impacto). Sua densidade é oito vezes maior que a da água. Misturado a outros componentes, obtém-se o aço. A descoberta desse metal marcou uma era — 'a Idade do Ferro'."
Quais propriedades específicas do ferro são citadas no texto?

25. Atualmente é possível encontrar em supermercados alimentos desidratados, isto é, isentos de água em sua composição. Um dos processos utilizados na desidratação dos alimentos é a **liofilização**, que consiste em congelá-lo a uma temperatura de −197 °C e depois submetê-lo a pressões muito baixas. Na temperatura de −197 °C, a água contida no alimento encontra-se no estado sólido e, com o abaixamento de pressão, passa diretamente para o estado de vapor, sendo então eliminada. Qual o nome da transformação de estado físico envolvida na liofilização?

26. Quando alguém passa um pouco de álcool na pele, tem a sensação de "frio" no local e, após alguns instantes, a pele fica seca. Explique o que ocorre com o álcool e o porquê da sensação de "frio".

27. A densidade do mercúrio metálico a 20 °C ao nível do mar é 13,5 g · cm^{-3}.
a) Qual é a massa de 40 cm^3 de mercúrio nessa temperatura?
b) Qual é o volume ocupado por 810 g de mercúrio nessa temperatura?
c) Quando o mercúrio é submetido a um aquecimento, ele se dilata (aumenta de volume). O que ocorre com a densidade do mercúrio líquido em temperaturas superiores a 20 °C?

28. Uma amostra de material, inicialmente líquido, foi submetida a resfriamento ao nível do mar. O gráfico da temperatura em função do tempo de resfriamento está representado abaixo.

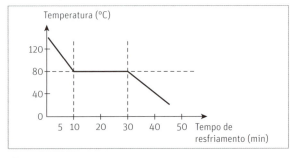

a) Durante quanto tempo essa amostra permanece só no estado líquido?
b) Qual é sua temperatura de solidificação?

Ciência, tecnologia e sociedade

Amazônia em cinzas

[...]
O desmatamento na Amazônia vem diminuindo nos últimos anos. No entanto, as queimadas na região são cada vez mais recorrentes e podem emitir uma quantidade preocupante de dióxido de carbono [gás carbônico]. O alerta é de dois pesquisadores brasileiros e foi publicado em artigo da *Science* [...].

O estudo é assinado por Luiz Aragão, da Universidade de Exeter, no Reino Unido, e Yosio Shimabukuro, do Instituto Nacional de Pesquisas Espaciais (Inpe). A solução, para eles, seria a introdução de uma política que apoie a mudança de comportamento da população amazônica para a adoção de uma agricultura sustentável e manejada livre de fogo.
[...]

Incêndio na Floresta Nacional dos Tapajós, na região amazônica, em dezembro de 2010.

Ciclo vicioso

Quando as árvores sofrem danos ou são derrubadas, a queima ou o apodrecimento da madeira libera o carbono armazenado nas árvores na forma de dióxido de carbono, o que intensifica o efeito estufa. Assim, a fumaça contribui para as mudanças climáticas, o que pode fazer com que a Amazônia fique cada vez mais seca.

"Há uma retroalimentação desse sistema, em que o carbono emitido pelas queimadas provoca alterações no clima com alta probabilidade de deixá-lo mais seco, o que proporciona condições favoráveis para mais queimadas", explica Aragão.
[...]
Os resultados mostram que o Brasil precisará se esforçar para participar de forma efetiva dos mecanismos de redução de emissões por desmatamento e degradação (Redd, na sigla em inglês), apesar de sua atuação destacada nessa discussão.

[...] somente na Amazônia, estima-se que queimadas durante anos de seca extrema contribuam para a liberação de 100 a 200 milhões de toneladas de carbono por ano.

[...] "É preciso que haja uma política de monitoramento que quantifique e controle não apenas o desmatamento, mas também as queimadas."

Expectativas contrariadas

O aumento das queimadas apesar da redução das taxas de desmatamento está potencialmente relacionado ao constante aumento das áreas de borda, que são mais secas e suscetíveis ao fogo. Essa constatação se opôs às expectativas dos pesquisadores de que haveria uma menor incidência de incêndios em função da redução da atividade humana decorrente da diminuição do desmatamento.

Como proibir as queimadas quando essa é a única maneira com que a maioria dos pequenos e médios agricultores trabalham?

A maior causa de desmatamento das florestas tropicais é a expansão da agricultura e pecuária, que fragmenta a mata e favorece a incidência de queimadas.

O Brasil ainda utiliza, principalmente, técnicas de corte e queima da vegetação, que liberam carbono pela combustão [...] e dificilmente enriquecem o solo, o que inviabiliza a utilização de longo prazo dessas áreas.
[...]

Disponível em: <http://cienciahoje.uol.com.br/noticias/2010/06/amazonia-em-cinzas>. Acesso em: 29 maio 2014.

Analise e discuta

1. Leia a afirmação a seguir.
"Como proibir as queimadas quando essa é a única maneira com que a maioria dos pequenos e médios agricultores trabalham?"
Discuta o que poderia ser feito para diminuir as queimadas realizadas por pequenos e médios agricultores.

2. Pesquise em livros e *sites* sobre o efeito estufa. De acordo com o texto, quais são os problemas causados pela intensificação do efeito estufa na região Amazônica?

Esquema do capítulo

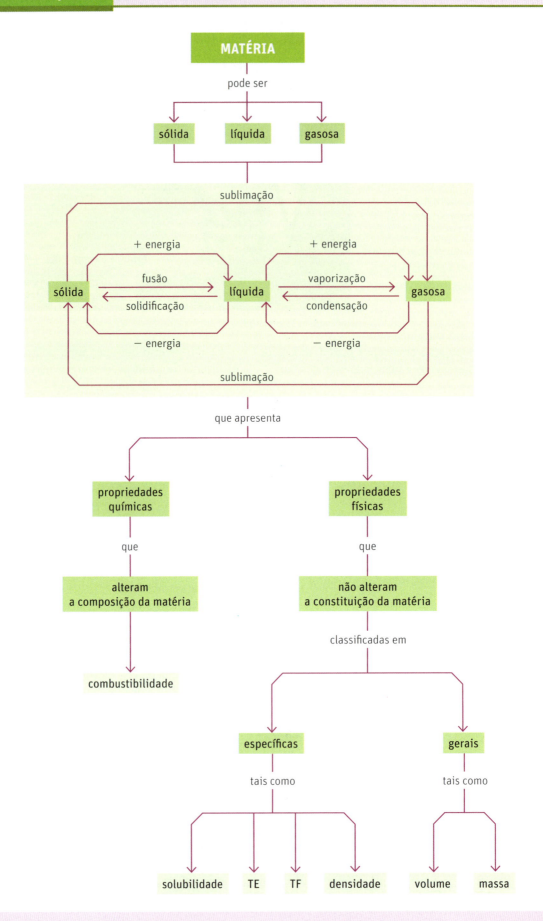

Vestibular e Enem

29. (Enem) Ainda hoje, é muito comum as pessoas utilizarem vasilhames de barro (moringas ou potes de cerâmica não esmaltada) para conservar água a uma temperatura menor do que a do ambiente. Isso ocorre porque:

a) o barro isola a água do ambiente, mantendo-a sempre a uma temperatura menor que a dele, como se fosse isopor.

b) o barro tem poder de "gelar" a água por sua composição química. Na reação, a água perde calor.

c) o barro é poroso, permitindo que a água passe através dele. Parte dessa água evapora, tomando calor da moringa e do restante da água, que são assim resfriadas.

d) o barro é poroso, permitindo que a água se deposite na parte de fora da moringa. A água de fora sempre está a uma temperatura maior que a de dentro.

e) a moringa é uma espécie de geladeira natural, liberando substâncias higroscópicas que diminuem naturalmente a temperatura da água.

30. (Enem) O Brasil é um dos países que obtêm melhores resultados na reciclagem de latinhas de alumínio. O esquema a seguir representa as várias etapas desse processo.

Disponível em: <http://ambiente.hsw.uol.com.br>. Acesso em: 27 abr. 2010. Adaptado.

A temperatura do forno em que o alumínio é fundido é útil também porque:

a) sublima outros metais presentes na lata.
b) evapora substâncias radioativas remanescentes.
c) impede que o alumínio seja eliminado em altas temperaturas.
d) desmagnetiza as latas que passaram pelo processo de triagem.
e) queima os resíduos de tinta e outras substâncias presentes na lata.

31. (UEL-PR) Vapor-d'água passa para o estado líquido por:

I. diminuição de temperatura.
II. aumento de volume.
III. diminuição de pressão.

Dessas afirmativas, **apenas**:

a) I é correta.
b) II é correta.
c) III é correta.
d) I e II são corretas.
e) I e III são corretas.

32. (Unemat-MT) Considere as temperaturas de fusão e ebulição (pressão = 1 atm) de quatro compostos dados na tabela abaixo.

Substância	Temperatura de fusão (°C)	Temperatura de ebulição (°C)
I	42	185
II	1530	2 885
III	−218	−183
IV	−63	91

Com bases nos dados da tabela, pode-se afirmar:

a) Num ambiente a −80 °C, nenhum dos compostos estará na sua forma gasosa.
b) O composto II estará na forma líquida a 550 °C.
c) A 100 °C, os compostos I e III estarão na forma gasosa.
d) Existe um valor de temperatura acima de 0 °C em que as quatro substâncias estarão na forma sólida.
e) Numa temperatura de 25 °C, apenas os compostos I e II estarão na forma sólida.

33. (UFSC) Considere a curva de aquecimento de uma substância sólida até seu estado gasoso, em função do tempo, à pressão de 1 atmosfera.

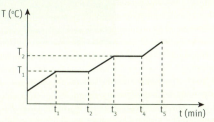

De acordo com as informações do enunciado e com o gráfico acima, assinale a(s) proposição(ões) **correta(s)**.

(01) No tempo t_2 coexistem sólido e líquido.
(02) A temperatura T_2 representa o ponto de ebulição da substância.
(04) No intervalo de tempo t_3 a t_4, os estados líquido e vapor da substância coexistem a uma temperatura constante.
(08) A curva de aquecimento mostra que a substância não é pura, mas sim, uma mistura homogênea simples.
(16) O tempo t_1 representa o início da vaporização da substância.
(32) No intervalo de tempo t_2 a t_3, a substância se encontra no estado líquido a uma temperatura que varia de T_1 a T_2.

Dê como resposta a soma dos números associados às afirmações corretas.

55

CAPÍTULO 4
Sistemas, substâncias puras e misturas

Neste capítulo
1. Sistemas.
2. Substâncias puras e misturas.

Nas águas do mar Morto, as pessoas flutuam com grande facilidade. Qual seria a explicação para esse fenômeno? Fotografia produzida em setembro de 2011.

Você já viu alguém flutuando tranquilamente no mar, sem o auxílio de boias ou de qualquer outro recurso e em diferentes posições, como as pessoas mostradas na fotografia acima?

Certamente você não vai presenciar essa cena em uma praia brasileira. Não se trata de truque, mas de um fenômeno explicado pela composição das águas do mar Morto – um grande lago localizado no Oriente Médio, entre Israel, a Jordânia e parte do território da Palestina, a Cisjordânia.

O mar Morto é assim denominado porque a elevada concentração de sais em suas águas – cerca de dez vezes superior à encontrada nos oceanos – dificulta a existência de vida.

Essa grande concentração de sal é explicada pela relação entre a evaporação da água e a quantidade de água nele despejada pelo rio Jordão. Como a evaporação de água é maior que a sua reposição, a concentração de sal tende a aumentar. A escassez de chuvas na região também contribui para o aumento da salinidade.

Devido à quantidade de sais dissolvida e à composição das águas do mar Morto, algumas indústrias se estabeleceram às margens dele e extraem grandes quantidades de sais para diversas aplicações, como os fertilizantes.

Você acha que os sais extraídos do mar Morto são substâncias puras ou misturas?

Neste capítulo, você vai estudar as diferenças entre substâncias e misturas, bem como algumas das propriedades que as caracterizam.

1. Sistemas

A natureza apresenta grande diversidade de materiais. É preciso analisar a composição e as propriedades desses materiais para que eles possam ser utilizados ou transformados nos mais diversos objetos.

Para facilitar a análise dos materiais, os cientistas delimitam uma porção do universo que será o foco da análise e receberá o nome de **sistema**.

O estado de um sistema é descrito pelas propriedades gerais e específicas dos materiais que o compõem, incluindo as condições de pressão e de temperatura em que se encontram.

▶ Sistemas homogêneo e heterogêneo e fases

Um sistema pode ser classificado como homogêneo ou heterogêneo, dependendo do seu aspecto. Uma porção de água filtrada apresenta um único aspecto em todos os seus pontos e, por isso, corresponde a um sistema homogêneo. Um pedaço de madeira não apresenta aspecto uniforme em sua extensão e corresponde a um sistema heterogêneo. Cada um dos diferentes aspectos observados em um sistema é chamado de **fase**.

Fase é uma porção do sistema que apresenta as mesmas características em todos os seus pontos, sendo, portanto, de aspecto uniforme mesmo quando observada ao microscópio comum.

O **sistema homogêneo** apresenta aspecto uniforme e as mesmas características em toda a sua extensão. Esse sistema é monofásico (constituído por uma única fase).

O **sistema heterogêneo** apresenta aspectos e características diferentes em sua extensão. Esse sistema pode ser formado por duas fases (bifásico), por três (trifásico) ou mais (polifásico).

Química e Física
Diferentes tipos de sistema

Um pedaço de madeira queimando é um exemplo de sistema aberto, pois ocorre troca de matéria e energia com o ambiente.

O termômetro é um sistema fechado, uma vez que não há troca de matéria com o ambiente, embora ocorra troca de energia.

Durante a queima da madeira, além do consumo de oxigênio do ambiente, há liberação de outros gases e de energia. Trata-se de um **sistema aberto**, pois ocorre troca de materiais e de energia com o ambiente.

Em um **sistema fechado** não há troca de materiais com o ambiente. É o caso de um termômetro, em que há troca de energia, mas não de materiais com o ambiente.

O **sistema isolado (adiabático)** é o que não permite troca de matéria ou energia com as redondezas. Na prática não há um sistema totalmente isolado. Nas garrafas térmicas, por exemplo, as trocas de energia entre o sistema e o meio ambiente são lentas.

A gasolina (à esquerda) é um exemplo de sistema homogêneo; o granito (à direita) é exemplo de sistema heterogêneo.

Apesar de a classificação visual ser da maior importância para definir se um sistema é homogêneo ou heterogêneo, a observação a olho nu nem sempre é confiável. O leite, por exemplo, tem uma aparência homogênea a olho nu, mas microscopicamente apresenta pequenas porções de gordura dispersas no líquido, tratando-se, portanto, de um sistema heterogêneo.

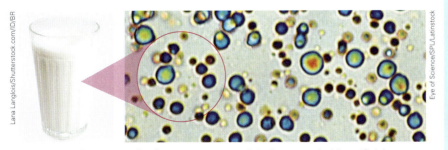

Leite visto a olho nu e, no detalhe, visto ao microscópio. Imagem colorida artificialmente.

2. Substâncias puras e misturas

Alguns materiais são formados por várias substâncias. A gasolina, por exemplo, contém diferentes combustíveis. A sua composição depende da sua procedência. A de origem árabe, brasileira ou russa apresenta teores diferentes dos vários combustíveis.

A água pura, ou simplesmente água, é, entretanto, a mesma onde quer que tenha sido obtida.

▸ Substâncias puras

Se montássemos uma aparelhagem para recolher o vapor de água formado durante o aquecimento da água mineral, da água de um rio ou de qualquer outra fonte e o condensássemos, obteríamos somente a água, também chamada **água destilada.**

A água assim obtida apresenta várias propriedades com valores definidos, tais como densidade, temperatura de fusão (TF) e temperatura de ebulição (TE). A água é identificada por esse conjunto de propriedades.

O cloreto de sódio, principal constituinte do sal de cozinha, também apresenta sempre características próprias: é formado por pequenos cristais brancos, tem sabor característico (salgado) e apresenta densidade, temperatura de fusão e de ebulição e outras propriedades constantes. Esse conjunto de propriedades caracteriza o cloreto de sódio, seja ele obtido da água do mar ou de minas terrestres.

Saiba mais

Água mineral

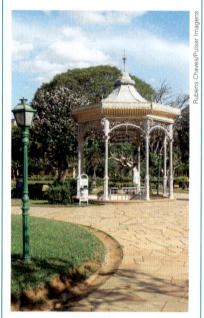

Fonte de água mineral Mayrink, localizada no Parque das Águas, em Caxambu (MG), 2005.

É considerada água mineral aquela proveniente de fonte natural cujas características lhe confiram ação medicamentosa ou benefícios terapêuticos.

A água mineral resulta de um longo processo de transformação na natureza: as águas das chuvas penetram no solo e passam por várias rochas cheias de substâncias minerais que vão sendo dissolvidas.

Cada água mineral tem uma composição exclusiva e um "gostinho característico", que depende da fonte de origem.

Amostra de cristais de cloreto de sódio, principal constituinte do sal de cozinha.

Substâncias	Propriedades		
	Densidade (g/cm³) a 25 °C	TF (°C) a 1 atm	TE (°C) a 1 atm
Água	1,0	0	100
Cloreto de sódio	2,17	801	1 465

Fonte de pesquisa: LIDE, David R. *CRC handbook of Chemistry and Physics*. Internet version (87th edition). CRC-Press. Taylor and Francis Group. Florida: Boca Raton, 2007.

A água destilada e o cloreto de sódio são exemplos de substância química. As propriedades constantes decorrem do fato de apresentarem composição fixa. **Substância química** (ou apenas **substância**) é um material que apresenta um conjunto de propriedades bem definido e constante e tem composição fixa, independentemente da origem ou forma de obtenção.

O conjunto de propriedades físicas específicas (temperatura de fusão e de ebulição, densidade, solubilidade, etc.) é usado para identificar uma substância química e não depende da quantidade da amostra analisada, como foi visto no capítulo anterior.

▶ Misturas

Quando uma substância é adicionada a outra, elas deixam de ser puras e passam a ser as substâncias de um novo sistema chamado de **mistura**. Na natureza, praticamente todos os materiais são misturas. As propriedades das misturas variam conforme a proporção de cada componente.

O soro fisiológico, por exemplo, é uma mistura que contém 0,9 g de cloreto de sódio em 100 mL de água.

As salmouras são misturas de sal comum que, além de cloreto de sódio – principal componente dissolvido –, contêm cloreto de magnésio, iodato de potássio, antiumectantes e água (em maior quantidade).

Sistema	Classificação	Composição	Número de substâncias
Soro fisiológico	Homogêneo	0,9 g de cloreto de sódio + 100 mL de água	2
Salmoura	Homogêneo	36 g de sais + 100 mL de água	Várias (número indeterminado)

Bolsa de soro fisiológico usado em hospitais e prontos-socorros para casos de desidratação.

Se excesso de sal for adicionado à salmoura em temperatura ambiente e sob agitação, haverá depósito de sal não dissolvido no fundo do frasco. Essa mistura passa então a ser **heterogênea**, por apresentar mais de uma fase. As misturas **homogêneas (soluções)** apresentam uma única fase.

Fases e substâncias de uma mistura

Em uma mistura, cada constituinte corresponde a um componente.
- **Água, álcool e um pedaço de ferro**: mistura heterogênea constituída de três componentes e duas fases (sistema bifásico). Água e álcool constituem uma fase. O ferro constitui a outra.
- **Água salgada, álcool, óleo e sal não dissolvido**: mistura heterogênea de quatro componentes e três fases (sistema trifásico). Uma fase é formada por água salgada e álcool. O óleo forma outra fase. O sal não dissolvido, mais uma fase.
- **Água líquida e água sólida (gelo)**: sistema heterogêneo formado por um componente e duas fases (sistema bifásico). Uma fase é constituída por água líquida. A outra fase é água sólida.

O ar atmosférico

O ar filtrado e seco constitui uma mistura homogênea. Ele é formado, principalmente, por nitrogênio, oxigênio e argônio. Nele também são encontrados outros gases (como o gás carbônico) em pequenas porcentagens.

Todas as misturas gasosas são homogêneas. Mesmo que um dos gases seja colorido, depois de algum tempo as substâncias gasosas se misturam uniformemente, formando uma mistura homogênea.

Uma das técnicas mais comuns para a conservação de azeitonas é guardá-las em frascos com água e sal (salmoura).

Misturas líquidas

As misturas líquidas podem ser homogêneas ou heterogêneas.

Água e óleo formam um **sistema heterogêneo** (são **líquidos imiscíveis** – que praticamente não se dissolvem um no outro). Água e álcool formam um **sistema homogêneo** (**líquidos miscíveis** – que se dissolvem um no outro).

As ligas metálicas

Ligas metálicas são misturas sólidas homogêneas. Latão (mistura de cobre e zinco), bronze (mistura de cobre e estanho) e aço (mistura de ferro e carbono) são alguns exemplos de liga metálica.

Aspectos das misturas entre água e óleo (**A**) e água e álcool (**B**).

Comparação entre curvas de aquecimento de substâncias e misturas

Durante as mudanças de estado físico de uma substância pura, a temperatura permanece constante. Dizemos que existe um único valor para a temperatura de fusão e um único valor para a temperatura de ebulição.

Quando se coloca certa quantidade de salmoura (mistura de água e sal) no congelador, verifica-se que, sob pressão de 1 atm, o congelamento se inicia a uma temperatura abaixo da temperatura de fusão da água (0 °C). A temperatura não permanece constante durante o congelamento, isto é, apresenta uma faixa de temperaturas de solidificação.

Quando se aquece a salmoura ao nível do mar, o sistema começa a ferver a uma temperatura superior à temperatura de ebulição da água (100 °C). A temperatura não permanece constante durante a ebulição, isto é, apresenta uma faixa de variação. Os valores iniciais da temperatura de ebulição dependem da proporção entre as quantidades de sal e água.

Os gráficos a seguir representam a curva de aquecimento, sob pressão de 1 atm, de uma amostra de gelo (**A**) e de uma mistura de água e sal (**B**). Observe que as temperaturas de fusão e ebulição de uma substância pura permanecem constantes durante o aquecimento.

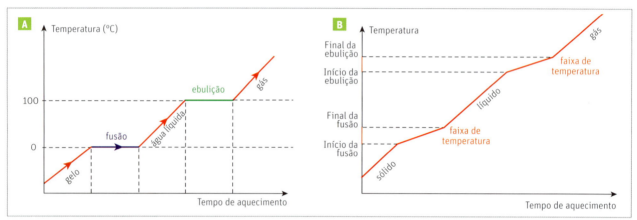

Curva de aquecimento de água (**A**) e de uma mistura de água e sal (**B**). Note que as temperaturas de fusão e ebulição da mistura não permanecem constantes.

Misturas azeotrópicas e eutéticas

A mistura que contém 96% (em volume) de álcool e 4% (em volume) de água se comporta como uma substância pura durante a ebulição, isto é, apresenta **temperatura de ebulição constante**. Esse tipo de mistura é chamado de **mistura azeotrópica**.

A solda mais comum é formada por uma mistura que apresenta 63% de estanho e 37% de chumbo. Ela se comporta como uma substância pura durante a fusão, isto é, apresenta **temperatura de fusão constante**. Esse tipo de mistura é chamado de **mistura eutética**.

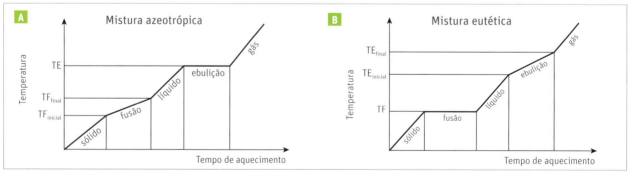

Gráfico de mistura azeotrópica (**A**) e de mistura eutética (**B**).

Algumas misturas de metais que apresentam essas características são usadas em fusíveis e equipamentos de segurança de instalações elétricas. Quando a intensidade da corrente é muito alta, os metais se fundem, interrompendo a partir desse instante a passagem de corrente elétrica.

Atividades

1. Classifique os sistemas abaixo em mistura ou substância pura. Indique o número de fases e o número de substâncias de cada um deles.
   a) Vapor de água + gás carbônico + gás oxigênio.
   b) Água líquida + cubos de gelo.
   c) Cubos de gelo + solução aquosa de sal.
   d) Pó de ferro + enxofre em pó + bicarbonato de sódio.

Pó de ferro (**A**), enxofre em pó (**B**) e bicarbonato de sódio (**C**).

2. Classifique os sistemas a seguir em homogêneos ou heterogêneos.
   a) Gasolina aditivada.
   b) Madeira.
   c) Aço inoxidável.
   d) Leite com nata.

3. Dê um exemplo de cada mistura a seguir.
   a) Mistura líquida homogênea constituída por duas substâncias.
   b) Mistura bifásica formada por três substâncias.
   c) Mistura trifásica formada por duas substâncias.
   d) Mistura sólida homogênea.

4. Analise as proposições a seguir e verifique se são verdadeiras ou falsas. Justifique cada resposta.
   a) Todo sistema heterogêneo é uma mistura heterogênea.
   b) Todo sistema homogêneo é uma mistura homogênea.
   c) Todo sistema homogêneo é uma substância pura.
   d) Não existe sistema polifásico formado por vários gases.
   e) O soro caseiro é uma mistura homogênea, ou seja, uma solução.
   f) Como se trata de substância pura, o álcool anidro (isento de água) apresenta valores específicos de temperatura de ebulição e densidade.
   g) O ar empoeirado é uma mistura heterogênea (sólido + gás).

5. Dois sólidos brancos apresentam a mesma densidade. Indique um teste que pode ser realizado para verificar se são feitos do mesmo material.

6. O gráfico abaixo representa a curva de resfriamento da água pura à pressão constante de 1 atm.

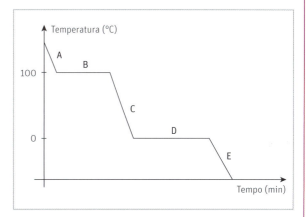

   a) Quais são os estados físicos da água nos trechos A, C e E?
   b) O que significa o fato de os trechos B e D corresponderem a patamares paralelos ao eixo *x* (tempo)? O que ocorre nesses trechos?
   c) Em que trechos os sistemas são heterogêneos? Justifique.

7. Construa um gráfico de temperatura (°C) × tempo (minutos) que represente o aquecimento de certa massa de um sólido puro desde −10 °C até 110 °C, sabendo que as temperaturas de fusão e de ebulição dessa substância são, respectivamente, 5 °C e 80 °C. Considere que a fusão começa após 4 minutos de aquecimento e que são necessários mais 5 minutos para que todo o sólido derreta. A temperatura de ebulição é atingida aos 17 minutos, e a vaporização total ocorre aos 23 minutos de aquecimento.
   a) O que mudaria, durante o aquecimento, se a massa da amostra fosse maior? Justifique.
   b) O que mudaria, durante o aquecimento, se o sólido não fosse puro? Esboce um gráfico de temperatura (°C) × tempo (minutos) do aquecimento do sólido impuro no mesmo intervalo de temperatura.

Atividade experimental

Comparação de densidades

Objetivo
Verificar que a densidade de uma mistura depende de sua composição.

Material
- colher pequena (de chá)
- copo fundo e largo (preferencialmente de vidro e transparente)
- ovo
- água
- sal

Equipamentos de segurança: Óculos de segurança e avental de algodão com mangas compridas.

Procedimento

1. Coloque o ovo dentro de um copo contendo cerca de 150 mL de água. Observe o que acontece com o ovo.
2. Depois, retire-o do copo e acrescente à água uma colher de sal. Misture a água por alguns instantes até dissolver todo o sal. Recoloque o ovo no copo e observe novamente o sistema.
3. Repita o procedimento anterior algumas vezes até que o sal colocado na última adição não mais se dissolva e se deposite no fundo do recipiente.

Fotografias: Sérgio Dotta Jr./ID/BR

Coloque o ovo dentro do copo contendo água. Repita o procedimento sempre que acrescentar uma colher de sal ao sistema.

4. Discuta com os colegas as observações feitas.

Analise e discuta

1. O que se observa quando o ovo é colocado na água (procedimento 1)?
2. Descreva as mudanças que ocorrem no sistema depois da quarta adição de sal.
3. Cite três diferenças entre as misturas obtidas depois da primeira e da última adição de sal.
4. Se você adicionar mais sal à mistura final (que contém sal não dissolvido no fundo do copo), o líquido ficará mais salgado? Por quê?
5. É possível diferenciar visualmente a água pura da salmoura?
6. Como você pode identificar o frasco que contém água pura e o frasco que contém salmoura usando o ovo que foi empregado na experiência?

Questões globais

8. Com base nos dados da tabela abaixo, classifique as amostras A, B e C como substâncias puras, misturas heterogêneas ou homogêneas.

Amostras	Aspecto visual	Aspecto microscópico	TF (°C)	TE (°C)
A	Líquido roxo	Heterogêneo	Variável	Variável
B	Líquido azul	Homogêneo	Variável	Variável
C	Líquido roxo	Homogêneo	−7	59

9. Diga quais das propriedades a seguir indicam se um material é puro ou não. Explique.
   a) Densidade.
   b) Temperaturas de fusão e ebulição.
   c) Aspecto homogêneo.

10. Açúcar, sal, giz branco, gesso e cal são alguns exemplos de sólidos brancos. Se esses materiais apresentarem superfície homogênea e totalmente branca, podemos afirmar que são substâncias puras? Justifique.

11. Considere os seguintes dados de amostras de alguns materiais e responda aos itens abaixo.

Material	Massa (g)	Volume (mL) a 28 °C	Temperatura de fusão (°C)	Temperatura de ebulição (°C)
X	115	100	80	218
Y	174	100	650	1 120
Z	0,13	100	−219	−183
T	74	100	−57 a −51	115 a 120
W	100	100	0	100

   a) Qual material é um gás a 20 °C?
   b) Quais materiais são líquidos a 20 °C?
   c) Quais materiais são formados por substâncias puras?
   d) Se o material Y não for solúvel em W, ele deverá flutuar ou afundar caso seja adicionado a um recipiente contendo o material W, ambos a 20 °C?

12. Observou-se o aquecimento de um sólido até sua total transformação em gás, e a temperatura do sistema foi registrada em intervalos regulares de tempo. Verificou-se que a fusão ocorreu à temperatura constante e que a ebulição se deu em um intervalo de 10 °C. O sistema era formado por uma substância pura ou uma mistura? Justifique sua resposta.

13. Um líquido de aspecto uniforme, inicialmente a 60 °C, é resfriado lentamente. Sua temperatura é medida em intervalos regulares. Ao construir um diagrama da temperatura do sistema em função do tempo, obtém-se o seguinte gráfico. Qual a temperatura de fusão do líquido?

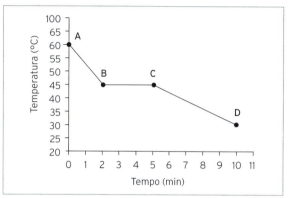

14. Por ser uma mistura de diversas substâncias — proteínas, carboidratos, vitaminas, gordura, sais minerais e água —, é possível verificar a qualidade do leite por meio da análise de sua composição e propriedades. Uma análise simples é a medida da densidade, que deve estar entre os valores 1,028 g/L e 1,034 g/L.
   a) No caso de o leite ser adulterado por adição de água ($d_{água}$ = 1,0 g/mL), sua densidade será maior ou menor que os valores-padrão? Justifique.
   b) No caso de o leite ser adulterado por retirada de gordura (utilizada na produção de manteiga), sua densidade será maior ou menor que os valores-padrão? Justifique sua resposta, sabendo que a gordura apresenta a menor densidade dentre as substâncias do leite.
   c) A densidade de um leite adulterado pode se situar dentro dos valores permitidos? Explique.

15. Um professor forneceu a um aluno dois frascos de vidro idênticos, transparentes e fechados. Em cada um dos frascos havia a **mesma massa de líquidos diferentes**: acetona e clorofórmio. Sabendo que os dois líquidos são incolores, como o aluno poderia identificar as substâncias sem abrir os frascos?
   Dados: $d_{acetona}$ = 0,8 g/cm³ e $d_{clorofórmio}$ = 1,4 g/cm³.

16. Uma amostra de gasolina (material obtido do fracionamento do petróleo) é submetida a aquecimento lento. A temperatura vai sendo monitorada ao longo do processo. A ebulição tem início a 40 °C, e, à medida que o líquido é aquecido, sua temperatura aumenta até atingir 130 °C.
   a) Pode-se concluir que a amostra analisada corresponde a uma substância pura?
   b) A variação de temperatura durante a ebulição caracteriza que a gasolina foi adulterada?

Questões globais

17. Uma microempresa de reciclagem de materiais metálicos recebeu um carregamento de sucata proveniente de componentes eletrônicos antigos. Com o objetivo de separar os metais que compõem as soldas (liga metálica de estanho e chumbo) desses componentes eletrônicos, foi realizado o seu aquecimento.
   a) Se a liga metálica em questão é uma mistura eutética, como ela se comporta durante o aquecimento? Justifique.
   b) Determine a densidade da liga metálica, sabendo que ela corresponde à média ponderada da densidade das substâncias que a formam.
   Dados: $d_{chumbo} = 11,3$ g/cm^3; $d_{estanho} = 7,3$ g/cm^3; composição percentual: 37% de chumbo e 63% de estanho.

18. O ouro branco 18 quilates é uma liga metálica formada por 75% (*m/m*) de ouro, 12,5% (*m/m*) de paládio e 12,5% (*m/m*) de prata.
   Sobre o ouro branco 18 quilates são feitas as seguintes afirmações:
   I. É uma mistura heterogênea.
   II. Sofre mudanças de estado à temperatura constante.
   III. É uma mistura monofásica constituída de três substâncias.
   Quais estão corretas?
   a) Apenas a I.
   b) Apenas a II.
   c) Apenas a III.
   d) Apenas I e II.
   e) Apenas II e III.

19. Uma pessoa colocou em um recipiente 500 mL de um líquido incolor. Em seguida, aqueceu-o até a fervura e monitorou a temperatura do material durante alguns minutos, permaneceu constante em 98 °C.
   Sobre a descrição do experimento e explicações a respeito do registro observado, foram feitas as seguintes afirmações:
   I. O líquido em ebulição não é uma substância pura.
   II. Se o líquido em questão for água pura, a temperatura de ebulição registrada não foi 100 °C, porque a chama utilizada no aquecimento era muito fraca.
   III. Se o líquido em questão for água pura, a temperatura de ebulição registrada não foi 100 °C, porque a quantidade de líquido foi pouca.
   IV. Se o líquido em questão for água pura, a temperatura de ebulição registrada não foi 100 °C, porque o local onde a observação foi realizada não estava no nível do mar.

Estão corretas:
a) Apenas a I.
b) I e III.
c) II e IV.
d) Apenas a IV.
e) II e III.

20. Um laboratorista recebeu uma amostra de material desconhecido, no estado sólido, para ser analisada. O gráfico abaixo representa o processo de aquecimento do material.

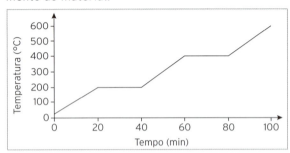

Analisando a curva de aquecimento, pode-se concluir que:
a) o processo de fusão dura 40 minutos.
b) o processo de fusão inicia-se aos 25 °C.
c) se trata de uma mistura eutética.
d) o material se decompõe antes de entrar em ebulição.
e) durante os processos associados aos patamares da curva, o sistema é heterogêneo.

21. Faça a associação de modo que as lacunas sejam preenchidas corretamente.
   I. Quando as misturas são classificadas macroscopicamente, leva-se em consideração o número de _____ .
   II. O ar atmosférico é classificado como mistura _____.
   III. Em uma mistura eutética, a temperatura de _____ é constante.
   IV. A passagem do estado sólido para o gasoso é chamada de _____.
   V. As temperaturas de fusão e ebulição são propriedades que podem ser utilizadas para indicar se um material é _____ ou não.
   VI. Em um sistema _____, não há troca de matéria e energia com o ambiente.
   VII. O termômetro é um exemplo de sistema _____.
   VIII. A temperatura de fusão é um exemplo de propriedade _____ da matéria.

   a) intensiva
   b) homogênea
   c) sublimação
   d) fases
   e) isolado
   f) puro
   g) fusão
   h) fechado

Ciência, tecnologia e sociedade

Postos fraudulentos são fechados em São Paulo
Fiscais da Agência Nacional do Petróleo (ANP) interditam seis postos

Uma força-tarefa recomeçou [...] o combate à adulteração de gasolina, em São Paulo. Fiscais da Agência Nacional do Petróleo, da prefeitura e da polícia fazendária interditaram seis postos. [...]

O carro da equipe de reportagem adaptado para a coleta de gasolina recolhe uma amostra no posto Águia [...]. Levamos a amostra para o técnico em combustíveis do Sindicato dos Donos de Postos. Resultado: a mistura tem solventes e 46% de álcool, quando o máximo permitido é de 26%.

Disponível em: <http://jornalnacional.globo.com/Telejornais/JN/0,,MUL612957-10406,00-POSTOS+FRAUDULENTOS+SAO+FECHADOS+EM+SP.html>. Acesso em: 29 maio 2014.

A fiscalização dos combustíveis é fundamental para garantir a qualidade do produto adquirido. Posto autuado na cidade de São Paulo (SP), em 12 de janeiro de 2009.

Adulteração da gasolina

A adulteração de combustíveis é um caso preocupante e de grande ocorrência em todo o território nacional, levando a Agência Nacional do Petróleo – ANP – a intensificar esforços no sentido de coibir essa ação ilícita.

O uso de gasolina adulterada traz diversas consequências, sendo que a primeira a ser notada pelos consumidores são os danos provocados no veículo. [...]

Além da ação sobre o veículo, o uso de combustíveis adulterados afeta o meio ambiente, uma vez que a combustão torna-se irregular e a emissão de compostos como NOx e SOx, causadores da chuva ácida, e CO, que é altamente asfixiante, aumenta.

[...]

Dentre os motivos que favorecem a prática de adulteração temos a [...] redução do subsídio ao álcool hidratado e anidro e [...] liberação da importação de solventes, tornando os custos destes bastante inferiores aos da gasolina. Além disso, a elevada incidência de impostos que recaem sobre a gasolina [...] contribuem para a alta ocorrência deste tipo de fraude.

[...]

Alguns dos "sintomas" apresentados pelo carro se este for abastecido com gasolina adulterada são [...]:

- O consumo de combustível aumenta de repente e sem motivos aparentes;
- A *performance* do motor piora, principalmente em subidas;
- Fica difícil dar a partida pela manhã;
- O carro morre em pequenas paradas, como semáforos;
- A combustão acontece antes do devido, o carro "bate pino".

TAKESHITA, Elaine. *Adulteração da gasolina por adição de solventes*: análise dos parâmetros físico-químicos. Florianópolis: UFSC, 2006. Disponível em: <http://www.tede.ufsc.br/teses/PENQ0171.pdf>. Acesso em: 29 maio 2014.

Analise e discuta

1. Que cuidados os motoristas podem adotar para evitar o abastecimento em postos que vendem combustíveis adulterados?
2. O percentual obrigatório de adição de álcool anidro à gasolina é de 25%, com variação de 1%. Quais são as vantagens ambientais e econômicas de se misturar álcool à gasolina?
3. Que ações da ANP e do governo levariam a uma menor incidência desse tipo muito comum de fraude?

Esquema do capítulo

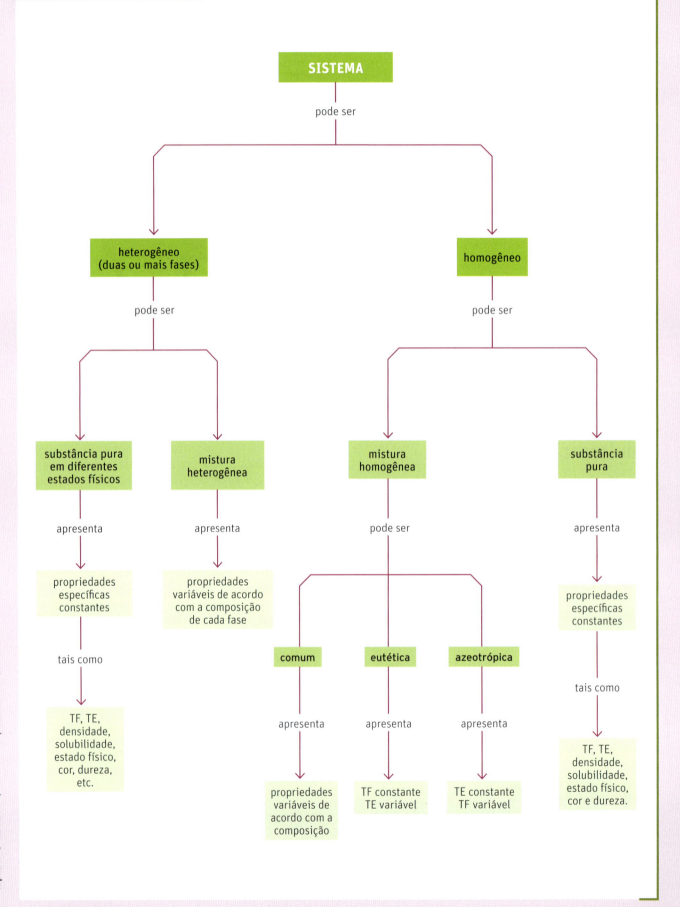

Vestibular e Enem

22. (Enem) De acordo com a legislação brasileira, são tipos de água engarrafada que podem ser vendidos no comércio para o consumo humano:
- água mineral: água que, proveniente de fontes naturais ou captada artificialmente, possui composição química ou propriedades físicas ou físico-químicas específicas, com características que lhe conferem ação medicamentosa;
- água potável de mesa: água que, proveniente de fontes naturais ou captada artificialmente, possui características que a tornam adequada ao consumo humano;
- água purificada adicionada de sais: água produzida artificialmente por meio da adição à água potável de sais de uso permitido, podendo ser gaseificada.

Com base nessas informações, conclui-se que:
a) os três tipos de água descritos na legislação são potáveis.
b) toda água engarrafada vendida no comércio é água mineral.
c) a água purificada adicionada de sais é um produto natural encontrado em algumas fontes específicas.
d) a água potável de mesa é adequada para o consumo humano porque apresenta extensa flora bacteriana.
e) a legislação brasileira reconhece que todos os tipos de água têm ação medicamentosa.

23. (Enem) Na fabricação de qualquer objeto metálico, seja um parafuso, uma panela, uma joia, um carro ou um foguete, a metalurgia está presente na extração de metais a partir dos minérios correspondentes, na sua transformação e sua moldagem. Muitos dos processos metalúrgicos atuais têm em sua base conhecimentos desenvolvidos há milhares de anos, como mostra o quadro abaixo.

Milênio antes de Cristo	Métodos de extração e operação
Quinto milênio a.C.	• Conhecimento do ouro e do cobre nativos
Quarto milênio a.C.	• Conhecimento da prata e das ligas de ouro e prata • Obtenção de cobre e chumbo a partir de seus minérios • Técnicas de fundição
Terceiro milênio a.C.	• Obtenção do estanho a partir do minério • Uso do bronze
Segundo milênio a.C.	• Introdução do fole e aumento da temperatura de queima • Início do uso do ferro
Primeiro milênio a.C.	• Obtenção do mercúrio e dos amálgamas • Cunhagem de moedas

Podemos observar que a extração e o uso de diferentes metais ocorreram a partir de diferentes épocas. Uma das razões para que a extração e o uso do ferro tenham ocorrido após a do cobre ou estanho é:
a) a inexistência do uso de fogo que permitisse sua moldagem.
b) a necessidade de temperaturas mais elevadas para sua extração e moldagem.
c) o desconhecimento de técnicas para a extração de metais a partir de minérios.
d) a necessidade do uso do cobre na fabricação do ferro.
e) seu emprego na cunhagem de moedas, em substituição ao ouro.

24. (Fuvest-SP) Quais das propriedades abaixo são as mais indicadas para verificar se é pura uma certa amostra sólida de uma substância conhecida?
a) Cor e densidade.
b) Cor e dureza.
c) Ponto de fusão e densidade.
d) Cor e ponto de fusão.
e) Densidade e dureza.

25. (UFPR) Em uma proveta de 100 mL, foram colocados 25 mL de tetracloreto de carbono, 25 mL de água destilada e 25 mL de tolueno. A seguir, foi adicionada uma pequena quantidade de iodo sólido ao sistema. O aspecto final pode ser visto na figura abaixo. Determine o número de fases e o número de substâncias presentes no sistema esquematizado.

26. (UFMG) Com relação ao número de fases, os sistemas podem ser classificados como homogêneos ou heterogêneos. Todas as alternativas correlacionam adequadamente o sistema e sua classificação, exceto:
a) água de coco/ heterogêneo
b) água do mar filtrada/ homogêneo
c) laranjada/ heterogêneo
d) leite/ homogêneo

27. (Enem) Segundo o poeta Carlos Drummond de Andrade, a "água é um projeto de viver". Nada mais correto, se levarmos em conta que toda água com que convivemos carrega, além da pura e simples H_2O, muitas outras substâncias nela dissolvidas

67

Vestibular e Enem

ou em suspensão. Assim, o ciclo da água, além da própria água, também promove o transporte e a redistribuição de um grande conjunto de substâncias relacionadas à dinâmica da vida.

No ciclo da água, a evaporação é um processo muito especial, já que apenas a água passa para o estado gasoso. Desse ponto de vista, uma das consequências da evaporação pode ser:

a) a formação da chuva ácida, em regiões poluídas, a partir de quantidades muito pequenas de substâncias ácidas evaporadas juntamente com a água.

b) a perda de sais minerais, no solo, que são evaporados juntamente com a água.

c) o aumento, nos campos irrigados, da concentração de sais minerais na água presente no solo.

d) a perda, nas plantas, de substâncias indispensáveis à manutenção da vida vegetal, por meio da respiração.

e) a diminuição, nos oceanos, da salinidade das camadas de água mais próximas da superfície.

28. (UFMG) Dois recipientes abertos contêm: um, água pura (I), e o outro, água salgada (II). Esses dois líquidos são aquecidos até a ebulição e, a partir desse momento, mede-se a temperatura do vapor desprendido. Considerando essas informações, assinale a alternativa cujo gráfico melhor representa o comportamento da temperatura em função do tempo durante a ebulição:

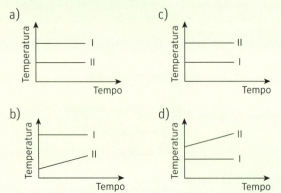

29. (Unicamp-SP) As "margarinas", muito usadas como substitutas da manteiga, contêm gorduras vegetais hidrogenadas. A diferença fundamental entre uma margarina *light* e outra "normal" está no conteúdo de gordura e de água.

Colocou-se em um tubo de ensaio uma certa quantidade de margarina "normal" e, num outro tubo de ensaio, idêntico ao primeiro, colocou-se a mesma quantidade de margarina *light*.

Aqueceram-se em banho-maria os dois tubos contendo as margarinas até que aparecessem duas fases, como esquematizado na seguinte figura.

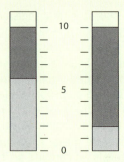

a) Reproduza, na resposta, a figura do tubo correspondente à margarina *light*, identificando as fases lipídica (menos densa que a água) e aquosa.

b) Admitindo que as duas margarinas tenham o mesmo preço e considerando que este preço diz respeito, apenas, ao teor da gordura de cada uma, em qual delas a gordura custa mais e quantas vezes (multiplicação) este preço é maior do que o da outra?

30. (PUC-RJ) Considere as seguintes afirmativas:

I. Durante a mudança de estado físico de uma substância pura, a temperatura se mantém constante.

II. As misturas são sistemas polifásicos.

III. Um sistema homogêneo pode apresentar mais de um componente, mas não mais que uma fase.

Responda quais afirmativas são **sempre** verdadeiras.

a) Apenas a I.
b) Apenas a II.
c) Apenas a III.
d) Apenas a I e a III.
e) Apenas a I e a II.

31. (Unicamp-SP) Dois frascos, I e II, contêm, separadamente, os líquidos água e benzeno, ambos incolores. Colocam-se os frascos na geladeira e, após certo tempo, observa-se que no frasco I há uma camada de sólido na superfície, enquanto no frasco II se verifica a existência de sólido no fundo. Qual dos frascos contém benzeno? Como você chegou a essa conclusão?

Dados:

	Densidade
Água (0 ºC)	1,0 g/cm^3
Gelo (0 ºC)	0,92 g/cm^3
Benzeno líquido (5 ºC)	0,90 g/cm^3
Benzeno sólido (5 ºC)	1,0 g/cm^3

32. (Ufes) Associe cada número a uma letra.

01) A temperatura varia durante qualquer mudança de fase.

02) A temperatura permanece constante durante a ebulição e a condensação.

03) A temperatura é constante durante a fusão e a solidificação.

a) Mistura homogênea eutética.
b) Mistura homogênea comum.
c) Mistura homogênea azeotrópica.

A associação correta é:
a) 1-b, 2-a, 3-c
b) 1-a, 2-b, 3-c
c) 1-a, 2-c, 3-b
d) 1-c, 2-b, 3-a
e) 1-b, 2-c, 3-a

33. (UFF-RJ) Considere os seguintes sistemas:

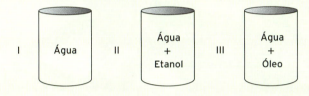

Os sistemas I, II e III correspondem, respectivamente, a:
a) substância simples, mistura homogênea, mistura heterogênea.
b) substância composta, mistura heterogênea, mistura heterogênea.
c) substância composta, mistura homogênea, mistura heterogênea.
d) substância simples, mistura homogênea, mistura homogênea.
e) substância composta, mistura heterogênea, mistura homogênea.

34. (Uneb-BA) Na estocagem do vinho é usado o procedimento técnico de injetar gás nitrogênio, N_2, para que este, ocupando o lugar do ar, impeça a oxidação do vinho pelo gás oxigênio, O_2. Os tanques de armazenagem do vinho podem ser representados assim:

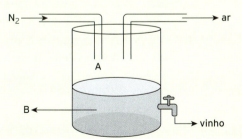

A respeito do interior desse tanque podemos afirmar que:
a) a região A é formada por uma mistura homogênea.
b) a região A é formada por uma substância pura.
c) a região B se constitui em um sistema heterogêneo.
d) a região B é formada por uma substância pura.
e) a região B é formada por uma mistura heterogênea.

35. (PUC-SP) Uma liga de prata e mercúrio é aquecida com a finalidade de separar os componentes. Considerando a liga uma mistura homogênea, quantas fases existem no sistema, à temperatura de 356,7 °C?
Dados:

	Ponto de fusão (°C)	Ponto de ebulição (°C)
Hg	−38,9	356,7
Ag	960,5	2 100

a) 1
b) 2
c) 3
d) 4
e) 5

36. (Uesc-BA)

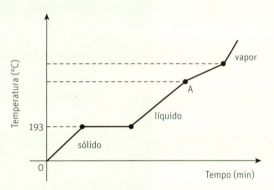

A Química é uma ciência que estuda fundamentalmente a composição, as propriedades e as transformações das substâncias químicas, das misturas e dos materiais formados por essas substâncias. Para identificá-las, os químicos utilizam um conjunto de propriedades específicas com objetivo de diferenciá-las experimentalmente de uma mistura. O gráfico representa a curva de aquecimento de uma determinada amostra de material sólido em função do tempo. Uma análise dessas informações e da curva de aquecimento dessa amostra de material permite afirmar:

a) A amostra do material analisado é uma mistura.
b) A partir do ponto A, representado no gráfico, forma-se uma substância pura na fase líquida.
c) O material analisado, ao atingir 193 °C, se transforma completamente em líquido.
d) A curva representa o comportamento de uma substância pura sólida durante o aquecimento.
e) As propriedades específicas utilizadas para identificação das substâncias químicas dependem da quantidade da amostra utilizada.

69

CAPÍTULO 5

Separação de misturas

Neste capítulo

1. Propriedades específicas e separação de misturas.

A água captada para abastecimento é submetida a alguns processos de separação de misturas antes de ser tratada com produtos químicos, os quais eliminam microrganismos indesejáveis, tornando-a adequada ao consumo humano. Estação de Tratamento de Água no Alto Cotia, em São Paulo (SP).

Em Ciências, você deve ter estudado que alguns processos de separação de misturas tornam a água potável, ou seja, própria para consumo. De quais processos você se lembra?

Depois de captada nos mananciais, a água é bombeada para as Estações de Tratamento de Água (ETA), nas quais passa por uma série de processos de separação de misturas até chegar às nossas casas, à escola, ao local de trabalho e em muitos outros lugares.

As substâncias químicas obtidas em laboratórios ou indústrias também precisam ser isoladas de outras substâncias que as acompanham no processo de obtenção. Para se fazer esse isolamento, devem-se conhecer os processos de separação compatíveis para cada tipo de mistura.

Como você pode proceder para separar uma mistura de água e areia? Há apenas um modo de se fazer essa separação? E se a mistura for formada por dois líquidos imiscíveis? É possível separar os componentes de misturas homogêneas pelos mesmos processos utilizados para separar misturas heterogêneas? Como o álcool obtido pela fermentação da cana-de-açúcar pode ser separado da água que o acompanha nesse processo? Os componentes de uma liga metálica podem, também, ser separados? E os componentes de uma mistura de gases?

Essas e outras questões sobre a separação de misturas serão estudadas neste capítulo.

1. Propriedades específicas e separação de misturas

A maioria dos materiais extraídos da natureza é mistura. Em uma mistura, o(s) componente(s) que se dissolve(m) é(são) chamado(s) de **soluto(s)**. O componente que dissolve o(s) soluto(s) é chamado de **solvente**.

Há vários tipos de mistura heterogênea e, para facilitar seus estudos, elas serão analisadas de acordo com os estados físicos de seus componentes.

▸ Filtração comum

Método em que é utilizado um material poroso (filtro), que retém partículas sólidas pouco solúveis e que deixa passar o líquido ou o gás em que estavam dispersas.

Uma filtração muito comum é a que ocorre no preparo do café. Nesse caso, o pó fica retido no filtro, e o líquido, que contém várias substâncias dissolvidas na água quente, é recolhido em outro recipiente.

Outra filtração muito comum é a que ocorre quando utilizamos o aspirador de pó: a poeira fica retida no filtro do aspirador.

Aparelhagem em cores-fantasia usada em laboratório para filtração comum.

▸ Filtração a vácuo

O processo de filtração pode ser acelerado quando feito a baixa pressão. É a chamada "filtração a vácuo". A figura ao lado mostra uma aparelhagem utilizada para essa finalidade.

A água que passa pela trompa arrasta parte do ar da parte inferior do kitassato, criando uma região de baixa pressão. A mistura heterogênea sólido-líquido colocada sobre o papel de filtro no funil de Büchner é submetida, devido à diferença de pressão, a uma sucção. Isso faz que a filtração ocorra em menos tempo.

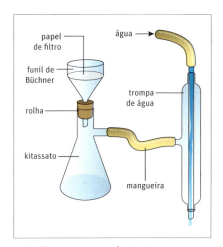

Aparelhagem em cores-fantasia para a filtração a vácuo.

▸ Decantação

Decantação é um processo de separação de misturas do tipo líquido-líquido ou líquido-sólido, que se baseia na diferença de densidade e de solubilidade entre seus componentes.

Mistura líquido-líquido

Líquidos imiscíveis, ou seja, pouco solúveis um no outro – como água e óleo ou água e benzeno –, podem ser separados pela diferença entre suas densidades. Nesse processo, a mistura é deixada durante certo tempo em uma aparelhagem adequada – o **funil de decantação** – e a separação dos líquidos é feita pela ação da gravidade. O líquido mais denso é escoado para outro frasco com a abertura de uma torneira (figura ao lado).

O funil de decantação também é denominado **funil de separação**.

Mistura sólido-líquido

No caso das misturas de um líquido com um sólido pouco solúvel, deixa-se a mistura em repouso até que o material mais denso afunde e se deposite no fundo do recipiente (sedimentação). A parte líquida é então transferida (decantação). É o que ocorre em uma das etapas de tratamento da água, em que o sulfato de alumínio acrescentado forma flocos ao reagir com o hidróxido de cálcio, e esses flocos começam a incorporar a sujeira da água. Os flocos com a sujeira sólida se depositam no fundo dos tanques de decantação, e a parte líquida é transferida para os filtros, para retenção de sólidos eventualmente dispersos na água.

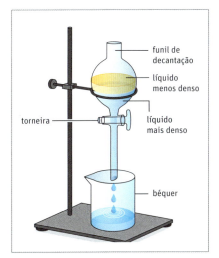

Funil de decantação usado na separação de líquidos imiscíveis de densidades diferentes. Representação em cores-fantasia.

Sifonação

Método que pode ser utilizado para separar um sólido de um líquido ou um líquido de outro com diferente densidade.

O recipiente que contém a mistura fica em uma posição mais elevada que o recipiente para o qual é transferida uma das fases.

Uma sucção no tubo de plástico retira o ar de seu interior e faz que se estabeleça um fluxo de líquido para o recipiente situado mais abaixo. A fase superior da mistura original é, assim, retirada.

Centrifugação

A centrífuga consiste em uma aparelhagem que acelera o processo de sedimentação.

A rotação da centrífuga, em alta velocidade, sedimenta o(s) componente(s) mais denso(s), que é(são) arremessado(s) para o fundo do recipiente da centrífuga. O método é usado, por exemplo, para separar alguns componentes do sangue.

Esse processo de separação só é possível quando há diferença de densidade entre os componentes de uma mistura.

Separação de sólido (terra) e líquido (água) por meio de sifonação. Esse método também é usado para separar líquidos imiscíveis, como água e óleo.

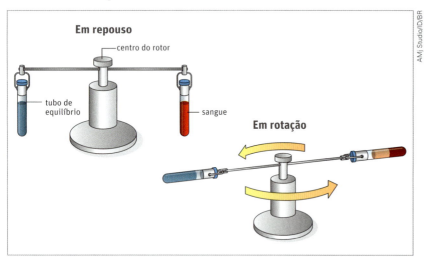

O sangue é fracionado por centrifugação. Representação fora de escala em cores-fantasia.

Levigação

Esse método usa água corrente para carregar sólidos de baixa densidade, enquanto os mais densos permanecem depositados no fundo do recipiente.

É utilizado pelos garimpeiros para separar o ouro do barro e da areia. Barro e areia, menos densos, são arrastados pela água. O ouro fica no fundo da bateia.

Processo de execução da levigação (**A**). Ouro, já separado, na bateia (**B**). Aripuanã (AM), 2008.

Química e Biologia

Frações do sangue

O fracionamento do sangue baseia-se no princípio da diferença de densidade e na utilização do processo de centrifugação, pelo qual são obtidos os seguintes produtos:

- **Concentrado de hemácias**
  É a parte do sangue que contém os glóbulos vermelhos, responsáveis pelo transporte de oxigênio pelo corpo. Esse concentrado é indicado para o tratamento de anemias.

- **Concentrado de plaquetas**
  Trata-se da parte sólida do sangue. Esse produto é recomendado para o tratamento de sangramentos ou de plaquetas funcionalmente anormais.

- **Plasma**
  Essa parte líquida do sangue — rica em fatores de coagulação — faz o transporte de sais minerais, proteínas e vitaminas para todo o corpo e repõe os fatores de coagulação.

Depois de preparados, os hemocomponentes são registrados, acondicionados e enviados para a área de estoque nos bancos de sangue.

❯ Catação

Método manual de separação. A escolha de arroz ou de feijão para cozinhar é um processo de catação.

❯ Peneiração ou tamização

Esse método é utilizado quando os sólidos apresentam grãos de diferentes tamanhos, que são separados com o auxílio de uma peneira, cuja malha fina permite a passagem dos sólidos menores.

A peneiração é muito utilizada pelos pedreiros para separar o cascalho da areia na preparação da argamassa.

❯ Ventilação

Esse processo costuma ser adotado quando um dos componentes apresenta baixa densidade e pode ser arrastado por uma corrente de ar. É o que ocorre na separação da casca dos grãos no beneficiamento de cereais ou de café.

❯ Extração por solventes

Nesse método, é usado um líquido para extrair um dos componentes de uma mistura. Por exemplo, a adição de água à mistura de gasolina e álcool, seguida da agitação desse sistema em um funil de decantação, forma duas fases: uma delas constituída de água e álcool, e a outra, de gasolina; a água extrai o álcool da gasolina. Outro exemplo: na preparação de um chá, a água quente extrai alguns componentes da erva responsáveis pela cor, aroma, etc.

❯ Separação magnética

É aplicada quando um dos componentes apresenta propriedades magnéticas. Uma mistura formada por ferro e alumínio pode ser separada por um ímã, que atrai apenas o ferro. Esse processo também é chamado de **imantação**.

❯ Cristalização fracionada

Aplica-se a misturas líquidas de vários sólidos em um solvente, quando se quer obter pelo menos uma das substâncias que estão dissolvidas. Nesse processo pode-se provocar a evaporação do solvente ou a diminuição da temperatura da mistura. Em qualquer caso, um dos componentes começará a cristalizar, enquanto os outros ainda permanecerão dissolvidos. Com a retirada do componente que cristalizou, pode-se continuar com o processo e da mesma forma obter os outros componentes.

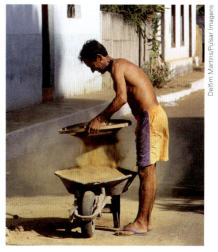

Utilizando uma peneira, o pedreiro separa o cascalho da areia. Porto Nacional (TO).

Separação magnética em indústria siderúrgica. Mogi das Cruzes (SP), 2007.

Saiba mais

Separação de misturas no tratamento da água

O estudo de todos esses processos auxilia na compreensão do tratamento da água. A primeira fase, chamada de **clarificação**, é constituída de três etapas: **floculação** (adição de sulfato de alumínio ou de cloreto de ferro e cal, que são substâncias que aglutinam as impurezas); **decantação** (deposição dos flocos de sujeira no fundo do decantador); e **filtração** (retenção das partículas que não foram separadas na decantação). Nessa fase, a água ainda não está pronta para consumo. Ela precisa ser submetida à **desinfecção**: os microrganismos são eliminados com a adição de cloro; em algumas estações a água também recebe flúor (**fluoretação**), para ajudar na prevenção contra cáries nos dentes.

Fonte de pesquisa: Sabesp. Disponível em: <http://site.sabesp.com.br/site/interna/Default.aspx?secaoId=47>. Acesso em: 29 maio 2014.

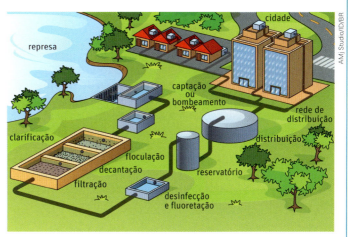

Esquema, fora de escala e em cores-fantasia, dos processos utilizados para o tratamento da água.

Liquefação fracionada

Gases que apresentam diferentes temperaturas de ebulição são separados por meio da diminuição da temperatura e do aumento de pressão, pois um dos componentes gasosos se torna líquido antes dos demais.

A liquefação fracionada é utilizada industrialmente para separar os gases oxigênio e nitrogênio do ar atmosférico.

Fusão fracionada

Esse processo é utilizado para separar os componentes sólidos que apresentam temperaturas de fusão diferentes, por exemplo, o bronze – mistura contendo cobre (TF = 1084 °C) e estanho (TF = 232 °C).

No aquecimento dessa mistura, o componente com a menor temperatura de fusão (no caso, o estanho) se funde antes dos demais (no exemplo, o cobre) e pode ser separado da mistura.

Dissolução fracionada

Método utilizado quando há uma diferença grande de solubilidade entre duas ou mais substâncias (solutos) em determinado solvente. Por exemplo, para separar o sal da areia pode-se adicionar água. Dessa forma, o sal se dissolve, o que não ocorre com a areia.

Para completar o processo, a mistura pode ser decantada ou filtrada, para separar a areia e, por meio da evaporação (ou aquecimento) da água, recuperar o sal.

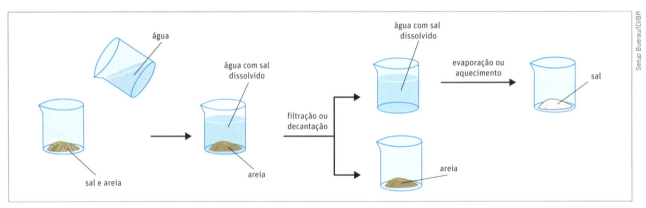

Esquema simplificado da separação de sal e areia.

Química e Biologia

Ameaça aos mananciais

Mananciais são fontes que devem possuir quantidade e qualidade de água adequada para consumo. O desenvolvimento urbano tende a contaminar a rede de escoamento superficial com o despejo de esgotos.

Os principais mananciais de suprimento de água de uma população são as **águas superficiais** (encontradas na rede de rios da bacia hidrográfica em que a população se desenvolve) e as **águas subterrâneas** (lençóis freáticos e aquíferos).

A poluição dos mananciais das águas superficiais é causada, principalmente, por despejos de poluentes dos esgotos domésticos, industriais e pluviais (agregados com lixo urbano) e pelo escoamento superficial, que drena áreas agrícolas tratadas com pesticidas ou outros compostos.

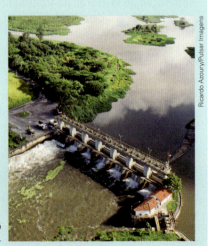

Vista aérea da captação de água no rio Guandu para a Estação de Tratamento de Água, em Nova Iguaçu (RJ), 2008.

❱ Destilação simples

Esse processo é aplicado para separar os componentes de misturas formadas, geralmente, por um líquido e um sólido não volátil (um sólido que não se vaporiza facilmente). Por exemplo, uma mistura de água e sal de cozinha.

No aquecimento da mistura, quando o líquido entra em ebulição, os vapores formados no balão de destilação passam para um aparelho chamado **condensador**. Em contato com as paredes frias do condensador, o vapor transforma-se em líquido novamente e é recolhido em um frasco. Muitas vezes sobra no balão, após a destilação, o sólido com certo volume de líquido. Para complementar a separação, pode-se secar a mistura em estufa ou ao ar livre.

Saiba mais

O refino do petróleo

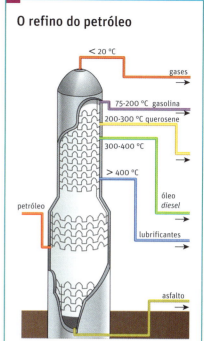

Esquema simplificado da destilação fracionada do petróleo. Representação fora de escala e em cores-fantasia.

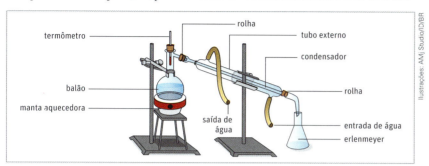

Esquema de destilação simples. Representação fora de escala e em cores-fantasia.

❱ Destilação fracionada

A destilação fracionada é utilizada para separar misturas contendo dois ou mais líquidos miscíveis que apresentam temperaturas de ebulição (TE) próximas. Essa técnica é empregada quando é desejável obter componentes mais puros ou misturas que contêm menos componentes. No refino do petróleo, por exemplo, é utilizada a destilação fracionada.

Os vapores formados durante o aquecimento da mistura entram na coluna de fracionamento. Os componentes menos voláteis (os que têm temperatura de ebulição mais alta) se condensam, retornando ao balão. Os mais voláteis atravessam a coluna e se condensam ao passar pelo condensador, sendo recolhidos no erlenmeyer na forma líquida.

O petróleo é o resultado da mistura de muitas substâncias. Como são muitas, elas são separadas por faixas de temperaturas de ebulição. Em cada faixa é formada uma mistura contendo um número menor de componentes em relação à mistura original. Essas misturas são denominadas **frações do petróleo**.

O petróleo cru é aquecido e bombeado para as torres de fracionamento. Essas torres contam com vários pratos localizados em diferentes alturas. Os vapores aquecidos sobem pela coluna e se condensam nos pratos, que estão a uma temperatura inferior à temperatura de ebulição da fração correspondente. As frações mais voláteis continuam subindo, enquanto as de maiores temperaturas de ebulição se condensam nos pratos inferiores.

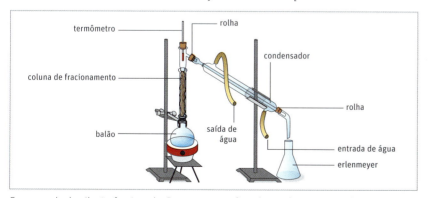

Esquema de destilação fracionada. Representação fora de escala e em cores-fantasia.

❱ Destilação por arraste a vapor

A destilação por arraste a vapor é uma técnica bastante utilizada para extrair óleos essenciais de plantas, folhas, raízes, etc. Nesse processo, a amostra vegetal geralmente é triturada e colocada em um balão contendo água. Sob aquecimento, os óleos se desprendem do interior das células vegetais e evaporam junto com a água. Os vapores formados passam pelo condensador, e o líquido é recolhido em outro frasco. Como os óleos essenciais são imiscíveis em água, o líquido formado possui duas fases.

Essas frações são utilizadas como fonte de energia e também como matéria-prima na fabricação de plásticos, fibras sintéticas, inseticidas, resinas, solventes, tintas, corantes, detergentes, etc.

75

Atividades

1. Quais são os métodos mais indicados para separar os componentes das misturas abaixo?
   a) Areia e ferro na forma de lâmina.
   b) Água e óleo.

2. Quais são os métodos de separação envolvidos nos processos listados a seguir?
   a) Preparar o chá.
   b) Separar areia de água.
   c) Coar suco de laranja natural.

3. Qual é o método de separação de misturas que emprega a aparelhagem representada na figura abaixo? Dê o nome dos instrumentos que compõem essa aparelhagem e um exemplo de mistura que pode ser separada com o seu uso.

4. Em uma solução aquosa de cloreto de sódio, podem-se separar as substâncias por meio da:
   a) filtração.
   b) centrifugação.
   c) decantação.
   d) destilação.
   e) catação.

5. Uma das etapas do tratamento de água consiste em permitir que o material sólido se deposite lentamente no fundo de tanques. Em relação a essa etapa do tratamento da água, pode-se afirmar:
   a) O material sólido é constituído por restos de vegetais, madeira e gordura.
   b) A separação de material sólido da água é feita por centrifugação.
   c) Todo o material sólido deposita-se no fundo dos tanques à mesma velocidade.
   d) A deposição de sólidos é denominada sedimentação e tem por base a diferença de densidade entre o material e a água.

6. Proponha métodos de separação de misturas adequados para separar os componentes que formam as misturas a seguir.
   a) Dois líquidos miscíveis entre si.
   b) Dois líquidos imiscíveis entre si.
   c) Um sólido dissolvido na água.
   d) Dois sólidos de diferentes tamanhos.

7. Observe os instrumentos abaixo, dê os seus nomes e os associe aos métodos de separação de misturas em que podem ser empregados.

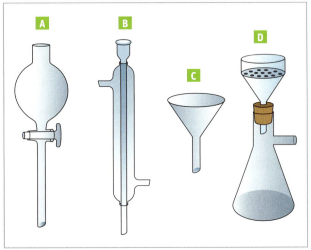

8. Cada uma das misturas abaixo foi submetida a uma filtração com funil e papel de filtro. O líquido que passou pelo filtro (filtrado) foi recolhido em um erlenmeyer e posteriormente aquecido até a ebulição.
   I. Areia e água.
   II. Sal de cozinha (cloreto de sódio) dissolvido em água.
   a) Qual mistura deixou um resíduo sólido no papel de filtro após a filtração? Qual o sólido obtido?
   b) Qual das misturas deixou um resíduo sólido após a evaporação do líquido? Qual o sólido obtido?

9. Um químico separou os componentes de uma mistura formada por água, limalha de ferro, álcool e areia por meio de um procedimento que envolveu os processos 1, 2 e 3. Dê o nome desses processos e indique os componentes separados em cada um deles.

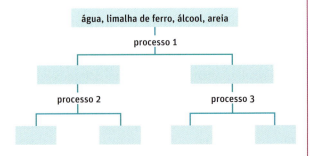

Atividade experimental

Simulação de tratamento de água

Objetivo
Aplicar técnicas de separação de misturas.

Material por grupo de alunos
- 4 garrafas plásticas de refrigerantes de 2 L, cortadas para formar os recipientes da ilustração abaixo. A garrafa **D** deve ter um orifício lateral próximo à parte superior, como mostra a imagem, do diâmetro de uma caneta esferográfica.
- areia fina (camada de 2 cm de espessura), areia grossa (camada de 2 cm de espessura), pequenas pedras (4 cm), carvão ativo (1 camada fina), algodão (camada de 10 cm de algodão seco na garrafa), terra (1 colher rasa) e água.
- solução de sulfato de alumínio saturada.
- solução de hidróxido de cálcio saturada.
- colheres plásticas (de sopa).

> **Equipamento de segurança**: Luvas de borracha, avental de algodão com mangas compridas e óculos de segurança.

Procedimento
1. Misture 1 colher de terra a 100 mL de água no recipiente **A**.
2. Aguarde 5 minutos e despeje o líquido da fase superior no recipiente **B**.
3. Adicione 1 colher cheia de sulfato de alumínio e uma de hidróxido de cálcio sob agitação ao recipiente **B**.
4. Deixe o recipiente em repouso e observe o que ocorre depois de alguns minutos.
5. Transfira o líquido da fase superior para o recipiente **C** (filtro em camadas).
6. Recolha o filtrado (líquido obtido após a filtração) no recipiente **D**.

> **Resíduos**: Os sólidos devem ser descartados no lixo, e os líquidos, na pia.

Analise e discuta
1. Durante os procedimentos, por duas vezes recomendou-se transferir apenas a **fase superior** para outro recipiente. Qual o nome desses dois processos de separação de mistura?
2. Qual é a função da adição do sulfato de alumínio e do hidróxido de cálcio? Qual é o nome do fenômeno que ocorre após essa adição?
3. Há alguma fase do tratamento da água de uso doméstico que não foi mencionada neste experimento? Qual(is)?
4. A água obtida por esse tratamento pode ser utilizada para consumo? Por quê?
5. Que atitudes podem ser tomadas para evitar o desperdício da água de uso doméstico? De que forma a água usada pode ser reutilizada?

Questões globais

10. Escreva qual dos processos abaixo é utilizado nas máquinas de beneficiamento de arroz.
a) Levigação.
b) Flotação.
c) Ventilação.
d) Imantação.
e) Peneiração.

11. Qual dos processos a seguir é o mais indicado para separar uma mistura de água e óleo?
a) Destilação simples.
b) Destilação fracionada.
c) Decantação.
d) Fusão fracionada.
e) Centrifugação.

12. As técnicas de separação dos componentes de uma mistura baseiam-se nas propriedades físicas ou químicas dos seus componentes. Associe as misturas listadas a seguir às figuras **A**, **B** e **C**, que representam os equipamentos adequados a suas separações. Faça também a associação entre esses equipamentos e as propriedades responsáveis por sua utilização.

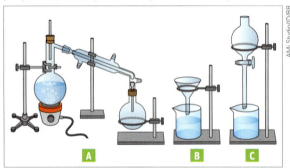

Sistemas
a) Água e pó de mármore.
b) Água e gasolina.
c) Água e sal dissolvido.

Propriedades
I. Temperatura de ebulição.
II. Solubilidade.
III. Densidade.

13. Um sistema heterogêneo, formado por uma solução colorida e um sólido branco, foi submetido ao seguinte processo de separação.

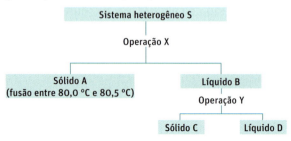

Pede-se o nome dos métodos empregados nas operações X e Y.

14. Os principais componentes do ar atmosférico são obtidos industrialmente por meio da destilação fracionada do ar liquefeito. Conhecendo as temperaturas de ebulição (TE) do nitrogênio e do oxigênio, qual dos dois será transformado primeiro em gás durante a destilação fracionada do ar liquefeito?

Substância	TE a 1 atm (°C)
Oxigênio	−183
Nitrogênio	−196

15. Uma amostra de solução aquosa de sulfato de cobre (mistura homogênea de água e sulfato de cobre), de cor azul, foi submetida a uma destilação simples.
a) Qual a composição e a cor do líquido obtido na saída do condensador?
b) Qual a composição e a cor do sólido obtido no balão de destilação?

16. Considere a análise de uma gasolina que apresenta um teor de álcool de 24% em volume. Uma amostra dessa gasolina foi submetida ao seguinte procedimento.
• Adicionaram-se 50 cm³ de água a 50 cm³ de gasolina em uma proveta de 100 cm³.
• O sistema foi fechado e agitado por alguns instantes.
• Após a formação de duas fases distintas, mediu-se o volume dessas fases.
a) Sabendo que a densidade da água é maior que a da gasolina, qual deve ser o aspecto da mistura após a estabilização do sistema?
b) Determine o volume da fase mais densa e da fase menos densa. Justifique sua resposta.
c) Quais foram os processos de separação dos componentes presentes no sistema?

17. Suspeitou-se que certa amostra de sal de cozinha estava contaminada com areia. Para averiguar a procedência dessa suspeita e determinar a porcentagem de areia presente, adicionou-se excesso de água a 10 g de uma amostra desse sal. A mistura foi submetida à filtração. A massa do resíduo, lavado e seco, foi de 0,5 g. Determine a porcentagem em massa de areia no sal.

18. É possível obter água pura por destilação simples da água do mar? Pode-se esperar que, durante esse processo, a água apresente uma temperatura de ebulição constante? Justifique.

Ciência, tecnologia e sociedade

Cai do céu, mas pode faltar
A humanidade desperdiça e polui a água como se ela nada valesse — e já paga o preço por isso

A diminuição do nível de água no reservatório da Cantareira preocupa os habitantes da Grande São Paulo (SP). Joanópolis (SP), 2014.

O [...] planeta azul vive um paradoxo dramático: embora dois terços da superfície da Terra sejam cobertos de água, uma em cada três pessoas não dispõe desse líquido em quantidade suficiente para atender às suas necessidades básicas. [...] A explicação para o paradoxo da escassez na abundância é a seguinte: a água é um recurso renovável pelo ciclo natural de evaporação-chuva e distribuído com fartura na maior parte da superfície do planeta. Acontece que a ação humana afetou de forma decisiva a renovação natural dos recursos hídricos. [...] Estima-se que 50% dos rios do mundo estejam poluídos por esgotos, dejetos industriais e agrotóxicos. [...] Calcula-se que 30% das maiores bacias hidrográficas tenham perdido mais da metade da cobertura vegetal original, o que levou à redução da quantidade de água.

Nos últimos 100 anos, a população quadruplicou, enquanto a demanda por água se multiplicou por oito. Estima-se que a humanidade use atualmente metade das fontes de água doce do planeta. Em quarenta anos, utilizará perto de 80%. Apenas 1% de toda a água existente no planeta é apropriada para beber ou ser usada na agricultura. O restante corresponde à água salgada dos mares (97%) e ao gelo nos polos e no alto das montanhas. [...]

O uso de água imprópria para o consumo humano é responsável por 60% dos doentes no mundo. Por dia, 4 000 crianças morrem de doenças relacionadas à água, como a diarreia. Os especialistas costumam alinhar duas soluções principais para evitar a escassez de água de qualidade, própria para o consumo humano: cobrar mais pelo uso do recurso e investir no tratamento dos esgotos. O objetivo de cobrar mais pela água é desencorajar o desperdício. Na irrigação, por exemplo, que consome 70% de toda a água doce utilizada no mundo, pode-se economizar com sistemas de gotejamento e borrifação, mais eficientes que as técnicas de alagamento das lavouras. [...] A segunda solução, o tratamento de esgoto, possibilita que a água seja devolvida à natureza ou reutilizada. No fim do mês passado, o condado de Orange, um dos mais ricos da Califórnia, inaugurou a maior estação do mundo dedicada a transformar esgoto em água potável. Depois de limpa, a água é injetada no lençol freático do qual a cidade se abastece. É uma providência que vem em boa hora. [...]

SCHELP, Diogo. Revista *Veja*, São Paulo, Abril, n. 2045, 2008. Disponível em: <http://veja.abril.com.br/300108/p_086.shtml>. Acesso em: 26 mar. 2014.

Analise e discuta

1. O consumo de água tem crescido bem mais que a população. Segundo o texto, qual a explicação para esse fato?
2. Segundo a reportagem, alguns especialistas acreditam que a solução para diminuir a escassez de água seria cobrar mais por ela. Você concorda? Justifique sua resposta.
3. Uma solução apontada no texto é a transformação de esgoto em água potável. Quais os possíveis problemas decorrentes dessa opção?
4. Haveria outras formas de diminuir o problema da escassez da água? Quais?

Esquema do capítulo

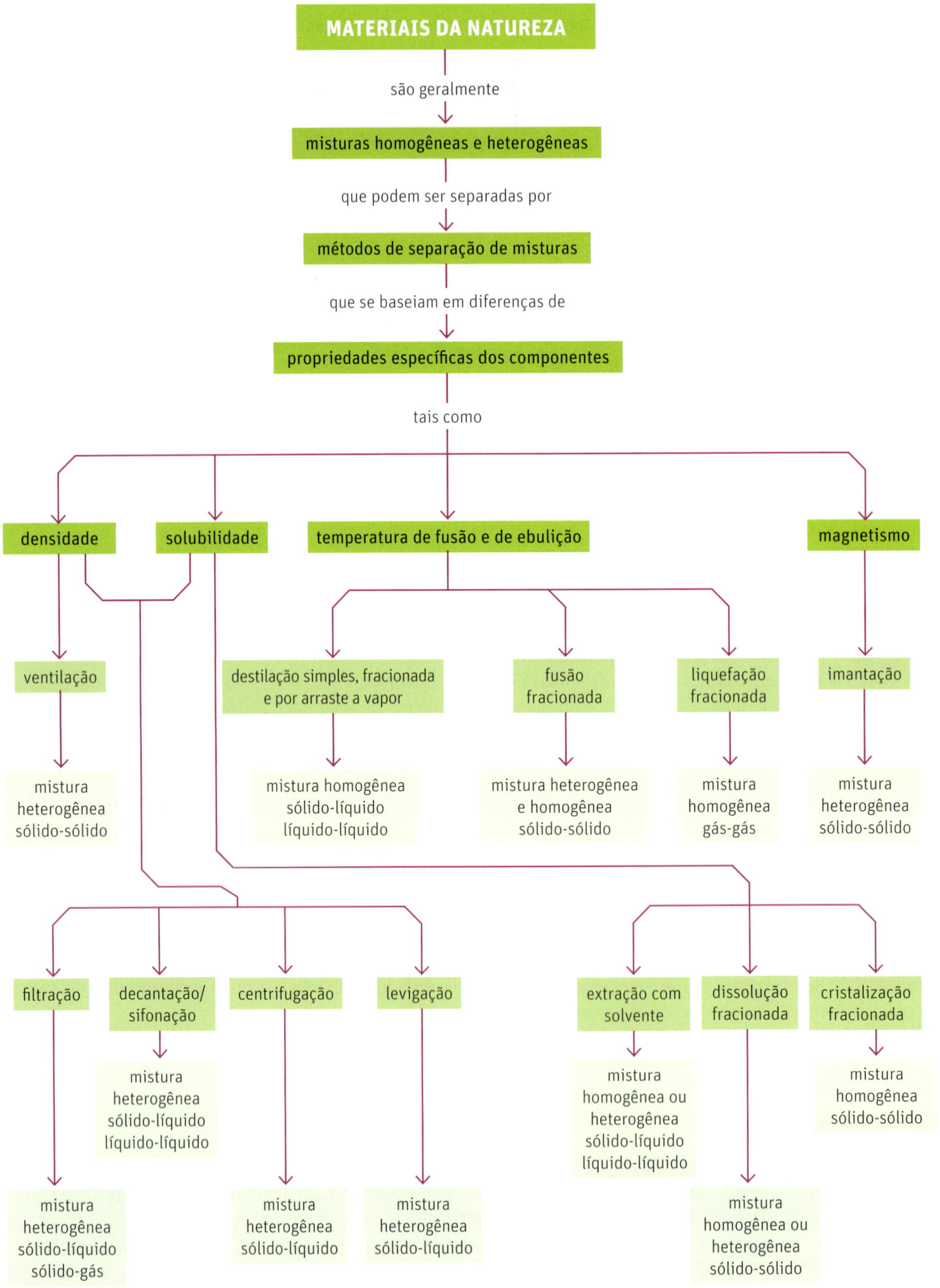

MATERIAIS DA NATUREZA

são geralmente

misturas homogêneas e heterogêneas

que podem ser separadas por

métodos de separação de misturas

que se baseiam em diferenças de

propriedades específicas dos componentes

tais como

densidade — **solubilidade** — **temperatura de fusão e de ebulição** — **magnetismo**

ventilação

mistura
heterogênea
sólido-sólido

destilação simples, fracionada e por arraste a vapor

mistura homogênea
sólido-líquido
líquido-líquido

fusão fracionada

mistura heterogênea
e homogênea
sólido-sólido

liquefação fracionada

mistura
homogênea
gás-gás

imantação

mistura
heterogênea
sólido-sólido

filtração

mistura
heterogênea
sólido-líquido
sólido-gás

decantação/ sifonação

mistura
heterogênea
sólido-líquido
líquido-líquido

centrifugação

mistura
heterogênea
sólido-líquido

levigação

mistura
heterogênea
sólido-líquido

extração com solvente

mistura
homogênea ou
heterogênea
sólido-líquido
líquido-líquido

dissolução fracionada

mistura
homogênea ou
heterogênea
sólido-sólido

cristalização fracionada

mistura
homogênea
sólido-sólido

Vestibular e Enem

19. (Enem) Seguem alguns trechos de uma matéria da revista *Superinteressante*, que descreve hábitos de um morador de Barcelona (Espanha), relacionando-os com o consumo de energia e efeitos sobre o ambiente.

   I. Apenas no banho matinal, por exemplo, um cidadão utiliza cerca de 50 litros de água, que depois terá que ser tratada. Além disso, a água é aquecida consumindo 1,5 quilowatt-hora (cerca de 1,3 milhão de calorias), e para gerar essa energia foi preciso perturbar o ambiente de alguma maneira.

   II. Na hora de ir para o trabalho, o percurso médio dos moradores de Barcelona mostra que o carro libera 90 gramas do venenoso monóxido de carbono e 25 gramas de óxidos de nitrogênio. Ao mesmo tempo, o carro consome combustível equivalente a 8,9 kWh.

   III. Na hora de recolher o lixo doméstico (quase 1 kg por dia), em cada quilo há aproximadamente 240 gramas de papel, papelão e embalagens; 80 gramas de plástico; 55 gramas de metal, 40 gramas de material biodegradável e 80 gramas de vidro.

No trecho I, a matéria faz referência ao tratamento necessário à água resultante de um banho. As afirmações a seguir dizem respeito a tratamentos e destinos dessa água. Entre elas, a mais plausível é a de que a água:

a) passa por peneiração, cloração, floculação, filtração e pós-cloração, e é canalizada para os rios.
b) passa por cloração e destilação, sendo devolvida aos consumidores em condições adequadas para ser ingerida.
c) é fervida e clorada em reservatórios, onde fica armazenada por algum tempo antes de retornar aos consumidores.
d) passa por decantação, filtração, cloração e, em alguns casos, por fluoretação, retornando aos consumidores.
e) não pode ser tratada devido à presença do sabão, por isso é canalizada e despejada em rios.

20. (Fuvest-SP) O ciclo da água na natureza, relativo à formação de nuvens, seguida de precipitação da água na forma de chuva, pode ser comparado, em termos das mudanças de estado físico que ocorrem e do processo de purificação envolvido, à seguinte operação de laboratório.
a) Sublimação.
b) Filtração.
c) Decantação.
d) Dissolução.
e) Destilação.

21. (PUC-MG) O aparelho a seguir é usado na:

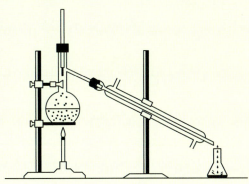

a) destilação com coluna de fracionamento.
b) separação por evaporação.
c) separação de líquidos imiscíveis.
d) destilação simples.
e) liquefação seguida de destilação.

22. (Enem) Em nosso planeta a quantidade de água está estimada em $1,36 \times 10^6$ trilhões de toneladas. Desse total, calcula-se que cerca de 95% são de água salgada e dos 5% restantes, quase a metade está retida nos polos e geleiras. O uso de água do mar para obtenção de água potável ainda não é realidade em larga escala. Isso porque, entre outras razões,
a) o custo dos processos tecnológicos de dessalinização é muito alto.
b) não se sabe como separar adequadamente os sais nela dissolvidos.
c) comprometeria muito a vida aquática dos oceanos.
d) a água do mar possui materiais irremovíveis.
e) a água salgada do mar tem temperatura de ebulição alta.

23. (Enem) Em certas regiões litorâneas, o sal é obtido da água do mar pelo processo de cristalização por evaporação. Para o desenvolvimento dessa atividade, é mais adequado um local:
a) plano, com alta pluviosidade e pouco vento.
b) plano, com baixa pluviosidade e muito vento.
c) plano, com baixa pluviosidade e pouco vento.
d) montanhoso, com alta pluviosidade e muito vento.
e) montanhoso, com baixa pluviosidade e pouco vento.

24. (Uece) Quando dois ou mais líquidos formam uma mistura heterogênea, dizemos que são líquidos imiscíveis. Na separação de líquidos imiscíveis, a forma mais adequada é utilizar:
a) balão de destilação e condensador.
b) balão de fundo redondo e proveta.
c) funil de decantação e erlenmeyer.
d) funil de Büchner e béquer.

81

Vestibular e Enem

25. (Uece) Sobre o equipamento da figura a seguir, indique o **correto**.

a) É usado para separar líquidos imiscíveis de densidades diferentes.
b) É constituído de funil de Büchner, erlenmeyer e trompa de água.
c) O funil apresenta furos que dispensam a utilização do papel de filtro.
d) É adequado para reduzir a pressão interna, apressando a separação dos componentes da mistura.

26. (Cefet-MG) Das misturas a seguir, a única que pode ser separada pelo processo de filtração é:
a) água e carvão.
b) azeite e vinagre.
c) gasolina e álcool.
d) sal de cozinha e areia.

27. (UFMG) O quadro a seguir apresenta misturas heterogêneas que foram submetidas aos processos de separação especificados.

Misturas	Componentes	Processo de separação
I	Água e areia	Decantação
II	Sucatas de ferro e alumínio	Separação magnética
III	Grafite e iodo	Sublimação
IV	Água e óleo	Filtração

Assinale a alternativa que corresponde a uma mistura cujo processo de separação especificado é inadequado.
a) I
b) II
c) III
d) IV

28. (PUC-Campinas-SP) Em garimpos onde o ouro é encontrado em pó, para separá-lo da areia, acrescenta-se mercúrio líquido, que forma liga metálica com o ouro. Para separar os metais, a liga é aquecida até a evaporação completa do mercúrio. Esse procedimento é possível porque, dos dois metais, o mercúrio tem:
a) menor densidade.
b) mais facilidade de ser filtrado.
c) menor temperatura de ebulição.
d) maior temperatura de fusão.
e) temperatura de fusão, de ebulição e densidades iguais às do ouro.

29. (UFMG) Durante a preparação do popular cafezinho brasileiro, são utilizados alguns procedimentos de separação de misturas. A alternativa que apresenta corretamente a sequência de operações utilizadas é:
a) destilação e decantação.
b) destilação e filtração.
c) extração e decantação.
d) extração e filtração.

30. (Unesp-SP) A água potável é um recurso natural considerado escasso em diversas regiões do planeta. Mesmo em locais onde a água é relativamente abundante, às vezes é necessário submetê-la a algum tipo de tratamento antes de distribuí-la para consumo humano. O tratamento pode, além de outros processos, envolver as seguintes etapas.

I. Manter a água em repouso por um tempo adequado, para a deposição, no fundo do recipiente, do material em suspensão mecânica.
II. Remoção das partículas menores, em suspensão, não separáveis pelo processo descrito na etapa I.
III. Evaporação e condensação da água, para diminuição da concentração de sais (no caso de água salobra ou do mar). Neste caso, pode ser necessária a adição de quantidade conveniente de sais minerais após o processo.

As etapas I, II e III correspondem, respectivamente, aos processos de separação denominados:
a) filtração, decantação e dissolução.
b) destilação, filtração e decantação.
c) decantação, filtração e dissolução.
d) decantação, filtração e destilação.
e) filtração, destilação e dissolução.

31. (UFPE) Uma mistura é constituída de areia, óleo, açúcar e sal de cozinha. A melhor sequência experimental para separar essa mistura em seus constituintes puros é:
a) destilação do óleo, filtração da areia, dissolução do sal e do açúcar em água.
b) dissolução do açúcar e do sal em água, filtração da areia, decantação do óleo, recristalização fracionada da fase aquosa.
c) filtração, dissolução do açúcar e do sal em água, decantação do óleo e destilação da fase aquosa.
d) destilação do óleo, dissolução do açúcar e do sal em água e separação da areia por filtração.
e) filtração do óleo e simples catação dos componentes da fase sólida.

32. (Unirio-RJ) Campos de Goytacazes, na região norte do estado do Rio de Janeiro, pode ser considerada a capital nacional do petróleo: a Bacia de Campos produz em média 900 mil barris/dia de petróleo cru.

A operação que permite isolar tanto a gasolina quanto a querosene do petróleo cru é a:
a) decantação.
b) destilação.
c) filtração.
d) catação.
e) extração com água.

33. (UFSCar-SP)

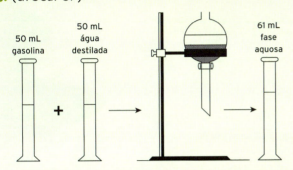

A figura representa o esquema de um experimento para determinação do teor de álcool na gasolina. Com base no experimento e considerando que não há variação de volume, pode-se afirmar que o teor de álcool, em volume, na gasolina analisada e o processo de extração utilizado são, respectivamente,
a) 11% e dissolução fracionada.
b) 22% e dissolução fracionada.
c) 11% e decantação fracionada.
d) 22% e decantação fracionada.
e) 11% e destilação fracionada.

34. (Unifesp-SP) Numa síntese química, foi obtido um sólido, que se supõe ser uma substância pura X. Na determinação do ponto de fusão do sólido, observou-se que:
  I. o processo de fusão iniciou-se numa temperatura bem inferior à tabelada para a substância pura X;
  II. o intervalo de temperatura medido entre o início e o término do processo de fusão é grande.
Com base nessas observações, pode-se concluir corretamente que:
a) o sólido obtido contém no mínimo duas substâncias.
b) o sólido obtido é constituído apenas por cristais da substância pura X.
c) a quantidade de sólido utilizado na determinação foi menor que a necessária.
d) a quantidade de sólido utilizado na determinação foi maior que a necessária.
e) a pressão atmosférica local é maior do que a pressão ao nível do mar.

35. (Enem) Belém é cercada por 39 ilhas, e suas populações convivem com ameaças de doenças. O motivo, apontado por especialistas, é a poluição da água do rio, principal fonte de sobrevivência dos ribeirinhos. A diarreia é frequente nas crianças e ocorre como consequência da falta de saneamento básico, já que a população não tem acesso à água de boa qualidade. Como não há água potável, a alternativa é consumir a do rio.

O Liberal, 8 jul. 2008. Disponível em: <http://www.oliberal.com.br>.

O procedimento adequado para tratar a água dos rios, a fim de atenuar os problemas de saúde causados por microrganismos a essas populações ribeirinhas, é a:
a) filtração.   c) coagulação.   e) decantação.
b) cloração.   d) fluoretação.

36. (UFU-MG) Sobre os procedimentos químicos da destilação de uma solução aquosa de sal de cozinha e suas aplicações, assinale a alternativa correta.

a) O sal de cozinha entra em ebulição ao mesmo tempo da água e é colhido no erlenmeyer.
b) O condensador possui a função de diminuir a temperatura dos vapores produzidos pelo aquecimento e, assim, liquefazer a água.
c) A temperatura de ebulição do sal de cozinha é menor que a temperatura de ebulição da água.
d) A eficiência do método de destilação é pequena para separar o sal da água.

37. (Cefet-MG) Um pescador está em seu barco à deriva, sob o sol de meio-dia, no meio do mar. Para obter água dessalinizada, constrói o seguinte aparato.

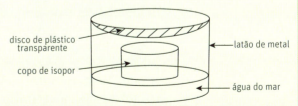

Com base nas características desse equipamento, a água dessalinizada poderá ser obtida, lentamente, através de:
a) flotação.   c) dissolução.
b) destilação.   d) decantação.

83

CAPÍTULO 6
Propriedades e transformações da matéria

Neste capítulo

1. Transformações da matéria.
2. Leis de Lavoisier e de Proust.
3. Substâncias simples e compostas.

O ovo cru contém substâncias que são transformadas pelo aquecimento.

A imagem acima é bem conhecida de todos: ovos crus são colocados em uma frigideira e submetidos a aquecimento na chama de um fogão. Quando se acrescenta a eles uma pitada de sal, o que se tem é um alimento consumido diariamente por milhões de pessoas em todo o mundo: ovos fritos (também denominados ovos estrelados).

Você diria que ocorrem mudanças nas propriedades de um ovo cru quando ele é cozido? Neste caso, há ou não alterações nas substâncias que o constituem?

Apesar de continuar sendo ovo, para os químicos o ovo cru e o frito são constituídos de substâncias diferentes. As mudanças nas propriedades, como cor, dureza, densidade, entre outras, indicam que há transformação da matéria quando o ovo cru é submetido a aquecimento.

Quais são as diferenças e semelhanças entre o ovo cru e o ovo frito?

As transformações da matéria ocorrem o tempo todo, envolvem diferentes materiais e diferentes quantidades deles. As substâncias que constituem a carne crua, a abóbora ou a couve-flor também sofrem transformações quando submetidas a aquecimento. O mesmo pode ser dito em relação a objetos que enferrujam, à queima da madeira ou a frutos que amadurecem ou apodrecem.

Prepare-se para entender melhor essas transformações e a importância delas para a sua vida e a de milhões de pessoas.

1. Transformações da matéria

As transformações da matéria podem ser observadas em casa, no trabalho, no caminho para a escola, em nosso próprio corpo, e até mesmo em lugares bem distantes, como nas estrelas e nos planetas. Essas transformações explicam, por exemplo, o amadurecimento das frutas e o surgimento de ferrugem em portões e em outros objetos de ferro.

O amadurecimento da banana envolve transformações da matéria.

Descrição das transformações da matéria

Imagine que você precisa descrever a transformação de um material. Para fazer isso, é necessário observá-lo antes e depois dessa mudança. É dessa forma que os químicos procedem. Eles utilizam os termos **estado inicial do sistema** e **estado final do sistema** como referência às características do sistema antes e depois da transformação.

No caso do cacho da banana, o estado inicial do sistema pode ser descrito como composto por frutos verdes de tamanho reduzido e de consistência mais dura. Seu estado final é constituído por frutos maiores e mais tenros, de cor predominantemente amarela com manchas escuras.

Na tabela a seguir são apresentados outros exemplos de distinção dos estados inicial e final para algumas transformações da matéria.

Transformação	Estado inicial	Estado final
Enferrujamento de uma chave		
Queima de uma folha branca de papel sulfite		
Fusão do gelo		

É comum, em vez de imagens, a descrição dos estados inicial e final. Em seu caderno, copie a tabela e descreva as imagens observadas em cada uma das transformações.

> **Saiba mais**
>
> **A Química e as transformações da matéria**
>
> Desde os tempos mais remotos, o ser humano faz uso das transformações da matéria para garantir sua sobrevivência. Entre os exemplos estão a confecção de ferramentas e a descoberta e utilização do fogo como fonte de energia.
>
> O domínio do fogo permitiu ao ser humano obter metais como o ferro, a partir da hematita – minério rico em óxido de ferro(III) –, o chumbo, a partir da galena – mineral rico em sulfeto de chumbo(II) –, etc.
>
> A transformação da bauxita, que é um minério de grande importância industrial para a obtenção do alumínio metálico e de outros materiais, também é um exemplo de transformação da matéria.
>
>
>
> A bauxita origina o alumínio.
>
> Nos transportes, o alumínio é empregado na estrutura de aviões, barcos e automóveis. A indústria de embalagens também utiliza o alumínio para a fabricação de papel de alumínio e latas.
>
> Na construção civil, o alumínio é usado na fabricação de janelas, portas, divisórias e grades, bem como na composição de utensílios de cozinha e ferramentas.

Fenômenos físicos e químicos

Transformações físicas

As transformações físicas compreendem mudanças que não alteram a composição das substâncias originais. Esse tipo de transformação ocorre, por exemplo, quando uma substância passa de um estado físico para outro. Nesse caso, há alterações no aspecto do material sem que se formem novos materiais. Quando um pão é cortado em pedaços menores, sua composição química não é alterada. O que se observa é uma alteração de seu formato, mas cada novo pedaço tem a mesma constituição do pão original.

Transformações químicas

Quando um ovo cru é colocado na frigideira e submetido a aquecimento, depois de certo tempo observa-se a formação de um material bem diferente do inicial: o ovo frito.

Nas transformações químicas, o material ou materiais presentes no sistema inicial são transformados em novos materiais, com propriedades específicas diferentes.

Uma chave de boca, composta predominantemente de ferro, pode ter sua composição química alterada quando em contato com o oxigênio e com a umidade do ar. O ferro sofre um desgaste (corrosão), pois se transforma em outra substância: óxido de ferro(III) hidratado (ferrugem).

A fragmentação do pão não altera as substâncias que o compõem.

Compare a imagem acima com a da abertura deste capítulo. A diferença visual que você observa na primeira imagem é consequência da transformação das substâncias presentes no ovo cru.

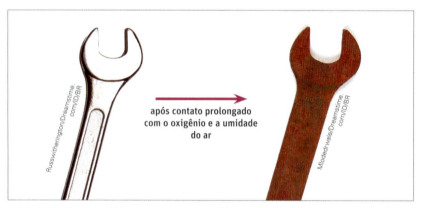

A chave de boca enferrujada tem composição diferente da inicial.

A tabela abaixo mostra alguns exemplos de transformações químicas provocadas por diferentes meios.

Transformação química	Exemplo
Por ação do calor	Cozimento de alimentos; o aquecimento de certas substâncias pode desencadear o surgimento de novas substâncias.
Por ação da eletricidade	Eletrólise da água (decomposição da água em oxigênio e hidrogênio); a eletricidade pode provocar alterações em substâncias.
Por ação mecânica	Explosivos, acendimento de palitos de fósforo; transformação devido a choque ou impacto.
Por ação da luz	Fotossíntese, fotografias; a luz é capaz de transformar algumas substâncias em outras.
Por contato com outra substância	O simples contato físico entre duas ou mais substâncias pode resultar em uma reação química, provocando o aparecimento de novas substâncias. É o que ocorre quando se introduz uma pastilha efervescente em um copo com água. Imediatamente observam-se a liberação de bolhas e a diminuição do tamanho da pastilha.

Reações químicas

As transformações químicas são também chamadas de **reações químicas**, pois o estado final é constituído por substância(s) diferente(s) daquela(s) presente(s) no estado inicial.

Observe, na fotografia a seguir, o que acontece quando um fio limpo de cobre metálico (**A**) é mergulhado em uma solução aquosa de nitrato de prata (**B**). Depois de algum tempo, há deposição de um material branco brilhante sobre o fio de cobre. Simultaneamente, nota-se que a solução, de início incolor, adquire coloração azulada (**D**).

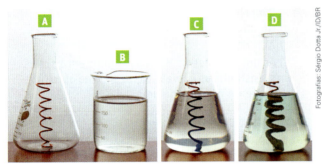

Ao mergulhar o fio de cobre metálico (**A**) em solução aquosa de nitrato de prata (**B**) ocorre uma reação química (**C**) em que há formação de um sólido branco sobre o fio e de uma solução de cor azul (**D**).

Trata-se de um exemplo de reação química, em que as substâncias presentes no sistema inicial (cobre metálico e nitrato de prata dissolvido em água) são transformadas em novas substâncias: prata metálica (metal prateado depositado sobre o fio de cobre) e nitrato de cobre(II) dissolvido em água (responsável pela coloração azul da solução). Nesse caso, os reagentes são cobre e nitrato de prata, e os produtos, prata e nitrato de cobre(II).

Comportamento das substâncias nas reações químicas

Quando um ou mais reagentes são transformados em um ou mais produtos, sua quantidade diminui no transcorrer da reação, ao mesmo tempo em que há aumento da quantidade de produtos.

Esse fenômeno pode ser representado pelas curvas do gráfico abaixo.

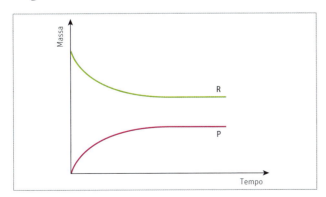

Note que, no decorrer do tempo, os reagentes, representados por **R** (linha verde), são consumidos e sua massa diminui, enquanto a massa de produtos, representados por **P** (linha roxa), aumenta. Observe também que, a partir de determinado tempo, passa a não haver mais perda nem ganho de massa entre reagentes e produtos.

Representação das reações químicas

Os químicos apresentam as reações químicas por meio de equações químicas, que são representações nas quais os reagentes e os produtos são separados por uma seta (⟶). Quando há mais de um reagente ou produto, coloca-se um sinal de soma entre eles. Costuma-se também representar entre parênteses o estado físico das substâncias envolvidas: (s) sólido, (ℓ) líquido, (g) gasoso, e (aq) solução aquosa.

Observe a representação da reação entre o fio de cobre e o nitrato de prata em solução aquosa, como foi visto no exemplo desta página.

$$\text{cobre (s)} + \text{nitrato de prata (aq)} \longrightarrow \text{prata (s)} + \text{nitrato de cobre(II) (aq)}$$

Essa representação informa que o cobre sólido reage com o nitrato de prata aquoso e produz prata sólida e nitrato de cobre(II) aquoso.

Evidências da ocorrência de transformações químicas

É muito comum o tratamento da azia ou má digestão com comprimidos efervescentes – os antiácidos. Quando um desses comprimidos é adicionado à água, observa-se a liberação de gás (bolhas). Essas bolhas intensificam-se à medida que o comprimido diminui de tamanho. Em determinado momento, a liberação do gás cessa e o comprimido desaparece. Nesse instante, considera-se que a reação chegou a seu ponto final.

Em festas juninas, as fogueiras (reações que envolvem combustão) emitem luz e energia térmica.

As liberações de gás e de energia térmica e luminosa constituem exemplos de evidências (indícios) da ocorrência de transformação química, bem como a mudança de cor, de cheiro, a formação de sólido, etc.

A ausência desses sinais, contudo, não determina a **não** ocorrência de transformação química. Algumas reações químicas ocorrem sem que haja modificação perceptível entre o sistema inicial e o sistema final. Assim, para que uma transformação possa ser classificada com segurança como reação química, as substâncias obtidas devem ser isoladas e determinadas as suas propriedades específicas (densidade, temperatura de fusão e de ebulição, solubilidade, etc.).

Atividades

Exercício resolvido

1. Observe o gráfico a seguir.

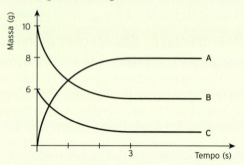

a) Represente a reação química mostrada no gráfico. Justifique como você descobriu quais são as substâncias reagentes e os produtos da reação.
b) Quais as quantidades iniciais dos reagentes?
c) Qual a quantidade de produto obtida ao final da reação?
d) Em qual instante as quantidades de B e A são iguais? Qual o valor aproximado dessas quantidades?

Solução
a) B + C ⟶ A

B e C são reagentes porque são consumidos ao longo do tempo; A é produto, pois tem sua quantidade aumentada.
b) No início da reação havia 10 g de B e 6 g de C.
c) A = 8 g
d) As quantidades de B e A são iguais em 1 s. Nesse instante, as curvas se cruzam e há aproximadamente 7 g de cada uma delas.

---

2. Entre as transformações abaixo, indique quais podem ser consideradas transformações químicas.
   a) Obtenção do vinho através da fermentação do açúcar da uva.
   b) Queima da madeira em uma lareira.
   c) Decantação de uma amostra de água turva.
   d) Ebulição da água.
   e) Produção de gasolina a partir do petróleo.
   f) Fabricação de fios de cobre a partir de uma barra de cobre.
   g) Fotossíntese realizada pelas plantas.

3. As imagens dos quadros **A**, **B** e **C** mostram, respectivamente, os sistemas iniciais e finais de algumas transformações da matéria.

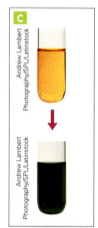

   a) Descreva os estados inicial e final de cada um dos sistemas.
   b) É possível, a partir da análise das imagens, indicar em que situação(ões) ocorre(m) indício(s) de transformação(ões) química(s)? Justifique.

4. A obtenção do metal ferro, a partir da hematita – minério constituído por óxido de ferro(III) e impurezas – é realizada nas indústrias siderúrgicas. Uma reação química que ocorre em fornos apropriados pode ser assim representada.

   óxido de ferro(III) + monóxido de carbono ⟶ ferro + dióxido de carbono

   Sobre esse processo e sua representação, responda.
   a) O que significa a seta (⟶)?
   b) Quais materiais são consumidos no processo?
   c) Quais substâncias são formadas?
   d) Quais são os reagentes e quais são os produtos do processo representado?

5. Um estudante misturou duas soluções aquosas incolores, sem ter observado indícios da ocorrência de reação química. É possível afirmar que não houve transformação química? Como se pode proceder para investigar o fenômeno?

6. As transformações da matéria envolvem energia térmica, elétrica, luminosa. A ebulição da água ocorre mediante aquecimento, ou seja, absorção de energia térmica. Já a síntese da água, a partir dos gases hidrogênio e oxigênio, é acompanhada da liberação de energia térmica. Indique se os processos a seguir absorvem ou liberam energia.
   a) Queima de uma folha de papel.
   b) Decomposição da água em hidrogênio e oxigênio através da aplicação de corrente elétrica (eletrólise).
   c) Reação entre soluções aquosas de ácido clorídrico e hidróxido de sódio, levando à formação de cloreto de sódio e água e à elevação da temperatura do sistema no decorrer do processo.

2. Leis de Lavoisier e de Proust

❯ Lei de Lavoisier
(Lei da Conservação da Massa)

O uso da balança foi fundamental para que Lavoisier descobrisse a importância da massa da matéria.

Em 1774, ele realizou a reação, em sistemas fechados, entre diferentes metais e o oxigênio. Lavoisier observou, por exemplo, que a reação entre o estanho e o oxigênio não provocava alteração de massa no sistema, ou seja, a massa era a mesma antes e depois da reação.

$$\underbrace{\text{estanho} + \text{oxigênio}}_{\text{massa total dos reagentes}} \longrightarrow \underbrace{\text{óxido de estanho}}_{\text{massa do produto}}$$

Ele repetiu a experiência muitas vezes, realizou outras reações, medindo sempre com balança a massa das substâncias testadas e a massa dos produtos obtidos.

Com base nas observações feitas em seus estudos e nas conclusões a que chegou, Lavoisier estabeleceu a Lei da Conservação da Massa.

Em um sistema fechado, quando duas ou mais substâncias reagem entre si, **a massa total dos produtos é igual à soma das massas das substâncias reagentes**.

Durante as reações químicas não há ganho nem perda de massa. O que ocorre é a transformação das substâncias reagentes em outras substâncias.

Se 30 g de reagentes forem colocados em um sistema fechado e se todos eles reagirem completamente entre si, depois de terminada a reação química haverá 30 g de produtos.

$$\underbrace{\text{reagente A} + \text{reagente B}}_{30\ g} \longrightarrow \underbrace{\text{produto C} + \text{produto D}}_{30\ g}$$

Observe as imagens abaixo.

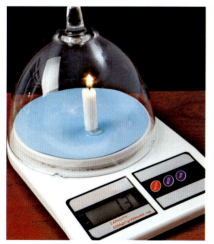 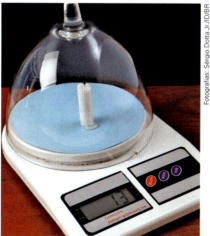

À esquerda: uma vela acesa é colocada sobre uma balança. Uma campânula cobre a vela.
À direita: a combustão consome parte do oxigênio e a vela apaga-se espontaneamente.

A reação de combustão da vela consome parte do oxigênio do ar que está dentro da campânula. Observe, na marcação da balança, que a massa dos produtos formados é a mesma dos reagentes (13 g em ambos os casos).

■ Química tem história

Antoine Lavoisier nasceu em Paris, em 1743. Formou-se em Direito, mas se dedicou à Química.

Aos 23 anos, foi eleito membro da Academia Francesa de Ciências. Em 1768, trabalhou na *Fermé Générale*, agência ligada ao governo e responsável pelo recolhimento de impostos.

Na Química, Lavoisier criou uma nomenclatura para as substâncias químicas semelhante à que ainda está em uso; nomes como os das substâncias formadas por oxigênio, enxofre ou fósforo são até hoje utilizados. Deve-se a ele também a conclusão de que a água é uma substância formada por hidrogênio e oxigênio. Isso, na época, foi surpreendente, pois a água era tida como substância impossível de ser decomposta.

A frequente utilização da balança pode ser considerada uma das principais características do trabalho de pesquisa de Lavoisier.

Lavoisier ao lado de sua esposa, Marie-Anne. (*Antoine-Laurent Lavoisier e sua esposa*. Jacques Louis David. Óleo sobre tela, 1788.)

89

▶ Previsão das massas dos produtos em uma reação química

A ocorrência de uma reação química em um sistema fechado garante que a massa de substâncias gasosas não será perdida para o meio. Se a reação não envolver reagentes ou produtos gasosos, verifica-se a validação da Lei da Conservação da Massa mesmo em um sistema aberto.

Para estabelecer a quantidade de produtos formada em determinada reação, é preciso conhecer a quantidade dos reagentes envolvidos.

$$m_{reagentes} = m_{produtos}$$

A tabela a seguir apresenta os valores das massas envolvidas na reação de combustão do magnésio em dois experimentos distintos.

Massas de cada componente presente no sistema inicial e final durante a reação de combustão do metal magnésio		
Experimento	Sistema inicial	Sistema final
1	6,0 g de magnésio e 4,0 g de oxigênio ⎯ 10,0 g	10,0 g de óxido de magnésio
2	12 g de magnésio e 8,0 g de oxigênio ⎯ 20,0 g	20,0 g de óxido de magnésio

Nas duas reações, a massa do sistema inicial é igual à massa do sistema final: 10 g e 20 g, respectivamente.

Se a reação envolver 4 g de magnésio e 2 g de oxigênio, a massa final do sistema será 6 g.

Experimentalmente, observa-se que, nesse caso, há a formação de 5 g de óxido de magnésio e uma sobra de 1 g de magnésio.

4 g de magnésio	+	2 g de oxigênio	→	5 g de óxido de magnésio	+	sobra de 1 g de magnésio

A sobra de 1 g de magnésio demonstra que, da massa inicial desse metal, somente 3 g reagiram. Desse modo, a soma da massa das substâncias que efetivamente reagiram ($m_{reagentes}$) é igual a 5 g, correspondentes aos 5 g da massa do produto ($m_{produto}$) formado.

Para pensar

Aparentes desvios da Lei de Lavoisier

Ao queimar uma amostra contendo carvão, ela diminui de massa. Você diria que essa constatação contraria a Lei de Lavoisier?

Observe que Lavoisier fez seus estudos em sistemas fechados. Quando uma reação ocorre em um sistema aberto e há formação de gases, a massa do sistema diminui. Esse aparente desvio da Lei de Lavoisier ocorre porque a matéria formada está no estado gasoso e não tem a sua massa determinada.

Algo semelhante ocorre quando um objeto de ferro é exposto ao ar úmido por um tempo prolongado. Nesse caso, a massa do objeto aumenta porque parte dele se combina com o oxigênio e a umidade do ar, que não estavam sendo considerados inicialmente.

Exercício resolvido

7. Na neutralização do ácido clorídrico pelo hidróxido de magnésio, sabe-se que 73 g de ácido clorídrico reagem com 58 g de hidróxido de magnésio e há formação de 36 g de água e x g de cloreto de magnésio. Analise essas informações e determine a massa do cloreto de magnésio formado na reação.

Solução

ácido clorídrico + hidróxido de magnésio → cloreto de magnésio + água
   73 g   58 g x 36 g

Pela Lei de Lavoisier: $\underbrace{73\ g + 58\ g}_{reagentes} = \underbrace{x + 36\ g}_{produtos}$

Logo, $x = 95$ g

Portanto, a massa de cloreto de magnésio formada é de 95 g.

❯ Lei de Proust (Lei das Proporções Constantes)

Experimentos demonstram que 10,00 g de cobre metálico reagem com 5,06 g de enxofre formando 15,06 g de sulfeto cúprico, resultados que estão de acordo com a Lei de Lavoisier.

| 10,00 g de cobre + 5,06 g de enxofre ⟶ 15,06 g de sulfeto cúprico |

Se, por processo semelhante, 10,00 g de cobre forem postos para reagir com 7,06 g de enxofre, haverá formação de 15,06 g de sulfeto cúprico e uma sobra de 2,00 g de enxofre, ou seja, 2,00 g de enxofre não reagirão.

| 10,00 g de cobre + 7,06 g de enxofre ⟶ 15,06 g de sulfeto cúprico + 2,00 g de enxofre |

Neste caso, a Lei de Lavoisier continua sendo obedecida. Observe:

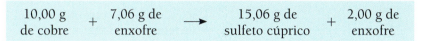

Se 20,00 g de cobre forem colocados para reagir com 5,06 g de enxofre, haverá formação de 15,06 g de sulfeto cúprico e uma sobra de 10,00 g de cobre.

| 20,00 g de cobre + 5,06 g de enxofre ⟶ 15,06 g de sulfeto cúprico + 10,00 g de cobre |

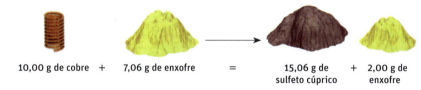

Já a reação entre 20,00 g de cobre e 10,12 g de enxofre resulta em 30,12 g de sulfeto cúprico.

| 20,00 g de cobre + 10,12 g de enxofre ⟶ 30,12 g de sulfeto cúprico |

Em 1799, com base em experimentos semelhantes a esses, Joseph Louis Proust concluiu que, quando várias substâncias se combinam para formar um composto, sempre o fazem numa relação de massas definida.

Essa constatação é conhecida como **Lei das Proporções Constantes** (ou **Definidas**) ou **Lei de Proust**.

■ Química tem história

Joseph Louis Proust

Retrato de Joseph Louis Proust, gravura, 1795, Inglaterra.

Químico e farmacêutico francês, Joseph Louis Proust nasceu em Angers, em 29 de setembro de 1754, e morreu na mesma cidade em 5 de julho de 1826.

Filho de um boticário, estudou Química. Chefiou a farmácia do hospital Salpêtrière, em Paris. Pronunciou conferências no Palais Royal. Esteve na Espanha, onde ensinou Química na academia de artilharia de Segóvia e em Salamanca. [...]

Durante sua estada na Espanha, Proust estudou os minerais espanhóis. Enunciou a **Lei das Proporções Definidas** (1806) – uma das bases do atomismo químico, e que recebeu seu nome. A lei é formulada em 1808 por John Dalton, mas é o trabalho de Proust que fornece as provas empíricas que determinam sua aceitação.

Ainda em Madri, Proust empreende estudos que resultam na descoberta de um processo de extrair açúcar da uva. [...]

Disponível em: <http://allchemy.iq.usp.br/metabolizando/beta/01/proust.htm>.
Acesso em: 29 maio 2014.

Exercícios resolvidos

8. Sabe-se que 28 g de nitrogênio reagem completamente com 6 g de hidrogênio formando amônia.
a) Qual é a massa de amônia formada?
b) Em que lei você se baseou para responder ao item anterior?
c) Qual é a massa, em gramas, de hidrogênio que reage com 140 g de nitrogênio?
d) Qual é a massa, em gramas, de amônia formada quando 140 g de nitrogênio reagem com hidrogênio suficiente para a reação se completar?
e) Que massa de nitrogênio deve reagir com 3 toneladas de hidrogênio?

Solução
a) 28 g de nitrogênio + 6 g de hidrogênio = 34 g de amônia
b) Lei da Conservação da Massa (Lei de Lavoisier).
c) nitrogênio + hidrogênio ⟶ amônia
    28 g   6 g   34 g
    140 g   x
        $x = 30$ g
d) nitrogênio + hidrogênio ⟶ amônia
    28 g ——————————— 34 g
    140 g ——————————— y
        $y = 170$ g
e) nitrogênio + hidrogênio ⟶ amônia
    28 g ——————————— 6 g
    z ——————————— 3 t
        $z = 14$ t

Observe que, ao resolver a proporção do item *e*, a unidade grama é cancelada e a resposta final é dada em tonelada.

$$z = \frac{28 \text{ g} \cdot 3 \text{ t}}{6 \text{ g}}$$

$$z = 14 \text{ t}$$

9. Numa reação, 48 g de magnésio reagem com uma certa massa de oxigênio formando 80 g de óxido de magnésio segundo a reação esquematizada abaixo.

> magnésio + oxigênio ⟶ óxido de magnésio

a) Qual é a massa de oxigênio que participa da reação?
b) Que massa de magnésio reage com 80 g de oxigênio?
c) Que massa de óxido de magnésio será formada quando 1,2 tonelada de magnésio reagir?

Solução
a) magnésio + oxigênio ⟶ óxido de magnésio
    48 g   x   80 g
        $48 + x = 80$
        $x = 32$ g
b) magnésio + oxigênio ⟶ óxido de magnésio
    48 g   32 g   80 g
    y   80 g
        $y = 120$ g
c) magnésio + oxigênio ⟶ óxido de magnésio
    48 g   32 g   80 g
    1,2 t   z
        $z = 2,0$ t

Para fazer

Receita de pão

Ao seguir uma receita culinária, utilizam-se as massas indicadas ou quantidades proporcionalmente maiores ou proporcionalmente menores de todos os ingredientes.

A relação encontrada na receita, entretanto, não é uma proporção definida. Se, durante o preparo do pão, for adicionado o dobro da farinha sugerida, não vai sobrar farinha. O pão vai ficar mais pesado e com sabor alterado. Se não for acrescentado fermento, o pão não crescerá conforme o esperado e ficará muito duro. No caso de excesso de fermento, o sabor do pão fica mais amargo.

Pão caseiro.

Pão tradicional português
- 1,5 kg de farinha de trigo
- 2 colheres (de chá) de fermento biológico
- 2 colheres (de chá) de sal
- 1 colher (de chá) de açúcar
- 2 colheres (de sopa) de óleo
- 5 xícaras de água morna

Misture o açúcar, 1 xícara de água morna e o fermento. Depois de 10 minutos, a massa começará a criar bolhas.

Coloque a farinha e o sal em uma tigela e adicione o óleo, a mistura de fermento, açúcar e água morna e uma parte do restante da água. Misture bem, adicionando mais água aos poucos, e amasse durante 5 minutos. Cubra com uma toalha úmida e deixe descansar durante 1 hora. Amasse por 5 minutos e faça os pãezinhos. Coloque-os em formas untadas, cubra-os e deixe-os descansando por 1 hora.

Ponha os pãezinhos para assar em forno preaquecido durante 20 minutos.

◢ Aplicações da Lei de Proust

Determinação da composição percentual de uma substância

Com base na Lei de Proust, é possível determinar as porcentagens em massa dos tipos de partícula que formam uma substância. Observe o exemplo abaixo para compreender como se chega a essas porcentagens.

Exemplo:

Sabe-se que 10,00 g de cobre combinam-se com 5,06 g de enxofre e formam 15,06 g de sulfeto cúprico. Para chegar às porcentagens de cobre e enxofre no sulfeto cúprico, admite-se que, genericamente, m_1 de cobre combina-se com m_2 de enxofre para formar 100,00 g de sulfeto cúprico.

Por meio de uma proporção simples, podem-se determinar o percentual de cobre e o percentual de enxofre nessa substância.

> 10,00 g de cobre ___estão presentes em___ 15,06 g de sulfeto cúprico
> m_1 de cobre ___estão presentes em___ 100,00 g de sulfeto cúprico
> $m_1 = 66,40$ g de cobre

Em 100 g da substância há 66,40 g de cobre. Portanto, a porcentagem, em massa de cobre, é **66,4%**.

> 5,06 g de enxofre ___estão presentes em___ 15,06 g de sulfeto cúprico
> m_2 de enxofre ___estão presentes em___ 100,00 g de sulfeto cúprico
> $m_2 = 33,60$ g de enxofre

Em 100,00 g da substância há 33,60 g de enxofre. Portanto, a porcentagem, em massa de enxofre, é **33,6%**.

Determinação da massa de uma substância

A Lei de Proust pode ser utilizada para se determinar a massa de uma substância (reagente ou produto) envolvida em uma reação.

Exemplo:

Sabe-se que 56 g de óxido de cálcio (cal) neutralizam 98 g de ácido sulfúrico formando 136 g de sulfato de cálcio e 18 g de água.

a) Qual a massa de óxido de cálcio necessária para neutralizar 196 g de ácido sulfúrico?

> 56 g de óxido de cálcio ___neutralizam___ 98 g de ácido sulfúrico
> $m_{\text{óxido de cálcio}}$ ___neutralizam___ 196 g de ácido sulfúrico
> $m = 112$ g de óxido de cálcio

b) Qual a massa de sulfato de cálcio formada quando 196 g de ácido sulfúrico reagem?

> 98 g de ácido sulfúrico ___produzem___ 136 g de sulfato de cálcio
> 196 g de ácido sulfúrico ___produzem___ $m_{\text{sulfato de cálcio}}$
> $m = 272$ g de sulfato de cálcio

c) Qual a massa de água formada quando 196 g de ácido sulfúrico reagem?

> 98 g de ácido sulfúrico ___produzem___ 18 g de água
> 196 g de ácido sulfúrico ___produzem___ $m_{\text{água}}$
> $m = 36$ g de água

Observação:

A massa de água também pode, nesse caso, ser determinada pela Lei de Lavoisier, pois as massas de todas as outras substâncias são conhecidas.

> 112 g de óxido de cálcio + 196 g de ácido sulfúrico $\longrightarrow$ 272 g de sulfato de cálcio + z
> $m_{\text{total dos reagentes}} = m_{\text{total dos produtos}}$
> 112 g + 196 g $=$ 272 g + z
> $z = 36$ g de água

Atividades

Exercício resolvido

10. Decompondo 100 g de carbonato de cálcio, obtêm-se 56 g de óxido de cálcio – também chamado de cal, cal viva ou cal virgem – e dióxido de carbono.

a) Determine a massa de dióxido de carbono obtida quando se utilizam 100 g de carbonato de cálcio e se obtêm 56 g de óxido de cálcio.

b) Determine a massa de óxido de cálcio obtida a partir de 1 kg (1 000 g) de carbonato de cálcio.

Solução

a) Reação: carbonato de cálcio ⟶ óxido de cálcio + dióxido de carbono
Pela Lei de Lavoisier: 100 g = 56 g + m
$m = 44$ g

b) 100 g de carbonato de cálcio —— 56 g de óxido de cálcio
1 000 g de carbonato de cálcio —— x
$x = 560$ g de óxido de cálcio

---

11. Uma das alternativas para diminuir a quantidade de dióxido de carbono liberada para a atmosfera consiste em borbulhar esse gás em solução aquosa de hidróxido de sódio.

A reação que ocorre pode ser representada da seguinte forma.

| dióxido de carbono + hidróxido de sódio ⟶ carbonato de sódio + água |

Sabendo-se que 44 g de dióxido de carbono reagem com hidróxido de sódio formando 106 g de carbonato de sódio e 18 g de água, pergunta-se.

a) Qual a massa de hidróxido de sódio necessária para que o gás carbônico seja totalmente consumido?

b) Qual a massa de hidróxido de sódio necessária para absorver 2,2 kg (2 200 g) de dióxido de carbono?

12. A reprodução da experiência indicada a seguir comprova que substâncias gasosas se difundem no ar com velocidades diferentes para cada gás. A experiência consiste em colocar um algodão embebido em solução de ácido clorídrico (mistura que libera cloreto de hidrogênio gasoso) preso a uma rolha encaixada em uma das extremidades de um tubo de vidro. Procede-se da mesma maneira na outra extremidade, substituindo o ácido clorídrico por solução aquosa de amônia (mistura que libera amônia gasosa).

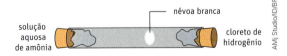

Os gases se difundem dentro do tubo e no ponto de encontro entre eles há formação de cloreto de amônio, substância constituída de pequenas partículas sólidas e que pode ser visualizada pela formação de uma névoa branca.

A reação que ocorre pode ser assim representada.

| amônia + cloreto de hidrogênio ⟶ cloreto de amônio sólido |

Sabe-se que é necessário 0,73 g de cloreto de hidrogênio para reagir com 0,34 g de amônia.

a) Determine, para os dados fornecidos acima, a massa (em gramas) de cloreto de amônio formada.

b) Qual a massa de cloreto de hidrogênio necessária para neutralizar 340 g de amônia?

13. É possível diminuir a acidez de um suco de limão adicionando-se a ele uma pequena quantidade de bicarbonato de sódio. A reação que ocorre e que justifica essa diminuição de acidez é apresentada a seguir.

| ácido cítrico + bicarbonato de sódio ⟶ citrato de sódio + água + dióxido de carbono |

Sabe-se que 192 g de ácido cítrico necessitam de 252 g de bicarbonato de sódio para total neutralização. Qual a massa de bicarbonato de sódio necessária para neutralizar 0,96 g do ácido cítrico presente numa limonada?

14. Os vulcões emitem grande quantidade de sulfeto de hidrogênio, um gás que reage com o oxigênio do ar, formando água e dióxido de enxofre. Cada 68 toneladas de sulfeto de hidrogênio reagem com 96 toneladas de oxigênio formando 36 toneladas de água. Quantas toneladas de dióxido de enxofre são formadas nessa reação?

3. Substâncias simples e compostas

O óxido de cálcio é obtido por aquecimento do carbonato de cálcio. A reação de decomposição pode ser esquematizada da seguinte forma:

carbonato de cálcio ⟶ óxido de cálcio + dióxido de carbono

Algo semelhante ocorre com o hidrogenocarbonato de sódio, mais conhecido por bicarbonato de sódio (fermento usado na fabricação de pães e bolos), que, ao ser aquecido, transforma-se em carbonato de sódio, vapor de água e dióxido de carbono (gás carbônico).

hidrogenocarbonato de sódio (bicarbonato de sódio) ⟶ carbonato de sódio + vapor de água + dióxido de carbono (gás carbônico)

Há substâncias, entretanto, que não se decompõem em outras diferentes, por maior que seja a energia que lhes seja fornecida. É o caso, por exemplo, do oxigênio.

oxigênio gasoso ⟶ oxigênio gasoso

As substâncias que se decompõem em duas ou mais substâncias diferentes quando recebem energia são chamadas **substâncias compostas** ou simplesmente **compostos**.

Quando a energia fornecida para decompor uma substância é a térmica (aquecimento), a decomposição pode também ser chamada de **pirólise**.

Quando a energia é fornecida na forma de uma corrente elétrica, a decomposição é denominada **eletrólise**.

Quando a energia é fornecida na forma de luz, a decomposição é chamada de **fotólise**.

As substâncias que não podem ser decompostas em outras são denominadas **substâncias simples**.

O carbonato de cálcio arrastado pela água que cai do teto de grutas ou cavernas forma as estalactites — rochas sedimentares que crescem para baixo. Gruta do Lago Azul, Bonito (MS), 2011.

Ao aquecer cristais de iodo, obtém-se vapor dessa mesma substância.

Exemplos de substâncias compostas: água, carbonato de cálcio, bicarbonato de sódio, peróxido de hidrogênio.

Exemplos de substâncias simples: oxigênio, iodo, cloro, nitrogênio, hidrogênio, ouro, prata, cobre, alumínio, ferro.

Saiba mais

Decomposição da água oxigenada

A água oxigenada é uma solução aquosa de peróxido de hidrogênio. A luz e o calor favorecem a decomposição do peróxido de hidrogênio em água e oxigênio.

peróxido de hidrogênio ⟶ água + oxigênio

Essa reação é acelerada pela presença de uma enzima encontrada no sangue e denominada **catalase**. Por isso, quando se coloca água oxigenada sobre um ferimento, há formação imediata de bolhas de oxigênio.

Saiba mais

Bicarbonato de sódio – substância versátil

O bicarbonato de sódio é uma substância que apresenta várias aplicações. Veja, a seguir, alguns exemplos.

- **Fermento químico**

Por se decompor quando submetida a aquecimento e liberar várias substâncias no estado gasoso, essa substância é utilizada como fermento.

> bicarbonato de sódio (s) → carbonato de sódio (s) + água (g) + dióxido de carbono (g)

O bicarbonato de sódio é usado para aumentar o volume da massa de pães e bolos.

Os gases liberados são responsáveis pelo aumento de volume da massa do pão ou do bolo.

- **Antiácido**

O bicarbonato de sódio reage facilmente com o excesso de ácido clorídrico do suco gástrico, atenuando a azia e formando substâncias menos agressivas ao organismo humano. Por esse motivo, ele é vendido em farmácias e usado para combater a hiperacidez estomacal.

Observe o esquema da reação entre o bicarbonato de sódio e o ácido clorídrico presente no estômago.

> bicarbonato de sódio + ácido clorídrico →
> → cloreto de sódio (em solução) + dióxido de carbono + água

- **Outras aplicações**

Reagente de laboratório, na eletrodeposição de ouro e platina; em curtumes; no tratamento da lã e da seda; na nutrição de animais; na cerâmica; na preservação da manteiga e de madeiras; é um dos componentes dos talcos desodorantes.

Esse sal é utilizado também como carga em extintores de incêndio à base de espuma. No extintor há bicarbonato de sódio (sólido) e uma solução de ácido sulfúrico, em compartimentos separados. Quando o extintor é acionado, o bicarbonato e o ácido entram em contato e reagem, produzindo a espuma com liberação de gás carbônico, conforme representado na reação abaixo.

> bicarbonato de sódio + ácido sulfúrico →
> → sulfato de sódio + água + dióxido de carbono (em solução)

Esses extintores, contudo, não podem ser usados para apagar fogo em instalações elétricas, pois a espuma conduz corrente elétrica.

Exercícios resolvidos

15. Observe a reação esquematizada abaixo.

> bicarbonato de sódio → carbonato de sódio + dióxido de carbono + água

Você classifica o bicarbonato de sódio como substância simples ou composta?

Solução

O bicarbonato de sódio é uma substância composta, pois por aquecimento decompõe-se em outras substâncias.

16. O bicarbonato de sódio usado como carga em extintores de incêndio reage com o ácido sulfúrico presente em outro compartimento interno do extintor e produz gás carbônico, segundo a reação esquematizada abaixo.

> bicarbonato de sódio + ácido sulfúrico →
> → sulfato de sódio + água + dióxido de carbono (em solução)

Sabe-se que uma massa m de bicarbonato de sódio reage com 196 g de ácido sulfúrico formando 532 g de produtos.

a) Determine a massa de bicarbonato de sódio consumida no processo.

Solução

De acordo com as informações do exercício:

> m g de bicarbonato de sódio + 196 g de ácido sulfúrico = 532 g de produtos

Logo, $m = 336$ g

b) Determine a massa de ácido sulfúrico, em gramas, que reage com 1 344 g de bicarbornato de sódio.

Solução

336 g bicarbonato de sódio — 196 g ácido sulfúrico
1 344 g bicarbonato de sódio — x
$x = 784$ g de ácido sulfúrico

Compostos e elementos químicos

A sacarose é uma substância pura. Como tal, possui propriedades físicas definidas e não pode ser separada por métodos físicos em outras substâncias. Por meio de transformações químicas, entretanto, pode ser decomposta em água e carbono.

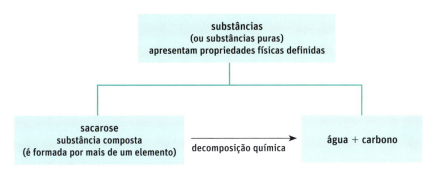

Saiba mais

Eletrólise

Decomposição (por eletrólise) da água em oxigênio (tubo da esquerda) e hidrogênio (tubo da direita).

Das substâncias obtidas na decomposição da sacarose, a água também pode transformar-se, por processos químicos, em outras substâncias mais simples, como hidrogênio e oxigênio. Isso ocorre, por exemplo, quando se faz passar uma corrente elétrica pela água (eletrólise).

Observe que o volume de gás hidrogênio corresponde, aproximadamente, ao dobro do volume do gás oxigênio.

Nenhuma manipulação química, no entanto, consegue decompor o carbono em outras substâncias mais simples. O mesmo ocorre com o hidrogênio e o oxigênio. Isso porque o carbono, o hidrogênio e o oxigênio são constituídos cada um por um único **elemento químico**: o carbono é constituído só por carbono, o hidrogênio só por hidrogênio e o oxigênio só por oxigênio.

Portanto, a sacarose e a água são substâncias compostas, formadas por diferentes elementos químicos, enquanto o carbono, o hidrogênio e o oxigênio são substâncias simples, formadas, cada uma, por um único elemento químico.

Nem sempre é tão simples descobrir se uma substância é formada por apenas um elemento ou se é uma substância composta. Durante muito tempo não se conseguiu decompor o óxido de cálcio em substâncias mais simples. Por esse motivo, ele foi, inicialmente, considerado um elemento. Com o desenvolvimento da química, porém, foi possível obter cálcio e oxigênio por aquecimento do óxido de cálcio. A partir desse momento ele ficou caracterizado como uma substância composta, ou composto.

Exercício resolvido

17. Quando se aquece um sólido azul em ausência de ar, formam-se um gás incolor e um sólido branco. Quais dessas substâncias devem ser simples e quais devem ser compostas?

Solução
O sólido azul deve ser um composto (substância composta), pois se decompõe em duas substâncias ao ser aquecido. As duas substâncias obtidas podem ser simples ou compostas.

97

Atividades

Exercício resolvido

18. O chumbo metálico e os compostos de chumbo são obtidos a partir da galena (foto abaixo), mineral rico em sulfeto de chumbo. Outras substâncias, como nitrato de chumbo(II), brometo de chumbo(II) e cloreto de chumbo(II), podem ser obtidas do principal componente de seu minério.

Galena.

Ao passar uma corrente elétrica pelo brometo de chumbo(II) fundido, ele se decompõe em gás bromo e chumbo sólido.

a) Indique se o brometo de chumbo(II) é substância simples ou composta.
b) Identifique se o brometo de chumbo(II) é uma substância pura ou uma mistura de chumbo e bromo.
c) Como se denomina a decomposição do brometo de chumbo(II) com corrente elétrica?
d) O processo realizado é físico ou químico?

Solução
a) O brometo de chumbo é uma substância composta, pois se decompõe em outras substâncias.
b) O brometo de chumbo é uma substância pura. Nele, chumbo e bromo estão combinados (unidos quimicamente) e não misturados.
c) Eletrólise.
d) Químico.

19. Verifique se são verdadeiras ou falsas as seguintes frases. Indique o erro nas que considera falsas.
 a) Todas as substâncias puras são simples.
 b) Todas as substâncias compostas podem ser decompostas em outras por fornecimento de energia adequada.

20. Ao se combinar carbono com oxigênio forma-se dióxido de carbono.
 a) Indique qual(is) dessa(s) substância(s) é(são) simples e qual(is) é(são) composta(s).
 b) Esquematize a reação envolvida e indique os produtos e os reagentes.

21. Ao aquecer o carbonato de cobre(II), ele se decompõe em óxido de cobre(II) sólido e em dióxido de carbono gasoso.
 a) Esse processo é uma transformação química?
 b) As substâncias envolvidas são simples ou compostas?
 c) Esquematize a reação.

22. Ao passar uma corrente elétrica pela água, em condições apropriadas, esta se decompõe em hidrogênio gasoso e oxigênio gasoso.
 a) Discuta se o processo indicado acima é químico.
 b) Esquematize a transformação indicando os reagentes e os produtos.
 c) A água é uma substância simples ou composta?
 d) Que nome se dá a esse tipo de decomposição?

23. O ferro, matéria-prima para a fabricação do aço e empregado em grande quantidade na construção civil, é obtido nas siderúrgicas a partir da hematita – mineral que contém óxido de ferro(III) e outras impurezas.
 a) Pode-se classificar a hematita como uma substância?
 b) O óxido de ferro(III) é uma substância simples ou composta? Justifique.

24. A partir do minério de bauxita, é extraída a alumina (óxido de alumínio). O alumínio metálico é obtido por eletrólise da alumina no estado líquido.
 a) Pode-se classificar a bauxita como substância?
 b) O óxido de alumínio é uma substância simples ou composta?

25. Pesquisas revelam que as bebidas alcoólicas são responsáveis por ocorrências envolvendo violência doméstica e acidentes de trânsito. Em alguns países, a propaganda dessas bebidas é totalmente proibida.

Os fabricantes desse tipo de produto associam essas restrições à censura e apelam para a liberdade de expressão com a finalidade de manter suas propagandas nos meios de comunicação.

O álcool presente nas bebidas alcoólicas é o etanol, obtido principalmente da fermentação da cana-de-açúcar. Nessa reação, enzimas específicas reagem com o açúcar transformando-o em etanol (álcool etílico) e dióxido de carbono. Quando a bebida é obtida por destilação dessa mistura, ela apresenta um teor alcoólico maior. São as chamadas bebidas destiladas.

Com base nessas considerações e também, em seus conhecimentos de Química, responda às perguntas abaixo.
 a) Como você se posiciona em relação à permissão ou à proibição para as propagandas de bebidas alcoólicas nos principais meios de comunicação?
 b) Você diria que a fermentação é um processo químico? Justifique.

Atividade experimental

Relações de massas nas transformações químicas

Objetivo
Observar as relações das proporções definidas entre reagentes e produtos nas transformações da matéria.

Material
- béquer de 250 mL (ou recipiente de vidro de tamanho compatível)
- proveta de 100 mL (ou frasco graduado utilizado em culinária)
- balança que tenha 0,1 g de precisão
- vinagre (solução aquosa de ácido acético a 5% em volume)
- bicarbonato de sódio (adquirido em farmácias e mercados)

Equipamentos de segurança: Avental de algodão com mangas compridas e óculos de segurança.

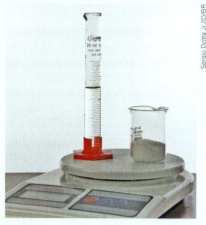

Medida da massa inicial do sistema em que proveta e béquer contêm, respectivamente, bicarbonato de sódio e vinagre.

Procedimento
1. Coloque o béquer na balança e determine sua massa.
2. Acrescente ao béquer a quantidade de bicarbonato de sódio que será utilizada por seu grupo. Registre, no caderno, a massa dessa amostra. Cada grupo deverá usar uma determinada massa dessa substância, que será indicada pelo professor, e que poderá ser de 2,0 g; 3,0 g; 4,0 g ou 5,0 g.
3. Transfira 100 mL do vinagre para a proveta.
4. Determine a massa do sistema inicial (conjunto do béquer contendo bicarbonato de sódio e da proveta contendo vinagre). Registre o valor obtido em seu caderno.
5. Adicione, lentamente, o vinagre ao conteúdo do béquer. Registre suas observações.
6. Aguarde o término da reação e determine novamente a massa do sistema final (conjunto do béquer com mistura reacional e proveta).
7. Os grupos devem compartilhar os valores obtidos, de forma que todos tenham uma tabela totalmente preenchida. A sugestão é que a tabela seguinte seja copiada no quadro de giz e preenchida por integrantes dos diversos grupos, para que todos tenham acesso aos dados.

Grupos	Massa de bicarbonato de sódio (g)	Massa do sistema inicial (g)	Massa do sistema final (g)	Variação de massa do sistema (g)
1	2,0			
2	3,0			
3	4,0			
4	5,0			

❖ **Resíduos**: Sólidos e líquidos que não foram utilizados devem ser guardados para uso em outras atividades. Os resíduos líquidos do experimento devem ser descartados na pia.

Analise e discuta

1. Quais são os indícios da ocorrência de reação química na interação entre bicarbonato de sódio e solução aquosa de ácido acético (vinagre)?
2. Na reação entre bicarbonato de sódio e ácido acético em solução aquosa, ocorre a formação de dióxido de carbono, água e acetato de sódio (substância sólida solúvel em água).
   a) Como podemos justificar a variação de massa no experimento em sistema aberto?
   b) Esquematize a reação que representa o processo.
3. Nessa reação, para cada 84 g de bicarbonato de sódio ocorre a liberação de 44 g de dióxido de carbono.
   a) Dê a razão entre a massa de bicarbonato de sódio e a de dióxido de carbono.
   b) Considere a massa de bicarbonato medida no seu experimento para determinar a massa de dióxido de carbono resultante da reação. Faça o mesmo para os demais experimentos.
   c) Os valores encontrados no item anterior coincidem com as perdas de massas observadas nos quatro experimentos? Discuta.

Questões globais

26. A amônia é uma substância gasosa que pode ser obtida pela reação dos gases hidrogênio e nitrogênio.
   a) Esquematize a reação de formação da amônia, indicando os reagentes e produtos.
   b) Em um experimento, 28,0 g de gás nitrogênio foram colocados em contato com 10,0 g de gás hidrogênio, sob condições adequadas de temperatura e pressão. Houve reação química e formação de 34,0 g de gás amônia, restando gás hidrogênio sem reagir. Determine a massa de hidrogênio em excesso.
   c) Caso fossem colocados para reagir, sob condições adequadas de temperatura e pressão, 45,0 g de gás nitrogênio com 9,0 g de gás hidrogênio, qual seria a massa de produto obtida?

27. Quando uma solução aquosa de ácido clorídrico é adicionada ao carbonato de sódio, a efervescência observada resulta da formação de dióxido de carbono. Essa reação leva ainda à formação de água e cloreto de sódio, o qual permanece em solução.
   a) Esquematize a equação química que representa o processo.
   b) Sabe-se que para cada 106 g de carbonato de sódio são necessários 73 g de ácido clorídrico, obtendo-se 18 g de água, 117 g de cloreto de sódio e uma determinada massa de dióxido de carbono, a qual é liberada para o ambiente. Determine a massa de dióxido de carbono nessas condições.
   c) Um experimento foi realizado em sistema aberto, partindo-se de 2,0 g de carbonato de sódio e excesso de ácido clorídrico. Qual deve ter sido o valor aproximado da perda de massa do sistema após a liberação de todo o gás formado? Justifique.

28. O metal ferro queima ao ar para formar o óxido de ferro(III), também chamado óxido férrico, que é um sólido de alta temperatura de fusão. A relação entre a massa de ferro e a massa de óxido formado está representada no gráfico a seguir.

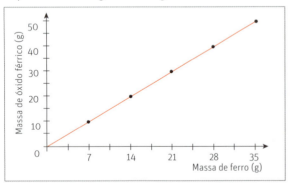

   a) Em determinado experimento, em recipiente fechado, foi colocado para reagir 0,42 g de ferro, obtendo-se 0,60 g de óxido férrico. Considerando que todo o oxigênio presente no frasco foi consumido, determine a massa de oxigênio do sistema inicial.
   b) Em outro recipiente fechado, foi colocado 1,12 g de ferro em contato com 0,60 g de oxigênio. Considerando que a reação ocorreu até o consumo total de pelo menos um dos reagentes, determine as massas das substâncias presentes no frasco ao final da reação.

29. Um dos métodos para determinação da concentração de gás oxigênio dissolvido na água consiste em colocar um pedaço de palha de aço, de massa conhecida, em uma garrafa contendo água. O sistema é fechado e mantido à temperatura ambiente durante aproximadamente 5 dias, tempo suficiente para que todo o gás oxigênio dissolvido na água reaja com a palha de aço (material constituído principalmente por ferro), levando à formação de óxido de ferro(III), também chamado óxido férrico, substância de tonalidade marrom-avermelhada insolúvel em água.

Para garantir que todo o gás oxigênio dissolvido na água reaja, utiliza-se excesso de ferro.

Decorrido o tempo de reação, a mistura é filtrada e o resíduo da filtração é mantido em estufa a 100 °C durante aproximadamente 1 hora. Em seguida, a massa do material seco é medida em uma balança, o que permite, a partir da Lei da Conservação da Massa, determinar a quantidade de gás oxigênio dissolvido naquele volume de água analisado.

   a) Esquematize a reação química que representa o processo.
   b) Um grupo de alunos mediu na balança 1,5 g de palha de aço e a transferiu para uma garrafa de 1,0 L de capacidade, completando seu volume com água. No final de 5 dias, a massa de óxido de ferro(III), obtida após filtração, foi de 0,064 g. Sabendo-se que 224 g de ferro reagem completamente com 96 g de gás oxigênio para formar 320 g de óxido de ferro(III), determine a massa de gás oxigênio contida no volume de água analisado.

30. A gasolina é formada, entre outros combustíveis, por octano. A queima de 114 g de octano produz 352 g de gás carbônico e 162 g de vapor de água.
   a) Pode-se dizer que a gasolina é uma substância química? Justifique.
   b) Sabendo que a combustão é uma reação entre um combustível e o oxigênio (comburente) com formação de gás carbônico e vapor de água, esquematize a reação de combustão do octano.
   c) Determine a massa de oxigênio consumida na queima de 114 g de octano.
   d) Um automóvel gasta, num determinado percurso, 2 280 g de octano. Determine a massa de gás carbônico liberada para a atmosfera.

Ciência, tecnologia e sociedade

O homem que descozinhou o ovo
Pesquisador francês quer mudar a forma de cozinhar

Hervé This é francês, mora nos arredores de Paris e sabe de coisas que muitos chefes de cozinha estrelados nem desconfiam. Pratos à base de ovos são uma de suas especialidades. Aliás, sua vocação para trabalhar com alimentos foi despertada há 27 anos, quando resolveu não seguir à risca uma receita de suflê de *roquefort* [um tipo de queijo] tirada de uma revista feminina e adicionou todos os ovos de uma vez em sua preparação. Não deu certo. Na semana seguinte repetiu o prato, só que acrescentou os ovos um a um. Ficou melhor, mas não perfeito. Na terceira tentativa, finalmente cedeu às dicas do periódico. Colocou os ovos de dois em dois e [...] não é que o suflê saiu realmente bom? This então se perguntou por que a maneira de juntar os ovos à receita fazia tanta diferença no resultado final. Desde então, ele estuda esse e outros pequenos mistérios envolvidos nas receitas culinárias, algumas tendo como ingrediente principal ou secundário a melhor iguaria que a galinha fornece à humanidade, excluindo-se, claro, ela mesma.

Entre suas descobertas destacam-se, por exemplo, uma forma de se "descozinhar" um ovo (uma pitada do agente redutor boroidreto de sódio, $NaBH_4$, e três horas de espera dão conta da excêntrica tarefa) e a determinação da temperatura ideal para se aquecer um ovo a fim de que a clara fique com a máxima maciez possível sem endurecer a gema (uma série de testes lhe mostraram que 65 °C é a melhor alternativa). [...]

Por que o ovo perfeito deve ser cozinhado ou frito em torno dos 65 °C, com a aplicação de menos calor do que comumente se faz nas cozinhas? A essa temperatura, a clara coagula de forma delicada, pois apenas uma de suas proteínas, a ovotransferina, se desnatura. Os efeitos sobre a gema são ainda menores. Ela permanece praticamente crua e, de novo, somente uma

This em sua visita ao Mercado Municipal de São Paulo (SP), 2007.

de suas proteínas, a gama-livetina, se enrijece. Para chegar a essa conclusão, o pesquisador cansou de preparar ovos em seu laboratório, variando levemente a temperatura a cada tentativa e vendo os efeitos sobre os constituintes do alimento. Dessa forma, determinou a temperatura de coagulação de cada uma das proteínas da gema e da clara. "O que realmente importa é a temperatura em que se faz o ovo, e não o tempo de cozimento", assegura This.

PIVETTA, Marcos. Agência Fapesp. Disponível em: <http://agencia.fapesp.br/8157>. Acesso em: 12 abr. 2014.

Analise e discuta

1. O texto apresenta as tentativas de um cozinheiro ao preparar um suflê de queijo. Se você conhece esse prato, explique como ele é; caso não o conheça, procure sua receita na internet.
2. Qual procedimento adotado pelo cozinheiro é responsável pela transformação química do ovo cru em ovo frito ou cozido?
3. Segundo o texto, qual temperatura é considerada ideal para fritar ou cozinhar um ovo? Por quê?
4. Explique as dificuldades enfrentadas por uma pessoa para cozinhar um ovo à temperatura de 65 °C em um fogão doméstico, considerando também os recursos de que se dispõe em uma cozinha.
5. "O que realmente importa é a temperatura em que se faz o ovo, e não o tempo de cozimento." De que forma essa afirmação pode ser relacionada com o estudo das transformações da matéria?
6. Explique por que os alimentos crus são, geralmente, mais nutritivos que os cozidos.
7. Você acha que as pessoas deveriam mudar os hábitos alimentares e consumir mais alimentos crus? Justifique.

Esquema do capítulo

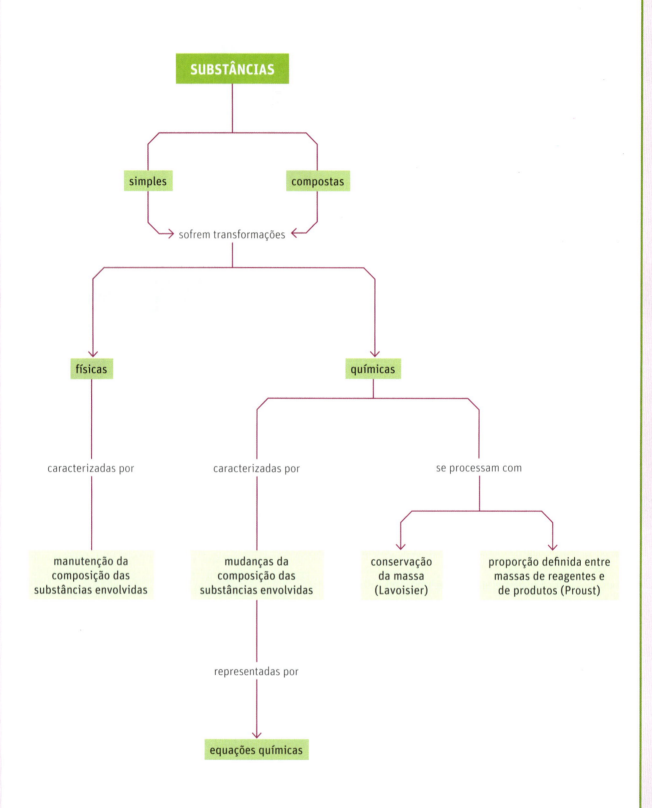

Vestibular e Enem

31. (PUC-MG) Dos processos abaixo, o que **não** envolve reação química é:
a) a planta clorofilada produzindo alimentos a partir de gás carbônico e água em presença de luz solar.
b) obtenção de sal a partir da água do mar.
c) enferrujamento de um prego exposto ao ar.
d) a combustão da gasolina no motor de um automóvel.
e) azedamento do leite.

32. (UFRGS-RS) Amostras de três substâncias foram testadas a fim de verificar seu comportamento ao serem aquecidas. As observações realizadas no decorrer do experimento constam no quadro a seguir.

Substâncias	Aspecto na temperatura ambiente	Observações durante o aquecimento	Aspecto após retorno à temperatura ambiente
I	Sólido cinza metálico	Emissão de luz branca intensa	Pó branco com propriedades físicas diferentes das apresentadas pela substância I
II	Sólido cristalino branco	Formação de um líquido	Sólido cristalino branco com propriedades físicas iguais às da substância II
III	Líquido incolor	Formação de vapores que são recolhidos em um balão	Líquido incolor com propriedades físicas iguais às da substância III

Os processos que ocorreram com as substâncias I, II e III durante o aquecimento podem ser denominados, respectivamente,
a) fusão, ebulição e condensação.
b) combustão, fusão e ebulição.
c) pulverização, liquefação e condensação.
d) combustão, liquefação e vaporização.
e) pulverização, ebulição e vaporização.

33. (PUC-PR) Os fenômenos a seguir são exemplos de fenômenos químicos.
I. O vinho, que é transformado em vinagre pela ação da bactéria *Acetobacter acetil*. O leite, que é transformado em coalhada pela ação dos microrganismos *Lactobacillus bulgaricus* e *Streptococcus themophilus*.
II. A planta captura CO_2 da atmosfera e o transforma em seiva, liberando O_2.
III. O processo de digestão dos alimentos.
IV. O ímã atrai a limalha de ferro sob a ação magnética.
V. É possível transformar o metal cobre em fios e em lâminas.
a) Apenas as assertivas I e II estão corretas.
b) Apenas a assertiva I está correta.
c) Todas as assertivas estão corretas.

d) Apenas a assertiva II está correta.
e) Apenas as assertivas I, II e III estão corretas.

34. (UFSC) O(s) fenômeno(s) abaixo, que envolve(m) reação(ões) química(s), é (são):
(01) digestão dos alimentos.
(02) enferrujamento de uma calha.
(04) explosão da dinamite.
(08) fusão do gelo.
(16) queda da neve.
(32) combustão do álcool de um automóvel.
(64) sublimação da naftalina.
Dê como resposta a soma dos números associados às afirmações corretas.

35. (Enem) Produtos de limpeza, indevidamente guardados ou manipulados, estão entre as principais causas de acidentes domésticos. Leia o relato de uma pessoa que perdeu o olfato por ter misturado água sanitária, amoníaco e sabão em pó para limpar um banheiro.

> **A mistura ferveu e começou a sair uma fumaça asfixiante.** Não conseguia respirar e meus olhos, nariz e garganta começaram a arder de maneira insuportável. Saí correndo à procura de uma janela aberta para poder voltar a respirar.

O trecho destacado no texto poderia ser reescrito, em linguagem científica, da seguinte forma:
a) As substâncias químicas presentes nos produtos de limpeza evaporaram.
b) Com a mistura química, houve produção de uma solução aquosa asfixiante.
c) As substâncias sofreram transformações pelo contato com o oxigênio do ar.
d) Com a mistura, houve transformação química que produziu rapidamente gases tóxicos.
e) Com a mistura, houve transformação química, evidenciada pela dissolução de um sólido.

36. (Uespi) Toda ocorrência capaz de transformar a matéria é chamada de fenômeno. Qual dos processos abaixo envolve transformação química?
a) Respiração.
b) Evaporação do álcool.
c) Fusão de uma placa de chumbo.
d) Dissolução de açúcar em água.
e) Sublimação do gelo-seco.

37. (UFMG) Reações químicas são fenômenos em que, necessariamente, ocorrem mudanças:
a) de cor.
b) de estado físico.
c) na condutibilidade elétrica.
d) de massa.
e) na natureza das substâncias.

Vestibular e Enem

38. (UFSCar-SP) Durante uma aula de laboratório, um estudante queimou ao ar diferentes massas iniciais (m_i) de esponja de ferro. Ao final de cada experimento, determinou também a massa final resultante (m_f). Os resultados obtidos estão reunidos na tabela a seguir.

Número do experimento	Massa inicial (g)	Massa final (g)	Relação $\frac{m_i}{m_f}$
I	0,980	1,18	1,204
II	0,830	1,00	1,205
III	1,05	1,26	1,200
IV	1,11	1,34	1,207

Admitindo que em todos os experimentos a queima foi completa, o estudante fez as três afirmações seguintes.

I. A Lei da Conservação da Massa não foi obedecida, pois a massa final encontrada para o sistema em cada experimento é sempre maior que sua massa inicial.

II. O aumento de massa ocorrido em cada experimento se deve à transformação de energia em massa, tendo se verificado a conservação da soma (massa + energia) do sistema.

III. A relação constante obtida entre a massa final e a massa inicial do sistema m_i/m_f, em cada experimento realizado, permite afirmar que, dentro do erro experimental, os dados obtidos estão de acordo com a Lei das Proporções Definidas.

Dentre as afirmações apresentadas, o estudante acertou:

a) I, apenas.   c) III, apenas.   e) I, II e III.

b) II, apenas.   d) I e II apenas.

39. (Vunesp) Numa viagem, um carro consome 10 kg de gasolina. Na combustão completa deste combustível, na condição de temperatura do motor, formam-se apenas compostos gasosos. Considerando-se o total de compostos formados, pode-se afirmar que os mesmos:

a) não têm massa.

b) pesam exatamente 10 kg.

c) pesam mais que 10 kg.

d) pesam menos que 10 kg.

e) são constituídos por massas iguais de água e gás carbônico.

40. (Uece) Em um laboratório de química, realizou-se a combustão de 10 g de palha de aço em um recipiente aberto e, após sua queima, a massa resultante obtida foi de 10,9 g. Assinale a única opção que explica corretamente por que esse valor obtido não invalida a lei de conservação das massas.

a) Como após a queima, a massa resultante deveria ser de 10 g, deve ter ocorrido um erro durante a pesagem.

b) Na combustão, o ferro reage com o oxigênio do ar, formando óxido, com 0,9 g a mais; esse acréscimo deve-se apenas à massa do oxigênio do ar que foi fixado na formação do óxido.

c) Não invalida a lei, porque a massa resultante de 10,9 g é normal, por estar dentro da margem de erro em uma pesagem, que é de 10%.

d) Como a combustão foi realizada em um recipiente aberto, impurezas contidas na atmosfera misturaram-se à massa resultante.

41. (Mackenzie-SP) A tabela a seguir, com dados relativos à equação citada, refere-se a duas experiências realizadas.

	C	+	O_2	$\longrightarrow$	CO_2
1ª experiência	12 g		32 g		x g
2ª experiência	36 g		y g		132 g

Então podemos afirmar que:

a) x é menor que a soma dos valores das massas dos reagentes da 1ª experiência.

b) $x = y$

c) y é igual ao dobro do valor da massa de carbono que reage na 2ª experiência.

d) $\frac{32}{y} = \frac{x}{132}$

e) $y = 168$

42. (Ufam) A Lei de Conservação das Massas foi publicada pela primeira vez em 1760, em um ensaio de Mikhail Lomonosov. No entanto, a obra não repercutiu na Europa Ocidental, cabendo ao francês Antoine Lavoisier o papel de tornar mundialmente conhecido o que hoje se chama Lei de Lavoisier. Em qualquer sistema, físico ou químico, nunca se cria nem se elimina matéria, apenas é possível transformá-la de uma forma em outra. Portanto, não se pode criar algo do nada nem transformar algo em nada (Na natureza, nada se cria, nada se perde, tudo se transforma). Os estudos experimentais realizados por Lavoisier levaram a concluir que, numa reação química que se processe num sistema fechado, a massa permanece constante. Aplicando a Lei de Lavoisier, determine a massa de dióxido de carbono formada na reação de 46 g de álcool etílico reagindo completamente com 96 g de oxigênio, sabendo que foram formados 54 g de água.

a) 142 g

b) 96 g

c) 90 g

d) 88 g

e) 46 g

Capítulo 6 ■ Propriedades e transformações da matéria

104

Para explorar

Livros

- *História da Química*, de Maria José Aragão. Rio de Janeiro: Interciência, 2008.
  O livro esclarece o papel da Ciência na compreensão do mundo em que vivemos e de tudo o que nos rodeia. Permite um melhor entendimento da Química e da ciência em geral.

- *Lavoisier*: o estabelecimento da Química Moderna, de Carlos A. L. Filgueiras. São Paulo: Odysseus, 2007.
  O autor aborda as transformações da matéria fundamentado na obra de Lavoisier: um cientista meticuloso, dedicado e envolvido com as questões sociais e políticas de sua época.

- *Tio Tungstênio*: memórias de uma infância química, de Oliver Sacks. São Paulo: Companhia das Letras, 2002.
  O autor relembra a infância, seu contato com metais e a observação do comportamento deles.

- *A ciência no cotidiano*: como aproveitar a ciência nas atividades do dia a dia, de Len Fisher. Rio de Janeiro: Jorge Zahar, 2004.
  O livro fornece explicações precisas sobre como as leis da Ciência tornam possíveis pequenos atos do dia a dia.

- *A história e a química do fogo*, de Aécio Pereira Chagas. Campinas: Átomo, 2013.
  Este livro conta um pouco da história do fogo e como o ser humano aprendeu a fazê-lo, controlá-lo e a combatê-lo. Do ponto de vista da Química, como a ciência passou a compreendê-lo e qual sua importância técnica atual.

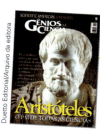

Revista

- **Coleção Gênios da Ciência**
  "Gênios da Ciência", da *Scientific American Brasil*, reúne em uma coleção única algumas de suas mais importantes edições. Conheça mais sobre a vida e a obra de cientistas importantes para a história.

Química e Matemática

Proporcionalidade direta

Matematicamente, duas grandezas são **diretamente proporcionais** quando a multiplicação ou divisão do valor de uma grandeza por um número implica na mesma operação (multiplicação ou divisão) do valor da outra grandeza pelo mesmo número. Por exemplo, se valores de uma grandeza são triplicados, os valores da outra também são triplicados; ao dividir por dois os valores de uma grandeza, os valores da outra também são reduzidos à metade.

É possível observar diversas situações de proporcionalidade no dia a dia. Para desenhar a planta de uma casa, por exemplo, as proporções entre as medidas devem ser respeitadas. Ou seja, duas paredes que medem 1,20 m e 2,40 m de comprimento devem ser representadas, na planta, com medidas proporcionais, como 1,2 cm e 2,4 cm. Em miniaturas de objetos, todas as partes devem ser reduzidas na mesma proporção em relação ao objeto real.

Planta baixa de uma casa. A escala 1:100 indica que 1 cm no desenho corresponde a 1 m (100 cm) na casa construída.

Nessas situações, a relação entre as medidas recebe o nome de **escala**. No exemplo da planta da casa (figura acima), a escala é 1:100, ou seja, cada 1 cm da planta representa 100 cm (ou 1 m) na casa real.

Em Geografia, o conceito de proporcionalidade e de escala é empregado na construção de mapas, por exemplo. Em mapas de qualquer tamanho, as medidas respeitam as proporções da região representada. Veja a figura abaixo.

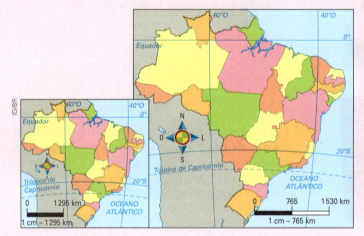

Em Química, também é possível observar o conceito de proporcionalidade na Lei de Proust, como mostram as atividades a seguir.

Atividades

O conceito de proporcionalidade pode ser observado quando a quantidade (massa) de reagentes consumidos é comparada à de produtos formados em uma reação. Observe a combustão do etanol.

etanol + oxigênio ⟶ dióxido de carbono + água

Reação	Reagentes		Produtos	
	Etanol	Oxigênio	Dióxido de carbono	Água
1	46 g	96 g	88 g	54 g
2	23 g	48 g	44 g	27 g
3	92 g	198 g	176 g	108 g

1. Observe a reação 1 e a reação 2. A massa dos reagentes e dos produtos variou proporcionalmente?
2. Quantas vezes a massa de reagentes e produtos é maior na reação 3 do que na reação 2?
3. A massa dos reagentes e a massa dos produtos são diretamente proporcionais? Explique.

Em outras situações, porém, a proporcionalidade não é mantida. Veja as fotografias a seguir.

Na imagem **A**, a largura dos pincéis é diferente, mas o comprimento dos cabos é idêntico. A imagem **B** mostra frascos de larguras diferentes, mas com tampas iguais. Na imagem **C**, as malas têm tamanhos proporcionais, porém suas alças têm o mesmo tamanho.

Atividade

Utilize dois recipientes idênticos com capacidade de 0,7 L, uma proveta de 100 mL e uma garrafa de suco de uva concentrado.

copo de 0,7 L   copo de 0,7 L   Proveta de 100 mL   Garrafa de suco de uva concentrado

- Observe o que acontece nas etapas das duas situações a seguir e responda o que se pede.

Situação 1

| No copo, colocam-se 100 mL de água e 10 mL de suco concentrado. | Adicionam-se 100 mL de água e 10 mL de suco concentrado. | Inserem-se mais 100 mL de água e 10 mL de suco concentrado. | Introduzem-se mais 100 mL de água e 10 mL de suco concentrado. |

Situação 2

| No copo, colocam-se 100 mL de água e 10 mL de suco concentrado. | Adicionam-se 100 mL de água e 20 mL de suco concentrado. | Inserem-se mais 100 mL de água e 30 mL de suco concentrado. | Introduzem-se mais 100 mL de água e 40 mL de suco concentrado. |

a) Em qual situação a quantidade de água e a de suco no copo aumentaram na mesma proporção?
b) Explique a diferença de coloração entre as misturas das situações 1 e 2.

107

UNIDADE

Do macro ao micro

Nesta unidade

7 Modelos atômicos e características dos átomos

Desde que o ser humano percebeu a si mesmo como uma criatura bem diferente das outras que o cercavam, teve necessidade de representar, de forma concreta, a natureza e todos os fenômenos que podia observar nela. Nesta unidade, vamos estudar como, ao longo da história, o ser humano resolveu o desafio de compreender e interpretar, em nível **microscópico**, as propriedades e transformações da matéria, criando modelos explicativos. Abordaremos as representações desses modelos por meio da compreensão e utilização de dados experimentais, fórmulas e equações químicas.

Modelo da estrutura química do aço que compõe as cordas do violão. As esferas laranjas representam átomos de ferro, e as pretas, átomos de carbono. Representação em cores-fantasia.

As cordas de um violão podem ser feitas com fios metálicos finos e resistentes. Se elas forem muito esticadas, no entanto, podem se romper. As cordas, que podemos ver, correspondem ao mundo macroscópico. Mas como explicar as propriedades do aço, o material com o qual elas são fabricadas? A resposta está na elaboração e no uso de modelos que criam imagens concretas e que nos ajudam a entender realidades que não podemos ver. Um modelo pode ser elaborado, por exemplo, para explicar o que ocorre **dentro** de uma corda de aço que se rompe ao ser muito esticada.

Questões para reflexão

1. Considere os materiais usados na fabricação de um violão. Com um colega, registre as transformações pelas quais eles devem passar para a obtenção desse instrumento.
2. Elaborem uma lista de produtos constituídos de aço e registrem a importância desse material para a sociedade contemporânea.
3. No destaque da imagem, é feita a representação de um modelo para a estrutura do aço. Como vocês explicariam essa representação?

CAPÍTULO 7
Modelos atômicos e características dos átomos

Neste capítulo

1. Os primeiros modelos atômicos.
2. O modelo de Rutherford e as partículas fundamentais do átomo.
3. A reelaboração do modelo atômico de Rutherford.

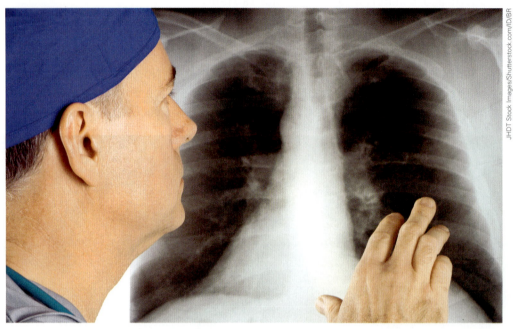

Médico examina uma radiografia de tórax. A descoberta dos raios X proporcionou o diagnóstico de doenças e lesões no corpo humano.

Os profissionais da área da saúde são unânimes em enfatizar que a prática de atividades esportivas é importante na prevenção de problemas cardiovasculares. A caminhada é a atividade mais recomendada, por oferecer menos riscos ao praticante. Esportes que exigem mais do organismo só devem ser praticados sob orientação médica.

Os atletas profissionais, principalmente os que praticam esportes de contato físico (futebol, basquete, boxe, etc.), precisam de um controle médico mais rígido e estão sujeitos a contusões sérias. É comum jogadores de futebol serem vítimas de fraturas, rompimentos de ligamentos dos joelhos, etc.

Os grandes clubes de futebol têm, como suporte, toda uma estrutura de médicos, fisioterapeutas e nutricionistas monitorando o desgaste e os limites que cada atleta pode atingir.

Uma forma segura de determinar a extensão de uma fratura, por exemplo, é o uso de equipamentos de raios X. Para que avanços tecnológicos como esse pudessem estar presentes, não só na medicina, mas também, por exemplo, na produção industrial, um grande passo teve de ser dado pelos cientistas: a concepção científica do **modelo atômico**.

Esse tipo de conhecimento não aconteceu da noite para o dia. Foi uma evolução que incluiu a explicação para as relações estabelecidas entre as massas de reagentes e produtos obtidos nas transformações químicas, conhecimentos sobre raios X e radioatividade, de grande aplicação na medicina, e dos raios catódicos utilizados em televisores de tubo (convencionais), que, devido a essa mesma evolução, estão sendo gradativamente substituídos pelos sistemas de LCD (*liquid cristal display*, "tela de cristal líquido") e pelos de plasma.

Neste capítulo você vai estudar como os cientistas chegaram à concepção dos modelos atômicos e qual é a relação destes com fenômenos como radioatividade, raios X e fluorescência e fosforescência.

1. Os primeiros modelos atômicos

Um modelo científico é uma representação da natureza, uma imagem construída, que permite a compreensão de alguns fenômenos. Quando adequado, permite previsões acerca dos fenômenos estudados e torna possível compreender melhor a natureza.

Entretanto, quando um modelo não é capaz de explicar adequadamente determinado(s) fenômeno(s), sua reformulação torna-se necessária. Isso é claramente observado nos modelos propostos para representar as propriedades e as características da matéria, denominados **modelos atômicos**, os quais, ao longo da história, sofreram modificações.

Primeiras ideias sobre átomos

Leucipo e Demócrito, filósofos gregos que viveram entre os séculos IV e V a.C., criaram o conceito de átomo. Eles acreditavam que o Universo era constituído por partículas indivisíveis – a palavra "átomo", em grego, significa indivisível –, eternas e indestrutíveis, que estão em movimento no vazio. Átomos de um elemento diferiam de átomos de outro elemento na forma, no tamanho e no movimento, o que conferia propriedades características a cada elemento.

Essas ideias se chocaram com as de Aristóteles (384-322 a.C.), que afirmava que a matéria era contínua, isto é, não formada de átomos. A concepção de Aristóteles acabou prevalecendo por mais de 2 mil anos.

O modelo atômico de Dalton

Entre 1803 e 1808, quando John Dalton elaborou um modelo de estrutura da matéria que explicava os fenômenos químicos conhecidos, o conceito de átomo já era conhecido. Tal modelo tinha como base as leis ponderais, o comportamento dos gases em função da variação da pressão e da temperatura e a concepção de elemento retomada por Lavoisier.

Dalton propôs que a matéria era formada por partículas distintas, denominadas átomos. Ele concebia os átomos como esferas maciças, indivisíveis e indestrutíveis.

Segundo Dalton a matéria era descontínua, pois entre os átomos que a constituíam havia espaços vazios. O modelo atômico elaborado por Dalton pode ser resumido da seguinte maneira.

- Toda a matéria é formada por **átomos**, partículas esféricas, maciças, indivisíveis e indestrutíveis.
- Existe um tipo de átomo para cada **elemento**.
- Átomos de um mesmo elemento são iguais entre si.
- Átomos de elementos distintos diferem quanto à massa.
- Uma substância composta é formada por espécies químicas de diferentes elementos que possuem quantidade fixa de cada um deles. Dalton deu o nome de "átomos complexos" ou "átomos compostos" a essas espécies.
- Em uma reação química, os átomos se mantêm em tipo e quantidade, apenas ocorrendo o rearranjo deles na formação de novas espécies químicas.

Dalton representava os átomos com círculos que continham em seu interior detalhes distintos para simbolizar os elementos.

Muitas substâncias que hoje são consideradas compostos eram entendidas como elementos químicos, pois a tecnologia então conhecida não permitia sua decomposição. É o caso, por exemplo, da alumina e da potassa, ambas classificadas como elemento por Dalton.

Representação de alguns elementos químicos sugerida por Dalton.

Fonte de pesquisa: FILGUEIRAS, Carlos Alberto L. Duzentos anos da teoria atômica de Dalton. *Química Nova na Escola*, n. 20, nov. 2004. Disponível em: <http://qnesc.sbq.org.br/online/qnesc20/v20a07.pdf>. Acesso em: 29 maio 2014.

O modelo de Dalton e as fórmulas químicas

Uma das consequências do modelo atômico de Dalton é que cada substância composta é formada por um único tipo de "átomo composto", o qual apresenta proporção fixa entre os átomos que o compõem. Isso significa dizer que há uma fórmula para cada substância.

O quadro abaixo apresenta as fórmulas, nomes e composição propostos por Dalton para representar algumas substâncias químicas compostas.

Fórmula	Composição
água	1 átomo de hidrogênio e 1 átomo de oxigênio
ácido carbônico	1 átomo de carbono e 2 átomos de oxigênio
amônia	1 átomo de nitrogênio e 1 átomo de hidrogênio
ácido sulfúrico	1 átomo de enxofre e 3 átomos de oxigênio
óxido carbônico	1 átomo de carbono e 1 átomo de oxigênio
gás olefiante	1 átomo de hidrogênio e 1 átomo de carbono

O modelo de Dalton e as relações de massas nas transformações da matéria

O modelo atômico proposto por Dalton explicava adequadamente as leis ponderais: Lei da Conservação das Massas e Lei das Proporções Definidas.

Segundo Dalton, durante uma transformação química, os átomos não se modificam, mas se rearranjam gerando novas espécies químicas. Observe a representação das espécies envolvidas no processo de formação do ácido carbônico a partir da reação entre óxido carbônico e oxigênio – e da água – a partir da reação entre hidrogênio e oxigênio.

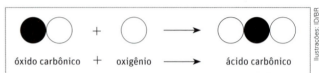

Representação esquemática da formação de ácido carbônico.

Representação esquemática da formação de água.

Todos os átomos presentes no sistema inicial permanecem no sistema final. Assim, podemos concluir que a massa do sistema se conserva, pois, em última instância, a massa de um corpo é a soma das massas de todos os seus átomos constituintes.

Observe que há uma proporção entre as quantidades de espécies envolvidas nos dois processos: a relação entre as quantidades de óxido carbônico e oxigênio é 1 : 1, formando 1 átomo composto de ácido carbônico. O mesmo ocorre no 2º exemplo: a relação entre as quantidades de oxigênio e hidrogênio é 1 : 1, formando 1 átomo composto de água. Se há uma proporção definida entre as quantidades de reagentes e produtos, então existe também uma proporção definida entre as massas de cada reagente e de cada produto.

Exercício resolvido

1. A combustão do "gás olefiante", que produz óxido carbônico e água, pode ser representada por meio da seguinte equação química.

Como o modelo atômico de Dalton explica a conservação de massa nessa transformação?

Solução

Pelo modelo de Dalton, os átomos presentes nas substâncias reagentes se reagrupam para formar o produto. Portanto, todos os átomos presentes no sistema inicial permanecem no sistema final.

Limitações e aprimoramento do modelo atômico de Dalton – contribuições de Berzelius

As principais ideias relacionadas ao modelo atômico de Dalton foram aceitas durante praticamente todo o século XIX. Durante esse período, entretanto, o modelo foi sendo aprimorado, pois apresentava algumas limitações relacionadas ao comportamento das substâncias sob ação da eletricidade (eletrólise e condução elétrica dos metais), à formação de vários "átomos compostos", à simbologia dos elementos.

Nesse contexto, foram muito importantes as contribuições de Jöns Jacob Berzelius (1779-1848), que elaborou, entre diversos outros trabalhos, duas teorias: a Teoria eletroquímica e a Teoria corpuscular; ambas aprimoraram as ideias de Dalton sem desvalorizá-las.

Em sua Teoria eletroquímica, publicada pela primeira vez em 1811, Berzelius considera os átomos como dipolos elétricos, ou seja, todos os átomos teriam carga elétrica negativa e positiva, exceto o oxigênio, que só teria carga negativa. Para ele, o comportamento dos átomos sob a ação da eletricidade dependia de qual tipo de carga preponderasse no átomo.

Em sua Teoria corpuscular, Berzelius propôs um arranjo dos "átomos compostos" de Dalton em diferentes ordens de complexidade: os de primeira ordem seriam formados por átomos elementares (por exemplo: potássio + oxigênio = potassa; enxofre + oxigênio = ácido sulfúrico); os de segunda ordem seriam formados por aqueles de primeira ordem (por exemplo: sulfato de potassa = potassa + ácido sulfúrico) e assim por diante. Nota-se assim que a potassa, que era considerada um elemento na representação de Dalton, passa a ser "átomo composto". Isso porque Berzelius incorporou em sua teoria descobertas de Humphry Davy (1778-1829), em seus trabalhos com eletrólise, com o isolamento do elemento potássio, em 1808.

Quanto à simbologia, Berzelius adotou um sistema de letras e números para representar os "átomos" e "átomos compostos", que é utilizado até hoje, com pequenas alterações para representar elementos e compostos (veja a simbologia atual na Tabela Periódica da página 143).

Além disso, Berzelius recalculou as massas atômicas de vários compostos, especialmente aqueles formados por oxigênio. Com isso, a proporção dos átomos nas substâncias foi recalculada e as fórmulas foram modificadas. A fórmula de Berzelius para a água, por exemplo, era H^{2}O. A representação atual é H$_2$O. Já para Dalton, os átomos de hidrogênio e de oxigênio se combinavam na proporção de 1 : 1 e não de 2 : 1, como a que conhecemos hoje e que foi indicada nos trabalhos de Berzelius.

◘ Raios catódicos

O físico inglês William Crookes (1832-1919) desenvolveu um aparato que ficou conhecido como **ampola de Crookes**. Dentro dessa ampola havia gás sob pressão muito baixa, constituindo uma atmosfera rarefeita.

O equipamento funcionava da seguinte maneira: nas extremidades da ampola eram soldados fios de metal, os quais estavam ligados a uma fonte de alta tensão. A placa metálica conectada ao polo negativo da fonte foi denominada **cátodo**. Aquela conectada ao positivo foi chamada de **ânodo**.

Quando Crookes aplicava alta tensão ao gás rarefeito contido na ampola, ele podia observar a formação de raios provenientes do cátodo. Eles receberam o nome de **raios catódicos** e produziam uma fluorescência quando se chocavam contra a parede de vidro da ampola. Esses raios, invisíveis, eram detectados ao colidirem com o material fluorescente (sulfeto de zinco) que recobria a parede da ampola. Veja a foto ao lado.

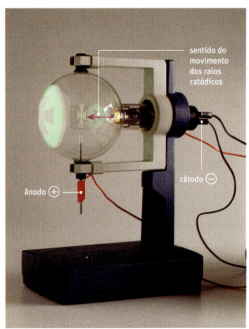

Ampola de Crookes.
Sentido do movimento dos raios catódicos:
do cátodo ⊖ para o ânodo ⊕.

Investigações sobre os raios catódicos

Por meio de uma série de experimentos e variações no uso da ampola desenvolvida por Crookes, Eugen Goldstein (1850-1930) e Joseph John Thomson (1856-1940), além do próprio Crookes, forneceram explicações para a natureza dos raios catódicos.

Os experimentos evidenciaram que os raios catódicos eram carregados negativamente. Quando eletrodos (placas carregadas com cargas opostas) eram introduzidos na região da ampola pela qual passavam os raios catódicos, esses raios sofriam desvio no sentido do polo positivo.

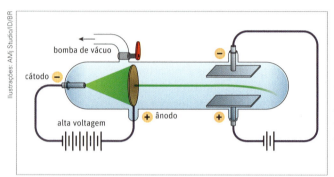

Esquema da ampola de Crookes. Os raios catódicos desviam-se em direção ao polo positivo. Cores-fantasia.

Fonte de pesquisa: KOTZ, John C.; TREICHEL, Paul M. *Chemistry and chemical reactivity*. 3. ed. Saunder College Publishing, 1996. p. 64.

Ao analisar o desvio dos raios catódicos em função da tensão elétrica aplicada nos eletrodos, Thomson percebeu que esses raios negativos eram sempre os mesmos independentemente do gás contido no tubo ou do metal que constituía os eletrodos. Isso significava que esse raio sempre era atraído para o polo positivo e que sua massa não se alterava.

O cientista concluiu que os raios catódicos eram formados por um **feixe de partículas idênticas** de carga **negativa**, as quais estavam presentes em toda a matéria e, portanto, no átomo.

O nome dado a essas partículas foi **elétron**. Quem atribuiu esse nome não foi Thomson, mas sim George Johnstone Stoney (1826-1911), em 1897, que havia sugerido a existência de partículas de carga negativa nos átomos. Thomson confirmou a existência dessas partículas e ainda conclui com seus trabalhos que a massa dos elétrons deveria ser muito menor do que a dos átomos. Posteriormente, foi descoberto que o elétron possui massa aproximadamente 1840 vezes menor do que a do átomo de hidrogênio (átomo de menor massa que se conhece).

Saiba mais

Condutibilidade elétrica dos materiais

No circuito elétrico mostrado ao lado, a lâmpada permanece apagada quando não há conexão entre o condutor e a fonte de energia.

Se a conexão for feita por um fio metálico, contudo, a lâmpada se acenderá. Isso acontece porque o fio fecha o circuito e estabelece a conexão entre a lâmpada e a fonte de energia.

Outros materiais, como a borracha, o plástico e a madeira, não possibilitam a passagem de eletricidade. Por essa razão, para que não levemos um choque, a parte externa dos interruptores é feita de plástico.

A lâmpada do circuito acende quando as extremidades dos fios são conectadas a um metal.

Saiba mais

Aplicações dos tubos de raios catódicos

A televisão revolucionou a comunicação do século passado. Os aparelhos de TV de tubo, que dominaram o mercado por cerca de 50 anos, atualmente estão sendo substituídos pelos sistemas de LCD, plasma ou LED.

Nos aparelhos antigos, ainda muito usados, a formação da imagem ocorre devido a um tubo de raios catódicos acoplado à tela, como mostrado a seguir.

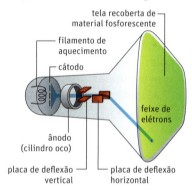

Esquema em cores-fantasia de tubo de televisão.

Fonte de pesquisa: Tubo de raios catódicos, n. 10. Instituto de Física da UFRGS-RS. Disponível em: <http://www.tecnologiacomciencia.ufrgs.br/banners/tubos-raios-catodicos-10.pdf>. Acesso em: 29 maio 2014.

Quando submetidos à alta tensão, os elétrons provenientes do cátodo dirigem-se para o ânodo, que apresenta a forma de um cilindro oco e que permite a passagem de um feixe de elétrons. O impacto desse feixe sobre uma tela coberta de material fosforescente resulta em emissão de luz, que observamos como imagem. O feixe forma imagens ao percorrer cada uma das pequenas unidades (*pixels*) dessa tela.

O brilho responsável pela imagem que observamos na tela depende da **tensão elétrica** aplicada, que controla a intensidade do feixe de elétrons emitidos pelo cátodo. A cor da imagem depende de qual material fosforescente está sendo excitado, se o azul, o verde ou o vermelho. A combinação dessas três cores compõe a cor de cada um dos *pixels*.

O modelo atômico de Thomson

Como os corpos são eletricamente **neutros**, a descoberta dos elétrons (de carga negativa) levou Thomson a propor a existência de carga positiva no átomo. Ele elaborou um modelo de átomo constituído por uma esfera maciça, de carga elétrica positiva, que continha "corpúsculos" de carga negativa (elétrons) nela dispersos. Esse modelo ficou conhecido por modelo do **pudim de passas** (nome que não foi dado por Thomson).

Segundo Thomson, o número de elétrons no átomo deveria ser suficiente para anular a carga positiva da esfera. Assim, se um átomo perdesse um ou mais elétrons, ficaria carregado positivamente, pois haveria uma carga total positiva superior à negativa, transformando-se em um átomo positivamente carregado. Caso o átomo ganhasse um ou mais elétrons, ficaria negativamente carregado. Thomson denominou esses átomos, respectivamente, de "eletropositivos" e "eletronegativos".

Atualmente, dá-se o nome de **íons** aos átomos que ficam positiva ou negativamente carregados.

Íons com carga elétrica positiva são denominados **cátions**, e com carga elétrica negativa, **ânions**.

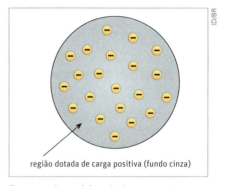

Esquema de modelo atômico proposto por Thomson. Cores-fantasia.

Fonte de pesquisa: The discovery of the electron. Disponível em: <http://chemed.chem.purdue.edu/genchem/history/raisin.html>. Acesso em: 29 maio 2014.

Comparação entre o modelo de Thomson e o de Dalton

Embora em ambos os modelos os átomos sejam esféricos, o de Dalton, mesmo com as contribuições de Berzelius, não admitia a possibilidade de o átomo ser divisível. Já o de Thomson assumia a natureza elétrica do átomo, incluindo que poderiam ser removidas ou acrescentadas partículas (elétrons), ou seja, considerava o átomo "divisível".

Como já foi dito, o ganho ou a perda de elétrons provocaria um desequilíbrio de cargas, originando íons. Esse desequilíbrio justificaria os fenômenos elétricos não explicados satisfatoriamente pelo modelo de Dalton.

Ao admitir que a massa dos elétrons era muito menor que a do átomo como um todo, no entanto, as ideias de Dalton sobre as massas dos átomos foram mantidas.

Observe, então, uma característica muito importante do desenvolvimento científico: assim como o modelo de Thomson incorpora novas ideias ao de Dalton, sem descartar completamente as antigas, a comunidade científica aceita o princípio de que, para que haja avanços, nem sempre é necessário jogar fora ideias anteriores. Ao contrário, elas são fundamentais para a evolução do conhecimento humano.

Química tem história

Eletromagnetismo e condutibilidade elétrica

Joseph John Thomson nasceu em uma cidade próxima a Manchester (Inglaterra), em 1856, e faleceu em Cambridge, em 1940, naquele mesmo país.

Assumiu o cargo de pesquisador no laboratório de Cavendish em 1880, onde trabalhou por 42 anos, transformando-o em um dos mais importantes centros científicos da Europa.

Thomson fez pesquisas sobre eletromagnetismo que foram fundamentais para o desenvolvimento da eletricidade, da eletrônica, da química e de outras ciências.

Fonte de pesquisa: ATKINS, Peter; JONES, Loretta. *Princípios de química: questionando a vida moderna e o meio ambiente*. Porto Alegre: Bookman, 2001. p. 47.

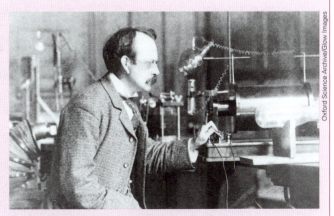

Thomson no laboratório de Cavendish, em 1909.

Atividades

2. Quais são os pressupostos do modelo atômico proposto por Dalton?

3. Por que o modelo de Dalton é capaz de explicar as relações entre massas nas transformações?

4. Descreva o modelo de átomo proposto por Joseph Thomson.

5. O que são íons? Explique.

6. Cite as semelhanças e as diferenças entre o modelo atômico de Thomson e o de Dalton.

7. De acordo com o modelo de Thomson, o que deve acontecer com a massa de um átomo quando este ganha ou perde elétrons? Explique.

8. Durante seus experimentos com raios catódicos, Thomson observou que eles eram atraídos para o polo positivo, quando submetidos a um campo elétrico. Como essa observação foi explicada por ele?

9. Analise as representações contidas nos balões 1 e 2 e indique, em cada caso, quantas substâncias (simples ou compostas) estão presentes.

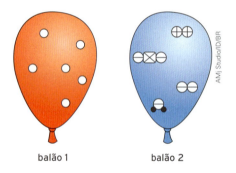

balão 1   balão 2

10. Com base nas fórmulas das seguintes substâncias com símbolos atuais, classifique-as como simples ou compostas.

    a) Cloreto de zinco: $ZnC\ell_2$
    b) Iodo: I_2
    c) Glicose: $C_6H_{12}O_6$
    d) Metal magnésio: Mg

11. A solução aquosa de peróxido de hidrogênio, conhecida comercialmente como água oxigenada, é utilizada para clarear cabelos e desinfectar ferimentos. Na presença de luz decompõe-se em oxigênio e água. A equação química a seguir representa essa reação:

$$2 H_2O_2 \longrightarrow 2 H_2O + O_2$$

Qual das alternativas a seguir melhor representa essa transformação? Considere que o e ◯ representam átomos.

a) ⚬⚬ → ⚬⚬ ⚬
b) ⚬⚬⚬ ⚬⚬⚬ → ⚬⚬ ⚬⚬ ⚬
c) ◯◯◯◯ ⚬⚬⚬ → ⚬⚬ ⚬⚬ ⚬⚬⚬
d) ⚬⚬⚬⚬◯◯◯◯⚬⚬⚬⚬ → ⚬⚬ ⚬⚬ ◯◯
e) ⚬⚬◯◯ ⚬⚬◯◯ → ⚬⚬ ⚬⚬◯◯ ◯◯

12. Utilize as ideias de Dalton para representar a reação entre gás acetileno (C_2H_2) e gás oxigênio (O_2), formando água no estado gasoso (H_2O) e gás carbônico (CO_2). Desenhe o sistema inicial e o sistema final. Lembre-se de que os átomos dos reagentes são os mesmos dos produtos, ou seja, eles apenas se rearranjam. Adote C = ⊗; H = •; O = ◯.

13. O ar não poluído é formado, aproximadamente, por 78% em volume de nitrogênio (N_2), 21% em volume de oxigênio (O_2), 0,7% em volume de argônio (Ar), além de dióxido de carbono (CO_2) e vapor de água (H_2O). Algumas das substâncias que podem estar presentes, como contaminantes, no ar de uma cidade poluída são: monóxido de carbono (CO), dióxido de enxofre (SO_2), ozônio (O_3) e dióxido de nitrogênio (NO_2).

    a) O monóxido de carbono é formado pela queima incompleta de combustíveis fósseis, como gasolina, óleo *diesel*, etc. A presença dessa substância gasosa no ar inalado compromete a capacidade de transporte de oxigênio, uma vez que o CO se liga mais fortemente à hemoglobina do sangue do que o próprio O_2.

    Quando o metano gasoso (formado por um átomo de carbono e quatro de hidrogênio) presente no gás natural se combina com o oxigênio gasoso (O_2) numa combustão incompleta, formam-se monóxido de carbono gasoso (CO) e vapor de água (H_2O).

    A reação que ocorre pode ser equacionada por:

    $$2\ CH_4(g) + 3\ O_2(g) \longrightarrow 2\ CO(g) + 4\ H_2O(g)$$

    Indique os reagentes e os produtos dessa reação.

    b) O ozônio (O_3) é um gás reativo que causa irritação nos olhos. Pode ser formado pela reação de óxidos de nitrogênio (como NO_2 gasoso) e o oxigênio do ar (O_2), segundo a equação:

    $$NO_2(g) + O_2(g) \longrightarrow NO(g) + O_3(g)$$

    Quantos átomos e quantos elementos estão representados nessa equação?

    c) A chuva ácida pode ser formada pela reação de dióxido de enxofre gasoso (SO_2) com água (H_2O), formando ácido sulfuroso (H_2SO_3). Equacione a reação acima, usando a simbologia utilizada por Berzelius.

2. O modelo de Rutherford e as partículas fundamentais do átomo

A descoberta da radioatividade pode ser considerada de importância vital para a evolução do pensamento científico do final do século XIX. **Radioatividade** é a emissão espontânea de radiação invisível e de alta energia pela matéria. Há vários tipos de radiação, porém os mais comuns são a radiação alfa (α), a beta (β) e a gama (γ).

O experimento de Rutherford

Grande parte dos experimentos que culminaram com o estabelecimento de um novo modelo de átomo foi conduzida pelo neozelandês Ernest Rutherford (1871-1937), enquanto estudava o fenômeno da radioatividade, juntamente com seus colaboradores Johannes Wilhem Geiger (1882-1945) e Ernest Marsden (1889-1970).

Rutherford e seus colaboradores bombardearam com partículas α, provenientes de material radioativo, uma fina folha de ouro. As partículas que atravessavam a lâmina metálica eram detectadas em um anteparo fluorescente apropriado para essa finalidade. Veja a representação abaixo.

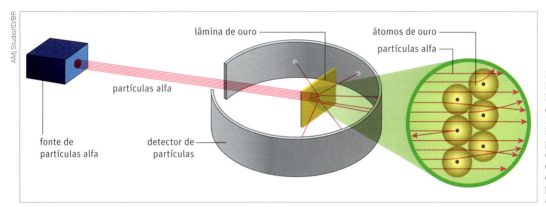

Esquema simplificado, em cores-fantasia, do experimento realizado por Rutherford, Geiger e Marsden. No detalhe, a trajetória das partículas.

Fontes de pesquisa: Kotz, John C.; Treichel, Paul M. *Chemistry and chemical reactivity*. 3. ed. Saunder College Publishing, 1996. p. 68-69; Royal Society of Chemistry. Disponível em: <http://www.rsc.org/chemsoc/timeline/pages/1911.html>. Acesso em: 14 fev. 2013.

Já naquela época, sabia-se que a radiação α era constituída por partículas de carga elétrica positiva capazes de atravessar lâminas metálicas muito finas. Rutherford observou que 99% das partículas atravessavam a lâmina sem sofrer desvios. Um por cento das partículas sofria grandes desvios e apenas uma em cada 10 mil colidia com a lâmina e voltava, sem atravessá-la. As poucas partículas α desviadas ou que não conseguiam atravessar a folha de ouro eram aquelas que passavam muito próximo do núcleo dos átomos que compunham a lâmina de ouro ou as que se chocavam com ele.

Rutherford concluiu que a maioria das partículas que conseguia atravessar a lâmina passava, em grande parte, por espaços vazios.

Segundo Rutherford, o átomo seria constituído por duas regiões: uma central, chamada **núcleo**, e uma periférica, denominada **eletrosfera**.

O núcleo seria **maciço**, formado por partículas de **carga positiva**, denominadas **prótons**, e concentraria quase toda a massa do átomo.

Na eletrosfera, região de volume muito maior do que o do núcleo, estariam os elétrons, movimentando-se ao redor do núcleo. Como a região não oferecia resistência à passagem de partículas de carga positiva, não se observavam desvios. O núcleo é cerca de 100 mil vezes menor que o átomo.

Para explicar os valores das massas dos átomos, Rutherford propôs a existência de partículas neutras no núcleo, com massa muito próxima àquela dos prótons. Não lhe foi possível, contudo, comprovar a existência delas.

Em 1932, os nêutrons foram detectados por James Chadwick, na Universidade de Cambridge, Inglaterra.

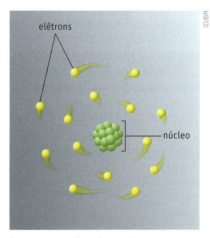

Representação fora de escala e em cores-fantasia do modelo atômico de Rutherford.

Fontes de pesquisa: Kotz, John C.; Treichel, Paul M. *Chemistry and chemical reactivity*. 3. ed. Saunder College Publishing, 1996. p. 71. (Na imagem de Kotz os elétrons não são mostrados). Enciclopaedia Britannica. Disponível em: <http://www.britannica.com/EBchecked/topic/514229/Ernest-Rutherford-Baron-Rutherford-of-Nelson/278481/University-of-Manchester>. Acesso em: 29 maio 2014.

Próton, nêutron e elétron

As partículas subatômicas são descritas por suas características. Assim, o próton, representado pelo símbolo **p⁺** ou **p**, o nêutron, representado pelo símbolo **n**, e o elétron, representado pelo símbolo **e⁻** ou **e**, são caracterizados por sua carga relativa, por sua carga (C), por sua massa relativa e por sua massa, expressa em quilograma (kg).

Este quadro ilustra as características das três partículas subatômicas.

	Próton	Nêutron	Elétron
Símbolo	p⁺ ou p	n	e⁻ ou e
Carga relativa (assumindo a do próton como referência)	+1	0	−1
Carga (C)	$1{,}602 \times 10^{-19}$	0	$-1{,}602 \times 10^{-19}$
Massa relativa (assumindo a do próton como referência)	1	1,0014	0,00054
Massa (kg)	$1{,}672 \times 10^{-27}$	$1{,}675 \times 10^{-27}$	$9{,}109 \times 10^{-31}$

Fonte de pesquisa: LIDE, David R. *CRC handbook of Chemistry and Physics*. Internet version (87th edition). CRC-Press. Taylor and Francis Group. Florida: Boca Raton, 2007.

A unidade de massa relativa (u) corresponde, aproximadamente, à massa de um átomo de hidrogênio (H) – o átomo mais leve dentre os conhecidos.

A massa do elétron é 1 836 vezes **menor** que a dos prótons e dos nêutrons. Pode ser considerada, portanto, desprezível. A massa dos prótons e a dos nêutrons são **muito próximas** e podem ser consideradas **iguais**.

Os íons e o modelo de Rutherford

Segundo o modelo de Rutherford, átomos possuem em sua eletrosfera uma quantidade de elétrons igual à quantidade de prótons do núcleo. Dessa forma, um átomo de magnésio (Mg) possui 12 prótons e 12 elétrons. Já o átomo de flúor (F) possui nove prótons e nove elétrons.

A formação de **íons** em processos químicos é consequência da perda ou do ganho de elétrons por determinado átomo ou molécula.

Quando uma espécie neutra perde elétrons, transforma-se em íon positivo ou **cátion**. Por exemplo, o cátion magnésio, representado como Mg^{2+}, possui 12 prótons em seu núcleo e dez elétrons em sua eletrosfera.

Quando uma espécie neutra recebe elétrons, transforma-se em íon negativo ou **ânion**. O ânion F^- (fluoreto), por exemplo, possui nove prótons em seu núcleo e dez elétrons em sua eletrosfera.

Observe que a carga do íon é representada no **canto superior** direito do símbolo do elemento químico. O número 1 pode ser omitido. O fluoreto pode ser representado por F^{1-} ou F^-.

Em todas essas transformações, os núcleos dos átomos permanecem inalterados (o número de prótons e o número de nêutrons não se alteram). A formação de íons envolve perda ou ganho de partículas das eletrosferas dos átomos, e não do núcleo.

Saiba mais

O modelo de Rutherford e as transformações da matéria

As transformações químicas e os fenômenos físicos estudados até agora se caracterizam pela conservação da massa e dos elementos. O modelo atômico de Dalton assimilou essa informação ao considerar o átomo indestrutível e indivisível.

No modelo sugerido por Rutherford, o átomo é formado pelas partículas fundamentais: prótons e elétrons. As reações químicas e as transformações físicas geralmente apresentam conservação das massas e dos elementos, sendo entendidas como processos em que os núcleos atômicos permanecem intactos. Nesses casos, ocorrem alterações somente na eletrosfera.

Com o estudo da radioatividade, os cientistas constataram que os átomos não eram indestrutíveis. Nas transformações radioativas, previstas pelo modelo de Rutherford, ocorrem a transmutação de elementos e até mesmo a formação de elementos desconhecidos na natureza.

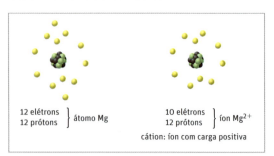

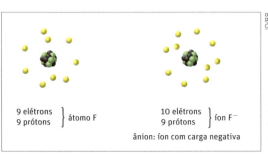

Representações fora de escala e em cores-fantasia de átomos e íons de magnésio e flúor.

❯ Número atômico

Em 1913, Henry Moseley (1887-1915), um assistente de Rutherford, desenvolveu um método experimental que possibilitou a determinação da **carga nuclear** dos átomos. O experimento consistia na análise da interação dos raios X com os átomos da amostra.

Moseley percebeu que os átomos de um **mesmo elemento** apresentavam sempre a mesma carga nuclear. Sendo assim, átomos de **elementos distintos** possuiriam, necessariamente, cargas nucleares diferentes.

É muito importante você saber que a carga nuclear está diretamente relacionada com a **quantidade de prótons** do núcleo do átomo, pois cada próton apresenta carga relativa +1 (veja quadro da página anterior). Por isso, cada elemento químico é caracterizado em função da quantidade de prótons que contém.

O número de prótons de um átomo é chamado **número atômico** e é representado pela letra **Z**.

É o número atômico que identifica um elemento químico: átomos de mesmo número atômico são de um mesmo elemento químico.

❯ Número de massa

Para descrever o núcleo de um átomo, é preciso conhecer a quantidade de prótons e nêutrons que o constituem. A **massa relativa** de um átomo pode ser calculada com base nas massas relativas de prótons e nêutrons que, como já mostramos, são próximas a 1,0. Esse valor é aproximado, pois as massas de prótons e nêutrons não são exatamente iguais.

O **número de massa** (A) de um átomo corresponde à **soma** do número de **prótons** com o número de **nêutrons** do átomo (n).

$$A = Z + n$$

Assim, por exemplo, se determinado átomo de potássio (K) apresenta número de massa 39, isso quer dizer que seu núcleo apresenta 20 nêutrons, pois o número atômico do potássio é 19.

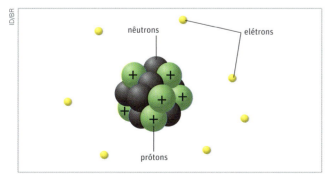

Representação fora de escala e em cores-fantasia do átomo de nitrogênio, que apresenta A = 14 e Z = 7. Logo, esse átomo conta com sete nêutrons.

Fonte de pesquisa: Enciclopaedia Britannica. Disponível em: <http://www.britannica.com/EBchecked/topic/514229/Ernest-Rutherford-Baron-Rutherford-of-Nelson/278481/University-of-Manchester>. Acesso em: 29 maio 2014.

❯ Representação de espécies químicas

A IUPAC – International Union of Pure and Applied Chemistry (União Internacional de Química Pura e Aplicada) – recomenda que o número de massa e o número atômico sejam representados antes do símbolo do elemento, em corpos sobrescrito e subscrito, respectivamente. A carga relativa do íon (ou número de carga) deve ser indicada no canto superior direito, logo depois do símbolo. Caso se trate de átomo neutro, suprime-se o zero. Veja um exemplo dessa representação a seguir:

$$^{A}_{Z}E^{carga}$$

Assim, a notação $^{37}_{17}C\ell$ indica que um átomo de cloro tem 17 prótons e 20 nêutrons no núcleo (A = 17 + 20 = 37), e 17 elétrons na eletrosfera.

Algumas vezes, entretanto, o número atômico é omitido da representação, pois cada elemento é definido pela carga nuclear de seus átomos. Logo, o símbolo do elemento corresponde a uma única quantidade de prótons no núcleo, que pode ser conhecida consultando a Tabela Periódica.

A tabela a seguir apresenta exemplos de representações de íons.

Íon	$^{27}A\ell^{3+}$	$^{81}Br^{-}$	$^{85}Rb^{+}$	$^{80}Se^{2-}$	$^{58}Ni^{2+}$
Prótons	13	35	37	34	28
Elétrons	10	36	36	36	26
Nêutrons	14	46	48	46	30

Fonte de pesquisa: LIDE, David R. *CRC handbook of Chemistry and Physics*. Internet version (87th edition). CRC-Press. Taylor and Francis Group. Florida: Boca Raton, 2007.

Vamos ver o que se pode fazer quando esses dados são conhecidos.

O número de elétrons é obtido pela análise da **carga do íon**. Observando o $^{27}A\ell^{3+}$, você percebe que há **três** elétrons a **menos** que prótons. Logo, são 10 elétrons. Trata-se, portanto, de um **cátion de alumínio**.

Como nos ânions a quantidade de elétrons excede o número de prótons, conclui-se que $^{81}Br^{-}$ e $^{80}Se^{2-}$ são **ânions**.

Para obter o número de nêutrons em um átomo, subtrai-se o número atômico do número de massa.

$$n = A - Z$$

Os íons $^{81}Br^{-}$, $^{85}Rb^{+}$ e $^{80}Se^{2-}$ apresentam o **mesmo número de elétrons**. Tais íons são chamados de **isoeletrônicos**.

Na natureza também ocorrem átomos de elementos distintos com o **mesmo número de massa**, como ^{40}Ar e ^{40}Ca. Esses átomos são denominados **isóbaros**.

119

❯ Isótopos

É muito comum encontrarmos átomos de um mesmo elemento com números de massa diferentes. Quando isso acontece, significa que os núcleos apresentam a **mesma quantidade de prótons**, mas **diferem quanto à quantidade de nêutrons**. Esses átomos são chamados **isótopos**. São, portanto, átomos que possuem o mesmo **número atômico**, mas diferem quanto ao **número de massa**. São exemplos de isótopos:

| ^{12}C, ^{13}C e ^{14}C | ^{35}Cl e ^{37}Cl | ^{235}U e ^{238}U |

A maioria dos elementos tem isótopos que são encontrados na natureza em proporção fixa. A tabela a seguir dá alguns exemplos.

Abundância relativa de alguns isótopos naturais*					
Isótopo	Abundância relativa	Isótopo	Abundância relativa	Isótopo	Abundância relativa
^{1}H	99,99%	^{19}F	100%	^{54}Fe	5,8%
^{2}H	0,01%	^{23}Na	100%	^{56}Fe	91,7%
^{10}B	19,9%	^{24}Mg	79,0%	^{57}Fe	2,1%
^{11}B	80,1%	^{25}Mg	10,0%	^{107}Ag	51,8%
^{12}C	98,9%	^{26}Mg	11,0%	^{109}Ag	48,2%
^{13}C	1,1%	^{31}P	100%	^{127}I	100%
^{16}O	99,76%	^{35}Cl	75,8%	^{235}U	0,7%
^{17}O	0,04%	^{37}Cl	24,2%	^{238}U	99,3%
^{18}O	0,20%				

* **Nota**: Isótopos com ocorrência muito baixa foram suprimidos da tabela.

Fonte de pesquisa: LIDE, David R. *CRC handbook of Chemistry and Physics*. Internet version (87th edition). CRC-Press. Taylor and Francis Group. Florida: Boca Raton, 2007.

Somente os isótopos do hidrogênio possuem nomes específicos. O isótopo mais comum, o ^{1}H, é o **prótio**, enquanto os isótopos ^{2}H e ^{3}H são conhecidos, respectivamente, por **deutério** (^{2}D) e **trítio** (^{3}T). O prótio não tem nêutron (seu núcleo contém apenas um próton); o deutério tem um próton e um nêutron, e o trítio apresenta um próton e dois nêutrons. Na natureza, o prótio é o isótopo do hidrogênio mais abundante, e o trítio, o isótopo mais raro (na natureza são encontrados apenas traços desse isótopo).

❯ Elemento, substância simples e substância composta

No capítulo anterior, com o estudo das reações de decomposição, foi possível conceituar substância simples e substância composta em nível **macroscópico**, considerando-se a possibilidade de uma substância poder ou não ser decomposta em outras. Agora, esse conceito pode ser reelaborado em razão da constituição atômica das substâncias, ou seja, em nível **microscópico**. Nesse novo contexto, considera-se que **substâncias simples** são aquelas constituídas por átomos de um **único elemento químico** e que **substâncias compostas** são aquelas constituídas por átomos de **dois ou mais elementos químicos**.

Assim, para classificar uma substância como simples ou composta, basta analisar sua fórmula, desde que esta seja conhecida. São exemplos de substâncias simples o oxigênio, o nitrogênio, o cloro e o enxofre, representados, respectivamente, por O_2, N_2, Cl_2 e S_8. A água (H_2O), o cloreto de sódio ($NaCl$) e o dióxido de carbono (CO_2) são substâncias compostas.

Saiba mais

Massa atômica

A Tabela Periódica (ver página 143) apresenta um valor de massa atômica para cada elemento. A massa atômica do cloro (Cl) é de 35,5.

O cloreto de hidrogênio (HCl) apresenta 1,0 g do elemento H para cada 35,5 g do elemento Cl. Portanto, o Cl é 35,5 vezes mais pesado que o H. Como o átomo de H tem massa 1,0 u, pode-se dizer que a massa atômica do Cl é 35,5 u.

O "u" é uma unidade de massa conhecida por "unidade unificada de massa atômica" e corresponde a $1,66 \times 10^{-27}$ kg, aproximadamente.

A questão é que o conceito de massa atômica se refere ao elemento. A análise da composição elementar de uma substância envolve um número enorme de átomos, de modo que o valor 35,5 u corresponde à média das massas dos átomos de cloro presentes.

Segundo a tabela de abundância relativa de alguns isótopos naturais (ao lado), uma amostra que contém átomos de cloro apresenta 75,8% de ^{35}Cl e 24,2% de ^{37}Cl. A média ponderada entre as massas dos isótopos de cloro, que leva em conta sua abundância relativa, resulta na massa atômica.

$m_{Cl} = 0,758 \times 35\ u + 0,242 \times 37\ u$

$m_{Cl} = 35,5\ u$

Saiba mais

Enriquecimento isotópico

A expressão "enriquecimento de urânio", que frequentemente aparece na mídia, refere-se a uma purificação isotópica do urânio, por meio da qual se obtém maior quantidade relativa do isótopo ^{235}U em uma amostra.

O urânio natural contém aproximadamente 0,7% do isótopo ^{235}U, apropriado para o processo de fissão nuclear em usinas.

Atividades

Quando necessário, consulte a Tabela Periódica da página 143 para responder às questões.

14. Descreva o experimento realizado por Rutherford e as observações feitas por ele em relação ao comportamento das partículas α.

15. Dadas as afirmações abaixo, copie-as em seu caderno fazendo as alterações necessárias nas que estiverem inadequadas em relação ao modelo atômico de Rutherford.

a) Esse modelo baseia-se em experimentos com eletrólise de soluções de sais de ouro.

b) Ele apresenta a matéria como constituída por elétrons em contato direto com os prótons.

c) O modelo foi elaborado a partir de experimentos em que uma fina lâmina de ouro era bombardeada com partículas α.

16. Compare os isótopos ^{12}C e ^{14}C em termos de suas partículas fundamentais (número de prótons, nêutrons e elétrons). Por que dizemos que são isótopos entre si?

17. Identifique e corrija em seu caderno uma inadequação conceitual da frase abaixo.

"O elétron não tem massa."

18. Cite as principais diferenças entre os modelos atômicos de Dalton, Thomson e Rutherford.

19. Qual é a diferença entre átomos e íons? Como são denominados os íons positivos e os negativos?

20. O que ocorrerá se um próton for incorporado ao isótopo de sódio ^{23}Na?

21. O que ocorrerá se dois elétrons forem incorporados ao isótopo de telúrio (^{128}Te)?

22. Determine se as frases a seguir são verdadeiras ou falsas. Caso estejam incorretas, reescreva-as em seu caderno de forma correta e coerente. Justifique sua resposta.

a) A espécie $^{238}U^{6+}$ possui 119 prótons, 119 nêutrons e 125 elétrons.

b) O átomo de Fe, ao incorporar dois prótons, forma o cátion Fe^{2+}.

23. Copie a tabela a seguir em seu caderno e encontre os valores que a completam.

Partícula	Z	Partículas por átomo			A	Símbolo
		Prótons	Elétrons	Nêutrons		
A		83	83	126		
D		55	54		133	
E	16		18	16		
G		56	54		137	
J	55		55	82		

a) Represente cada uma das espécies descritas utilizando o símbolo do elemento. Indique o número de massa e a carga de cada um deles.

b) Quais são isótopos? Justifique cada caso.

24. "Um dos isótopos do sódio usado para detectar coágulo sanguíneo pode ser representado como $^{24}_{11}Na$ ou ^{24}Na, mas não como $_{11}Na$." Justifique a afirmativa e, em seguida, dê o que se pede nos itens abaixo.

a) Número de prótons e de nêutrons do isótopo.

b) Número de elétrons em um átomo de ^{24}Na.

c) Número de elétrons e prótons no íon Na^+.

25. De modo simplificado, pode-se dizer que o modelo atômico prevê a existência de três partículas: prótons, nêutrons e elétrons, as quais não estão distribuídas ao acaso. Essas partículas interagem entre si e essa interação produz um conjunto organizado denominado átomo.

Das afirmações a seguir, quais são verdadeiras em relação ao átomo? Corrija a(s) alternativa(s) falsa(s).

a) Prótons e nêutrons são encontrados no núcleo, que é a parte do átomo que apresenta carga elétrica positiva e na qual se concentra praticamente toda a sua massa.

b) O átomo eletricamente neutro possui o mesmo número de elétrons e de prótons. Se o número de elétrons for maior, forma-se um ânion. Se esse número for menor, tem-se um cátion.

c) O número atômico (Z) informa o número de prótons de um átomo.

d) O núcleo de qualquer átomo sempre conta com o mesmo número de prótons e de nêutrons.

26. Represente cada espécie descrita utilizando o símbolo adequado e indicando o respectivo número de massa (A) e carga.

a) Cátion de carga $3+$ que apresenta 21 e^- e 28 n.

b) Ânion isoeletrônico do argônio e que apresenta 17 p^+ e 20 n.

c) Átomo que apresenta A = 31 e 16 n.

d) Íon que apresenta 56 p^+, 54 e^- e 81 n.

e) Átomo neutro, isoeletrônico do Te^{2-}, e que possui 75 n.

f) Íon do átomo de prata, com 46 e^- e A = 108.

27. Por meio de alimentos, como frutas, vegetais, ovos, leite e derivados, o organismo humano recebe vários íons essenciais ao seu bom funcionamento. Esses íons desempenham papéis específicos.

- Ca^{2+}: formação de ossos e dentes.
- K^+, Na^+, $C\ell^-$, Mg^{2+}: funcionamento dos nervos e músculos.
- Fe^{2+}: formação de glóbulos vermelhos.
- I^-: funcionamento da glândula tireoide.
- Co^{2+}, Zn^{2+}, Cu^{2+}, Mg^{2+}: atuação das enzimas.

Com relação a esses íons, responda:

a) Qual é o número atômico e de elétrons do íon iodeto?

b) Quais íons são isoeletrônicos entre si?

121

3. A reelaboração do modelo atômico de Rutherford

O modelo atômico proposto por Rutherford – em que o átomo é constituído por um núcleo denso e uma eletrosfera, na qual se movimentam os elétrons – permitia a compreensão de uma série de fenômenos que não eram explicados pelos modelos anteriores. A descrição de átomo de Rutherford constitui a base para se entender os modelos atômicos mais modernos.

Esse modelo, no entanto, não era capaz de elucidar uma questão importante: como os elétrons, dotados de carga negativa, podiam movimentar-se em torno de um núcleo positivo sem perder energia e colidir com ele? Na época já se sabia que cargas de sinais opostos se atraem.

O estudo da luz forneceu mais alguns subsídios para o início de uma nova teoria e para o aperfeiçoamento do modelo atômico.

O espectro eletromagnético

O arco-íris resulta da decomposição da luz solar que incide em gotículas de água suspensas na atmosfera.

A luz branca, ao atravessar um prisma, decompõe-se num espectro que apresenta as cores do arco-íris.

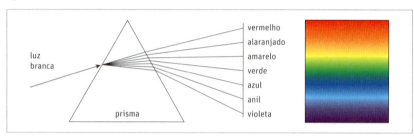

Representação da decomposição da luz branca ao atravessar um prisma.

Fonte de pesquisa: Kotz, John C.; Treichel, Paul M. *Chemistry and chemical reactivity*. 3. ed. Saunder College Publishing, 1996. p. 324.

Espectro luminoso visível é a imagem observada na decomposição da luz, formada por regiões com cores que se sucedem.

A decomposição da luz solar produz uma variedade de radiações, denominadas **radiações eletromagnéticas**.

Além da luz visível, outras radiações também são eletromagnéticas, como as ondas de rádio, as micro-ondas, os raios infravermelhos, a radiação ultravioleta, os raios X e os raios gama (γ), todas elas invisíveis aos nossos olhos.

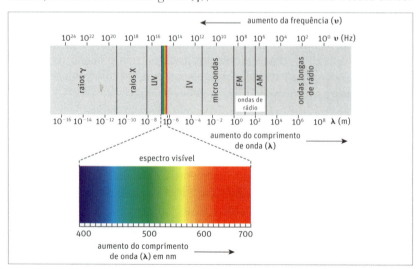

Representação do espectro eletromagnético: apenas uma pequena parte dele sensibiliza a visão humana.

Fonte de pesquisa: Kotz, John C.; Treichel, Paul M. *Chemistry and chemical reactivity*. 3. ed. Saunder College Publishing, 1996. p. 315.

Química e Física

Radiações eletromagnéticas

A energia radiante emitida pelo Sol propaga-se pelo espaço na forma de ondas eletromagnéticas. Essas radiações são ordenadas segundo o seu espectro eletromagnético. Como qualquer tipo de onda, as radiações eletromagnéticas apresentam comprimento (λ – lê-se "lambda") e frequência (υ – lê-se "ni").

Comprimento de onda (λ)

É a distância entre duas cristas vizinhas de uma onda.

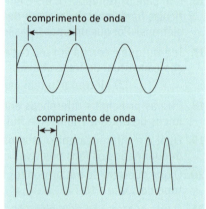

Frequência (υ)

Número de ondas em um determinado período de tempo.

No vácuo, essas ondas se propagam na velocidade da luz (c), em que:

$$c = \upsilon \cdot \lambda$$

Quanto maior a frequência de uma radiação, maior a sua energia.

Espectros atômicos

Certas substâncias, quando aquecidas na chama de um bico de Bunsen, conferem coloração à chama. A cor observada é característica do elemento presente na substância aquecida.

As diferentes colorações das chamas dependem da substância aquecida: sais de bário (esquerda), de lítio (centro) e de cobre (direita).

Em 1856, o cientista Robert Bunsen (1811-1899) e seu colaborador, Gustav Kirchhoff (1824-1887), decidiram investigar o espectro das chamas.

Em seus estudos, eles utilizaram um conjunto de lentes para selecionar um feixe de luz emitido pelo elemento aquecido, fazê-lo atravessar um prisma e observar uma série de linhas coloridas luminosas separadas por regiões escuras.

Essas linhas constituíam o **espectro de emissão** de determinado elemento. Cada elemento apresentava um **espectro descontínuo** característico, assim denominado por apresentar linhas luminosas intercaladas por regiões sem luz.

Quando um tubo contendo hidrogênio a baixas pressões é submetido a altas temperaturas ou a uma descarga elétrica, há emissão de **radiação eletromagnética**. No momento em que o feixe de luz dessa radiação atravessa um prisma, observa-se um espectro descontínuo.

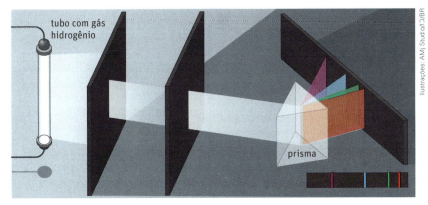

Obtenção do espectro de emissão do hidrogênio: formação de linhas descontínuas e de cores diferentes. Representação em cores-fantasia.

Fonte de pesquisa: Kotz, John C.; Treichel, Paul M. *Chemistry and chemical reactivity*. 3. ed. Saunder College Publishing, 1996. p. 325.

Se outro elemento gasoso é colocado no interior do tubo, obtém-se um espectro diferente. Não há dois elementos químicos com o mesmo espectro de emissão.

Para explicar as características dos espectros atômicos, o físico Niels Bohr (1885-1962) propôs, em 1913, um modelo para o comportamento dos elétrons no átomo, que procurou esclarecer por que estes se mantêm na eletrosfera sem se dirigir para o núcleo e colidir com ele.

Bohr sugeriu que uma teoria sobre a luz, proposta por Max Planck (1858-1947), poderia ser aplicada ao átomo. Segundo Planck, toda a energia do elétron é **quantizada**, ou seja, os elétrons absorvem ou emitem quantidades fixas de energia na forma de pequenos pacotes denominados *quanta*.

Química tem história

Niels Bohr

Natural da Dinamarca, Niels Bohr viaja para a Inglaterra, em 1911, para desenvolver seu pós-doutorado com J. J. Thomson.

Bohr muda-se no ano seguinte para Manchester, integrando-se à equipe de Rutherford.

Em 1913, ele publica sua teoria atômica, fundamentada no princípio da quantização da energia proposto por Planck.

Por esse trabalho, Bohr recebe, em 1922, o prêmio Nobel da Física.

Em 1920, ele retorna à Dinamarca para dirigir o Instituto de Física Teórica de Copenhague.

Com o início da Segunda Guerra Mundial, Bohr é obrigado a refugiar-se nos Estados Unidos, onde atuou no Projeto Manhattan — que levaria à construção da bomba atômica.

Em 1944, ele abandona o projeto e passa a defender a utilização pacífica da energia nuclear.

Bohr retorna à Dinamarca no ano seguinte e atua como diretor do Instituto de Física de Copenhague até sua morte, em 1962.

Bohr em Copenhague (Dinamarca), na década de 1920.

O modelo atômico de Rutherford-Bohr

As ideias de Niels Bohr, que tiveram o apoio de Rutherford, resultaram em um aprimoramento do modelo para a estrutura do átomo, cujos princípios fundamentais são resumidos a seguir.

- Os elétrons ocupam determinados **níveis de energia** ou **camadas eletrônicas**.
- O elétron não pode ter energia zero, ou seja, estar parado no átomo.
- Em cada camada, o elétron possui energia constante: quanto mais próximo do núcleo, menor a energia do elétron com relação ao núcleo, e, quanto mais distante dele, maior a sua energia.
- Para passar de um nível de menor energia para um de maior, o elétron absorve uma quantidade apropriada de energia. Ao fazer o caminho inverso (do nível de maior para o de menor energia), ele libera energia. A quantidade que é absorvida ou liberada por um elétron corresponde exatamente à diferença entre um nível de energia e outro. Como existem apenas algumas órbitas possíveis, há somente alguns valores de energia – por isso a denominação **energia quantizada**.

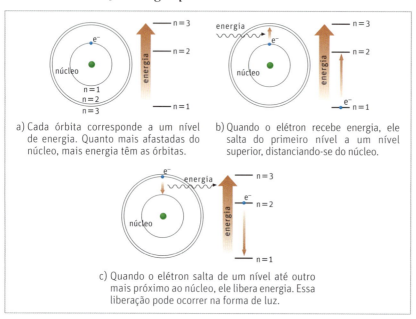

a) Cada órbita corresponde a um nível de energia. Quanto mais afastadas do núcleo, mais energia têm as órbitas.

b) Quando o elétron recebe energia, ele salta do primeiro nível a um nível superior, distanciando-se do núcleo.

c) Quando o elétron salta de um nível até outro mais próximo ao núcleo, ele libera energia. Essa liberação pode ocorrer na forma de luz.

Modelo de Bohr para o átomo de hidrogênio. Representação fora de escala e em cores-fantasia.

Fonte de pesquisa: Enciclopaedia Britannica. Disponível em: <http://www.britannica.com/EBchecked/topic/41549/atom?overlay=true&assemblyId=155372>. Acesso em: 29 maio 2014.

O modelo de Bohr e os espectros dos elementos

O modelo de Bohr explicava os espectros descontínuos dos elementos. Para ele, os elétrons que recebiam energia (proveniente do aquecimento ou de descargas elétricas) passavam para níveis de maior energia. Quando eles se encontravam nesses níveis, dizia-se que o átomo estava **eletronicamente excitado**. Ao retornarem ao estado de menor energia, denominado **estado fundamental**, acontecia a emissão de energia que pode ocorrer sob a forma de luz.

Segundo Bohr, cada linha luminosa separada do espectro do hidrogênio indicava a energia liberada quando o elétron passava de um nível mais externo para outro mais próximo ao núcleo.

Ao considerar o átomo de hidrogênio composto de um núcleo que contenha um único próton, em torno do qual havia um único elétron, Bohr calculou todas as linhas do espectro desse elemento, observando que os valores encontrados coincidiam com os obtidos experimentalmente no espectro descontínuo do hidrogênio.

Saiba mais

Por que alguns objetos emitem luz no escuro?

 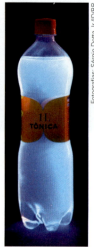

Quando a água tônica é exposta à radiação UV-A ("luz negra"), observa-se a emissão de fluorescência azulada.

Alguns tipos de interruptores de luz, brinquedos, pulseiras e colares distribuídos em festas parecem brilhar como se tivessem luz própria.

Trata-se do fenômeno da luminescência, que é visualmente atraente e desperta a curiosidade de pessoas de todas as idades. Na verdade, o que acontece é um processo de excitação eletrônica, seguido da emissão de luz na faixa do espectro visível.

A excitação eletrônica é promovida por uma fonte de energia externa. Ao retornar ao estado fundamental, pode ocorrer a emissão de luz na forma de **fluorescência** ou **fosforescência**.

De maneira simplificada, pode-se dizer que a diferença entre o fenômeno de fluorescência e o de fosforescência reside no tempo de emissão de luz.

Na fluorescência, a emissão de luz cessa quando a fonte de energia é desligada. Na fosforescência, essa emissão pode durar horas (é o que acontece com o interruptor de luz no qual a luz visível possui energia suficiente para promover a excitação eletrônica).

Distribuição eletrônica em camadas ou níveis de energia

Bohr propôs que os elétrons se situam em níveis de energia, ou camadas eletrônicas – 1, 2, 3, 4, 5, 6 e 7 –, as quais também poderiam ser representadas pelas letras maiúsculas K, L, M, N, O, P e Q. A camada 1 (ou K) era a mais próxima do núcleo e de menor energia, e a 7 (ou Q), a mais distante e de maior energia.

A forma como os elétrons estão distribuídos ao redor do núcleo, em camadas ou níveis de energia, é denominada **distribuição eletrônica**.

A figura a seguir mostra a distribuição eletrônica para os átomos de hidrogênio, hélio e lítio.

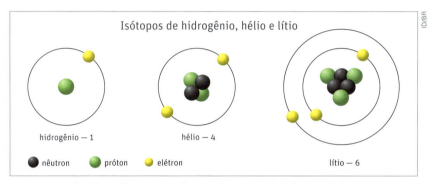

Representação fora de escala e em cores-fantasia de isótopos de hidrogênio, hélio e lítio.

Para cada elemento, as camadas (níveis) apresentam diferentes valores de energia de acordo com o número atômico e o número de elétrons presentes. É por isso que átomos de diferentes elementos apresentam espectros distintos.

A tabela a seguir ilustra a distribuição eletrônica em níveis de energia de átomos neutros e íons de alguns elementos.

	K	L	M	N
$_1$H	1			
$_2$He	2			
$_3$Li	2	1		
$_6$C	2	4		
$_{11}$Na	2	8	1	
$_{11}$Na$^+$	2	8		
$_{12}$Mg	2	8	2	
$_{12}$Mg^{2+}	2	8		
$_{15}$P	2	8	5	
$_{17}$Cl	2	8	7	
$_{17}$Cl$^-$	2	8	8	

Para fazer

Você deve ter observado que a distribuição eletrônica de átomos e íons segue algumas regras. Junto com um colega, analise os dados fornecidos na tabela acima e registrem as principais ideias sobre as regras de distribuição eletrônica. Para ajudá-los no raciocínio, procurem responder às questões.
a) Que dados são necessários para efetuar a distribuição?
b) A distribuição se inicia da camada mais externa ou da mais interna?
c) Existe um número máximo de elétrons em cada camada?

Química e Biologia

A bioluminescência e o modelo de Rutherford-Bohr

O processo de emissão de luz dos vaga-lumes é denominado bioluminescência, que nada mais é do que uma emissão de luz visível por organismos vivos.

A bioluminescência também é observada em outras espécies de insetos, de algas, de peixes, de bactérias e de fungos.

Em todo o mundo existem aproximadamente 2 mil espécies de vaga-lumes, das quais cerca de quinhentas podem ser encontradas no Brasil, o país com maior diversidade desses insetos.

Assim como na luminescência, a bioluminescência é resultado de um processo de excitação eletrônica, cuja fonte de excitação provém de uma reação química que ocorre no organismo vivo.

De forma simplificada, podemos dizer que no organismo do vaga-lume existe uma substância responsável pela emissão de luz, denominada genericamente **luciferina**. Na presença de ATP (trifosfato de adenosina) e da enzima luciferase, a luciferina reage com oxigênio. Essa reação libera energia suficiente para formar o produto — oxiluciferina — no estado eletronicamente excitado, que emite luz ao retornar ao estado fundamental (estado de menor energia).

❯ Critérios para prever a distribuição eletrônica

Devem ser considerados alguns critérios para que se possa fazer a distribuição dos elétrons nas eletrosferas de átomos e íons dos elementos que constituem a grande maioria das substâncias conhecidas. Esses critérios estão descritos a seguir.

Cada camada eletrônica ou nível de energia comporta um número máximo de elétrons, apresentados na tabela abaixo.

Camada eletrônica	K	L	M	N	O	P	Q
Nº máximo de elétrons	2	8	18	32	32	18	8

Antes de efetuar a distribuição eletrônica, é preciso conhecer o número de elétrons. Para tanto, devemos consultar a Tabela Periódica e verificar o **número atômico**, que corresponde ao número de prótons presentes no núcleo do átomo. Quando o átomo é neutro, o número de elétrons é igual ao número atômico. No caso de íons, é preciso verificar também a carga deles. Observe que os íons Na^+ e Mg^{2+} são **isoeletrônicos**, isto é, apresentam o mesmo número de elétrons, ou seja, dez.

Os elétrons ocupam primeiramente as **camadas eletrônicas mais próximas do núcleo**, que correspondem aos níveis de menor energia. Quando uma camada estiver preenchida, eles passam a ocupar a seguinte. Verifique na tabela da página anterior as distribuições eletrônicas dos átomos de H, He, Li, Na, Mg, P e Cℓ e dos íons Na^+, Mg^{2+} e $Cℓ^-$.

A última camada eletrônica de um átomo comporta, no máximo, oito elétrons. Assim, se a última camada contiver um número de elétrons entre 9 e 18, devem-se deixar 8 nessa e passar os demais para as camadas seguintes.

	Camadas eletrônicas			
Elemento	K	L	M	N
$_{19}K$	2	8	8	1
$_{20}Ca$	2	8	8	2

Se a última camada contiver entre 19 e 32 elétrons, devem-se deixar 18 nessa camada e passar os demais para as seguintes.

	Camadas eletrônicas					
Elemento	K	L	M	N	O	P
$_{38}Sr$	2	8	18	8	2	—
$_{56}Ba$	2	8	18	18	8	2

Exercício resolvido

28. Considere três elementos: $_{19}X$, $_{30}Y$ e $_{35}Z$.

a) Quais são os nomes dos elementos X, Y e Z?

b) Faça a distribuição eletrônica dos átomos de tais elementos.

c) Dê o número de elétrons e sua distribuição nos íons X^+, Y^{2+}, Z^-.

Solução

a) $_{19}X$ (elemento potássio – K); $_{30}Y$ (elemento zinco – Zn); $_{35}Z$ (elemento bromo – Br).

b) $_{19}X$: 2 – 8 – 8 – 1; $_{30}Y$: 2 – 8 – 18 – 2; $_{35}Z$: 2 – 8 – 18 – 7.

c) X^+: 2 – 8 – 8 (total de 18 elétrons); Y^{2+}: 2 – 8 – 18 (total de 28 elétrons); Z^-: 2 – 8 – 18 – 8 (total de 36 elétrons).

Saiba mais

A regra para distribuição eletrônica é válida para todos os átomos?

A regra para a distribuição eletrônica em camadas, apesar de ser válida para os átomos e íons que formam a grande maioria das substâncias conhecidas atualmente, não consegue prever a distribuição de elétrons em todas as espécies químicas. O átomo de ferro ($_{26}Fe$) é um desses exemplos.

De acordo com esses critérios, sua distribuição seria:

$$2 - 8 - 8 - 8$$

De fato, se o átomo de ferro possuísse essa configuração eletrônica, a substância simples formada por esse átomo teria propriedades de um gás nobre (baixa reatividade), o que não ocorre.

Lembre-se de que esses critérios são baseados em um modelo científico que busca explicar como esses elétrons estão distribuídos nos átomos.

A configuração eletrônica aceita atualmente para o átomo de ferro é $2 - 8 - 14 - 2$.

Você se lembra?

Determinação do número de elétrons dos íons

A carga elétrica de um íon corresponde ao balanço entre as cargas positivas (prótons: p^+) e as negativas (elétrons: e^-).

Cátions resultam da perda de elétron(s) do átomo neutro.

	Na	Na^+
	$11\,p^+$	$11\,p^+$
	$11\,e^-$	$10\,e^-$
Carga	0	1+

	Mg	Mg^{2+}
	$12\,p^+$	$12\,p^+$
	$12\,e^-$	$10\,e^-$
Carga	0	2+

Ânions resultam do ganho de elétrons do átomo neutro.

	Cℓ	$Cℓ^-$
	$17\,p^+$	$17\,p^+$
	$17\,e^-$	$18\,e^-$
Carga	0	1–

Capítulo 7 ■ Modelos atômicos e características dos átomos

Atividades

29. O modelo proposto por Rutherford não explicava uma questão fundamental. Que questão era essa?

30. Defina espectro luminoso visível.

31. Quais são as características do modelo proposto por Bohr e por que ele é denominado modelo de Rutherford-Bohr?

32. Como Bohr interpretou as linhas luminosas separadas do espectro de hidrogênio (espectro descontínuo)?

33. Segundo o modelo de Rutherford-Bohr, para um elétron do átomo de hidrogênio passar do primeiro para o terceiro nível de energia, ele deve absorver ou liberar energia? E quando passa do nível 3 para o 1?

34. Um átomo neutro apresenta número atômico (Z) igual a 37. Em relação a esse átomo:
    a) represente a distribuição eletrônica em camadas;
    b) dê o nome e o símbolo do elemento químico que representa esse átomo.

35. Quando a luz proveniente de uma lâmpada de neônio é dispersa através de um prisma, obtém-se um espectro descontínuo, o qual apresenta diferentes linhas descontínuas. Explique, em termos gerais, como se produz uma linha do espectro.

36. A figura abaixo reproduz o espectro de um elemento químico no estado gasoso.

    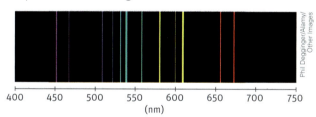

    a) Indique se esse espectro é contínuo ou descontínuo.
    b) Descreva como esse espectro pode ser obtido.

37. Planck foi o primeiro cientista a postular que a energia da radiação eletromagnética (E) é proporcional à sua frequência (v): $E = h \cdot v$, sendo a constante de proporcionalidade h ($6,63 \times 10^{-34}$ J · s) denominada constante de Planck. Determine a energia de fótons cuja frequência da radiação é igual a $5,5 \times 10^{14}$ s^{-1}.

38. A frequência (v) de uma onda eletromagnética é dada pela expressão $v = \dfrac{V}{\lambda}$, sendo v a velocidade em que a onda se propaga no espaço e λ o comprimento de onda. As ondas eletromagnéticas se propagam no vácuo (e no ar) à velocidade da luz, representada pela letra c (3×10^8 m/s).

    a) Se um elétron efetua uma transição eletrônica, cuja diferença de energia é igual a 2,2 eV, determine a frequência e o comprimento de onda da radiação emitida.
    Dados: h = $6,63 \times 10^{-34}$ J · s; 1 eV = $1,6 \times 10^{-19}$ J
    b) As cores que podem ser percebidas pelo sistema visual humano correspondem a uma pequena faixa de frequências do espectro eletromagnético, representada no esquema abaixo.

    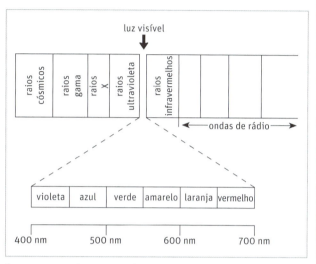

    Representação do espectro eletromagnético.

    A radiação emitida como resultado dessa transição eletrônica pode ser percebida pelo olho humano? Justifique. **Dado:** 1 nm = 1×10^{-9} m.
    c) O esquema também mostra que as cores observadas estão associadas aos comprimentos de onda das radiações. Caso a radiação emitida por essa transição eletrônica ocorra na faixa do visível, qual será a coloração observada pelo olho humano?

39. Observe, nas fotografias abaixo, a coloração da chama quando átomos de diferentes elementos químicos são vaporizados em um bico de Bunsen. Como se explica a diferença de coloração emitida por átomos de diferentes elementos químicos?

    As chamas adquirem colorações verde ou amarela durante a vaporização de íons sódio e cobre, respectivamente.

Atividade experimental

Teste de chama: transição eletrônica

Objetivo

Observar e interpretar um fenômeno com a utilização de modelos atômicos.

Material

- pedaços de fio de níquel-cromo (encontrados também em resistores elétricos) de 10 cm de comprimento, fixados em cabos de madeira
- pinça de madeira
- cristais de sulfato de cobre(II), cloreto de cálcio e cloreto de sódio.
- 4 vidros de relógio
- fonte de calor que tenha chama azul (bico de Bunsen, chama de fogão ou de lamparina a álcool gel)
- fósforos
- esponja de aço
- béquer com ácido clorídrico diluído

Equipamentos de segurança: Avental de algodão com mangas compridas e óculos de segurança.

ATENÇÃO! Manter o cabelo preso.

Alguns materiais utilizados nesta atividade.

Procedimento

1. Limpe cuidadosamente o fio de níquel-cromo com uma esponja de aço e água corrente e, em seguida, prenda-o no cabo de madeira.
2. Acenda o bico de Bunsen seguindo as orientações de seu professor.
3. Em seguida, introduza o fio no béquer com ácido clorídrico diluído. Depois disso, encoste-o em um dos sais e coloque-o na chama. Observe e anote.
4. Esses procedimentos devem ser repetidos para os demais sais.

Resíduos: Os sólidos que não foram utilizados podem ser guardados em potes rotulados e usados em futuros experimentos. Limpe com cuidado o fio de níquel-cromo antes de guardá-lo. A esponja de aço pode ser jogada no lixo.

Analise e discuta

1. Por que é necessário limpar o fio com a esponja de aço e lavá-lo na água **antes** de passá-lo pelo ácido a cada troca de substância?
2. Faça uma lista das cores das chamas, relacionando-as com as substâncias analisadas.
3. Utilize o modelo atômico de Rutherford-Bohr para explicar a observação de cores nos sais expostos a aquecimento.
4. Você já observou o uso de lâmpadas amarelas — diferentes das residenciais — na iluminação pública? Com base nas observações deste experimento, qual pode ser o elemento químico no interior da lâmpada?
5. Explique a coloração dos fogos de artifício.

Capítulo 7 ▪ Modelos atômicos e características dos átomos

128

Questões globais

Quando necessário, consulte a Tabela Periódica da página 143 para responder às questões.

40. Considere o experimento da lâmina de ouro realizado por Rutherford para resolver as questões a seguir.
   a) Descreva os resultados que deveriam ser observados nessa experiência se houvesse uma distribuição homogênea das cargas positivas e negativas no átomo, como sugeria o modelo atômico de Thomson.
   b) A seguir estão descritos alguns dos resultados observados. Descreva a interpretação dada por Rutherford para cada um deles.
   I. A maior parte das partículas α atravessava a lâmina sem sofrer desvios.
   II. Pequena parte das partículas α (1 em 10 000) não atravessava a lâmina e voltava.
   III. Algumas partículas α sofriam desvios de trajetória ao atravessar a lâmina.

41. Complete a tabela a seguir.

Símbolo	$^{127}I^-$				$^{69}Ga^{3+}$
Prótons		37	18		
Nêutrons		41	22	16	
Elétrons				18	
Carga total		1+	0	2−	

42. Qual das alternativas a seguir apresenta, nessa ordem, um elemento, uma substância simples, uma substância composta e um íon?
   a) H_2, Ne, HI, Na^+
   b) SO, NO, H^+, Ne
   c) H^+, H_2, H_2O, H
   d) Ar, O_3, SO_2, Cl^-
   e) H^-, N_2, S_8, I^-

43. Dentre as espécies representadas abaixo:
   a) identifique quais são isótopos entre si. Depois, represente esses isótopos com os símbolos químicos a que correspondem. Justifique sua escolha.

   $^{64}_{30}A$ $^{79}_{35}D^-$ $^{35}_{17}E$ $^{37}_{17}R^-$ $^{88}_{38}X^{2+}$ $^{66}_{30}Z$

   b) identifique as espécies isoeletrônicas. Represente-as com os símbolos químicos adequados.

44. Registre, em seu caderno, o número de prótons, nêutrons e elétrons presentes em cada espécie representada a seguir.
   a) $^{106}Pd^{4+}$ b) ^{119}Sn c) $^{122}Sb^{3-}$

45. Considere os íons representados a seguir: $^{127}_{53}A^-$ e $^{48}_{22}C^{4+}$. É correto afirmar que:
   a) o ânion A possui 74 nêutrons.
   b) o ânion A possui número de massa igual a 126.
   c) o cátion C possui 22 elétrons.
   d) o cátion C possui 48 prótons.
   e) o cátion C possui 30 nêutrons.

46. [...] O modelo atômico de Dalton pode ser considerado o primeiro modelo científico. Embora alguns elementos químicos considerados por Dalton [...] sejam, na verdade, compostos, seu modelo é compatível com leis empíricas conhecidas na época, como as de Lavoisier e de Proust. A Lei de Proust diz essencialmente que, em uma reação química, seja ela qual for, as massas dos elementos envolvidos guardam entre si uma relação fixa. Claro está que esta lei não determina por si só a razão entre as massas dos átomos que formam os compostos, a menos que se conheça a relação entre os números de átomos no composto. Esta lei vale para todos os compostos, quaisquer que sejam seus estados físicos. [...]

CARUSO, Francisco; OGURI, Vitor. *A eterna busca do indivisível*: do átomo filosófico aos quarks e léptons. Disponível em: <http://scielo.br/pdf/qn/v20n3/4954.pdf>. Acesso em: 29 maio 2014.

Com base nos símbolos utilizados por Dalton:

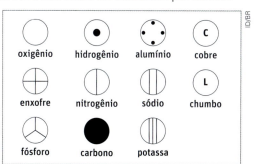

   a) equacione a reação entre hidrogênio (H_2) e oxigênio (O_2) para formar a água (H_2O) usando os símbolos de Dalton e os atuais.
   b) qual simbologia você acha mais prática para representar uma reação química?

47. O alumínio não é encontrado na forma metálica na natureza. Geralmente está na forma de óxido de alumínio em um mineral chamado bauxita. A transformação do óxido de alumínio (Al_2O_3) em alumínio metálico (Al) se dá por eletrólise e é responsável pelo alto custo de produção desse metal.

O gráfico a seguir mostra uma relação entre a massa do alumínio metálico (em t) e o volume por ele ocupado (em m^3).

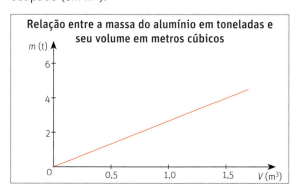

Questões globais

a) Determine a massa aproximada de alumínio metálico correspondente a 1,5 m³ desse material.
b) Calcule a densidade aproximada do alumínio metálico.
c) Qual é o volume aproximado de alumínio metálico correspondente a 50 t desse material?
d) Em cada 510 g de óxido de alumínio há 270 g de alumínio. Determine a porcentagem em massa de alumínio e de oxigênio no óxido.
e) Indique o número de nêutrons de um átomo de alumínio que tem número atômico 13 e número de massa 27.
f) Quantas camadas eletrônicas apresenta um átomo neutro de alumínio ($_{13}$Aℓ)?
g) Qual é o número de elétrons do Aℓ^{3+}?
h) Em determinada reação, 510 g de óxido de alumínio reagem com 1095 g de ácido clorídrico formando cloreto de alumínio e 270 g de água. Qual é a massa do cloreto de alumínio formado nessa reação?
i) Qual é a massa de ácido clorídrico necessária para reagir com 2040 g de alumínio metálico?

48. O níquel (Ni) foi descoberto em 1751 pelo mineralogista sueco Axel Fredrik Cronstedt. É encontrado na forma de Ni^{2+} em minerais como niclita, pentlandita, pirrolita e garnierita. Na forma metálica (Ni) é prateado, maleável e dúctil (pode ser transformado em fios). Tem densidade de 8,9 g cm^{-3}, temperatura de fusão de 1 450 °C e temperatura de ebulição 2 840 °C (sob pressão de 1 atm). Seu número atômico é 28.

O níquel é obtido e aplicado em revestimento de peças metálicas (niquelação) por eletrólise de uma mistura em água de uma substância desse metal – cloreto de níquel(II).

a) Qual o estado físico do níquel metálico a 2 000 °C?
b) Qual é o número de elétrons do $_{28}$Ni^{2+}?
c) A eletrólise de 130 g de cloreto de níquel(II), num processo de niquelação, forma 71 g de cloro. Qual é a massa de níquel metálico obtida?
d) Qual é a porcentagem em massa de níquel metálico no cloreto de níquel(II)?
e) Sabendo que um dos isótopos do $_{28}$Ni apresenta 30 nêutrons, determine seu número de massa.
f) Qual é a massa de 400 cm³ de níquel metálico?
g) Qual é o volume ocupado por 267 g de níquel metálico?

49. O carvão mineral é um combustível encontrado no subsolo, rico em carbono. Acredita-se que ele tenha se formado no período carbonífero da Era Paleozoica pelo soterramento de florestas. A madeira dessas florestas, submetida a alta pressão por milhões de anos e em condições anaeróbias, teria dado origem ao carvão, o qual forneceu praticamente todo o combustível que viabilizou a Revolução Industrial no século XIX.

Depois do petróleo, o carvão é responsável por, aproximadamente, 6% da energia consumida no Brasil, sendo o combustível mais usado no planeta. Costuma se apresentar contaminado com enxofre, na forma de sulfeto de ferro. Por essa razão, sua queima produz dióxido de enxofre, que é um dos responsáveis pela formação de chuva ácida.

Um dos tipos de carvão mais ricos em carbono é o antracito (cerca de 90% de carbono). O carvão brasileiro apresenta, aproximadamente, 60% em massa de carbono e 2,5% em massa de enxofre.

a) Na queima completa do carbono, essa substância reage com o oxigênio formando dióxido de carbono. Se nessa reação 12 toneladas de carbono produzem 44 toneladas de dióxido de carbono, determine a massa de oxigênio consumida.
b) A mistura de carvão e água é um sistema homogêneo? Por quê?
c) Qual é a distribuição eletrônica do $_6$C?
d) Qual é a massa aproximada de carbono presente em 20 toneladas de antracito?
e) É possível estimar a idade de uma amostra de carvão pelo teor de carbono-14 (^{14}C) que ela apresenta. Determine o número de nêutrons presentes no carbono-14.
f) Por que o carvão é classificado como um combustível não renovável?

50. O gráfico abaixo relaciona as reservas mundiais (em BTU) dos três principais combustíveis convencionais: carvão, gás natural e petróleo. Com base no gráfico, responda às perguntas.

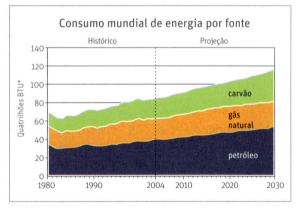

Fonte de pesquisa: EIA, 2006.

* **Nota:** BTU: Unidade térmica britânica. Equivale a 252,2 calorias.

a) Qual era o combustível mais consumido no mundo em 1990?
b) Qual é o consumo aproximado de petróleo, em BTU, previsto para 2020?
c) Como se indica o consumo aproximado de petróleo previsto para 2020 em calorias?

Ciência, tecnologia e sociedade

Radioatividade e a medicina

Para muitas pessoas, a palavra "radioatividade" é sinônimo de doença e morte. Embora parcialmente verdade, isso somente acontece em eventos extremos. Na prática, a radioatividade tem sido utilizada em benefício da humanidade: geração de energia elétrica, controle de processos industriais, na agricultura e na medicina, onde tem ajudado a curar doenças.

Paciente submetida a tratamento por radiação (radioterapia).

A aplicação da radioatividade na área de saúde foi possível a partir de estudos iniciados por Marie Curie (Prêmio Nobel em 1903 e 1911) que, juntamente com seu marido Pierre Curie (que com ela dividiu o Nobel de 1903), lançaram as bases da radioquímica e da radioanálise ao utilizarem a detecção da radioatividade para indicar onde estava o material de interesse. [...]

[...] outros pesquisadores seguiram estudando o fenômeno da radioatividade, como o físico e químico Ernest Rutherford (Nobel de 1908), que realizou a transmutação de elementos, produzindo oxigênio a partir da reação de partículas alfa com átomos de nitrogênio. Esta mesma reação foi utilizada por Irène Curie (filha de Marie) e seu marido, Frédéric Joliot (Nobel de 1935) para produzir o primeiro radioisótopo artificial, o fósforo-30. Ainda neste campo, o físico Ernest Lawrence (Nobel de 1939) desenvolveu o cíclotron, um sistema capaz de acelerar partículas, como íons de hidrogênio, deutério e alfa, permitindo a criação de novos radioisótopos artificiais. Outro importante trabalho foi realizado pelo químico George de Hevesy (Nobel de 1943), que utilizou radioisótopos para estudar o metabolismo de plantas e animais, lançando os fundamentos para as aplicações médicas dos radioisótopos. Por fim, a descoberta da fissão do urânio – fenômeno elucidado pelo químico Otto Hahn (Nobel de 1944) –, que permitiu a construção dos reatores nucleares, responsáveis pela produção de energia elétrica e radioisótopos.

Atualmente são conhecidos mais de três mil radioisótopos produzidos em cíclotrons ou reatores. Destes, cerca de 30 são rotineiramente utilizados em medicina, tanto para o diagnóstico quanto para tratamento de algumas doenças, principalmente o câncer. Em ambos os casos, os radioisótopos normalmente precisam ser incorporados a moléculas que os levem até o órgão a ser tratado. Por terem uma aplicação medicinal, são submetidos a processos de produção controlados e passam a ser chamados de radiofármacos.

Para uso em diagnóstico, a principal característica dos radioisótopos é emitir radiação eletromagnética [...] com energia apropriada para ultrapassar o tecido do corpo e ser detectada por equipamentos específicos. [...]

Para utilização no tratamento do câncer, os radioisótopos devem emitir partículas alfa ou beta*. Elas possuem grande energia e são capazes de provocar danos irreversíveis às células tumorais, levando-as à morte. Todavia, há de ser considerado que essas partículas também podem atingir células saudáveis, daí a necessidade de que os radioisótopos estejam ligados a moléculas que possam se concentrar principalmente na superfície ou no interior das células tumorais. [...]

Ipen – No Brasil, as atividades com radioisótopos começaram em 1949, com a criação do Laboratório de Isótopos da Faculdade de Medicina da USP, dirigido pelo casal Tedd e Verônica Eston. Já o primeiro reator nuclear para produção de radioisótopos da América Latina foi inaugurado, em 1958, no Instituto de Pesquisas Energéticas e Nucleares, em São Paulo (Ipen/SP), e está em funcionamento até hoje. [...]

O aumento do número de instalações reflete a forte demanda pelo uso de materiais radioativos na área de saúde. [...]

MARQUES, F. L. N. A radioatividade que salva vidas. CRQ (Conselho Regional de Química). Disponível em: <http://www.crq4.org.br/default.php?p=informativo_mat.php&id=981>. Acesso em: 29 maio 2014.

---

* A radiação beta é constituída por partículas de carga elétrica negativa e possui maior poder de penetração em tecidos do que a radiação alfa.

Analise e discuta

1. Que características um radioisótopo deve apresentar para ser utilizado em diagnósticos? As mesmas características são necessárias para um radioisótopo utilizado no tratamento de câncer?
2. Como o desenvolvimento de modelos atômicos contribuiu para o desenvolvimento da sociedade?
3. No texto, explica-se como a radioatividade foi usada para beneficiar o ser humano. De quais outros usos da radioatividade você já ouviu falar? Analise se esses usos beneficiam ou prejudicam o ser humano.

Esquema do capítulo

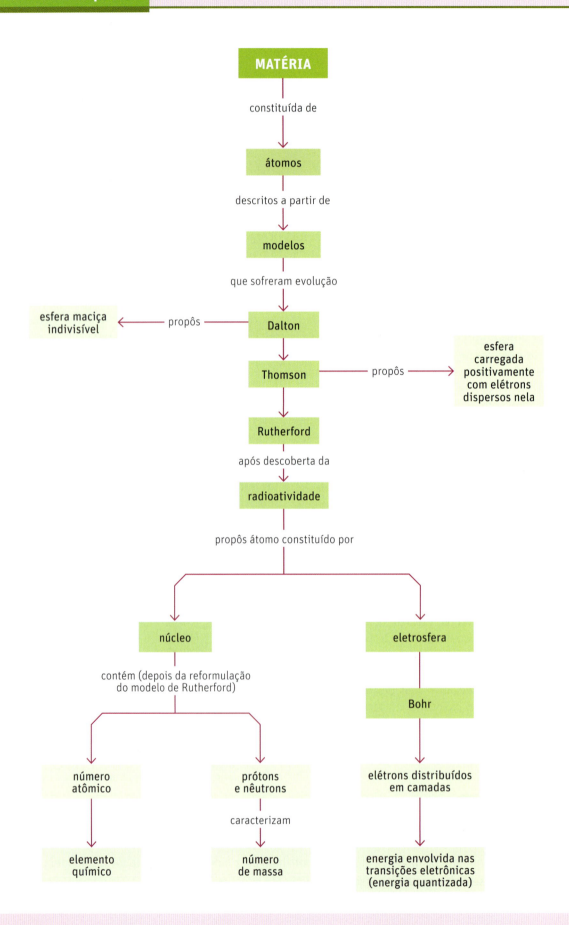

Vestibular e Enem

Quando necessário, consulte a Tabela Periódica da página 143 para responder às questões.

51. (UFF-RJ) A tabela seguinte fornece o número de prótons e o número de nêutrons existentes no núcleo de vários átomos.

Átomos	Nº de prótons	Nº de nêutrons
A	34	45
B	35	44
C	33	42
D	34	44

Considerando os dados desta tabela, o átomo isótopo de A e o átomo que tem o mesmo número de massa do átomo A são, respectivamente,
a) D e B
b) C e D
c) B e C
d) B e D
e) C e B

52. (UFSM-RS) Analise a tabela.

Espécie genérica	Nº de nêutrons	Nº de prótons	Nº de elétrons
X	20	17	17
Y	17	17	18
Z	78	79	78
W	18	18	18

Indique a alternativa que apresenta somente espécie(s) neutra(s).
a) Apenas X.
b) Apenas Y.
c) Apenas Z.
d) Apenas W.
e) Apenas X e W.

53. (UFMG) No fim do século XIX, Thomson realizou experimentos em tubos de vidro que continham gases a baixas pressões, em que aplicava uma grande diferença de potencial. Isso provocava a emissão de raios catódicos. Esses raios, produzidos num cátodo metálico, deslocavam-se em direção à extremidade do tubo (E). (Na figura, essa trajetória é representada pela linha tracejada X.)

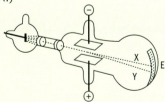

Nesses experimentos, Thomson observou que:
I. a razão entre a carga e a massa dos raios catódicos era independente da natureza do metal constituinte do cátodo ou do gás existente no tubo; e
II. os raios catódicos, ao passarem entre duas placas carregadas, com cargas de sinal contrário, se desviavam na direção da placa positiva.
(Na figura, esse desvio é representado pela linha tracejada Y.)

Considerando-se essas observações, é **correto** afirmar que os raios catódicos são constituídos de:
a) elétrons.
b) ânions.
c) prótons.
d) cátions.

54. (UEL-PR) Quantos prótons há na espécie química $^{60}Ni^{2+}$?
a) 2
b) 28
c) 30
d) 32
e) 60

55. (Fuvest-SP) Na obra *O poço do Visconde*, de Monteiro Lobato, há o seguinte diálogo entre o Visconde de Sabugosa e a boneca Emília:

— Senhora Emília, explique-me o que é hidrocarboneto.

A atrapalhadeira *não se atrapalhou e respondeu:*

— São misturinhas de uma coisa chamada hidrogênio com outra coisa chamada carbono. Os carocinhos de um se ligam aos carocinhos de outro.

Nesse trecho, a personagem Emília usa o vocabulário informal que a caracteriza. Buscando-se uma terminologia mais adequada ao vocabulário utilizado em Química, devem-se substituir as expressões "misturinhas", "coisa" e "carocinhos", respectivamente, por:
a) compostos, elemento, átomos.
b) misturas, substância, moléculas.
c) substâncias compostas, molécula, íons.
d) misturas, substância, átomos.
e) compostos, íon, moléculas.

56. (UFPB) Rutherford idealizou um modelo atômico com duas regiões distintas. Esse modelo pode ser comparado a um estádio de futebol com a bola no centro: a proporção entre o tamanho do estádio em relação à bola é comparável ao tamanho do átomo em relação ao núcleo (figura).

Disponível em: <http://pt.wikipedia.org/wiki/Maracana>. Acesso em: 10 jul. 2010. Adaptado.

Acerca do modelo idealizado por Rutherford e considerando os conhecimentos sobre o átomo, é **correto** afirmar:
a) Os prótons e os nêutrons são encontrados na eletrosfera.
b) Os elétrons possuem massa muito grande em relação à massa dos prótons.
c) O núcleo atômico é muito denso e possui partículas de carga positiva.

Vestibular e Enem

d) A eletrosfera é uma região onde são encontradas partículas de carga positiva.

e) O núcleo atômico é pouco denso e possui partículas de carga negativa.

57. (Unemat-MT) Produzidos nos chamados reatores de pesquisa, os isótopos radioativos possuem utilização variada. Em medicina, por exemplo, o Arsênio-74 é utilizado na localização de tumores no cérebro. Já o Iodo-131 é, entre outras coisas, usado na detecção de anomalias no tratamento da glândula tireoide.
Assinale a alternativa **correta**.

a) Os isótopos são átomos de um mesmo composto químico.
b) A massa atômica nos isótopos de Arsênio é a mesma.
c) O Iodo-131 apresenta 53 nêutrons no seu núcleo.
d) Os isótopos do Iodo diferem, basicamente, em seu número de elétrons.
e) Os isótopos de um mesmo elemento químico possuem número de nêutrons diferentes.

58. (UFV-MG) Ao ganhar ou perder elétrons, os elementos químicos alcançam a configuração eletrônica de um gás nobre, completando o octeto.
Com base nesse conhecimento, assinale a alternativa que apresenta espécies de elementos químicos com o mesmo número de elétrons:

a) F^-, Cl^-, Br^-.
b) Li^+, Na^+, K^+.
c) F^-, Na^+, Mg^{2+}.
d) N, C, O.

59. (UFG-GO) O esquema a seguir representa de modo simplificado o experimento de J. J. Thomson. Um feixe de partículas sai do cátodo, passa através de um orifício no ânodo e sofre a influência das placas metálicas A e B.

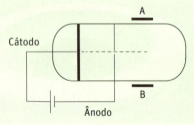

De acordo com esse esquema, o feixe se aproxima de A quando:

a) as placas A e B forem negativas.
b) a placa A for negativa e a B, positiva.
c) a placa A for positiva e a B, negativa.
d) as placas A e B forem positivas.
e) as placas A e B forem neutras.

60. (UFPE) O impacto mais dramático do uso de radioisótopos em diagnósticos médicos tem sido no campo da imagem. O tecnécio-99 é o nuclídeo radioativo mais largamente utilizado na medicina, especialmente para obter imagens de ossos. O número de prótons, nêutrons e elétrons presentes no cátion $^{99}_{43}Tc^{2+}$ é, respectivamente,

a) 43, 56 e 43.
b) 43, 56 e 41.
c) 99, 43 e 43.
d) 99, 56 e 41.

61. (Fatec-SP) Se $^{26}_{57}Fe$ e $^{27}_{57}Co$ são espécies de elementos diferentes que possuem o mesmo número de massa, uma característica que os distingue sempre é o número de

a) elétrons na eletrosfera.
b) elétrons no núcleo.
c) nêutrons na eletrosfera.
d) prótons no núcleo.
e) nêutrons no núcleo.

62. (Mackenzie-SP) Homenageando Nicolau Copérnico, o elemento químico 112 poderá receber o nome de Copernício. Tendo 165 nêutrons, esse elemento sintetizado na Alemanha em 1996, poderá ser representado por

a) $^{112}_{165}Cu$.
b) $^{112}_{53}Co$.
c) $^{277}_{112}Cp$.
d) $^{277}_{112}C$.
e) $^{277}_{165}Cr$.

63. (UFSM-RS) Quando os fabricantes desejam produzir fogos de artifício coloridos, eles misturam à pólvora compostos de certos elementos químicos apropriados. Por exemplo, para obter a cor vermelho-carmim, colocam o carbonato de estrôncio ($SrCO_3$); para o azul-esverdeado, usam o cloreto de cobre ($CuCl_2$) e, para o verde, empregam o cloreto de bário ($BaCl_2$).
Analise as afirmativas:

I. O íon Sr^{2+} possui 38 prótons e 36 elétrons.
II. O íon Ba^{2+} é isoeletrônico com o átomo de xenônio.
III. Se o átomo de cobre perde um elétron, ele se torna um ânion com 28 elétrons.

Está(ão) correta(s)

a) apenas I.
b) apenas II.
c) apenas III.
d) apenas I e II.
e) apenas II e III.

64. (Unesp) Na evolução dos modelos atômicos, a principal contribuição introduzida pelo modelo de Bohr foi:

a) a invisibilidade do átomo.
b) a existência de nêutrons.
c) a natureza elétrica da matéria.
d) a quantização de energia das órbitas eletrônicas.
e) a maior parte da massa do átomo está no núcleo.

Para explorar

Livros

- *Para que servem os elementos químicos*, de Delmo Santiago Vaitsman, Júlio Carlos Afonso e Paulo Bechara Dutra. Rio de Janeiro: Interciência, 2001.
Esse livro traz informações sobre as origens e as principais propriedades e aplicações dos elementos químicos reconhecidos pela IUPAC.

- *Curie e a radioatividade em 90 minutos*, de Paul Strathern. Rio de Janeiro: Jorge Zahar, 2000.
Marie Curie foi uma das maiores cientistas do século XX. O livro traz um relato de sua vida e de seu trabalho com a radioatividade.

- *Bohr e a teoria quântica em 90 minutos*, de Paul Strathern. Rio de Janeiro: Jorge Zahar, 1999.
O autor aborda os avanços na Física e no conhecimento da estrutura atômica decorrentes das descobertas de Niels Bohr.

Sites

- <http://www.sprace.org.br/AventuraDasParticulas/>.
Acesso em: 27 mar. 2014.
Esse *site*, criado pelo Instituto de Física Teórica da Unesp (Universidade Estadual Paulista), traz informações sobre "a aventura das partículas" (modelo-padrão e evidências experimentais).

- <http://qnesc.sbq.org.br/online/qnesc20/v20a07.pdf>.
Acesso em: 27 mar. 2014.
Nesse artigo presente no *site* da revista *Química Nova na Escola*, o autor Carlos Filgueiras expõe resumidamente alguns aspectos históricos que antecederam e que colaboraram para a elaboração da Teoria atômica de Dalton.

UNIDADE

4

Tabela Periódica

Nesta unidade

8   A organização dos elementos

9   Propriedades dos grupos da Tabela Periódica

Assim como na organização de um supermercado, a comunidade científica constantemente busca a organização e a classificação de seus objetos de estudo. Na Química, uma dessas classificações foi feita com os elementos químicos. Nesta unidade, você vai descobrir como as propriedades desses elementos, seus comportamentos e semelhanças foram utilizados pelos cientistas na organização da Tabela Periódica.

A fotografia abaixo mostra alguns produtos dispostos nas prateleiras de um supermercado. Pela observação da imagem, é possível afirmar que há alguma organização entre eles ou não?

Geralmente, os supermercados organizam os produtos por seções, como, por exemplo, de frios e laticínios, de higiene, de massas, etc. Essas seções variam de acordo com o supermercado.

A organização dos produtos também varia entre os estabelecimentos. Seja qual for o tipo de organização, ela precisa ser funcional e facilitar a vida de quem vende e de quem compra.

Questões para reflexão

1. Considere três seções dos mercados A – feira, frios e laticínios, higiene e perfumaria; e – B frutas, verduras e legumes, refrigerantes e laticínios, beleza e saúde. Quais tipos de produtos podem ser encontrados em cada uma delas?
2. A organização proposta por esses dois mercados, apesar de diferente, facilita a busca de produtos? Por quê?
3. De que outra maneira os produtos dessas três seções poderiam ser organizados para serem encontrados com facilidade?

Prateleira de frutas, verduras e legumes.

CAPÍTULO 8
A organização dos elementos

Neste capítulo

1. Evolução histórica da classificação dos elementos: das tríades à Tabela atual.

Se não houvesse um critério na organização dos alimentos expostos nas feiras e nos supermercados — uma seção destinada às frutas e outra, às verduras, por exemplo —, o consumidor certamente teria mais dificuldade em encontrá-los.

Os alimentos mostrados na fotografia acima podem ser organizados de diferentes maneiras em sua casa ou em um supermercado.

A organização mais comum coloca em um mesmo lugar todas as frutas; em outro, todos os legumes; e em um terceiro lugar, todas as verduras. E, por questões de segurança, os produtos de limpeza devem estar a uma boa distância dos alimentos, em local específico e fora do alcance de crianças e animais.

No entanto, os critérios de classificação dos alimentos poderiam ser outros e considerar relevantes sua cor, sua textura, ou mesmo seus nomes.

Como você acha que esses alimentos seriam separados se o critério de organização fosse a cor? Quais cores você escolheria para essa classificação?

Se o critério considerasse a ordem alfabética, o abacaxi e as ameixas seriam colocados bem próximos. Já as uvas ficariam mais distantes desses dois alimentos.

Em qualquer critério que se adote, a organização dos alimentos tem um objetivo: facilitar a vida de quem os utiliza, seja para preparar um lanche em casa, seja para comprá-los em um supermercado.

Por meio de pesquisas e experimentações, os cientistas perceberam que muitos elementos químicos apresentavam propriedades químicas semelhantes, ou seja, se comportavam de maneira parecida. Eles então procuraram agrupar os elementos de acordo com a semelhança de propriedades. Dessas tentativas surgiram os primeiros modelos de Tabela Periódica.

1. Evolução histórica da classificação dos elementos: das tríades à Tabela atual

Até o final do século XVIII, apenas 33 elementos químicos tinham sido descobertos. Entretanto, durante o século XIX, acompanhando o grande desenvolvimento tecnológico e industrial, o número de elementos químicos conhecidos praticamente triplicou – somente nas duas primeiras décadas desse século foram descobertos 17 novos elementos, mais da metade de tudo o que fora descoberto até então. Esse ritmo acentuado de descobertas de elementos químicos levou à necessidade de buscar meios de agrupá-los de acordo com suas propriedades. Várias tentativas foram feitas, como você verá a seguir.

As tríades de Döbereiner

Johann Wolfgang Döbereiner (1780-1849), químico alemão, tentou estabelecer, em 1817, uma correlação entre a massa atômica e as propriedades de alguns elementos. Inicialmente, ele percebeu que cálcio, estrôncio e bário se apresentavam em ordem crescente de massa atômica e com propriedades químicas semelhantes. Em 1829, Döbereiner já havia registrado o mesmo comportamento para outros conjuntos de três elementos: cloro, bromo e iodo; lítio, sódio e potássio. A cada um desses conjuntos ele deu o nome de **tríade**.

Outros cientistas, contudo, perceberam que essas relações químicas se estendiam além das tríades. O maior mérito de Döbereiner foi tentar agrupar os elementos seguindo um critério lógico.

O parafuso telúrico de Chancourtois

O geólogo e mineralogista francês Alexandre-Émile Béguyer de Chancourtois (1820-1886) também fez tentativas de organizar os elementos. Em 1862, colocou-os em ordem crescente de massa atômica, em uma espiral conhecida como **parafuso telúrico**. Em cada volta do parafuso, elementos com diferença de, aproximadamente, 16 unidades de massa eram verticalmente alinhados. Chancourtois foi quem primeiro percebeu que as propriedades eram comuns a cada sete elementos. Por meio de seu parafuso telúrico, ele foi capaz de prever as fórmulas de diversas substâncias.

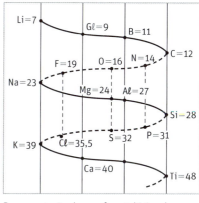

Representação do parafuso telúrico de Chancourtois. Os elementos químicos presentes em uma linha vertical (contínua ou tracejada) possuem propriedades semelhantes, como o lítio (Li), o sódio (Na) e o potássio (K).

Lei das Oitavas de Newlands

Em 1863, o químico inglês John Alexander Reina Newlands (1837-1898) reuniu 56 elementos em 11 grupos. Ele usou como base propriedades físicas semelhantes. Notou que existiam muitas propriedades similares em pares de elementos que diferiam em oito unidades de massa atômica. Essa observação resultou na Lei das Oitavas e levou Newlands a publicar, em 1864, sua versão da Tabela Periódica. No entanto, por associar as oitavas com intervalos de escala musical e por haver muitas exceções a essa "regra", suas ideias não foram bem aceitas pela comunidade científica.

H 1	F 8	Cℓ 15	Co/Ni 22	Br 29	Pd 36	I 42	Pt/Ir 50
Li 2	Na 9	K 16	Cu 23	Rb 30	Ag 37	Cs 44	Tℓ 53
Gℓ 3*	Mg 10	Ca 17	Zn 25	Sr 31	Cd 34	Ba/V 45	Pb 54
Bo 4	Aℓ 11	Cr 18	Y 24	Ce/La 33	U 40	Ta 46	Th 56
C 5	Si 12	Ti 19	In 26	Zr 32	Sn 39	W 47	Hg 52
N 6	P 13	Mn 20	As 27	Di/Mo 34**	Sb 41	Nb 48	Bi 55
O 7	S 14	Fe 21	Se 28	Ro/Ru 35	Te 43	Au 49	Os 51

Tabela Periódica proposta por Newlands em 1865. Os elementos conhecidos na época estão dispostos sequencialmente de 1 a 51, em ordem crescente de massa atômica. Portanto, a numeração ao lado de cada símbolo não indica a massa atômica, mas a sua ordem. Elementos químicos com propriedades semelhantes foram dispostos horizontalmente. Observe que alguns espaços na tabela são ocupados por dois elementos químicos, por exemplo, o cobalto (Co) e o níquel (Ni).

Fonte de pesquisa: TOLENTINO, M.; ROCHA-FILHO, R. C.; CHAGAS, A. P. Alguns aspectos históricos da classificação periódica dos elementos químicos. *Química Nova*, São Paulo, v. 20, n. 1, fev. 1997. Disponível em: <http://www.scielo.br/scielo.php?pid=S0100-40421997000100014&script=sci_arttext>. Acesso em: 29 maio 2014.

* O elemento químico *glucinium* (Gℓ) foi renomeado mais tarde para berílio (Be).

** Em 1885, foi descoberto que o elemento químico conhecido como *didimium* (Di) era na verdade uma mistura de dois outros elementos químicos, praseodímio (Pr) e neodímio (Nd).

❯ A Tabela de Mendeleiev

O químico russo Dmitri Ivanovich Mendeleiev (1834-1907) é considerado "o pai da Tabela Periódica". Em 1869, ele apresentou à comunidade científica correlações mais detalhadas entre a massa atômica dos elementos e suas propriedades, permitindo um melhor entendimento da periodicidade dos elementos químicos.

Julius Lothar Meyer (1830-1895), cientista alemão, também organizou os elementos conforme as similaridades das propriedades físico-químicas. Porém, Mendeleiev leva os créditos por ter tido a grande ousadia de utilizar sua tabela para prever as propriedades de elementos que ainda não haviam sido descobertos.

Tabela Periódica de Mendeleiev de 1871							
Série	Grupo I — R^2O	Grupo II — RO	Grupo III — R^2O^3	Grupo IV RH^4 RO^2	Grupo V RH^3 R^2O^5	Grupo VI RH^2 RO^3	Grupo VII RH R^2O^7	Grupo VIII — RO^4
1	H=1							
2	Li=7	Be=9,4	B=11	C=12	N=14	O=16	F=19	
3	Na=23	Mg=24	Aℓ=27,3	Si=28	P=31	S=32	Cℓ=35,5	
4	K=39	Ca=40	—=44	Ti=48	V=51	Sr=52	Mn=55	Fe=56 Co=59 Ni=59 Cu=63
5	(Cu=63)	Zn=65	—=68	—=72	As=75	Se=78	Br=80	
6	Rb=85	Sr=87	?Yt=88	Zr=90	Nb=94	Mo=96	—=100	Ru=104 Rh=104 Pb=106 Ag=108
7	(Ag=108)	Cd=112	In=113	Sn=118	Sb=122	Te=125	J=127	— — — —
8	Cs=133	Ba=137	?Di=138	?Ce=140	—	—	—	
9	(—)	—	—	—	—	—	—	
10		—	?Er=178	?La=180	Ta=182	W=184		Os=195 Ir=197 Pt=198 Au=199
11	(Au=199)	Hg=200	Tℓ=204	Pb=207	Bi=208	—	—	
12	—		—	Th=231		U=240		— — — —

Tabela de Mendeleiev de 1871.

Fonte de pesquisa: Tolentino, M.; Rocha-Filho, R. C.; Chagas, A. P. Alguns aspectos históricos da classificação periódica dos elementos químicos. *Química Nova*, São Paulo, v. 20, n. 1, fev. 1997. Disponível em: <http://www.scielo.br/scielo.php?pid=S0100-40421997000100014&script=sci_arttext>. Acesso em: 29 maio 2014.

Nessa versão da tabela de Mendeleiev, o cientista organizou os elementos químicos em termos da massa atômica e da reatividade, em que R^2O, RO, R^2O^3, RH^4, etc. indicavam a proporção do elemento (R) e o oxigênio (O) ou o hidrogênio (H) em uma substância. Note que, naquela época, os índices da quantidade de átomos em uma fórmula química eram posicionados na parte superior do símbolo, ou seja, a fórmula atual da água (H_2O), por exemplo, era representada por H^2O.

Os elementos que formavam duas substâncias diferentes eram indicados entre parênteses. Por exemplo, o cobre (Cu) formava substâncias de fórmula CuO^4 e Cu^2O.

Cada traço (–) na tabela indica um elemento químico. Aqueles com o símbolo de igualdade (por exemplo, – = 72) eram elementos desconhecidos na época, cujas propriedades físicas e químicas Mendeleiev previu.

Na Tabela de Mendeleiev, os elementos foram organizados em massa atômica crescente, em filas horizontais. Nas colunas estavam localizados elementos com propriedades semelhantes. Isso permitia a previsibilidade de propriedades para elementos ainda não conhecidos, o que ocasionou a existência de lacunas em sua tabela. Suas previsões foram confirmadas com a descoberta desses elementos.

Em 1913, como foi visto no capítulo 7, o físico inglês Henry Moseley determinou o número atômico de diversos elementos por meio de experimentos feitos com raios X. Suas descobertas foram importantes porque levaram à conclusão de que os elementos deveriam ser dispostos em ordem crescente de número atômico, e não de massa atômica, como havia sido proposto por Mendeleiev.

Química tem história

O pai da Tabela Periódica

Dmitri Mendeleiev (1834-1907) dedicou-se a vários estudos e pesquisas nas áreas de Química e Física. Seu mais famoso trabalho é o ordenamento periódico dos elementos químicos.

Em sua tentativa de formular uma tabela de elementos, Mendeleiev fez um catálogo dos elementos conhecidos, utilizando fichas para o registro de cada um deles. Nessas fichas ele anotou os dados representativos das propriedades físico-químicas e também a massa atômica dos elementos conhecidos.

Para organizar seus registros, ele colocou os elementos em ordem crescente de massa e percebeu que algumas propriedades se repetiam em determinada sequência, podendo ser previstas. Essa previsibilidade de propriedades foi o grande diferencial na Tabela de Mendeleiev.

Lothar Meyer, químico alemão, também leva os créditos pelo conceito de periodicidade. Trabalhando independentemente, ambos chegaram à mesma conclusão sobre as correlações entre massa atômica e propriedades. No entanto, Mendeleiev publicou primeiro seus resultados, no ano de 1869.

Dmitri Mendeleiev, químico russo, considerado o "pai da Tabela Periódica" e responsável pela previsão de algumas propriedades físicas de elementos que só seriam descobertos anos mais tarde. s. d.

Exercícios resolvidos

1. De acordo com a relação dos elementos químicos conhecidos e dispostos na ordem determinada por Chancourtois, e sabendo que o cloreto de sódio, de fórmula NaCℓ, é uma substância sólida e solúvel em água, faça o que se pede.

   a) Determine as fórmulas das substâncias cloreto de potássio, cloreto de lítio e fluoreto de lítio.
   b) Que previsão se pode fazer a respeito dos estados físicos e da solubilidade dessas substâncias em água?

   Solução

   a) Cloreto de potássio: KCℓ. Cloreto de lítio: LiCℓ. Fluoreto de lítio: LiF.

   Pela disposição dos elementos químicos determinada pelo parafuso de Chancourtois, potássio (K) e lítio (Li) estão na mesma coluna do sódio. O flúor (F) também se encontra na mesma coluna do cloro (Cℓ). Portanto, as fórmulas das substâncias indicadas devem apresentar a mesma proporção entre os números de átomos de cada elemento (1 : 1).

   b) Essas substâncias devem ser sólidas e solúveis em água.

2. Em um fragmento de uma Tabela Periódica encontramos:

Símbolo	Aℓ	Si	P
Massas atômicas aproximadas	27	28	31
Fórmulas de seus compostos	Aℓ$_2$O$_3$	SiH$_4$	PH$_3$

Símbolo	X	Ti	V
Massas atômicas aproximadas	?	48	51
Fórmulas de seus compostos	?	TiH$_4$	VH$_3$

Símbolo	Y	Z	As
Massas atômicas aproximadas	68	72	75
Fórmulas de seus compostos	?	?	AsH$_3$

a) Qual deve ser a fórmula da substância resultante da combinação de X com oxigênio (O)?
b) Qual deve ser a fórmula da substância resultante da combinação de Z com hidrogênio?
c) Qual deve ser, aproximadamente, a massa atômica de X?

Solução

a) A substância resultante da combinação de X com oxigênio deve ser semelhante à fórmula da substância resultante da combinação de Aℓ com O: X$_2$O$_3$.
b) A fórmula da substância resultante da combinação de Z com hidrogênio deve ser semelhante à fórmula da substância resultante da combinação de Si com H: ZH$_4$.
c) A massa atômica de X deve corresponder, aproximadamente, à média aritmética das massas atômicas de Aℓ e Y: 47.

A Tabela Periódica atual

Atualmente, o sistema periódico é resultado de um processo histórico iniciado com a suposição de que a classificação dos elementos químicos devia obedecer a critérios relacionados às semelhanças entre eles.

Observe a Tabela Periódica da página seguinte. Nela, os elementos químicos estão dispostos, da esquerda para a direita, em ordem crescente de números atômicos. O posicionamento de cada elemento é determinado por linhas verticais (colunas) e horizontais.

Cada **linha vertical** ou coluna na Tabela Periódica corresponde a uma **família** ou **grupo** de elementos químicos que apresentam uma regularidade na variação de propriedades físicas e químicas e, no caso dos grupos 1, 2, 13, 14, 15, 16, 17 e 18, a última camada com mesmo número de elétrons.

Antigamente, a nomenclatura em famílias era mais usual. No entanto, a União Internacional de Química Pura e Aplicada (IUPAC) propôs o uso da nomenclatura em grupo.

O sistema periódico apresentava dois tipos diferentes de grupos: o dos **elementos representativos** e o dos metais localizados na região central da Tabela Periódica (**elementos de transição**).

Os elementos representativos eram indicados pela letra A (famílias 1A até zero) e hoje correspondem aos grupos 1, 2 e 13 a 18.

Os elementos de transição, por sua vez, compunham as famílias representadas pela letra B (famílias 1B até 8B), que correspondem atualmente aos grupos de 3 a 12. Os **lantanídeos** e os **actinídeos** são conhecidos como **elementos de transição interna** e estão abaixo do corpo principal da tabela.

Há um total de dezoito grupos (ou famílias) na Tabela Periódica, e alguns desses grupos têm nomes especiais, como mostra a tabela seguinte.

Grupo	Nomes usuais para alguns grupos
1	Metais alcalinos (têm 1 elétron na camada de valência)
2	Metais alcalinoterrosos (têm 2 elétrons na camada de valência)
13	Grupo do boro (têm 3 elétrons na camada de valência)
14	Grupo do carbono (têm 4 elétrons na camada de valência)
15	Grupo do nitrogênio (têm 5 elétrons na camada de valência)
16	Calcogênios (têm 6 elétrons na camada de valência)
17	Halogênios (têm 7 elétrons na camada de valência)
18	Gases nobres (têm 8 elétrons na camada de valência, com exceção do hélio, que tem 2 elétrons nessa camada)

Uma **linha horizontal** na Tabela Periódica indica um **período** de elementos químicos. O número do período corresponde ao número de camadas eletrônicas preenchidas para cada átomo.

Veja, na página ao lado, a organização dos elementos químicos na Tabela Periódica atual.

Saiba mais

IUPAC

A União Internacional de Química Pura e Aplicada (IUPAC) é uma organização científica internacional e não governamental. Além disso, é uma associação voluntária e sem fins lucrativos.

Seu objetivo principal é promover discussões no que diz respeito aos aspectos globais e à aplicação da Química.

Há uma Assembleia composta de delegados dos países-membros e que é responsável pelas decisões. As reuniões dos membros da Assembleia se processam a cada dois anos. Químicos de qualquer país podem participar das atividades internacionais sem discriminação.

Atualmente, a IUPAC é composta de 45 países-membros (com direito a voto), 20 países afiliados, 30 entidades associadas e 100 empresas associadas.

Fonte de pesquisa: IUPAC. Disponível em: <http://old.iupac.org/general/handbook/info.html>. Acesso em: 29 maio 2014.

Símbolo da IUPAC.

TABELA PERIÓDICA DOS ELEMENTOS

- metais alcalinos
- metais alcalinoterrosos
- metais de transição
- lantanídeos
- Hidrogênio
- actinídeos
- outros metais
- não metais
- gases nobres
- Li sólidos
- Hg líquidos
- He gases
- Tc sintéticos

número atômico
Símbolo
nome
massa atômica

1 (1A)	2 (2A)	3 (3B)	4 (4B)	5 (5B)	6 (6B)	7 (7B)	8 (8B)	9 (8B)	10 (8B)	11 (1B)	12 (2B)	13 (3A)	14 (4A)	15 (5A)	16 (6A)	17 (7A)	18 (8A)
1 **H** Hidrogênio 1,008																	2 **He** Hélio 4,003
3 **Li** Lítio 6,941	4 **Be** Berílio 9,012											5 **B** Boro 10,81	6 **C** Carbono 12,01	7 **N** Nitrogênio 14,01	8 **O** Oxigênio 16,00	9 **F** Flúor 19,00	10 **Ne** Neônio 20,18
11 **Na** Sódio 22,99	12 **Mg** Magnésio 24,31											13 **Aℓ** Alumínio 26,98	14 **Si** Silício 28,09	15 **P** Fósforo 30,97	16 **S** Enxofre 32,07	17 **Cℓ** Cloro 35,45	18 **Ar** Argônio 39,95
19 **K** Potássio 39,10	20 **Ca** Cálcio 40,08	21 **Sc** Escândio 44,96	22 **Ti** Titânio 47,87	23 **V** Vanádio 50,94	24 **Cr** Cromo 52,00	25 **Mn** Manganês 54,94	26 **Fe** Ferro 55,85	27 **Co** Cobalto 58,93	28 **Ni** Níquel 58,69	29 **Cu** Cobre 63,55	30 **Zn** Zinco 65,38	31 **Ga** Gálio 69,72	32 **Ge** Germânio 72,63	33 **As** Arsênio 74,92	34 **Se** Selênio 78,96	35 **Br** Bromo 79,90	36 **Kr** Criptônio 83,80
37 **Rb** Rubídio 85,47	38 **Sr** Estrôncio 87,62	39 **Y** Ítrio 88,91	40 **Zr** Zircônio 91,22	41 **Nb** Nióbio 92,91	42 **Mo** Molibdênio 95,96	43 **Tc** Tecnécio	44 **Ru** Rutênio 101,1	45 **Rh** Ródio 102,9	46 **Pd** Paládio 106,4	47 **Ag** Prata 107,9	48 **Cd** Cádmio 112,4	49 **In** Índio 114,8	50 **Sn** Estanho 118,7	51 **Sb** Antimônio 121,8	52 **Te** Telúrio 127,6	53 **I** Iodo 126,9	54 **Xe** Xenônio 131,3
55 **Cs** Césio 132,9	56 **Ba** Bário 137,3	57-71 **Lantanídeos**	72 **Hf** Háfnio 178,5	73 **Ta** Tantálio 180,9	74 **W** Tungstênio 183,8	75 **Re** Rênio 186,2	76 **Os** Ósmio 190,2	77 **Ir** Irídio 192,2	78 **Pt** Platina 195,1	79 **Au** Ouro 197,0	80 **Hg** Mercúrio 200,6	81 **Tℓ** Tálio 204,4	82 **Pb** Chumbo 207,2	83 **Bi** Bismuto 209,0	84 **Po** Polônio	85 **At** Astato	86 **Rn** Radônio
87 **Fr** Frâncio	88 **Ra** Rádio	89-103 **Actinídeos**	104 **Rf** Rutherfórdio	105 **Db** Dúbnio	106 **Sg** Seabórgio	107 **Bh** Bohrio	108 **Hs** Hássio	109 **Mt** Meitnério	110 **Ds** Darmstádio	111 **Rg** Roentgênio	112 **Cn** Copernício		114 **Fℓ** Fleróvio		116 **Lv** Livermório		

57 **La** Lantânio 138,9	58 **Ce** Cério 140,1	59 **Pr** Praseodímio 140,9	60 **Nd** Neodímio 144,2	61 **Pm** Promécio	62 **Sm** Samário 150,4	63 **Eu** Európio 152,0	64 **Gd** Gadolínio 157,3	65 **Tb** Térbio 158,9	66 **Dy** Disprósio 162,5	67 **Ho** Hólmio 164,9	68 **Er** Érbio 167,3	69 **Tm** Túlio 168,9	70 **Yb** Itérbio 173,1	71 **Lu** Lutécio 175,0
89 **Ac** Actínio	90 **Th** Tório 232,0	91 **Pa** Protactínio 231,0	92 **U** Urânio 238,0	93 **Np** Netúnio	94 **Pu** Plutônio	95 **Am** Amerício	96 **Cm** Cúrio	97 **Bk** Berquélio	98 **Cf** Califórnio	99 **Es** Einstênio	100 **Fm** Férmio	101 **Md** Mendelévio	102 **No** Nobélio	103 **Lr** Laurêncio

Fonte de pesquisa: Versão de 1º de maio de 2013 da Tabela Periódica dos Elementos da IUPAC. Disponível em: <http://old.iupac.org/reports/periodic_table/IUPAC_Periodic_Table-1May13.pdf>. Acesso em: 25 jul. 2014.

Nota:
- a massa atômica não é dada para os elementos cujos isótopos característicos não são encontrados em amostras da crosta terrestre.
- para os elementos Cr e Tℓ são aceitos duas formas de grafia, Cromo ou Crômio e Tantálio ou Tântalo.

❯ Classificação dos elementos químicos

Não há uma regra para a determinação dos nomes da maior parte dos elementos químicos. Muitos deles são tão antigos que nem se sabe exatamente a origem de seus nomes. Cada elemento é representado por um símbolo correspondente ao seu nome original. Por isso, é comum não haver correlação com os nomes em português.

Além dos nomes e dos símbolos, a Tabela Periódica também fornece outras características dos elementos. Cada quadrinho contém informações importantes sobre cada um deles, como, por exemplo, o número atômico, a massa atômica e, em algumas tabelas, a distribuição dos elétrons nas camadas.

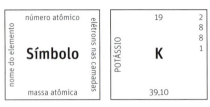

Indicação dos elementos. Exemplo: informações sobre o potássio.

Há várias formas de classificar os elementos na Tabela Periódica. A mais simples é separá-los em **metais** e **não metais**. Os metais são sólidos nas condições ambientes, com exceção do mercúrio (Hg), que é líquido. Eles conduzem bem eletricidade e calor. Os não metais, por sua vez, são maus condutores de corrente elétrica e calor, exceto o carbono na forma de grafita, que é bom condutor de eletricidade e calor.

O hidrogênio, que é um não metal, não é considerado um metal alcalino porque possui propriedades químicas diferentes das dos demais elementos dessa família. Ele está localizado no grupo 1 porque possui somente um elétron na última camada.

Algumas classificações ainda apresentam os semimetais, que são elementos com propriedades intermediárias entre as dos metais e as dos não metais. No entanto, desde 1986 a IUPAC não reconhece essa classificação.

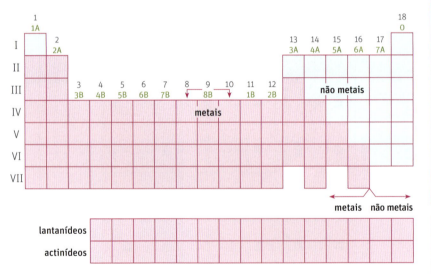

Classificação dos elementos na Tabela Periódica.

Os **gases nobres** estão localizados no grupo 18, e até a década de 1960 acreditava-se que eram inertes, ou seja, que não eram capazes de se combinar com nenhum outro elemento. Porém, hoje são conhecidos alguns compostos nos quais os gases nobres participam. O primeiro composto de gás nobre a ser obtido foi o $XePtF_6$, em 1962. Nesse mesmo ano foi obtido o XeF_4.

Dos mais de cem elementos químicos conhecidos, noventa têm ocorrência na natureza. Os demais são artificiais, ou seja, produzidos pelo ser humano.

Saiba mais

Os nomes dos elementos químicos

O nome da maior parte dos elementos químicos não obedece a regras predeterminadas. Muitos deles foram associados a minerais, astros ou mesmo ao local de origem da descoberta. Assim, seus nomes são associados ao período em que foram experimentalmente determinados pelos cientistas.

Exemplos da descoberta dos elementos
Antiguidade
Ouro, prata, carbono, enxofre, ferro
Idade Média
Arsênio, bismuto, zinco
Século XVII
Antimônio, fósforo
Século XVIII
Oxigênio, níquel, cloro, manganês, flúor
Século XIX
Alumínio, bromo, césio, gálio, rubídio
Século XX
Polônio, rádio, rutênio, protactínio

Em português, os sufixos *ium* e *um* determinados pela IUPAC foram respectivamente substituídos por "io" e "o".

Os símbolos dos elementos químicos geralmente seguem o nome original e, por isso, muitas vezes parecem não ter correlação com o nome adotado em português. Por exemplo, o símbolo do elemento enxofre, S, tem origem do nome em latim, *sulphur*.

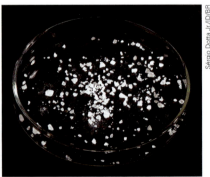

Cristais de XeF_4. Este composto foi produzido pela primeira vez em 1962, na Inglaterra.

Atividades

3. O que significa uma tríade? Por que esse modelo foi abandonado?

4. O que significa o termo "parafuso telúrico"? Explique.

5. Qual é a principal observação decorrente da organização de Chancourtois?

6. Cite as principais características da Tabela Periódica proposta por Newlands.

7. Por que Mendeleiev é chamado de "o pai da Tabela Periódica?"

8. Qual é o significado das linhas e das colunas da Tabela de Mendeleiev?

9. Por que a Tabela de Mendeleiev teve de sofrer algumas alterações?

10. Decida se os elementos lítio (massa atômica = 7), sódio (massa atômica = 23) e potássio (massa atômica = 39) formam uma tríade. Justifique.

11. Utilize a tabela da página 139 e uma Tabela Periódica atual e compare as colunas e as linhas. Responda em qual caso as previsões de Newlands foram mais acertadas.

12. Encontre uma similaridade e uma diferença entre a Tabela de Newlands e a de Mendeleiev.

13. De acordo com a organização de Mendeleiev, os elementos químicos eram ordenados na Tabela Periódica por ordem crescente de massa atômica. No entanto, após os experimentos realizados por Moseley com raios X, os elementos passaram a ser ordenados por ordem crescente de número atômico. Com base nessas informações, responda.
    a) Qual é a diferença entre número de massa e número atômico?
    b) Qual deles é mais representativo da estrutura atômica e por quê?

14. Considere o quadro da página 140, que apresenta a Tabela Periódica de Mendeleiev. Observe que há lugares em que aparecem traços, indicando as lacunas deixadas pelo cientista para a inclusão de novos elementos. Compare-a com a Tabela Periódica atual e discuta quais seriam os elementos químicos mais adequados para serem encaixados nos espaços deixados em branco por Mendeleiev nas 6 primeiras linhas.

15. Em relação à Tabela Periódica atual, responda.
    a) O que indicam as colunas?
    b) O que indicam as linhas?
    c) Qual é a lógica seguida pela organização em colunas?

16. A que estão relacionados os períodos da Tabela Periódica?

17. Procure na Tabela Periódica os elementos estrôncio, iodo, rádio e frâncio e diga o nome dos grupos nos quais cada um deles se encontra.

18. Indique o número de elétrons que cada elemento do exercício anterior apresenta em sua camada de valência.

19. Os metais formam a classe de elementos mais ampla da Tabela Periódica.
    a) Faça uma lista com algumas propriedades características dos metais.
    b) Indique cinco metais que se encontram em grupos distintos.
    c) Dos metais exemplificados no item anterior, descreva as respectivas localizações.

20. Os elementos colocados num mesmo grupo apresentam, em geral, propriedades semelhantes. Quais são os tipos de classe de elementos químicos existentes?

21. Por meio da consulta à Tabela Periódica, indique quais seriam os átomos localizados nas coordenadas indicadas abaixo e classifique-os.
    a) Grupo 1, período 3.   c) Grupo 15, período 2.
    b) Grupo 2, período 3.   d) Grupo 18, período 3.

22. Faça a distribuição eletrônica dos três primeiros elementos do grupo 17 e indique o que eles têm em comum.

23. Com a ajuda de uma Tabela Periódica, procure elementos que só tenham elétrons nos quatro primeiros níveis de energia, prestigiando as diferentes classes de elementos químicos.

24. Considere os dados de cinco elementos químicos.

	I	II	III	IV	V
Número atômico (Z)	31	74	37	38	53

    a) Escreva o símbolo de cada elemento químico e seu nome (utilize a Tabela Periódica).
    b) Determine, com base na Tabela Periódica, o grupo e o período a que pertencem.
    c) Classifique os elementos em questão como metais ou não metais.

25. Considere os elementos nitrogênio, berílio, potássio, cálcio, selênio, flúor e criptônio. Classifique-os de acordo com os itens a seguir e justifique.
    a) Propriedades semelhantes.
    b) Metais.
    c) Não metais.
    d) Gases nobres.
    e) Número de elétrons na última camada igual ao do oxigênio.

Atividade experimental

Obtenção e propriedades de substâncias simples

Objetivo
Conhecer as propriedades de algumas substâncias simples.

Material
- pinça de madeira
- água oxigenada 10 volumes
- 1 tubo de ensaio
- palitos de fósforo longos
- estante para tubos de ensaio
- lamparina ou bico de Bunsen
- tampa metálica
- pedaço de folha sulfite (pode ser um pedaço de folha de rascunho)
- batata crua cortada em pedaços pequenos
- conta-gotas
- solução de iodo (encontrado em farmácias)

ATENÇÃO!
Procedimento de segurança: realizar as atividades que envolvem chama em uma capela ou área aberta.

Equipamentos de segurança: Óculos de segurança e avental de algodão com mangas compridas.

Palito de fósforo em brasa próximo do tubo de ensaio.

Procedimento

Oxigênio
1. Observe como o professor pega o tubo de ensaio com a pinça e, com o conta-gotas, coloca água oxigenada até cerca de 3 cm de altura do tubo.
2. Em seguida, ele acrescenta uma porção de batata crua ao tubo e guarda o recipiente na estante para tubos.
3. Depois de aguardar alguns instantes (pelo menos 1 minuto), anote em seu caderno o que acontece quando o professor aproxima um palito de fósforo aceso ou em brasa da boca desse tubo de ensaio.

Iodo
1. Em uma tampa metálica presa com a pinça, o professor coloca 1 gota de solução de iodo e a aquece (com uma lamparina ou bico de Bunsen).
2. Assim que forem notados os vapores de iodo, o professor aproxima deles um pedaço de papel sulfite. Ele também aproximará desses vapores um pequeno pedaço de batata crua.
3. Observe o que ocorre e anote em seu caderno.

◆ **Resíduos:** Os sólidos podem ser jogados em lixo comum. A tampa metálica pode ser lavada com água e sabão e utilizada em outras atividades experimentais.

Analise e discuta
1. A água oxigenada, em contato com a batata crua, decompõe-se em água e gás oxigênio. Qual é a função do palito de fósforo aceso ou em brasa neste experimento?
2. Durante a realização do experimento com o iodo, quais foram suas observações? Sabendo que tanto o papel sulfite quanto a batata contêm amido, proponha uma hipótese do que pode ter ocorrido.

Questões globais

26. Suponha que você fosse aluno de Döbereiner e estivesse auxiliando esse cientista a identificar as propriedades dos elementos das tríades. Há mais semelhanças ou diferenças entre as propriedades dos elementos químicos existentes na tríade dos metais alcalinos lítio, sódio e potássio?

27. Observe a tabela a seguir, proposta por Newlands.

H 1	F 8	Cℓ 15	Co/Ni 22	Br 29	Pd 36	I 42	Pt/Ir 50
Li 2	Na 9	K 16	Cu 23	Rb 30	Ag 37	Cs 44	Tℓ 53
Gℓ 3	Mg 10	Ca 17	Zn 25	Sr 31	Cd 34	Ba/V 45	Pb 54
Bo 4	Aℓ 11	Cr 18	Y 24	Ce/La 33	U 40	Ta 46	Th 56
C 5	Si 12	Ti 19	In 26	Zr 32	Sn 39	W 47	Hg 52
N 6	P 13	Mn 20	As 27	Di/Mo 34	Sb 41	Nb 48	Bi 55
O 7	S 14	Fe 21	Se 28	Ro/Ru 35	Te 43	Au 49	Os 51

a) Qual é a principal diferença entre a Tabela de Newlands e a Tabela Periódica atual?
b) Na lista dos elementos de Newlands, qual grupo da Tabela Periódica está em falta?

Para o exercício 28, considere a figura que apresenta uma versão mais simplificada da Tabela de Newlands, já com os símbolos da tabela atual.

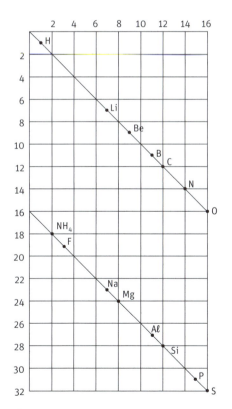

28. Responda às questões.
a) Sabendo que os elementos nas diferentes colunas da Tabela de Newlands apresentam uma diferença de massa de 16 unidades, verifique se os elementos Be, Ca e Mg, da coluna vertical da Tabela de Mendeleiev, se encaixam no padrão.
b) Nos dias atuais, como é chamada uma coluna de elementos?
c) Qual é a característica que faz com que os elementos sejam colocados na mesma coluna?
d) Qual elemento tem massa atômica 16 unidades superior à massa atômica do cálcio?

29. Considere a organização apresentada por Mendeleiev. Diferencie os elementos da primeira coluna da Tabela de Mendeleiev de acordo com a classificação da Tabela Periódica atual.

30. Observe novamente a tabela do exercício 27.
a) Compare a classificação de Newlands por linha e diga com qual coluna da Tabela Periódica atual cada uma delas mais se parece. Indique os elementos coincidentes.
b) Qual das linhas da Tabela de Newlands é mais parecida com uma coluna da Tabela Periódica atual?

31. Faça a configuração eletrônica dos elementos Zn, Cd e Hg e verifique, com o auxílio de uma Tabela Periódica, em que período e grupo estão localizados esses metais.

32. O ferro (Fe) é um elemento importante na nossa alimentação. A carência de ferro no organismo pode causar anemia e hemorragia intestinal. Dentre os alimentos que o contêm destacam-se o feijão, as gemas de ovos, as carnes vermelhas, a mandioquinha, as ostras, etc.

Entretanto, o ferro só é utilizado pelo organismo na forma de Fe^{2+}. Tanto o excesso de Fe^{3+} quanto o Fe^0 (ferro metálico) são eliminados. A vitamina C (antioxidante), presente, por exemplo, no suco de laranja, auxilia a transformação de Fe^{3+} em Fe^{2+}. É por esse motivo que, para o combate à anemia, recomendam-se alimentos ricos em ferro acompanhados de outro nutriente rico em vitamina C.

Com base na tabela periódica de Mendeleiev, responda.
a) Em que período está localizado o elemento ferro?
b) A que grupo pertence?
c) Quantas camadas de elétrons ele apresenta?
d) O ferro é encontrado na natureza combinado com oxigênio ou enxofre na forma, respectivamente, de óxidos ou de sulfetos de ferro, em minerais. Um desses minerais mais importantes é a hematita, que contém óxido de ferro(III) (Fe_2O_3). Nas usinas siderúrgicas, o ferro da hematita é transformado em ferro metálico (Fe^0), que entra na composição do aço, por exemplo. Quantos elétrons têm o átomo de ferro metálico Fe^0 e o íon Fe^{3+}?

147

Ciência, tecnologia e sociedade

A Tabela Periódica e os novos elementos químicos

Texto 1
Novo elemento é batizado *Copernicium*

Com a aprovação da autoridade máxima em nomenclatura química do mundo, o **Copernicium** é finalmente batizado e recebe o símbolo Cn.

Este mês [3/2010], a **International Union of Pure and Applied Chemistry** (IUPAC) finalmente deu seu aval oficial para o elemento de número atômico 112.

O **Copernicium** foi descoberto pelo Centro de Pesquisas em metais pesados (**Gesellschaft für Schwerionenforschung** – GSI), em Darmstadt, Alemanha. Criado em 1996, ele é o elemento mais pesado da tabela periódica [conhecido naquela época].

Seguindo uma longa tradição, os pesquisadores da GSI sugeriram homenagear um grande cientista, no caso, Nicolau Copérnico. Nascido em 19 de fevereiro de 1473, na Polônia, Copérnico influenciou o surgimento de uma ciência moderna baseada em resultados experimentais. Ele passou muitos anos desenvolvendo um modelo para observações astronômicas complexas dos movimentos do Sol, Lua, planetas e estrelas. Esse modelo causou grandes mudanças no estudo da astronomia e das forças físicas – além de ter implicações teológicas e filosóficas.

O sistema planetário criado por ele foi, ao longo dos anos, aplicado a outros sistemas análogos no qual objetos se movem pela influência de uma força direcionada a um centro comum – esse modelo funciona até mesmo para escalas microscópicas. Copérnico morreu em 24 de maio de 1543.

Sigurd Hofmann, líder da equipe da GSI, afirmou que a escolha quis homenagear um influente cientista que não recebeu os créditos devidos durante sua vida, e também ressaltar a ligação entre astronomia e o campo da química nuclear.

ROTHMAN, Paula. Tabela Periódica ganha novo elemento. *Info Online*, 9 mar. 2010. Disponível em: <http://info.abril.com.br/noticias/ciencia/tabela-periodica-ganha-novo-elemento-09032010-24.shl>. Acesso em: 29 maio 2014.

Alguns dos elementos representados na Tabela Periódica.

Texto 2
Tabela periódica ganha dois novos elementos químicos

Dois novos elementos químicos finalmente serão adicionados à tabela periódica. Após quase três anos de revisão e uma década de estudos, um comitê formado por físicos e químicos anunciou oficialmente a decisão. **Ununqudium** e **ununhexium**, como foram provisoriamente chamados até que nomes oficiais sejam escolhidos, são os dois elementos mais pesados da tabela e altamente radioativos. Seus números atômicos [...] são 114 e 116, respectivamente, e seus números de massa [...], 289 e 292.

[...]

Desde 1999 vários grupos já alegaram ter produzido o elemento de número atômico 114 em laboratório, mas apenas duas equipes conseguiram apresentar provas contundentes para a banca examinadora da União Internacional de Química Pura e Aplicada, órgão internacional, não governamental, que tem a palavra final sobre a tabela periódica. Ambas as equipes, especialistas do **Joint Institute for Nuclear Research** (JINR), na Rússia, e do Laboratório **Lawrence Livermore**, nos Estados Unidos, colaboraram no projeto e ofereceram ajuda para provar também a existência do elemento 116.

Os novos elementos não podem ser encontrados na natureza. Podem apenas ser forjados em laboratório, por milésimos de segundo, como o resultado da colisão entre núcleos mais leves em um acelerador. Para produzir o elemento de 116 prótons, por exemplo, os cientistas usaram cúrio (96 prótons) e cálcio (20 prótons).

Nova casa, novo nome – A demora em aprovar a entrada dos dois elementos na tabela periódica deve-se, em parte, à curta existência de elementos pesados como o 114 e 116. Em milésimos de segundo eles perdem massa e se transformam em elementos mais leves, dificultando o trabalho de cientistas para obter provas de que eles, de fato, existiram.

Uma vez atendidos os requisitos exigidos pelo comitê, os elementos receberão o nome de seus descobridores. [...]

TABELA Periódica ganha dois novos elementos químicos. Revista *Veja*, 7 jun. 2012. Disponível em: <http://veja.abril.com.br/noticia/ciencia/tabela-periodica-ganha-dois-novos-elementos-quimicos>. Acesso em: 29 maio 2014.

Analise e discuta

1. Pesquise em livros e em *sites* o nome aprovado pela IUPAC para os elementos de número atômico 114 e 116. Pesquise também por que esses elementos foram batizados com esses nomes.

2. No texto I, os pesquisadores decidiram homenagear Nicolau Copérnico sugerindo o nome do cientista para o elemento químico descoberto, o copernício. Outros cientistas também foram homenageados pelos seus trabalhos. Em grupos de três ou quatro alunos, escolha um elemento químico cujo nome derive de um cientista e pesquise sobre a contribuição dele para a ciência. Elabore um pequeno texto com as informações coletadas e, sob a orientação do professor, eleja um dos integrantes do grupo para realizar a comunicação para a turma.

Esquema do capítulo

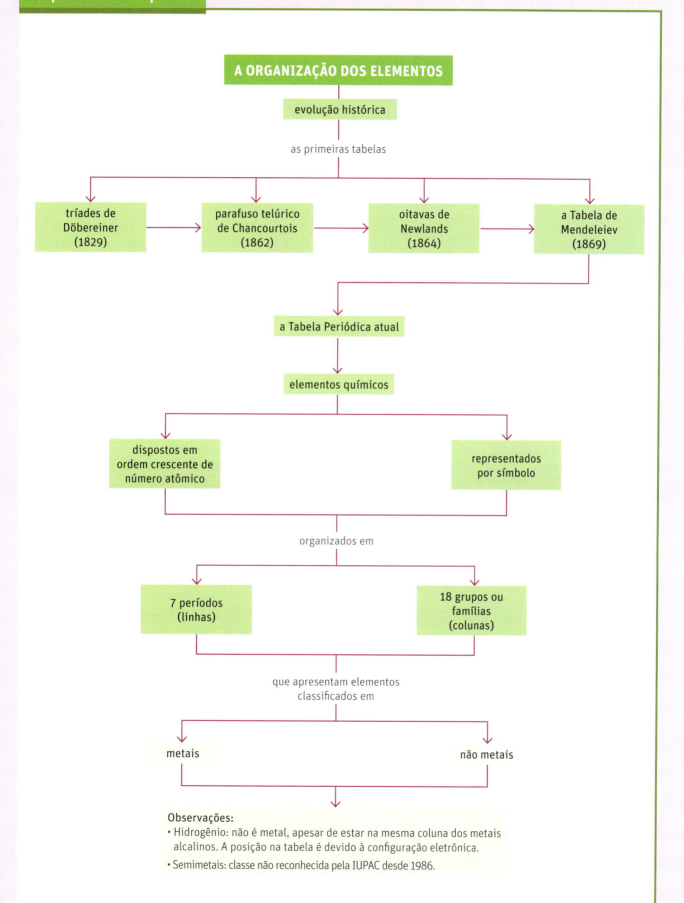

Vestibular e Enem

33. (Ufam) Na classificação periódica, os elementos Ba (grupo 2), Se (grupo 16) e Cℓ (grupo 17) são conhecidos, respectivamente, como:
a) alcalino, halogênio e calcogênio.
b) alcalinoterroso, halogênio e calcogênio.
c) alcalinoterroso, calcogênio e halogênio.
d) alcalino, halogênio e gás nobre.
e) alcalinoterroso, calcogênio e gás nobre.

34. (Cesgranrio-RJ) Indique, entre os elementos a seguir, um halogênio do terceiro período da Tabela Periódica.
a) Alumínio.
b) Bromo.
c) Cloro.
d) Gálio.
e) Nitrogênio.

35. (UFPA) Um átomo, cujo número atômico é 18, está classificado na Tabela Periódica como:
a) metal alcalino.
b) metal alcalinoterroso.
c) metal terroso.
d) ametal.
e) gás nobre.

36. (Mackenzie-SP) Numa embalagem contendo maçãs do tipo Gala, lê-se:

100 g de maçã contém 85 g de água, 116 mg de potássio e 12 mg de fósforo, além de cálcio, cloro, sódio e magnésio.

A alternativa que contém os símbolos de dois dos elementos citados na embalagem é:
a) K e F
b) Ca e Cℓ
c) P e Mn
d) P e S
e) Mg e Cr

37. (UFSM-RS) Um átomo neutro tem o número de massa igual a 40 e o número de nêutrons igual a 21. Esse átomo corresponde ao:
a) Zr
b) Pr
c) K
d) Sc
e) Pm

38. (Fuvest-SP) Um astronauta foi capturado por habitantes de um planeta hostil e aprisionado numa cela, sem seu capacete espacial. Logo começou a sentir falta de ar. Ao mesmo tempo, notou um painel como o da figura

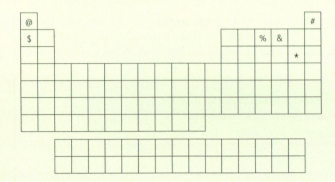

em que cada quadrado era uma tecla. Apertou duas delas, voltando a respirar bem. As teclas apertadas foram:
a) @ e #
b) # e $
c) $ e %
d) % e &
e) & e *

39. (Fuvest-SP) Cinco amigos resolveram usar a Tabela Periódica como tabuleiro para um jogo. Regras do jogo: para todos os jogadores, sorteia-se o nome de um objeto, cujo constituinte principal é determinado elemento químico. Cada um joga quatro vezes um dado e, a cada jogada, move sua peça somente ao longo de um grupo ou de um período, de acordo com o número de pontos obtidos no dado. O início da contagem é pelo elemento de número atômico 1. Numa partida, o objeto sorteado foi "latinha de refrigerante" e os pontos obtidos com os dados foram: Ana (3,2,6,5), Bruno (5,4,3,5), Célia (2,3,5,5), Décio (3,1,5,1) e Elza (4,6,6,1).

H																	He
Li	Be											B	C	N	O	F	Ne
Na	Mg											Aℓ	Si	P	S	Cℓ	Ar
K	Ca	Sc	Ti	V	Cr	Mn	Fe	Co	Ni	Cu	Zn	Ga	Ge	As	Se	Br	Kr
Rb	Sr	Y	Zr	Nb	Mo	Tc	Ru	Rh	Pd	Ag	Cd	In	Sn	Sb	Te	I	Xe
Cs	Ba	*	Hf	Ta	W	Re	Os	Ir	Pt	Au	Hg	Tℓ	Pb	Bi	Po	At	Rn
Fr	Ra	**	Rf	Db	Sg	Bh	Hs	Mt	Ds	Rg							

*	La	Ce	Pr	Nd	Pm	Sm	Eu	Gd	Tb	Dy	Ho	Er	Tm	Yb	Lu
**	Ac	Th	Pa	U	Np	Pu	Am	Cm	Bk	Cf	Es	Fm	Md	No	Lr

Assim, quem conseguiu alcançar o elemento procurado foi:
a) Ana.
b) Bruno.
c) Célia.
d) Décio.
e) Elza.

40. (Uespi) Os cloratos são agentes oxidantes úteis. O clorato de potássio, KCℓO$_3$, por exemplo, é usado como fonte de oxigênio em fogos de artifício e em fósforos. Os elementos que o constituem, na ordem indicada na fórmula acima, pertencem às famílias dos:
a) alcalinoterrosos, halogênios e calcogênios.
b) alcalinos, calcogênios e halogênios.
c) calcogênios, halogênios e alcalinoterrosos.
d) alcalinos, halogênios e calcogênios.
e) alcalinos, gases nobres e calcogênios.

41. (Fatec-SP) Cloro, bromo e iodo são elementos químicos classificados como halogênios. Logo, eles
a) localizam-se no mesmo grupo (ou família) da tabela periódica.
b) estão no mesmo período da tabela periódica.
c) possuem o mesmo número atômico.
d) apresentam mesma eletronegatividade.
e) são isótopos entre si.

42. (Uece-CE) O raciocínio indutivo se desenvolve a partir do que já é conhecido, mas requer uma etapa adicional para descrever o que ainda é desconhecido.

(Jacob Bronowski – *A escalada do homem*).

Foi o raciocínio indutivo que permitiu ao cientista Mendeleiev:

a) sugerir a existência do germânio e do gálio, até então desconhecidos.

b) montar a tabela periódica na ordem crescente de números atômicos.

c) estabelecer a primeira lei periódica conhecida como a lei das oitavas.

d) descobrir, a partir de outros elementos, a estrutura dos gases nobres.

43. (UFG-GO) Catalão, Niquelândia, Crixás e Barro Alto são cidades goianas que têm se destacado nacionalmente pela produção mineral de nióbio, níquel, ouro e cobre, respectivamente. As mesorregiões das cidades goianas e os símbolos dos elementos químicos citados são, respectivamente,

a) Sul Goiano, Noroeste Goiano, Centro Goiano e Norte Goiano – Nb, Ni, Au e Co.

b) Sul Goiano, Norte Goiano, Noroeste Goiano e Centro Goiano – Nb, Ni, Au e Cu.

c) Sul Goiano, Centro Goiano, Norte Goiano e Noroeste Goiano – Nb, Ni, Ag e Cu.

d) Sul Goiano, Norte Goiano, Nordeste Goiano e Centro Goiano – Ni, Nb, Ag e Co.

e) Sul Goiano, Nordeste Goiano, Centro Goiano e Norte Goiano – Ni, Nb, Au e Cu.

44. (Cefet-MG) No Laboratório de Análises Instrumentais do CEFET-MG são analisados vários elementos químicos por meio de técnicas, como a espectroscopia de absorção atômica. Seu uso permite determinar se elementos proibidos pela legislação estão presentes em produtos alimentícios.

Se um alimento contém um elemento químico indesejado de número atômico 24 e massa atômica 52, então a espectroscopia de absorção atômica o identificaria como

a) silício.

b) cromo.

c) telúrio.

d) magnésio.

45. (Uerj) Em uma das primeiras classificações periódicas, os elementos químicos eram organizados em grupos de três, denominados tríades. Os elementos de cada tríade apresentam propriedades químicas semelhantes, e a massa atômica do elemento central equivale aproximadamente à média aritmética das massas atômicas dos outros dois. Observe as tríades a seguir:

Li	Cℓ	S
Na	Br	X
K	I	Te

Com base nos critérios desta classificação, a letra X corresponde ao seguinte elemento químico:

a) O

b) As

c) Se

d) Po

46. (Unicamp-SP) Na década de 1970, a imprensa veiculava uma propaganda sobre um fertilizante que dizia: "contém N, P, K, mais enxofre." Pode-se afirmar que o fertilizante em questão continha em sua formulação, respectivamente, os elementos químicos

a) nitrogênio, fósforo, potássio e enxofre, cujo símbolo é S.

b) níquel, potássio, criptônio e enxofre, cujo símbolo é Ex.

c) nitrogênio, fósforo, potássio e enxofre, cujo símbolo é Ex.

d) níquel, potássio, cálcio e enxofre, cujo símbolo é S.

47. (UFSJ-MG) Leia o texto abaixo.

O programa Globo Ciência que foi ao ar no dia 24 de março de 2012 prestou uma homenagem ao químico Dmitri Mendeleiev, um dos pais da Tabela Periódica. O repórter do programa entrevistou o Professor Ângelo da Cunha Pinto, do Instituto de Química da UFRJ, e lhe fez a seguinte pergunta: "Professor, o que mudou desde a época de Mendeleiev? Os elementos químicos hoje são utilizados em maior quantidade, em maior frequência?". E o Professor respondeu: "Os elementos químicos são praticamente os mesmos, só que naquela época eram conhecidas milhares e milhares de substâncias, e hoje nós conhecemos milhões e milhões de substâncias e esses elementos estão presentes nessas novas substâncias que são produzidas a cada dia". Em relação ao texto, é **correto** afirmar que

a) o professor quis dizer que o número de substâncias conhecidas aumentou devido à descoberta de novos elementos químicos.

b) um grande número de substâncias foi descoberto com o tempo em comparação com os elementos químicos.

c) se os elementos químicos constituem as substâncias, então quanto mais substâncias existirem, novos elementos deverão constituí-las.

d) Mendeleiev descobriu todos os elementos químicos e organizou-os de acordo com suas propriedades na Tabela Periódica.

CAPÍTULO 9
Propriedades dos grupos da Tabela Periódica

Neste capítulo

1. Propriedades químicas e físicas dos grupos da Tabela Periódica.
2. Propriedades periódicas e aperiódicas.

As mudanças de fase da Lua são periódicas. A montagem fotográfica acima mostra a Lua sobre a catedral de Brasília (DF) em diferentes dias.

A Tabela Periódica é uma ferramenta de estudo importante no universo da Química. Ela fornece informações de como os elementos químicos se comportam.

Mas por que o termo "periódica" está associado a uma tabela de elementos? Esse termo indica algo que se repete de maneira regular. No cotidiano, é mais fácil relacionar algo periódico com o que ocorre em intervalos regulares de tempo. Por exemplo, um jornal pode ter periodicidade diária, semanal ou mensal. Uma revista tem periodicidade semanal, quinzenal ou mensal. As fases da Lua (nova, minguante, crescente e cheia) ocorrem em períodos de aproximadamente uma semana e se repetem com o passar do tempo. Fora da esfera temporal, pode-se dizer que ladrilhos em uma calçada muitas vezes formam um desenho periódico.

Neste capítulo você vai estudar por que os elementos químicos apresentam propriedades que se repetem periodicamente em uma linha (período) da Tabela Periódica. Essa previsibilidade permite tirar conclusões a respeito do comportamento de um elemento desconhecido. Foi exatamente isso que permitiu a Mendeleiev predizer as propriedades do gálio (elemento de símbolo Ga e número atômico 31) antes mesmo de ele ser isolado e submetido à análise.

1. Propriedades químicas e físicas dos grupos da Tabela Periódica

Os cientistas sempre procuraram por regularidades na natureza. No século XIX, vários deles tentaram conceber um sistema de classificação no qual os elementos químicos fossem organizados de acordo com características semelhantes.

Como visto no capítulo anterior, a Tabela Periódica de Mendeleiev é organizada em linhas verticais (grupos) e linhas horizontais (períodos). Em um mesmo grupo estão presentes os elementos que apresentam regularidade na variação de propriedades físicas e químicas.

O número atômico é a propriedade que direciona a organização da Tabela Periódica. Para o átomo neutro de um elemento químico, o número de elétrons é igual ao seu número atômico.

A periodicidade de propriedades dos elementos depende de uma série de fatores e não pode ser atribuída isoladamente a uma única causa.

Para os elementos representativos, em um mesmo grupo a semelhança entre as propriedades pode ser atribuída à igualdade no número de elétrons em sua camada mais externa, chamada de **camada de valência**.

Contudo, não apenas os elétrons na camada de valência devem ser considerados. A força de atração entre o núcleo e esses elétrons da última camada é também um fator muito importante para a determinação das propriedades químicas. Assim, o número atômico é de grande importância para a definição das características de um elemento.

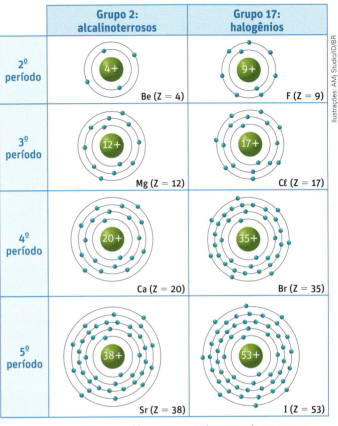

Observe que os elementos de um mesmo grupo têm igual número de elétrons na camada de valência. Os do grupo 2 (alcalinoterrosos) apresentam dois elétrons nessa camada, e os do grupo 17, sete elétrons. Representação fora de escala e em cores-fantasia.

As propriedades dos elementos do sistema periódico estão relacionadas aos **elétrons na camada de valência** e ao **número atômico**. Em espécies isoeletrônicas de elementos diferentes, os núcleos apresentam diferentes números atômicos. Nessas espécies o núcleo que contiver maior número de prótons atrairá mais fortemente os elétrons da camada de valência do que o núcleo que apresentar menor número atômico. Assim, espécies isoeletrônicas apresentam propriedades físicas e químicas diferentes.

Considere o cátion do sódio (Na^+) e o neônio (Ne), ambos com 10 elétrons. O Na^+ possui número atômico igual a 11 ($Z = 11$) e o Ne possui $Z = 10$. O núcleo do Na^+ atrai mais fortemente os elétrons, pois possui maior número de prótons.

Note, na figura abaixo, que os elétrons do Na^+ estão representados mais próximos do núcleo que os do Ne. Portanto, as propriedades dessas duas espécies isoeletrônicas são diferentes.

Saiba mais

As propriedades dos isótopos

O químico inglês Frederick Soddy (1877-1956) percebeu que átomos de diferentes massas podiam apresentar as mesmas propriedades químicas.

A isotopia foi inicialmente associada a átomos radioativos. Hoje, sabe-se também que ela está presente em átomos de elementos estáveis.

Das três partículas subatômicas estudadas (prótons, nêutrons e elétrons), pode-se dizer que o número de prótons corresponde à impressão digital do elemento químico, ou seja, as características de cada elemento são únicas em consequência do número atômico.

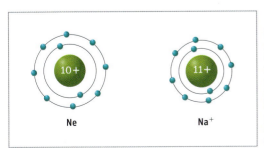

O Ne é isoeletrônico do Na^+. Apesar de terem o mesmo número de elétrons (dois na primeira camada e oito na de valência), o Ne e o Na^+ apresentam propriedades químicas e físicas distintas por causa da diferença de número atômico. Representação fora de escala e em cores-fantasia.

153

Atividades

1. Como o número atômico (Z) se relaciona com o número de elétrons do átomo de um elemento químico na Tabela Periódica?

2. Elementos de um mesmo grupo possuem propriedades semelhantes. O que deve ser observado para a descrição das propriedades dos elementos?

3. Localize na Tabela Periódica quatro elementos que só tenham elétrons nos quatro primeiros níveis de energia. Em seguida, classifique esses elementos como metais e não metais.

4. Alguns grupos da Tabela Periódica recebem nomes característicos.
   a) Indique três desses grupos.
   b) Escreva os nomes e os símbolos de alguns elementos que formam esses grupos.

5. Indique os grupos e o número de elétrons existentes na camada de valência dos elementos carbono (Z = 6), bromo (Z = 35), rádio (Z = 88), césio (Z = 55) e fósforo (Z = 15).

6. Nas figuras abaixo estão representadas as camadas eletrônicas de três elementos.

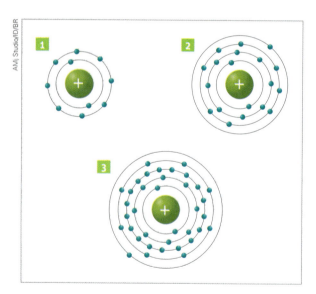

De cada um deles, indique:
   a) o símbolo e o número atômico;
   b) o número de elétrons em cada nível.

7. Escreva a configuração eletrônica em camadas dos seguintes elementos.
   Magnésio (Mg): Z = 12
   Estrôncio (Sr): Z = 38
   Iodo (I): Z = 53
   Em seguida, com base na Tabela Periódica, classifique esses elementos em metais e não metais.

   Localize também o grupo e o período, na Tabela Periódica, em que cada um desses elementos se encontra.

8. Complete a tabela a seguir, registrando o número atômico e o símbolo de cada um dos elementos indicados.

Elemento	Última camada	Elétrons na última camada	Z	Símbolo
1	M	1		
2	P	4		
3	N	8		
4	O	7		

9. Responda.
   a) Se átomos perderem elétrons e formarem cátions, o que acontece com o núcleo desses elementos? Explique.
   b) Qual é o posicionamento do elemento químico cujo átomo é isoeletrônico do Mg^{2+}? Diferencie essas espécies de acordo com suas propriedades.

10. O íon X^{3+} é isoeletrônico do argônio (Z = 18). Consulte a Tabela Periódica e indique o grupo e a família a que pertence o elemento X.

11. Quando o cloro ganha um elétron, transforma-se no íon $C\ell^-$. Indique:
    a) a configuração eletrônica do cloro (Z = 17);
    b) a configuração eletrônica do $C\ell^-$;
    c) o elemento isoeletrônico correspondente ao $C\ell^-$ na Tabela Periódica.

12. Complete as informações da tabela a seguir com auxílio da Tabela Periódica da página 143.

Símbolo	$^{23}Na^+$	$^{31}P^{3-}$		^{197}Au
Prótons			9	28
Nêutrons		10	31	118
Elétrons			26	79
Carga		1−		0

154

2. Propriedades periódicas e aperiódicas

As propriedades **periódicas** dos elementos químicos são as que apresentam valores que crescem ou decrescem em determinados intervalos de números atômicos. Se não há regularidade nessas variações e os valores de uma propriedade só aumentam ou só diminuem com o aumento do número atômico, temos então uma propriedade **aperiódica**.

❯ Raio atômico

O raio atômico é uma propriedade periódica difícil de ser medida. Pode-se considerar que corresponde à metade da distância (d) entre dois núcleos vizinhos de átomos do mesmo elemento químico ligados entre si.

Em um **grupo**, o raio atômico tende a aumentar de cima para baixo (sentido em que aumenta também o número de camadas preenchidas da eletrosfera de um átomo).

Em um **período**, o raio atômico tende a aumentar da direita para a esquerda. Isso ocorre porque o número de prótons e elétrons aumenta para a direita. Logo, no lado direito do período, os átomos têm o mesmo número de camadas, maior número de prótons e elétrons e, portanto, a força de atração entre eles é maior. Isso provoca uma contração da eletrosfera e a consequente diminuição do raio atômico.

Saiba mais

Volume atômico e densidade

O volume atômico e a densidade também podem ser previstos para os elementos da Tabela Periódica.

O volume atômico está relacionado ao espaço que um determinado número de átomos de um elemento ocupa, em três dimensões.

Nos grupos, a sua variação é semelhante à do raio atômico. Nos períodos, a variação não é constante, pois, do centro da tabela em direção aos gases nobres, aumenta o espaçamento entre os átomos.

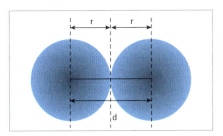

Raio atômico. Representação em cores-fantasia.

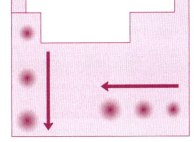

Variação do raio atômico na Tabela Periódica.

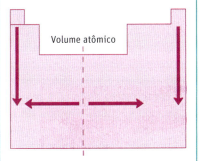

Resumindo: nos grupos, o raio atômico tende a aumentar com o aumento do número atômico. Nos períodos, ele tende a aumentar com a diminuição do número atômico. Essas variações nos grupos e períodos devem ser consideradas apenas tendências, pois não são válidas para alguns elementos químicos.

❯ Raio iônico

Quando um átomo ganha ou perde elétrons, transforma-se em íon. Nessa transformação, há aumento ou diminuição das dimensões do tamanho do átomo inicial.

Cátions: o raio do cátion é menor que o do respectivo átomo porque a saída de elétrons causa uma atração mais intensa entre o núcleo e os elétrons restantes, diminuindo o tamanho da eletrosfera e, consequentemente, o raio do íon.

Ânions: o raio do ânion é maior que o do átomo de origem porque o aumento da quantidade de elétrons diminui a intensidade de atração entre núcleo e elétrons. O acréscimo de elétrons aumenta a repulsão entre eles, o que provoca um aumento no tamanho da eletrosfera e, consequentemente, o raio do íon.

Logo, de modo geral, tem-se:

> raio do cátion < raio do átomo < raio do ânion

Nas espécies **isoeletrônicas**, terá menor raio aquela cujo número atômico for maior, pois isso aumenta a atração entre prótons e elétrons, diminuindo o raio da espécie iônica.

A densidade (d) de qualquer substância é a relação existente entre sua massa (m) e o volume (V) por ela ocupado, ou seja,

$$d = \frac{m}{V}$$

Se o volume atômico aumenta e a massa continua a mesma, a densidade diminui. Nos grupos, apesar do aumento do volume, as massas geralmente aumentam em maior proporção e por isso a densidade também costuma aumentar.

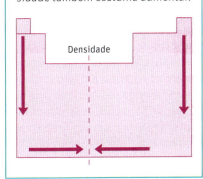

❯ Energia de ionização

A maior ou menor facilidade com que o átomo de um elemento perde elétrons é importante para a determinação do seu comportamento. Um átomo (ou íon) em fase gasosa perde elétron(s) quando recebe energia suficiente. Essa energia é chamada **energia** (ou **potencial**) **de ionização**.

A energia de ionização pode ser medida em elétron-volt (eV) – energia necessária para retirar um elétron de um átomo neutro e isolado no estado gasoso.

$$1\ eV = 1,6 \times 10^{-19}\ J$$

Pode também ser medida em $kJ \cdot mol^{-1}$, ou seja, a energia em kJ para ionizar $6,02 \times 10^{23}$ átomos (1 mol de átomos).

Energia de ionização é uma propriedade periódica que corresponde à energia mínima necessária que deve ser fornecida para que um átomo (ou íon) isolado em fase gasosa perca um elétron.

$$X(g) + energia \longrightarrow X^+(g) + e^-$$

A **primeira energia de ionização** (EI_1) é aquela requerida para remover o primeiro elétron de um átomo isolado em seu estado gasoso.

A energia necessária para remover o segundo elétron é chamada **segunda energia de ionização** (EI_2), e assim por diante, para cada remoção eletrônica adicional.

A primeira energia de ionização é sempre menor que a segunda. Esta, por sua vez, é sempre menor que a terceira, e assim por diante. Isso ocorre porque, com a perda de elétrons, o íon fica cada vez mais positivo e, portanto, passa a atrair os elétrons com mais força.

Observe, na tabela a seguir, os valores de energia de ionização dos elementos do terceiro período da Tabela Periódica. Para o sódio (Na), a EI_1 é bem menor que a EI_2. Já para o magnésio (Mg), a sua EI_2 é menor que a EI_2 do sódio. Logo, é mais fácil remover o segundo elétron do magnésio que do sódio.

Pela análise dos valores sucessivos para as energias de ionização de um elemento, é possível prever se ele tem facilidade em perder um elétron (e adquirir carga 1+), ou perder dois elétrons (e adquirir carga 2+), etc.

Analisando, por exemplo, a primeira e a segunda energias de ionização do sódio (vide tabela), observa-se que sua segunda energia de ionização ($4\,562\ kJ \cdot mol^{-1}$) é muito superior à primeira ($496\ kJ \cdot mol^{-1}$). Isso indica que seria necessário fornecer muito mais energia para tirar dois elétrons do sódio do que para tirar apenas um. Os átomos de sódio, na natureza, são encontrados com carga 1+. O magnésio, por sua vez, tem as duas primeiras energias de ionização (respectivamente 738 e $1\,451\ kJ \cdot mol^{-1}$) muito mais baixas que a terceira ($7\,733\ kJ \cdot mol^{-1}$). Esses valores permitem concluir que, para retirar três elétrons do magnésio, seria necessário fornecer uma energia relativamente alta. Por esse motivo, o magnésio é encontrado, na natureza, com carga 2+. Por apresentarem a primeira energia de ionização alta (da ordem de $1\,000\ kJ \cdot mol^{-1}$), o fósforo, o enxofre e o cloro não são encontrados na natureza com carga positiva.

Os elementos representativos têm, em geral, tendência em adquirir a configuração eletrônica do gás nobre mais próximo. Alguns átomos adquirem essa configuração eletrônica perdendo elétrons, por terem energia de ionização baixa. Outros, para adquirirem a configuração eletrônica do gás nobre mais próximo, precisam receber elétrons (estes têm energia de ionização alta e são classificados como **ametais**).

Na Tabela Periódica, a primeira energia de ionização cresce de baixo para cima nos grupos e da esquerda para a direita nos períodos. Isso porque quanto maior o raio atômico, menor é a primeira energia de ionização – maior raio atômico implica menor força de atração entre o núcleo e a camada de valência.

Valores aproximados de Energias de Ionização Sucessivas em $kJ \cdot mol^{-1}$ para o terceiro período da Tabela Periódica

Elemento	EI_1	EI_2	EI_3
Na	496	4 562	6 010
Mg	738	1 451	7 733
Aℓ	578	1 817	2 745
Si	786	1 577	3 231
P	1 012	1 903	2 912
S	1 000	2 251	3 361
Cℓ	1 251	2 297	3 822

Fontes de pesquisa: Chemicool (em inglês). Disponível em: <http://www.chemicool.com/elements/>. Acesso em: 29 maio 2014.
RSC (em inglês). Disponível em: <http://www.rsc.org/periodic-table>. Acesso em: 29 maio 2014.

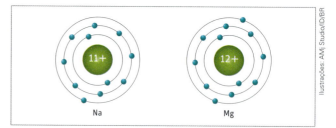

Representação fora de proporção e em cores-fantasia do sódio e do magnésio.

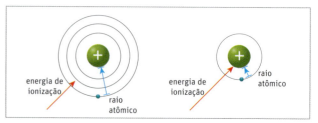

Energia de ionização *versus* raio atômico. Representação fora de proporção e em cores-fantasia.

◘ Afinidade eletrônica (AE)

Os átomos podem **ganhar elétrons**, e esse processo ocorre, em geral, com liberação de energia.

Afinidade eletrônica é a energia liberada quando um átomo (isolado e no estado gasoso) recebe um elétron.

$$X(g) + e^- \longrightarrow X^-(g) + energia$$

A afinidade eletrônica é difícil de ser medida. Foram determinadas as afinidades eletrônicas apenas para alguns elementos químicos. Sua variação ao longo da Tabela Periódica, com algumas exceções, é semelhante à da energia de ionização, ou seja, cresce com a diminuição do raio atômico.

◘ Eletronegatividade

Quando dois átomos estão ligados, há interação elétrica de atração entre os núcleos dos átomos e os elétrons da última camada de ambos. A eletronegatividade está relacionada à tendência que o núcleo de um átomo tem de atrair os elétrons envolvidos numa ligação. Quanto maior for essa tendência de atração, maior a eletronegatividade do elemento.

A **eletronegatividade** é, portanto, uma grandeza que corresponde à capacidade que o átomo de um elemento possui de atrair elétrons da ligação quando combinado com outro átomo. O átomo que atrai esses elétrons com mais intensidade é mais eletronegativo. Aquele que os atrai com menos intensidade é menos eletronegativo.

Na Tabela Periódica, a **eletronegatividade** apresenta uma tendência a aumentar de baixo para cima em um grupo e da esquerda para a direita em um período, assim como a energia de ionização.

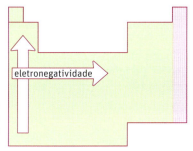

Variação da eletronegatividade na Tabela Periódica. Os gases nobres estão em outra cor para destacar sua elevada dificuldade de se combinar com outros átomos.

Saiba mais

Temperaturas de fusão e ebulição

Como já vimos, a temperatura de fusão é definida como a temperatura em que determinado material passa do estado sólido ao líquido.

A temperatura de ebulição, por sua vez, corresponde à máxima temperatura em que um material pode existir na fase líquida sob determinada pressão.

Na Tabela Periódica, tanto nos grupos como nos períodos, a tendência de variação segue o esquema abaixo.

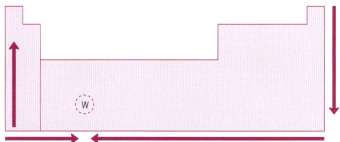

O tungstênio, elemento em destaque, é o metal de maior temperatura de fusão (3 422 °C), o que explica o seu uso no filamento de lâmpadas incandescentes.

Saiba mais

Escalas de eletronegatividade

Em 1811, com a publicação da Teoria eletroquímica, Berzelius utilizou, pela primeira vez, os termos **eletronegatividade** e **eletropositividade** para relacionar a carga elétrica que preponderasse no átomo. Lembre-se de que, para Berzelius, o átomo era um dipolo elétrico, ou seja, possuía tanto carga positiva quanto negativa.

Linus Carl Pauling (1901-1994), por meio de cálculos, propôs em 1931 a primeira escala de eletronegatividade. Nela, o cientista considera para o cálculo a energia de ligação de moléculas binárias isoladas (A-B, A-A e B-B). É por essa razão que a ilustração ao lado (Variação da eletronegatividade na Tabela Periódica) desconsidera os gases nobres, pois eles não se combinavam entre si e, naquela época, não era possível produzir compostos formados por gases nobres.

Outros cientistas propuseram escalas diferentes, como Robert Sanderson Mulliken (1896-1986), que, em 1934, sugeriu uma escala de eletronegatividade absoluta, na qual considerava a energia de ionização e a afinidade eletrônica do elemento. Nesta escala, o neônio — um gás nobre — era o elemento mais eletronegativo da Tabela Periódica. Para Pauling, o flúor seria o elemento mais eletronegativo.

Em 1958, Albert Louis Allred (1894-1990) e Eugene George Rochow (1909-2002) propuseram uma escala que considerava para o cálculo a força eletrostática de um elétron na camada de valência.

Todas essas escalas são aceitas e têm sua aplicação em determinada área de atuação. A escala de Pauling, por exemplo, é mais adequada para explicar e prever as propriedades físicas de compostos, como a solubilidade e a temperatura de fusão.

Atividades

13. Responda.
  a) O raio atômico é baseado em qual característica do átomo? Por quê?
  b) De modo geral, como varia o raio atômico na Tabela Periódica?

14. Localize na Tabela Periódica os elementos carbono, lítio e flúor e coloque-os em ordem crescente de raio atômico. Descreva o critério usado para a escolha da sua resposta.

15. Encontre agora os elementos berílio, estrôncio e rádio e coloque-os em ordem decrescente de raio atômico. Descreva o critério usado para a escolha da sua resposta.

16. a) Qual é a principal diferença entre os termos "afinidade eletrônica" e "energia de ionização"?
  b) De modo geral, como essas propriedades variam na Tabela Periódica?

17. Para cada uma das equações a seguir, identifique a propriedade relacionada.
  a) $A + energia \rightarrow A^+ + 1$ elétron
  b) $B + 1$ elétron $\rightarrow B^- + energia$

18. Diferencie os termos:
"afinidade eletrônica" e "eletronegatividade".

19. Explique o fato de a EI_1 ser sempre menor que a EI_2.

20. Coloque em ordem crescente de tamanho dos átomos os seguintes elementos pertencentes ao 4º período: Se (Z = 34); Br (Z = 35); Ca (Z = 20); K (Z = 19).

21. Coloque em ordem crescente de energia de ionização os metais alcalinoterrosos (elementos do grupo 2).

22. a) Indique o número de elétrons existentes na camada de valência e o número de níveis eletrônicos para os seguintes elementos: flúor, potássio, cálcio e enxofre.
  b) Coloque-os em ordem crescente de raio atômico.

23. Diga qual dessas espécies possui maior tamanho e justifique sua resposta.
  a) Um átomo de oxigênio (O).
  b) Um íon óxido (O^{2-}).
  c) Um íon oxigênio (O^+).

24. As energias de ionização para o carbono são apresentadas na tabela a seguir. O que se pode dizer de seus valores?

	Carbono
EI_1 (kJ · mol^{-1})	1 086
EI_2 (kJ · mol^{-1})	2 353
EI_3 (kJ · mol^{-1})	4 620
EI_4 (kJ · mol^{-1})	6 223
EI_5 (kJ · mol^{-1})	37 831

Fonte de pesquisa disponível em: <http://www.rsc.org/periodic-table/element/6/carbon>. Acesso em: 29 maio 2014.

25. Observe os valores para a EI_1 e a EI_2 dos elementos do grupo 1 da Tabela Periódica. Que tipo de observação se pode fazer?

	EI_1	EI_2
Li (kJ · mol^{-1})	520	7 298
Na (kJ · mol^{-1})	496	4 562
K (kJ · mol^{-1})	419	3 051
Rb (kJ · mol^{-1})	403	2 632
Cs (kJ · mol^{-1})	376	2 234
Fr (kJ · mol^{-1})	384	2 123

Fonte de pesquisa disponível em: <http://www.chemicool.com/elements/>. Acesso em: 29 maio 2014.

26. Entre os elementos do terceiro período, qual deles tem maior raio atômico? Justifique.

27. O texto abaixo descreve algumas fontes, propriedades e aplicações do elemento alumínio.

> [...] Esse metal faz parte da composição de grande número de rochas e pedras preciosas; entre as primeiras cabe mencionar, graças a seu interesse mineralógico ou metalúrgico, os feldspatos, as micas, a turmalina, a bauxita e a criolita. Entre as pedras preciosas, aquelas que apresentam um maior teor de alumínio são o coríndon, as safiras e os rubis.
>
> O alumínio possui altos índices de condutividade elétrica, e não se altera em contato com o ar ou em presença de água, graças a uma fina capa de óxido que o protege de ataques do meio ambiente. Apresenta, entretanto, elevada reatividade quando em contato com outros elementos: em presença de oxigênio, sofre reação de combustão, liberando grande quantidade de calor, e, ao combinar-se com halogênios (cloro, flúor, bromo e iodo) ou com o enxofre, produz imediatamente os respectivos haletos e sulfetos de alumínio. [...]

Disponível em: <http://tabela.oxigenio.com/outros_metais/elemento_quimico_aluminio.htm>. Acesso em: 29 maio 2014.

As quatro energias de ionização do alumínio, em kJ/mol, são:

$E_1 = 578$

$E_2 = 1\ 817$

$E_3 = 2\ 744$

$E_4 = 11\ 477$

Fonte de pesquisa disponível em: <http://www.rsc.org/periodic-table/element/13/aluminium>. Acesso em: 15 fev. 2013.

Justifique, com base nas energias de ionização acima, a carga 3+ encontrada para o alumínio nas condições ambientes.

Atividade experimental

Propriedades periódicas e aperiódicas — construção e interpretação de gráficos

Objetivo
Elaborar e interpretar gráficos.

Material
- folha A4 de papel milimetrado
- lápis, borracha e régua
- tabelas de dados de propriedades periódicas e aperiódicas (podem ser tabelas de raio atômico, densidade, afinidade eletrônica, etc.)

Procedimento
1. Utilize uma das tabelas de dados fornecida pelo professor e localize os maiores e os menores valores das grandezas que você utilizará para traçar seu gráfico.
2. Calcule a diferença entre o maior e o menor valor de cada grandeza. Este será o número mínimo de unidades que deverá caber no eixo escolhido.
3. Divida as linhas de sua folha de papel de forma que todos os valores caibam nesta folha e inicie a marcação.

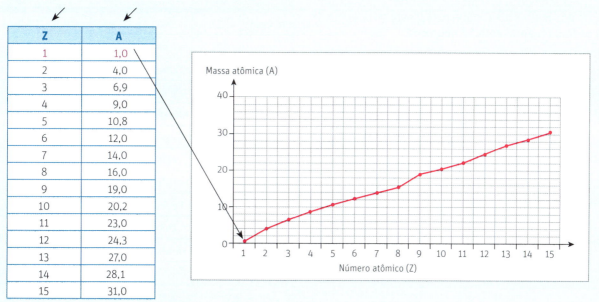

Z	A
1	1,0
2	4,0
3	6,9
4	9,0
5	10,8
6	12,0
7	14,0
8	16,0
9	19,0
10	20,2
11	23,0
12	24,3
13	27,0
14	28,1
15	31,0

Analise e discuta
1. Observe o seu gráfico e os dos colegas. Faça uma classificação dos gráficos pelo tipo de curva obtida como resultado.
2. Quais propriedades são representadas pelas curvas?
3. Qual é o significado da palavra "periodicidade"?
4. Qual(is) propriedade(s) representada(s) pelos gráficos pode(m) ser considerada(s) aperiódica(s), isto é, não é(são) afetada(s) pela mudança de período do elemento na Tabela Periódica?
5. Quais propriedades são periódicas? Por quê?
6. Quais motivos você considera importantes para que a tabela dos elementos químicos tenha a forma apresentada?

159

Questões globais

28. Que tipo(s) de informação(ões) deve(m) ser fornecida(s) a respeito do átomo de um elemento químico para que se possam tirar conclusões sobre suas propriedades?

29. É possível haver íons com o mesmo número de elétrons que átomos neutros?

30. Suponha que os átomos pudessem ser observados a olho nu e você precisasse fazer a medida do tamanho de átomos de diferentes elementos.

a) Que tipo de informação seria mais útil para se ter uma ideia do tamanho do átomo de um elemento em relação aos átomos de outros elementos?

b) Que tipo de correlação existe entre o tamanho do átomo e o número atômico?

31. Descreva o que acontece com o tamanho de um átomo de um elemento químico quando este:

a) ganha elétrons;

b) perde elétrons.

32. Um átomo de um elemento M, pertencente à família dos metais alcalinoterrosos, está situado no 3° período e apresenta 12 nêutrons.

a) Determine seu número atômico (Z) e seu número de massa (A).

b) Indique se seu raio atômico será maior ou menor que o átomo do elemento localizado acima no mesmo grupo.

c) Os metais alcalinoterrosos formam cátions com carga 2+. Indique se o raio iônico de um átomo desse grupo será maior ou menor que o raio atômico.

33. Entre os metais alcalinos e alcalinoterrosos pertencentes ao mesmo período, qual tem o maior raio atômico? Justifique.

34. Explique por que um átomo com alta afinidade eletrônica apresenta alta eletronegatividade.

35. Um cientista precisa estudar as propriedades do flúor. No entanto, a sua única fonte de informações é a Tabela Periódica. Quais propriedades o cientista pode deduzir a respeito do elemento em questão?

36. Qual dentre os elementos de cada um dos pares abaixo deve apresentar maiores afinidades eletrônicas?

a) Cℓ ou S

b) Se ou K

c) As ou Br

d) F ou Li

37. Considere as espécies abaixo e coloque-as em ordem crescente de tamanho. Justifique sua resposta, mostrando a configuração eletrônica para cada caso.

- Mg (Z = 12)
- Mg^{2+}
- O (Z = 8)
- O^{2-}

Existem espécies isoeletrônicas entre as apresentadas acima?

38. Com base na posição dos elementos na Tabela Periódica, diga por que o enxofre (S) é mais eletronegativo que o fósforo (P) e menos eletronegativo que o oxigênio (O).

39. Para cada conjunto de átomos, indique a ordem crescente de energia de ionização e explique.

a) Si, Mg e S

b) Cℓ, F e Br

40. Analise as informações da tabela abaixo e responda as questões a seguir.

Elemento químico	Raio atômico (pm)	Elemento químico	Raio atômico (pm)	Elemento químico	Raio atômico (pm)
Hidrogênio	37,5	Boro	79,5	Cálcio	197,4
Lítio	152	Alumínio	143,2	Escândio	162
Sódio	153,7	Carbono	77,2	Titânio	144,8
Berílio	111,3	Silício	117,6	Vanádio	134
Magnésio	159,9	Nitrogênio	71	Cromo	128
Fósforo	110,5	Oxigênio	60,4	Manganês	127
Enxofre	103,5	Flúor	70,9	Ferro	126
Cloro	99,4	Hélio	128	Cobalto	125,3
Argônio	174	Potássio	227,2	Níquel	124,6
Cobre	127,8	Zinco	134	Gálio	122,1
Germânio	122,5	Arsênio	124,5	Selênio	140
Bromo	114,5	Criptônio	189	Rubídio	247,5

Merck. Disponível em: <http://pse.merck.de/merck.php?lang=EN>. Acesso em: 29 maio 2014.

a) Consultando a Tabela Periódica da página 143, construa um gráfico que relacione raio atômico e número atômico.

b) Em seu caderno, faça um esboço da Tabela Periódica e no lugar de cada símbolo coloque o valor correspondente ao raio atômico do elemento. Compare se há alguma regularidade na variação dessa propriedade entre os grupos e entre os períodos.

c) Com base na resposta anterior e nos dados presentes na tabela, você classificaria o raio atômico como uma propriedade periódica ou aperiódica? Justifique sua resposta.

Capítulo 9 ■ Propriedades dos grupos da Tabela Periódica

Ciência, tecnologia e sociedade

Os halogênios e a saúde humana

Texto 1

Muito antes dos debates acirrados sobre cigarro, DDT, amianto, ou o buraco na camada de ozônio, a única controvérsia relacionada à saúde de que a maioria dos americanos tinha ouvido falar era a da fluoretação da água (tratamento da água potável pela adição de flúor). Nos anos 1950, centenas de comunidades espalhadas pelos Estados Unidos se envolveram em calorosas discussões sobre se os fluoretos – compostos iônicos* que contêm o elemento flúor – deveriam ou não ser adicionados aos sistemas de abastecimento de água. De um lado estavam [...] cientistas do governo e das indústrias, que argumentavam que a adição de fluoreto à água potável protegeria os dentes contra as cáries. Do outro, ativistas para quem os riscos da fluoretação haviam sido estudados inadequadamente e a prática equivaleria à medicação compulsória – e, portanto, a uma violação das liberdades civis.

Os defensores dos fluoretos venceram [...]. No entanto, a postura científica atual em relação à fluoretação pode mudar justamente no país onde a prática começou. Em 2006 [...] um comitê do Conselho Nacional de Pesquisa (NRC, na sigla em inglês) [...] concluiu que o atual limite de fluoreto na água potável, indicado pela Agência de Proteção Ambiental (EPA, na sigla em inglês) – 4 miligramas por litro (mg/L) –, deveria ser diminuído por causa dos altos riscos, tanto para crianças como para adultos. Nas crianças, a exposição constante ao fluoreto a 4 mg/L pode descolorir e desfigurar os dentes permanentes – a fluorose dental. Nos adultos, pode aumentar o risco de fraturas ósseas e, possivelmente, de fluorose esqueletal moderada, doença que provoca enrijecimento das articulações. A maior parte da água potável fluoretada contém muito menos fluoreto que o limite indicado pela EPA, mas a situação é inquietante, pois ainda há muita incerteza sobre a quantidade adicional de flúor que ingerimos por meio da alimentação, bebidas e produtos de higiene bucal. [...]

Disponível em: <http://www2.uol.com.br/sciam/reportagens/controversias_sobre_o_fluor.html>. Acesso em: 29 maio 2014.

*Este conceito será trabalhado no capítulo 10 deste volume.

Estação de Tratamento de Água do Guaraú, na Cantareira, São Paulo (SP), 2009.

Texto 2

Antes do desenvolvimento da teoria dos microrganismos como causadores de doenças (1880), acreditava-se que estas eram transmitidas através de odores. A desinfecção, tanto da água de abastecimento como dos esgotos, surgiu como uma tentativa da eliminação desses odores. Existem muitos agentes desinfetantes, mas, em geral, o cloro é o principal produto utilizado na desinfecção de águas de abastecimento. A presença de compostos orgânicos em águas que sofrem o processo de cloração resulta na formação dos tri-halometanos, compostos formados por um átomo de carbono, um de hidrogênio e três de halogênio (cloro, bromo, iodo). Os tri-halometanos são considerados compostos carcinogênicos e sua presença na água deve ser evitada. [...] Entretanto, a substituição do cloro por outro desinfetante no tratamento da água pode trazer mais riscos do que benefícios, considerando-se que a diminuição da incidência de doenças transmissíveis pela água somente foi alcançada com a difusão do emprego da técnica de cloração.

MEYER, S. T. Disponível em: <http://www.scielo.br/scielo.php?script=sci_arttext&pid=S0102-311X1994000100011>. Acesso em: 29 maio 2014.

Analise e discuta

1. Reflita sobre a importância do tratamento da água nas cidades. Compare suas conclusões com as de seus colegas.
2. Você acha que as águas em nosso país são bem cuidadas?
3. A cidade na qual você mora tem estação de tratamento de água?

Esquema do capítulo

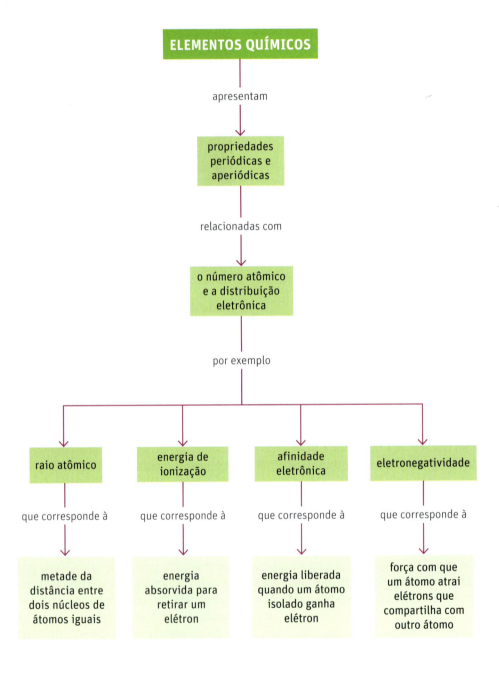

Vestibular e Enem

41. (Fuvest-SP) O número de elétrons do cátion X^{2+} de um elemento X é igual ao número de elétrons do átomo neutro de um gás nobre. Esse átomo de gás nobre apresenta número atômico 10 e número de massa 20. O número atômico do elemento X é:

a) 20   b) 12   c) 8   d) 18   e) 10

42. (UFSM-RS) A alternativa que reúne apenas espécies isoeletrônicas é:

a) $_7N^{3-}$, $_9F^-$, $_{13}A\ell^{3+}$

b) $_{16}S^0$, $_{17}C\ell^-$, $_{19}K^+$

c) $_{10}Ne^0$, $_{11}Na^0$, $_{12}Mg^0$

d) $_{20}Ca^{2+}$, $_{38}Sr^{2+}$, $_{56}Ba^{2+}$

e) $_{17}C\ell^-$, $_{35}Br^-$, $_{53}I^-$

43. (UFMS) Com relação às propriedades periódicas, é **correto** afirmar que, num mesmo período, os não metais, quando comparados aos metais,

(01) são menos eletronegativos e têm menores raios atômicos.

(02) são menos eletronegativos e têm iguais raios atômicos.

(04) são mais eletronegativos e têm menores raios atômicos.

(08) têm maiores raios atômicos e são mais eletronegativos.

(16) têm menores raios atômicos e menores energias de ionização.

Dê como resposta a soma dos números associados às afirmações corretas.

44. (UFMG) A maioria dos elementos químicos são metais. Comparando-se as características de metais e de não metais situados em um mesmo período da Tabela Periódica, é **correto** afirmar que os átomos de metais têm:

a) menores tamanhos.

b) maior eletronegatividade.

c) menor número de elétrons de valência.

d) maiores energias de ionização.

45. (UFPel-RS) Tanto os compostos de cálcio como os de magnésio podem ser utilizados no tratamento da osteoporose. Com relação a esses elementos, pode-se afirmar que apresentam semelhança quanto ao:

a) número de camadas.

b) número de elétrons na última camada.

c) valor de eletropositividade.

d) valor de raio atômico.

e) valor de ponto de fusão e ebulição.

46. (UFC-CE) O efeito fotoelétrico consiste na emissão de elétrons provenientes de superfícies metálicas, através da incidência de luz de frequência apropriada. Tal fenômeno é diretamente influenciado pelo potencial de ionização dos metais, os quais têm sido largamente utilizados na confecção de dispositivos fotoeletrônicos, tais como: fotocélulas de iluminação pública, câmeras fotográficas, etc. Com base na variação dos potenciais de ionização dos elementos da Tabela Periódica, assinale a alternativa que contém o metal mais suscetível a exibir efeito fotoelétrico.

a) Fe   c) Cs   e) Ca

b) Hg   d) Mg

47. (UFPI) Os elementos carbono (C) e chumbo (Pb), embora pertencentes ao mesmo grupo da Tabela Periódica, apresentam característica, respectivamente, de ametal e metal. A propriedade periódica que justifica essa observação é:

a) densidade.

b) dureza química.

c) energia de ionização.

d) polaridade.

e) energia reticular.

48. (Ufal) A tabela seguinte fornece valores de eletronegatividade de quatro elementos químicos, todos do terceiro período da Tabela Periódica.

Elemento	Eletronegatividade (escala de Pauling)
I	3,16
II	0,93
III	1,31
IV	2,58

Um desses elementos é o cloro e outro é o enxofre, que estão representados, respectivamente, por:

a) I e II.   d) II e IV.

b) I e III.   e) III e IV.

c) I e IV.

49. (UFPE) A eletronegatividade e o raio atômico dos elementos são duas propriedades periódicas, e portanto importantes para a previsão das características químicas dos compostos. Os primeiros cinco elementos do grupo 2 (metais alcalinoterrosos) são: Be, Mg, Ca, Sr e Ba, em ordem crescente do número atômico. Com o aumento do número atômico ao longo do grupo, podemos afirmar que:

a) a eletronegatividade e o raio atômico crescem.

b) a eletronegatividade cresce e o raio atômico decresce.

c) a eletronegatividade e o raio atômico decrescem.

d) a eletronegatividade decresce e o raio atômico cresce.

e) a eletronegatividade se mantém, enquanto o raio atômico cresce.

163

Vestibular e Enem

50. (UFRN) O sódio é uma substância extremamente reativa e perigosa, podendo pegar fogo em contato com o ar:

$$4\,Na(s) + O_2(g) \longrightarrow 2\,Na_2O(s)$$

e reagir violentamente com a água:

$$2\,Na(s) + 2\,H_2O(\ell) \longrightarrow 2\,NaOH(s) + H_2(g)$$

É um elemento químico considerado essencial à vida humana. Quando combinado a outras substâncias, é utilizado, por exemplo, na produção de papel, de sabão e no tratamento de águas.

Considerando-se as propriedades periódicas do *sódio*, é **correto** afirmar que ele é um metal:

a) alcalinoterroso, de alta afinidade eletrônica.

b) alcalino, de alta energia de ionização.

c) alcalino, de baixa afinidade eletrônica.

d) alcalinoterroso, de baixa energia de ionização.

51. (UFT-TO) Analise as proposições a seguir, com relação às propriedades periódicas dos elementos químicos:

I. A eletronegatividade é a força de atração exercida sobre os elétrons de uma ligação, e relaciona-se com o raio atômico de forma diretamente proporcional, pois a distância núcleo-elétrons da ligação é menor.

II. A eletroafinidade é a energia liberada quando um átomo isolado, no estado gasoso, captura um elétron; portanto, quanto menor o raio atômico, menor a afinidade eletrônica.

III. Energia (ou potencial) de ionização é a energia mínima necessária para remover um elétron de um átomo gasoso e isolado, em seu estado fundamental.

IV. O tamanho do átomo, de modo geral, varia em função do número de níveis eletrônicos (camadas) e do número de prótons (carga nuclear).

É **correto** o que se afirma em:

a) apenas I, III e IV.   c) apenas I e II.

b) apenas III e IV.   d) apenas II e IV.

52. (PUC-RS) Na montagem de um automóvel, geralmente são usados vários metais e ligas metálicas, como, por exemplo, ferro, na forma de aço, na lataria; cobre, nos fios elétricos; ligas de alumínio, magnésio e outros metais, nas rodas; chumbo, na bateria; níquel, nos adornos e acabamentos metálicos, entre outros. Em relação aos metais citados, é **correto** afirmar que

a) magnésio e alumínio estão no mesmo grupo da tabela periódica.

b) ferro, cobre e níquel são elementos representativos e estão no mesmo período da tabela periódica.

c) o chumbo tem maior ponto de fusão do que os demais elementos.

d) o cobre é menos denso do que o alumínio.

e) o magnésio tem símbolo Mg e é o mais eletropositivo.

53. (UFTM-MG) O Brasil é o maior produtor de nióbio do mundo, com produção aproximada de 80 mil toneladas em 2010, o que corresponde a 96% do total mundial. Minas Gerais é o principal estado brasileiro produtor de nióbio. O consumo de nióbio deve aumentar no futuro, especialmente devido à sua aplicabilidade em práticas industriais sustentáveis. O ferro-nióbio pode, por exemplo, ser usado na produção de carros mais leves, que consomem menos combustível.

(www.ibram.org.br. Adaptado.)

Quanto às propriedades do nióbio, podemos afirmar que a sua primeira energia de ionização e seu raio atômico, quando comparados aos do ferro, são, respectivamente,

a) maior e maior, e o nióbio localiza-se no quarto período da classificação periódica.

b) maior e maior, e o nióbio localiza-se no quinto período da classificação periódica.

c) maior e menor, e o nióbio localiza-se no quinto período da classificação periódica.

d) menor e maior, e o nióbio localiza-se no quinto período da classificação periódica.

e) menor e menor, e o nióbio localiza-se no quarto período da classificação periódica.

54. (UFCG-PB) O efeito fotoelétrico consiste na emissão de elétrons provenientes de superfícies metálicas, através da incidência de luz de frequência apropriada. Tal fenômeno é inversamente proporcional ao potencial de ionização dos metais, os quais têm sido largamente utilizados na confecção de dispositivos fotoeletrônicos, tais como: fotocélulas de iluminação pública, câmeras fotográficas, etc. Com base nestas informações, assinale a alternativa que representa o metal mais susceptível a exibir o efeito fotoelétrico.

a) Fe

b) Hg

c) Cs

d) Mg

e) Ca

55. (Uerj) Os metais formam um grupo de elementos químicos que apresentam algumas propriedades diferentes, dentre elas o raio atômico. Essa diferença está associada à configuração eletrônica de cada um. A ordenação crescente dos metais pertencentes ao terceiro período da tabela periódica, em relação a seus respectivos raios atômicos, está apontada em:

a) alumínio, magnésio e sódio

b) sódio, magnésio e alumínio

c) magnésio, sódio e alumínio

d) alumínio, sódio e magnésio

Para explorar

Livros

- *A colher que desaparece*: e outras histórias reais de loucura, amor e morte a partir dos elementos químicos, de Sam Kean. Rio de Janeiro: Jorge Zahar, 2011.
  O autor narra de maneira engraçada curiosidades sobre cientistas e a trajetória das descobertas dos elementos químicos.

- *O sonho de Mendeleiev*: a verdadeira história da química, de Paul Strathern. Rio de Janeiro: Jorge Zahar Editor, 2002.
  O autor relata, de forma bem-humorada e descontraída, a história dos elementos químicos, desde os físicos gregos até a fissão do átomo.

- *O reino periódico*, de Peter William Atkins. Rio de Janeiro: Rocco, 1996.
  Peter Atkins transforma a Tabela Periódica – uns dos conceitos mais importantes em Química – em um guia de viagem a um país imaginário – o reino periódico. Para ele, os elementos foram descobertos de maneira similar às terras do mundo e também possuem sua própria história. Conhecer essa tabela é fundamental para quem deseja compreender o mundo e os elementos químicos.

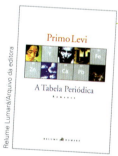

- *A Tabela Periódica*, de Primo Levi. Rio de Janeiro: Relume Dumará, 2003.
  Texto autobiográfico do químico e escritor italiano Primo Levi, sobrevivente do campo de concentração de Auschwitz durante a Segunda Guerra Mundial. Essa obra foi considerada o melhor livro de Ciências de todos os tempos para o grande público, segundo a Royal Institution of Great Britain. Os capítulos conduzem o leitor a casos vividos pelo autor em sua profissão. Cada capítulo tem o nome de um dos elementos da Tabela Periódica.

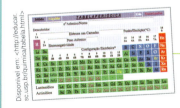

Sites

- <http://educar.sc.usp.br/quimica/tabela.html>. Acesso em: 27 mar. 2014.
  Este *site* do Departamento de Química da Universidade de São Paulo (USP) traz uma tabela periódica interativa, de fácil navegação, com informações importantes sobre cada elemento químico.

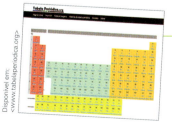

- <http://www.tabelaperiodica.org/>. Acesso em: 27 mar. 2014.
  Este portal da Universidade Federal do Pampa (Unipampa) fornece uma Tabela Periódica interativa, de fácil consulta, com informações relevantes sobre os elementos químicos.

Produtos químicos domésticos
Cuidados na compra, armazenagem e uso

■ O que você irá fazer

Você e seus colegas organizarão um encontro na escola para orientar as pessoas sobre os cuidados na compra, armazenagem e uso de produtos químicos domésticos.

O encontro contará com uma palestra de abertura e uma exposição de painéis.

Para organizar esse evento, você e seus colegas serão divididos em oito equipes para o cumprimento das seguintes etapas.

1. Convidar um profissional da Química ou da Saúde para proferir a palestra de abertura.
2. Preparar cartazes para a divulgação do encontro.
3. Fazer painéis para exposição.
4. Produzir um folheto informativo.
5. Preparar listas de presença e certificados de participação.

■ Desenvolvimento do conteúdo

Nesse encontro serão abordados os riscos que produtos químicos domésticos oferecem quando comprados, guardados e usados de forma inadequada.

Na tabela a seguir é sugerido um conjunto de tópicos e de informações básicas relacionadas a cada produto. Com a ajuda do professor, a classe deve discutir se esses itens são relevantes para a comunidade em que vivem ou se será necessário selecionar outros.

Tópicos para observação	O que é preciso informar
Riscos	Precauções para evitar intoxicações, queimaduras, incêndios.
Rotulagem	Informações sobre o produto e os símbolos de alerta.
Compra	O que comprar, de quem comprar.
Armazenagem	Como guardar, onde guardar.
Uso	Como usar, onde usar.

■ Pesquisa

Decididos os tópicos, a classe deverá levantar informações sobre cada um deles. Veja, a seguir, possíveis fontes de pesquisa.

1. Livros técnicos especializados ou artigos de jornais e revistas.
2. Entrevistas com profissionais da Química e da área da Saúde.
3. Páginas da internet. Para fazer esta pesquisa, é preciso selecionar *sites* confiáveis, como os de órgãos públicos, universidades e organizações não governamentais especializadas. Alguns exemplos: Agência Nacional de Vigilância Sanitária; Brasil: Centros Toxicológicos; Instituto Brasileiro de Defesa do Consumidor e Fiocruz.

■ Tratamento das informações

Junto com os colegas e com a ajuda do professor, selecione as informações que estão mais relacionadas a cada um dos cinco tópicos escolhidos. Depois, escolha as que foram mais bem compreendidas e que você e seus colegas gostariam que fossem abordadas no encontro.

■ Organização das ações

> **Equipe 1** — **Elaboração do folheto (fôlder).**
> O folheto deve conter uma síntese das informações sobre cada tópico do encontro. Essas informações podem ser apresentadas em forma de texto ou de ilustrações, fotos, esquemas e gráficos.

> **Equipes 2 a 6** — **Responsáveis pela confecção e apresentação dos painéis.**
> Cada equipe prepara um ou mais painéis sobre um dos tópicos selecionados.
> Por exemplo: a equipe 4 faz o painel (ou painéis) sobre **Riscos**; a equipe 5 sobre **Rotulagem**, e assim por diante.
> Os painéis precisam ser montados **antes** do início do encontro nos locais determinados pela Comissão Organizadora. Após a palestra de abertura, o público é convidado a visitar os painéis, e as equipes responsáveis por eles posicionam-se ao lado de cada um para dar explicações sobre seu trabalho aos visitantes.
> Em cada painel são apresentados textos curtos, que tratam dos conceitos-chave, e imagens grandes, acompanhadas de legendas explicativas.

■ Organização do evento

> **Equipe 7** — **Comissão Organizadora do encontro.**
> Caberá a essa equipe as seguintes tarefas:
> - Escolher o melhor dia e horário para realizá-lo.
> - Escolher e convidar o profissional que fará a palestra de abertura.
> - Providenciar locais para a palestra e a exposição de painéis.
> - Orientar e acomodar o público no dia do encontro.
> - Preparar certificados de participação.
>
> Todas essas tarefas precisam ser discutidas com o professor e com a direção da escola.

> **Equipe 8** — **Elaboração dos cartazes de divulgação do evento.**
> Cada cartaz deve ser confeccionado de modo que chame a atenção do público.
> Deve ser escrito em letras grandes e conter informações como data, horário, local e assuntos a serem tratados no evento.

■ Avaliação do trabalho

Faça com seus colegas uma reunião para avaliação de todo o processo e dos resultados. Um aluno fica responsável pela ata dessa reunião. Veja, a seguir, algumas sugestões de itens para discussão.

1. A organização do trabalho foi boa? O que o grupo mudaria em um próximo encontro?

2. Na opinião da classe, o encontro atingiu os objetivos propostos?

3. A classe acha que o público entendeu a palestra? Ficou interessado no assunto?

4. Os painéis estavam bem confeccionados? O público se interessou pelos assuntos tratados neles?

Distribua uma folha em branco para as pessoas que participaram da palestra e da apresentação e que estejam interessadas em emitir suas opiniões sobre o trabalho.

UNIDADE

5

Interações atômicas e moleculares

Nesta unidade

10 Ligações químicas, características das substâncias iônicas, moleculares e metálicas

11 Geometria molecular

12 Estrutura molecular e propriedades dos materiais: forças intermoleculares

As ligações entre os átomos, a composição das moléculas e sua geometria são importantes para a compreensão das propriedades específicas das substâncias, por exemplo, as da água — substância essencial para que haja vida na Terra.

Por que a geometria angular da água é tão importante para a vida?

Nesta unidade, você vai aprender como os átomos se ligam para formar moléculas e outros agregados atômicos, bem como estudar a geometria e as interações moleculares. Com esses conhecimentos, será possível, além de interpretar propriedades dos materiais, fazer previsões sobre elas.

Efeito causado quando uma gota de água atinge a superfície da água.

168

A água é uma substância com características peculiares que a tornam essencial à existência de vida na Terra. Uma delas é a de ser encontrada nos três estados físicos, o que possibilita o ciclo hidrológico; outra é a de dissolver grande variedade de substâncias necessárias aos seres vivos.

As características da água decorrem de sua constituição. Ela é formada por moléculas, cada qual contendo um átomo central de oxigênio ligado a dois de hidrogênio, dispostos em uma geometria tal que, sem ela, a água não teria as propriedades que a tornam fundamental à vida.

Questões para reflexão

1. A água é uma das muitas substâncias essenciais à sobrevivência humana. Por quê?

2. A fórmula H_2O, apesar de indicar uma estrutura simples, representa uma substância com propriedades muito peculiares. Qual o significado dessa fórmula? Por que a água é denominada "solvente universal"?

3. Átomos de hidrogênio e oxigênio encontram-se unidos por meio de ligações químicas. O que você entende por ligação química?

Tischenko Irina/Shutterstock.com/ID/BR

CAPÍTULO 10
Ligações químicas, características das substâncias iônicas, moleculares e metálicas

Neste capítulo

1. Introdução ao estudo das ligações químicas.
2. Ligação iônica.
3. Ligação covalente.
4. Ligação metálica.

As panelas de alumínio — metal leve e bom condutor — são muito usadas no preparo de alimentos (**A**). O açúcar (**B**) e o sal de cozinha (**C**) são sólidos brancos e se comportam de forma bem diferente quando aquecidos.

A fotografia maior mostra um objeto usado para preparar alimentos: uma panela de alumínio. Se essa panela fosse feita de ferro, você acha que a pessoa que prepara as refeições perceberia alguma diferença no manuseio desse material? Por quê?

O alumínio é um metal muito utilizado pela indústria devido a algumas de suas propriedades, como condutibilidade térmica e elétrica, maleabilidade, baixa densidade, etc. Manusear panelas de alumínio exige menos esforço do que o manuseio de panelas de ferro, devido à maior densidade do ferro.

O sal de cozinha (cloreto de sódio) e o açúcar (sacarose) apresentam algumas propriedades comuns: à temperatura ambiente são sólidos, brancos, solúveis em água. No entanto, o sal de cozinha funde-se a temperaturas superiores a 800 °C. Já o açúcar, quando aquecido, decompõe-se, produzindo, inicialmente, caramelo e, depois, carvão e vapor de água. Que modelo seria adequado para explicar esse comportamento?

Os químicos associam as propriedades dos materiais às ligações entre os átomos que constituem suas unidades fundamentais. Quais são os tipos de ligação química estabelecidos entre os átomos? Como essas ligações estão relacionadas às propriedades dos materiais?

É o que você vai descobrir ao estudar este capítulo.

1. Introdução ao estudo das ligações químicas

Com exceção dos gases nobres, encontrados como átomos isolados na natureza, os átomos dos demais elementos químicos geralmente se encontram combinados, dando origem a inúmeras substâncias químicas. A existência dessas substâncias indica uma tendência natural dos átomos: a de se combinarem uns com os outros.

As unidades fundamentais que compõem uma substância são constituídas por átomos ou íons unidos por meio de ligações químicas. Esses agrupamentos conferem às substâncias propriedades distintas.

Modelo do octeto e estabilidade dos gases nobres

A maioria dos átomos dos **elementos representativos** (elementos dos grupos 1, 2, 13, 14, 15, 16 e 17) tende a apresentar a camada de valência completa quando formam substâncias.

Essa tendência pode ser interpretada pelo **modelo do octeto**, elaborado a partir da observação de que apenas os átomos dos elementos pertencentes à família dos gases nobres são encontrados na natureza como átomos isolados, sem fazer ligação química. Além disso, os átomos de alguns elementos representativos apresentam, quando combinados, configuração eletrônica semelhante à de um gás nobre, com a camada de valência completa.

\multicolumn{8}{c}{Distribuição eletrônica dos gases nobres}
Gás nobre	Nº atômico	\multicolumn{6}{c}{Distribuição dos elétrons por camada}
		1ª	2ª	3ª	4ª	5ª	6ª
He	2	2					
Ne	10	2	8				
Ar	18	2	8	8			
Kr	36	2	8	18	8		
Xe	54	2	8	18	18	8	
Rn	86	2	8	18	32	18	8

Muitos letreiros, como o mostrado na imagem **A**, contêm o gás nobre neônio (Ne), que é formado por átomos isolados. Alguns extintores de incêndio, imagem **B**, utilizam gás carbônico (CO_2) em sua composição. Esse gás é formado pela combinação de átomos de carbono e de oxigênio. Representações em cores-fantasia.

Valência

O termo "valência" foi introduzido em meados do século XIX com o objetivo de explicar a capacidade de combinação dos elementos a partir de regras empíricas. Em linhas gerais, segundo o conceito clássico de valência:

- os elementos químicos eram descritos como **mono**, **di**, **tri** ou **tetravalentes** em razão de sua capacidade de se unirem a um, dois, três ou quatro átomos monovalentes, respectivamente. A valência de um elemento era tradicionalmente relacionada ao número de átomos de hidrogênio (classificado como monovalente) com os quais o elemento podia se combinar. O carbono forma com o hidrogênio o metano (CH_4), sendo classificado como **tetravalente**; já o oxigênio forma a água (H_2O) e é classificado como **divalente**;
- alguns elementos químicos apresentam **valência variável**, como, por exemplo, o nitrogênio (N) e o fósforo (P), que podem apresentar valências 3 e 5. O cloro (Cℓ), por sua vez, pode apresentar valências 1, 3, 5 e 7 em diferentes compostos.

Substâncias iônicas, moleculares e metálicas

As propriedades das substâncias fornecem ferramentas para a elaboração de modelos que permitem correlacionar a estrutura com as propriedades dos materiais.

Veja a tabela a seguir.

Propriedades específicas dos materiais

Substância	Fórmula	TF (°C) a 1 atm	TE (°C) a 1 atm	Condutibilidade elétrica Sólido	Condutibilidade elétrica Líquido
Ouro	Au	1 064	2 856	Bom condutor	Bom condutor
Ferro	Fe	1 538	2 861	Bom condutor	Bom condutor
Cobre	Cu	1 084	2 562	Bom condutor	Bom condutor
Mercúrio	Hg	−39	357	Bom condutor	Bom condutor
Cloreto de sódio	NaCℓ	801	1 465	Mau condutor	Bom condutor
Cloreto de cálcio	CaCℓ$_2$	775	1 935	Mau condutor	Bom condutor
Fluoreto de potássio	KF	858	1 502	Mau condutor	Bom condutor
Sacarose	C$_{12}$H$_{22}$O$_{11}$	185	d*	Mau condutor	Mau condutor
Água	H$_2$O	0	100	Mau condutor	Mau condutor
Cloro	Cℓ$_2$	−101	−34	Mau condutor	Mau condutor
Enxofre	S$_8$	115	445	Mau condutor	Mau condutor

Fonte de pesquisa: LIDE, David R. *CRC Handbook of Chemistry and Physics*. Internet version (87th edition). CRC-Press. Taylor and Francis Group. Florida: Boca Raton, 2007.

* decompõe-se.

Observe os dados sobre a condutibilidade elétrica dos materiais. Essa propriedade está associada à existência de cargas elétricas em movimento.

Os materiais listados na tabela acima podem ser classificados em três grupos distintos, de acordo com sua condutibilidade elétrica: as **substâncias iônicas**, as **substâncias moleculares** e as **substâncias metálicas**.

Saiba mais

Materiais condutores e semicondutores

Além de bons condutores e maus condutores, os materiais podem ser classificados como **semicondutores**, ou seja, apresentam condutibilidade elétrica intermediária entre os metais e os materiais maus condutores.

Os semicondutores diferenciam-se dos condutores pela menor quantidade de elétrons livres em sua estrutura.

Os principais materiais semicondutores utilizados na eletrônica são o germânio (Ge) e o silício (Si).

Há também semicondutores constituídos por alguns tipos de plástico.

Até meados dos anos 1970, ninguém ousaria dizer que algum plástico fosse bom condutor de corrente elétrica.

Hoje, no entanto, são conhecidos tanto polímeros condutores como polímeros semicondutores de eletricidade. São também chamados de **metais sintéticos**. Esses plásticos, cuja descoberta rendeu a três cientistas o prêmio Nobel da Química, em 2000, provavelmente constituirão uma das principais matérias-primas de componentes de aparelhos eletrônicos.

As fotografias mostram as extremidades de um circuito interrompido conectadas por limalha de ferro, em (**A**), e por enxofre em pó, em (**B**). Nota-se que em (**A**) a lâmpada acende, indicando a passagem de corrente elétrica (bom condutor elétrico); o mesmo não ocorre em (**B**), pois o material usado é mau condutor elétrico.

Substâncias iônicas

Na tabela da página 172 há três substâncias iônicas: cloreto de sódio (NaCl), cloreto de cálcio (CaCl$_2$) e fluoreto de potássio (KF). Elas são formadas por cátions e ânions que se atraem mutuamente, constituindo ligações iônicas.

As substâncias iônicas geralmente são sólidas à temperatura ambiente padrão de 25 °C e apresentam altas temperaturas de fusão e ebulição. Quando sólidas, são más condutoras de corrente elétrica, porém a conduzem quando fundidas ou dissolvidas em água.

Substâncias moleculares

As substâncias moleculares apresentadas na tabela da página 172 são: sacarose (C$_{12}$H$_{22}$O$_{11}$), água (H$_2$O), cloro (Cl$_2$) e enxofre (S$_8$). Elas são más condutoras de eletricidade nos estados sólido e líquido.

Ao contrário das substâncias iônicas, que geralmente são sólidas à temperatura ambiente, as substâncias moleculares podem ser encontradas nos estados sólido, líquido e gasoso na temperatura ambiente padrão de 25 °C.

Substâncias metálicas

Na mesma tabela, são exemplos de substâncias metálicas: ouro (Au), ferro (Fe), cobre (Cu) e mercúrio (Hg). Nas substâncias metálicas, os átomos se mantêm unidos por meio de **ligações metálicas**.

As substâncias metálicas têm boa condutibilidade elétrica nos estados sólido e líquido.

Com exceção do mercúrio, que é líquido, os metais são sólidos à temperatura ambiente padrão de 25 °C.

Os metais são dúcteis, ou seja, possuem a capacidade de ser transformados em fios sem se romper.

Saiba mais

Exemplos de duas utilizações do gás cloro

O gás cloro não está entre as substâncias comumente encontradas em nosso dia a dia. Isso pode ser atribuído à facilidade com que reage nas condições ambientes.

É uma substância constituída por aglomerados contendo dois átomos de cloro ligados entre si. É capaz de destruir tecidos vivos e foi utilizado como arma na Primeira Guerra Mundial (1914-1918).

O cloro também apresenta propriedades bactericidas, sendo aplicado em uma das etapas do tratamento de água.

Essas duas aplicações mostram a impossibilidade de se rotular um produto como "bom" ou "ruim". O mesmo gás utilizado para matar pessoas permite a obtenção de água potável, livre de microrganismos causadores de doenças letais.

Para conhecer mais aplicações do gás cloro, acesse os *sites*:
<http://ciencia.hsw.uol.com.br/questao189.htm>;
<http://qnesc.sbq.org.br/online/qnesc17/a13.pdf>.
Acessos em: 29 maio 2014.

Soldado britânico usa máscara para se proteger contra o gás cloro, usado como arma na Primeira Guerra Mundial (1914-1918).

Atividades

1. Cite duas características das substâncias iônicas, metálicas e moleculares.

2. As substâncias X, Y e Z, que são sólidas à temperatura ambiente, apresentam as propriedades físicas resumidas na tabela a seguir.

Substância	X	Y	Z
Condutibilidade elétrica do sólido	Conduz mal	Conduz	Conduz mal
Condutibilidade elétrica no estado líquido (fundido)	Conduz	Conduz	Conduz mal
Condutibilidade elétrica em água	Conduz	Conduz mal	Conduz mal

Identifique quais substâncias são iônicas, metálicas ou moleculares.

3. Considere as seguintes propriedades.
   I. Elevada temperatura de fusão.
   II. Boa condutibilidade elétrica no estado sólido.
   III. Isolante tanto no estado sólido como no líquido.

   Quais dessas propriedades caracterizam:
   a) substâncias metálicas?
   b) compostos iônicos?
   c) substâncias moleculares?

4. As propriedades das substâncias ouro (Au), metano (CH_4) e brometo de sódio (NaBr) estão listadas na tabela abaixo, não necessariamente nessa ordem. Identifique cada substância e justifique sua escolha a partir das propriedades das substâncias metálicas, iônicas e moleculares.

Código	TF (°C)	TE (°C)	Condutibilidade elétrica no estado sólido	Condutibilidade elétrica no estado líquido
A	−182	−161	Mau condutor	Mau condutor
B	993	1 695	Mau condutor	Condutor
C	1 064	2 856	Condutor	Condutor

5. Determinada substância apresenta as seguintes propriedades físico-químicas:
   I. O estado físico mais estável a 25 °C e 1 atm é o sólido.
   II. A condutibilidade elétrica é praticamente nula no estado físico mais estável a 25 °C e 1 atm.
   III. A condutibilidade elétrica é alta no estado líquido.

   Justifique qual(is) das substâncias a seguir pode(m) apresentar todas essas três propriedades: alumínio (Aℓ), brometo de potássio (KBr), iodo (I_2), cloreto de sódio (NaCℓ), ferro (Fe), clorofórmio ($CHCℓ_3$).

6. Um técnico de laboratório estava analisando o comportamento de diferentes materiais quando submetidos a uma tensão elétrica. Para observar o resultado, o técnico instalou uma lâmpada no circuito elétrico que acende se a corrente elétrica passa por todo o circuito. A imagem a seguir ilustra o teste que foi realizado.

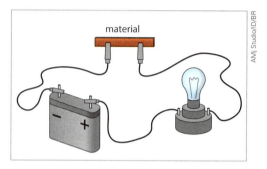

Analise os dados da tabela a seguir e responda ao que se pede.

Material	Resultado	Estado físico
A	não acende	sólido
B	não acende	sólido
C	não acende	sólido
D	não acende	sólido
E	acende	sólido
F	não acende	sólido

a) Com esse teste é possível separar as substâncias em iônicas, moleculares e metálicas? Justifique sua resposta.

b) Sabendo que o técnico utilizou no experimento cloreto de sódio, madeira, cloreto de potássio, gelo, titânio e açúcar, é possível correlacionar algum desses materiais com o(s) resultado(s) obtido(s)? Qual? Justifique sua resposta.

7. Os cabos elétricos utilizados em diversos eletrodomésticos, como televisão, computador, geladeira, máquina de lavar, são formados de pelo menos duas partes representadas a seguir.

Dê uma explicação para se utilizar o plástico ou a borracha para envolver o fio metálico.

174

2. Ligação iônica

Como o próprio nome sugere, a ligação iônica ocorre entre íons. Para que se atraiam, esses íons devem ter cargas opostas, isto é, um deles deve estar na forma de íon positivo (cátion) e o outro, na forma de íon negativo (ânion). O cloreto de sódio é formado pela união de cátions Na^+ e ânions Cl^-.

A ligação iônica é, portanto, resultado da atração eletrostática entre espécies de cargas opostas.

Um sólido iônico é constituído por cátions e ânions dispostos em arranjos organizados com formas geométricas bem definidas, denominados **retículos cristalinos**.

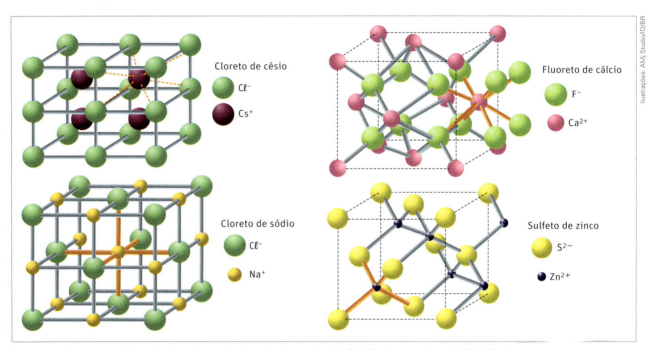

Representação, em cores-fantasia, do retículo cristalino de cloreto de césio (CsCl), de cloreto de sódio (NaCl), de fluoreto de cálcio (CaF_2) e de sulfeto de zinco (ZnS).

O modelo proposto para a estrutura dos sólidos iônicos é capaz de explicar as propriedades dessas substâncias, resumidas na tabela a seguir.

Propriedades dos compostos iônicos	
Propriedade	**Explicação**
Em condições ambientes, são sólidos cristalinos com temperaturas de fusão e ebulição elevadas.	Há forte atração entre cátions e ânions. Para romper o retículo cristalino e provocar a passagem para o estado líquido, muita energia é necessária.
No estado sólido são maus condutores, porém quando líquidos conduzem bem a corrente elétrica.	A estrutura rígida do retículo cristalino não permite a livre movimentação dos íons. No estado líquido, os cátions e os ânions adquirem liberdade de movimento e podem conduzir corrente se submetidos à ação de uma tensão elétrica.

Saiba mais

O modelo explica as propriedades observadas

No retículo cristalino, observa-se um arranjo intercalado de cátions e ânions, os quais se atraem mutuamente. A forte atração eletrostática entre espécies de cargas opostas explica por que a maioria das substâncias iônicas é sólida à temperatura ambiente.

O aumento da temperatura faz que os íons passem a vibrar com maior intensidade até que ocorra o rompimento do retículo, permitindo que as espécies carregadas adquiram movimentos de translação. É esse rompimento do retículo cristalino que caracteriza o processo de fusão.

Fórmula e nomenclatura de substâncias iônicas

O cloreto de sódio é formado por cátions Na^+ e ânions $C\ell^-$, e sua fórmula é representada por $NaC\ell$. Essa fórmula indica a proporção entre os íons positivos e negativos que compõem o retículo cristalino.

A **fórmula química** de um composto iônico representa a proporção expressa pelos menores números possíveis dos cátions e ânions que compõem o retículo cristalino.

O cloreto de cálcio é formado pelos íons Ca^{2+} e $C\ell^-$ e sua fórmula química é dada por $CaC\ell_2$.

Embora formado por espécies eletricamente carregadas, um composto iônico é eletricamente neutro, ou seja, o número de cargas positivas é igual ao número de cargas negativas. Isso explica a fórmula do $CaC\ell_2$. Como o Ca^{2+} possui duas cargas positivas, são necessárias duas cargas negativas (dois íons $C\ell^-$) para neutralizá-las.

Na fórmula, escrevem-se primeiro o símbolo do cátion e, depois, o do ânion. Os números em subscrito indicam a proporção entre os átomos do cátion e os do ânion. O número 1 não precisa ser escrito.

A tabela abaixo apresenta os símbolos e as cargas de alguns íons.

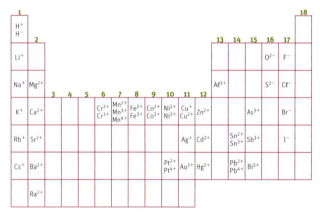

Símbolos e cargas de cátions e ânions.

Os cátions recebem o nome do próprio elemento dos quais derivam. Exemplos: Na^+ (cátion sódio), Ca^{2+} (cátion cálcio).

Observe que alguns elementos formam mais de um cátion. Nesses casos, seus nomes devem ser acrescidos de algarismo romano, entre parênteses, indicando a carga. Exemplos: Cu^+ [cátion cobre(I)], Cu^{2+} [cátion cobre(II)].

A nomenclatura dos ânions simples (formados por um único elemento químico) deriva do nome do elemento acrescido da terminação **eto**. Exemplos: F^- (flu*oreto*: flúor + **eto**), $C\ell^-$ (cl*oreto*: cloro + **eto**). A exceção é o O^{2-} (óxido).

Os nomes dos compostos iônicos são dados da seguinte forma:

nome do ânion de nome do cátion

Assim, a substância cloreto de magnésio é formada pelos íons Mg^{2+} e $C\ell^-$. Logo, sua fórmula é **$MgC\ell_2$**.

$FeC\ell_3$ é a fórmula da substância denominada cloreto de ferro(III), formada pelos íons Fe^{3+} e $C\ell^-$.

Íons poliatômicos ou polinucleares

Algumas substâncias iônicas apresentam íons formados por mais de um elemento químico. Um exemplo é o hidrogenocarbonato de sódio (bicarbonato de sódio), utilizado como fermento químico na preparação de bolos e pães, formado pelos íons sódio (Na^+) e hidrogenocarbonato (HCO_3^-). Essa espécie, com um átomo de hidrogênio, um de carbono e três átomos de oxigênio, possui carga $1-$; portanto, ela se combina com o Na^+ na proporção 1 : 1, sendo representada por $NaHCO_3$.

Observe, na tabela abaixo, alguns íons polinucleares.

Alguns íons polinucleares	
Nome	Fórmula
Amônio	NH_4^+
Acetato ou etanoato	$CH_3CO_2^-$
Cianeto	CN^-
Permanganato	MnO_4^-
Cromato	CrO_4^{2-}
Perclorato	$C\ell O_4^-$
Clorato	$C\ell O_3^-$
Clorito	$C\ell O_2^-$
Carbonato	CO_3^{2-}
Hidrogenocarbonato (bicarbonato)	HCO_3^-
Nitrato	NO_3^-
Nitrito	NO_2^-
Hidróxido	OH^-
Sulfato	SO_4^{2-}
Sulfito	SO_3^{2-}
Fosfato	PO_4^{3-}

Para escrever as fórmulas de compostos iônicos compostos, é preciso consultar essas duas tabelas (tabela de íons polinucleares e tabela de cátions e ânions) e seguir as regras descritas anteriormente. A substância iônica formada pela união de íons ferro(II) (Fe^{2+}) e nitrato (NO_3^-) é denominada **nitrato de ferro(II)** e representada pela fórmula $Fe(NO_3)_2$.

Note que é indispensável o uso de parênteses, pois, para neutralizar as duas cargas positivas do íon ferro(II), são necessários dois íons NO_3^-.

Dissolução de substâncias iônicas em água

Muitas substâncias iônicas, quando colocadas em água, dissolvem-se com a quebra do retículo cristalino e a separação dos íons. Esse processo é chamado de **dissociação iônica**, e a solução obtida – denominada **solução iônica** – conduz eletricidade, pois os íons apresentam maior liberdade de movimento do que no retículo.

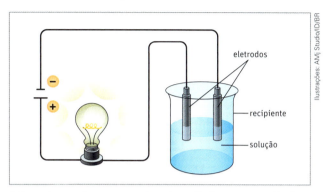

A lâmpada acende porque os eletrodos estão imersos em solução iônica, que conduz eletricidade. Esquema em cores-fantasia.

Quando, por exemplo, o cloreto de sódio é adicionado à água, os íons que se separam do aglomerado iônico são cercados por várias moléculas de água. Esse processo é denominado **solvatação** e, quando o solvente é a água, pode ser denominado **hidratação**.

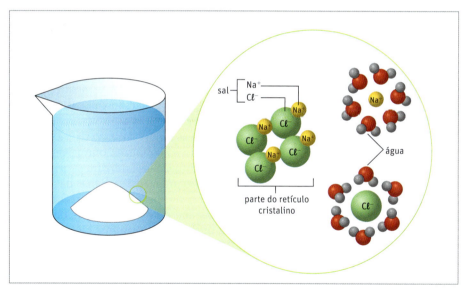

Na dissociação iônica, os íons ficam rodeados por moléculas de água. Representação em cores-fantasia.

A figura acima representa a separação dos íons Na^+ e Cl^- existentes no composto iônico. O processo pode ser representado pela seguinte equação.

$$NaCl(\text{sólido}) \xrightarrow[\text{dissociação iônica}]{H_2O} Na^+(\text{aquoso}) + Cl^-(\text{aquoso})$$

Observe, a seguir, a equação química que representa os processos de dissociação iônica do $MgCl_2$ em água.

$$MgCl_2(s) \xrightarrow{H_2O} Mg^{2+}(aq) + 2\,Cl^-(aq)$$

Ao lado do símbolo dos íons escreve-se **(aq)** – abreviação de **aquoso** –, que indica que estão dissolvidos em água.

Atividades

8. Por que os compostos iônicos são condutores de corrente elétrica no estado líquido e maus condutores no sólido?

9. Explique por que um cristal iônico é eletricamente neutro, embora formado por partículas eletricamente carregadas.

10. Como se explica a condutibilidade elétrica de soluções aquosas contendo substâncias iônicas?

11. Consulte a tabela de cátions e ânions e escreva as fórmulas e os nomes dos compostos iônicos resultantes da união dos seguintes pares de íons.
    a) Sódio e iodo.
    b) Oxigênio e lítio.
    c) Bário e enxofre.
    d) Alumínio e bromo.
    e) Potássio e oxigênio.
    f) Cloro e cálcio.
    g) Ferro(II) e nitrato.
    h) Amônio e fosfato.
    i) Alumínio e carbonato.
    j) Enxofre e amônio.

12. Dê a fórmula dos seguintes compostos iônicos.
    a) Clorato de potássio.
    b) Nitrato de ferro(III).
    c) Sulfato de alumínio.
    d) Fosfato de magnésio.
    e) Óxido de cálcio.
    f) Hidróxido de potássio.
    g) Fosfato de alumínio.
    h) Sulfeto de ferro(II).

13. Em relação aos compostos iônicos $Fe_2(CO_3)_3$, Na_2SO_4 e K_3PO_4,
    a) indique os íons que os formam.
    b) escreva seus nomes.

14. O alumínio é um dos elementos mais abundantes na natureza. Pode se apresentar, por exemplo, na forma de:
    Bauxita — mineral rico em óxido de alumínio (substância formada por alumínio e oxigênio);
    Criolita — mineral com teor significativo de fluoreto de alumínio e sódio — $Na_3AℓF_x$;
    Alúmen — mineral rico em sulfato de alumínio e potássio — $KAℓ(SO_4)_2$ — ou sulfato de alumínio e sódio, encontrado normalmente em rochas e conhecido como pedra-ume.
    a) Usando a Tabela Periódica como fonte de consulta, indique a fórmula do alúmen de sódio.
    b) Determine o valor de x na fórmula do fluoreto de alumínio e sódio.

15. Escreva a equação química que representa o processo de dissociação iônica de cada uma das substâncias a seguir.
    a) Sulfato de ferro(II).
    b) Sulfeto de cálcio.
    c) Sulfeto de amônio.
    d) Nitrato de chumbo(II).

16. A figura a seguir representa uma solução de brometo de potássio (KBr) depositado no fundo, contida em um balão à temperatura ambiente, a qual foi submetida à destilação simples.

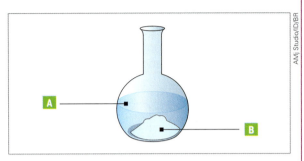

Analise as substâncias dentro do balão e desenhe em seu caderno os modelos utilizados para representar as partículas em solução e no estado sólido, respectivamente.

17. [...] O espinafre é um dos alimentos vegetais que mais contêm cálcio e ferro. Entretanto, esses dois minerais são pouquíssimo aproveitados pelo nosso corpo, já que o alto teor de ácido oxálico no vegetal inibe a absorção e a boa utilização desses minerais pelo nosso organismo. Os estudos mostram também que o ácido oxálico do espinafre pode interferir com a absorção do cálcio presente em leites e seus derivados.

Esse fato sugere que o espinafre em uma refeição pode reduzir a biodisponibilidade de cálcio de outras fontes que são consumidas ao mesmo tempo. Por isso, se no seu almoço você comeu uma torta de queijo com espinafre, tenha certeza de que grande parte do cálcio do queijo não foi utilizada pelo seu organismo. [...]

[...] Finalizando, a minha dica é que todos procurem dar preferência a outros vegetais folhosos em substituição ao espinafre: couve, brócolis, folha de mostarda, agrião, folhas de cenoura, beterraba e couve-flor e leguminosas como os feijões, ervilhas, lentilhas e soja são as melhores opções para quem quer consumir fontes alternativas de cálcio e ferro.

Disponível em: <http://www2.uol.com.br/vyaestelar/espinafre.htm>. Acesso em: 29 maio 2014.

a) Sabendo que o cálcio presente nos alimentos se apresenta na forma de cátion bivalente (Ca^{2+}) e o oxalato também é um ânion bivalente ($C_2O_4^{2-}$), escreva a fórmula molecular do oxalato de cálcio.
b) Sabendo que o $CuSO_4$ é uma substância solúvel em água, o que se pode esperar da condutibilidade elétrica da solução aquosa de sulfato de cobre(II)?
c) Segundo o texto acima, o ferro (que é absorvido pelo organismo na forma de Fe^{2+}) também pode ter sua disponibilidade reduzida devido à presença de oxalato. Embora o íon Fe^{3+} não seja utilizado pelo organismo, ele forma com o oxalato a substância oxalato de ferro(III). Escreva a fórmula dessa substância.

3. Ligação covalente

As substâncias moleculares são formadas por átomos unidos por **ligação covalente**.

Esse tipo de ligação química se forma por **compartilhamento** de um ou mais pares de elétrons da camada de valência dos átomos envolvidos. Os elétrons compartilhados são atraídos pelos núcleos dos dois átomos participantes da ligação. É essa força de atração que os mantém unidos.

Observe a representação a seguir.

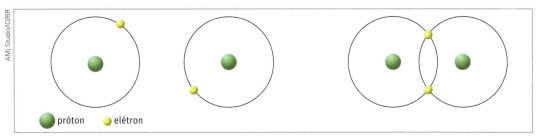

Na ligação covalente entre os átomos de H, o elétron de cada átomo é compartilhado pelos dois núcleos e circula por uma região que engloba os dois átomos. Representação em cores-fantasia.

Observe a tabela a seguir, que apresenta as fórmulas dos hidretos de alguns elementos não metálicos, todos eles moleculares.

Grupo	Número de elétrons na camada de valência	Fórmulas dos hidretos
14	4 elétrons	CH_4, SiH_4
15	5 elétrons	NH_3, PH_3, AsH_3, SbH_3
16	6 elétrons	H_2O, H_2S, H_2Se, H_2Te
17	7 elétrons	HF, HCℓ, HBr, HI

A análise da tabela indica um padrão: os elementos do grupo 14 ligam-se a quatro átomos de hidrogênio; os do grupo 15, a três átomos de hidrogênio; os do grupo 16, a dois átomos de hidrogênio; e os do grupo 17, a um átomo de hidrogênio.

O átomo de hidrogênio participa dessas ligações com apenas um elétron. Ao se ligar covalentemente com átomo de outro elemento, o átomo de hidrogênio adquire configuração do gás nobre hélio que possui 2 elétrons.

Os átomos dos demais elementos químicos, ao compartilharem elétrons com o de hidrogênio, também adquirem configuração eletrônica de gases nobres, ou seja, 8 elétrons na camada de valência.

Saiba mais

Mudança de estado físico e estrutura química

Para que uma reação química ocorra, é necessário que as ligações químicas (iônica, covalente ou metálica) sejam rompidas e/ou que novas ligações sejam formadas.

Já em uma mudança de estado físico não há rompimento de ligações químicas. Por exemplo, na sublimação do iodo sólido, a elevação da temperatura aumenta a energia cinética das moléculas de iodo. Com o passar do tempo, algumas moléculas adquirem energia suficiente para romper as interações entre elas, "escapando" do retículo cristalino.

Assim como nas substâncias iônicas, as substâncias moleculares e metálicas apresentam no estado sólido uma disposição espacial das espécies que as constituem, o **retículo cristalino**.

O que mantém a forma do retículo cristalino é a interação (atração e repulsão) entre as espécies (átomos, moléculas e íons). Quanto mais forte for essa interação, mais energia será necessária para romper o retículo.

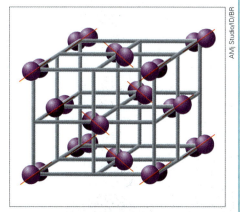

Representação, em cores-fantasia, do retículo cristalino de iodo.

Fórmulas das substâncias moleculares: as representações de Lewis

O químico Gilbert Newton Lewis propôs que os átomos compartilham pares de elétrons para formar o octeto (oito elétrons na camada de valência) ou o dueto (dois elétrons na camada de valência), no caso do hidrogênio. No desenho das estruturas de Lewis, cada elétron da camada de valência é representado por um ponto. Essa representação ficou conhecida por **fórmula** ou **representação de Lewis**.

Representação de Lewis para átomos de alguns elementos representativos.

As ligações covalentes entre os átomos podem ser representadas por essa fórmula. Cada **par de elétrons** compartilhado representa uma **ligação química**, ou seja, os elétrons pertencem à região da eletrosfera comum a cada par de átomos que estão unidos.

Além da **fórmula de Lewis**, é comum representar as moléculas pela fórmula estrutural, em que cada ligação covalente equivale a um traço.

Observe as fórmulas de algumas moléculas comuns.

Moléculas representadas pelas fórmulas de Lewis e pelas fórmulas estruturais.

Ligações simples, duplas e triplas

Dois átomos podem compartilhar até três pares de elétrons entre si.

A **ligação simples** entre átomos ocorre quando eles compartilham um par de elétrons. Se a ligação envolver dois ou três pares de elétrons, é denominada **ligação dupla** ou **ligação tripla**, respectivamente.

Observe os exemplos.

Fórmulas com os vários tipos de ligações.

Química tem história

Gilbert Lewis

O químico estadunidense Gilbert Newton Lewis (1875-1946) desenvolveu vários trabalhos que contribuíram para o avanço da termoquímica e a compreensão da estrutura molecular.

Em 1916, Lewis publicou um artigo em que sugeriu que o compartilhamento de pares de elétrons seria o fundamento da ligação química nas substâncias moleculares.

Ele também propôs uma teoria abrangente para a compreensão de uma classe de reações químicas, ampliando a concepção de ácidos e bases.

O químico Lewis em seu laboratório na Universidade da Califórnia, EUA, 1937.

Ligação covalente coordenada e estruturas de ressonância

Há a possibilidade de um átomo que esteja com a camada completa compartilhar um par de elétrons com outro átomo. Ou seja, a ligação covalente não precisa ocorrer com a participação de um elétron proveniente de cada átomo. Essa ligação, que se dá com a participação de elétrons de um único átomo, pode ser chamada **covalente coordenada**.

Veja os exemplos abaixo.

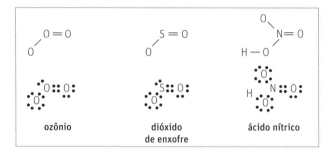

Como as ligações no ozônio (O_3), dióxido de enxofre (SO_2) e ácido nítrico (HNO_3) podem "migrar" de um átomo de oxigênio para outro, as estruturas dessas substâncias também podem ser representadas conforme mostrado abaixo.

Essas estruturas são chamadas **estruturas de ressonância**. Suas representações devem ser interpretadas apenas como modelos. Não se pode dizer que essas substâncias devam ser representadas por uma só dessas formas.

A tabela a seguir resume o comportamento dos ametais de cada grupo da Tabela Periódica em termos de ligações covalentes, de acordo com o **modelo do octeto**.

	Grupos			
	14	15	16	17
Representação de Lewis	·Ë·	·Ë:	:Ë:	:Ë:
Ligações envolvendo um elétron de cada átomo	4	3	2	1
Pares de elétrons disponíveis para fazer ligações coordenadas	0	1	2	3
Número de ligações de acordo com o modelo do octeto	4	3 ou 4	2, 3 ou 4	1, 2, 3 ou 4

Apesar de grande número de substâncias moleculares ter suas estruturas representadas a partir do modelo do octeto, não se pode perder de vista que se trata apenas de um modelo, com limitações.

Substâncias moleculares e substâncias de rede covalente

A análise das propriedades físicas das substâncias formadas por ligações covalentes evidencia diferenças muito grandes entre os materiais. De maneira geral, as substâncias moleculares são más condutoras de eletricidade tanto no estado sólido como no líquido.

As substâncias moleculares podem ser encontradas nos três estados físicos, nas condições ambientes. A sacarose, por exemplo, é sólida; a acetona e o etanol são líquidos; e o sulfeto de hidrogênio é um gás. Essas substâncias – classificadas como moleculares – apresentam solubilidade variada em água e em outros solventes, como álcool e querosene. As **substâncias moleculares** são aquelas formadas por átomos ligados covalentemente entre si.

Entretanto, há um grupo de substâncias formadas pelos elementos não metálicos que apresentam altíssimas temperaturas de fusão e de ebulição e são insolúveis em praticamente todos os solventes. Representam esse grupo o diamante (C), a grafita (C), o dióxido de silício (SiO_2) e o carbeto de silício (SiC).

Essas substâncias são conhecidas como **sólidos covalentes** ou **sólidos de rede covalente**. Seus átomos se unem por meio do compartilhamento de elétrons em uma estrutura de rede com um número indeterminado e muito grande de átomos. Diferentemente das substâncias moleculares, não há moléculas independentes, mas um retículo tridimensional. Essas substâncias têm altas temperaturas de ebulição (sempre superiores a 1 000 °C) e elevada dureza.

Na estrutura do dióxido de silício (representada abaixo em cores-fantasia), cada átomo de silício está rodeado por quatro átomos de oxigênio, e cada átomo de oxigênio está ligado a dois de silício. Fotografia de cristal de quartzo, o qual contém SiO_2.

▸ Alotropia

O diamante, a grafita e o fulereno (C_{60}) – sólidos nas condições ambientes – são substâncias simples formadas por carbono. **Alotropia** é a existência de substâncias simples diferentes formadas pelo mesmo elemento. O diamante, a grafita e o fulereno são formas alotrópicas do carbono.

O diamante, que apresenta a maior **dureza** conhecida, não é riscado por nenhum outro material. É utilizado como abrasivo e em instrumentos de corte. A grafita é mole, usada como lubrificante em engrenagens e esferas de rolimã e para escrever. Bom condutor de corrente elétrica, tem aplicações em pilhas e motores elétricos.

Enquanto a estrutura do diamante apresenta todos os átomos de carbono com o mesmo tipo de ligação, a estrutura da grafita possui átomos de carbono formando anéis hexagonais em planos paralelos (como mostra a figura ao lado). As ligações entre os planos são mais fracas, permitem a movimentação de elétrons entre os planos e facilitam o desgaste do sólido com o deslocamento dos planos, justificando suas propriedades.

Outros exemplos de alotropia são: fósforo branco (P_4) e fósforo vermelho (P_n), e enxofre rômbico (S_8) e enxofre monoclínico (S_8).

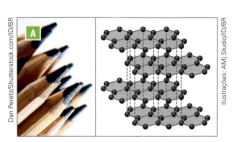

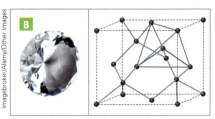

Apesar de serem formados pelo mesmo átomo, a disposição espacial dos átomos de carbono no diamante (**B**) é diferente na grafita (**A**). Essa mudança microscópica é a responsável pelas diferentes propriedades físicas e pelo aspecto visual desses materiais. Representação em cores-fantasia.

▸ Ionização de substâncias moleculares em água

As substâncias moleculares são formadas por estruturas que apresentam apenas ligações covalentes. Algumas dessas substâncias, quando dissolvidas em água, são capazes de conduzir eletricidade.

Dissolução do açúcar em água

O açúcar comum é formado principalmente por uma substância molecular chamada **sacarose** ($C_{12}H_{22}O_{11}$). Essa substância é sólida em condições ambientes.

Quando um cristal de açúcar se dissolve na água, as interações entre as moléculas de sacarose são substituídas pelas interações das moléculas de sacarose com as de água. Apesar de o retículo cristalino se desfazer, as ligações covalentes de cada molécula permanecem, e a solução obtida é denominada **solução molecular**.

Esse tipo de solução não conduz corrente elétrica. O processo que ocorre é apenas o da **dissolução**, que pode ser representado por:

$$C_{12}H_{22}O_{11} \text{ (sólido)} \xrightarrow{\text{(dissolução) } H_2O} C_{12}H_{22}O_{11} \text{ (aquoso)}$$

Ionização do cloreto de hidrogênio em água

O cloreto de hidrogênio é uma substância molecular ($HC\ell$). Quando acrescentado à água, ocorre uma interação entre as moléculas de $HC\ell$ e de água.

A ligação covalente entre os átomos de hidrogênio e os átomos de cloro é rompida e há formação dos íons $C\ell^-$ e H_3O^+. Esse processo é chamado de **ionização**.

A solução obtida, denominada **solução eletrolítica**, é capaz de conduzir eletricidade. O processo de ionização do $HC\ell$ em água pode ser representado pela seguinte equação de ionização.

$$HC\ell(g) + H_2O(\ell) \xrightarrow{\text{ionização}} H_3O^+(aq) + C\ell^-(aq)$$

Essa equação também pode ser expressa de forma simplificada.

$$HC\ell(g) \xrightarrow[\text{ionização}]{H_2O} H^+(aq) + C\ell^-(aq)$$

▪ Saiba mais

Fulerenos

Em 1996, o prêmio Nobel de Química foi outorgado ao inglês Harold Walter Kroto (1939-) e aos estadunidenses Robert Floyd Curl (1933-) e Richard Errett Smalley (1943-2005), que relataram, em 1985, a descoberta de mais uma forma alotrópica do carbono — buckminsterfulereno (C_{60}).

Disposição espacial dos átomos de carbono no buckminsterfulereno com sessenta átomos de carbono (C_{60}). Representação em cores-fantasia.

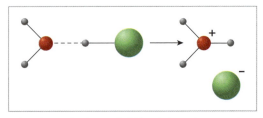

A dissolução do cloreto de hidrogênio na água envolve a formação de íons em solução. Representação em cores-fantasia.

4. Ligação metálica

Os metais são substâncias simples de elementos metálicos ou misturas homogêneas dessas substâncias – as **ligas metálicas**.

Os núcleos dos átomos de **elementos metálicos** apresentam, geralmente, baixa atração pelos elétrons da camada de valência, justificando os baixos valores de potencial de ionização, afinidade eletrônica e eletronegatividade.

Supõe-se que os átomos que apresentam essas características, quando se unem, formem uma estrutura em que os elétrons da última camada não ficam restritos ao respectivo átomo, mas circulam por todo o material. Com a aproximação, os núcleos dos átomos vizinhos exercem pequena atração nos elétrons da camada de valência dos outros átomos, deixando esses elétrons mais "soltos".

As principais características comuns dos metais podem ser explicadas por esse modelo, no qual cátions dos elementos metálicos estão dispostos em um retículo cristalino e elétrons circulam livremente entre eles. Esse modelo de ligação é conhecido como modelo do "**mar de elétrons**", pois os cátions metálicos estão imersos nos elétrons livres.

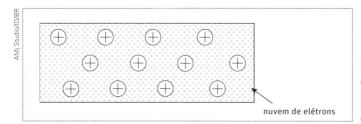

Modelo de ligação metálica: **nuvem de elétrons** ou **mar de elétrons**. Representação em cores-fantasia.

A esperada repulsão entre os cátions é neutralizada pela presença dos elétrons. A estabilidade da ligação é obtida pela perda de energia na formação da ligação envolvendo diversos átomos.

Essa liberdade de movimentação dos elétrons explica a condução de eletricidade (movimentação ordenada de carga) decorrente da aplicação de um potencial elétrico.

O movimento dos elétrons pelo material aumenta a eficiência da condução de calor, facilitando a transferência de movimento entre os átomos. A maleabilidade pode ser explicada pelo rearranjo do retículo metálico devido à tensão mecânica: a aproximação dos cátions provocaria repulsões amenizadas pelo movimento dos elétrons, não ocorrendo ruptura do material, mas sim um deslizamento dos átomos e o rearranjo do retículo.

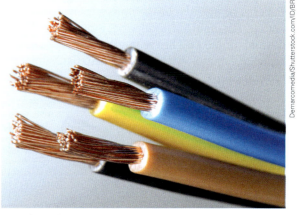

A condução de corrente elétrica é realizada por meio de fiação de cobre.

Saiba mais

Elementos nativos

Certos elementos químicos podem ser encontrados na natureza na sua forma nativa, isto é, não combinados com átomos de outro elemento químico. Chamados de **elementos nativos**, esse grupo contempla mais de 20 elementos químicos.

Alguns deles são encontrados no estado gasoso, como o gás nitrogênio (N_2), gás oxigênio (O_2) e ozônio (O_3), enquanto outros são mais comuns no estado sólido, como o ouro (Au), a prata (Ag) e o enxofre (S_8).

Pepita de platina, metal utilizado em eletrodos, equipamentos musicais e odontológicos, entre outros.

› Ligas metálicas

As **ligas metálicas** são conhecidas desde a Antiguidade. Bronze e ligas de ouro já eram usadas para a fabricação de armas e joias, respectivamente. Ligas metálicas são misturas homogêneas sólidas, formadas principalmente por dois ou mais metais, em proporções variáveis, podendo apresentar também certos elementos não metálicos em sua composição.

A natureza da ligação metálica explica a possibilidade de interação entre metais de diferentes elementos.

O ouro, metal conhecido pela sua inércia química e maleabilidade, é, na verdade, um metal macio, que pode ser facilmente riscado. Para a confecção de joias, utiliza-se uma liga contendo 75% (em massa) de ouro e o restante de cobre e prata — essa é a composição do ouro 18 quilates, uma liga que apresenta a dureza adequada para a joia e que mantém o brilho e a durabilidade do ouro.

A descoberta do bronze impulsionou as civilizações antigas, pois a mistura de cobre e estanho apresentava características adequadas para a confecção de ferramentas e de armas.

O ferro — metal de maior produção na atualidade — tem baixíssima aplicação com elevada pureza. Entretanto, o aço, uma liga de ferro contendo 0,2% a 1,5% (em massa) de carbono, apresenta uma extensa gama de aplicações. A adição de outros metais (veja a tabela abaixo) confere ao aço certas características, como dureza (aço usado em objetos de corte), resistência à oxidação (aço inoxidável), resistência à tração (cabos de aço) e resistência mecânica.

Algumas ligas metálicas se destacam por sua baixa temperatura de fusão. É o caso de uma das ligas empregadas na constituição de certos fusíveis especiais, denominada *metal wood*, formada por bismuto, chumbo, estanho e cádmio. Como essa liga se funde a 70 °C, seu emprego é adequado na proteção de circuitos elétricos, pois, caso haja sobrecarga, o fusível derrete, interrompendo o circuito e protegendo os demais componentes do sistema.

A liga de bismuto apresenta baixa temperatura de fusão. Por isso é usada em fusíveis, pois protege o circuito quando há sobrecarga.

A tabela abaixo traz a composição e a aplicação de algumas ligas metálicas.

Liga	Composição mais comum (porcentagens em massa)	Aplicação
Bronze	67% Cu e 33% Sn	Sinos, moedas, estátuas
Aço inoxidável	80% Fe; 0,5% C; 18% Cr; 1,5% Ni	Panelas, tubulações
Metal wood	50% Bi; 27% Pb; 13% Sn; 10% Cd	Fusíveis
Latão	95% a 55% Cu e 5% a 45% Zn	Peças de máquinas, instrumentos de sopro
Prata de lei	95% Ag e 5% Cu	Joias e bijuterias
Amálgama odontológico	70% Ag; 18% Sn; 10% Cu; 2% Hg	Obturações dentárias

Fonte de pesquisa: Canto, Eduardo Leite do. *Minerais, minérios, metais: de onde vêm? para onde vão?*. São Paulo: Moderna, 2004.

Saiba mais

Aplicações de metais puros

Alguns metais apresentam grande aplicação quando utilizados em elevado grau de pureza.

O cobre eletrolítico possui teor de pelo menos 99,9% de Cu e é o material mais adequado para fios de condução de eletricidade, unindo baixa resistividade elétrica, alta ductibilidade e resistência à oxidação.

O alumínio é outro metal que tem grande aplicação sem a necessidade de formar ligas metálicas. O material das embalagens de bebidas, grades e portões contém praticamente só alumínio metálico. Essa composição garante durabilidade, baixa densidade e boa resistência à corrosão do ar. Apesar de muito reativo, o metal, geralmente, está recoberto por camada protetora de óxido de alumínio (Al_2O_3), que o protege contra a corrosão.

Outra vantagem da utilização do alumínio puro é a facilidade para reciclar o metal, processo que apresenta vantagens econômicas devido à economia de energia em relação à produção do alumínio a partir do seu minério — a bauxita.

Bobinas de alumínio reciclado são usadas para fazer latas de alumínio, telhas, entre outras aplicações.

Eletronegatividade e as ligações químicas

O conceito de eletronegatividade, desenvolvido por Linus Pauling e estudado no capítulo anterior, possibilitou uma classificação mais abrangente das substâncias.

Segundo Pauling, a eletronegatividade é a medida, com base em uma série de parâmetros, da tendência de um elemento a atrair os elétrons que participam de uma ligação química. Elementos de eletronegatividade mais baixa – como os metálicos – atraem menos os elétrons envolvidos na interação.

Pauling sugeriu que ligações entre átomos de elementos com baixa eletronegatividade apresentam elevado caráter metálico, destacando-se os metais alcalinos e alcalinoterrosos. Nesses casos, a baixa atração pelos elétrons justificaria a presença de elétrons livres. É o que ocorre nas substâncias metálicas, como magnésio, cálcio, cobre, etc.

Ligações entre átomos de eletronegatividade mais alta apresentam forte caráter covalente. Como esses átomos têm maior tendência a atrair os elétrons, estes são compartilhados, ficando fortemente ligados aos núcleos. Ligações covalentes estão presentes na água (H_2O), no dióxido de carbono (CO_2), no oxigênio (O_2), etc. As ligações entre átomos de alumínio e átomos de cloro no cloreto de alumínio sólido anidro (Al_2Cl_6), mesmo contendo elemento metálico, apresentam acentuado caráter covalente. O cloreto de alumínio, portanto, é considerado uma substância molecular.

Se um átomo de um elemento de eletronegatividade muito baixa faz ligação com um átomo de um elemento de eletronegatividade muito alta, essa interação tende a ter alto caráter iônico, pois o par de elétrons da ligação é mais atraído pelo átomo mais eletronegativo. Nesses casos, o átomo do elemento menos eletronegativo pode ser considerado cátion, e o do mais eletronegativo, ânion. Um exemplo desse tipo de ligação é a que está presente no cloreto de sódio (NaCl).

Tabela Periódica com valores de eletronegatividade de Pauling.
Fonte de pesquisa: McMurry, J. E. *Organic Chemistry*. 7. ed. Brooks Cole, 2007.

Saiba mais

O caráter das ligações

Pela proposta de Pauling, a ligação metálica típica ocorre entre os metais; as covalentes, nas substâncias simples formadas pelos ametais, como o Cl_2, O_2, F_2; e as iônicas, nas substâncias formadas pelos metais alcalinos e alcalinoterrosos combinados com os halogênios ou o oxigênio.

Para os demais casos, a análise dos valores da eletronegatividade dos elementos envolvidos permite determinar o caráter de cada tipo de ligação na interação entre os átomos.

O HCl (cloreto de hidrogênio) envolve átomos de alta eletronegatividade. Essa ligação apresenta elevado caráter covalente, mas o caráter iônico é significativo, pois o Cl atrai os elétrons com intensidade muito maior que o H.

O silício e o germânio são sólidos covalentes que se comportam como semicondutores — o que pode ser entendido pelo caráter metálico da ligação.

Os metais de transição possuem ligação predominantemente metálica, mas com significativo caráter covalente, pois as suas eletronegatividades não são tão baixas quanto a dos metais representativos.

O nióbio (elemento de transição) misturado ao aço das turbinas do avião confere a elas excelente resistência mecânica.

Atividades

18. Consulte a Tabela Periódica dos Elementos e escreva as fórmulas eletrônicas das moléculas formadas pelos seguintes elementos.

a) Fósforo e flúor.
b) Enxofre e hidrogênio.
c) Flúor e carbono.
d) Cloro e carbono.

Em seguida, compare as fórmulas representadas nos itens **c** e **d** e explique suas semelhanças.

19. Observe, no esquema a seguir, a reprodução, em cores-fantasia, de dois experimentos envolvendo soluções moleculares e iônicas.

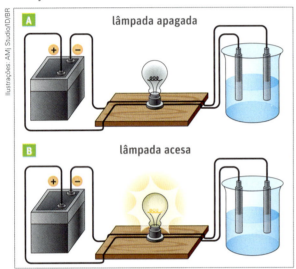

Em qual deles a solução é iônica? O que comprova a condutibilidade elétrica da solução iônica?

20. Proponha as fórmulas moleculares para cada caso a seguir e classifique cada molécula em diatômica, triatômica ou poliatômica.

a) Substância formada apenas por átomos de N.
b) Substância formada apenas por átomos de $C\ell$.
c) Substância formada por átomos de S e C.
d) Substância formada por átomos de Si e F.
e) Substância formada por átomos de H e O.

21. O brometo de hidrogênio (HBr) sofre ionização quando dissolvido em água. Represente a equação de ionização e explique o fenômeno.

22. Com base no modelo de ligação metálica do "mar de elétrons", explique a boa condutibilidade elétrica de um metal no estado sólido e a maleabilidade de um metal.

23. Os fusíveis protegem circuitos e componentes de aparelhos contra correntes elétricas altas que poderiam danificá-los. Os fusíveis mais comuns são formados por uma liga metálica, por onde passa a corrente elétrica, e envolvidos por um material que não conduz eletricidade. Eles são colocados entre o gerador e o(s) aparelho(s) que se queira proteger. Quando ligamos o aparelho, parte da energia elétrica é convertida sob a forma de calor. Se a corrente elétrica exceder um determinado valor, a liga metálica que compõe o dispositivo vai aquecer e se fundir, impedindo que a corrente elétrica atinja o aparelho. Veja, na tabela, alguns tipos de fusíveis.

Fusível	Composição da liga metálica	TF (°C)
1	Pb (67%) e Sn (33%)	200
2	Pb (38%) e Sn (62%)	183
3	Pb (50%) e Bi (50%)	160
4	Pb (32%), Sn (32%) e Cd (18%)	145
5	Pb (27%), Sn (13%), Bi (50%) e Cd (10%)	72
6	Pb (20%), Bi (20%) e Hg (20%)	20

Fonte de pesquisa disponível em: <http://www.eletrica.ufpr.br/piazza/materiais/AntonJunior.pdf>. Acesso em: 29 maio 2014.

a) Qual dos fusíveis listados permite a passagem de correntes mais altas? Por quê?
b) Calcule o valor da densidade da liga metálica que compõe o fusível 2 sabendo que a densidade do chumbo e do estanho é, respectivamente: $11,34 \text{ g/cm}^3$ e $7,31 \text{ g/cm}^3$.

24. Metais se dissolvem em outros metais no estado líquido. A interação de diferentes átomos metálicos está relacionada à natureza da ligação metálica.

a) Por que não se representa uma determinada liga metálica por meio de uma fórmula química?
b) Geralmente átomos de elementos metálicos com raios parecidos formam uma gama maior de ligas metálicas em termos de proporção de cada metal. Explique por que metais de raios muito diferentes apresentam maior dificuldade para formar ligas de determinadas proporções.
c) Por que a condutibilidade elétrica de ligas metálicas geralmente é pior que a de metais puros?

25. O latão é uma liga formada por cobre e zinco. Essa liga é adequada para a produção de peças moldadas, sendo altamente resistente à corrosão e mais dura e resistente do que o cobre isolado.

Massa-padrão de latão.

Considere dois materiais – massa-padrão e panela – ambos constituídos por latão, mas com composição diferente. A massa-padrão é formada por 80% de cobre e 20% de zinco, e a panela é formada por 60% de cobre e 40% de zinco (porcentagens em massa).

Dados: $d_{cobre} = 8,96 \text{ g/cm}^3$; $d_{zinco} = 7,14 \text{ g/cm}^3$.

a) O latão é utilizado na confecção de massas para aferição de balanças e dinamômetros. A imagem acima ilustra uma massa-padrão de 300 g. Determine a massa de cobre e zinco presente na peça.
b) Indique qual das ligas metálicas apresenta maior densidade. Explique o seu raciocínio.

Atividade experimental

Aquecimento de substâncias

Objetivo
Visualizar os possíveis estados físicos de substâncias iônicas e moleculares sob as mesmas condições de temperatura e pressão.

Material
- tampa de lata (de leite em pó ou outra tampa semelhante)
- martelo e parafusos não pontiagudos
- 5 colheres de café (ou objeto semelhante)
- 5 g de enxofre em pó, 5 g de naftaleno (naftalina) triturado, 5 g de cloreto de sódio (sal de cozinha refinado), 5 g de sacarose (açúcar refinado) e 5 g de sulfato de cálcio (giz) em pó
- sistema de aquecimento:
  - suporte com tela refratária
  - lamparina a álcool e fósforos ou sistema de aquecimento usado em conjuntos para *fondues* com espiriteira

Aspecto do sistema para analisar os estados físicos das substâncias.

Equipamentos de segurança: luvas de borracha, óculos de segurança e avental de algodão de mangas longas.

Procedimento
1. Coloque cada substância de modo a preencher uma cavidade diferente da tampa. Deve-se utilizar uma colher para cada uma delas (esse procedimento evita que as substâncias se misturem).
2. Essa tampa será cuidadosamente acondicionada sobre o local adequado do sistema de aquecimento.
3. Observe seu professor acender a lamparina e fique atento a todas as alterações que ocorrerem com as substâncias. Essa sequência de acontecimentos é importante. Anote todas as observações.

ATENÇÃO
O procedimento 3 desta atividade experimental deve ser realizado apenas pelo professor.

Verifique se o local de trabalho é bem ventilado e iluminado.

 Resíduos: Uma vez resfriados os materiais, seu professor deve raspar os sólidos que restaram na tampa de lata e jogá-los no lixo, pois não acarretam riscos ao ambiente.

Analise e discuta
1. Procure no dicionário o significado das palavras a seguir e faça uma associação ao que aconteceu com cada uma das substâncias.
   a) Sublimar.   b) Carbonizar.   c) Fundir.
   Qual substância não sofreu alteração durante o aquecimento?
2. Coloque as substâncias na ordem cronológica em que começaram a sofrer modificações.
3. Considere os dados da tabela ao lado e relacione-os com a ordem que você propôs na questão anterior.
4. Ao comparar o comportamento das substâncias em aquecimento e analisar a tabela dada, qual característica dos compostos iônicos e covalentes pode ser reconhecida? Justifique.

Substância	Fórmula	TF (°C)	TE (°C)
Enxofre	S_8	115,21	444,61
Naftaleno	$C_{10}H_8$	80,25	217,9
Cloreto de sódio	$NaC\ell$	800,7	1 465,00
Sulfato de cálcio	$CaSO_4$	1 460,00	—
Sacarose	$C_{12}H_{22}O_{11}$	185,50	—

187

Questões globais

26. Com base nos modelos propostos para os diferentes tipos de ligação química, escreva se cada um desses sistemas é bom condutor ou não de corrente elétrica.
a) Brometo de potássio no estado líquido.
b) Placa de zinco.
c) Etanol (C_2H_6O), substância líquida à temperatura ambiente.

27. Considere as substâncias químicas: gás oxigênio (O_2), gás metano (CH_4), cloreto de cálcio, sódio metálico.
a) Indique o tipo de ligação química que mantém os átomos unidos em cada uma das substâncias.
b) Escreva as fórmulas estruturais dos compostos moleculares.
c) Escreva a equação química que representa o processo de dissociação iônica do cloreto de cálcio em água.

28. Escreva em seu caderno a fórmula das substâncias formadas pelos seguintes elementos e faça uma previsão sobre o tipo de ligação que deve ocorrer em cada caso.
a) K e S
b) Sr e Br
c) C e Cℓ
d) Aℓ e O
e) Ba e F
f) Ba
g) N
h) Ti

29. Têm-se dois elementos químicos A e B com números atômicos iguais a 20 e 35, respectivamente.
a) Escreva em seu caderno as configurações eletrônicas desses dois elementos.
b) Com base nas configurações, identifique a que grupo da Tabela Periódica pertence cada um dos elementos em questão.
c) Consulte a Tabela Periódica e dê a identidade de A e B.
d) Qual deverá ser a fórmula do composto formado pelos elementos A e B? Que tipo de ligação existirá entre A e B nesse composto? Justifique sua resposta.

30. Escreva a fórmula das substâncias indicadas a seguir.
a) Substância formada pelo Ca e um halogênio.
b) Substância formada pelo S e o elemento de menor potencial de ionização do 4º período.
c) Substância formada exclusivamente por um elemento da família 6.
d) Substância formada pelo alumínio e o calcogênio de menor raio atômico.
e) Composto formado pelo átomo de menor raio da família 14 e o flúor.
f) Substância formada pelo P e o elemento de maior afinidade eletrônica do 3º período.

31. Considerando as substâncias naftaleno ($C_{10}H_8$), potássio (K), fluoreto de potássio (KF) e dióxido de silício (SiO_2), algumas de suas propriedades estão representadas na tabela a seguir.

Código	A	B	C	D
TF (°C)	858	63	80,5	1 700
TE (°C)	1 505	766	218	2 230
Condutibilidade elétrica no estado sólido	Mau condutor	Condutor	Mau condutor	Mau condutor
Condutibilidade elétrica no estado líquido	Condutor	Condutor	Mau condutor	Mau condutor
Substância				

Identifique cada substância e justifique sua escolha.

32. Sugira uma explicação para os seguintes fatos.
a) Soluções aquosas de sacarose ($C_{12}H_{22}O_{11}$) e cloreto de sódio apresentam comportamentos distintos com relação à condutibilidade elétrica.
b) O cobre é utilizado em fiações elétricas devido à sua alta condutibilidade elétrica.

33. Observe a tabela abaixo, que indica os principais elementos presentes no corpo humano. Depois faça o que se pede.

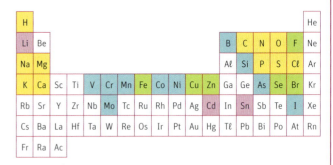

elemento majoritário
elemento microtraço
elemento traço
essencialidade discutida

a) Indique um elemento metálico que é classificado como elemento majoritário no corpo humano.
b) O elemento ferro é absorvido pelo organismo humano na forma de Fe^{2+}. Determine o número de elétrons presentes no $_{26}Fe^{2+}$.
c) Qual a fórmula da substância formada pelos íons ferro(II) e os íons cloreto ($Cℓ^-$)?

Ciência, tecnologia e sociedade

Embalagem cartonada longa vida

A preocupação em conservar alimentos fica mais aguda em períodos de forte escassez. Na Europa, durante a Segunda Grande Guerra, o problema de abastecimento de leite foi minimizado quando o empresário sueco Ruben Rausing desenvolveu uma embalagem tetraédrica [...] empregando papel e plástico, selada na ausência de oxigênio [...]. Era o começo da embalagem cartonada longa vida. Durante os anos 1950, com o aprimoramento do envase asséptico e buscando resolver também os problemas de estocagem, a embalagem cartonada ganhou o formato de um paralelepípedo. Em 1961, iniciou-se o uso comercial das embalagens longa vida, as quais chegaram ao Brasil no início dos anos 1970. [...]

Além da conservação dos alimentos por períodos prolongados, o uso das embalagens cartonadas representa uma economia de energia elétrica, já que a maioria dos produtos não necessita de refrigeração enquanto fechados, seja no transporte ou no armazenamento.

Essas embalagens são leves (embalagens de 1 litro pesam, aproximadamente, 28 g), o que contribui para a economia de combustíveis durante o transporte. O volume ocupado pelas embalagens também é pequeno: 300 embalagens de um litro, vazias e compactadas, ocupam um espaço equivalente a 11 litros [...]. O transporte para as empresas processadoras de alimentos é feito na forma de bobinas, o que evita o transporte de ar.

As embalagens cartonadas são constituídas por multicamadas de papel, plástico e alumínio [...]. Em sua constituição, o papel representa 75% em massa da embalagem, enquanto o alumínio e o plástico representam 5% e 20%, respectivamente. Esses materiais, dispostos em ordem determinada, passam por um processo de laminação, que consiste, simplificadamente, em realizar uma compressão sobre as folhas dos diversos constituintes. [...]

O alumínio utilizado nas embalagens atua como uma barreira à entrada de luz e oxigênio. As embalagens apresentam apenas uma camada de alumínio, que se encontra entre outras de polietileno. O plástico empregado em embalagens cartonadas (polietileno de baixa densidade, PEBD) é útil para isolar o papel da umidade (camada externa), impedir o contato direto do alumínio com os alimentos (camada interna) e promover a adesão entre os outros materiais (camadas intermediárias). Pode ser encontrado em até quatro camadas, como na embalagem cartonada longa vida. O polietileno é um polímero (material macromolecular resultante da união de muitas subunidades que se repetem [...]). Como possui maior porcentagem de cadeias laterais, o PEBD é menos cristalino e menos denso que o polietileno de alta densidade – PEAD [...] Isso o torna razoavelmente flexível e permite que ele seja usado na produção de filmes plásticos. Outra propriedade importante do polietileno é o fato de ser apolar e, assim, não ter afinidade por água, o que é essencial para o uso em embalagens de alimentos.

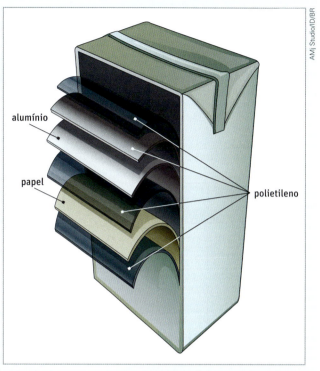

Esquema de alguns materiais que constituem a embalagem longa vida.

Disponível em: <http://qnesc.sbq.org.br/online/qnesc25/qs01.pdf>.
Acesso em: 29 maio 2014.

Analise e discuta

1. Quais as vantagens do uso de embalagens cartonadas?
2. Qual é a constituição dessas embalagens?
3. Quais as propriedades nos materiais que as constituem? Comente a importância dessas propriedades para as características do produto final.
4. Com base no texto e no que foi apresentado neste capítulo, exponha suas ideias sobre a importância do estudo da estrutura dos materiais para o desenvolvimento de produtos de consumo.

Esquema do capítulo

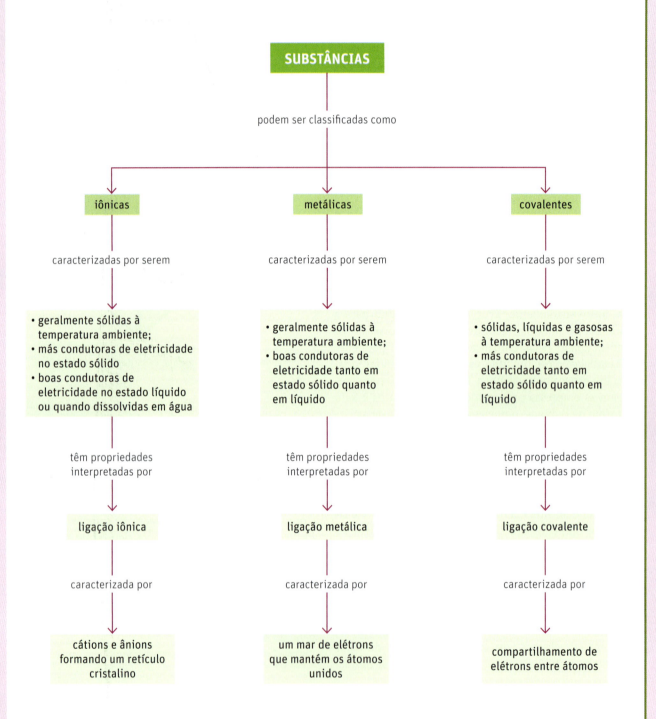

Vestibular e Enem

34. (Unifal-MG) Todos os átomos estão com eletrosferas iguais à de gases nobres na molécula representada por:
a) CF
b) CF_2
c) CF_3
d) CF_4
e) CF_5

35. (Fuvest-SP) As figuras abaixo representam, esquematicamente, estruturas de diferentes substâncias, à temperatura ambiente.

(I)   (II)   (III)

Sendo assim, as figuras I, II e III podem representar, respectivamente,
a) ferro, cloreto de sódio e dióxido de carbono.
b) cloreto de sódio, dióxido de carbono e ferro.
c) cloreto de sódio, ferro e dióxido de carbono.
d) dióxido de carbono, ferro e cloreto de sódio.
e) ferro, dióxido de carbono e cloreto de sódio.

36. (UFV-MG) Consulte a tabela periódica e identifique a alternativa **correta** sobre os elementos lítio, cálcio e cloro.
a) Os três elementos possuem as mesmas propriedades químicas.
b) O lítio possui elétrons nas camadas K, L e M.
c) O átomo de cloro, ao doar um elétron, se transforma em um ânion.
d) O lítio e o cálcio se ligam com o cloro formando $LiC\ell$ e $CaC\ell_2$.
e) O lítio e o cálcio são chamados de metais alcalinoterrosos.

37. (UFRGS-RS) Um elemento X, que apresenta distribuição eletrônica em níveis de energia, K 2, L 8, M 8, N 2, forma com:
a) um metal alcalino M um composto iônico MX.
b) um halogênio R um composto molecular X_2R.
c) um calcogênio Z um composto iônico XZ.
d) o hidrogênio um composto molecular HX.
e) um halogênio Y um composto molecular XY.

38. (Unifal-MG) Da combinação entre potássio e enxofre resulta a substância:
a) molecular, KS.
b) iônica, KS.
c) molecular, K_2S.
d) iônica, K_2S.
e) molecular, K_2S_3.

39. (UFMG) Nas figuras I e II, estão representados dois sólidos cristalinos, sem defeitos, que exibem dois tipos diferentes de ligação química.

 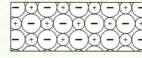
nuvem de elétrons
Figura I   Figura II

Considerando-se essas informações, é **correto** afirmar que:
a) a Figura II corresponde a um sólido condutor de eletricidade.
b) a Figura I corresponde a um sólido condutor de eletricidade.
c) a Figura I corresponde a um material que, no estado líquido, é um isolante elétrico.
d) a Figura II corresponde a um material que, no estado líquido, é um isolante elétrico.

40. (UFU-MG) As propriedades das substâncias podem ser relacionadas com o tipo de ligação que existe entre seus átomos. Por exemplo: compostos que possuam ligações iônicas têm alto ponto de fusão (geralmente acima de 350 °C); todos são sólidos à temperatura ambiente e grande parte deles são solúveis em água, sendo que suas soluções aquosas conduzem corrente elétrica.
Indique a alternativa em que aparecem, **somente**, substâncias predominantemente iônicas.
a) Perclorato de sódio ($NaC\ell O_4$), etanoato de sódio (CH_3CO_2Na) e cloreto de etila ($CH_3CH_2C\ell$).
b) Iodeto de sódio (NaI), hexano ($CH_3(CH_2)_4CH_3$) e carbonato de cálcio ($CaCO_3$).
c) Fluoreto de sódio (NaF), hidróxido de potássio (KOH) e nitrato de prata ($AgNO_3$).
d) Acetileno (etino) (C_2H_2), ácido perclórico ($HC\ell O_4$) e cloreto de sódio ($NaC\ell$).
e) Ácido sulfúrico (H_2SO_4), hidróxido de sódio (NaOH) e metanol (CH_3OH).

41. (Unicamp-SP) Considere as seguintes informações sobre os elementos químicos X, Y e Z.

Elemento	Família ou grupo	Período
X	do oxigênio	2
Y	14	2
Z	dos alcalinos	4

a) Quais são os elementos X, Y e Z?
b) A combinação de dois desses elementos pode formar substâncias não iônicas e gasosas a temperatura e pressão ambientes. Escreva a fórmula de uma dessas substâncias.
c) Escreva a fórmula de uma substância iônica e sólida formada pela combinação dos três elementos.

42. (UEL-PR) Átomos de número atômico 3 e número de massa 7, ao reagirem com átomos de número atômico 8 e número de massa 16, fazem-no na proporção, em átomos, respectivamente, de:
a) 1 : 1, formando composto iônico.
b) 1 : 2, formando composto molecular.
c) 2 : 1, formando composto iônico.
d) 1 : 1, formando composto molecular.
e) 3 : 1, formando composto iônico.

Vestibular e Enem

43. (PUC-MG) Um elemento X do terceiro período da tabela periódica forma com o magnésio o composto MgX e, com o hidrogênio, H_2X. O número de elétrons da última camada de X é:

a) 2   b) 1   c) 6   d) 7   e) 4

44. (Unifal-MG) Comparando os sistemas abaixo, qual conduz melhor a corrente elétrica ?

a) água sólida

b) água líquida

c) gelo-seco

d) cloreto de cálcio sólido

e) cloreto de cálcio aquoso

45. (UFRGS-RS) O quadro a seguir apresenta propriedades de três substâncias designadas genericamente por A, B e C.

Substância	Condução de corrente elétrica			Ponto de fusão (°C)	Ponto de ebulição (°C)
	No estado sólido	No estado líquido	Em solução aquosa		
A	não	não	insolúvel em água	80,2	217,9
B	sim	sim	insolúvel em água	1 260	1 900
C	não	sim	sim	712	1 412

As substâncias A, B e C podem ser, respectivamente,

a) C_8H_{10}, Mn e $MgCl_2$ d) AlF_3, Cu e C_6H_{14}

b) C_6H_6, $NaCl$ e Fe   e) SO_2, CaS e CH_4

c) Al, CCl_4 e $NaNO_3$

46. (PUC-MG) Analise a tabela, que mostra propriedades de três substâncias X, Y e Z, em condições ambientes.

Substância	Temperatura de fusão (°C)	Condutibilidade elétrica	Solubilidade na água
X	146	nenhuma	solúvel
Y	1 600	elevada	insolúvel
Z	800	só fundido ou dissolvido na água	solúvel

Considerando-se essas informações, é **correto** afirmar que as substâncias X, Y e Z são respectivamente:

a) iônica, metálica, molecular.

b) molecular, iônica, metálica.

c) molecular, metálica, iônica.

d) iônica, molecular, metálica.

47. (Cefet-MG) O magnésio é um elemento utilizado em fogos de artifício, em ligas leves e em leite de magnésia. A respeito de algumas características do magnésio, é **incorreto** afirmar que:

a) pertence à família dos metais alcalinos.

b) tem pontos de fusão e ebulição elevados.

c) conduz corrente elétrica no estado sólido.

d) forma composto iônico, ao se ligar com cloro.

48. (Ufla-MG) As espécies químicas que formam os sólidos: hidróxido de magnésio ($Mg(OH)_2$), alumínio (Al) e iodo (I_2) são, respectivamente,

a) átomos, íons e moléculas.

b) íons, átomos e moléculas.

c) íons, moléculas e átomos.

d) moléculas, átomos e íons.

e) átomos, moléculas e íons.

49. (IFMT) "Panela velha é que faz comida boa" é parte de um refrão de uma música muito conhecida, mas o olhar químico sobre as panelas às vezes não é tão musical. Panelas velhas ou novas liberam seus componentes nos alimentos nelas preparados e podem trazer consequências em longo prazo para a saúde de quem as usa. O desprendimento de alumínio das panelas, por exemplo, pode causar efeitos danosos. Pesquisas apontam que o excesso de alumínio no corpo induz a estados de demência, por isso evite "arear" a panela e não remova o óxido de alumínio – aquela camada escura que se forma no fundo, após a fervura de água. Ela reduz em até seis vezes a transferência do componente para a comida.

Para formar o óxido de alumínio, o alumínio combina-se com o oxigênio formando um composto:

a) molecular cuja fórmula é Al_2O_3.

b) iônico cuja fórmula é Al_2O_3.

c) molecular cuja fórmula é Al_3O_2.

d) iônico cuja fórmula é Al_3O_2.

e) metálico cuja fórmula é Al_2O_2.

50. (UEG-GO) Considere a camada de valência para o átomo de nitrogênio. Com base na análise de sua distribuição eletrônica, pode-se inferir que o número máximo de ligações covalentes que esse elemento é capaz de formar será igual a:

a) 1   c) 3

b) 2   d) 4

51. (Uepa) A tabela periódica foi uma das maiores criações do homem para comunicação e padronização científica. Sobre a tabela periódica, onde estão representados todos os elementos químicos que compõem a matéria, são feitas as afirmações abaixo:

I. A família XVIII representa os gases nobres, e estes não se combinam com os demais elementos em condições normais.

II. A família II representa os metais alcalinoterrosos, que comportam 2 elétrons na sua última camada eletrônica.

III. Todos os metais são sólidos, conduzem eletricidade e são maleáveis à temperatura ambiente.

IV. Os não metais têm tendência a receber elétrons, se transformando em ânions.

V. Os calcogênios tornam-se estáveis quando recebem dois elétrons completando seu octeto.

Capítulo 10 ▪ Ligações químicas, características das substâncias iônicas, moleculares e metálicas

192

A alternativa que contém todas as afirmativas corretas é:
a) I, II, III e IV.
b) I, II, III e V.
c) II, III, IV e V.
d) I, II, IV e V.
e) I, III, IV e V.

52. (Unesp) Três substâncias puras, X, Y e Z, tiveram suas condutividades elétricas testadas, tanto no estado sólido como no estado líquido, e os dados obtidos encontram-se resumidos na tabela.

Substância	Conduz corrente elétrica no estado	
	sólido?	líquido?
X	Sim	Sim
Y	Não	Sim
Z	Não	Não

Com base nessas informações, é correto classificar como substância(s) iônica(s):
a) Y e Z, apenas.
b) X, Y e Z.
c) X e Y, apenas.
d) Y, apenas.
e) X, apenas.

53. (IFNMG) Raramente um metal puro apresenta todas as qualidades necessárias para uma determinada aplicação. Por exemplo: o ferro puro reage facilmente com o oxigênio e é quebradiço, o magnésio é inflamável e muito reativo, o ouro é muito mole, já o cromo é muito duro. Dessa forma, quando se mistura um metal com outro metal ou outra substância, pode-se conseguir um material com propriedades vantajosas e que serão úteis para determinada aplicação. A essa mistura de substâncias com propriedades específicas, cujo componente principal é um metal, dá-se o nome de liga metálica. Um exemplo importante de liga metálica é o aço inox, mistura de aço, Cr e Ni, empregado na fabricação de talheres, utensílios de cozinha e decoração. Para obter uma liga metálica que será útil para determinada aplicação é necessário conhecer as propriedades dos metais que irão compor essa liga. Dessa maneira, marque a alternativa que contenha apenas características de propriedades dos metais.
a) Maus condutores de eletricidade, pontos de fusão e ebulição altos, alta tenacidade, solúveis em água.
b) Bons condutores de eletricidade, pontos de fusão e ebulição baixos, baixa tenacidade, insolúveis em água.
c) Bons condutores de eletricidade, pontos de fusão e ebulição altos, alta tenacidade, insolúveis em água.
d) Maus condutores de eletricidade, pontos de fusão e ebulição baixos, baixa tenacidade, solúveis em água.

54. (PUC-Campinas-SP) Na Universidade Estadual de Campinas (Unicamp), o grupo de pesquisa do Prof. Celso Bertran, do Instituto de Química, desenvolveu uma modificação funcional na superfície do biovidro comercial chamado Bioglass 45S5, composto por cálcio, fósforo, silício e sódio, que acelera as reações de interação com o organismo, induzindo a um crescimento mais rápido de tecidos ósseos. Essa modificação funciona como um acelerador do processo de formação do fosfato de cálcio na interface entre o biovidro e o tecido ósseo.

(Adaptado: Revista Pesquisa FAPESP, n. 191, 2012, p. 67)

Dos elementos que compõem a superfície do biovidro, formam cátions ao se associarem com halogênios, **somente:**
a) cálcio e fósforo.
b) silício e cálcio.
c) silício e fósforo.
d) sódio e fósforo.
e) cálcio e sódio.

55. (UEA-AM) Os números atômicos de dois elementos, X e Y, são, respectivamente, 16 e 19. A alternativa que corresponde à fórmula do composto e ao tipo de ligação química formada por esses elementos é:
a) YX_2, ligação metálica.
b) YX_2, ligação covalente.
c) XY_2, ligação iônica.
d) XY_2, ligação covalente.
e) Y_2X; ligação iônica.

56. (UEG-GO) Dois elementos químicos A e B apresentam números atômicos iguais a 13 e 16, respectivamente. Ao reagirem entre si, eles formam um composto iônico do tipo:
a) AB
b) AB_2
c) A_2B
d) A_2B_3

57. (Ifro) Marque a alternativa que apresenta compostos formados exclusivamente por ligações iônicas.
a) $NaC\ell$, K_2O, MgF_2
b) SO_2, HNO_3, $HC\ell$
c) NH_3, MgF_2, SO_3
d) H_2O, $A\ell C\ell_3$, K_2O
e) CO, HF, $NaC\ell$

58. (UFRR) Na formação do composto cloreto de cálcio ($CaC\ell_2$), o cálcio perde quantos elétrons?
Dados: Ca (Z = 20) e $C\ell$ (Z = 17).
a) nenhum
b) 1
c) 2
d) 3
e) 4

59. (UFPE) Assinale a alternativa que apresenta somente materiais bons condutores de eletricidade, quando no estado sólido.
a) Grafite, alumínio e borracha natural.
b) Zinco, plástico e cobre.
c) Isopor, sal de cozinha e vidro.
d) Papel, couro e prata.
e) Ferro, bronze e latão.

CAPÍTULO 11

Geometria molecular

Neste capítulo

1. Estrutura espacial das moléculas.
2. A polaridade das ligações e das moléculas.

Os cristais de gelo apresentam formas hexagonais, o que mostra a estrutura de anéis hexagonais decorrente das forças atrativas e repulsivas entre moléculas de água. Imagens ampliadas.

A água é uma substância formada por moléculas de fórmula H_2O. Nessas moléculas, os átomos de hidrogênio e oxigênio estão unidos por ligações covalentes. Entretanto, tais informações não são suficientes para explicar algumas de suas propriedades. Para essa compreensão é necessário conhecer também a geometria da molécula, ou seja, a distribuição espacial dos seus átomos. Baseando-se no número de elétrons de cada átomo na camada de valência, procure dar uma explicação para o fato de a molécula de água apresentar uma geometria angular.

Em sua opinião, como a geometria da molécula de água (H_2O) pode estar relacionada com as suas propriedades, dentre elas a de dissolver muitas substâncias e a de apresentar cristais de gelo com formatos como os mostrados nas micrografias acima?

A estrutura da molécula de água está diretamente relacionada com o princípio de funcionamento dos fornos de micro-ondas. Para você, como esse equipamento funciona e qual é o papel da água no processo de aquecimento dos alimentos? Por que um copo vazio pode ser aquecido em um forno elétrico e não em um micro-ondas?

Neste capítulo, além de avaliar as respostas que deu a essas perguntas, você vai conhecer modelos que permitem analisar as geometrias moleculares de outras substâncias e entender as implicações dessas geometrias em algumas de suas propriedades.

1. Estrutura espacial das moléculas

Para compreender as propriedades das substâncias moleculares, é necessário conhecer a sua composição elementar, as ligações entre os átomos e a geometria de suas moléculas. A **geometria molecular** é a forma como os átomos estão espacialmente dispostos na molécula.

O que permite chegar à geometria molecular é um conjunto de informações que são obtidas por diferentes técnicas e métodos. Muitas vezes essas informações são provenientes da observação de propriedades macroscópicas, por exemplo, a forma dos cristais, quando estes são bem formados, e também do uso de técnicas mais sofisticadas, como a difração de raios X, a microscopia eletrônica e outras.

Foi a partir da análise de um conjunto de informações que se pôde concluir que a molécula de metano (CH_4) apresenta geometria de um **tetraedro** – pirâmide regular de quatro faces na qual os átomos de hidrogênio formam com o carbono ângulos de, aproximadamente, 109,5°. Concluiu-se também que a molécula de água (H_2O) tem geometria angular, ou seja, os átomos de hidrogênio e de oxigênio não estão em linha reta. Na molécula H_2O, o ângulo formado entre os átomos de hidrogênio e de oxigênio é de cerca de 104,5°.

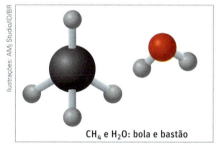
CH₄ e H₂O: bola e bastão

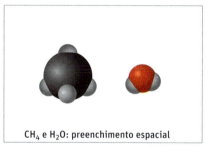
CH₄ e H₂O: preenchimento espacial

À esquerda, representação no modelo bola e bastão das moléculas de metano (CH_4) e da água (H_2O); à direita, as mesmas moléculas representadas no modelo de preenchimento. Representações em cores-fantasia.

As representações mais comuns da geometria molecular são as que utilizam o modelo **bola e bastão**, em que os átomos correspondem a esferas coloridas, e as ligações químicas são representadas por hastes que unem essas esferas.

No modelo de preenchimento espacial procura-se representar o espaço ocupado por cada átomo na molécula. Os átomos são mostrados como esferas que penetram umas nas outras, simulando a interpenetração das eletrosferas nas ligações químicas. Esse modelo, apesar de indicar o espaço ocupado pela molécula, dificulta a visualização da posição de alguns átomos em estruturas mais complexas.

O conhecimento da estrutura espacial de moléculas complexas permite melhor compreensão de suas propriedades. Um dos exemplos mais significativos foi a elucidação da conformação espacial do DNA feita por Watson e Crick, em 1951, que possibilitou o estudo da genética em nível molecular.

Química tem história

Van't Hoff e a geometria do carbono

Segundo o químico holandês Jacobus Henricus van't Hoff (1852-1911), a geometria ao redor de um átomo de carbono que apresenta quatro ligações é a de um tetraedro.

Muito antes da técnica de difração de raios X ou do modelo atômico contendo prótons, nêutrons e elétrons, Van't Hoff elaborou sua hipótese a partir de observações das propriedades químicas dos compostos de carbono conhecidos.

Na época, considerava-se que os quatro átomos ligados ao átomo de carbono estavam em um mesmo plano, formando uma cruz. Nesse caso, fórmulas do tipo CA_2X_2 deveriam indicar duas substâncias distintas.

$$X-\underset{\underset{X}{|}}{\overset{\overset{A}{|}}{C}}-A \qquad X-\underset{\underset{A}{|}}{\overset{\overset{A}{|}}{C}}-X$$

Moléculas de CA_2X_2 dispostas no plano.

Entretanto, cada fórmula desse tipo só representa uma única substância, como o diclorometano ($CH_2C\ell_2$). Van't Hoff sugeriu que a distribuição dos átomos ao redor do carbono seria tetraédrica, pois assim todas as maneiras de se distribuírem os átomos de hidrogênio e cloro ao redor do carbono seriam equivalentes.

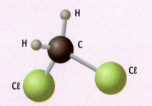

Distribuição tetraédrica dos ligantes (cloro e hidrogênio) ao redor do átomo central na molécula de $CH_2C\ell_2$. Representação em cores-fantasia.

Diferentes representações da estrutura do DNA. Em (**A**), a disposição espacial dos átomos na molécula de DNA. Em (**B**), a representação da dupla-hélice no espaço destacando as ligações de hidrogênio entre as bases nitrogenadas. Representações sem escala e em cores-fantasia.

Teoria de repulsão dos pares eletrônicos

O inglês Ronald James Gillespie (1924-) desenvolveu uma teoria relativamente precisa para prever a geometria das moléculas. Essa teoria descreve a geometria molecular a partir da fórmula eletrônica da molécula.

Segundo Gillespie, os pares de elétrons localizados na camada de valência de um átomo devem se distanciar o máximo possível uns dos outros. Esses pares exercem repulsão entre si, não importando se eles participam de uma ligação covalente ou se estão livres. No caso de ligação dupla ou tripla, os pares de elétrons envolvidos se comportam apenas como se fossem um único par, pois devem estar localizados na mesma região do espaço, entre os dois átomos envolvidos na ligação.

Essa teoria ficou conhecida como **Teoria da repulsão dos pares eletrônicos da camada de valência** ou **VSEPR** (do inglês, *valence shell electron pair repulsion*).

Os pares de elétrons da camada de valência de um átomo em uma molécula tendem **a se distanciar o máximo possível uns dos outros**, devido à existência de forças de repulsão entre eles.

De acordo com a teoria da repulsão dos pares eletrônicos, comportam-se como se fossem um único par de elétrons:
- um par de elétrons não compartilhado (livre);
- uma ligação covalente simples;
- uma ligação covalente dupla;
- uma ligação covalente tripla.

Para quatro pares de elétrons, a distribuição mais afastada no espaço é um **tetraedro**, em que um átomo se localiza no centro e em que cada par de elétrons aponta para um vértice, com ângulo de, aproximadamente, 109,5°. Se forem apenas três pares de elétrons, a conformação é plana, com ângulo de 120° entre os átomos, equivalendo a um **triângulo equilátero**. Para dois pares de elétrons ao redor do átomo central, o ângulo formado é de 180°, ou seja, eles estão sobre uma **reta**.

Observe alguns exemplos na tabela a seguir.

Aplicação do modelo de repulsão dos pares eletrônicos		
Substância	Fórmula eletrônica	Distribuição espacial (em cores-fantasia)
Dióxido de carbono, CO_2 (2 pares)	:Ö::C::Ö:	180°
Formaldeído, CH_2O (3 pares)	H:C::Ö: H	120°
Metano, CH_4 (4 pares)	H:C:H H H	109,5°

Saiba mais

Moléculas que não seguem o modelo do octeto

A teoria de repulsão dos pares eletrônicos também pode ser aplicada para moléculas cuja existência não é justificada pelo modelo do octeto.

No trifluoreto de boro (BF_3), o átomo de boro é rodeado por apenas três pares de elétrons (três ligações simples), o que resulta em uma geometria **trigonal plana**, baseada na distribuição espacial de um triângulo equilátero.

Representação, em cores-fantasia, de molécula de trifluoreto de boro (BF_3).

No pentacloreto de fósforo (PCl_5), o átomo de fósforo é rodeado por cinco pares de elétrons, o que resulta em uma geometria de **bipirâmide trigonal**.

Representação, em cores-fantasia, de molécula de pentacloreto de fósforo (PCl_5).

No hexafluoreto de enxofre (SF_6), o átomo de enxofre apresenta seis pares de elétrons na camada de valência, o que resulta em uma geometria **octaédrica**.

Representação, em cores-fantasia, de molécula de hexafluoreto de enxofre (SF_6).

❯ Prevendo a geometria molecular

Para prever a geometria de uma molécula, pode-se proceder da seguinte maneira.

- Escreva a fórmula eletrônica da molécula e identifique o átomo central.
- Faça a distribuição espacial dos pares de elétrons da camada de valência ao redor do átomo central. Garanta que os pares de elétrons estejam com a máxima distância possível entre eles (teoria de repulsão dos pares eletrônicos).
- Para definir a geometria, observe a distribuição espacial dos átomos envolvidos.
- No caso da água, H_2O, o átomo de oxigênio é rodeado por quatro pares de elétrons: dois deles participam da ligação com átomos de hidrogênio e dois estão livres. A distribuição espacial dos pares de elétrons é tetraédrica, mas, como há apenas dois átomos ligados ao oxigênio, a geometria observada é **angular**.
- Na molécula de CH_4, o átomo de carbono (central) apresenta quatro pares de elétrons para a repulsão (quatro ligações simples). A distribuição espacial é **tetraédrica**.

Geometria de algumas moléculas			
Fórmula eletrônica	Distribuição dos pares de elétrons ao redor do átomo central	Geometria molecular	Distribuição espacial (em cores-fantasia)
H:Cl: — 1 "par"	H — Cl (toda molécula diatômica é linear)	H — Cl — linear	
H:C⫶C:H — 1 "par"	H — C ≡ C — H	H — C ≡ C — H — linear	
:O⫶C⫶O: — 2 "pares"	O = C = O	O = C = O — linear	
:O: C H H — 3 "pares"	O ‖ C H H	O ‖ C H H — trigonal plana	
:O: S O O — 3 "pares"	S O O	S O O — angular	
H H:C:H H — 4 "pares"	H C H H H	H C H H H — tetraédrica	
H:N:H H — 4 "pares"	N H H H	N H H H — piramidal	
H:O:H — 4 "pares"	O H H	O H H — angular	

Ilustrações: AMj Studio/ID/BR

197

Atividades

1. Cite as diferenças entre o modelo de representação bola e bastão e o modelo de representação de preenchimento espacial.

2. Relacione as moléculas com as respectivas geometrias.
   Números atômicos
   H (Z = 1)   O (Z = 8)
   C (Z = 6)   F (Z = 9)
   N (Z = 7)   S (Z = 16)

Coluna I (geometria molecular)	Coluna II (moléculas)
a) Linear	I. SO_3
b) Trigonal plana	II. NH_3
c) Angular	III. CO_2
d) Piramidal	IV. SO_2
e) Tetraédrica	V. H_2S
	VI. CF_4

3. O fosgênio ($COCl_2$) é um gás incolor, tóxico, asfixiante e de cheiro penetrante. Esse gás, utilizado como arma na Primeira Guerra Mundial, era produzido a partir da reação do monóxido de carbono (CO) e do gás cloro (Cl_2).
   a) Qual é o tipo de ligação existente entre os átomos das moléculas citadas no texto?
   b) Represente a fórmula estrutural do fosgênio.
   c) Qual é a geometria de cada uma dessas moléculas?

4. Observe, a seguir, as representações da distribuição espacial de algumas moléculas.

   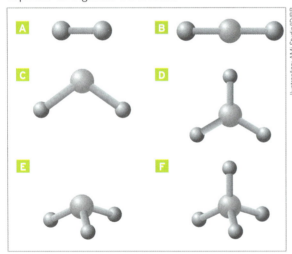

   a) Indique o nome de cada geometria representada.
   b) Para cada representação, cite pelo menos um exemplo de molécula que apresente a mesma conformação espacial.

5. Represente a estrutura dos compostos moleculares a seguir, respeitando a sua **geometria espacial**.
   a) SiF_4 c) PCl_3 e) HCN
   b) CS_2 d) C_2H_2 f) SCl_2

6. As figuras abaixo são representações de moléculas em que se procura manter proporções corretas entre raios atômicos e distâncias internucleares.

   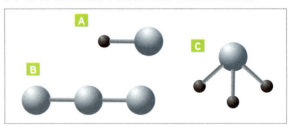

   a) Indique possíveis substâncias mostradas por essas três representações.
   b) Indique as geometrias dessas moléculas.

7. Um elemento representado pela letra X combina-se com o hidrogênio e com o cálcio formando, respectivamente os compostos, H_2X e CaX. Represente a estrutura de Lewis de um composto de fórmula XO_2 e indique a sua geometria molecular.

8. Os modelos de distribuição espacial são representações bastante úteis para compreender o comportamento físico de substâncias, como a polaridade, a solubilidade em determinado solvente e as temperaturas de fusão e ebulição. Observe as representações a seguir:

   I.   II.   III.

   Sobre esses modelos é correto afirmar que eles podem indicar, respectivamente, moléculas de:
   a) flúor (F_2), água (H_2O) e amônia (NH_3).
   b) cloreto de hidrogênio (HCl), dióxido de enxofre (SO_2) e dióxido de silício (SiO_2).
   c) oxigênio (O_2), dióxido de selênio (SeO_2) e dicloreto de enxofre (SCl_2).
   d) hidrogênio (H_2), dióxido de enxofre (SO_2) e dióxido de carbono (CO_2).
   e) brometo de hidrogênio (HBr), água (H_2O) e dióxido de selênio (SeO_2).

9. O nitrogênio forma vários compostos com o oxigênio: NO, N_2O, NO_2, N_2O_3, etc. O monóxido de nitrogênio (NO) e o dióxido de nitrogênio (NO_2) são produzidos nas reações de combustão de motores a explosão, usinas termoelétricas e queimadas. Considerados poluentes atmosféricos, a quantidade dessas substâncias por volume de ar é um dos indicadores da qualidade do ar. Analisando a estrutura destas duas moléculas, pode-se afirmar que a geometria do NO e do NO_2 são, respectivamente:
   a) linear e linear.   d) linear e angular.
   b) linear e piramidal.   e) angular e linear.
   c) angular e piramidal.

2. A polaridade das ligações e das moléculas

Muitas das propriedades das substâncias moleculares, como temperatura de fusão, temperatura de ebulição e solubilidade, podem ser interpretadas com base na geometria das moléculas e na polaridade das ligações entre os átomos que as formam.

❯ Ligações polares e ligações apolares

Considere as moléculas dos gases oxigênio, O_2, nitrogênio, N_2, e cloro, Cl_2. Segundo o modelo estabelecido para as ligações covalentes, os átomos envolvidos nessas ligações compartilham elétrons.

Quando esse compartilhamento ocorre entre átomos de mesma eletronegatividade, ambos exercem a mesma força de atração sobre os elétrons da ligação. Logo, a distribuição de cargas no espaço é simétrica, não há formação de polos elétricos na molécula, e a ligação química é classificada como apolar.

Representação, em cores-fantasia, de distribuição eletrônica que envolve dois átomos de hidrogênio (molécula diatômica com ligação apolar).

Ligações covalentes apolares são aquelas em que os elétrons são igualmente compartilhados entre os átomos da ligação.

Nas ligações covalentes entre átomos de diferentes eletronegatividades, o mais eletronegativo atrai com maior intensidade os elétrons da ligação, deslocando para si maior densidade de carga negativa.

Os dois átomos em uma ligação covalente polar formam um **dipolo elétrico**, que resulta em uma carga parcial positiva e uma carga parcial negativa de mesma intensidade. Na molécula de cloreto de hidrogênio, por exemplo, os elétrons da ligação são mais fortemente atraídos pelo cloro, cuja eletronegatividade é maior. Essa ligação é denominada covalente polar.

Ligações covalentes polares são aquelas em que os pares de elétrons compartilhados estão mais próximos de um dos átomos da ligação (átomo mais eletronegativo).

A região da ligação que apresenta maior densidade de elétrons é representada por $\delta-$. A região com menor densidade eletrônica é representada por $\delta+$.

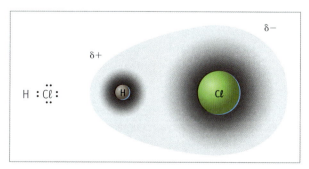

Representação, em cores-fantasia, de distribuição eletrônica que mostra a interação entre um átomo de hidrogênio e um de cloro (molécula diatômica com ligação polar).

Você se lembra?

Polaridade e caráter iônico das ligações

De acordo com o modelo estabelecido para as ligações iônicas, devido à transferência de elétrons do átomo menos eletronegativo, geralmente metálico, para o mais eletronegativo (não metálico), a espécie química é formada por cátions (íons de carga elétrica positiva, e ânions (íons de carga elétrica negativa).

Já nas ligações covalentes polares, em que ocorre compartilhamento de elétrons, não se pode representar o polo negativo com sinal $-$, e o positivo com o sinal $+$, pois isso passa a ideia incorreta de que a espécie química é constituída por cátions e ânions. A representação das regiões positiva e negativa da molécula, respectivamente $\delta+$ e $\delta-$, indica que se trata de ligação covalente, cuja distribuição de carga não é uniforme.

Todas as ligações entre dois átomos de diferentes eletronegatividades são polares em alguma extensão.

A polaridade das ligações depende da diferença de eletronegatividade entre os átomos. Quanto maior a diferença de eletronegatividade, maior o caráter polar da ligação e vice-versa.

Momento de dipolo e polaridade das moléculas

A polaridade de uma ligação é uma consequência da simetria ou não com que os elétrons da ligação se distribuem em torno dos átomos envolvidos. Numa ligação apolar os elétrons estão espalhados de maneira simétrica. Nas ligações polares, eles estão mais concentrados ao redor do átomo mais eletronegativo.

De forma semelhante, pode-se dizer que uma molécula apolar é aquela em que os elétrons estão simetricamente distribuídos. Uma molécula é polar quando uma de suas extremidades apresenta maior densidade eletrônica, ou seja, a distribuição de cargas não é uniforme (assimétrica).

As ligações polares apresentam dipolos elétricos. Por convenção, um dipolo elétrico é representado por um vetor que aponta para a extremidade da ligação que concentra mais elétrons, o polo negativo ($\delta-$). Esse vetor é chamado de **momento de dipolo** ou **momento dipolar**, sendo representado por $\vec{\mu}$.

O momento dipolar resultante de uma molécula ($\vec{\mu}_R$) é dado pela soma vetorial dos momentos de dipolo de todas as suas ligações.

Uma molécula é classificada como apolar quando apresenta momento de dipolo resultante igual a zero ($\vec{\mu}_R = 0$); nas polares, o momento dipolo resultante é diferente de zero ($\vec{\mu}_R \neq 0$).

Todas as moléculas diatômicas homonucleares (formadas por átomos do mesmo elemento químico) são apolares. As moléculas diatômicas constituídas por átomos de elementos diferentes são classificadas como polares. Nesse caso específico, a polaridade da ligação coincide com a da molécula.

Saiba mais

Substâncias polares e apolares e cargas elétricas

Quando um bastão de vidro eletrizado positivamente devido ao atrito com a lã é aproximado de um filete de água — uma substância polar —, ocorre um desvio da trajetória desse filete por causa da atração entre as cargas positivas do bastão e os polos negativos das moléculas de água. No entanto, esse desvio não ocorre com substâncias apolares.

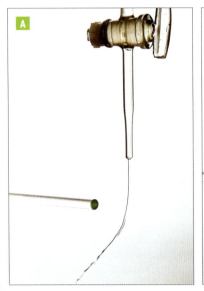

Substâncias líquidas polares sofrem desvio com a aproximação do bastão eletrizado (**A**), o que não ocorre com as apolares (**B**).

Química e Física

Os vetores

O esquema abaixo, em cores-fantasia, mostra a força aplicada a um barco, em repouso, que é puxado por uma corda para a margem de um lago.

A seta (vetor) indica o sentido da força aplicada. Na ausência de outras forças que atuem sobre o barco e admitindo-se que ele estava em repouso, pode-se dizer que ele vai percorrer uma trajetória que corresponde ao sentido indicado pelo vetor.

Pode acontecer de o barco ser puxado por duas pessoas situadas em pontos diferentes da margem. Nesse caso, na ausência de outras forças, a trajetória do barco é determinada pelo sentido do vetor resultante desses vetores.

Ligando-se a extremidade esquerda de um vetor à extremidade direita do outro, e traçando-se o vetor que começa na origem do primeiro e vai até a extremidade do segundo, obtém-se a resultante ($\vec{R}$).

É possível usar vetores para indicar a polaridade de uma ligação química. A polaridade de uma molécula depende da soma dos vetores das ligações.

A resultante nula indica que a molécula é apolar. Uma resultante não nula indica que se trata de uma molécula polar. Exemplos:

O=C=O   H H
              \\O/

(resultante nula)   (resultante não nula)
molécula apolar   molécula polar

Geometria molecular e polaridade das moléculas

Grande parte das propriedades físicas e químicas das substâncias depende não só das características dos elementos que as constituem, mas também da geometria de suas moléculas.

É o que ocorre, por exemplo, com a molécula de água (H_2O), cuja geometria faz com que ela seja polar.

A soma vetorial dos momentos de dipolo dessa molécula resulta em $\vec{\mu}_R \neq 0$, pois os dois dipolos $\delta-$ O — H $\delta+$ se encontram, formando um ângulo de 104,5°, e não se cancelam. A figura ao lado mostra que a distribuição de carga não é uniforme, havendo maior densidade de carga negativa sobre o átomo de oxigênio da molécula.

Veja também outros exemplos de $\vec{\mu}_R \neq 0$.

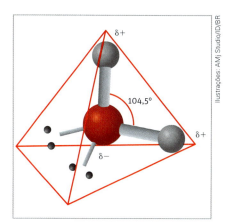

Disposição espacial da água. Representação em cores-fantasia.

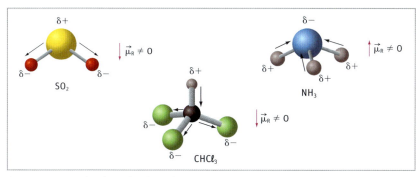

Geometrias variadas de moléculas polares. SO_2 é angular. $CHC\ell_3$ é tetraédrica. E NH_3, piramidal triangular. A seta roxa indica o momento dipolar resultante das moléculas. Representação em cores-fantasia.

Já a distribuição simétrica de dipolos elétricos ao redor de um átomo central resulta em $\vec{\mu}_R = 0$. A classificação das moléculas como apolares é observada no dióxido de carbono (CO_2), de geometria linear; no tetracloreto de carbono ($CC\ell_4$), de estrutura tetraédrica, e no trifluoreto de boro (BF_3), disposto na forma trigonal plana.

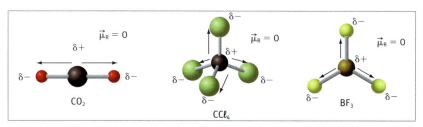

A simetria da distribuição de cargas das moléculas de CO_2 (linear), $CC\ell_4$ (tetraédrica) e BF_3 (trigonal plana) resulta em $\vec{\mu}_R = 0$. Representação em cores-fantasia.

Saiba mais

Polaridade da água líquida e geometria do gelo

A geometria da molécula de água a torna um composto polar, o que explica uma série de propriedades, entre elas a capacidade de dissolver substâncias polares ou iônicas para formar soluções aquosas.

Outra propriedade característica da polaridade da água é a estrutura cristalina do seu estado sólido: estruturas hexagonais tridimensionais.

Essa estrutura explica por que o gelo tem menor densidade e flutua sobre a água líquida.

Na estrutura cristalina do gelo, observa-se um aumento dos espaços vazios, o que faz com que a mesma massa de água no estado sólido ocupe maior volume do que no estado líquido.

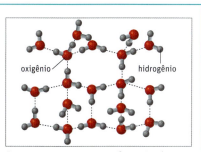

Representação, em cores-fantasia, de estruturas hexagonais tridimensionais do estado sólido da água (H_2O).

201

Atividades

10. Considere as seguintes moléculas: N_2, $HC\ell$, O_2, HCN, CO_2.
   a) Escreva as fórmulas estruturais de cada uma delas e indique as que têm ligações covalentes apolares.
   b) Represente os dipolos elétricos presentes nas moléculas.
   c) Classifique-as como polares ou apolares e mostre o sentido do dipolo elétrico das classificadas como polares.

11. Observe, a seguir, a disposição espacial das moléculas de trifluoreto de nitrogênio, NF_3, formaldeído, CH_2O, e acetileno, C_2H_2.

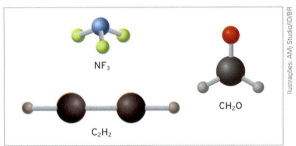

   a) Represente os dipolos elétricos em cada molécula.
   b) Classifique-as como polares ou apolares e indique o sentido do dipolo elétrico das polares.

12. Quais das seguintes moléculas são angulares, e quais são lineares?
   a) CO_2 ($\vec{\mu}_R = 0$)
   b) CS_2 ($\vec{\mu}_R = 0$)
   c) SO_2 ($\vec{\mu}_R \neq 0$)
   d) H_2Se ($\vec{\mu}_R \neq 0$)

13. Considere as moléculas de água (H_2O), amônia (NH_3) e tetrafluoreto de carbono (CF_4).
   a) Represente as formas geométricas dessas moléculas.
   b) Consulte a tabela de eletronegatividade e indique qual ligação apresenta maior caráter polar.
   c) Classifique as moléculas como polares ou apolares.
   d) Discuta a veracidade da afirmação: "Quanto maior a polaridade da ligação, maior a polaridade da molécula".

14. Ao constatar que o dióxido de carbono (CO_2) era apolar, um aluno de Química afirmou que o cianeto de hidrogênio, HCN, também deveria ser apolar, pois ambos apresentam geometria linear. Comente a afirmação do estudante.

15. Observe, a seguir, as representações das formas geométricas das moléculas de metano, CH_4, clorofórmio, $CHC\ell_3$, e diclorometano, $CH_2C\ell_2$.

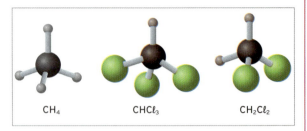

   a) Classifique cada uma como polar ou apolar.
   b) Caso haja uma ou mais moléculas polares, escreva suas fórmulas estruturais no caderno e indique com as notações $\delta+$ e $\delta-$ as regiões da molécula em que há assimetria de carga positiva e negativa.

16. A molécula cuja fórmula é representada por $C_2H_2C\ell_2$ pode apresentar os átomos em posições distintas de uma mesma forma geométrica.

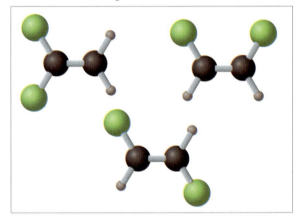

Moléculas que apresentam o mesmo número de átomos de cada elemento dispostos de forma diferente no espaço são chamadas isômeros.
   a) Analise as disposições espaciais dos três isômeros e represente os dipolos elétricos em cada uma das moléculas.
   b) Indique se há assimetria na distribuição de cargas em alguma região. Se houver, indique o sentido do vetor dipolo molecular.

17. Sobre a molécula de água, responda:
   a) Qual é sua geometria, e como essa geometria influencia a polaridade da molécula?
   b) A figura abaixo mostra uma representação da molécula de água com geometria linear. Relacione quais seriam as consequências dessa geometria e da polaridade da molécula de água, caso ela fosse linear.

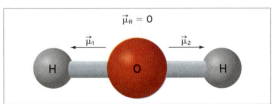

Atividade experimental

Geometria molecular

Objetivo
Utilizar esferas de massas de modelar para representar formas geométricas de moléculas.

Material
- 4 bastões de massas de modelar de cores diferentes (preta, cinza, vermelha e verde)
- 16 palitos de dente

Procedimento

Confecção de modelos de moléculas feitos de palitos de dente e massa de modelar.

Parte A
1. Modele uma esfera de cor preta, representando o átomo de carbono (C).
2. Insira nela quatro palitos de maneira que eles formem entre si os maiores ângulos possíveis.
3. Fixe esferas pequenas de cor cinza (que representam átomos de H) na ponta de cada palito.
4. Observe a geometria do aglomerado obtido, que representa a molécula de metano, CH_4.

Parte B
1. Modele uma esfera de cor verde, representando o átomo de nitrogênio (N).
2. Insira nela quatro palitos de maneira que eles formem entre si os maiores ângulos possíveis.
3. Fixe esferas pequenas de cor cinza na extremidade livre de três palitos, deixando o quarto livre.
4. Observe a geometria do aglomerado obtido, que representa a molécula de amônia, NH_3.

Parte C
1. Modele uma esfera da cor vermelha, representando o átomo de oxigênio (O).
2. Insira nela quatro palitos de maneira que eles formem entre si os maiores ângulos possíveis.
3. Fixe esferas pequenas de cor cinza na extremidade livre de dois palitos, deixando dois deles livres.
4. Observe a geometria do aglomerado obtido, que representa a molécula de água, H_2O.

Parte D
1. Modele uma esfera de cor preta, representando o átomo de carbono.
2. Insira nela dois pares de palitos de maneira que um dos pares fique o mais afastado possível do outro par.
3. Fixe uma esfera vermelha nas extremidades livres de cada um desses pares.
4. Observe a geometria do aglomerado obtido, que representa a molécula de dióxido de carbono (CO_2).

Analise e discuta

1. Qual é a forma geométrica da estrutura obtida na parte A (CH_4) e na parte B (NH_3)?
2. Por que na determinação da geometria da amônia não se levou em consideração o quarto palito inserido no nitrogênio? O que representa esse palito?
3. Por que a recomendação de que os pares de elétrons (representados pelos palitos) devem formar o maior ângulo possível entre si?
4. Qual é a forma geométrica da estrutura obtida na parte C (H_2O) e na parte D (CO_2)?
5. Qual deve ser a forma geométrica da molécula de Cl_2?
6. Com base na Tabela Periódica, deduza a forma geométrica da molécula de H_2S.
7. Deduza a forma geométrica da molécula de HCN. Considere que o C forma uma ligação simples, que o liga ao H, e uma ligação tripla, que o liga ao N.

Questões globais

18. Analise as moléculas representadas a seguir e classifique as afirmações como verdadeiras ou falsas.

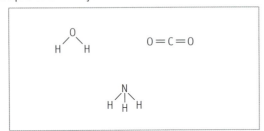

a) A molécula de CO₂ é apolar, pois ligações duplas são apolares.
b) Os compostos NH₃ e H₂O apresentam moléculas polares.
c) A molécula do composto CO₂ é apolar, pois $\vec{\mu}_R = 0$.
d) A molécula de H₂O é polar, pois é angular e o átomo de O é mais eletronegativo que o de H.
e) A molécula de NH₃ é apolar, pois apresenta três ligações simples iguais.

19. Na tabela a seguir há exemplos de moléculas representadas somente pela sua fórmula eletrônica. Copie essa tabela em seu caderno e complete-a com as informações de cada substância.

Molécula	H··F̈:	H··Ö: / H	H··N̈:H / H	H / H··C̈··H / H
Número de átomos ligados ao átomo central				
Número de pares de elétrons ao redor do átomo central				
Polaridade				
Geometria				

20. O fósforo é um ametal de número atômico 15. Forma, com o hidrogênio, a substância PH₃. O enxofre (também ametal) tem número atômico 16. Encontra-se no SO₂ (um dos responsáveis pela chuva ácida) e no H₂S (gás que apresenta cheiro de ovo podre).
Determine as geometrias das moléculas:
a) H₂S
b) PH₃

21. Considere as substâncias representadas pelas fórmulas: CO₂, H₂O, NH₃, CH₄, H₂S e PH₃, e as disposições espaciais dos átomos.

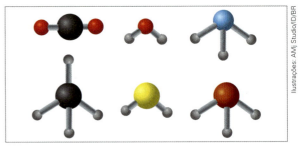

Quais moléculas são polares? E apolares?

22. A figura abaixo representa a forma geométrica dos gases propano e butano, principais constituintes do gás liquefeito de petróleo (GLP). Essas substâncias são classificadas como hidrocarbonetos, ou seja, compostos que contêm, em sua composição, apenas átomos de carbono e hidrogênio.

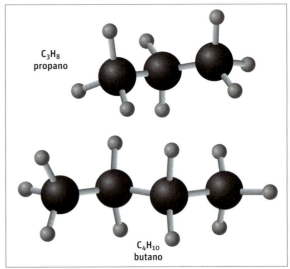

a) Escreva as fórmulas estruturais do propano e do butano.
b) Classifique essas substâncias como polares ou apolares. Justifique.

23. Um professor decidiu decorar seu laboratório com um "relógio de Química", no qual, no lugar dos algarismos, foram representados os símbolos de alguns elementos, dispostos de acordo com seus respectivos números atômicos, como mostra a figura a seguir.

a) Indique o tipo de ligação do composto que é formado quando o relógio do professor marca 8 horas.

b) Qual é a fórmula desse composto?

c) Qual é a hora em que o relógio pode representar melhor a molécula F_2? Qual é a polaridade dessa molécula e a sua geometria?

d) Lembrando-se de que a maioria dos átomos se estabiliza com oito elétrons na camada de valência, quando o relógio marcar 6 horas e 5 minutos, quantos átomos haverá na molécula formada pelos elementos indicados? Qual é a polaridade e a geometria dessa molécula?

24. Observe a tabela a seguir, que apresenta momentos de dipolo de algumas substâncias.

Substância	Momento dipolar ($\vec{\mu}_R$)
HF	1,91
$HC\ell$	1,03
HBr	0,79
HI	0,42
H_2O	1,85
CO_2	0
CO	0,12
$CC\ell_4$	0

Analise os dados da tabela e sugira uma explicação para os seguintes fatos.

a) As substâncias HI, HBr, $HC\ell$ e HF estão representadas em ordem crescente de momento dipolar.

b) Apesar de a água e o dióxido de carbono serem moléculas triatômicas, a primeira é polar, e a segunda, apolar.

c) Apesar de constituídos por átomos dos mesmos elementos químicos, o CO é polar, e o CO_2, apolar.

d) Apesar de apresentarem ligações polares, CO_2 e $CC\ell_4$ são apolares.

25. Considere as moléculas de água (H_2O), amônia (NH_3) e tetrafluoreto de carbono (CF_4).

a) Consulte a tabela de eletronegatividade e indique qual ligação apresenta maior caráter polar.

b) Discuta a veracidade da afirmação: "Quanto maior a polaridade da ligação, maior a polaridade da molécula".

26. Explique por que a molécula de NF_3 é polar enquanto a de $BC\ell_3$ é apolar, apesar de ambas serem formadas pela combinação de 4 átomos (três ligantes iguais e um átomo central).

27. Considere os seguintes compostos, todos contendo cloro: $BeC\ell_2$; $CH_3C\ell$; $CC\ell_4$ e $LiC\ell$. Represente a geometria dos compostos covalentes e identifique a molécula que apresenta momento dipolar resultante diferente de zero.

28. A polaridade da molécula é, muitas vezes, determinante de propriedades físico-químicas como solubilidade e temperaturas de ebulição e fusão. Os momentos dipolares das moléculas são normalmente expressos em unidade debye (D), que equivale a $3{,}3 \times 10^{-30}$ C · m. Considerando que os momentos dipolares resultantes das moléculas NF_3 e BF_3 são 0,235 D e 0 D, respectivamente, é correto afirmar que:

a) a polaridade de uma molécula só depende da geometria, mas não da diferença de eletronegatividade entre os átomos ligados.

b) a molécula BF_3 é menos polar do que NF_3 porque o boro é mais eletronegativo que o nitrogênio.

c) a molécula BF_3 é apolar porque tem estrutura trigonal planar e a molécula NF_3 é polar porque tem estrutura piramidal.

d) a molécula NF_3 é mais polar que BF_3 porque o nitrogênio é mais eletronegativo que o boro.

e) a molécula NF_3 é polar porque tem estrutura trigonal planar e a molécula de BF_3 é apolar porque tem estrutura piramidal.

29. Assinale verdadeiro (V) ou falso (F).

a) A ligação covalente de maior polaridade ocorre entre átomos de hidrogênio e átomos de cloro.

b) A molécula de NH_3 não tem um dipolo elétrico permanente.

c) Na molécula de CF_4, apesar das ligações químicas serem polares, o momento dipolar resultante é igual a zero.

d) As ligações na molécula do gás carbônico (CO_2) são apolares.

e) A previsão da polaridade das substâncias é feita por meio da geometria de suas moléculas e da diferença de eletronegatividade entre os átomos ligantes e o átomo central.

f) Se o momento dipolar resultante do cloreto de berílio é nulo, a sua geometria deve ser angular.

g) A carga elétrica parcial positiva dos átomos de hidrogênio na molécula de água (H_2O) é maior que na molécula de sulfeto de hidrogênio (H_2S).

h) Toda ligação covalente é apolar.

i) Moléculas diatômicas formadas por átomos iguais são sempre apolares.

j) De acordo com a Teoria da repulsão dos pares eletrônicos da camada de valência, os pares de elétrons em torno de um átomo central se repelem e se orientam de forma a alcançar o maior afastamento angular possível.

k) Se a molécula de água apresentasse geometria linear ela seria apolar.

l) Toda molécula tetraédrica é apolar.

Ciência, tecnologia e sociedade

Cozinha com moléculas polares: forno de micro-ondas

Cientistas britânicos durante a Segunda Guerra Mundial desenvolveram um dispositivo que gerava micro-ondas chamado magnétron e que era o coração do RADAR ("Radio Detection And Ranging") usado para detectar aeronaves inimigas. O sistema funciona da seguinte forma: o objeto a ser detectado reflete o sinal emitido (as micro-ondas) e o sistema de RADAR detecta o eco desse sinal, e com isso é possível saber a posição, forma do objeto, velocidade e direção de seu movimento.

Havia uma necessidade urgente na Inglaterra de produzir o magnétron em grande quantidade, e os cientistas britânicos entraram em contato com os Estados Unidos, de forma que pudessem usar o parque industrial americano para produzir este aparelho que era crucial na defesa da Inglaterra contra os ataques aéreos da Alemanha. Após uma sugestão [...] um engenheiro chamado Percy L. Spencer (1894-1970) [...] teria convencido os cientistas britânicos a levar o magnétron para sua casa [...], onde em um fim de semana ele fez diversas mudanças radicais neste aparelho, que não apenas melhoraram o processo de fabricação como tornaram o dispositivo mais eficiente. [...] Um fato impressionante, era que Spencer possuía apenas o ensino primário, mas era autodidata e na sua época foi considerado como um dos maiores especialistas no campo da eletrônica, tendo 225 patentes em seu nome.

E o forno de micro-ondas, como foi inventado? [...] Em 1945, Spencer notou que uma barra de um doce em seu bolso começou a derreter quando ele ficou em frente a um tubo de magnétron que estava ligado, e intrigado por esse fato ele conduziu alguns experimentos simples, como preparar pipoca espalhando alguns grãos de milho em frente ao tubo. [...] Pouco tempo depois, no ano seguinte, a Raytheon[*] solicitou a primeira patente sobre a utilização de micro-ondas para o aquecimento de alimentos. Em 1947, a Raytheon apresentou o primeiro forno de micro-ondas chamado "Radarange". Este micro-ondas pesava cerca de 340 kg e possuía cerca de 1,5 m de altura!

---

* **Nota:** A Raytheon era a companhia americana em que Spencer trabalhava.

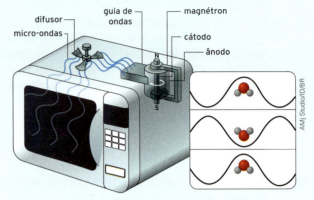

Representação, em cores-fantasia, da difusão de micro-ondas em várias direções. Quando as moléculas de água interagem com as micro-ondas, elas absorvem energia, que se dissipa na forma de calor, aquecendo o alimento.

[...] O forno de micro-ondas doméstico tornou-se popular em escala mundial nas décadas de [19]70 e [19]80. A frequência de operação destes fornos é de 2,45 GHz.

O aquecimento por micro-ondas

[...] O aquecimento por micro-ondas é também chamado de aquecimento dielétrico, e existem dois mecanismos principais para a transformação de energia eletromagnética em calor. O primeiro deles é chamado rotação de dipolo, e relaciona-se com o alinhamento das moléculas (que têm dipolos permanentes ou induzidos) com o campo elétrico aplicado. Quando o campo é removido as moléculas voltam a um estado desordenado, e a energia que foi absorvida para essa orientação nesses dipolos é dissipada na forma de calor. Como o campo elétrico na frequência de 2,45 GHz oscila (muda de sinal) $4,9 \times 10^9$ vezes por segundo, ocorre um pronto aquecimento dessas moléculas. [...]

O segundo mecanismo é chamado de condução iônica, e o calor é gerado através de perdas por fricção, que acontecem através da migração de íons dissolvidos quando sob a ação de um campo eletromagnético. Essas perdas dependem do tamanho, carga, condutividade dos íons dissolvidos e interação destes últimos com o solvente.

SANSEVERINO, Antonio Manzolillo. Micro-ondas em síntese orgânica. Revista *Química Nova*, v. 25, n. 4, jul. 2002.

Analise e discuta

1. Em sua opinião, o fato de a barra de doce ter derretido no bolso do cientista quando ele ficou em frente a um tubo de magnétron ligado revela que a fabricação do primeiro micro-ondas foi resultado do acaso ou não? Justifique sua resposta.
2. Como a polaridade das moléculas está relacionada ao funcionamento dos fornos de micro-ondas?
3. Tendo como exemplo o desenvolvimento dos fornos de micro-ondas, registre suas ideias de como o conhecimento científico, em especial sobre a polaridade dos materiais, tem contribuído para o desenvolvimento tecnológico da sociedade contemporânea.

Esquema do capítulo

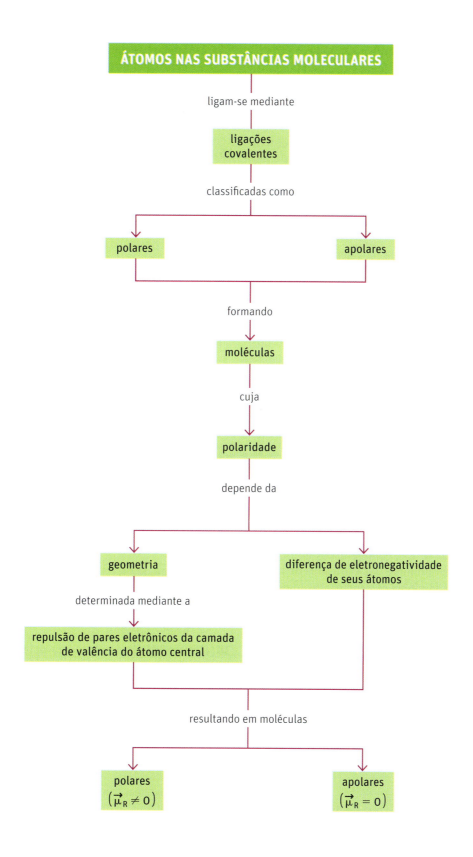

Vestibular e Enem

30. (UVA-CE) O tipo de ligação dos compostos LiF, SCl_2 e Cl_2 é, respectivamente:

a) covalente apolar, covalente polar, iônica.

b) covalente polar, iônica, covalente apolar.

c) iônica, covalente apolar, covalente polar.

d) iônica, covalente polar, covalente apolar.

Números atômicos: Li = 3; F = 9; S = 16; Cl = 17.

31. (UPF-RS) Sejam os seguintes compostos: fluoreto de potássio (KF), dióxido de enxofre (SO_2), iodo (I_2) e iodeto de hidrogênio (HI). As ligações químicas existentes nestes compostos são, respectivamente:

a) iônica, covalente polar, iônica, covalente polar.

b) iônica, covalente polar, covalente apolar, covalente polar.

c) covalente apolar, iônica, covalente polar, covalente polar.

d) iônica, covalente apolar, covalente polar, iônica.

e) covalente polar, covalente polar, covalente apolar, covalente polar.

32. (PUC-RJ) De acordo com a teoria da repulsão dos pares eletrônicos da camada de valência, os pares de elétrons em torno de um átomo central se repelem e se orientam para o maior afastamento angular possível. Considere que os pares de elétrons em torno do átomo central podem ser uma ligação covalente (simples, dupla ou tripla) ou simplesmente um par de elétrons livres (sem ligação).

Com base nessa teoria, é **correto** afirmar que a geometria molecular do dióxido de carbono é:

a) trigonal plana.

b) piramidal.

c) angular.

d) linear.

e) tetraédrica.

33. (Unesp-SP) A partir das configurações eletrônicas dos átomos constituintes e das estruturas de Lewis:

a) Determine as fórmulas dos compostos mais simples que se formam entre os elementos:

I. hidrogênio e carbono;

II. hidrogênio e fósforo.

b) Qual é a geometria de cada uma das moléculas formadas, considerando-se o número de pares de elétrons?

Números atômicos: H = 1; C = 6; P = 15.

34. (UFPA) Dadas as moléculas dióxido de carbono (CO_2), acetileno (C_2H_2), água (H_2O), ácido clorídrico (HCl) e monóxido de carbono (CO), o número de moléculas lineares é:

a) 1   b) 2   c) 3   d) 4   e) 5

35. (ITA-SP) Assinale a opção que contém a geometria molecular correta das espécies OF_2, SF_2, BF_3, NF_3, CF_4 e XeO_4, todas no estado gasoso.

a) Angular, linear, piramidal, piramidal, tetraédrica e quadrado planar.

b) Linear, linear, trigonal plana, piramidal, quadrado planar e quadrado planar.

c) Angular, angular, trigonal plana, piramidal, tetraédrica e tetraédrica.

d) Linear, angular, piramidal, trigonal plana, angular e tetraédrica.

e) Trigonal plana, linear, tetraédrica, piramidal, tetraédrica e quadrado planar.

36. (UFC-CE) O óxido nítrico (NO) é normalmente veiculado pela mídia como um indesejável poluente do meio ambiente. Sabe-se, entretanto, que esta substância é, também, essencial nas atividades digestivas, na regulação da pressão sanguínea e na defesa bacterial, ocorrendo naturalmente em diversos tipos de células do corpo humano.

Com relação às ligações químicas presentes na molécula do óxido nítrico, é **correto** afirmar que:

a) são predominantemente iônicas, resultando em uma espécie química apolar.

b) são covalentes apolares, e a molécula do NO é polar.

c) satisfazem à regra do octeto, e a carga do nitrogênio é +2.

d) são covalentes polares, e a molécula do NO possui momento de dipolo ($\mu \neq 0$).

e) são covalentes apolares, e a molécula do NO apresenta forte caráter iônico.

37. (UFRGS-RS) O momento dipolar é a medida quantitativa da polaridade de uma ligação. Em moléculas apolares, a resultante dos momentos dipolares referentes a todas as ligações apresenta valor igual a zero. Entre as substâncias covalentes a seguir,

I. CH_4 II. CS_2 III. HBr   IV. N_2

quais são as que apresentam a resultante do momento dipolar igual a zero?

a) Apenas I e II.

b) Apenas II e III.

c) Apenas I, II e III.

d) Apenas I, II e IV.

e) I, II, III e IV.

38. (Unirio-RJ) Uma substância polar tende a se dissolver em outra substância polar. Com base nessa regra, indique como será a mistura resultante após a adição de bromo (Br_2) à mistura inicial de tetracloreto de carbono (CCl_4) e água (H_2O).

a) Homogênea, com o bromo se dissolvendo completamente na mistura.

b) Homogênea, com o bromo se dissolvendo apenas no CCl_4.

c) Homogênea, com o bromo se dissolvendo apenas na água.

d) Heterogênea, com o bromo se dissolvendo principalmente no CCl_4.

e) Heterogênea, com o bromo se dissolvendo principalmente na H_2O.

39. (UFMG) O cloreto de sódio (NaCl) é um sólido iônico que apresenta alta solubilidade em água. As figuras apresentam quatro modelos distintos para descrever a solvatação do NaCl pelas moléculas de água.

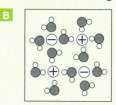
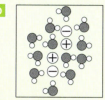

a) Indique se a molécula da água é polar ou apolar. Justifique sua resposta, considerando a polaridade das ligações OH e a geometria molecular.

b) Indique qual dos modelos (A, B, C ou D) descreve melhor a solvatação do NaCl em uma solução aquosa diluída. Justifique sua resposta, considerando as interações entre as espécies em solução.

40. (PUC-RJ) De acordo com a Teoria da repulsão dos pares eletrônicos da camada de valência, os pares de elétrons em torno de um átomo central se repelem e se orientam para o maior afastamento angular possível. Considere que os pares de elétrons em torno do átomo central podem ser uma ligação covalente (simples, dupla ou tripla) ou simplesmente um par de elétrons livres (sem ligação).

Com base nessa teoria, é **correto** afirmar que a geometria molecular do dióxido de carbono é:
a) trigonal plana.
b) piramidal.
c) angular.
d) linear.
e) tetraédrica.

41. (Cefet-CE) A geometria de uma molécula é informação muito importante uma vez que define algumas propriedades do composto, como a polaridade, a solubilidade, o ponto de fusão e ebulição, possibilitando uma boa aplicação para ela. O fosgênio COCl₂ é usado na obtenção dos policarbonatos, que são plásticos que se aplicam na fabricação de visores para astronautas, vidros à prova de bala e CDs. A amônia que é bastante solúvel em água e no estado líquido é utilizada como solvente. O tetracloreto de carbono é um líquido muito pouco reativo, sendo empregado como solvente de óleos, gorduras e ceras. As estruturas dos três compostos citados estão representadas logo a seguir.

Com relação à geometria das moléculas I, II e III, na figura, é **correto** afirmar:
a) Todas são planas.
b) Todas são piramidais.
c) Apenas I e II são planas.
d) Apenas I é plana.
e) Todas são tetraédricas.

42. (Unemat-MT) Na tentativa de explicar a origem dos seres vivos, Muller reproduziu, em seu experimento, as condições atmosféricas primitivas, que continham os gases metano (CH_4); amônia (NH_3); gás hidrogênio (H_2) e vapor de água (H_2O). Esses quatro compostos apresentam, respectivamente, estruturas com geometria molecular:
a) tetraédrica, piramidal, linear e angular.
b) piramidal, octaédrica, angular e linear.
c) tetraédrica, trigonal plana, piramidal e linear.
d) angular, tetraédrica, angular e piramidal.
e) piramidal, piramidal, angular e trigonal plana.

43. (Unifesp) Na figura, são apresentados os desenhos de algumas geometrias moleculares.

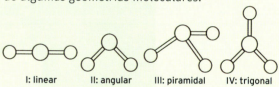

SO_3, H_2S e BeCl₂ apresentam, respectivamente, as geometrias moleculares:
a) III, I e II.
b) III, I e IV.
c) III, II e I.
d) IV, I e II.
e) IV, II e I.

44. (Fuvest-SP) A figura mostra modelos de algumas moléculas com ligações covalentes entre seus átomos.

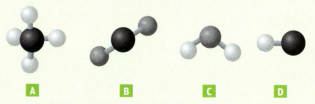

Analise a polaridade dessas moléculas, sabendo que tal propriedade depende da:
• diferença de eletronegatividade entre os átomos que estão diretamente ligados. (Nas moléculas apresentadas, átomos de elementos diferentes têm eletronegatividades diferentes.)
• forma geométrica das moléculas.
(Observação: Eletronegatividade é a capacidade de um átomo para atrair os elétrons da ligação covalente.)
Dentre essas moléculas, pode-se afirmar que são polares apenas:
a) A e B.
b) A e C.
c) A, C e D.
d) B, C e D.
e) C e D.

209

CAPÍTULO 12
Estrutura molecular e propriedades dos materiais: forças intermoleculares

Neste capítulo

1. Estado físico das substâncias e as forças intermoleculares.
2. Propriedades das substâncias moleculares.

O álcool etílico (etanol) é um solvente muito utilizado nos perfumes, pois, além de evaporar rapidamente, dissolve inúmeras substâncias. A acetona é muito usada para remover o esmalte de unhas.

Os perfumes geralmente utilizam álcool etílico como solvente, pois essa substância, além de evaporar rapidamente, dissolve com eficiência os demais componentes do perfume. O que faz o álcool dissolver bem uma grande quantidade de substâncias? Por que se utiliza álcool etílico e não água como solvente nos perfumes e em outros cosméticos?

Embora a água receba a denominação de solvente universal, ela não é capaz de dissolver uma série de materiais, como o esmalte de unhas, que não sai quando as mãos são lavadas. No entanto, esse esmalte pode ser facilmente removido com outros tipos de solvente, como a acetona. Você saberia explicar essa diferença de comportamento entre esses dois solventes?

Neste capítulo, você vai perceber como as ideias desenvolvidas até o momento para interpretar a estrutura das substâncias moleculares são usadas para comparar e prever a ação dos principais solventes em nosso cotidiano, bem como as temperaturas de ebulição dessas substâncias.

Essas mesmas ideias podem ser utilizadas para explicar outros fenômenos, como o que permite que as lagartixas sejam capazes de subir pelas paredes e passear pelo teto, ou a impossibilidade de substituir os detergentes pela água na remoção de gorduras.

1. Estado físico das substâncias e as forças intermoleculares

No estado gasoso, as moléculas encontram-se muito separadas umas das outras, praticamente não existem forças atrativas entre elas; por isso, os gases tendem a ocupar totalmente o recipiente que os contém. Já nos estados líquido e sólido, o que impede que as moléculas se difundam por todo o recipiente são forças atrativas entre elas. Essas forças são denominadas **forças intermoleculares**, **forças de Van der Waals** ou **interações de Van der Waals**.

As interações de Van der Waals, nome dado em homenagem ao físico holandês Johannes Diderik van der Waals (1837-1923), explicam por que a maior parte das substâncias moleculares pode ser encontrada na natureza nos três estados físicos da matéria. Caso não houvesse atração entre moléculas, todas as substâncias moleculares seriam encontradas somente no estado gasoso. Essas interações também explicam a solubilidade de alguns materiais em determinados solventes.

As forças podem ser intensas o suficiente para manter, por exemplo, muitas substâncias moleculares em estado sólido ou líquido, porém são bem mais fracas que as ligações iônicas e covalentes.

No capítulo anterior, as moléculas das substâncias foram classificadas como polares e apolares. Você é capaz de imaginar como se dá a interação entre moléculas apolares? E entre moléculas polares? É possível a existência de forças atrativas entre moléculas polares e apolares?

▶ Interações dipolo-dipolo

Sabe-se que as moléculas polares não apresentam distribuição uniforme de cargas elétricas. Essa distribuição assimétrica é responsável pela geração de dipolos elétricos permanentes (momento dipolar diferente de zero, $\vec{\mu} \neq 0$), o que faz as moléculas interagirem umas com as outras por atração eletrostática entre dipolos. Em outras palavras, o polo positivo de uma atrai o negativo de outra.

Interações dipolo-dipolo ou interações entre **dipolos permanentes** são forças atrativas que ocorrem entre moléculas polares.

É esse tipo de interação que mantém unidas as moléculas de cloreto de hidrogênio (HCℓ). Nesse caso, o polo positivo de uma molécula (H) atrai o negativo da outra (Cℓ).

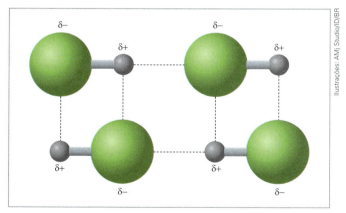

Representação, em cores-fantasia, das interações dipolo-dipolo na molécula de cloreto de hidrogênio.

Quanto maior a polaridade de uma molécula, mais intensas as interações dipolo-dipolo na substância devido à atração entre dipolos permanentes.

Saiba mais

As interações íon-dipolo

Interações íon-dipolo são aquelas que ocorrem entre íons e moléculas polares, como as que se dão entre moléculas de água e cloreto de sódio (NaCℓ, constituído por íons Na⁺ e Cℓ⁻).

A água é uma molécula polar, com carga parcial negativa sobre o átomo de oxigênio e cargas parciais positivas sobre os átomos de hidrogênio. O NaCℓ, ao ser adicionado à água, sofre dissociação iônica em decorrência da forte atração entre os íons e o dipolo permanente presente nas moléculas de água — as chamadas interações íon-dipolo.

O arranjo espacial de uma solução aquosa de NaCℓ pode ser representado, no nível microscópico, por cátions e ânions circundados por moléculas de água, com o polo positivo da água sendo atraído pelo ânion, e o negativo, pelo cátion.

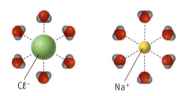

Atração entre polos positivos e negativos das substâncias água e cloreto de sódio. Representação em cores-fantasia.

Fonte de pesquisa: Água, o líquido vital. In: *QMCWEB*. Revista eletrônica do departamento de Química da UFSC. Disponível em: <http://www.qmc.ufsc.br/qmcweb/artigos/agua.html>. Acesso em: 18 mar. 2013.

Diz-se que o íon metálico atraído pelas moléculas de água está hidratado.

▶ Ligações de hidrogênio

As interações entre dipolos permanentes são especialmente intensas em moléculas que possuem um átomo de hidrogênio ligado a flúor, oxigênio ou nitrogênio.

Essas interações recebem o nome de ligações de hidrogênio. Textos mais antigos utilizam a denominação pontes de hidrogênio.

Ligações de hidrogênio são interações que ocorrem entre dipolos, nos quais o polo positivo é o hidrogênio, que se encontra ligado a F, O ou N.

Um dos exemplos de ligação de hidrogênio é o fluoreto de hidrogênio (HF), que, no estado sólido, é constituído de cadeias em zigue-zague de HF unidas por meio de ligações de hidrogênio.

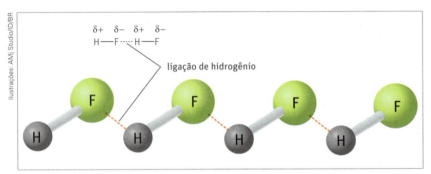

Esquema, em cores-fantasia, das ligações de hidrogênio que mantêm as moléculas de HF unidas. A interação da nuvem eletrônica do átomo de flúor atrai o hidrogênio da molécula vizinha. A atração resulta na formação de uma cadeia de moléculas de HF.

As ligações de hidrogênio também ocorrem entre moléculas de água, H_2O, e entre moléculas de álcool etílico, C_2H_6O. Em ambos os casos, o hidrogênio (polo positivo) de uma das moléculas é atraído pelo oxigênio da outra.

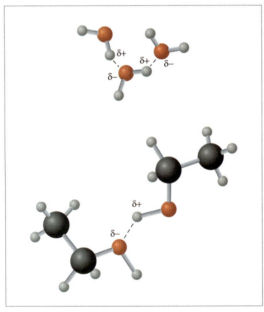

Esquema, em cores-fantasia, de moléculas que se atraem por meio de ligações de hidrogênio: água (H_2O), acima, e etanol (C_2H_6O), abaixo.

A alta solubilidade do álcool em água, que se dá em qualquer proporção, é explicada, entre outros fatores, pelo estabelecimento de ligações de hidrogênio entre as moléculas de ambas as substâncias. Nesse caso, as interações ocorrem entre moléculas de substâncias diferentes.

Saiba mais

As ligações de hidrogênio e a tensão superficial na água

A alta tensão superficial apresentada pela água é explicada pelas ligações de hidrogênio estabelecidas entre moléculas dessa substância.

Em um líquido, as forças de atração entre as moléculas de sua superfície são diferentes daquelas que atuam em seu interior. Enquanto no interior do líquido as moléculas se atraem mutuamente com as mesmas forças, as que ocupam a superfície são atraídas para o interior, pois não há moléculas de líquido acima da superfície, apenas ar (a atração entre moléculas de água é bem maior do que a interação da água com os componentes do ar).

Como consequência, o líquido se comporta como se possuísse uma membrana elástica em sua superfície. O fenômeno da tensão superficial explica por que as gotas são arredondadas.

No caso específico da água, a tensão superficial é tão alta que permite que alguns insetos, como o alfaiate, andem sobre ela. O fenômeno explica também por que uma lâmina de barbear feita de aço, cuja densidade é de aproximadamente 8 g/cm³, flutua quando colocada horizontalmente sobre a superfície da água.

O fenômeno da alta tensão superficial da água explica por que alguns insetos são capazes de andar sobre sua superfície.

❯ Interações entre moléculas apolares

Há evidências de que as moléculas de substâncias apolares estão associadas por forças elétricas de baixa intensidade. Por esse motivo, é possível liquefazer gases, como o nitrogênio, N_2. Essas forças de baixa intensidade também explicam a existência de substâncias apolares líquidas, entre elas os hidrocarbonetos presentes na gasolina (compostos formados por carbono e hidrogênio), e sólidas, como o iodo, I_2.

As atrações que ocorrem entre moléculas apolares são denominadas interações **dipolo induzido-dipolo induzido, dipolo instantâneo-dipolo induzido, forças de dispersão de London**, ou, simplesmente, **forças de London**.

As interações de London – assim denominadas em homenagem ao físico alemão Fritz Wolfgang London (1900-1954), que as relacionou com o movimento de elétrons das moléculas – podem ser compreendidas da seguinte forma: quando duas moléculas apolares se aproximam, as atrações ou repulsões eletrônicas entre seus elétrons e núcleos podem levar a deformações momentâneas em suas nuvens de elétrons. Essas deformações geram nas moléculas regiões com diferentes distribuições de cargas, chamadas dipolos instantâneos induzidos, conforme mostrado no esquema a seguir.

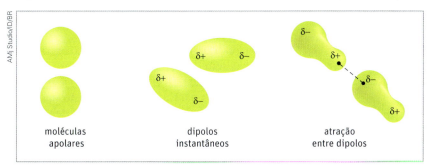

Esquema, em cores-fantasia, mostra que a flutuação dos elétrons periféricos de duas moléculas vizinhas resulta na formação de dipolos instantâneos induzidos.

Os dipolos instantâneos podem induzir a polarização de moléculas adjacentes, resultando em forças atrativas.

Todas as moléculas, polares e apolares, apresentam interações do tipo dipolo instantâneo-dipolo induzido. Nas moléculas apolares, contudo, esse é o único tipo de interação molecular presente.

A intensidade dessas forças varia muito, porém, em geral, é menos intensa que as anteriores (dipolo-dipolo e ligações de hidrogênio) e depende da superfície de contato entre as moléculas. Em geral, quanto maior a superfície de contato entre moléculas apolares, maior a indução que uma exerce sobre a outra e maior a atração entre ambas. A polarização ocorre mais facilmente no I_2 (que possui uma nuvem ampla e extensa de elétrons) do que nos gases H_2 ou He.

❯ Interações dipolo-dipolo induzido

As forças de London também podem ocorrer entre moléculas diferentes, uma delas polar e a outra apolar. Nesse caso, o dipolo permanente de uma das moléculas (polar) induz um dipolo instantâneo na apolar.

Essa interação explica, por exemplo, a presença de oxigênio (O_2) dissolvido na água. Nesse caso, pode-se imaginar que, quando a extremidade negativa da molécula de água se aproxima do O_2, a nuvem eletrônica da molécula apolar se afasta em virtude da repulsão entre ela e a carga negativa do dipolo da água. Como consequência, as moléculas de O_2 tornam-se momentaneamente polarizadas e interagem com as de H_2O, atraindo-se mutuamente.

Química e Biologia

O oxigênio dissolvido em ambientes aquáticos

A solubilidade do oxigênio em água (OD) é pequena (cerca de 8,1 mg em 1 L, a 25 °C) devido à fraca interação dipolo-dipolo induzido que se estabelece entre ambas as moléculas (H_2O, polar, e O_2, apolar).

Ainda que pequena, a presença de oxigênio dissolvido na água é essencial à vida de vários organismos aquáticos. Alguns microrganismos utilizam oxigênio para converter substâncias dissolvidas na água em moléculas ou íons menores e mais simples, como dióxido de carbono, água, fosfato e nitrato. Nesses processos, denominados **oxidativos**, o oxigênio é removido do sistema aquático e pode ser reposto através da interface ar-água. A reposição natural se dá por meio de interações dipolo-dipolo induzido entre as moléculas de água da superfície do rio e o oxigênio do ar.

Em águas muito poluídas, o excesso de matéria orgânica pode provocar séria diminuição do nível de OD e, consequentemente, a morte de peixes e outras espécies.

A quantidade de oxigênio necessária para promover a oxidação da matéria orgânica em ambientes aquáticos é denominada **demanda bioquímica de oxigênio (DBO)**. As águas muito poluídas apresentam, em geral, elevadas concentrações de matéria orgânica e, por isso, DBO elevada.

Atividades

1. Considere a molécula de iodo, I_2.
   a) Que tipo de ligação mantém unidos os átomos de iodo?
   b) Que tipo de interação ocorre entre as moléculas de iodo? Explique.
   c) Que força de atração é mais forte no I_2, aquela que mantém os átomos unidos na molécula ou a que mantém as moléculas unidas? Explique.

2. A seguir são representadas as geometrias das moléculas de NF_3, BF_3 e C_2H_2.

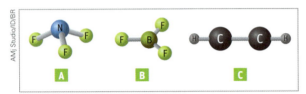

   (Cores-fantasia)

   a) Que tipo de interação molecular há entre moléculas de NF_3?
   b) Que tipo de interação molecular há entre moléculas de BF_3?
   c) Que tipo de interação molecular há entre moléculas de C_2H_2?

3. Quais as principais interações entre as moléculas das seguintes substâncias moleculares abaixo?
   a) Amônia (NH_3).
   b) Água (H_2O).
   c) Acetaldeído (CH_2O).
   d) Bromo (Br_2).
   e) Cianeto de hidrogênio (HCN).

4. O dióxido de carbono sólido, popularmente conhecido por gelo-seco, é muito utilizado em eventos devido ao fato de sofrer sublimação — passagem direta do estado sólido para o gasoso —, gerando ao seu redor uma névoa branca intensa. Que interação molecular ocorre entre as moléculas de CO_2 no estado sólido? Justifique.

5. Indique o tipo de interação molecular presente nos seguintes casos.
   a) Metano (CH_4) líquido.
   b) Água e metanol (H_3COH).
   c) Oxigênio e água.
   d) Oxigênio e nitrogênio.
   e) Cloreto de hidrogênio (HCℓ) e água.

6. O vinagre é formado por uma mistura contendo, aproximadamente, 5% de ácido acético em água. O ácido acético tem fórmula estrutural:

   Qual tipo de interação intermolecular ocorre entre o ácido acético e a água?

7. Para se obter amoníaco, borbulha-se amônia (NH_3) gasosa — substância que apresenta odor desagradável — em água. Qual tipo de interação existe entre as moléculas de amônia e de água?

8. [...] A data de 16 de outubro de 1846 é considerada como a data em que se realizou a primeira intervenção cirúrgica com anestesia geral.

   Naquele dia, [...] o cirurgião John Collins Warren realizou a extirpação de um tumor no pescoço de um jovem de 17 anos [...]. O paciente foi anestesiado com éter pelo dentista William Thomas Green Morton, que utilizou um aparelho inalador por ele idealizado. A cena deixou de ser documentada fotograficamente porque o fotógrafo sentiu-se mal ao presenciar o ato cirúrgico, porém foi posteriormente imortalizada em um belo quadro do pintor Roberto Hinckley, pintado em 1882.

   Morton, que praticara com sucesso extrações dentárias sem dor, com inalação de éter, antevira a possibilidade da cirurgia sem dor e obtivera autorização para uma demonstração naquele Hospital. Morton não revelara a natureza química da substância que utilizava, dando-lhe o nome de *letheon* (do grego, *lethe*, "rio do esquecimento"). Pressionado pela Associação Médica de Boston para que novas intervenções pudessem ser realizadas sem dor, teve de revelar a composição do *letheon*, que era apenas éter sulfúrico puro.

   A insensibilidade total durante o ato cirúrgico, até então, era considerada uma utopia nos meios acadêmicos. [...]

   Disponível em: <www.farmaconline.ufg.br/modules.php?name=Newsfile=articlesid=4>. Acesso em: 26 maio 2014.

   O éter sulfúrico mencionado no texto é o nome comercial do éter dietílico. Trata-se de uma substância altamente inflamável formada por moléculas de fórmula estrutural:

   a) As moléculas de éter dietílico são polares ou apolares? Justifique.
   b) Qual é o tipo de interação entre as moléculas de éter dietílico?
   c) Pesquise em *sites* e livros sobre a história da cirurgia e escreva um pequeno texto sobre a importância da anestesia.

2. Propriedades das substâncias moleculares

Algumas propriedades físicas das substâncias moleculares – como a temperatura de ebulição (TE) e a solubilidade – dependem principalmente das atrações que ocorrem entre suas moléculas.

❯ Temperatura de ebulição

Para que ocorra a ebulição de uma substância, é necessário o rompimento das forças atrativas intermoleculares presentes no líquido.

A tabela a seguir apresenta as temperaturas de ebulição, a 1 atm, e as interações moleculares do metano (CH_4), do cloreto de hidrogênio ($HC\ell$) e da água (H_2O).

Substância	TE (°C)	Interação molecular
CH_4	−161,5	Dispersão de London
$HC\ell$	−85	Dipolo-dipolo
H_2O	99,974	Ligações de hidrogênio

Fonte de pesquisa: LIDE, David R. *CRC handbook of Chemistry and Physics*. Internet version. (87th edition). CRC-Press. Taylor and Francis Group. Florida: Boca Raton, 2007.

As diferenças nas temperaturas de ebulição ($CH_4 < HC\ell < H_2O$) podem ser explicadas pelas interações intermoleculares observadas em cada substância e suas intensidades relativas (ligações de H > interação dipolo-dipolo > dispersão de London). Pode-se generalizar da seguinte forma.

> Quanto mais intensas forem as forças intermoleculares, maior a temperatura de ebulição de uma substância molecular.

Entretanto, entre substâncias que apresentam o mesmo tipo de interação intermolecular, a TE depende da superfície de contato entre as moléculas.

propano −42,1 °C
butano −0,5 °C
pentano 36,06 °C

Saiba mais

Como diferenciar interações entre moléculas polares

O gráfico a seguir relaciona as TE de hidretos de halogênios com HX (X = F, Cℓ, Br e I), em função de suas massas moleculares.

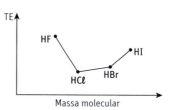

Fonte de pesquisa: Forças intermoleculares. In: QMCWEB. Revista eletrônica do departamento de Química da UFSC. Disponível em: <http://www.qmc.ufsc.br/qmcweb/artigos/forcas_intermoleculares.html>. Acesso em: 18 mar. 2013.

Se fossem considerados somente os momentos dipolares das moléculas, o HCℓ deveria apresentar maior TE, seguido do HBr e do HI, pois a ordem decrescente de eletronegatividade é:

$$C\ell > Br > I$$

A ordem inversa se deve à extensão da molécula. O átomo de iodo apresenta maior raio, seguido do bromo e do cloro. Para explicar a alta TE do HF em relação aos demais, é necessário considerar que a interação entre suas moléculas é muito mais intensa (ligações de hidrogênio).

Quanto maior a área da molécula, maior a sua nuvem eletrônica, maior a possibilidade de polarizar-se e, portanto, maior a intensidade das interações do tipo dispersão de London.

Devido à superfície de contato entre as moléculas, algumas substâncias apolares apresentam temperaturas de ebulição maiores do que a da água – substância que apresenta ligações de hidrogênio entre as moléculas (interações mais fortes que as forças de dispersão de London). Por exemplo, o octano, C_8H_{18}, apresenta TE = 125,5 °C.

Em moléculas com o mesmo tipo de interação, quanto maior a superfície da molécula, maior a temperatura de ebulição.

Exercício resolvido

9. Observe as fórmulas dessas substâncias: C_3H_8 (propano), C_2H_5OH (etanol) e C_4H_9OH (butan-1-ol).
   a) Indique o tipo de interação intermolecular presente em cada uma delas.
   b) É possível prever a ordem crescente de suas TE? Justifique.

   Solução
   a) Propano: dispersão de London; etanol e butan-1-ol: ligações de hidrogênio.
   b) Sim, temos: propano < etanol < butan-1-ol.
   No primeiro caso, as interações intermoleculares são mais fracas; nos outros dois, observa-se o mesmo tipo de interação; contudo, o butan-1-ol tem superfície de contato maior. Por isso as interações entre suas moléculas são mais fortes.

❯ Solubilidade

A imagem a seguir ilustra as possíveis combinações de misturas envolvendo três substâncias: água (H_2O), iodo (I_2) e benzeno (C_6H_6).

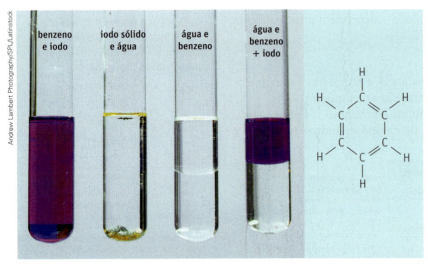

O iodo é solúvel em benzeno e pouco solúvel em água. Água e benzeno são líquidos praticamente imiscíveis. Com a adição de iodo à mistura que contém água e benzeno, o iodo se dissolve no solvente apolar (benzeno).

Substâncias apolares como o iodo, I_2, são geralmente mais solúveis em solventes apolares como o benzeno, C_6H_6, e o tetracloreto de carbono, CCl_4, mas pouco solúveis em água – um solvente muito polar, em que as moléculas se associam por ligações de hidrogênio entre si. Benzeno e água são solventes praticamente imiscíveis (não se dissolvem um no outro).

Entretanto, ainda que muitos solutos apolares se dissolvam melhor em solventes apolares, e muitos solutos polares se dissolvam melhor em solventes polares, essa relação não pode ser considerada uma regra geral, pois há muitos casos em que solutos apolares se dissolvem bem em solventes polares, e vice-versa. Um exemplo é o próprio iodo (apolar), que é muito solúvel em etanol (polar).

Assim, a solubilidade de uma substância em um solvente deve ser analisada em razão das intensidades das interações entre as moléculas do soluto, das interações que ocorrem entre moléculas do solvente, e das interações formadas entre as moléculas do soluto e do solvente, e não somente em virtude do fato de soluto e solvente serem polares ou não. A possibilidade de dissolução aumenta quando a intensidade das forças atrativas entre moléculas de soluto e de solvente é igual ou maior que a intensidade das forças atrativas das partículas do soluto entre si e das moléculas do solvente entre si.

No caso do sistema iodo-benzeno-água, as forças de London observadas entre moléculas apolares são de pequena intensidade; já as ligações de hidrogênio, estabelecidas entre as moléculas de água, são mais intensas. A interação entre as moléculas polares e apolares é do tipo dipolo-dipolo induzido, muito menos intensa que as ligações de hidrogênio. Assim, como as interações entre as moléculas de água são mais intensas que as possíveis novas interações, as ligações de hidrogênio não são rompidas e observa-se um sistema bifásico quando água e benzeno são misturados. A solubilidade do iodo em benzeno é explicada pelo fato de as interações entre as moléculas de soluto (I_2) e as de solvente (C_6H_6) serem mais intensas do que aquelas que ocorrem entre as moléculas de iodo e entre as moléculas de benzeno.

Saiba mais

Aditivo para radiadores

O etilenoglicol é uma substância com temperatura de ebulição mais elevada que a da água (197,3 °C). Esse fato pode ser justificado pelas ligações de hidrogênio, que tornam suas moléculas fortemente associadas. Observe a fórmula estrutural do etilenoglicol:

$$H_2C - CH_2$$
$$\;\;|\;\;\;\;\;\;\;\;|$$
$$OH\;\;\;OH$$

Quando etilenoglicol é adicionado à água dos radiadores de automóveis, forma-se uma solução aquosa cuja temperatura de ebulição é superior à da água, o que permite que ela se mantenha no estado líquido mesmo em temperaturas superiores a 100 °C (ao nível do mar) e seja usada como líquido de refrigeração mesmo sob temperaturas superiores a esse valor.

Saiba mais

Interação acetona-água

Como a molécula de acetona não apresenta átomos de hidrogênio ligados a átomos de F, O ou N, na acetona líquida a interação intermolecular é do tipo dipolo-dipolo.

Porém, ao interagir com a água, o oxigênio do grupo C=O da acetona interage com os hidrogênios deficientes de elétrons (pois eles se encontram ligados a átomos de oxigênio, mais eletronegativos) da molécula de água, ocorrendo uma interação do tipo ligação de hidrogênio.

❯ Outros solventes

A água, devido à sua alta polaridade, dissolve muitos compostos iônicos, dissociando-os. Ela também dissolve substâncias polares, como a sacarose. Observe (figura à direita), na estrutura da sacarose, a presença de muitos grupos OH, os quais formam ligações de hidrogênio com a água.

Algumas substâncias apolares, como o dióxido de carbono, são bem solúveis em água, e essa solubilidade é um dos fatores responsáveis pela vida na Terra.

Entretanto, moléculas com grande número de átomos de carbono e hidrogênio são geralmente insolúveis em água. É o caso das gorduras e graxas, por exemplo, que apresentam estruturas semelhantes às dos ácidos graxos, como o esteárico ($C_{18}H_{36}O_2$), representado ao lado. Os ácidos graxos são insolúveis em água, apesar de apresentarem moléculas com uma região polar que faz ligação de hidrogênio com a água. Isso porque a maior parte da molécula é formada por átomos de carbono e hidrogênio que não fazem ligações de hidrogênio com a água.

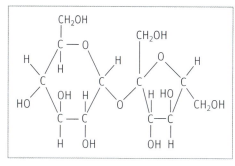

Fórmula estrutural da sacarose ($C_{12}H_{22}O_{11}$) – o açúcar comum.

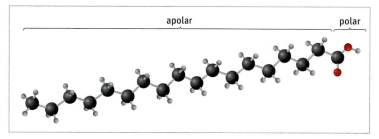

Representação, em cores-fantasia, da molécula de ácido esteárico ($C_{18}H_{36}O_2$), encontrada em carnes vermelhas e em produtos lácteos contendo gordura. A imagem destaca duas regiões com características diferentes: a parte apolar, representada pela longa cadeia carbônica, e a parte polar, em que é possível a ligação de hidrogênio com a água. As esferas de cor cinza representam átomos de hidrogênio; as pretas, átomos de carbono; e as vermelhas, átomos de oxigênio.

Essas substâncias são dissolvidas com solventes apolares, como o querosene e a gasolina –, formados por longas cadeias de hidrocarbonetos. Por isso, é comum utilizar querosene para limpar sujeira de graxa em pisos ou mesmo na mão.

As tintas e colas muitas vezes são preparadas com materiais apolares. Na tinta a óleo, os corantes são dissolvidos em óleo de linhaça ou em terebintina – materiais formados por substâncias apolares de origem vegetal.

O benzeno (C_6H_6) é um solvente apolar bastante empregado na indústria química.

Substâncias polares, como a acetona e o álcool etílico, têm grande aplicação como solventes. Apesar de polares, elas dissolvem eficientemente materiais insolúveis em água, como esmalte de unha e tinta de caneta.

▌Saiba mais

Álcool etílico: solvente polar ou apolar?

O álcool etílico (ou etanol) é uma substância polar, infinitamente solúvel em água. A análise de sua fórmula estrutural indica uma molécula pequena, com um grupo O — H que possibilita a ligação de hidrogênio no líquido puro e com a água.

No entanto, essa substância dissolve muito bem materiais apolares, como a gasolina e o iodo.

Nas farmácias, encontra-se à venda a tintura de iodo em solução alcoólica contendo de 2% a 10% de iodo.

A gasolina comercializada no Brasil é uma mistura de hidrocarbonetos (fração derivada do petróleo) que contém 25% de álcool etílico. Essa mistura é homogênea, indicando boa afinidade entre a gasolina e o álcool.

Entretanto, o etanol dissolve-se muito melhor na água do que na gasolina. Para verificar o teor de álcool na gasolina, o combustível é misturado com água. O etanol é completamente extraído para a fase aquosa.

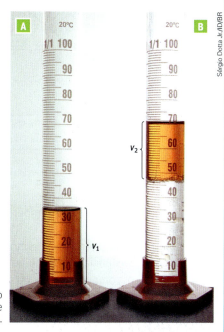

Proveta com gasolina (**A**). Note que, após a adição de água, a fração de gasolina (amarelo) diminui de volume devido à extração do etanol pela água (**B**).

Atividades

10. De modo geral, como deve ser analisada a estrutura de duas moléculas para se compararem qualitativamente suas temperaturas de ebulição?

11. Explique a afirmação: "Geralmente solventes polares dissolvem solutos polares e solventes apolares dissolvem solutos apolares".

12. Considere as propriedades das substâncias tetracloreto de carbono, CCl_4, iodo, I_2, e água, H_2O.
Substância: CCl_4
Temperatura de fusão (°C): −22,62.
Solubilidade (g/100 cm³) a 25 °C em água: 0,065.
Densidade (g/cm³) a 20 °C: 1,5940.
Substância: I_2
Solubilidade (g/100 cm³) a 20 °C em água: 0,03.
Solubilidade (g/100 cm³) a 25 °C em CCl_4: 2,90.
Densidade (g/cm³) a 20 °C: 4,933.
Substância: H_2O
Temperatura de fusão (°C): 0,0.
Solubilidade (g/100 cm³) a 25 °C em CCl_4: ≅ 0.
Densidade (g/cm³) a 25 °C: 0,9970.
Represente como ficaria uma mistura, após agitação e repouso, contendo 3,00 g de iodo, 70 cm³ de água e 50 cm³ de CCl_4 em um funil de separação a 25 °C.

13. O gráfico a seguir representa a variação da temperatura de fusão e da temperatura de ebulição em função da massa molar para F_2, Cl_2, Br_2 e I_2, a 1 atm de pressão.

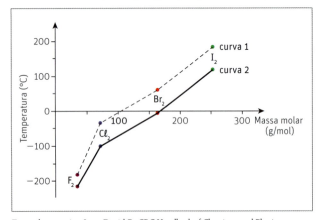

Fonte de pesquisa: LIDE, David R. *CRC Handbook of Chemistry and Physics*. Internet version (87th edition). CRC-Press. Taylor and Francis Group. Florida: Boca Raton, 2007.

a) Identifique as curvas da temperatura de fusão e de ebulição.
b) Qual o tipo de interação intermolecular presente em cada substância no estado líquido? Justifique.
c) Explique o comportamento da temperatura de ebulição da série.
d) Qual é o estado físico de cada substância a 25 °C e 1 atm?

14. No esquema a seguir estão representadas, na forma de linhas pontilhadas, determinadas interações intermoleculares entre as estruturas nitrogenadas presentes na molécula de DNA — timina, adenina, citosina e guanina. Com base no esquema, identifique o tipo de interação que ocorre entre as estruturas nitrogenadas citosina/guanina e timina/adenina. Explique.

15. Explique, para o grupo de compostos abaixo, as TE em termos das interações intermoleculares. Faça uma análise comparativa.

Substância	TE (°C)
HF	20
HCl	−85
HBr	−66,38
HI	−35,55

Fonte de pesquisa: LIDE, David R. *CRC Handbook of Chemistry and Physics*. Internet version (87th edition). CRC-Press. Taylor and Francis Group. Florida: Boca Raton, 2007.

16. Relacione as TE com as estruturas representadas a seguir.

I. Etanal.
II. Etano.
III. Etanol.
IV. Metanol.
V. Propan-1-ol.

a) −88,6 °C
b) 20,1 °C
c) 64,6 °C
d) 78,29 °C
e) 97,2 °C

Atividade experimental

Forças intermoleculares: determinação do teor de etanol na gasolina

Equipamentos de segurança: Avental de algodão, luvas de borracha e óculos de segurança.

ATENÇÃO!
O material deve ser manipulado distante de qualquer tipo de chama e em local arejado.
A gasolina é formada por várias substâncias tóxicas. Não inale seus vapores e evite contato com a pele.

Objetivo

Usar o conceito de forças intermoleculares para determinar o teor de etanol na gasolina comercializada em postos de combustível.

Na proveta, são colocados 50 mL de gasolina.

Material por equipe

- 1 proveta de 100 mL com tampa de vidro
- 50 mL de gasolina
- solução aquosa de cloreto de sódio a 10% em massa

Procedimento

1. Coloque 50 mL de gasolina em uma proveta de 100 mL.
2. Acrescente solução aquosa de cloreto de sódio até que o volume de líquido na proveta totalize 100 mL.
3. Verifique a fase em que se encontra a água e a fase em que se encontra a gasolina, anotando o volume de cada uma delas.
4. Tampe a proveta e agite seu conteúdo, colocando-a de cabeça para baixo várias vezes.
5. Leia, na proveta, o volume da fase aquosa. Anote o valor.
6. Cada grupo pode utilizar uma amostra de gasolina proveniente de diferentes postos de abastecimento da cidade.

Resíduos: A fase de gasolina pode ser armazenada em frasco rotulado e utilizada em outras atividades experimentais. Diluir a fase aquosa e despejar o líquido na pia.

Analise e discuta

1. Quais os volumes finais da fase aquosa e da fase de gasolina?
2. O que você pode deduzir sobre as forças de associação atuantes entre as moléculas das substâncias envolvidas?
3. Qual o teor de etanol na gasolina que você testou?
4. Compare os resultados obtidos pelos diversos grupos e estabeleça o teor de etanol presente na gasolina de cada posto de abastecimento.

Questões globais

17. Explique por que a TE do monóxido de nitrogênio (NO) é mais alta que a dos gases nitrogênio (N_2) e oxigênio (O_2).

18. Observe as formas geométricas de algumas moléculas.

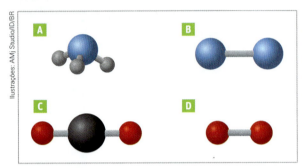

(Cores-fantasia)

a) Sabendo-se que essas formas representam N_2, O_2, CO_2 e NH_3, não necessariamente nessa ordem, nomeie-as adequadamente.
b) Classifique-as como polares ou apolares.

19. Como pode ser justificado o fato de o CO_2 ser gasoso à temperatura ambiente e a água, H_2O, ser líquida?

20. Considere o clorometano ($CH_3C\ell$) e iodometano (CH_3I).
a) Represente suas formas geométricas e classifique essas substâncias como polares ou apolares.
b) Que tipo de interação molecular mantém as moléculas unidas no estado líquido?
c) Sabendo-se que as temperaturas de ebulição do $CH_3C\ell$ e do CH_3I são $-24,09$ °C e $42,43$ °C, respectivamente, indique que composto apresenta, na fase líquida, forças intermoleculares mais intensas. Justifique.

21. A sacarose (açúcar comum) é um sólido branco, solúvel em água, de fórmula molecular $C_{12}H_{22}O_{11}$ e estrutural representada a seguir.

Analise as afirmações a seguir e classifique-as como verdadeiras (V) ou falsas (F).
a) A sacarose é sólida devido à sua alta massa molecular, pois as forças atrativas entre suas moléculas são muito fracas.
b) Na fase sólida, as moléculas de açúcar se atraem devido à intensidade das forças de dispersão de London.
c) A solubilidade do açúcar em água está relacionada com a formação de ligações de hidrogênio entre moléculas de sacarose e de água.

22. Observe as temperaturas de ebulição dos hidretos dos calcogênios indicadas na tabela a seguir. Justifique a ordem dos valores em função das interações intermoleculares presentes em cada substância.

Substância	TE (°C)
H_2O	99,97
H_2Te	-2
H_2Se	$-41,25$
H_2S	$-59,55$

Fonte de pesquisa: LIDE, David R. *CRC Handbook of Chemistry and Physics*. Internet version (87th edition). CRC-Press. Taylor and Francis Group. Florida: Boca Raton, 2007.

23. Relacione as substâncias com as características descritas.

Substâncias
I. amônia (NH_3)
II. brometo de potássio (KBr)
III. água (H_2O)
IV. dióxido de carbono (CO_2)
V. ouro (Au)

Descrição
a) Bom condutor de calor tanto no estado sólido como quando fundido.
b) Gás na temperatura ambiente formado por moléculas apolares.
c) Gás na temperatura ambiente; quando liquefeito apresenta interações por ligações de hidrogênio.
d) Líquido na temperatura ambiente formado por moléculas que se orientam sob a influência de um campo elétrico externo.
e) Sólido que apresenta força de natureza eletrostática entre os seus íons.

24. Indique que forças atrativas devem ser vencidas para:
a) fundir o ferro;
b) evaporar tetracloreto de carbono ($CC\ell_4$);
c) sublimar iodo;
d) fundir óxido de cálcio (CaO);
e) dissolver cloro ($C\ell_2$) em tetracloreto de carbono ($CC\ell_4$).

25. Explique os seguintes fatos.
    a) O cloreto de sódio apresenta temperatura de fusão de 800,7 °C, enquanto o cloro (Cℓ_2) é um gás a temperatura e pressão ambientes.
    b) Cobre e iodo são sólidos à temperatura ambiente, no entanto o cobre é condutor, e o iodo, isolante.
    c) O octano, C_8H_{18}, é líquido à temperatura ambiente, enquanto o metano, CH_4, se encontra no estado gasoso.

26. A gasolina é composta de uma mistura de hidrocarbonetos (compostos que contêm carbono e hidrogênio em sua estrutura), dos quais o iso-octano (C_8H_{18}) é o principal componente. A legislação brasileira permite a adição de 18% a 25% de álcool etílico à gasolina, com margem de erro de 1%. Analise as fórmulas geométricas do iso-octano e do etanol e responda às questões a seguir.

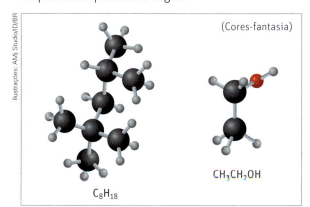

(Cores-fantasia)

C_8H_{18} CH_3CH_2OH

   a) Classifique essas substâncias como polares ou apolares.
   b) Que interações moleculares ocorrem entre moléculas de iso-octano no estado líquido?
   c) E entre moléculas de etanol?
   d) Que interações moleculares ocorrem entre moléculas de iso-octano e de etanol?
   e) Por que o etanol apresenta maior solubilidade em água do que em iso-octano? Justifique essa propriedade com base nas interações moleculares.
   f) Sugira uma explicação para o fato de a gasolina ser pouco miscível em água.

27. Classifique as afirmações a seguir como verdadeiras (V) ou falsas (F).
    a) Quanto mais intensas as interações intermoleculares, mais volátil é um líquido.
    b) Todos os compostos covalentes apresentam baixas temperaturas de fusão.
    c) As temperaturas de fusão e ebulição de compostos covalentes estão relacionadas às suas interações intermoleculares.
    d) As forças de London são mais fracas que as interações dipolo-dipolo.

28. Qual deve ser a ordem crescente das temperaturas de ebulição dos compostos abaixo? Justifique sua análise em termos das interações intermoleculares.

    etanol   etilenoglicol
    éter dimetílico
    propano   etano

29. Com relação aos compostos propano (I), propanal (II) e ácido propanoico (III) a seguir, responda.

   I. $CH_3-CH_2-CH_3$

   II. $CH_3-CH_2-C\overset{O}{\underset{H}{\diagdown}}$

   III. $CH_3-CH_2-C\overset{O}{\underset{OH}{\diagdown}}$

   a) Quais deles formam ligações de hidrogênio entre suas moléculas? Represente a formação dessas ligações.
   b) Indique a ordem das temperaturas de ebulição. Justifique sua resposta.
   c) Indique o composto menos solúvel em água. Justifique sua resposta.

30. A trimetilamina e a propilamina são substâncias extremamente malcheirosas e estão ligadas à decomposição de alguns peixes. As suas moléculas possuem exatamente a mesma massa molecular e, no entanto, temperaturas de ebulição diferentes. Justifique a diferença entre as temperaturas de ebulição dos dois compostos a partir das interações intermoleculares.

CH_3-N-CH_3
      |
     CH_3
trimetilamina,
TE = 2,87 °C

$CH_3-CH_2-CH_2-NH_2$
propilamina,
TE = 47,22 °C

Ciência, tecnologia e sociedade

Há algo no ar: a química e os perfumes

Não se sabe ao certo quando surgiu o conceito de perfume, cuja palavra deriva do latim *per fumun* ou *profumun*, que significa 'através da fumaça'. Mas a história da perfumaria parece ter se iniciado antes das civilizações mesopotâmicas, consideradas o berço da humanidade e nas quais foram descobertos os primeiros recipientes para o acondicionamento de incensos, a versão inicial dos perfumes. [...]

Os grandes grupos – Os produtos odorantes empregados na composição de um perfume são classificados segundo seus aspectos olfativos. Uma divisão geral muito utilizada se baseia em oito grandes grupos: frutais, florais, verdes, condimentados (ou especiados, que lembram especiarias), marinhos, amadeirados, almiscarados e ambarados.

Há grande variedade de perfumes, os quais são classificados em oito grandes grupos.

Com tantos materiais fragrantes à disposição dos perfumistas, os perfumes disponíveis no mercado, atualmente, têm os mais diversos cheiros e agradam a gostos variados. No entanto, para um leigo, escolher um perfume por meio de suas classificações técnicas pode não ser uma tarefa simples.

Pela combinação dos grupos olfativos, os perfumes passam a pertencer a diferentes linhas (ou famílias). Para os femininos, por exemplo, há os florais, florais-frutais, orientais – que têm aromas condimentados, além de amadeirados, entre outras nuances –, orientais-florais, florais-frutais-amadeirados, etc. Entre os masculinos, predominam as fragrâncias mais encorpadas, muitas das quais amadeiradas e acompanhadas de aspectos mais frescos, como os amadeirados-frutais, amadeirados-especiados.

Pirâmide olfativa

Os perfumes têm sua composição aromática distribuída em um modelo conhecido como pirâmide olfativa, dividida horizontalmente em três partes e caracterizada pelo termo nota, a exemplo dos acordes musicais.

No topo da pirâmide, estão as notas de saída, leves, percebidas mais rapidamente e com constituintes químicos bem voláteis [...]. No entanto, nem sempre os voláteis nos disparam estímulos de odor: alguns são inodoros. Outros se diferenciam não só pela qualidade do aroma, mas também por sua intensidade.

Na fatia intermediária da pirâmide, encontram-se as notas do coração (ou o tema do perfume). Suas substâncias químicas são menos voláteis, e, por isso, esse aroma tende a permanecer por mais tempo que as notas de saída.

A questão da permanência de um perfume tem aspectos variados. Um dos fatores de grande importância é o grau de oleosidade da pele: quanto maior, melhor a fixação do perfume. Esse fato se explica pela própria natureza das substâncias odoríferas que compõem o perfume. Elas são "leves" (massa molecular não superior a 300) e normalmente são de baixa polaridade – ou seja, a molécula não tem "polos" elétricos acentuados. Isso torna essas substâncias solúveis em lipídios ("gorduras"), importantes constituintes das membranas celulares e que protegem nossa pele das agressões externas.

A base da pirâmide, composta pelas notas de fundo, está mais ligada ao aspecto de fixação da essência. Suas substâncias têm volatilidade bem menor que as anteriores, mas ainda trazem importante contribuição aromática. Em comparação com o número de materiais oferecidos nas classes mais voláteis da pirâmide, aqui há bem menos produtos no mercado. Os aromas de fundo são os principais responsáveis pela classificação dos amadeirados, almiscarados e ambarados. [...]

REZENDE, Cláudia M., Revista *Ciência Hoje*, v. 48, jul. 2011. Disponível em: <http://cienciahoje.uol.com.br/revista-ch/2011/283/pdf_aberto/haalgonoar283.pdf>. Acesso em: 26 maio 2014.

Analise e discuta

1. Qual o significado do termo "volátil" em Ciências? Sugestão: consulte o dicionário e compare os significados em outros contextos.
2. Esquematize a pirâmide descrita no texto e relacione a volatilidade das notas às forças atrativas estabelecidas entre as moléculas que as constituem.
3. Explique como o grau de oleosidade da pele se relaciona à fixação do perfume.

Esquema do capítulo

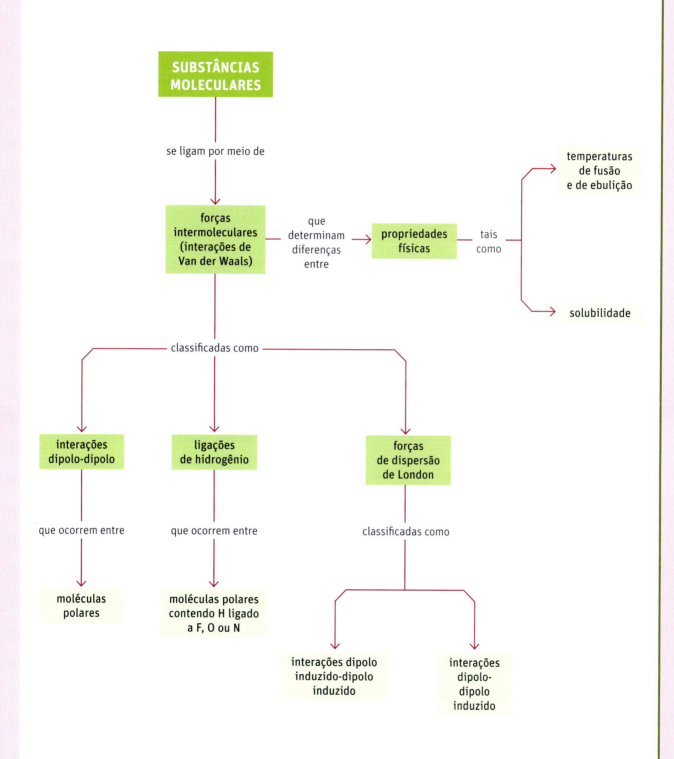

Vestibular e Enem

31. (UFMG) Este quadro apresenta as temperaturas de fusão e de ebulição das substâncias Cl_2, ICl e I_2:

Substância	Temperatura de fusão/°C	Temperatura de ebulição/°C
Cl_2	−102	−35
ICl	+27	+97
I_2	+113	+184

Considerando-se essas substâncias e suas propriedades, é **correto** afirmar que:

a) no ICl, as interações intermoleculares são mais fortes que no I_2.

b) a 25 °C, o Cl_2 é gasoso, o ICl é líquido e o I_2 é sólido.

c) na molécula do ICl, a nuvem eletrônica está mais deslocada para o átomo de cloro.

d) no ICl, as interações intermoleculares são, exclusivamente, do tipo dipolo instantâneo-dipolo induzido.

32. (UFRN) O metano (CH_4) é uma substância constituinte do gás natural, utilizado como combustível para a produção de energia. Nas condições do ambiente (a 25 °C e pressão de 1,0 atm), o metano se apresenta no estado gasoso, pois suas moléculas e suas interações são, respectivamente,

	Tipos de moléculas	Tipo de interação
a)	apolares	dipolo instantâneo-dipolo induzido
b)	polares	dipolo-dipolo
c)	apolares	dipolo-dipolo
d)	polares	dipolo instantâneo-dipolo induzido

33. (UFRGS-RS) A grande importância da água para a vida está diretamente relacionada à especificidade de suas propriedades.
Considere as seguintes afirmações, sobre as propriedades da substância água.

I. A forma esférica das gotas de água é consequência de sua tensão superficial particularmente elevada.

II. A água, nas condições ambiente, apresenta-se no estado líquido devido às fortes ligações de hidrogênio entre suas moléculas.

III. A presença de dois átomos de hidrogênio para cada átomo de oxigênio confere à molécula uma geometria trigonal que determina sua elevada polaridade.

Quais estão **corretas**?

a) Apenas I.
b) Apenas II.
c) Apenas I e II.
d) Apenas II e III.
e) I, II e III.

34. (UFC-CE) Sabendo-se que a temperatura de ebulição de uma substância depende da intensidade das forças intermoleculares presentes, assinale a alternativa que corretamente apresenta as substâncias em ordem crescente de temperatura de ebulição.

a) H_2, N_2, O_2, Br_2
b) N_2, Br_2, O_2, Br_2
c) Br_2, O_2, N_2, H_2
d) Br_2, N_2, H_2, O_2
e) O_2, Br_2, N_2, H_2

35. (UFMS) Sobre a natureza das forças intermoleculares, é **correto** afirmar:

(01) No gelo-seco, as moléculas do dióxido de carbono estão unidas por ligações covalentes.

(02) Uma solução de gás oxigênio, dissolvida em água, apresenta interações do tipo dipolo-dipolo entre o soluto e o solvente.

(04) No HCN líquido, as atrações intermoleculares são devidas à existência de dipolos.

(08) A formação de ligações de hidrogênio explica a alta solubilidade de amônia gasosa, em água.

(16) O vapor de água não apresenta pontes de hidrogênio, pois essas ligações são rompidas na vaporização.

Dê como resposta a soma dos números associados às afirmações corretas.

36. (Uerj) Compostos de enxofre são usados em diversos processos biológicos. Existem algumas bactérias que utilizam, na fase da captação de luz, o H_2S em vez de água, produzindo enxofre no lugar de oxigênio, conforme a equação química:

$$6\ CO_2 + 12\ H_2S \longrightarrow C_6H_{12}O_6 + 6\ H_2O + 12\ S$$

O H_2S é um gás que se dissolve em água.
Essa solubilidade decorre da formação de interações moleculares do tipo:

a) iônica.
b) covalente.
c) dipolo-dipolo.
d) ligação de hidrogênio.

37. (UFRGS-RS) Na coluna da esquerda, abaixo, estão listados cinco pares de substâncias, em que a primeira substância de cada par apresenta ponto de ebulição mais elevado do que o da segunda substância, nas mesmas condições de pressão. Na coluna da direita, encontra-se o fator mais significativo que justificaria o ponto de ebulição mais elevado para a primeira substância do par.

Associe corretamente a coluna da direita à da esquerda.

1 − CCl_4 e CH_4
2 − $CHCl_3$ e CO_2
3 − $NaCl$ e HCl
4 − H_2O e H_2S
5 − SO_2 e CO_2

( ) intensidade das ligações de hidrogênio
( ) massa molecular mais elevada
( ) estabelecimento de ligação iônica
( ) polaridade da molécula

A sequência correta de preenchimento dos parênteses, de cima para baixo, é

a) 2 − 4 − 1 − 3.
b) 2 − 4 − 3 − 5.
c) 3 − 5 − 4 − 1.
d) 4 − 1 − 3 − 5.
e) 4 − 5 − 1 − 3.

38. (Uepa) Um indivíduo de má índole sujou de graxa para veículo a camisa de um estudante o qual, ao chegar em casa, recomendou corretamente um tratamento para remoção da graxa da camisa. A recomendação feita pelo estudante foi:
a) lavar com gasolina.
b) deixar ao sol no varal.
c) lavar com álcool (etanol).
d) lavar com água.
e) enxaguar com vinagre.

39. (IFMT) O fato de o etanol ser miscível em água pode ser explicado porque:
a) a água e o etanol são substâncias apolares.
b) a água é uma substância polar e o etanol apolar.
c) a água e o etanol ligam-se entre si por pontes de hidrogênio.
d) a água e o etanol ligam-se entre si por forças intermoleculares dipolo induzido.
e) a água e o etanol são moléculas que possuem apenas ligações covalentes entre os seus átomos.

40. (UFG-GO) Têm-se dois sistemas homogêneos, cloreto de sódio e água, que, ao serem misturados, formam um terceiro sistema homogêneo, conforme esquema abaixo.

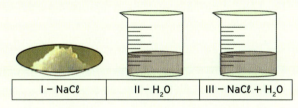

| I – NaCℓ | II – H₂O | III – NaCℓ + H₂O |

Os tipos de ligação ou interação entre as entidades formadoras dos sistemas I, II e III são, respectivamente,
a) I. ligação iônica; II. ligação covalente e ligação de hidrogênio; III. Interação íon-dipolo, ligação covalente e ligação de hidrogênio.
b) I. ligação iônica; II. ligação iônica, ligação covalente e ligação de hidrogênio; III. ligação de hidrogênio, ligação covalente e interação íon-dipolo.
c) I. ligação covalente; II. ligação covalente e ligação de hidrogênio; III. ligação covalente, ligação iônica e ligação de hidrogênio.
d) I. ligação metálica; II. ligação metálica, ligação covalente e ligação de hidrogênio; III. interação íon-dipolo, ligação covalente e ligação de hidrogênio.
e) I. ligação covalente; II. ligação de hidrogênio e ligação covalente; III. ligação covalente, interação íon-dipolo e ligação de hidrogênio.

41. (UFG-GO) Analise o quadro a seguir.

Substâncias	T$_{fusão}$ (°C)	Solubilidade em água
Cloreto de sódio	801	?
Glicose	186	?
Naftalina	80	?

Considerando as informações apresentadas,
a) explique as diferenças de ponto de fusão das substâncias em relação às suas forças intermoleculares;
b) classifique as substâncias apresentadas como solúvel, pouco solúvel ou insolúvel. Justifique sua resposta a partir da polaridade das moléculas.

42. (IFGO) O tipo de interação intermolecular e a massa molar influenciam na determinação de algumas propriedades das substâncias, como, por exemplo, o ponto de ebulição.
De posse dessas informações, analise as afirmações a seguir:
  I. F_2 possui ponto de ebulição maior que o do $Cℓ_2$.
  II. O ácido fluorídrico possui menor ponto de ebulição do que o ácido clorídrico.
  III. Em condições ambientais, com temperatura de 25 °C e pressão de 1 atm, o gelo-seco (CO_2 sólido) sublima devido ao rompimento das interações do tipo dipolo induzido.
  IV. Quando a água no estado líquido evapora, ocorre uma ruptura das ligações de hidrogênio.
É **correto** afirmar:
a) Todos os itens estão corretos.
b) Apenas os itens I e II estão corretos.
c) Apenas os itens III e IV estão corretos.
d) Apenas os itens I e IV estão corretos.
e) Todos os itens estão incorretos.

43. (Enem) A pele humana, quando está bem hidratada, adquire boa elasticidade e aspecto macio e suave. Em contrapartida, quando está ressecada, perde sua elasticidade e se apresenta opaca e áspera. Para evitar o ressecamento da pele é necessário, sempre que possível, utilizar hidratantes umectantes, feitos geralmente à base de glicerina e polietilenoglicol:

HO OH OH
 | | |
H₂C—CH—CH₂
glicerina

HO—CH₂—CH₂—[O—CH₂—CH₂]ₙ—O—CH₂—CH₂—OH
polietilenoglicol

Disponível em: <http://www.brasilescola.com>. Acesso em: 23 abr. 2010 (Adaptado).

A retenção de água na superfície da pele, promovida pelos hidratantes, é consequência da interação dos grupos hidroxila dos agentes umectantes com a umidade contida no ambiente por meio de:
a) ligações iônicas.
b) forças de London.
c) ligações covalentes.
d) forças dipolo-dipolo.
e) ligações de hidrogênio.

225

Vestibular e Enem

44. (Enem) As fraldas descartáveis que contêm o polímero poliacrilato de sódio (1) são mais eficientes na retenção de água que as fraldas de pano convencionais, constituídas de fibras de celulose (2).

(1)   (2)

A maior eficiência dessas fraldas descartáveis, em relação às de pano, deve-se às
a) interações dipolo-dipolo mais fortes entre o poliacrilato e a água, em relação as ligações de hidrogênio entre a celulose e as moléculas de água.
b) interações íon-íon mais fortes entre o poliacrilato e as moléculas de água, em relação às ligações de hidrogênio entre a celulose e as moléculas de água.
c) ligações de hidrogênio mais fortes entre o poliacrilato e a água, em relação às interações íon-dipolo entre a celulose e as moléculas de água.
d) ligações de hidrogênio mais fortes entre o poliacrilato e as moléculas de água, em relação às interações dipolo induzido-dipolo induzido entre a celulose e as moléculas de água.
e) interações íon-dipolo mais fortes entre o poliacrilato e as moléculas de água, em relação às ligações de hidrogênio entre a celulose e as moléculas de água.

45. (UEL-PR) Um professor de Química usou duas substâncias coloridas, I_2 (sólido castanho) e $Ni(NO_3)_2$ (sólido azul), e duas substâncias líquidas incolores, água e $CH_2C\ell_2$, para realizar um experimento que demonstrasse a seguinte regra: "semelhante dissolve semelhante". Em três tubos de ensaio ele adicionou as substâncias conforme a tabela:

Tubo de ensaio 1	Tubo de ensaio 2	Tubo de ensaio 3
10 mL de água +	10 mL de água +	10 mL de água +
10 mL de $CH_2C\ell_2$	10 mL de $CH_2C\ell_2$ +	10 mL de $CH_2C\ell_2$ +
	alguns cristais de I_2	alguns cristais de $Ni(NO_3)_2$

Dados: Densidades a 20 °C (g/cm³) H_2O = 1,00; $CH_2C\ell_2$ = 1,32

Assinale a alternativa **correta**.
a) No tubo de ensaio 1 observou-se a formação de duas fases. A fase aquosa formando uma camada inferior e a fase orgânica formando uma camada superior.
b) No tubo de ensaio 2 observou-se a formação de duas fases. Uma fase orgânica homogênea de coloração castanha na camada superior e uma fase aquosa incolor na camada inferior.
c) O tubo número 2 formou uma única camada de coloração castanha.
d) No tubo de ensaio 3 observou-se a formação de duas fases. Uma fase aquosa homogênea de coloração azul na camada superior e uma fase orgânica incolor na camada inferior.
e) A água não dissolve substâncias orgânicas.

46. (UFRJ) Considere a seguinte tabela:

Substância	Massa molar	Ponto de fusão	Ponto de ebulição
N_2	28,0 g/mol	−210 °C	−196 °C
CF_4	88,0 g/mol	−150 °C	−129 °C
HBr	81,0 g/mol	−89 °C	−67 °C
H_2O	18,0 g/mol	0 °C	100 °C

Qual ou quais fatores justificam as diferenças de constantes físicas observadas neste grupo de compostos?

47. (Cefet-MG) Misturando-se 50 mL de água de torneira com 50 mL de álcool, obtém-se uma solução de volume final menor que 100 mL. Tal fenômeno ocorre porque as moléculas de
a) água reagem com as de álcool.
b) água são polares e as de álcool são apolares.
c) álcool formam ligações de hidrogênio com as de água.
d) álcool e água se atraem através da interação de Van der Waals.

Leia o texto a seguir para responder a questão 48.

Quando uma célula produz uma proteína, a cadeia de polipeptídio dobra-se espontaneamente para assumir certa forma. Um dos dobramentos dessa cadeia polipeptídica envolve várias forças de interação entre várias cadeias laterais de aminoácidos, conforme exemplificado no esquema a seguir.

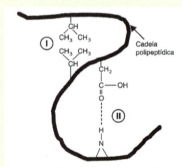

48. (PUC-RS) Os tipos de forças de interação que ocorrem em (I) e (II) são, respectivamente,
a) dipolo-dipolo e ligação de hidrogênio.
b) ligação de hidrogênio e dipolo-dipolo.
c) dipolo induzido-dipolo induzido e ligação de hidrogênio.
d) dipolo induzido-dipolo induzido e dipolo-dipolo.
e) dipolo induzido-dipolo e dipolo-dipolo.

Para explorar

Livros

- *Interações e Transformações IV*: Química e Sobrevivência – Hidrosfera – fonte de materiais, de Gepeq. São Paulo: Edusp, 2005.
  O quarto livro da série aborda questões muito importantes, como pH, tratamento de água e poluição, mostrando como o mundo microscópico explica os fenômenos observados no mundo macroscópico, ampliando a visão química do leitor.

- *Moléculas em exposição*: o fantástico mundo das substâncias e dos materiais que fazem parte do nosso dia a dia, de John Emsley. São Paulo: Edgard Blücher, 2001.
  Neste livro, o autor John Emsley mostra algumas características de determinadas substâncias e como elas afetam o dia a dia das pessoas.

- *Química não é um bicho-de-sete-cabeças*, de Sidioney Onezio Silveira. Rio de Janeiro: Ciência Moderna, 2012.
  Este livro apresenta uma forma de ver que a Química pode ser mais simples e interessante do que você imagina uma vez que faz parte de tudo que está a sua volta.

Site

- <http://mundoestranho.abril.com.br/materia/por-que-a-lagartixa-nao--cai-quando-anda-pelas-paredes>. Acesso em: 1º abr. 2014.
  O autor dessa matéria aborda, de maneira simplificada, o motivo de lagartixas caminharem em paredes verticais ou pelo teto sem cair.

UNIDADE

Reações químicas

Nesta unidade

13 Balanceamento de equações e tipos de reações químicas

A todo instante e em toda parte, uma série de transformações da matéria ocorre de forma dinâmica e ininterrupta, e novos materiais são continuamente produzidos. Existem várias formas diferentes de as substâncias interagirem.

Nesta unidade, você vai conhecer os principais aspectos dessas interações, como as transformações químicas acontecem e a linguagem química utilizada para representá-las.

Mergulhador e cardume de xiras em meio aos destroços do navio Victory, em Guarapari (ES), 2002.

No dia a dia, as substâncias sofrem transformações nem sempre percebidas pelas pessoas — a matéria é submetida a frequentes mudanças físicas e químicas. As transformações químicas geralmente ocorrem por meio da interação entre os materiais nelas envolvidos. Os elementos presentes nas substâncias inicialmente em contato se rearranjam, formando novas substâncias.

Na fotografia abaixo, um navio submerso sofre a ação do ambiente marítimo. O contato prolongado com a água do mar provocou o desgaste de seus componentes, como os metais de sua estrutura.

Questões para reflexão

1. Você já esteve em contato com a água do mar ou ouviu alguém contar sobre essa experiência? Do que é formada a água do mar? Ela é diferente ou não da que sai da torneira das casas?
2. Para você, qual tipo de água provoca mais desgaste aos materiais de navios: a do mar ou a de um rio? Por quê?
3. Liste alguns materiais encontrados em navios. Depois, identifique quais deles seriam primeiramente degradados quando em contato prolongado com a água do mar.

CAPÍTULO

13 Balanceamento de equações e tipos de reações químicas

Neste capítulo

1. Reações e equações químicas.
2. Tipos de reações.
3. Exemplos de reações de metátese.

Muitos metais, como os que compõem o aro dessa roda de bicicleta, sofrem oxidação por exposição ao ar úmido.

As transformações químicas podem ocorrer de formas variadas e, praticamente, em todos os lugares do Universo. Para que uma reação ocorra, é necessário que as substâncias envolvidas encontrem condições favoráveis. Isso implica tendência a reagir e condições adequadas de temperatura, pressão, etc. Algumas vezes, as condições em que as substâncias iniciais se encontram são adequadas para que essas transformações ocorram naturalmente. É o que acontece, por exemplo, com os metais oxidados por exposição ao ar úmido e quente; com o oxigênio do ar, que é parcialmente consumido na respiração; com a fotossíntese, que as plantas realizam em um ambiente ensolarado; e com a degradação das substâncias presentes nos alimentos, quando submetidas a temperatura elevada por longo tempo. A vida humana não seria possível sem a ocorrência dessas interações entre substâncias.

Outras vezes, procura-se usar a Química para controlar condições que tornem lenta uma reação indesejada. Isso ocorre quando uma peça metálica é revestida com uma camada de tinta para que a peça não fique em contato com o ar oxidante ou quando um alimento é colocado numa geladeira para que, em temperatura baixa, sua degradação seja menos pronunciada, ou ainda quando a um alimento industrializado é adicionado um conservante para que o alimento não se decomponha rapidamente.

Com frequência, para que uma reação ocorra, é necessário serem criadas tais condições favoráveis. Isso é feito nas indústrias e nos laboratórios quando se quer provocar uma transformação química que nas condições ambientes não ocorreria.

Neste capítulo você vai aprofundar seus estudos sobre reatividade das substâncias e será capaz de reconhecer se duas ou mais substâncias reagem quando colocadas em contato, bem como os produtos formados na reação.

1. Reações e equações químicas

Quando o motor de um automóvel movido a álcool é acionado, esse combustível se transforma (reage), formando outras substâncias.

Materiais liberados pelo escapamento de um veículo.

Nesse processo, o álcool (etanol, C_2H_6O, substância combustível) reage com o oxigênio do ar (O_2, comburente) formando, principalmente, dióxido de carbono (CO_2) e vapor de água (H_2O), ambos invisíveis. A liberação de "fumaça", como mostrado na fotografia acima, ocorre quando o vapor de água se condensa ao encontrar o ar mais frio ou quando o motor do veículo está defeituoso, queimando óleo de lubrificação.

Observe, a seguir, a representação para a combustão do etanol.

$$C_2H_6O(\ell) + O_2(g) \longrightarrow CO_2(g) + H_2O(g)$$

Observe nessa representação que o número de átomos de carbono, por exemplo, não é o mesmo nos reagentes e nos produtos. Essa desigualdade contraria a Lei de Conservação das Massas. Para se fazer o acerto dos números de átomos de cada elemento, a equação química deve ser balanceada. Esse balanceamento consiste na colocação de números ao lado esquerdo da fórmula de cada substância para que o número total de átomos de cada elemento representado seja o mesmo nos reagentes e nos produtos, demonstrando a conservação de massa. Esses números são chamados **coeficientes estequiométricos**.

A equação acima, agora balanceada, é expressa da seguinte forma.

$$C_2H_6O(\ell) + 3\ O_2(g) \longrightarrow 2\ CO_2(g) + 3\ H_2O(\ell)$$

Equação química é a forma **simbólica** de representação de uma reação química. Essa equação descreve as composições de reagentes e produtos e a relação de igualdade entre as quantidades de átomos de seus elementos químicos.

Você se lembra?

As ligações químicas

Os elementos químicos encontram-se combinados na natureza por meio de ligações químicas, que podem ser de três tipos.

1. **Ligação iônica:** envolve transferência de elétrons do elemento menos eletronegativo para o mais eletronegativo.

Representação em cores-fantasia.

2. **Ligação covalente:** ocorre por compartilhamento de elétrons.

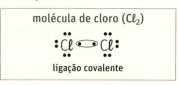

3. **Ligação metálica:** ocorre entre metais. Na ligação metálica, os elétrons das camadas de valência formam um "mar de elétrons" ao redor dos núcleos.

Elétrons dispersos ao redor dos núcleos. Representação em cores-fantasia.

Saiba mais

Etanol

Apesar de o etanol (combustível utilizado em veículos automotivos) receber a mesma nomenclatura da substância que o compõe, ele é uma mistura que contém principalmente a substância etanol – material que entra em combustão –, água e outras substâncias em menores proporções.

Portanto, não confunda o etanol (mistura utilizada em veículos) com o etanol (substância).

❱ Balanceamento de equações químicas

Em uma reação química, os núcleos dos átomos não sofrem nenhuma alteração e mantêm suas características. O que ocorre é um rearranjo das substâncias por meio de quebra das ligações dos reagentes e formação de novas ligações nos produtos.

Como numa reação química os átomos não são criados nem destruídos, deve haver uma igualdade entre o número de átomos de cada elemento nos reagentes e nos produtos. Essa igualdade é obtida pelo **balanceamento da equação**, como foi visto no exemplo da combustão do etanol.

O **balanceamento** consiste em acertar os coeficientes estequiométricos da equação química para que o número de átomos de cada elemento seja igual nos dois lados da equação.

Veja um exemplo de como esse balanceamento pode ser feito.

Suponha a seguinte equação, não balanceada.

$$FeS_2(g) + O_2(g) \longrightarrow Fe_3O_4(s) + SO_2(g)$$

Note que há três átomos de ferro no lado direito da equação; logo, deve haver o mesmo número no lado esquerdo. Assim coloca-se coeficiente 3 para FeS_2.

$$3\,FeS_2(g) + O_2(g) \longrightarrow Fe_3O_4(s) + SO_2(g)$$

Agora, a quantidade total de enxofre no lado esquerdo da equação é seis; logo deve haver o mesmo número de átomos de enxofre do lado direito. Portanto, coloca-se o coeficiente 6 no SO_2.

$$3\,FeS_2(g) + O_2(g) \longrightarrow Fe_3O_4(s) + 6\,SO_2(g)$$

Como Fe e S já foram acertados, o momento agora é de ajustar o oxigênio. Se a molécula de oxigênio tem 2 átomos de oxigênio e do lado direito há um total de 16 átomos, devem existir 8 moléculas de O_2 para que haja igualdade do número de átomos de oxigênio nos dois lados da equação.

$$3\,FeS_2(g) + 8\,O_2(g) \longrightarrow Fe_3O_4(s) + 6\,SO_2(g)$$

Note que, ao balancear uma equação, devem-se manter inalteradas as fórmulas das substâncias envolvidas.

$$3\,FeS_2(g) + 8\,O_2(g) \longrightarrow Fe_3O_4(s) + 6\,SO_2(g)$$

É conveniente iniciar o acerto de coeficientes pelos elementos que aparecem menos vezes nos reagentes e nos produtos. No exemplo dado, ficaria muito difícil iniciar pelo oxigênio, que aparece nos dois produtos.

▎Saiba mais

Estequiometria

A palavra estequiometria (do grego *stoicheon*, elemento, e *metron*, medida) foi introduzida por Richter em 1792, referindo-se às medidas dos elementos químicos nas substâncias. Modernamente, a estequiometria compreende as informações quantitativas relacionadas a fórmulas e equações químicas. Ela está baseada nas leis ponderais, principalmente na lei da conservação das massas e na lei das proporções fixas (ou definidas). [...]

As leis ponderais, importantes para o estabelecimento da química como ciência, estão subjacentes à teoria atômica de Dalton, que é a base da explicação das relações ponderais nas reações químicas.

Por meio de cálculos estequiométricos, podem-se calcular as quantidades de substâncias que participam de uma reação química a partir das quantidades de outras substâncias. [...]

[...]

CAZZARO, F. Um experimento envolvendo estequiometria. *Química Nova na Escola*, n. 10, nov. 1999. Disponível em: <http://qnesc.sbq.org.br/online/qnesc10/exper3.pdf>. Acesso em: 29 maio 2014.

Equações iônicas

Muitas reações químicas ocorrem em meio aquoso com substâncias dissociadas. A equação, nesse caso, pode ser escrita na forma iônica.

Uma equação química que envolve íons é chamada de **equação iônica**.

Se a uma solução aquosa contendo íons cloreto, Cl^-(aq) – do cloreto de sódio, por exemplo –, for adicionada uma solução contendo íons prata, Ag^+(aq), haverá formação de um sal pouco solúvel de cloreto de prata, $AgCl$. Esse fenômeno é chamado de **precipitação** e pode ser representado pela seguinte equação.

$$NaCl(aq) + AgNO_3(aq) \longrightarrow AgCl(s) + NaNO_3(aq)$$

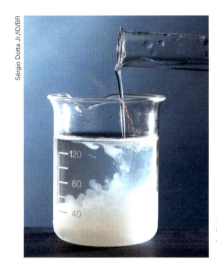

Reação entre Ag^+(aq) e Cl^-(aq) com formação de precipitado.

Considerando que os reagentes e um dos produtos são solúveis, a equação completa fica:

$$Na^+(aq) + Cl^-(aq) + Ag^+(aq) + NO_3^-(aq) \longrightarrow$$
$$\longrightarrow AgCl(s) + NO_3^-(aq) + Na^+(aq)$$

Observe que há íons Na^+(aq) e NO_3^-(aq) presentes nos dois lados da reação. Esses íons, chamados de **espectadores**, podem ser desconsiderados, representando-se a reação por uma **equação iônica reduzida**.

$$Ag^+(aq) + Cl^-(aq) \longrightarrow AgCl(s)$$

Na reação de soluções contendo íons hidrogênio (H^+) com soluções contendo carbonatos (CO_3^{2-}), forma-se H_2CO_3 – substância que se decompõe em água, $H_2O(\ell)$, e dióxido de carbono gasoso, CO_2(g).

$$2\,H^+(aq) + CO_3^{2-}(aq) \longrightarrow H_2CO_3(aq) \longrightarrow$$
$$\longrightarrow H_2O(\ell) + CO_2(g)$$

A tabela de solubilidade ao lado é usada para verificar se na reação ocorre ou não precipitação.

Tabela de solubilidade dos sais mais comuns

Sais	Representação	Geralmente são	As exceções mais comuns são*
Acetatos	CH_3COO^-	solúveis	prata (sp)*; mercúrio(I) (sp); estanho(II) (d)
Brometos	Br^-	solúveis	antimônio e bismuto (d); ouro(I) e platina (sp); prata e mercúrio(I) (i)
Carbonatos	CO_3^{2-}	insolúveis	amônio, sódio e potássio (s); lítio (sp)
Cianetos	CN^-	insolúveis	amônio, metais alcalinos e metais alcalinoterrosos
Cloratos	ClO_3^-	solúveis	—
Cloretos	Cl^-	solúveis	prata e mercúrio(I) (i); chumbo(II) e ouro(I) (sp); cromo(III) (sp)**
Cromatos	CrO_4^{2-}	insolúveis	amônio e metais alcalinos
Dicromatos	$Cr_2O_7^{2-}$	insolúveis	amônio e metais alcalinos (s)
Ferricianetos	$[Fe(CN)_6]^{3-}$	insolúveis	amônio e metais alcalinos (s)
Ferrocianetos	$[Fe(CN)_6]^{4-}$	insolúveis	amônio e metais alcalinos (s)
Fluoretos	F^-	insolúveis	amônio e metais alcalinos (s)
Fosfatos	PO_4^{3-}	insolúveis	amônio e metais alcalinos (s)
Hidrogeno-carbonatos	HCO_3^-	solúveis	—
Hidrogeno-fosfatos	$H_2PO_4^-$ e HPO_4^{2-}	solúveis	—
Hidrogeno-sulfatos	HSO_4^-	solúveis	—
Hidróxidos	OH^-	insolúveis	amônio e metais alcalinos (s); cálcio, bário e estrôncio (sp)
Iodetos	I^-	solúveis	prata, chumbo(II) e cobre(I) (sp)
Nitratos	NO_3^-	solúveis	—
Nitritos	NO_2^-	solúveis	—
Oxalatos	$C_2O_4^{2-}$	insolúveis	amônio e metais alcalinos
Óxidos	O^{2-}	insolúveis	metais alcalinos (s); cálcio, bário e estrôncio (sp)
Percloratos	ClO_4^-	solúveis	potássio e mercúrio(I) (i)
Permanganatos	MnO_4^-	solúveis	—
Silicatos	SiO_3^{2-}	insolúveis	sódio, potássio e bário (s); cálcio (sp)
Sulfatos	SO_4^{2-}	solúveis	estrôncio e bário (i); cálcio, estrôncio, prata e mercúrio(I) (sp); mercúrio(II) (d)
Sulfetos	S^{2-}	insolúveis	amônio e metais alcalinos (s); cálcio, bário e estrôncio (sp)
Sulfitos	SO_3^{2-}	insolúveis	amônio e metais alcalinos
Tiocianatos	SCN^-	insolúveis	amônio e metais alcalinos
Tiossulfatos	$S_2O_3^{2-}$	insolúveis	amônio e metais alcalinos

* sp: solúvel parcialmente; d: decompõe-se em água; i: insolúvel; s: solúvel.
** Muito lentamente.

Fonte de pesquisa: LIDE, David. *CRC Handbook of Chemistry and Physics.* 73. ed. CRC-Press. Florida: Boca Raton, 1992.

Atividades

Exercício resolvido

1. Considere a equação abaixo.

$$NaOH(aq) + FeCl_3(aq) \longrightarrow Fe(OH)_3(s) + NaCl(aq)$$

a) Efetue o balanceamento. b) Escreva as equações iônicas completa e reduzida.

Solução
a) $\quad NaOH(aq) + 1\,FeCl_3(aq) \longrightarrow 1\,Fe(OH)_3(s) + NaCl(aq)$
   $\quad 3\,NaOH(aq) + 1\,FeCl_3(aq) \longrightarrow 1\,Fe(OH)_3(s) + NaCl(aq)$
   $\quad 3\,NaOH(aq) + 1\,FeCl_3(aq) \longrightarrow 1\,Fe(OH)_3(s) + 3\,NaCl(aq)$

b) Equação iônica completa.

$$3\,Na^+(aq) + 3\,OH^-(aq) + Fe^{3+}(aq) + 3\,Cl^-(aq) \longrightarrow Fe(OH)_3(s) + 3\,Na^+(aq) + 3\,Cl^-(aq)$$

Equação iônica reduzida: $3\,OH^-(aq) + Fe^{3+}(aq) \longrightarrow Fe(OH)_3(s)$

Note que, nesse caso, o hidróxido de ferro, $Fe(OH)_3$, não se encontra na forma aquosa, portanto, não pode ser escrito na forma iônica. Como o $Fe(OH)_3$ está em estado sólido, ele deve ser escrito na forma molecular. Dessa maneira, como foi formado um produto diferente dos reagentes, pode-se dizer que a reação ocorreu.

2. O que caracteriza uma reação química?

3. O que é uma equação química?

4. O que são equações iônicas e o que elas devem indicar?

5. Suponha a seguinte equação.
$$H_2(g) + Cl_2(g) \longrightarrow 2\,HCl(g)$$
Escreva o significado dos símbolos e números.

6. Nas câmaras de combustão dos automóveis, o N_2 e o O_2 reagem para formar NO. Dado o esquema abaixo, escreva a equação química correspondente e responda se o esquema indica ou não a conservação de átomos.

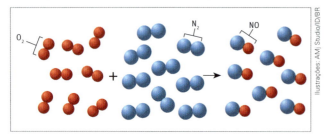

7. Faça o balanceamento das equações a seguir.

a) $H_2SO_4(aq) + Fe(OH)_3(s) \longrightarrow$
   $\longrightarrow Fe_2(SO_4)_3(aq) + H_2O(\ell)$

b) $N_2H_4(g) + N_2O_4(g) \longrightarrow N_2(g) + H_2O(g)$

c) $SO_2(g) + O_2(g) \longrightarrow SO_3(g)$

8. Indique se haverá formação de precipitado nas equações a seguir. Consulte a tabela de solubilidade de sais da página 233.

a) $H_2SO_4(aq) + Fe(OH)_3(s) \longrightarrow$
   $\longrightarrow Fe_2(SO_4)_3(?) + H_2O(\ell)$

b) $NH_4HCO_3(aq) + HNO_3(aq) \longrightarrow$
   $\longrightarrow NH_4NO_3(?) + H_2O(\ell) + CO_2(g)$

c) $AgNO_3(aq) + NaCl(aq) \longrightarrow$
   $\longrightarrow AgCl(?) + NaNO_3(aq)$

9. Faça o balanceamento das equações abaixo e escreva as equações iônicas correspondentes. Não se esqueça de considerar em sua equação iônica o estado em que devem estar representados reagentes e produtos.

a) $NH_4HCO_3(aq) + H_2SO_4(aq) \longrightarrow$
   $\longrightarrow (NH_4)_2SO_4(aq) + H_2O(\ell) + CO_2(g)$

b) $AgNO_3(aq) + CaCl_2(aq) \longrightarrow$
   $\longrightarrow AgCl(s) + Ca(NO_3)_2(aq)$

10. Considere a reação química:

$$A + B_2 \longrightarrow AB$$

a) Balanceie a equação.
b) Dado o esquema representativo dos reagentes, indique se estão na proporção correta.
c) De acordo com a resposta do item anterior, responda qual reagente está em excesso.

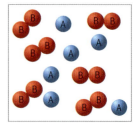

11. Uma das formas experimentais de obtenção do metanol (CH_3OH) consiste em reagir monóxido de carbono (CO) com hidrogênio molecular (H_2). Veja a equação não balanceada do processo.

$$CO + H_2 \longrightarrow CH_3OH$$

Balanceie essa equação.

2. Tipos de reações

Durante o desenvolvimento da ciência, os químicos procuraram classificar as reações químicas numa tentativa de facilitar o seu estudo. Os critérios de classificação podem se basear no número de substâncias formadas, no número de reagentes, na presença ou não de substâncias simples, etc.

Os livros didáticos apresentam diferentes classificações para as reações. Neste volume, a opção dos autores foi adotar o critério mais atualizado. Apesar desse cuidado, você precisa considerar sempre que esses critérios não são rígidos, ou seja, ocorrem casos em que uma mesma reação pode ser classificada em mais de um tipo.

▶ Reações de metátese

A palavra **metátese** é de origem grega (*methatesis*) e significa "transposição". Nesse tipo de reação, átomos ou grupos de átomos das substâncias reagentes são **permutados** (trocados).

Observe o que ocorre quando se adiciona cal hidratada, $Ca(OH)_2$, a uma solução aquosa de sulfato de alumínio, $Al_2(SO_4)_3$, substância usada para floculação no tratamento de água.

Solução de cal hidratada (**A**) e solução de sulfato de alumínio (**B**).

A reação entre o sulfato de alumínio e a cal hidratada origina um precipitado branco.

As transformações que ocorrem podem ser equacionadas da seguinte forma.

$$3\ Ca(OH)_2(aq) + Al_2(SO_4)_3(aq) \longrightarrow 2\ Al(OH)_3(s) + 3\ CaSO_4(s)$$
$$\text{hidróxido de cálcio} \quad \text{sulfato de alumínio} \quad \text{hidróxido de alumínio} \quad \text{sulfato de cálcio}$$

Nessa reação, o íon cálcio (Ca^{2+}) se une ao sulfato (SO_4^{2-}); o íon alumínio (Al^{3+}), por sua vez, se liga ao hidróxido (OH^-). Esse tipo de reação é classificado como **reação de metátese**.

Uma reação de metátese ocorre entre substâncias compostas, as quais trocam seus íons ou radicais e formam produtos que também são substâncias compostas.

As reações de metátese muitas vezes são chamadas de **reações de dupla troca**.

Ação e cidadania

Os *airbags*

Os *airbags* são mecanismos de segurança muito utilizados em veículos automotores. Assim como o cinto de segurança, os *airbags* frontais diminuem o movimento para frente do motorista durante uma colisão, reduzindo riscos de ferimentos na cabeça e no tórax causados quando a pessoa é lançada contra o volante e o painel do automóvel. Por essa razão, eles passam a ser itens obrigatórios em todos os veículos fabricados no Brasil a partir de 2014.

Para que o mecanismo funcione, são necessários dois reagentes — a azida de sódio, NaN_3, e o nitrato de potássio, KNO_3. Quando o veículo desacelera de forma brusca — como ocorre em um impacto —, um dispositivo é acionado, e a azida de sódio se decompõe pelo efeito da temperatura.

$$2\ NaN_3(s) \xrightarrow{\Delta} Na(s) + 3\ N_2(g)$$

O sódio metálico gerado, por ser muito reativo, entra em contato com o KNO_3, formando mais nitrogênio molecular.

$$10\ Na(s) + 2\ KNO_3(s) \longrightarrow K_2O(s) + 5\ Na_2O(s) + N_2(g)$$

O nitrogênio é um gás inerte que infla a bolsa (*bag*), protegendo o motorista de um impacto muito danoso que lhe causaria graves lesões.

Airbarg frontal acionado em demonstração desse dispositivo de segurança.

Reação de decomposição ou análise

O carbonato de cálcio, CaCO₃, decompõe-se quando aquecido, formando óxido de cálcio, CaO, e dióxido de carbono, CO₂. O processo pode ser equacionado por:

$$CaCO_3(s) \xrightarrow{\Delta} CaO(s) + CO_2(g)$$

Reações como essa, em que uma substância se transforma em várias outras, são chamadas reações de análise ou de decomposição.

Reação de análise ou **de decomposição** consiste na formação de dois ou mais produtos a partir de um reagente.

Há certos tipos especiais de reação de decomposição que recebem nomes específicos, de acordo com o processo de decomposição. Em grego, o sufixo *lise* indica "quebra". Assim, a reação de decomposição que ocorre pela ação do calor é chamada de **pirólise**. Também em grego, o prefixo *piro* significa "fogo". Assim, pirólise seria a "quebra" de determinado composto pelo fogo.

Amostra de óxido de cálcio, CaO.

Nome	Agente de decomposição	Exemplo
Pirólise	Calor (Δ)	$CaCO_3(s) \xrightarrow{\Delta} CaO(s) + CO_2(g)$
Eletrólise	Eletricidade	$2\,NaC\ell(\ell) \xrightarrow{eletricidade} 2\,Na(s) + C\ell_2(g)$
Fotólise	Luz	$H_2O_2(\ell) \xrightarrow{luz} H_2O(\ell) + \frac{1}{2}O_2(g)$

Reações de síntese ou de adição

Há reações em que um único produto é formado a partir de dois ou mais reagentes. Essas reações são chamadas reações de síntese ou de adição.

Reações de síntese ou **de adição** são aquelas nas quais um produto é formado pela união de dois ou mais reagentes.

$$3\,H_2(g) + N_2(g) \longrightarrow 2\,NH_3(g)$$

Outro exemplo é a formação de cloreto de amônio.

$$HC\ell(aq) + NH_3(g) \longrightarrow NH_4C\ell(aq)$$

Ação e cidadania

Aplicações da pirólise

Os resíduos de biomassa (material orgânico) podem gerar sérios problemas ao meio ambiente e à população quando são descartados de maneira inadequada. Só na indústria sucroalcooleira, por exemplo, foram gerados em 2010 cerca de 175 milhões de toneladas de bagaço e palha seca, segundo dados da Conab (Companhia Nacional de Abastecimento). No entanto, a biomassa produzida pode ser utilizada como fonte de energia, reduzindo os custos de produção industrial e a poluição ambiental.

Com o crescimento da preocupação ambiental, a pirólise – um dos métodos de decomposição térmica na ausência total ou parcial de oxigênio – tem sido muito estudada e aplicada tanto em razão de seu procedimento como dos produtos resultantes.

Um dos produtos mais importantes gerados nesse processo é o **alcatrão pirolítico**, também chamado de bio-óleo – considerado uma alternativa energética para os combustíveis derivados de petróleo.

A vantagem em relação ao carvão mineral é que o bio-óleo não contém metais tóxicos, como chumbo e mercúrio. Também não apresenta em sua composição enxofre – um dos precursores da chuva ácida – e produz menor quantidade de cinzas.

O carvão vegetal é outro importante subproduto da pirólise e é utilizado como fonte de energia na fabricação de aço e outros materiais metálicos.

Bio-óleo, obtido por meio da pirólise.

Reações de oxirredução

Algumas reações químicas ocorrem com transferência de elétrons entre os elementos das substâncias reagentes. É o que acontece quando uma amostra de ferro metálico se oxida parcialmente na presença de ar úmido. Na linguagem do dia a dia, costuma-se dizer que a peça metálica "enferrujou". Pode-se representar o processo da seguinte forma, em que **n** representa **número indeterminado de moléculas**.

$$4\ Fe(s) + 3\ O_2(g) + n\ H_2O(g) \longrightarrow$$
ferro metálico
$$\longrightarrow 2\ Fe_2O_3 \cdot n\ H_2O(s)$$
óxido de ferro(III) hidratado (ferrugem)

Chaves enferrujadas (oxidadas).

Nesse processo, o ferro, inicialmente na forma neutra (Fe, ferro metálico), passa a fazer parte de uma substância em que se apresenta com carga 3+. Para passar do estado neutro (carga zero) para a forma de ferro 3+ (carga 3+), cada átomo de ferro perde três elétrons.

Os elétrons do ferro são transferidos para o oxigênio. Na forma de substância simples, cada átomo desse elemento apresenta carga zero. Na substância óxido de ferro(III) hidratado (ferrugem), cada átomo de oxigênio tem carga 2−. Há, portanto, ganho de elétrons nesse processo.

O ganho e a perda de elétrons sempre ocorrem juntos. Assim, nas reações de oxirredução ocorre a **transferência de elétrons**.

Oxidação é o nome utilizado para designar processos que envolvem perda de elétrons. A substância que se **oxida** é o **agente redutor**.

Redução é o termo usado para denominar processos que envolvem ganho de elétrons. A substância que se **reduz** é o **agente oxidante**.

Nas reações a seguir, cada espécie química reagente aparece com sua carga. O mesmo acontece com essas espécies no produto da reação.

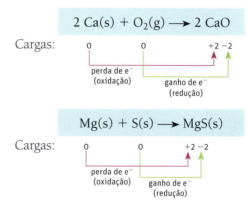

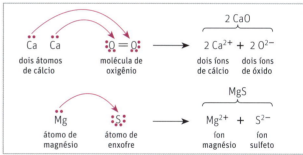

Transferência de elétrons nas reações de oxirredução.

Química tem história

A descoberta do oxigênio

As reações de oxirredução são usadas pelo ser humano desde os tempos mais remotos. Um passo importante na compreensão dessas reações foi a descoberta do oxigênio.

Joseph Priestley (1733-1804) é considerado o primeiro cientista a preparar oxigênio em laboratório, que recebeu então o nome de "ar vital", por permitir a respiração de animais (o nome "oxigênio" foi dado por Lavoisier).

Priestley aqueceu o óxido de mercúrio(II), formando mercúrio elementar e oxigênio. Nessa reação, o mercúrio foi reduzido e o íon óxido foi oxidado.

Apesar dessa descoberta, há muita controvérsia em torno de quem teria sido o descobridor do oxigênio.

Carl William Scheele (1742-1786), um farmacêutico sueco, também fez descobertas sobre o oxigênio na mesma época em que viveu Priestley. No entanto, o primeiro registro pertence a Priestley.

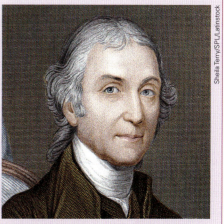

Joseph Priestley. Gravura de C. Cook, s. d.

Reatividade dos metais

Se uma lâmina de cobre metálico (que tem cor avermelhada) for colocada em uma solução aquosa de nitrato de prata, AgNO₃(aq), incolor, haverá, com o tempo, deposição de prata metálica sobre a lâmina de cobre e formação de íons cobre(II) na solução aquosa.

Você se lembra?
Reatividade

Para a ocorrência de uma reação de oxirredução, é necessário que um dos reagentes tenda a ganhar elétrons e que o outro tenda a perder elétrons. Essa tendência corresponde à reatividade dos elementos químicos envolvidos na reação.

A reatividade dos metais e a dos não metais devem ser avaliadas separadamente.

Para os não metais, a reatividade está, de maneira geral, associada a altas energias de ionização. Quanto mais alta a energia de ionização dos átomos de um não metal, maior sua reatividade.

Para os metais, a reatividade está relacionada à baixa energia de ionização. Assim, quanto menor for a energia para que um elemento metálico se ionize, maior será a reatividade do metal.

Entretanto, a reatividade não depende só das energias de ionização, mas também das condições em que os elementos se encontram e da estabilidade de suas eletrosferas. Por exemplo, os gases nobres têm altas energias de ionização e nem por isso são tão reativos como outros ametais.

O nitrato de prata (incolor) reage com o cobre metálico, resultando em nitrato de cobre(II), Cu(NO₃)₂, solução levemente azulada. Na lâmina de cobre há formação de prata metálica.

Equação da reação envolvida:

$$Cu(s) + 2\ AgNO_3(aq) \longrightarrow Cu(NO_3)_2(aq) + 2\ Ag(s)$$
sólido — solução incolor — solução azulada — sólido prateado

Se uma lâmina de prata metálica (Ag) for mergulhada numa solução de nitrato de cobre(II), não haverá reação.

$$Ag(s) + Cu(NO_3)_2(aq) \longrightarrow \text{não há reação}$$
sólido — solução incolor

A diferença de reatividade entre o cobre metálico e a prata metálica explica os diferentes resultados desses dois experimentos. O metal cobre é mais reativo (reage mais facilmente), e por esse motivo ocorre reação com a solução aquosa de nitrato de prata. A prata é um metal menos reativo (mais nobre) e, portanto, apresenta uma reatividade menor.

O esquema a seguir apresenta a tendência de reatividade dos metais.

Li, K, Rb, Cs, Ba, Sr, Ca, Na, Mg   Aℓ, Mn, Zn, Cr, Fe, Co, Ni, Pb   H   Cu, Hg, Ag, Pd, Pt, Au
← sentido da maior reatividade

Geralmente, um metal situado à esquerda reage com uma substância formada por íons de metais situados à direita. Por exemplo, o cobre (mais à esquerda) reage com íons de prata (situada mais à direita). Não ocorre o mesmo se a prata metálica (metal nobre, pouco reativo) for colocada para reagir com uma substância que contenha íons cobre(II).

O metal mais reativo em geral reage com substâncias iônicas cujos cátions são de metais menos reativos.

Reações de metais com soluções em que há íons hidrogênio, H⁺(aq)

Uma reação fácil de ser observada é a que ocorre entre alguns metais e substâncias de caráter ácido, ou seja, que liberam íons H⁺ em solução aquosa. Quando o metal entra em contato com esse tipo de substância, há liberação de bolhas, que correspondem à formação de gás hidrogênio.

É o que ocorre, por exemplo, quando o magnésio metálico é colocado em contato com o ácido clorídrico diluído.

$$\underset{\text{magnésio metálico}}{Mg(s)} + \underset{\text{ácido clorídrico}}{2\,HC\ell(aq)} \longrightarrow \underset{\text{cloreto de magnésio}}{MgC\ell_2(aq)} + \underset{\text{gás hidrogênio}}{H_2(g)}$$

Nessa reação ocorrem a oxidação do magnésio metálico:

$$Mg(s) \longrightarrow Mg^{2+}(aq) + 2\,e^-$$

e a redução do íon H⁺(aq):

$$2\,H^+(aq) + 2\,e^- \longrightarrow H_2(g)$$

com liberação do gás hidrogênio, H_2.

Em uma reação de metal com H⁺, o metal cede elétrons ao íon hidrogênio. Nessas reações, o metal sofre sempre oxidação, e o íon hidrogênio, sempre redução.

Na tendência de reatividade apresentada na página anterior, percebe-se a inserção do hidrogênio, que não é um elemento metálico. Essa inserção permite comparar a reatividade entre ácidos e metais.

Os metais que são menos reativos que o hidrogênio, se colocados na presença de ácidos, não reagem de maneira espontânea. Exemplo:

$$Pd + HC\ell \longrightarrow \text{não há reação}$$

Há formação de hidrogênio gasoso na reação entre o magnésio metálico e o ácido clorídrico diluído.

Reatividade dos ametais

Quando o gás cloro reage com o ácido iodídrico, por exemplo, tem-se a seguinte equação.

$$\underset{\text{gás cloro}}{C\ell_2} + \underset{\text{ácido iodídrico}}{2\,HI} \longrightarrow \underset{\text{ácido clorídrico}}{2\,HC\ell} + \underset{\text{iodo}}{I_2}$$

Assim como para os metais, a reatividade relativa dos ametais também deve ser observada em reações de oxirredução.

Redução do gás cloro:

$$C\ell_2(g) + 2e^- \longrightarrow 2\,C\ell^-(aq)$$

Oxidação do íon I⁻(aq):

$$2\,I^-(aq) \longrightarrow I_2(g) + 2e^-$$

Na reação descrita, o cloro, por ser mais reativo, interage com a molécula de HI e recebe os elétrons do I⁻. Este, por sua vez, forma o iodo molecular, I_2, enquanto o cloro, por estar com carga negativa, se une ao H⁺, formando $HC\ell$.

O esquema a seguir apresenta a tendência de reatividade de alguns ametais.

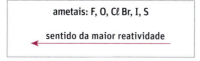

3. Exemplos de reações de metátese

Como visto anteriormente, as reações de metátese são aquelas em que há troca de íons ou radicais que constituem os reagentes.

Uma das condições para que uma reação de metátese ocorra é a formação de precipitado, ou seja, um composto pouco solúvel. Nesse caso, temos uma **reação de precipitação**. Outras condições possíveis são a formação de gás e de água, como será visto a seguir.

Reações com formação de gás

Em algumas reações químicas há formação de um gás, evidenciada pela presença de bolhas no líquido em que ocorre a reação. Os exemplos a seguir são de reações que envolvem um sal (primeiro reagente em cada uma dessas reações) e uma substância ácida (segundo reagente).

I. $Na_2S(aq) + 2\ HCl(aq) \longrightarrow 2\ NaCl(aq) + H_2S(g)$

II. $NaCl(s) + H_2SO_4(aq, concentrado) \longrightarrow NaHSO_4(aq) + HCl(g)$

Nesses dois exemplos, os produtos correspondem à formação de outro sal e de um ácido volátil, que escapa da solução para o ar.

Assim, quando dois reagentes correspondem a duas substâncias compostas e pelo menos um dos produtos é identificado como gás, observa-se uma reação de metátese com a formação de um produto volátil.

A formação de um gás também pode resultar da decomposição dos produtos formados. É o que ocorre com o bicarbonato de sódio, $NaHCO_3$, presente em antiácidos, o qual forma ácido carbônico ao entrar em contato com a água.

Bolhas de dióxido de carbono formadas pela decomposição do ácido carbônico em água.

> **Você se lembra?**
>
> **Interações intermoleculares**
>
> Quando os átomos se unem, formam moléculas. As moléculas, por sua vez, também se agrupam para formar os diferentes materiais conhecidos. A união entre as moléculas é feita pelas interações intermoleculares, que podem ser de três tipos.
>
> 1. **Interações dipolo induzido-dipolo induzido:** ocorrem entre moléculas apolares ou com baixa diferença de eletronegatividade entre os átomos constituintes.
> 2. **Interações dipolo-dipolo:** ocorrem em moléculas cujos átomos apresentam considerável diferença de eletronegatividade e há formação de polos.
> 3. **Ligações de hidrogênio:** ocorrem quando o hidrogênio está ligado a um elemento muito eletronegativo, como flúor, oxigênio ou nitrogênio.

$NaHCO_3 + H_2O \longrightarrow NaOH + H_2CO_3$

O ácido carbônico, por sua vez, decompõe-se em água e gás carbônico. O gás liberado corresponde à efervescência observada nos antiácidos.

$H_2CO_3(aq) \longrightarrow H_2O + CO_2$

Outros produtos resultantes de reações de metátese também podem ser instáveis e formar gases, como o ácido sulfuroso (H_2SO_3), que se decompõe em água e dióxido de enxofre.

$H_2SO_3 \longrightarrow H_2O + SO_2$

A relação a seguir apresenta alguns exemplos de ácidos voláteis.

Relação de alguns ácidos voláteis
HF, HCl, HBr, HI, H_2S, HCN, HNO_2, CH_3COOH

Reações entre ácidos e hidróxidos (bases)

Um exemplo de reação importante é a que ocorre entre substâncias que geram íons hidrogênio (H^+) – vinagre, limão, ácido muriático – e substâncias que geram íons hidróxido (OH^-) – água sanitária, sabões, detergentes – ou entre substâncias que contêm íons óxido (O^{2-}) – cal viva, por exemplo – que, quando em contato com a água, imediatamente formam também íons $OH^-(aq)$.

Quando uma solução com íons hidrogênio é colocada em contato com uma solução com íons hidróxido, ocorre formação de água.

$$H^+(aq) + OH^-(aq) \longrightarrow H_2O(\ell)$$

Essa reação é extremamente importante no nosso cotidiano. Na agricultura, por exemplo, os solos ácidos (ricos em íons H^+) e, portanto, impróprios para a agricultura, são tratados com substâncias que promovem o consumo desses íons (cal) e provocam a sua neutralização, possibilitando o cultivo. Esse processo é chamado de **calagem**.

Calagem realizada em área agrícola de Cruzeiro do Sul (AC), 2012.

Exercício resolvido

12. Faça uma previsão dos produtos das reações de metátese a seguir e classifique cada uma delas de acordo com a formação de seus produtos (não esqueça o balanceamento).
a) $KOH(aq) + H_2SO_4(aq)$ c) $NaF(aq) + H_3PO_4(aq)$
b) $AgNO_3(aq) + NaBr(aq)$

Solução
a) A equação da primeira reação é:
$$2\ KOH(aq) + H_2SO_4(aq) \longrightarrow K_2SO_4(aq) + 2\ H_2O(\ell)$$
Observa-se que a água é um dos produtos, portanto, essa é uma reação de metátese com formação de água.

b) A equação da segunda reação é:
$$AgNO_3(aq) + NaBr(aq) \longrightarrow NaNO_3(aq) + AgBr(s)$$
A consulta à tabela de solubilidade indica que, nessa reação, há a formação de um sólido – o AgBr. Logo, trata-se de uma reação de metátese com formação de precipitado.

c) A equação da terceira reação é:
$$3\ NaF(aq) + H_3PO_4(aq) \longrightarrow 3\ HF(g) + Na_3PO_4(aq)$$
O HF, à temperatura ambiente, é uma substância volátil. Assim, o exemplo é de uma reação de metátese com formação de uma substância volátil.

Saiba mais

Ácidos e bases

Algumas soluções ácidas, como o limão e o vinagre, são bem conhecidas, assim como os antiácidos: bicarbonato de sódio e leite de magnésia.

Substâncias ácidas são aquelas que, quando em meio aquoso, liberam o íon positivo $H^+(aq)$. Um exemplo é o ácido clorídrico.

$$HC\ell \longrightarrow H^+ + C\ell^-$$

Como esse íon é atraído pelos pares de elétrons livres do oxigênio na molécula de água, costuma-se escrevê-lo como H_3O^+.

Assim, a dissociação do ácido clorídrico pode ser reescrita da seguinte forma.

$$HC\ell + H_2O \longrightarrow H_3O^+ + C\ell^-$$

Substâncias básicas são aquelas que, em meio aquoso, liberam íons hidroxila, OH^-. Um exemplo é a soda cáustica, cujo nome cientificamente correto é hidróxido de sódio.

$$NaOH \longrightarrow Na^+ + OH^-$$

Quando um ácido e uma base reagem, ocorre a **neutralização**, na qual há formação de água.

$$HC\ell + NaOH \longrightarrow NaC\ell + H_2O$$

Atividades

Exercício resolvido

13. Um sal pode ser formado a partir de uma reação de um ácido e uma base. O cloreto de sódio, NaCl, mais conhecido como "sal de cozinha", pode ser formado pela reação de hidróxido de sódio (NaOH), uma base, e ácido clorídrico (HCl).

$$NaOH(aq) + HCl(aq) \longrightarrow NaCl(aq) + H_2O(l)$$

Da forma que está escrita, como essa reação poderia ser classificada?

Solução
Na reação apresentada, os dois reagentes são substâncias compostas. Note que há permutação entre os cátions e ânions dos reagentes para a formação dos produtos. O NaCl é obtido em meio aquoso, indicando que está dissolvido, ou seja, na forma iônica. A água, por sua vez, encontra-se na forma molecular.
Essa reação é classificada como reação de **metátese**.

Quando necessário consulte a tendência de reatividade.

14. O que são reações de oxirredução?

15. Classifique cada uma das reações representadas pelos esquemas a seguir.

a)
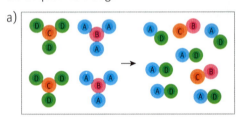

b)
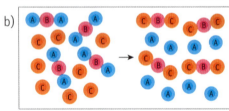

c)
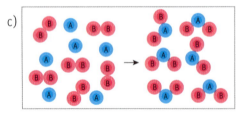

d)
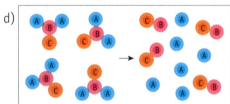

16. Defina os termos:
a) oxidação;
b) redução;
c) agente oxidante;
d) agente redutor.

17. Quando um elemento é oxidado ou reduzido, há alguma modificação no núcleo dos átomos?

18. Qual dos metais abaixo deve reagir espontaneamente com o íon níquel (Ni^{2+})?
a) Ag   b) Au   c) Mg   d) Pb

19. Qual dos metais abaixo deve reagir espontaneamente com o cátion alumínio (Al^{3+}), mas não com o do bário (Ba^{2+})?
a) Sr   b) K   c) Cr   d) Pb

20. Analise se os pares de substâncias colocados em cada um dos itens abaixo reagem. Em caso afirmativo, equacione as reações.
a) Au + HCl ⟶
b) Ba + 2 HCl ⟶
c) Al + 3 HCl ⟶

21. O que há em comum e o que há de diferente nas reações representadas abaixo?

a) $2 HgO \xrightarrow{\Delta} 2 Hg + O_2$

b) $2 AgBr \xrightarrow{luz} 2 Ag + Br_2$

c) $2 H_2O \xrightarrow{eletricidade} 2 H_2 + O_2$

22. O hidrogenocarbonato de sódio ($NaHCO_3$) é utilizado em fármacos denominados antiácidos e ajuda a diminuir a acidez estomacal causada pelo excesso de ácido clorídrico (HCl). Escreva a equação da reação entre esses dois compostos.

23. O magnésio metálico, quando em contato com o ácido clorídrico diluído, reage de acordo com a equação:

$$Mg + 2 HCl \longrightarrow MgCl_2 + H_2$$

a) A equação representa que tipo de reação?
b) O que acontece com o Mg e com o H?

24. Dada a reação $Cl_2 + KBr \longrightarrow KCl + Br_2$, indique:
a) o agente oxidante;
b) o agente redutor;
c) o elemento que ganha elétrons;
d) o elemento que perde elétrons.

25. Na reação Aℓ + Cr^{3+} ⟶ Aℓ^{3+} + Cr, indique os agentes redutor e oxidante. Explique.

26. Qual dos íons abaixo oxida o Aℓ mas não o Cr?
    a) Ca^{2+} b) Fe^{2+} c) Zn^{2+} d) Ag$^+$

27. O que significa o termo "volatilidade"? Qual a relação entre volatilidade de uma substância e forças intermoleculares? Explique.

28. Nitrato de chumbo(II), Pb(NO$_3$)$_2$, é adicionado a iodeto de sódio, NaI. Escreva a equação química dessa reação.

29. Entre os compostos abaixo, verifique quais podem ser produto de uma reação de precipitação.
    a) CaSO$_4$ b) Na$_2$CO$_3$ c) ZnS   d) AgNO$_3$

30. Observe as reações a seguir e verifique quais delas ocorrem. Use a tabela de solubilidade, se necessário. Faça o balanceamento das reações que ocorrem.
    a) HCℓ(aq) + Ca(OH)$_2$(aq) ⟶ CaCℓ_2(?) + H$_2$O(ℓ)
    b) CoCℓ_2(aq) + AgNO$_3$(aq) ⟶ AgCℓ(?) + Co(NO$_3$)$_2$(aq)
    c) NaI(aq) + MgSO$_4$(aq) ⟶ Na$_2$SO$_4$(?) + MgI$_2$(aq)

31. Entre as moléculas diatômicas formadas pelos ametais, indique qual delas é mais facilmente reduzida. Responda.
    a) Qual metal, entre Aℓ, Au, Co, Mg, não reage com uma solução diluída de HCℓ (ácido clorídrico)? Lembre-se de que o ácido clorídrico fornece íons H$^+$ em solução aquosa.
    b) Escreva as equações químicas das reações dos metais que reagem com ácido clorídrico.

32. Considere os reagentes representados nas equações abaixo.
    I. S$_2$ + HCℓ ⟶
    II. Li + MgBr$_2$ ⟶
    III. Zn + HCℓ ⟶
    IV. CH$_3$CH$_2$OH + O$_2$ ⟶
    Responda.
    a) Quais reações são espontâneas?
    b) Caso ocorram, complete as reações com os prováveis produtos (verifique o balanceamento).
    c) Indique, para cada reação, o reagente que sofre oxidação e o que sofre redução.

33. Diga o que ocorre quando o ácido carbônico, H$_2$CO$_3$, é obtido em uma reação de metátese. Utilize em sua explicação o resultado das seguintes reações.
    a) Sulfato de amônio, (NH$_4$)$_2$SO$_4$, e hidróxido de potássio, KOH.
    b) Carbonato de sódio sólido, Na$_2$CO$_3$, com ácido sulfúrico, H$_2$SO$_4$.

34. Consulte a tabela de solubilidade e avalie a possibilidade de ocorrência das reações a seguir. Indique as reações que de fato ocorrem e os prováveis produtos.
    a) NaCℓ_2(aq) + Ca$_3$(PO$_4$)$_2$(aq)
    b) Na$_2$S(aq) + H$_2$SO$_4$(aq)
    c) K$_2$SO$_4$(aq) + Ca(NO$_3$)$_2$(aq)

35. Consulte a tabela de solubilidade e escreva as equações total, iônica e reduzida para as possíveis reações abaixo.
    a) Ca(NO$_3$)$_2$(aq) + K$_2$CO$_3$(aq)
    b) Ca(CO$_3$)$_2$(s) + HCℓ(aq)

36. Considere os seguintes reagentes.
    I. HBr(aq) + KOH(aq) ⟶
    II. 3 Na(s) + FeCℓ_3(aq) ⟶
    III. K$_3$PO$_4$(aq) + 3 AgNO$_3$(aq) ⟶
    Dado: Ag$_3$PO$_4$ é uma substância sólida.
    a) Complete as equações e reescreva-as na forma iônica.
    b) Classifique as reações.

37. Dois béqueres (**A** e **B**) contêm soluções aquosas de sulfato de cobre(II) — CuSO$_4$ — de cor azul, como mostra o esquema abaixo.

    No béquer **A** se introduz uma lâmina de zinco metálico (Zn). No béquer **B** se introduz uma lâmina de prata metálica (Ag). Essas lâminas permanecem em contato com as soluções por, aproximadamente, duas horas. Ao se retirar as lâminas das respectivas soluções, observa-se que:
    • a lâmina de zinco apresenta-se recoberta por uma camada de sólido escuro.
    • nada foi observado na lâmina de prata, nem na solução em que essa lâmina foi introduzida.
    a) Justifique o que ocorreu no béquer **A**. Por que no béquer **B** nada é observado?
    b) Explique as observações indicadas acima.

38. Leia o texto abaixo e responda às questões.
    [...]
    Grandes quantidades de enxofre são lançadas na atmosfera na forma de dióxido de enxofre, um dos mais comuns poluentes atmosféricos. As principais fontes de emissão deste gás são a queima de combustíveis fósseis e atividades industriais (refino de petróleo, petróleo, metalurgia, cimento) [...].

    Disponível em: <http://qnesc.sbq.org.br/online/cadernos/05/quimica_da_atmosfera.pdf>. Acesso em: 29 maio 2014.

    a) Considerando que os combustíveis fósseis apresentam em sua composição o enxofre não combinado (S), represente na forma de equação a reação descrita no texto.
    b) Qual é a classificação da reação descrita no item **a**?

Atividade experimental

Reatividade de metais

Objetivo
Construir a tendência de reatividade de alguns metais.

Equipamentos de segurança: Luvas de borracha, óculos de segurança e avental de algodão com mangas compridas.

ATENÇÃO! Evite o contato da pele com as soluções aquosas dessa atividade experimental.

Material

- 2 g de cada um dos seguintes materiais:
  - alumínio (usar pedaços de papel-alumínio)
  - cobre, presente em fios elétricos
  - magnésio, encontrado em oficinas que fazem solda de rodas de ligas de magnésio
  - ferro, presente em palha de aço
- 5 conta-gotas contendo em cada um deles 5 mL de soluções das seguintes substâncias:
  - sulfato de alumínio e potássio, $KAl(SO_4)_2$, vendido em farmácias como alúmen ou pedra-ume
  - sulfato de cobre(II), $CuSO_4$, encontrado em lojas de materiais agrícolas e de tratamento de água de piscinas
  - cloreto de ferro(III), $FeCl_3$, encontrado em lojas que vendem artigos de eletrônica
  - sulfato de magnésio, $MgSO_4$, vendido em farmácias com o nome de sal amargo
  - ácido clorídrico diluído, HCl, presente em produtos utilizados para acertar o pH da água de aquários
- 4 tubos de ensaio de 10 mL
- sabão neutro

Procedimento

1. Use a palha de aço para limpar cada um dos pedaços de metal, lavando-os com água e sabão.
2. Copie a tabela ao lado em seu caderno e complete-a com as expressões "Reage" ou "Não reage", conforme o comportamento apresentado durante o contato da solução com o íon. As células marcadas com ✗ correspondem às misturas que são desnecessárias.
3. Escolha uma das soluções e coloque 10 gotas dela em cada um dos tubos.

Íon / Metal	H^+ (ácido clorídrico)	Al^{3+} (sulfato de alumínio e potássio)	Cu^{2+} [sulfato de cobre(II)]	Fe^{3+} [cloreto de ferro(III)]	Mg^{2+} (sulfato de magnésio)
Al		✗			
Cu			✗		
Fe				✗	
Mg					✗

4. Em seguida, ponha cada metal em um tubo de ensaio diferente.
5. Lave os tubos de ensaio que forem usados para novos testes.
6. Repita esse procedimento até completar toda a tabela, utilizando todas as soluções e todos os metais. Não se esqueça de anotar na tabela se houve ou não reação.

 Resíduos: Os resíduos metálicos podem ser reaproveitados mesmo que tenham reagido parcialmente. Para tanto, devem ser lavados e secos. Os resíduos líquidos podem ser diluídos e descartados na pia.

Analise e discuta

1. Apresente os indícios de ocorrência de reações químicas observados durante este experimento.
2. Organize os metais em ordem decrescente pelo número de vezes que reagiram.
3. Ao refletir sobre a reatividade dos metais e sabendo que o aço inox é uma mistura de vários deles, com predomínio do ferro, pode-se afirmar que o aço inox é realmente resistente à oxidação? Por quê? Qual é a vantagem de utilizá-lo?

Questões globais

39. Em termos de reatividade, qual a localização, na Tabela Periódica, dos metais que são mais facilmente oxidados?

40. O mármore é formado principalmente por carbonato de cálcio, $CaCO_3$. Uma das formas de limpeza do mármore é a utilização de solução aquosa de ácido clorídrico, $HC\ell$, comercialmente chamado de ácido muriático. Quais as consequências da lavagem do mármore com esse tipo de produto? Em sua explicação, mostre a reação entre carbonato de cálcio sólido e a solução aquosa de ácido clorídrico.

41. Durante o pesadelo do holocausto, na Segunda Guerra Mundial, uma das formas de extermínio dos seres humanos ocorria por meio do uso de ácido cianídrico — um gás incolor que mata imediatamente quando inalado. Esse gás pode ser gerado pela reação entre o cianeto de potássio e um ácido. Escreva a reação entre o cianeto de potássio e o ácido clorídrico, $HC\ell$.

42. O sulfato de alumínio, $A\ell_2(SO_4)_3$, é muito utilizado em estações de tratamento de água como agente floculante, cuja função é agregar as impurezas contidas na água. Esse agente reage com a substância decorrente da formação da adição de cal, CaO, à água e que resulta em $Ca(OH)_2$. Qual é o composto formado dessa reação?

43. Quando um material é cogitado para ser aplicado em qualquer dos setores da sociedade, seu valor monetário é sempre muito importante dentro da avaliação de viabilidade. O ouro e a platina, apesar de serem muito caros, são muito utilizados em próteses, que substituem ossos. Elabore uma explicação para o fato de materiais tão caros serem utilizados para esse fim.

44. A condutibilidade elétrica de uma solução aquosa está relacionada, entre outros fatores, à quantidade de íons nela dissolvida. Quanto maior o número de íons em determinado volume de solução, mais facilmente a eletricidade é conduzida. As fotografias a seguir representam dois momentos em uma reação de neutralização. Uma delas foi tirada antes da adição de ácido clorídrico em uma solução aquosa de hidróxido de sódio. A outra foi fotografada após a adição.

Identifique qual das fotografias representa a situação antes de adicionar ácido clorídrico e após a sua adição. Justifique sua resposta.

45. Escolha um par de substâncias que, reagindo, formam um precipitado e um composto volátil simultaneamente.

I. Solução aquosa de carbonato de sódio, Na_2CO_3.
II. Solução aquosa de ácido clorídrico, $HC\ell$.
III. Solução aquosa de nitrato de bário, $Ba(NO_3)_2$.
IV. Solução aquosa de ácido sulfúrico, H_2SO_4.

Mostre qual combinação de reagentes resultaria, ao mesmo tempo, na obtenção de um precipitado e de um gás incolor a partir dessas soluções.

46. Você trabalha em um laboratório de pesquisa com uma "situação-problema", na qual existem três tipos de cátion — Ag^+, Cu^{2+} e Mg^{2+} — que precisam ser separados. Para separá-los, você dispõe de três soluções: hidróxido de sódio ($NaOH$), cloreto de sódio ($NaC\ell$) e sulfeto de sódio (Na_2S).

a) Copie a tabela a seguir em seu caderno e complete-a com os possíveis resultados das reações.

	Ag^+	Cu^{2+}	Mg^{2+}
NaOH			
NaCℓ			
Na$_2$S			

b) Avalie os resultados da tabela e proponha um mecanismo de separação desses cátions.

47. No balanceamento de equações químicas existe um princípio científico que deve ser obedecido. Escreva esse princípio e explique por que as fórmulas que representam os compostos químicos não podem ser modificadas.

48. Que propriedades devem ter reagentes e produtos para que as reações de precipitação ocorram? Use na sua explicação o conceito de equações iônicas.

Questões globais

49. Avalie se as reações escritas a seguir estão ou não de acordo com a Lei de Lavoisier.

a) $3\ Ca(OH)_2(aq) + 2\ H_3PO_4(aq) \longrightarrow$

$\longrightarrow Ca_3(PO_4)_2(s) + 6\ H_2O(\ell)$

b) $FeO(s) + HC\ell O_4(aq) \longrightarrow$

$\longrightarrow Fe(C\ell O_4)_2(aq) + H_2O(\ell)$

50. Qual é a diferença entre as equações iônicas completas e as reduzidas?

51. Escreva as equações iônicas completas e as reduzidas resultantes das seguintes misturas:

a) K_2CO_3 e $MgSO_4$

b) $AgNO_3$ e Na_2S

c) HBr e $Ca(OH)_2$

52. O processo industrial de produção de amônia (NH_3) foi conjuntamente desenvolvido por Fritz Haber e Carl Bosch, em 1909. É mais conhecido pelo nome de Processo Haber-Bosch, no qual o gás nitrogênio (N_2) reage com o gás hidrogênio (H_2) sob pressão de 150 atm a 250 atm e temperatura de 300 °C a 550 °C. Escreva a equação balanceada correspondente a essa reação e classifique-a.

53. Quando cristais amarelos de dicromato de amônio [$(NH_4)_2Cr_2O_7$] são aquecidos, há formação de óxido de cromo(III) [Cr_2O_3], nitrogênio molecular e água. Escreva a equação balanceada para essa reação e classifique-a.

54. Escreva as fórmulas químicas e as equações balanceadas e classifique cada uma das reações que apresentam as seguintes descrições.

a) zinco(s) + ácido clorídrico diluído(aq) $\longrightarrow$

$\longrightarrow$ cloreto de zinco(aq) + gás hidrogênio

b) gás hidrogênio + gás oxigênio $\longrightarrow$ água(ℓ)

c) magnésio(s) + sulfato de zinco(aq) $\longrightarrow$

$\longrightarrow$ sulfato de magnésio(aq) + zinco(s)

d) sulfato de amônio(aq) + hidróxido de sódio(aq) $\longrightarrow$ sulfato de sódio(aq) + amônia(g) + água(ℓ)

e) sulfato de ferro(III)(aq) + hidróxido de sódio(aq) $\longrightarrow$ precipitado de hidróxido de ferro(III) + + sulfato de sódio(aq)

f) gás nitrogênio + gás hidrogênio $\longrightarrow$ amônia(g)

55. Leia atentamente as afirmações a seguir.

I. Uma das formas de obtenção do óxido de cálcio é pela calcinação do calcário – rocha que contém minerais com quantidade significativa de carbonato de cálcio.

II. Quando o zinco sólido reage com uma solução aquosa de sulfato de cobre(II), que é azul, ob-serva-se a diminuição da intensidade da cor da solução de sulfato de cobre(II).

III. A reação entre hidróxido de magnésio (suspensão esbranquiçada) e ácido clorídrico fornece uma solução resultante incolor.

IV. Quando os gases oxigênio e hidrogênio reagem nas altas camadas da atmosfera, há formação de moléculas de água.

Escreva uma equação química para representar cada uma das reações descritas.

56. Em uma atividade experimental, o professor entregou a um grupo de alunos dois frascos diferentes não identificados contendo solução aquosa de nitrato de prata ($AgNO_3$) ou solução aquosa de nitrato de magnésio [$Mg(NO_3)_2$]. Em seguida, solicitou ao grupo que propusesse maneiras de identificar essas substâncias. Uma das formas encontradas foi retirar uma pequena porção de cada uma das soluções e adicionar a cada uma delas uma solução de cloreto de sódio ($NaC\ell$). Assim, para o nitrato de prata haveria formação de um precipitado branco e, para o nitrato de magnésio, nada se observaria. Escreva cada uma das equações resultantes dessas reações.

57. Leia o texto a seguir.

[...]

Os compostos de cálcio são usados na fabricação de uma enorme variedade de produtos, que vai de tintas a fertilizantes. Muitos processos industriais envolvem o uso de óxido de cálcio; por exemplo, a curtição de couros, o refinamento de petróleo etc. Esse composto é preparado pela simples decomposição térmica do carbonato de cálcio, $CaCO_3$. Uma vez hidratado, o CaO forma a cal hidratada, cuja suspensão em água é muito usada como uma tinta branca de baixo custo para pintar paredes e meio-fio de ruas. [...]

Disponível em: <http://qnesc.sbq.org.br/online/qnesc20/v20a12.pdf>. Acesso em: 26 maio 2014.

Escreva a equação balanceada que representa as reações descritas no texto.

58. O cloro e os compostos derivados de cloro, como os hipocloritos de sódio e de cálcio, são bastante utilizados no tratamento de águas, branqueamento de papel e tecidos, além de participar da síntese de plásticos, como o PVC e a borracha sintética. Industrialmente, o gás cloro é obtido a partir da eletrólise da salmoura – solução aquosa de cloreto de sódio. Além do gás cloro, são formados a soda (hidróxido de sódio) e o gás hidrogênio.

Com base nessas informações, escreva a equação química balanceada da eletrólise da salmoura.

Ciência, tecnologia e sociedade

Os catalisadores automotivos

Motores desregulados podem liberam grande quantidade de gases poluentes. Caminhão em Campina Grande (PB), 2010.

Os veículos automotivos são movidos a três principais tipos de combustível: gasolina, *diesel* e etanol. A energia térmica gerada na queima desses combustíveis é transformada em energia mecânica e elétrica, responsáveis pelo funcionamento do veículo.

A combustão completa de qualquer material ocorre quando o oxigênio está em quantidade suficiente para reagir de acordo com a proporção estequiométrica e gera apenas gás carbônico (CO_2) e água (H_2O).

Nos veículos, a combustão não se processa de forma completa. No caso da gasolina, por exemplo, muitos subprodutos poluentes são obtidos. Os mais nocivos são o monóxido de carbono (CO), os óxidos de nitrogênio (NO_x) e os óxidos de enxofre (SO_x).

Para diminuir a emissão de gases poluentes, os veículos usam catalisadores. Esses dispositivos têm a função de converter os gases tóxicos em compostos menos poluentes. Essa conversão acontece por meio de reações de oxirredução. O catalisador dos veículos automotivos são formados por dois diferentes tipos de catalisadores: um **de redução** e outro **de oxidação**.

O catalisador de redução usa platina e ródio para ajudar a reduzir a saída de NO_x convertendo-o em N_2. Observe o exemplo do NO e do NO_2. Neste caso há redução desse gás para nitrogênio molecular, N_2, que, por ser inerte, é menos poluente.

$$2\ NO \longrightarrow N_2 + O_2 \qquad 2\ NO_2 \longrightarrow N_2 + 2\ O_2$$

O catalisador de oxidação oxida, por combustão, os hidrocarbonetos (C_xH_y) não queimados e o monóxido de carbono (CO) sobre o catalisador de platina e paládio. Por exemplo:

$$2\ CO + O_2 \longrightarrow 2\ CO_2$$

$$2\ C_2H_6 + 7\ O_2 \longrightarrow 4\ CO_2 + 6\ H_2O$$

O oxigênio necessário para as reações é controlado por um sensor (sonda lambda) que envia dados ao computador do motor sobre a quantidade de oxigênio que há nos gases de escapamento. Dessa maneira, se a quantidade de oxigênio for baixa ou alta, o computador ajusta a mistura de ar-combustível, garantindo o desempenho do motor e uma baixa emissão de poluentes.

Fontes de pesquisa: <http://qnint.sbq.org.br/qni/visualizarTema.php?idTema=50>; <http://teses.ufrj.br/COPPE_D/CarlosAlbertoFranchiniBravo.pdf>; <http://carros.hsw.uol.com.br/conversor-catalitico2.htm>. Acessos em: 29 maio 2014.

Analise e discuta

1. Que consequências você acha que os seres humanos sofrem em decorrência da emissão de gases poluentes gerados pela queima de combustível dos veículos?
2. Além das consequências diretas para a saúde humana, qual é a consequência para o meio ambiente, de forma geral?
3. Além do uso de catalisadores, quais outras medidas você acha que poderiam ser tomadas para evitar a emissão de gases poluentes pelos veículos?

Esquema do capítulo

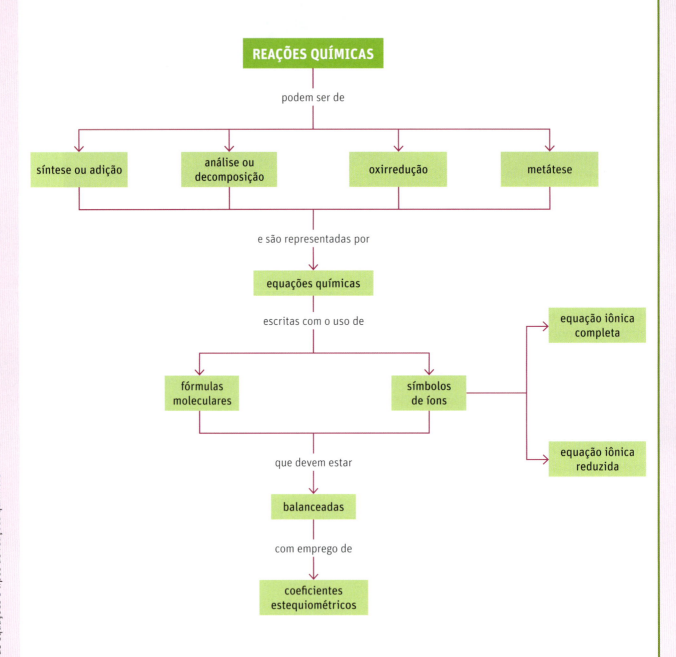

Vestibular e Enem

59. (Fatec-SP) Uma característica essencial dos fertilizantes é a sua solubilidade em água. Por isso, a indústria de fertilizantes transforma o fosfato de cálcio, cuja solubilidade em água é muito reduzida, num composto muito mais solúvel, que é o superfosfato de cálcio. Representa-se esse processo pela equação:

$$Ca_x(PO_4)_2 + y\ H_2SO_4 \longrightarrow Ca(H_2PO_4)z + 2\ CaSO_4$$

onde os valores de **x**, **y** e **z** são, respectivamente,

a) 4, 2 e 2.   c) 2, 2 e 2.   e) 3, 2 e 2.

b) 3, 6 e 3.   d) 5, 2 e 3.

60. (PUC-SP) O óxido de alumínio é utilizado como antiácido. A reação que ocorre no estômago é:

$$x\ A\ell_2O_3 + y\ HC\ell \longrightarrow z\ A\ell C\ell_3 + w\ H_2O$$

Os coeficientes **x**, **y**, **z** e **w** são, respectivamente,

a) 1, 2, 3, 6.   c) 2, 3, 1, 6.   e) 4, 2, 1, 6.

b) 1, 6, 2, 3.   d) 2, 4, 4, 6.

61. (Fuvest-SP) Para distinguir uma solução aquosa de ácido sulfúrico de outra de ácido clorídrico, basta adicionar a cada uma delas:

a) um pouco de solução aquosa de hidróxido de sódio.

b) um pouco de solução aquosa de nitrato de bário.

c) raspas de magnésio.

d) uma porção de carbonato de sódio.

e) gotas de fenolftaleína.

62. (Fuvest-SP) O cientista e escritor Oliver Sacks, em seu livro *Tio Tungstênio*, nos conta a seguinte passagem de sua infância:

> Ler sobre [Humphry] Davy e seus experimentos estimulou-me a fazer diversos outros experimentos eletroquímicos... Devolvi o brilho às colheres de prata de minha mãe colocando-as em um prato de alumínio com uma solução morna de bicarbonato de sódio ($NaHCO_3$).

Pode-se compreender o experimento descrito, sabendo-se que:

• objetos de prata, quando expostos ao ar, enegrecem devido à formação de Ag_2O e Ag_2S (compostos iônicos);

• as espécies químicas Na^+, $A\ell^{3+}$ e Ag^+ têm, nessa ordem, tendência crescente para receber elétrons.

Assim sendo, a reação de oxidorredução, responsável pela devolução do brilho às colheres, pode ser representada por:

a) $3\ Ag^+ + A\ell^o \longrightarrow 3\ Ag^o + A\ell^{3+}$

b) $A\ell^{3+} + 3\ Ag^o \longrightarrow A\ell^o + 3\ Ag^+$

c) $Ag^o + Na^+ \longrightarrow Ag^+ + Na^o$

d) $A\ell^o + 3\ Na^+ \longrightarrow A\ell^+ + 3\ Na^o$

e) $3\ Na^o + A\ell^{3+} \longrightarrow 3\ Na^+ + A\ell^o$

63. (Vunesp) Quando se coloca ácido clorídrico sobre uma concha do mar, ela é totalmente dissolvida e há desprendimento de um gás. Esse gás é o mesmo que é exalado na respiração animal. Portanto, o sal insolúvel que constitui a carapaça da concha do mar é:

a) $CaCO_3$ c) CaF_2 e) $Ca(OH)_2$

b) $CaSO_4$ d) $Ca(NO_3)_2$

64. (UFRGS-RS) Estruturas interiores do corpo humano podem ser caracterizadas, através de radiografias, pelo uso de sulfato de bário, que é opaco aos raios X. O sulfato de bário pode ser preparado segundo a reação:

$$Na_2SO_4 + \underline{\hspace{1cm}} \longrightarrow BaSO_4 + 2\ NaBr$$

O composto que completa a equação é: [   ]

65. (Unicamp-SP) Conta-se que, durante a Segunda Guerra Mundial, espiões alemães mandavam mensagens com uma tinta invisível que era essencialmente uma solução de nitrato de chumbo, $Pb(NO_3)_2$. Descreva, com base nas informações abaixo, um procedimento para tornar a escrita com nitrato de chumbo visível. Justifique sua resposta.

• O sulfato de chumbo é um sólido branco, pouco solúvel em água.

• O iodeto de chumbo é um sólido amarelo, pouco solúvel em água.

• O sulfeto de chumbo é um sólido preto, pouco solúvel em água.

• O cloreto de chumbo é um sólido branco, pouco solúvel em água.

• O nitrato de potássio é branco e solúvel em água.

• Todos os sais de sódio são solúveis em água.

66. (UEL-PR) Alguns produtos de uso doméstico contêm substâncias que, se ingeridas, podem levar uma pessoa à morte. É o caso de um produto utilizado para tirar "ferrugem" de roupas, que contém solução aquosa de ácido oxálico (ácido etanodioico), altamente tóxico. Se ingerido, "remove" íons cálcio do sangue, precipitando-os sob forma de oxalato de cálcio. A equação iônica que representa essa precipitação é:

a) $2\ Ca^+(aq) + C_2O_4^{2-}(aq) \longrightarrow Ca_2C_2O_4(s)$

b) $Ca^+(aq) + C_2O_4^-(aq) \longrightarrow CaC_2O_4(s)$

c) $Ca^{2+}(aq) + 2\ C_2H_3O_2^-(aq) \longrightarrow Ca(C_2H_3O_2)_2(s)$

d) $Ca^{2+}(aq) + C_2H_3O_2^{2-}(aq) \longrightarrow CaC_2H_3O_2(s)$

e) $Ca^{2+}(aq) + C_2O_4^{2-}(aq) \longrightarrow CaC_2O_4(s)$

67. (UFMG) Uma mistura de hidrogênio, $H_2(g)$, e oxigênio, $O_2(g)$, reage, num recipiente hermeticamente fechado, em alta temperatura e em presença de um catalisador, produzindo vapor de água, $H_2O(g)$.

249

Vestibular e Enem

A figura I representa a mistura antes da reação. Supondo que a reação seja completa, o desenho que representa o estado final do sistema dentro do recipiente, considerando a quantidade de moléculas representadas para o estado inicial, é:

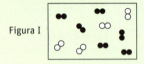

Figura II

a) 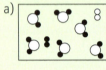   c)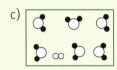

b) 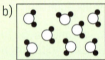   d)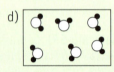

68. (UFU-MG) Um comprimido efervescente antiácido é em geral uma mistura sólida de bicarbonato de sódio, carbonato de sódio, ácido cítrico e, às vezes, ácido acetilsalicílico ou sulfato de magnésio. Ao ser colocado em água, o gás que se desprende durante a efervescência é o:

a) H_2 b) O_2 c) OH   d) CO   e) CO_2

69. (Fuvest-SP) Quatro placas metálicas, rotuladas **A**, **B**, **C** e **D**, foram identificadas com base nas seguintes propriedades:

- após o polimento das placas, **B** é a única que apresenta cor diferente das demais;
- apenas **C** e **D** reagem com ácido clorídrico diluído, liberando hidrogênio;
- **D** é o metal mais denso.

Associe as placas **A**, **B**, **C** e **D** com os metais alumínio, cobre, prata e chumbo.

70. (UFRGS-RS) O tiossulfato de sódio é utilizado na formulação de banhos fixadores para materiais fotográficos. A obtenção do tiossulfato de sódio ocorre a partir de uma solução que contém sulfeto de sódio e carbonato de sódio, através da qual se passa uma corrente de dióxido de enxofre, conforme a equação abaixo.

$$Na_2CO_3 + x\,Na_2S + y\,SO_2 \longrightarrow z\,Na_2S_2O_3 + r\,CO_2$$

Para que essa equação química seja corretamente ajustada a partir de um mol de carbonato de sódio, os coeficientes **x**, **y**, **z** e **r** devem ser, respectivamente,

a) 1, 2, 2 e 1.
b) 1, 3, 2 e 3.
c) 2, 1, 3 e 2.
d) 2, 4, 3 e 1.
e) 3, 2, 4 e 2.

71. (PUC-SP) A queima de combustíveis fósseis é uma das principais fontes de poluentes causadores da chuva ácida. Tanto o carvão mineral quanto os derivados de petróleo de maior peso molecular (como o óleo *diesel*) apresentam teores relativamente elevados de **X**, gerando o **Y** durante a combustão. A reação entre o oxigênio atmosférico e **Y** pode formar o gás **Z**, outro poluente atmosférico. A reação entre **Z** e a água produz o **A**, responsável pelo abaixamento do pH da chuva.

Os símbolos e fórmulas que substituem **X**, **Y**, **Z** e **A** apropriadamente são, respectivamente,

a) C, CO, CO_2 e H_2CO_3.
b) C, CO_2, CO e H_2CO_3.
c) S, SO_2, SO_3 e H_2SO_4.
d) N, NO, NO_2 e H_2NO_3.
e) S, SO_3, SO_2 e H_2SO_3.

72. (ITA-SP) Um estudante mergulhou uma placa de um metal puro em água pura isenta de ar, a 25 °C, contida em um béquer. Após certo tempo, ele observou a liberação de bolhas de gás e a formação de um precipitado. Com base nessas informações, assinale a opção que apresenta o metal constituinte da placa.

a) Cádmio   d) Magnésio
b) Chumbo   e) Níquel
c) Ferro

73. (UFG-GO) O chumbo é obtido da galena (PbS) através da sequência de reações não balanceadas, apresentadas a seguir.

$$x\,PbS(s) + y\,O_2(g) \rightarrow z\,PbO(s) + w\,SO_2(g)$$
$$PbS(s) + PbO(s) \rightarrow Pb(s) + SO_2(g)$$

A soma dos coeficientes estequiométricos representados por **x**, **y**, **z** e **w** resulta no seguinte valor:

a) 4   d) 8
b) 6   e) 9
c) 7

74. (UTFPR) O alumínio se dissolve em ácido clorídrico aquoso, mas não em ácido nítrico. O ácido nítrico é um poderoso oxidante e fonte de oxigênio, de modo que oxida rapidamente a superfície do alumínio, formando uma película que protege o metal contra ataque ácido. A proteção é tão eficiente que o ácido nítrico pode ser transportado em veículos com tanque de alumínio.

Indique a alternativa que apresenta a equação equilibrada do alumínio com ácido clorídrico.

a) $3\,HC\ell(aq) + A\ell(s) \longrightarrow A\ell C\ell_3(aq) + H_2O(\ell)$
b) $3\,HC\ell(aq) + A\ell(s) \longrightarrow A\ell C\ell_3(aq) + 3\,H_2(g)$
c) $6\,HC\ell(aq) + 2\,A\ell(s) \longrightarrow 2\,A\ell C\ell_3(aq) + 3\,H_2(g)$
d) $6\,HC\ell(aq) + 2\,A\ell(s) \longrightarrow 2\,A\ell C\ell_3(aq) + H_2O(\ell)$
e) $6\,HC\ell(aq) + A\ell_2O_3(s) \longrightarrow 2\,A\ell C\ell_3(aq) + 3\,H_2O(\ell)$

Para explorar

Livros

- ***Química em casa***, de Breno P. Espósito. São Paulo: Atual, 2003.
  A coleção Projeto Ciência aborda diversos temas da área das Ciências de forma descontraída e com linguagem acessível. Neste volume, o autor relaciona situações cotidianas com conceitos abordados nos livros didáticos.

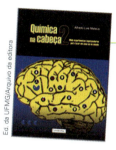

- ***Química na Cabeça* 2: mais experimentos espetaculares para fazer em casa ou na escola**, de Alfredo Luis Mateus. Belo Horizonte: Ed. da UFMG, 2010.
  O autor reúne diversos experimentos que utilizam materiais de baixo custo. O procedimento é detalhado passo a passo e ilustrado com imagens.

Sites

- <http://www.manualdomundo.com.br/>. Acesso em: 2 abr. 2014.
  Na aba Experiências deste *site*, você encontra diversas informações e vídeos de experimentos de Ciências, Física, Química e Biologia.

- <http://qnint.sbq.org.br/qni/>. Acesso em: 2 abr. 2014.
  O portal da Química Nova Interativa (QNInt), lançado em 2009 pela Sociedade Brasileira de Química, oferece conteúdo gratuito sobre ciência e sociedade, conceitos químicos, atividades de sala de aula e pesquisa educacional. Também oferece uma biblioteca de moléculas interativas.

UNIDADE 7
Funções da Química inorgânica

Nesta unidade

14 Ácidos e bases

15 Sais e óxidos

Cátions e ânions derivados da dissolução de diversos sais são responsáveis pela alta salinidade da água do mar. Dióxido de carbono, água, cloreto de sódio, ácido clorídrico e hidróxido de sódio são alguns exemplos de substâncias que constituem as funções inorgânicas, cujas características e propriedades serão estudadas nos próximos capítulos.

Corais, esponjas e peixes em Fernando de Noronha (PE), 2010.

A água salgada, apesar de imprópria para o consumo humano, é fundamental para a manutenção da vida e para o controle do clima do planeta.

Sua importância também se deve às grandes quantidades de dióxido de carbono, CO_2, por ela absorvidas da atmosfera. O crescente aumento da emissão desse gás pela queima de combustíveis fósseis, além de alterar a atmosfera e o clima, provoca mudanças no ecossistema marinho, como a acidificação da água — o que compromete sua biodiversidade.

Questões para reflexão

1. Por que a água do mar, diferentemente da água pura, é ótima condutora de corrente elétrica?
2. A alta salinidade das águas oceânicas deve-se à presença de diversas espécies químicas dissolvidas, entre as quais predominam os íons de sódio e os de cloreto. Qual produto é possível obter por evaporação parcial da água do mar?
3. Por que a água do mar é levemente básica, e a pura, neutra? O que explica essa diferença?

CAPÍTULO
14 Ácidos e bases

Neste capítulo

1. Introdução às funções inorgânicas.
2. Ácidos.
3. Bases ou hidróxidos.

O que causa a variação de cores das hortênsias, que podem ser predominantemente rosadas, arroxeadas, azuladas ou avermelhadas?

As hortênsias apresentam ampla variedade de tamanhos e tipos de flores, e é difícil estabelecer instruções para seu plantio e cultivo. Isso acontece em razão da grande diversidade de espécies e subespécies. São flores adaptadas ao frio e seu cultivo é indicado para regiões altas e de clima mais ameno.

Na primavera, ocorre intenso florescimento das hortênsias. Seus buquês são formados por flores que podem ser arredondadas, estreladas, recortadas ou triangulares em diferentes cores e tonalidades, como rosa, lilás, branco, roxo, vermelho, azul-claro e azul-escuro, apesar de o tipo mais comum ser a flor de cor predominante azul.

Mas, dependendo das condições em que é cultivada, ela pode adquirir cores diferentes. Assim, uma hortênsia de coloração azul pode ficar rosada depois de certo tempo. Da mesma forma, ela pode recuperar sua cor original. Isso depende de como a planta é cuidada.

Sabendo disso, você acha que seria possível provocar a transformação inversa, ou seja, controlar o cultivo de hortênsias róseas para que se tornem azuis? E onde estaria o mistério da mudança da cor dessa flor?

As respostas a essas e outras perguntas estão relacionadas com o título deste capítulo: ácidos e bases.

1. Introdução às funções inorgânicas

As substâncias químicas podem ser classificadas em **orgânicas** e **inorgânicas**. As orgânicas apresentam átomos de carbono, os quais, geralmente, formam estruturas de átomos de carbono ligados entre si. São exemplos dessas substâncias a sacarose (açúcar comum), o etanol (álcool etílico) e o ácido acético (presente no vinagre). As substâncias inorgânicas, direta ou indiretamente, são de origem mineral, como o sulfato de cálcio, $CaSO_4$, o nitrato de sódio ($NaNO_3$) obtido do salitre, etc. Algumas delas contam, também, com átomos de carbono, como é o caso do dióxido de carbono, CO_2, e do carbonato de cálcio, $CaCO_3$ (presente em materiais calcários).

› Soluções eletrolíticas e soluções não eletrolíticas

Em 1884, o sueco Svante Arrhenius propôs uma teoria – a **Teoria da Dissociação Iônica** – para explicar a condutibilidade elétrica de algumas soluções. Essa teoria viabilizou o estabelecimento de critérios para classificar as substâncias em virtude dos **íons** presentes em suas soluções.

Segundo Arrhenius, as soluções **capazes de conduzir** corrente elétrica eram as que apresentavam partículas carregadas eletricamente com liberdade de movimento. Ele realizou vários testes de condutibilidade elétrica para tirar suas conclusões.

Arrhenius descobriu que a condutibilidade elétrica das soluções dependia da existência de transportadores de carga – **íons** – e de uma **força** capaz de movimentar esses transportadores – bateria ou fonte de energia elétrica.

Em seus experimentos, ele realizou testes que, atualmente, podem ser feitos com a utilização da montagem mostrada nas fotografias abaixo.

A partir daí, ficou estabelecido que as substâncias que, quando dissolvidas em água, originam soluções condutoras de corrente elétrica seriam chamadas de **eletrólitos**. As misturas formadas são denominadas **soluções iônicas** ou **eletrolíticas**. Os íons **livres** ou **solvatados**, isto é, cercados de moléculas de água, são responsáveis pela condutibilidade das soluções eletrolíticas.

Todos os compostos iônicos solúveis em água são eletrólitos porque sofrem dissociação iônica em água, e as soluções aquosas resultantes apresentam íons livres. Assim, o $NaC\ell$ (composto iônico) é um **eletrólito**, e sua solução aquosa é **eletrolítica**.

Alguns compostos moleculares também são eletrólitos. É o caso dos que sofrem ionização em água, como o $HC\ell$ (composto molecular), que origina íons livres quando dissolvido em solução aquosa.

Há ainda substâncias moleculares que **não sofrem** ionização apreciável na água. É o caso do sulfeto de hidrogênio (H_2S) – gás que tem cheiro de ovo podre e é formado pela decomposição de uma proteína presente nos ovos. Quando o gás sulfeto de hidrogênio é borbulhado em água, forma-se uma solução que conduz mal a corrente elétrica. Pode-se dizer que o sulfeto de hidrogênio é um eletrólito fraco.

Resumindo, as **soluções eletrolíticas** conduzem bem a **eletricidade** por apresentarem **íons livres**. São formadas por compostos iônicos, os quais sofreram dissociação iônica, ou por compostos moleculares que sofrem ionização em água. As **soluções não eletrolíticas** conduzem mal a eletricidade por apresentarem íons livres numa concentração muito pequena.

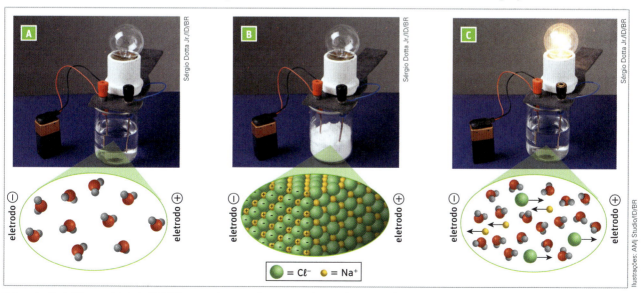

A água destilada (**A**) e os cristais de $NaC\ell$ (**B**), separadamente, são maus condutores de corrente elétrica quando em contato com dois eletrodos — condutores de corrente elétrica, como fios de cobre — ligados a um gerador de energia (bateria ou rede elétrica). Em ambos os casos, a lâmpada permanece apagada. Quando essas duas substâncias são misturadas (**C**), os cátions Na^+ são atraídos pelo eletrodo negativo, e os ânions $C\ell^-$, pelo eletrodo positivo. Então a lâmpada acende, indicando a passagem de corrente elétrica. Representação fora de escala e em cores-fantasia.

2. Ácidos

Cada função química reúne substâncias que apresentam propriedades semelhantes. Certas propriedades dos **ácidos** são usadas para identificá-los, como as relacionadas a seguir.

- **Os ácidos são eletrólitos**, pois sofrem ionização em água, gerando uma solução condutora de corrente elétrica.
- **Reagem com carbonatos** (CO_3^{2-}) e **bicarbonatos** (HCO_3^-), produzindo gás carbônico, CO_2. Representa-se a reação do carbonato de cálcio com o ácido clorídrico da seguinte forma.

$$CaCO_3(s) + 2\ HC\ell(aq) \longrightarrow$$
$$\longrightarrow CaC\ell_2(aq) + H_2O(\ell) + CO_2(g)$$

Ácido clorídrico diluído e carbonato de cálcio antes (**A**) e depois (**B**) da reação. Observe a formação de bolhas (gás carbônico) no tubo de ensaio.

- **Atuam sobre a cor de indicadores ácido-base**, substâncias que assumem cores diferentes dependendo da acidez ou da basicidade da solução. Uma solução alcoólica de fenolftaleína (que contém fenolftaleína dissolvida em etanol), por exemplo, é incolor em meio ácido e em meio neutro, ou em meio levemente básico, e adquire coloração rósea em meio fortemente básico. Uma tira de papel poroso impregnado com um indicador chamado tornassol adquire cor vermelha quando imersa em solução ácida e fica azul após contato com uma solução de caráter básico.

Em **A**, dois tubos de ensaio com fenolftaleína. O fato de a solução do tubo à esquerda estar incolor indica que seu meio pode ser ácido, neutro ou levemente básico, diferentemente do tubo à direita (rosa), cuja solução é fortemente básica. Em **B**, a mudança da coloração do papel tornassol de azul para vermelha indica que a solução no béquer é ácida. Em **C**, a mudança da coloração do papel tornassol de vermelha para azul indica que a solução em que ele foi mergulhado é básica.

Química e Biologia

A vitamina C e o escorbuto

As frutas cítricas contêm grande quantidade de vitamina C.

O nome químico da vitamina C, ácido ascórbico, representa duas de suas propriedades: uma química e outra biológica. Em relação à primeira propriedade, a vitamina é um ácido [...].

[...] a palavra ascórbico representa seu valor biológico na proteção contra o **escorbuto**[*] [...].

Os sintomas do escorbuto incluem: gengivas inchadas e com sangramento fácil, dentes abalados e suscetíveis a quedas, sangramentos subcutâneos e cicatrização lenta [...].

Por séculos, o escorbuto foi uma doença comum, principalmente entre os navegadores, que não dispunham de frutas cítricas ou verduras frescas em suas viagens. [...] Vasco da Gama perdeu mais da metade de seus marinheiros quando contornou o Cabo da Boa Esperança entre 1497 e 1499. [...]

Vasco da Gama comprou laranjas de um vendedor marroquino em uma das suas viagens e a incidência do escorbuto reduziu-se. [...] Posteriormente, vários comandantes preveniram ou curaram o escorbuto com a administração de suco de limão. [...]

Além do seu papel nutricional, o ácido ascórbico é comumente utilizado como antioxidante para preservar o sabor e a cor natural de muitos alimentos [...]

Disponível em:<http://qnesc.sbq.org.br/online/qnesc17/a02.pdf>. Acesso em: 29 maio 2014.

[*] **Nota**: Escorbuto é uma doença provocada pela falta de vitamina C no organismo.

Principais ácidos e suas aplicações

Os ácidos têm variadas aplicações e, a partir deles, muitos produtos são obtidos. Veja a seguir características de alguns dos ácidos mais importantes, na forma em que são produzidos e comercializados.

Ácido sulfúrico, H_2SO_4

Ácido sulfúrico é o nome comercial da solução aquosa de sulfato de hidrogênio, que contém cerca de 97% em massa dessa substância, ou seja, é praticamente a substância pura. O sulfato de hidrogênio é um líquido incolor muito viscoso, corrosivo e denso ($d = 1,83$ g · cm^{-3}), que se funde a 10,3 °C e entra em ebulição a 337 °C (a 1 atm). Agente desidratante poderoso, provoca severas queimaduras quando em contato com a pele e carboniza alguns compostos orgânicos, como os açúcares e a celulose.

O ácido sulfúrico é infinitamente solúvel em água. Essa dissolução é um processo que libera muito calor (exotérmico) e, portanto, deve ocorrer como resultado de uma **adição lenta** do ácido sobre a água. **Jamais se deve jogar água sobre o ácido sulfúrico.**

Esse ácido é usado em vários processos industriais, por exemplo, na fabricação de papel e de corantes, na produção de inseticidas, de fertilizantes, de explosivos e de outros ácidos. As baterias de automóvel contêm soluções aquosas de ácido sulfúrico.

As baterias de veículos contêm soluções aquosas de ácido sulfúrico.

Ácido nítrico, HNO_3

O **ácido nítrico** comercial é uma solução aquosa que contém cerca de 70% em massa de nitrato de hidrogênio. Trata-se de um líquido incolor muito corrosivo, que entra em ebulição a 83 °C (a 1 atm). Seus vapores são extremamente tóxicos. Essa substância produz queimaduras e manchas em contato com a pele.

O ácido nítrico é usado na fabricação de corantes, pesticidas, fertilizantes, explosivos (TNT e nitroglicerina) e fibras sintéticas (náilon, seda artificial).

Ácido clorídrico, $HC\ell$

Trata-se de solução aquosa contendo cerca de 37% do gás cloreto de hidrogênio (que já foi denominado "espírito do sal", "ácido marinho", "gás clorídrico" e "cloridreto" no decorrer da história da Química). Esse gás, quando puro, é incolor, muito tóxico e corrosivo.

Essa substância, em solução aquosa, é muito usada na limpeza e galvanização de metais, no curtimento de couros e na obtenção de vários produtos. O ácido muriático – uma solução aquosa que contém ácido clorídrico – é comercializado para a limpeza de pisos, azulejos e superfícies metálicas.

Ácido fosfórico, H_3PO_4

Ácido ortofosfórico ou, como é mais conhecido, **ácido fosfórico** são nomes usuais do ortofosfato de hidrogênio, mais conhecido como fosfato de hidrogênio. Essa substância é incolor e líquida nas condições ambientes, nas quais apresenta densidade de, aproximadamente, 1,7 g · cm^{-3} (bem mais densa que a água líquida, cuja densidade aproximada é de 1,0 g · cm^{-3}). É solúvel em água em qualquer proporção.

O ácido muriático é uma solução aquosa que contém ácido clorídrico. Essa solução muitas vezes é usada na limpeza de pisos.

Suas soluções aquosas são empregadas como conservantes na fabricação de refrigerantes do tipo cola (0,6 g de ácido fosfórico para cada litro de solução), na indústria farmacêutica, no preparo de fertilizantes, em produtos antiferrugem, além de outras aplicações. O ácido fosfórico concentrado comercial é uma solução aquosa que contém 85% em massa desse ácido; essa solução é também conhecida como ácido fosfórico xaroposo.

Ácido segundo a Teoria de Dissociação Iônica de Arrhenius

Provavelmente você já percebeu que os ácidos fazem parte de uma função química bastante comum no seu dia a dia. Além disso, eles reagem com vários metais e carbonatos e atuam sobre a cor dos indicadores. Agora, você vai voltar ao conceito de soluções iônicas e ver o que elas indicam em relação aos ácidos.

A Teoria de Arrhenius permitiu associar o comportamento dos ácidos à formação do íon $H^+(aq)$, quando esse tipo de substância era acrescentado à água. Isso possibilitou chegar a um conceito de ácido que nada mais é do que um composto que reage com água, produzindo o íon $H^+(aq)$ como único cátion.

O íon $H^+(aq)$ forma-se quando um átomo de hidrogênio perde um elétron e, por isso, corresponde a um próton. A estabilidade desse íon deve-se à sua solvatação, que, como você já viu, é o processo em que os íons H^+ ficam **cercados** por moléculas de água, formando $H^+(aq)$. É comum representar esse íon associado a uma única molécula de água, formando o cátion chamado de **hidrônio** ou de **hidroxônio** (H_3O^+) em solução aquosa.

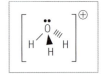

Fórmula estrutural do cátion hidrônio.

$$H^+(aq) + H_2O(\ell) \longrightarrow H_3O^+(aq)$$

O íon $H^+(aq)$ ou $H_3O^+(aq)$ formado é o responsável pelas características dos ácidos. Veja os exemplos abaixo.

$$HBr(g) \xrightarrow{H_2O} H^+(aq) + Br^-(aq)$$

ou

$$HBr(g) + H_2O(\ell) \longrightarrow H_3O^+(aq) + Br^-(aq)$$

$$H_2SO_4(\ell) \xrightarrow{H_2O} 2\,H^+(aq) + SO_4^{2-}(aq)$$

ou

$$H_2SO_4(\ell) + 2\,H_2O(\ell) \longrightarrow 2\,H_3O^+(aq) + SO_4^{2-}(aq)$$

Na realidade, a espécie mínima que se forma em água é $(H_3O \cdot 3\,H_2O)^+$, ou $H_9O_4^+(aq)$, simplificadamente representada por $H^+(aq)$ ou $H_3O^+(aq)$.

Saiba mais

Dissociação e ionização

Dissociar significa "separar". A palavra **ionização** se refere a um fenômeno em que há formação de íon ou de íons.

Quando uma substância — como o cloreto de hidrogênio, $HC\ell$ — é colocada em água, ocorre tanto a dissociação como a ionização.

O hidrogênio do ácido se separa do cloreto (dissociação), e nessa separação há formação de íons (ionização). A solução resultante é chamada de **ácido clorídrico**. Alguns autores preferem designar o fenômeno como ionização; outros, como dissociação.

$$HC\ell(g) \xrightarrow{H_2O} H^+(aq) + C\ell^-(aq)$$

ou

$$HC\ell(g) + H_2O(\ell) \longrightarrow H_3O^+(aq) + C\ell^-(aq)$$

Independentemente da nomenclatura escolhida, o importante é notar que a presença de íons com liberdade de movimento contribui para a condutibilidade elétrica do meio, o que faz com que o ácido clorídrico seja classificado como um eletrólito forte.

Classificação dos ácidos inorgânicos

Os ácidos podem ser classificados de acordo com alguns critérios, como:

* presença ou não de oxigênio em sua estrutura;
* número de átomos de hidrogênio que podem sofrer ionização;
* grau de ionização ("força" do ácido).

A presença ou não de oxigênio na estrutura do ácido é exemplificada na tabela a seguir.

Classificação	Presença de oxigênio	Exemplos
Hidrácido	Não	HCl, H_2S, HBr, HCN
Oxiácido	Sim	HNO_3, H_2SO_4, H_3PO_4, H_4SiO_4

Nos **hidrácidos**, todos os átomos de hidrogênio podem sofrer ionização.

Nos **oxiácidos**, apenas os átomos de hidrogênio ligados a átomos de oxigênio sofrem ionização.

um **H** ionizável

dois **H** ionizáveis

Tanto nos hidrácidos como nos oxiácidos é sempre mais fácil a ocorrência da primeira etapa de ionização.

Força dos ácidos

Por meio da medida da condutibilidade elétrica das soluções, é possível verificar a extensão da ionização dos ácidos e classificá-los de acordo com o seu **grau de ionização (α)**, que corresponde à porcentagem de moléculas que se ionizam em relação ao total de moléculas dissolvidas.

$$(\alpha) = \frac{\text{número de moléculas ionizadas}}{\text{número de moléculas dissolvidas}}$$

Considere os seguintes exemplos.

* HCl: a cada 100 moléculas dissolvidas em água, 92 se ionizam.

$$\alpha = \frac{92}{100} = 0,92 \text{ ou } 92\% \text{ de moléculas ionizadas}$$

* HF: a cada 100 moléculas dissolvidas em água, apenas 8 se ionizam.

$$\alpha = \frac{8}{100} = 0,08 \text{ ou } 8\% \text{ de moléculas ionizadas}$$

O grau de ionização determina a força e várias propriedades dos ácidos, as quais dependem da quantidade de $H^+(aq)$ em solução.

Classificação	Grau de ionização em % ($\alpha\%$)	Exemplos
Forte	$\alpha\% > 50\%$	HCl ($\alpha\% = 92\%$)
Moderado ou médio	$5\% < \alpha\% < 50\%$	HF ($\alpha\% = 8\%$)
Fraco	$\alpha\% < 5\%$	H_2CO_3 ($\alpha\% = 0,18\%$)

❯ Nomenclatura dos ácidos inorgânicos

A nomenclatura dos ácidos é feita por meio do nome dos ânions formados durante a sua ionização total ou parcial. Os ânions terminados em **eto** formam ácidos terminados em **ídrico**; os terminados em **ato** formam ácidos terminados em **ico**; e os terminados em **ito** formam ácidos terminados em **oso**.

A tabela a seguir mostra os principais ânions. Consulte-a sempre que necessário.

Sufixo do ânion	Sufixo do ácido
eto	ídrico
ato	ico
ito	oso

Tabela de ânions (cargas)					
Nº de carga 1−	**Nº de carga 1−**	**Nº de carga 2−**	**Nº de carga 2−**	**Nº de carga 3−**	**Nº de carga 4−**
F^- fluoreto	NO_2^- nitrito	S^{2-} sulfeto	SiO_3^{2-} metassilicato	PO_4^{3-} fosfato	$P_2O_7^{4-}$ pirofosfato
$C\ell^-$ cloreto	NO_3^- nitrato	SO_3^{2-} sulfito	HPO_3^{2-} fosfito	BO_3^{3-} borato	SiO_4^{4-} silicato
Br^- brometo	CN^- cianeto	SO_4^{2-} sulfato	CrO_4^{2-} cromato	$Fe(CN)_6^{3-}$ ferricianeto	$Fe(CN)_6^{4-}$ ferrocianeto
I^- iodeto	OCN^- cianato	$S_2O_3^{2-}$ tiossulfato	$Cr_2O_7^{2-}$ dicromato	—	—
$C\ell O^-$ hipoclorito	SCN^- tiocianato	CO_3^{2-} carbonato	MnO_4^{2-} manganato	—	—
$C\ell O_2^-$ clorito	PO_3^- metafosfato	—	—	—	—
$C\ell O_3^-$ clorato	$H_2PO_2^-$ hipofosfito	—	—	—	—
$C\ell O_4^-$ perclorato	MnO_4^- permanganato	—	—	—	—

Fonte de pesquisa: Kotz, J. C. *Química geral 1 e reações químicas*. São Paulo: Pioneira Thomson Learning, 2005. p. 75-78.

Hidrácidos

Pela análise da tabela dos ânions, percebe-se que todos os ânions não oxigenados (com exceção do tiocianato) apresentam sufixo **eto**. Isso significa que todo **hidrácido** tem um nome terminado em **ídrico**.

ácido _____ **ídrico**   ou   ácido _____ **ídrico**
raiz do nome do elemento   nome do ânion menos o sufixo eto

Fórmula	Nome
$HC\ell$	Ácido clorídrico
HBr	Ácido bromídrico
H_2S	Ácido sulfídrico
HCN	Ácido cianídrico

Oxiácidos

Todos os ânions oxigenados apresentam sufixo **ato** ou **ito**, e portanto o sufixo dos ácidos correspondentes é **ico** ou **oso**.

ácido _____ **ico**   ou   ácido _____ **oso**
raiz do nome do ânion   nome do ânion
menos o sufixo ato   menos o sufixo ito

Fórmula	Nome do ânion	Nome do ácido
HNO_3	Nitrato	Nítrico
H_2SO_4	Sulfato	Sulfúrico
$HC\ell O_3$	Clorato	Clórico
HNO_2	Nitrito	Nitroso
H_2SO_3	Sulfito	Sulfuroso
$HC\ell O_2$	Clorito	Cloroso

❯ Fórmulas dos ácidos

Com o auxílio da tabela de ânions é possível escrever a fórmula do ácido a partir do seu nome. Nesse procedimento, deve-se associar certo número de hidrogênios ionizáveis equivalente ao valor numérico da carga elétrica do ânion. Lembre-se, no entanto, de que os ácidos são compostos moleculares e os átomos de hidrogênio estão ligados ao restante da estrutura por ligações covalentes.

Veja como se procede para escrever a fórmula molecular dos ácidos carbônico e hipocloroso.

Nome do ácido: carbônico → Nome do ânion: carbonato
Fórmula do ânion carbonato: CO_3^{2-} (carga 2−)
Fórmula do ácido carbônico: H_2CO_3

Nome do ácido: hipocloroso → Nome do ânion: hipoclorito
Fórmula do ânion hipoclorito: $C\ell O^-$ (carga 1−)
Fórmula do ácido hipocloroso: $HC\ell O$ (acrescenta-se um H^+ ao $C\ell O^-$ porque a carga desse ânion é 1−)

Capítulo 14 ■ Ácidos e bases

260

Atividades

1. Uma pequena porção de sal de cozinha foi adicionada a um copo contendo 100 mL de água na temperatura ambiente. O sistema foi agitado até a completa dissolução do sal. Marque verdadeiro (V) ou falso (F) para as características da solução obtida.
   a) Eletricamente neutra.
   b) Incolor.
   c) Homogênea.
   d) Eletrolítica.
   e) Não eletrolítica.

2. Observe a figura a seguir, que representa um circuito elétrico. O béquer contém, inicialmente, água pura. Entre as substâncias abaixo, quais, ao serem adicionadas ao béquer, fazem a lâmpada acender? Justifique. Se necessário, consulte a Tabela Periódica e escreva as fórmulas eletrônicas das substâncias.

   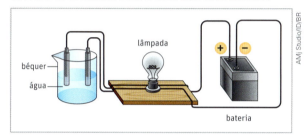

   a) Cloreto de potássio (KCℓ).
   b) Brometo de hidrogênio (HBr).
   c) Um pedaço de mármore ($CaCO_3$), que é insolúvel na água.

3. A água de torneira pode conduzir corrente elétrica? Justifique sua resposta.

4. Em condições ambientes, o cloreto de sódio, NaCℓ, é sólido, e o cloreto de hidrogênio, HCℓ, um gás. Ambos não conduzem corrente elétrica nessas condições, mas podem se tornar eletrólitos em outras condições experimentais. Identifique as afirmativas a seguir como falsas ou verdadeiras e comente-as.
   a) O NaCℓ conduz corrente elétrica no estado líquido.
   b) O HCℓ conduz mal corrente elétrica no estado líquido.
   c) Tanto o NaCℓ como o HCℓ são eletrólitos em solução aquosa.

5. Um aluno recebeu uma série de fórmulas de ácidos e foi encarregado de relacionar cada uma delas, em um arquivo de computador, aos respectivos nomes. Quais os nomes destes ácidos?
   a) $HCℓO_4$
   b) H_3BO_3
   c) HCN
   d) H_2SO_3
   e) $H_4P_2O_7$
   f) H_2S

6. O ácido acético é um importante ácido orgânico que apresenta baixo grau de ionização. Em solução aquosa constitui o tempero conhecido pelo nome de vinagre. De cada 1 000 moléculas de ácido acético dissolvidas em água apenas 13 sofrem ionização. Calcule o grau de ionização desse ácido e classifique-o quanto à força.

7. Complete a tabela abaixo com o nome da substância e sua fórmula química.

Nome	Fórmula
Ácido nítrico	HNO_3
Ácido nitroso	
	H_3PO_4
Ácido fosforoso	H_3PO_3
Ácido sulfúrico	H_2SO_4
	H_2SO_3

8. A água da chuva, mesmo em regiões não poluídas, é um pouco ácida devido à presença, na atmosfera, de dióxido de carbono (CO_2).

Impacto da chuva ácida sobre floresta da Polônia, 2012.

Substâncias como $SO_2(g)$ e $NO_2(g)$ contribuem de maneira mais significativa para a elevação desse caráter porque, ao se combinarem com a água, formam $H_2SO_3(aq)$ e $HNO_3(aq)$, respectivamente. Dê os nomes desses ácidos e escreva as suas equações de ionização completa em água.

3. Bases ou hidróxidos

O leite de magnésia e a soda cáustica são exemplos de produtos que contêm substâncias com propriedades químicas que caracterizam outra importante função inorgânica – as bases. Assim como os ácidos, elas apresentam algumas propriedades em comum (propriedades funcionais).

Veja algumas delas.

- **As bases formam soluções eletrolíticas** quando dissolvidas em água. Bases fortes são eletrólitos fortes (elevado grau de dissociação). As bases fracas, por terem baixa solubilidade em água e/ou baixo grau de ionização, apresentam também baixa condutibilidade elétrica. Algumas bases, como os hidróxidos alcalinos, são ótimos eletrólitos quando fundidos. A fusão provoca a liberação dos íons porque o retículo cristalino se desfaz. Os íons livres tornam o meio condutor de corrente elétrica.

- **As bases reagem com ácidos** por meio da **reação de neutralização**. Ácidos são neutralizados por bases e vice-versa, pois os íons $H^+(aq)$ presentes na solução ácida reagem com os íons $OH^-(aq)$ da solução básica, formando água.

$$H^+(aq) + OH^-(aq) \longrightarrow H_2O(\ell)$$

- **Atuam sobre a cor dos indicadores ácido-base**. O extrato de repolho roxo, por exemplo, quando em contato com uma solução alcalina, sofre alteração em sua cor – passa do roxo para o azul ou o verde, dependendo da concentração de íons hidroxila, OH^-, presentes na solução.

A lâmpada acesa comprova a condutibilidade elétrica da solução aquosa de hidróxido de sódio.

Uma solução alcalina torna-se verde-azulada com a adição de extrato de repolho roxo.

Química tem história

A história do sabão

É muito provável que o conhecimento necessário para a produção de sabão tenha resultado do acaso e da observação dos povos pré-históricos. Uma das hipóteses sustenta que aqueles povos, ao assarem a carne no fogo, devem ter notado, depois de pancadas de chuva, o aparecimento de uma espuma ao redor dos resíduos da fogueira e o fato de que suas mãos ficavam mais limpas quando lavadas com essa espuma.

O sábio romano Plínio (23 ou 24-79 d.C.) menciona a preparação do sabão a partir do cozimento do sebo de carneiro com cinzas de madeira. O médico Galeno (130-200 d.C.) descreve como ingredientes: gorduras e cinzas, apontando o uso do sabão como medicamento para a remoção de sujeira da pele. O alquimista árabe Geber, em escrito do século VIII, cita-o como agente de limpeza.

Mesmo depois da sua industrialização (século XIII), o sabão era obtido como resultado da mistura de materiais alcalinos (cinzas) e materiais com alto teor de gordura. O processo de fabricação foi aperfeiçoado quando as cinzas de madeira foram substituídas pela **lixívia** — rica em hidróxido de potássio —, obtida pela passagem de água em mistura de cinzas e cal.

Atualmente, o sabão em pedra é produzido por reação de **saponificação** entre óleos ou gorduras e hidróxido de sódio.

Principais bases e suas aplicações

Assim como os ácidos, as bases também estão presentes em vários produtos usados diariamente.

Hidróxido de sódio, NaOH

O **hidróxido de sódio** é um sólido branco bastante solúvel em água. Comercializado como **soda cáustica**, é muito utilizado, por exemplo, em uma das etapas do processo de fabricação de papel, tecidos e produtos de uso doméstico.

Reage com óleos e gorduras e é matéria-prima na fabricação de sabões. Também é usado para desentupir pias. Trata-se de uma substância altamente corrosiva para todos os tecidos animais. Em contato com a pele, provoca queimaduras severas.

O hidróxido de sódio é obtido industrialmente por eletrólise de uma solução aquosa de cloreto de sódio (salmoura).

A soda cáustica é usada na fabricação de sabão em barra.

Hidróxido de cálcio, Ca(OH)$_2$

Esse hidróxido é usado na produção de argamassas e tintas para construção civil, na correção da acidez de solos, no tratamento da água, em tratamentos odontológicos, etc.

O **hidróxido de cálcio** é um sólido branco pouco solúvel em água. É chamado de **cal hidratada**, **cal extinta** ou **cal apagada** e, quando misturado à água e posteriormente filtrado, obtém-se uma solução aquosa chamada de **água de cal**.

Hidróxido de magnésio, Mg(OH)$_2$

O **hidróxido de magnésio** é um sólido branco muito pouco solúvel em água. Quando misturado à água, forma uma suspensão aquosa (mistura heterogênea) vendida comercialmente com o nome de **leite de magnésia** – medicamento indicado para diminuir a acidez estomacal. Se ingerido em grande quantidade, tem efeito laxante.

A cal hidratada é utilizada no preparo de argamassa.

Amônia, NH$_3$

A **amônia**, também chamada de **amoníaco**, é um gás incolor de cheiro forte e irritante. É utilizada na fabricação de ácido nítrico, HNO$_3$, na produção de fertilizantes, em amaciantes de roupas, em tintas e alisantes para cabelos e em desinfetantes. Também é usada em sistemas de refrigeração.

Ao borbulhar amônia em água, ocorrem as seguintes reações.

$$NH_3(g) + H_2O(\ell) \longrightarrow NH_3 \cdot H_2O(aq) \longrightarrow NH_4^+(aq) + OH^-(aq)$$

A amônia é uma base que apresenta, em água, baixo grau de ionização.

Observação:

Não existe a substância hidróxido de amônio (NH$_4$OH). O que há são soluções aquosas de amônia, NH$_3$(aq), nas quais moléculas de amônia interagem com moléculas de água, originando íons amônio NH$_4^+$(aq) e íons hidróxido OH$^-$(aq). Embora, as soluções aquosas de amônia sejam também conhecidas como "hidróxido de amônio" esse nome não é adequado.

Saiba mais

Instabilidade térmica de algumas bases

Os metais alcalinoterrosos e os de transição formam bases que se decompõem quando aquecidas e originam os correspondentes óxidos (substâncias que apresentam o metal da base e oxigênio).

O aquecimento do hidróxido de magnésio leva à formação do óxido de magnésio.

$$Mg(OH)_2(s) \longrightarrow MgO(s) + H_2O(\ell)$$

O aquecimento do hidróxido de cálcio forma o óxido de cálcio.

$$Ca(OH)_2(s) \longrightarrow CaO(s) + H_2O(\ell)$$

O óxido de cálcio pode ser usado como pigmento para tintas, neutralizador de acidez, branqueador na fabricação de papel, etc.

A amônia é usada na produção de fertilizantes — compostos que melhoram a produção agrícola. Taquaraí (SP), 2012.

Base, segundo a Teoria de Dissociação de Arrhenius

De acordo com a Teoria de Arrhenius, uma base é definida em virtude da **presença** do íon OH⁻, quando esse tipo de composto se encontra dissolvido em água. **Bases** são substâncias que, em solução aquosa, fornecem o ânion OH⁻ (hidróxido) para a solução.

As bases, segundo essa teoria, sofrem dissociação iônica quando dissolvidas em água, liberando o cátion e o ânion hidróxido (OH⁻).

Observe dois exemplos de equações de dissociação iônica.

$$NaOH(s) \xrightarrow{H_2O} Na^+(aq) + OH^-(aq)$$

$$Ca(OH)_2(s) \xrightarrow{H_2O} Ca^{2+}(aq) + 2\,OH^-(aq)$$

Classificação das bases inorgânicas

As bases podem ser classificadas de acordo com o número de íons hidróxido, e quanto ao grau de dissociação (ou "força").

Veja exemplos nas tabelas a seguir.

A condutibilidade elétrica de soluções fracas, como o hidróxido de ferro(III), é baixa devido ao pequeno grau de dissociação da base.

Quanto ao número de íons hidróxido

Classificação	Nº de hidróxido (OH⁻)	Exemplos
Monobase	1	NaOH, KOH
Dibase	2	Ca(OH)₂, Zn(OH)₂
Tribase	3	Aℓ(OH)₃, Fe(OH)₃
Tetrabase	4	Pb(OH)₄, Sn(OH)₄

Quanto à força (grau de dissociação)

Classificação	Grau de dissociação (α%)	Ocorrência	Exemplos
Fortes	α% = 100%	Hidróxidos de metais alcalinos (grupo 1) e alcalinoterrosos (grupo 2)	LiOH, NaOH, KOH, Ca(OH)₂, Sr(OH)₂, Ba(OH)₂
Fracas	α% < 5%	Demais hidróxidos	Fe(OH)₃

Bases fortes, como o hidróxido de sódio, são boas condutoras de eletricidade devido ao alto grau de dissociação da base.

Saiba mais

A amônia (NH₃) pode ser considerada uma base?

Os conceitos de ácidos e bases segundo as teorias de ionização e de dissociação de Arrhenius, embora sejam os mais utilizados, não são os únicos.

Há teorias mais abrangentes, que analisam o comportamento da substância numa reação específica, como sendo o comportamento de um ácido ou de uma base.

Um exemplo é a teoria de Brönsted e Lowry. Segundo esses dois cientistas, quando, numa reação, uma substância doa H⁺ (próton), ela se comporta como ácido. Quando uma substância recebe próton (H⁺), ela se comporta como base.

$$HC\ell(g) + NH_3(g) \longrightarrow NH_4C\ell(s)$$

O cloreto de hidrogênio [HCℓ(g)], embora não se encontre dissolvido em água, é um ácido (de Brönsted-Lowry). E a amônia [NH₃(g)], uma base (de Brönsted-Lowry).

Nomenclatura das bases

A nomenclatura das bases depende da carga elétrica do cátion ligado ao íon hidróxido, que pode ser fixa ou variável. As tabelas a seguir apresentam os principais cátions.

Tabela de cátions com carga elétrica fixa

Nº de carga 1+		Nº de carga 2+		Nº de carga 3+	
NH_4^+	amônio	Mg^{2+}	magnésio	Al^{3+}	alumínio
Li^+	lítio	Ca^{2+}	cálcio	Bi^{3+}	bismuto
Na^+	sódio	Sr^{2+}	estrôncio		
K^+	potássio	Ba^{2+}	bário		
Rb^+	rubídio	Ra^{2+}	rádio		
Cs^+	césio	Zn^{2+}	zinco		
Ag^+	prata				

Tabela de cátions com carga elétrica variável

Nº de carga 1+		Nº de carga 2+		Nº de carga 3+		Nº de carga 4+	
Cu^+	cobre(I)	Cu^{2+}	cobre(II)				
Hg^+	mercúrio(I)	Hg^{2+}	mercúrio(II)				
Au^+	ouro(I)			Au^{3+}	ouro(III)		
		Fe^{2+}	ferro(II)	Fe^{3+}	ferro(III)		
		Ni^{2+}	níquel(II)	Ni^{3+}	níquel(III)		
		Cr^{2+}	crômio(II)	Cr^{3+}	crômio(III)		
		Co^{2+}	cobalto(II)	Co^{3+}	cobalto(III)		
		Sn^{2+}	estanho(II)			Sn^{4+}	estanho(IV)
		Pb^{2+}	chumbo(II)			Pb^{4+}	chumbo(IV)
		Pt^{2+}	platina(II)			Pt^{4+}	platina(IV)
		Mn^{2+}	manganês(II)	Mn^{3+}	manganês(III)	Mn^{4+}	manganês(IV)

O nome das bases é obtido da seguinte forma:

hidróxido de _____.
(nome do cátion)

Exemplos:
KOH, hidróxido de potássio
$Mg(OH)_2$, hidróxido de magnésio
$Al(OH)_3$, hidróxido de alumínio
$Pb(OH)_2$, hidróxido de chumbo(II) ou hidróxido plumboso
$Pb(OH)_4$, hidróxido de chumbo(IV) ou hidróxido plúmbico
$Fe(OH)_2$, hidróxido de ferro(II) ou hidróxido ferroso
$Fe(OH)_3$, hidróxido de ferro(III) ou hidróxido férrico

Importante:
- Se um mesmo metal formar mais de um cátion, é necessário indicar sua carga elétrica, em numerais romanos, ao lado do nome do elemento.
- Também é possível diferenciar os metais que apresentam mais de uma carga elétrica por meio dos sufixos **ico** (carga maior) e **oso** (carga menor), forma não recomendada atualmente, mas muito utilizada ainda.
- No caso do íon NH_4^+, o nome hidróxido de amônio (inadequado, porém o mais usado) é empregado apenas para as soluções aquosas de amônio, pois não existe a substância NH_4OH. O nome da substância que origina íons NH_4^+ e OH^- em água é **amônia**.

Saiba mais

Antiácidos

Antiácidos podem provocar efeitos colaterais ou interagir com outros fármacos. Deve-se, por isso, consultar um médico antes de tomá-los.

A acidez e o ardor no estômago são alguns dos termos usados para descrever as queixas de alguns problemas gastrointestinais.

Há alguns antiácidos que contêm alumínio e magnésio juntos, porque cada componente complementa o outro. O hidróxido de alumínio dissolve-se lentamente no estômago e começa a atuar, proporcionando gradualmente um alívio prolongado, mas causando prisão de ventre.

O hidróxido de magnésio atua rapidamente e neutraliza os ácidos com eficácia, mas também pode atuar como laxante. Os antiácidos que contêm simultaneamente alumínio e magnésio parecem oferecer alívio rápido e prolongado com menor risco de diarreia ou de obstipação ("prisão de ventre"). No entanto, a segurança do uso dos antiácidos que contêm alumínio foi questionada, pois o seu uso prolongado pode debilitar os ossos.

O bicarbonato de sódio é um antiácido econômico e acessível. Porém, seu uso contínuo pode destruir o equilíbrio ácido-base do organismo, causando uma alcalose metabólica. O seu elevado conteúdo em sódio também pode causar problemas em indivíduos com insuficiência cardíaca ou com pressão arterial alta.

Apenas um médico pode avaliar adequadamente cada paciente e suas particularidades, prescrevendo-lhe o medicamento adequado, quando necessário.

Escala para medir o caráter ácido e básico: pH

As soluções ácidas apresentam diferentes níveis de acidez, assim como as soluções básicas apresentam diferentes níveis de alcalinidade. Para medir esses níveis, utiliza-se uma escala de pH, que costuma ser usada entre os valores 0 e 14, na temperatura de 25 °C.

Solução	Ácida	Neutra	Básica
pH	Menor que 7	Igual a 7	Maior que 7

Química tem história

Ácidos e bases

Desde a Antiguidade, o ser humano já utilizava os termos "ácido" e "álcalis" (base). A palavra ácido deriva do latim *acidus*, que significa "azedo" — propriedade característica de muitas substâncias na época, como o vinagre, o *aqua fortis* (ácido nítrico), entre outros. Já o termo álcalis deriva do árabe *al kali*, que significa "cinzas" — isso porque na época essas substâncias eram extraídas da queima de plantas.

Com o passar dos séculos houve a necessidade de identificar essas funções nos compostos. Cientistas começaram a utilizar certos corantes — denominados **indicadores** — para reconhecer ácidos e bases. Um dos mais conhecidos é o tornassol, que fica vermelho em meio ácido e azul em meio básico.

Verifique, no esquema a seguir, o pH de alguns sistemas.

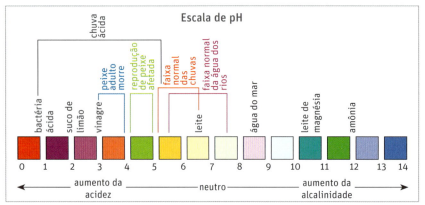

Fonte de pesquisa: Environment Canada. Disponível em: <http://www.ec.gc.ca/eau-water/default.asp?lang=En&n=FDF30C16-1>. Acesso em: 26 maio 2014.

Embora existam aparelhos que medem o pH com precisão – chamados de **peagômetros** –, é muito comum o uso de indicadores ácido-base que, adicionados em pequenas quantidades à solução analisada, assumem cores diferentes em diferentes faixas de pH. Os indicadores mais usados em laboratório são fenolftaleína, azul de bromotimol, alaranjado de metila, papel de tornassol azul, papel de tornassol vermelho e papel indicador universal.

A cor vermelha no papel de tornassol indica que o meio em que foi colocado é ácido; a cor azul indica um meio básico.

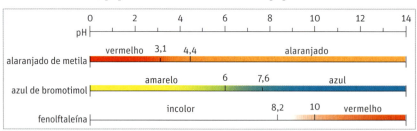

Fonte de pesquisa: KOTZ, J. C. *Química geral 1 e reações químicas*. São Paulo: Pioneira Thomson Learning, 2005.

Além do extrato de repolho roxo, os sucos de alguns vegetais e plantas podem funcionar como indicadores de pH, como é o caso do suco de beterraba, de couve cozida ou de pera.

O controle do pH do solo é de grande importância na produtividade das culturas agrícolas. Na verdade, o solo é sólido e, portanto, não pode ter pH. O que popularmente se chama "pH do solo" é o pH da solução aquosa obtida pela mistura de solo com água após agitação, seguida de sedimentação ou filtração. A correção do pH do solo aumenta a produtividade agrícola.

O pH do solo também influencia a cor das hortênsias. Em solos ácidos as flores são azuis, e em solos alcalinos são rosadas e até brancas.

Diversos cientistas debateram sobre os conceitos de acidez e basicidade antes de chegarem a definições mais precisas. Entre elas, cabe ressaltar a que decorria das teorias propostas pelo químico sueco Svante Arrhenius. Porém, esses conceitos estavam limitados pelo uso da água como solvente.

Atividades

9. O hidróxido de sódio, NaOH, é muito solúvel em água. Quando uma solução de NaOH é adicionada a soluções que contêm determinados íons, ocorre a formação de hidróxidos praticamente insolúveis, os quais se depositam no fundo do recipiente. Escreva as equações de precipitação e dê o nome das bases formadas pela adição de solução de hidróxido de sódio às soluções contendo os seguintes cátions.
a) Au^{3+}
b) Fe^{2+}
c) $Aℓ^{3+}$
d) Mn^{4+}

10. As soluções aquosas alcalinas apresentam propriedades funcionais, isto é, características químicas semelhantes. O que há de comum entre essas soluções?

11. Equacione o processo de dissociação iônica do hidróxido de bário e do hidróxido de potássio.

12. Represente a equação do processo envolvido na dissolução em água dos hidróxidos a seguir.
a) Hidróxido de estrôncio.
b) Hidróxido de potássio.

13. Amônia é o nome da substância de fórmula molecular NH_3, e amônio, o nome do cátion formado quando a amônia recebe um próton (H^+). Apesar da similaridade de seus nomes, essas espécies químicas são diferentes. Construa a fórmula estrutural da amônia e do cátion amônio.

14. Escreva a fórmula dos hidróxidos abaixo e explique por que no item **a** há um algarismo romano do lado direito do nome do metal, o que não ocorre no item **b**.
a) Hidróxido de cobre(II).
b) Hidróxido de prata.

15. Considere a aparelhagem a seguir e os hidróxidos listados.

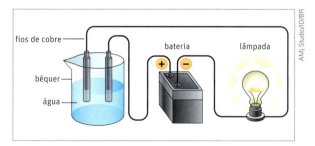

Qual deles, quando adicionado à água contida no béquer, dá maior intensidade ao brilho da lâmpada?
a) Hidróxido de chumbo(II).
b) Hidróxido de zinco.
c) Hidróxido de alumínio.
d) Hidróxido de potássio.
e) Hidróxido de magnésio.

16. A ingestão de hidróxido de sódio pode causar danos graves e irreversíveis a todo o sistema gastrointestinal e a toda mucosa com a qual entra em contato, incluindo a corrosão das pregas vocais. O hidróxido de magnésio, por sua vez, é usado como antiácido. Como se explica essa diferença de propriedades entre esses dois hidróxidos?

17. O azul de bromotimol é um indicador ácido-base bastante utilizado em laboratórios e no controle do pH da água de aquários. Quando adicionado ao vinagre (solução aquosa de ácido acético), sua coloração muda para amarelo, e permanece azul quando em contato com solução aquosa de soda cáustica (hidróxido de sódio). Se você usar um canudinho para soprar dentro de uma solução contendo água e azul de bromotimol, a coloração mudará de azul para amarelo. Dessas observações, pode-se concluir que:
a) no "ar" expirado há um gás que, ao reagir com a água, produz íons H^+.
b) no "ar" expirado há muito cloreto de hidrogênio gasoso, responsável pelo caráter ácido.
c) o "ar" expirado tem caráter básico.
d) o "ar" expirado contém amônia, responsável pela mudança de cor do azul de bromotimol.

18. Os indicadores ácido-base são substâncias que, adicionadas a uma solução aquosa, assumem uma coloração de acordo com o nível de alcalinidade ou acidez do meio. Na tabela abaixo constam alguns indicadores ácido-base de um laboratório.

Indicador ácido-base	Cor em relação ao meio	
Amarelo de alizarina	Amarelo em pH ≤ 10 Marrom em pH ≥ 12	Bege em pH de 10-12
Azul de bromotimol	Amarelo em pH ≤ 6 Azul em pH ≥ 7	Verde em pH de 6-7
Fenolftaleína	Incolor em pH ≤ 8,2 Vermelho em pH ≥ 10	Rosa em pH de 8,2-10
Alaranjado de metila	Vermelho em pH ≤ 2,9 Amarelo em pH ≥ 4	Laranja em pH de 2,9-4
Verde de bromocresol	Amarelo em pH ≤ 3,8 Azul em pH ≥ 5,4	Verde em pH de 3,8-5,4

Considerando os indicadores acima, qual deles você escolheria para identificar a água destilada? Justifique.

Dado: A água destilada é uma substância de caráter neutro.

Atividade experimental

Indicadores ácido-base

Objetivo
Obter indicadores naturais e conhecer seu comportamento diante dos meios ácido, básico e neutro.

Equipamentos de segurança: Óculos de segurança e avental de algodão com mangas compridas.

ATENÇÃO! Evite o contato da pele e dos olhos com a solução de hidróxido de sódio.

Material
- beterraba, repolho roxo e pétalas de rosa ou de outra flor colorida
- almofariz e pistilo
- vinagre branco, leite de magnésia, suco de limão, solução aquosa de hidróxido de sódio (preparada mediante a adição de 2 g de hidróxido de sódio a 100 mL de água) e outros materiais disponíveis para serem testados
- azulejo branco
- amostra-problema fornecida pelo professor

Indicadores usados nesta atividade: beterraba (**A**), repolho roxo (**B**) e pétalas coloridas (**C**).

Procedimento
1. Coloque algumas gotas de vinagre branco, leite de magnésia, suco de limão, solução aquosa de hidróxido de sódio e de outros materiais sobre o azulejo, sem misturá-las.
2. Triture pedaços de beterraba no almofariz com algumas gotas de água.
3. Adicione uma ou duas gotas do suco de beterraba obtido no almofariz a cada um dos materiais mencionados no procedimento **1**. Anote as cores e lave o azulejo.
4. Repita os procedimentos **1**, **2** e **3** substituindo a beterraba por repolho roxo.
5. Repita os procedimentos **1**, **2** e **3** utilizando pétalas de flor.
6. Organize todos os dados em uma tabela.
7. Você vai receber uma amostra-problema de seu professor. Misture a amostra com o suco de beterraba (anote a cor) e com o extrato de repolho roxo (anote a cor). Utilize sua tabela e descubra se essa amostra é ácida, básica ou neutra.

Resíduos: Os sólidos podem ser descartados no lixo comum. Os indicadores naturais produzidos degradam em alguns dias. Caso não sejam utilizados em atividades futuras, descartá-los na pia.

Analise e discuta
1. O que pode ser dito sobre as substâncias que apresentam a mesma cor com o indicador de beterraba?
2. Qual(is) amostra(s) você, mesmo antes do experimento, já sabia ser ácida, básica ou neutra? Organize uma lista.
3. Quais amostras você descobriu que são ácidas, básicas ou neutras? Como você conseguiu chegar a essas conclusões?
4. Que cores você observou ao utilizar o extrato de repolho roxo? Como explicá-las?
5. Por que é importante conhecer o caráter de uma substância antes de utilizá-la?

Questões globais

19. Um técnico de laboratório resolveu guardar os ácidos em uma prateleira e as bases em outra. Diante de recipientes que apresentam nos rótulos as fórmulas $Fe(OH)_3$, $NH_3(aq)$, HBr, H_3BO_3, $CsOH$, HNO_2, $Mg(OH)_2$ e H_3PO_4, quais deles devem ser colocados na prateleira dos ácidos e quais devem ser colocados na prateleira das bases?

20. Solução de água com fenolftaleína deve apresentar a mesma cor se nela estiver dissolvida soda cáustica ou:
a) vinagre.
b) suco de limão.
c) ácido acético.
d) amoníaco.
e) ácido de bateria.

21. A tabela a seguir lista alguns ácidos.

Nome do ácido
Ácido fosfórico
Ácido muriático
Ácido nítrico

As fórmulas dos ácidos da tabela são, respectivamente,
a) H_3PO_4, $HC\ell$, HNO_3
b) H_3PO_3, $HC\ell O$, HNO_3
c) H_3PO_2, $HC\ell$, HNO_2
d) $H_4P_2O_7$, $HC\ell O_2$, HNO_3
e) H_3PO_4, $HC\ell O_3$, HNO_2

22. A tabela abaixo apresenta algumas bases.

Nome da base
Hidróxido de sódio
Hidróxido de cálcio
Hidróxido de alumínio

As fórmulas das bases apresentadas na tabela são:
a) $Na(OH)_2$, $Ca(OH)_2$, $A\ell(OH)_3$
b) $NaOH$, $Ca(OH)_2$, $A\ell(OH)_2$
c) $Na(OH)_2$, $Ca(OH)_2$, $A\ell(OH)_2$
d) $Na(OH)_2$, $CaOH$, $A\ell(OH)_3$
e) $NaOH$, $Ca(OH)_2$, $A\ell(OH)_3$

23. Os nomes dos ácidos oxigenados HNO_3, HNO_2, $HC\ell O_3$ e $HC\ell O_2$ são, respectivamente,
a) nitroso, nítrico, cloroso e clórico.
b) nítrico, nitroso, clórico e cloroso.
c) nitroso, nítrico, hipocloroso e perclórico.
d) nítrico, nitroso, clorídrico e clórico.
e) nítrico, nitroso, percloroso e hipoclórico.

24. Uma das maneiras de medir o pH de uma solução consiste na utilização de indicadores, que são substâncias que apresentam coloração bem definida dependendo da acidez ou da alcalinidade da solução. O papel tornassol vermelho, por exemplo, adquire coloração azul quando o meio é básico. O caráter de várias amostras foi testado com papel tornassol vermelho, que adquiriu coloração azul apenas quando a solução era de:
a) $LiOH$
b) H_2S
c) $NaC\ell$
d) $HC\ell$
e) HNO_3

25. O grau de ionização de um monoácido é 5%. Ao dissolver 2×10^{23} moléculas desse ácido em água, pede-se:
a) número de moléculas ionizadas.
b) número de moléculas não ionizadas.
c) número de cátions H^+ em solução.
d) número de ânions.

26. Equacione a dissociação iônica do hidróxido de cálcio.

27. Leia a matéria abaixo e responda às alternativas:

[...] O "desaparecimento" de uma substância misturada a outra é um interessante fenômeno que fascina cientistas há anos, além de despertar interesses econômicos e, até mesmo, de saúde pública. Um exemplo recente que abalou a sociedade brasileira foi a suspeita de contaminação de um contraste à base de $BaSO_4$, usado em radioscopia e radiografia para destacar órgãos, que pode ter causado a morte de pelo menos 21 pessoas. O sulfato de bário é usado para este fim por ser um sal praticamente insolúvel em água [...] e em soluções ácidas diluídas. Análises de amostras deste medicamento, produzido por um determinado fabricante, constataram a presença de $BaCO_3$. Embora o carbonato de bário apresente também baixa solubilidade em água [...], este sal é solúvel em soluções ácidas diluídas como o suco gástrico, um fluido digestivo ácido que contém, entre outras substâncias, $HC\ell$ (reação 1). [...]

Reação (1):
$$BaCO_3(s) + 2H^+(aq) \longrightarrow$$
$$\longrightarrow Ba^{2+}(aq) + CO_2(g) + H_2O(\ell)$$

[...]

Disponível em: <http://qnint.sbq.org.br/qni/visualizarTema.php?idTema=3>. Acesso em: 22 maio 2014.

De acordo com a reação descrita no texto, qual das substâncias a seguir poderia ser utilizada para identificar a contaminação por carbonato de bário?
a) $Ca(OH)_2$
b) H_2O
c) HNO_3
d) $LiOH$

269

Questões globais

Leia o texto a seguir e responda às questões **28** e **29**.

Aproximadamente 29 mil litros de ácido clorídrico vazaram nas pistas da Rodovia Castelo Branco, na altura de Itapevi, por causa do acidente entre dois caminhões na manhã desta terça-feira, [18/02/2014]. De acordo com a Companhia Ambiental do Estado de São Paulo (Cetesb), a colisão provocou o rompimento das válvulas traseiras do caminhão-tanque e o ácido vazado percorreu cerca de 50 metros. Um pequeno córrego próximo à via, que foi liberada pouco antes das 11h, foi contaminado.

[...]

A equipe ainda avalia a qualidade da água e também prepara uma solução alcalina para evitar maior contaminação do córrego. [...]

[...]

Disponível em: <http://www.estadao.com.br/noticias/cidades,acidente-na-castelo-branco-causou-vazamento-de-29-mil-litros-de-acido,1131672,0.htm>. Acesso em: 3 abr. 2014.

28. Considerando que os técnicos utilizaram hidróxido de sódio (NaOH) para reagir completamente com o ácido derramado na pista e evitar maiores acidentes, calcule a massa de hidróxido de sódio utilizada.

Dados:
$d_{HC\ell} = 1,18$ g/cm³
36,5 g de HCℓ reagem completamente com 40 g de NaOH.

29. Para analisar a contaminação do pequeno córrego próximo à via, amostras dessa água foram testadas com diferentes indicadores ácido-base. A tabela a seguir apresenta comportamento de três indicadores.

Indicador ácido-base	Cor em relação ao meio	
Vermelho de fenol	Amarelo em pH $\leq$ 6,8 Magenta em pH $\geq$ 8,2	Vermelho em pH de 6,8-8,2
Fenolftaleína	Incolor em pH $\leq$ 8,2 Vermelho em pH $\geq$ 10,0	Rosa em pH de 8,2-10,0
Vermelho do congo	Azul em pH $\leq$ 3,0 Vermelho em pH $\geq$ 5,2	Roxo em pH de 3,0-5,2

a) Sabendo que o pH normal da água do córrego varia entre 7 a 8, qual cor seria observada para cada indicador se a água não estivesse contaminada com ácido clorídrico?

b) Entre os indicadores listados na tabela, indique qual deles é o mais adequado para verificar se houve contaminação da água do córrego. Justifique.

30. Em uma estante de reagentes para laboratório, o técnico de química observou que o rótulo de dois frascos havia sido danificado por algum agente externo. Por meio da análise da lista de produtos químicos que estavam nesta estante, ele constatou que um desses frascos contém uma solução aquosa ácida enquanto o outro uma solução aquosa básica. Proponha um método que possa ajudar o técnico a descobrir o conteúdo de cada frasco.

31. Um estudante de química fez as seguintes anotações sobre as características das bases:

I. formam soluções aquosas condutoras de corrente elétrica.

II. são capazes de neutralizar ácidos.

III. reagem com sais de carbonatos e de bicarbonatos.

IV. são formados por três elementos químicos.

As afirmações corretas são apenas:
a) I e III
b) II e IV
c) III e IV
d) I e II
e) I e IV

32. O controle da acidez do solo é bastante importante ao se cultivar plantas, pois algumas espécies têm o seu crescimento favorecido em solo com determinadas características. Para averiguar o nível de acidez de um solo que será utilizado para cultivar mandioca, um técnico coletou uma amostra do solo, adicionou água destilada e agitou o sistema. Passados alguns minutos, uma alíquota dessa mistura foi retirada e o pH medido. A imagem a seguir mostra a escala de pH do indicador e o dado observado pelo técnico.

Indique o valor de pH da amostra e classifique o solo em ácido, básico ou neutro.

Ciência, tecnologia e sociedade

Nova ameaça para os recifes de corais
Acidificação dos oceanos ligada ao aumento de CO₂ pode comprometer ecossistemas marinhos

Cerca de um terço do gás carbônico liberado na atmosfera é absorvido pela água do mar. Como as emissões de CO₂ não param de aumentar, especialistas alertam que isso deve tornar o oceano mais ácido [...]. O fenômeno ameaça os organismos marinhos, principalmente os recifes de corais, cuja sobrevivência depende do equilíbrio químico da água. [...]

Os recifes de corais constroem seus esqueletos a partir dos íons carbonato presentes na água do mar. A concentração desses íons, no entanto, está relacionada ao pH da água: se o processo de acidificação dos oceanos continuar, essa concentração pode se reduzir à metade até 2100, o que comprometerá a sobrevivência dos corais. Isso acontece porque o gás carbônico absorvido pela água se transforma em ácido carbônico, tornando a água menos alcalina (o oceano é naturalmente básico, com pH entre 7,5 e 8,5). [...]

O eventual desaparecimento dos recifes de corais, por sua vez, comprometeria todo o ecossistema marinho. "Esses organismos constroem estruturas que sustentam uma grande quantidade de seres marinhos. Se eles perdem espaço no oceano, também são prejudicados peixes, moluscos, lulas, crustáceos e caranguejos, entre outros", diz o geobiólogo Justin Ries, pesquisador da Universidade Johns Hopkins, nos EUA. Em julho, sua equipe publicou na revista *Geology* um estudo que mostra como a diminuição do crescimento dos recifes de corais afetaria de forma significativa o ecossistema marinho. [...]

"Os corais são muito influenciados pelo aumento da temperatura e pela poluição, pois só conseguem sobreviver em águas transparentes", explica Maddock. Se a água for quente demais, os corais perdem a alga endossimbionte (que vive em simbiose dentro do tecido do organismo) responsável pela sua coloração característica. Após o branqueamento, eles não conseguem sobreviver muito tempo. [...]

Recifes localizados na Grande Barreira de Corais, na costa da Austrália julho de 2012. A sobrevivência dos corais pode ser ameaçada pelo aumento da concentração de dióxido de carbono na água.

Apesar disso, Joanie Kleypas insiste que é preciso evitar que a acidificação dos oceanos se torne um problema tão sério quanto o aquecimento global. "Atualmente, o branqueamento e a mortalidade dos corais são causados por fatores mais visíveis, como o aquecimento global", argumenta. "Porém, a acidificação será um problema sério no futuro. Por isso é preciso pesquisar para saber até que ponto ela pode prejudicar os corais e como isso pode alterar o ecossistema marinho".

LOVATI, Franciane. *Ciência Hoje Online*. Disponível em: <http://cienciahoje.uol.com.br/noticias/ecologia-e-meio-ambiente/nova-ameaca-para-os-recifes-de-corais>. Acesso em: 29 maio 2014.

Analise e discuta

1. O texto afirma que o gás carbônico, CO₂, é absorvido pela água e se transforma em ácido carbônico, processo que pode ser representado pelas equações:

$$CO_2(g) + H_2O(\ell) \longrightarrow H_2CO_3(aq) \qquad H_2CO_3(aq) \longrightarrow H^+(aq) + HCO_3^-(aq) \qquad HCO_3^-(aq) \longrightarrow H^+(aq) + CO_3^{2-}(aq)$$

A água do mar sofre um processo de acidificação pelo aumento de gás carbônico na atmosfera. Justifique por que o gás carbônico presente na atmosfera influencia no pH da água do mar.

2. Vários organismos marinhos que apresentam estruturas de carbonato de cálcio, CaCO₃, não sobrevivem em meio ácido. Justifique quimicamente esse fato.

3. De que forma o desaparecimento dos recifes de corais poderia comprometer o ecossistema marinho?

Esquema do capítulo

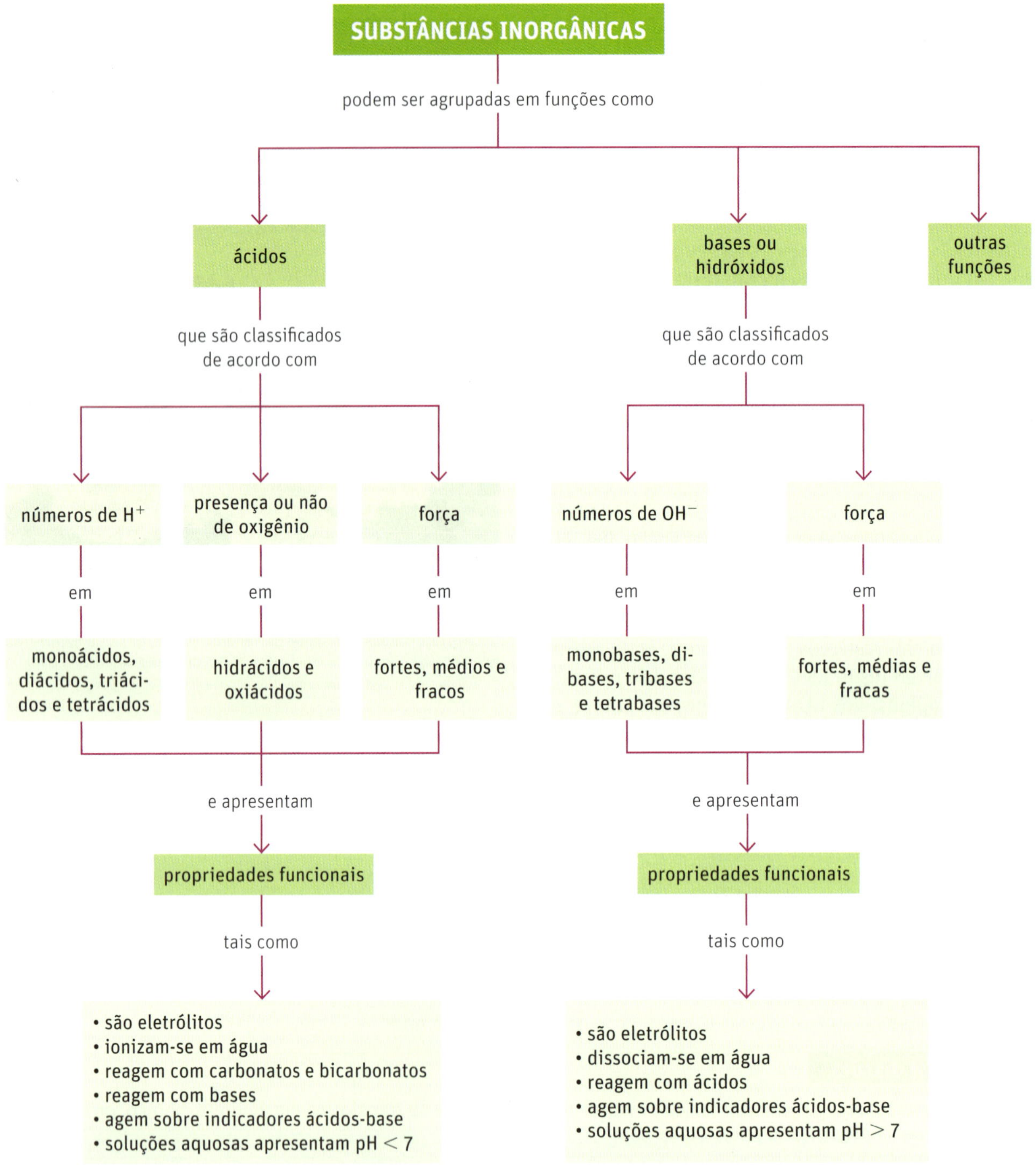

SUBSTÂNCIAS INORGÂNICAS

podem ser agrupadas em funções como

- **ácidos**
- **bases ou hidróxidos**
- **outras funções**

ácidos

que são classificados de acordo com

- **números de H^+**
  - em
  - monoácidos, diácidos, triácidos e tetrácidos
- **presença ou não de oxigênio**
  - em
  - hidrácidos e oxiácidos
- **força**
  - em
  - fortes, médios e fracos

e apresentam

propriedades funcionais

tais como

- são eletrólitos
- ionizam-se em água
- reagem com carbonatos e bicarbonatos
- reagem com bases
- agem sobre indicadores ácidos-base
- soluções aquosas apresentam $pH < 7$

bases ou hidróxidos

que são classificados de acordo com

- **números de OH^-**
  - em
  - monobases, dibases, tribases e tetrabases
- **força**
  - em
  - fortes, médias e fracas

e apresentam

propriedades funcionais

tais como

- são eletrólitos
- dissociam-se em água
- reagem com ácidos
- agem sobre indicadores ácidos-base
- soluções aquosas apresentam $pH > 7$

Capítulo 14 ■ Ácidos e bases

Vestibular e Enem

33. (Cesgranrio-RJ) Com base na tabela de graus de ionização apresentada a seguir,

Ácido	Grau de ionização
HF	8%
HCℓ	92%
HCN	0,008%
H_2SO_4	61%
H_3PO_4	27%

podemos concluir que o ácido mais forte é:
a) HF
b) HCℓ
c) HCN
d) H_2SO_4
e) H_3PO_4

(Enem) De acordo com o texto abaixo, responda às duas próximas questões.

O suco extraído do repolho roxo pode ser utilizado como indicador do caráter ácido (pH entre 0 e 7) ou básico (pH entre 7 e 14) de diferentes soluções. Misturando-se um pouco de suco de repolho e da solução, a mistura passa a apresentar diferentes cores, segundo sua natureza ácida ou básica, de acordo com a escala adiante.

Algumas soluções foram testadas com esse indicador, produzindo os seguintes resultados:

Material	Cor
I. Amoníaco	Verde
II. Leite de magnésia	Azul
III. Vinagre	Vermelha
IV. Leite de vaca	Rosa

34. Utilizando-se o indicador citado em sucos de abacaxi e de limão, podem-se esperar como resultado as cores:
a) rosa ou amarela.
b) vermelha ou roxa.
c) verde ou vermelha.
d) rosa ou vermelha.
e) roxa ou azul.

35. De acordo com esses resultados, as soluções I, II, III e IV têm, respectivamente, caráter:
a) ácido / básico / básico / ácido.
b) ácido / básico / ácido / básico.
c) básico / ácido / básico / ácido.
d) ácido / ácido / básico / básico.
e) básico / básico / ácido / ácido.

36. (UnB-DF) O processo de fabricação dos circuitos integrados impressos, usados na construção de microcomputadores, emprega o ácido sulfúrico de alta pureza. Sendo ele um ácido muito forte, o resíduo industrial do processo necessita ser tratado antes de ser lançado no meio ambiente.

Com o auxílio do texto e considerando que o resíduo é, geralmente, tratado com hidróxido de sódio, julgue os itens adiante.

(0) Na reação do ácido sulfúrico com o hidróxido de sódio, um dos produtos é o Na_2SO_4.
(1) Se o resíduo industrial for lançado em um rio antes do tratamento com hidróxido de sódio, o pH das águas desse rio será aumentado.
(2) A reação entre o ácido sulfúrico e o hidróxido de sódio é conhecida como reação de neutralização.
(3) Ácido sulfúrico diluído é encontrado nas chuvas ácidas que ocorrem em polos industriais.

Indique as alternativas verdadeiras (V) e falsas (F).

37. (Fuvest-SP) Observa-se que uma solução aquosa saturada de HCℓ libera uma substância gasosa.

Uma estudante de Química procurou representar, por meio de uma figura, os tipos de partículas que predominam nas fases aquosa e gasosa desse sistema — sem representar as partículas de água. A figura com a representação mais adequada seria:

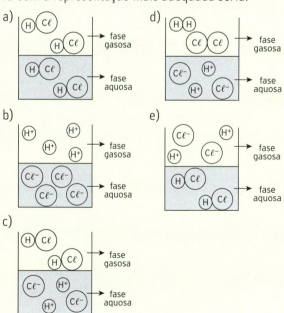

Vestibular e Enem

38. (Univali-SC) A chuva ácida é um fenômeno químico resultante do contato entre o vapor de água existente no ar, o dióxido de enxofre e os óxidos de nitrogênio. O enxofre é liberado, principalmente, por indústrias de veículos e usinas termoelétricas movidas a carvão e a óleo; os óxidos de nitrogênio por automóveis e fertilizantes.

Ambos reagem com o vapor de água, originando, respectivamente, os ácidos sulfuroso, sulfídrico e sulfúrico, e o ácido nítrico. Esses elementos se precipitam, então, na forma de chuva, neve, orvalho ou geada, na chamada chuva ácida.

Dentre os efeitos da chuva ácida estão a corrosão de equipamentos e a degradação das plantas, solos e lagos. O contato com os ácidos é prejudicial, podendo causar, por exemplo, doenças respiratórias.

As fórmulas dos ácidos citados no texto acima, respectivamente, são:

a) H_2S, H_2SO_4, H_2SO_3, HNO_3.
b) H_2SO_3, H_2SO_4, H_2S, HNO_3.
c) HSO_4, HS, H_2SO_4, HNO_3.
d) HNO_3, H_2SO_4, H_2S, H_2SO_3.
e) H_2SO_3, H_2S, H_2SO_4, HNO_3.

39. (Uece) Considere os seguintes ácidos, com seus respectivos graus de ionização (a 18 °C) e usos:

- H_3PO_4 ($\alpha = 27\%$), usado na preparação de fertilizantes e como acidulante em bebidas refrigerantes
- H_2S ($\alpha = 7,6 \times 10^{-3}\%$), usado como redutor
- $HClO_4$ ($\alpha = 97\%$), usado na medicina, em análises químicas e como catalisador em explosivos
- HCN ($\alpha = 8,0 \times 10^{-3}\%$), usado na fabricação de plásticos, corantes e fumigantes para orquídeas e poda de árvores

Podemos afirmar que:
a) $HClO_4$ e HCN são triácidos.
b) H_3PO_4 e H_2S são hidrácidos.
c) H_3PO_4 é considerado um ácido semiforte.
d) H_2S é um ácido ternário.

40. (Uerj) A experiência a seguir é largamente utilizada para diferenciar soluções eletrolíticas de soluções não eletrolíticas. O teste está baseado na condutividade elétrica e tem como consequência o acendimento da lâmpada.

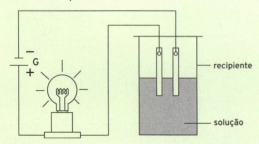

A lâmpada acenderá quando no recipiente estiver presente a seguinte solução:
a) $O_2(\ell)$
b) $H_2O(\ell)$
c) $HC\ell$ (aq)
d) $C_6H_{12}O_6$ (aq)

41. (Enem) As informações a seguir foram extraídas do rótulo da água mineral de determinada fonte.

ÁGUA MINERAL NATURAL
Composição química provável em mg/L
Sulfato de estrôncio 0,04
Sulfato de cálcio 2,29
Sulfato de potássio 2,16
Sulfato de sódio 65,71
Carbonato de sódio 143,68
Bicarbonato de sódio 42,20
Cloreto de sódio 4,07
Fluoreto de sódio 1,24
Vanádio 0,07

CARACTERÍSTICAS FÍSICO-QUÍMICAS
pH a 25 °C 10,00
Temperatura da água na fonte..... 24 °C
Condutividade elétrica .... $4,40 \times 10^{-4}$ ohms/cm
Resíduo de evaporação a 180 °C ...... 288,00 mg/L

CLASSIFICAÇÃO

"ALCALINO-BICARBONATADA, FLUORETADA, VANÁDICA"

Indicadores ÁCIDO-BASE são substâncias que em solução aquosa apresentam cores diferentes conforme o pH da solução. O quadro a seguir fornece as cores que alguns indicadores apresentam à temperatura de 25 °C.

Indicador	Cores conforme o pH
Azul de bromotimol	Amarelo em pH ≤ 6,0; Azul em pH ≥ 7,6
Vermelho de metila	Vermelho em pH ≤ 4,8; Amarelo em pH ≥ 6,0
Fenolftaleína	Incolor em pH ≤ 8,2; Vermelho em pH ≥ 10,0
Alaranjado de metila	Vermelho em pH ≤ 3,2; Amarelo em pH ≥ 4,4

Suponha que uma pessoa inescrupulosa tenha guardado garrafas vazias dessa água mineral, enchendo-as com água de torneira (pH entre 6,5 e 7,5) para serem vendidas como água mineral. Tal fraude pode ser facilmente comprovada pingando-se na "água mineral fraudada", à temperatura de 25 °C, gotas de:
a) azul de bromotimol ou fenolftaleína.
b) alaranjado de metila ou fenolftaleína.

274

c) alaranjado de metila ou azul de bromotimol.
d) vermelho de metila ou azul de bromotimol.
e) vermelho de metila ou alaranjado de metila.

42. (Uepa) O físico-químico inglês Michael Faraday (1791-1867) estudou o comportamento de materiais quanto à condutividade elétrica. Atualmente, professores de Química utilizam diversos experimentos para explicar a condutividade elétrica para seus alunos. Em um experimento sobre condutividade elétrica, é esperado que:

I. Uma solução aquosa de açúcar (sacarose) conduza corrente elétrica.

II. Uma solução aquosa de soda cáustica (hidróxido de sódio) conduza corrente elétrica.

III. Uma solução aquosa de sal de cozinha (cloreto de sódio) não conduza corrente elétrica.

IV. Uma solução aquosa de ácido clorídrico (ácido muriático) conduza corrente elétrica.

De acordo com as afirmativas acima, a alternativa correta é:
a) I, II e III.
b) II, III e IV.
c) III e IV.
d) II e IV.
e) I.

43. (UEG-GO) Por muito tempo, na maioria das escolas, as aulas de Química eram ministradas apenas sob forma de transmissão de conteúdos.

Nos dias atuais, muitos professores utilizam a experimentação para enriquecer suas aulas. Uma professora realizou, junto com seus alunos, as experiências que seguem:

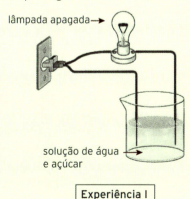

Experiência I

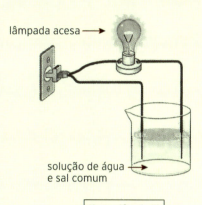

Experiência II

A seguir, os alunos fizeram as seguintes afirmações:

I. A solução de água e açúcar é considerada uma solução eletrolítica.

II. A solução de água e sal permite a passagem de corrente elétrica.

III. As substâncias moleculares como HCl, NaCl e $C_{12}H_{22}O_{11}$, quando dissolvidas em água, sofrem ionização.

IV. Água e ácido sulfúrico, quando puros, praticamente não conduzem corrente elétrica, porém uma solução de H_2SO_4 em água é uma boa condutora de eletricidade.

Assinale a alternativa **correta**.
a) Apenas as afirmações I, II e III são verdadeiras.
b) Apenas as afirmações I e III são verdadeiras.
c) Apenas as afirmações II e IV são verdadeiras.
d) Todas as afirmações são verdadeiras.

44. (Unemat-MT) Num determinado experimento, três soluções aquosas, límpidas e transparentes estavam acondicionadas em três recipientes distintos A, B e C. Para caracterizar estas substâncias, um cientista utilizou apenas o indicador fenolftaleína (incolor) e observou que nos recipientes A e C não houve nenhuma alteração, porém no recipiente B observou o aparecimento de coloração avermelhada.

Em função do exposto, assinale a alternativa correta.
a) As soluções dos recipientes A e C são ácidas.
b) Somente a solução do recipiente B é básica.
c) As soluções dos recipientes A e C são neutras.
d) As soluções dos recipientes A e C são básicas.
e) Com os dados fornecidos no texto, não se pode definir o caráter ácido ou básico das soluções.

275

CAPÍTULO 15

Sais e óxidos

Neste capítulo

1. Sais.
2. Reação de neutralização.
3. Óxidos.

Vista aérea da cidade de São Paulo (SP), julho de 2011.

A fotografia acima foi produzida em um dia frio e ensolarado de inverno na cidade de São Paulo (SP). O que mais chama sua atenção nessa imagem? Para você, o que explica a formação de uma região mais escura no céu bem próxima às construções? A que fenômeno essa faixa está associada?

As usinas termoelétricas e a maioria das indústrias e dos veículos obtêm energia por meio da queima de grandes quantidades de combustíveis fósseis. A combustão de carvão e de frações do petróleo, associada aos desmatamentos e queimadas de extensas áreas florestais, vem causando a liberação de grandes quantidades de dióxido de carbono na atmosfera.

A realização de diversos estudos levou os cientistas a estabelecer uma relação entre a quantidade de dióxido de carbono lançada na atmosfera e as temperaturas médias do planeta. O aumento da quantidade desse óxido é apontado como responsável pelo aumento da temperatura média dos oceanos e da camada de ar próxima à superfície da Terra, o que resulta numa série de outras consequências, como: mudanças climáticas e nos padrões de precipitação (seca em algumas regiões e inundação em outras); alteração na produção agrícola; diminuição da cobertura de gelo e aumento dos vetores de doenças.

A água do mar, que é ligeiramente básica, está sofrendo acidificação e dando sinais de modificações indesejáveis, como o branqueamento de corais e o possível desaparecimento de algumas espécies.

Neste capítulo, você vai estudar algumas substâncias que participam dos processos que estão modificando o clima do planeta e que explicam a área acinzentada mostrada na fotografia de parte da cidade de São Paulo (SP).

1. Sais

O termo **sal** é geralmente associado ao principal constituinte do sal de cozinha, o cloreto de sódio, NaCl. Entretanto, há uma grande variedade de sais na natureza e outros tantos que podem ser sintetizados. Calcário, gesso e talco são exemplos de materiais que apresentam sais em sua composição. Os sais, assim como os ácidos e as bases, constituem uma importante classe de compostos da Química Inorgânica.

Estalactites são estruturas constituídas de carbonato de cálcio — substância que pertence à classe dos sais e que também está presente no mármore, nas conchas e nos corais. Gruta do Lago Azul, Bonito (MS), 2011.

❱ O que são sais?

Sais são substâncias iônicas que podem ser obtidas de reações entre ácidos e bases.

É possível obter um sal por meio da reação química entre um ácido e uma base. Essa reação é chamada de **neutralização**. Quando quantidades adequadas de soluções aquosas de HCl, ácido clorídrico, e de hidróxido de sódio, NaOH, são misturadas, ocorrem mudanças nas propriedades iniciais dessas soluções. Depois da neutralização, a solução final não será ácida nem básica. Os íons H^+(aq) da solução ácida são neutralizados pelos íons OH^-(aq) da solução básica, produzindo água. Em solução permanecem os íons Na^+(aq) e Cl^-(aq). Se toda a água do sistema for evaporada, será obtido o sal NaCl, cloreto de sódio, formado pelo cátion derivado da base e pelo ânion derivado do ácido.

Essa reação pode ser representada pela seguinte equação.

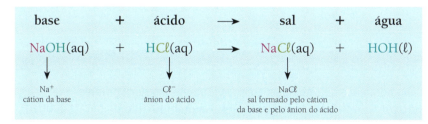

O processo global pode ser representado pela equação abaixo.

$$H^+(aq) + OH^-(aq) \longrightarrow H_2O(\ell)$$

cátion hidrogênio proveniente da solução ácida

ânion hidroxila proveniente da solução básica

Química e Biologia

Recifes de corais

Os recifes de corais são estruturas constituídas pelo sal carbonato de cálcio, $CaCO_3$, que é produzido por pequenos animais de corpo mole, chamados "pólipos", os quais constroem uma espécie de carapaça calcária onde se alojam. Esses animais formam colônias — resultado do agrupamento de bilhões de pólipos. Junto a eles, uma minúscula alga chamada **zooxantela** é responsável pela característica típica dos corais: a diversidade de cores. Quando os pólipos morrem, outros crescem por cima dos esqueletos de calcário.

Um fenômeno recente tem ocorrido nas regiões de recifes da Terra: o branqueamento dos corais. Trata-se basicamente da "perda" dos organismos fotossimbiontes (zooxantelas) presentes nos corais, de forma que os recifes passam a exibir apenas o seu esqueleto branco.

Estudos recentes indicam que o aumento da temperatura da água do mar seria o causador primário do branqueamento em larga escala e, secundariamente, o aumento da incidência de radiação UV (ultravioleta). Isso levou à hipótese de que os recifes de corais seriam particularmente sensíveis e vulneráveis ao aquecimento global.

Corais no arquipélago de Abrolhos (BA), 2010.

2. Reação de neutralização

❯ Neutralização total

Um suco de limão apresenta pH aproximadamente igual a 3. Quanto mais verde o limão, maior sua acidez e mais baixo o seu pH. Já um filtrado de leite de magnésia apresenta pH aproximadamente igual a 10. Quanto mais alto o pH, maior a alcalinidade do meio.

Se ao suco de limão (solução ácida que contém ácidos, como o cítrico) for adicionado, gota a gota, o filtrado de leite de magnésia (solução básica), o valor do pH do meio subirá progressivamente. Diz-se que o ácido cítrico do suco de limão está sendo neutralizado pelo hidróxido de magnésio do leite de magnésia.

A neutralização total ocorre quando todos os átomos de hidrogênio ionizáveis provenientes do ácido são neutralizados por todos os ânions hidróxido provenientes da base, produzindo água e um sal. Observe os exemplos a seguir.

Exemplo 1

$$KOH \ + \ HNO_3 \ \longrightarrow \ KNO_3 \ + \ H_2O$$
$$OH^-(aq) \quad H^+(aq) \qquad\qquad HOH(\ell)$$

Exemplo 2

$$A\ell(OH)_3 \ + \ 3 \, HC\ell \ \longrightarrow \ A\ell C\ell_3 \ + \ 3 \, H_2O$$
$$OH^-(aq) \quad H^+(aq) \qquad\qquad HOH(\ell)$$
$$OH^-(aq) \quad H^+(aq) \qquad\qquad HOH(\ell)$$
$$OH^-(aq) \quad H^+(aq) \qquad\qquad HOH(\ell)$$

Exemplo 3

$$2 \, NaOH \ + \ H_2SO_4 \longrightarrow Na_2SO_4 \ + \ 2 \, H_2O$$
$$OH^-(aq) \quad H^+(aq) \qquad\qquad HOH(\ell)$$
$$OH^-(aq) \quad H^+(aq) \qquad\qquad HOH(\ell)$$

❯ Neutralização parcial

A neutralização parcial ocorre quando nem todos os átomos de hidrogênio ionizáveis do ácido ou nem todas as hidroxilas da base são neutralizados.

Exemplo 1

$$1 \, NaOH \ + \ 1 \, H_3PO_4 \longrightarrow NaH_2PO_4 \ + \ H_2O$$
$$OH^-(aq) \quad H^+(aq) \qquad\qquad HOH(\ell)$$
$$\qquad\qquad H_2PO_4^-(aq)$$

Exemplo 2

$$1 \, Ca(OH)_2 \ + \ 1 \, HNO_3 \ \longrightarrow Ca(OH)NO_3 \ + \ H_2O$$
$$\qquad\qquad OH^-(aq) \quad H^+(aq) \qquad\qquad HOH(\ell)$$
$$Ca^{2+} \ OH^-(aq)$$

Importante:

Na fórmula de qualquer substância deve existir igualdade entre o número de cargas positivas e negativas.

Exercício resolvido

1. O ácido fosfórico (H_3PO_4) é utilizado, em pequenas quantidades, como acidulante em refrigerantes.

a) Equacione a reação de neutralização total do H_3PO_4 com solução aquosa de hidróxido de potássio (KOH).

b) Equacione as reações de neutralização parcial do H_3PO_4 com solução aquosa de KOH.

Solução

a) $H_3PO_4(aq) + 3 \, KOH(aq) \longrightarrow K_3PO_4(aq) + 3 \, H_2O(\ell)$

b) $1 \, KOH + 1 \, H_3PO_4 \longrightarrow KH_2PO_4 + H_2O$

$2 \, KOH + 1 \, H_3PO_4 \longrightarrow K_2HPO_4 + 2 \, H_2O$

Classificação dos sais

Os sais podem ser classificados de acordo com alguns critérios, que se relacionam com sua composição ou com as propriedades que apresentam.

Quanto à natureza dos íons presentes

- **Sais normais**: apresentam um único tipo de cátion e um único tipo de ânion. Podem ser obtidos pela neutralização total de ácidos e bases. Exemplos: Na_2SO_4, $KC\ell$, $CaCO_3$, NH_4NO_3.
- **Hidrogenossais**: contam com um ou mais átomos de hidrogênio ionizáveis. Podem ser obtidos pela reação de neutralização parcial de um ácido poliprótico (ácido que apresenta dois ou mais átomos de hidrogênio ionizáveis por molécula) por uma base. Exemplos: $NaHCO_3$, $NaHSO_4$, KH_2PO_4, K_2HPO_4.
- **Hidroxissais**: possuem um ou mais íons hidróxido e podem ser obtidos pela reação de neutralização parcial de uma polibase (dois ou mais OH^-) por um ácido. Exemplos: $Ca(OH)C\ell$, $Fe(OH)_2NO_3$, $A\ell(OH)C\ell_2$, $A\ell(OH)_2C\ell$.
- **Sais duplos ou mistos**: apresentam dois tipos de cátion ou dois tipos de ânion. Podem ser obtidos pela reação de neutralização total de uma base por dois ácidos ou de um ácido por duas bases. Exemplos: $KNaSO_4$ e $Ca(NO_3)Br$.

$$NaOH + KOH + H_2SO_4 \longrightarrow \underset{\text{sal duplo}}{KNaSO_4} + 2\,H_2O$$

$$Ca(OH)_2 + HNO_3 + HBr \longrightarrow \underset{\text{sal duplo}}{Ca(NO_3)Br} + H_2O$$

Quanto à presença de água

- **Sais hidratados**: apresentam água em sua estrutura cristalina. Exemplos: $CuSO_4 \cdot 5\,H_2O$, $CaC\ell_2 \cdot 2\,H_2O$.
- **Sais anidros**: não há água em sua estrutura cristalina. Exemplos: $CuSO_4$, $CaC\ell_2$.

Alguns sais anidros são usados como agentes secantes (veja quadro "Saiba mais" ao lado). Ao absorver a umidade de um ambiente, eles evitam o aparecimento de bolor, por exemplo. É comum colocar, em equipamentos elétricos novos, um pequeno saco poroso contendo uma dessas substâncias. Esse é um recurso usado para retirar a umidade do meio, a qual pode oxidar peças metálicas e danificar o equipamento.

Observe a equação da reação de hidratação do sulfato de cobre anidro.

$$CuSO_4(s) + 5\,H_2O(g) \longrightarrow CuSO_4 \cdot 5\,H_2O(s)$$

Aquecendo-se o sal hidratado, ele volta a se tornar anidro.

$$CuSO_4 \cdot 5\,H_2O(s) \xrightarrow{\Delta} CuSO_4(s) + 5\,H_2O(g)$$

Quanto à solubilidade em água

A solubilidade de um sal em água depende da intensidade das interações entre os íons do sal e as moléculas de água e da temperatura. A tabela do capítulo 13, página 233, indica os sais que são solúveis e os que são pouco solúveis em água à temperatura ambiente.

Exemplos: $CaCO_3$ e $CaSO_4$ são praticamente insolúveis; $MgC\ell_2$ e Na_2S são solúveis.

Saiba mais

Vai chover hoje?

Alguns sais são capazes de absorver facilmente a água do ambiente e, por isso, são classificados como **substâncias higroscópicas**.

A maior parte dessas substâncias são sais que podem incluir moléculas de água dentro de seus retículos cristalinos, os quais permanecem sólidos mesmo depois de absorvê-las. Essa água é chamada de **água de hidratação** ou **água de cristalização**, e o sal que a contém é denominado **sal hidratado**. Certos sais absorvem tanta água que podem se dissolver na água absorvida.

O cloreto de cálcio, $CaC\ell_2$, por exemplo, é vendido como produto "antimofo", pois absorve água, transformando-se no cloreto de cálcio di-hidratado.

$$CaC\ell_2 + 2\,H_2O \longrightarrow CaC\ell_2 \cdot 2\,H_2O$$

Há casos em que a água interage com o sal anidro para formar sais complexos, os quais apresentam diferentes cores. Isso explica o que ocorre no **galo do tempo**, bibelô recoberto por um feltro impregnado de cloreto de cobalto(II). Quando o tempo está seco, o galo fica azul. Quando o galo fica rosa, a umidade do ar está alta e é grande a possibilidade de chuva.

Em dias secos, o galo do tempo fica com as asas e cauda azuis. Em dias úmidos, elas ficam da cor rosa.

Nomenclatura e fórmulas dos sais

A nomenclatura dos sais obedece a seguinte estrutura:

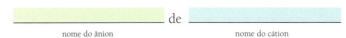

O nome e a fórmula de cátions e ânions podem ser obtidos por meio de tabelas como as que estão presentes no capítulo 14 deste volume.

Lembre-se de que toda substância é eletricamente neutra e, portanto, as fórmulas dos sais devem mostrar igualdade de cargas positivas e negativas.

Exemplos:

Nome e fórmula do cátion: amônio e NH_4^+
Nome e fórmula do ânion: sulfato e SO_4^{2-} } $(NH_4)_2SO_4$
sulfato de amônio

Nome e fórmula do cátion: cálcio e Ca^{2+}
Nome e fórmula do ânion: carbonato e CO_3^{2-} } $CaCO_3$
carbonato de cálcio

Nome e fórmula do cátion: sódio e Na^+
Nome e fórmula do ânion: hidrogenocarbonato e HCO_3^- } $NaHCO_3$
hidrogenocarbonato de sódio

Para os sais duplos é necessário indicar o nome dos dois cátions ou dos dois ânions:

Exemplos:

Nomes e fórmulas dos cátions: sódio e Na^+; potássio e K^+
Nome e fórmula do ânion: sulfato e SO_4^{2-} } $NaKSO_4$
sulfato de sódio e potássio

Nome e fórmula do cátion: cálcio e Ca^{2+}
Nomes e fórmulas dos ânions: cloreto e Cl^-; nitrato e NO_3^- } $CaClNO_3$
cloreto nitrato de cálcio

A nomenclatura dos hidroxissais segue a regra abaixo:

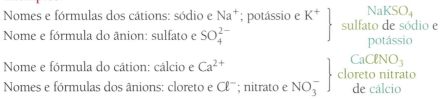

Exemplo:

Nome e fórmula do cátion: alumínio e Al^{3+}
Nome e fórmula do ânion: nitrato e NO_3^-
Quantidade de íons hidroxila (OH^-): 2 } $Al(OH)_2NO_3$
di-hidroxinitrato de alumínio

Saiba mais

Hidrólise de sais

Entre as substâncias químicas que agem como antiácidos estão o hidróxido de magnésio, o hidróxido de alumínio e o bicarbonato de sódio. As duas primeiras são eficientes na neutralização de ácidos porque são bases. Estranha-se, a princípio, que um sal, como o bicarbonato de sódio, exiba um comportamento que é típico de bases.

Na verdade, quando se dissolve um sal em água, o meio pode ficar ácido, básico ou neutro. Acidez ou alcalinidade são consequência de uma reação com a água denominada **hidrólise**.

O bicarbonato de sódio, $NaHCO_3$, é um sal derivado de base forte ($NaOH$) e ácido fraco (H_2CO_3). Na dissolução em água prevalece o caráter do mais forte: o meio se torna básico.

O sulfato de alumínio, $Al_2(SO_4)_3$, é um sal de base fraca [$Al(OH)_3$] e ácido forte (H_2SO_4). Uma solução aquosa desse sal constitui, portanto, um meio ácido.

Os sais derivados de ácido forte e base forte não sofrem hidrólise, e suas soluções aquosas devem ser praticamente neutras.

Fonte de água mineral em Poços de Caldas (MG), 2004. A água alcalina-bicarbonatada é indicada para o fígado e os intestinos.

Sais e algumas aplicações

Cloreto de sódio, NaCl

O cloreto de sódio, principal constituinte do sal de cozinha, tem várias aplicações além de seu uso culinário. Esse sal é usado na conservação de carne, na produção do soro fisiológico e do soro caseiro, na obtenção de soda cáustica, NaOH, gás cloro, Cl_2, e hipoclorito de sódio, NaClO. Ele pode ser obtido por cristalização a partir da água do mar nas salinas ou retirado de depósitos de sal-gema.

Extração manual de cloreto de sódio em Cabo Frio (RJ), 2013.

Carbonato de cálcio, CaCO₃

O carbonato de cálcio – sólido branco – é o principal constituinte do calcário e do mármore. Também está presente nas conchas, nos recifes de corais e nas cascas de ovos, nas estalactites e estalagmites. Ao ser aquecido, sofre decomposição, produzindo cal, CaO, matéria-prima para a produção de cimento.

Das rochas calcárias é extraído o carbonato de cálcio. Apodi (RN), 2008.

Carbonato de sódio, Na₂CO₃

Também conhecido por **barrilha** ou **soda**, é amplamente utilizado na produção de sabão e detergente, de papel e celulose, de vidro, nas indústrias têxteis e siderúrgicas.

Nitrato de sódio, NaNO₃

Esse sal é usado na indústria de fertilizantes, explosivos e na fabricação de nitrato de potássio. Tanto o nitrato de sódio como o de potássio são empregados como conservantes de carnes enlatadas ou defumadas. Como é encontrado em grandes depósitos naturais nos desertos chilenos, é conhecido por **salitre do Chile**.

Armazenagem e transporte do salitre do Chile. Potosi, Bolívia, 2012.

Hidrogenocarbonato de sódio, NaHCO₃

Conhecido também por bicarbonato de sódio, esse sal é usado principalmente como fermento químico no preparo de bolos e biscoitos, bem como no tratamento da lã e da seda.

Sulfato de cálcio, CaSO₄

O sulfato de cálcio anidro é matéria-prima na fabricação do giz. Na forma hidratada, é conhecido por **gesso**, usado na construção civil e em ortopedia para imobilização. Esse sal é empregado na produção de certos tipos de tintas.

Sulfato de alumínio, Al₂(SO₄)₃

É empregado no tratamento de água no processo de floculação. Quando o sulfato de alumínio se encontra em meio aquoso alcalino, há formação de hidróxido de alumínio na forma de flocos, e que se sedimentam, arrastando as partículas em suspensão na água e isentando-a das impurezas sólidas.

Atividades

2. Indique a alternativa que associa corretamente a coluna da esquerda com a da direita.

I. $CuSO_4 \cdot 5\,H_2O$ A. Sal normal
II. $Mg(OH)NO_3$ B. Hidrogenossal
III. $KNaSO_4$ C. Hidroxissal
IV. K_2SO_4 D. Sal duplo
V. $NaHCO_3$ E. Sal hidratado

a) I-E; II-C; III-D; IV-A; V-B.
b) I-E; II-D; III-C; IV-B; V-A.
c) I-D; II-C; III-A; IV-E; V-B.
d) I-D; II-B; III-A; IV-E; V-C.

3. Considere os íons a seguir.

Cátions: Li^+ (lítio), NH_4^+ (amônio), Mg^{2+} (magnésio) e Fe^{3+} [ferro(III)]

Ânions: NO_3^- (nitrato), SO_4^{2-} (sulfato) e PO_4^{3-} (fosfato)

Escreva as fórmulas dos sais abaixo.
a) Nitrato de amônio.
b) Nitrato de ferro(III).
c) Sulfato de lítio.
d) Sulfato de magnésio.
e) Fosfato de amônio.

4. Considere os cátions e ânions do exercício anterior e indique quais fórmulas estão **corretas**.
a) $Mg_3(PO_4)_2$
b) $(NH_4)H_2PO_4$
c) $Fe(OH)_2(NO_3)$
d) Mg_2SO_4

5. Dadas as reações abaixo, indique a que não é uma reação de neutralização.
a) $2\,KOH(aq) + H_2CO_3(aq) \longrightarrow K_2CO_3(aq) + 2\,H_2O(\ell)$
b) $Ca(OH)_2(aq) + 2\,HF(aq) \longrightarrow CaF_2(aq) + 2\,H_2O(\ell)$
c) $CH_4(g) + 2\,O_2(g) \longrightarrow CO_2(g) + 2\,H_2O(g)$
d) $2\,HC\ell(aq) + Mg(OH)_2(aq) \longrightarrow MgC\ell_2(aq) + 2\,H_2O(\ell)$

6. Utilize a tabela de solubilidade dos sais (p. 233) e classifique os sais a seguir em solúveis ou praticamente insolúveis.
a) Sulfato de cálcio
b) Carbonato de amônio
c) Fosfato de sódio
d) Fosfato de cálcio

7. Dê o nome dos sais abaixo.
a) $MgSO_4 \cdot 7\,H_2O$
b) $CaC\ell_2 \cdot 10\,H_2O$
c) $CaC\ell_2 \cdot 6\,H_2O$
d) $CoC\ell_2 \cdot 2\,H_2O$

8. O pirofosfato de sódio pertence à mesma classe de substâncias que os:
a) metais.
b) ácidos.
c) hidróxidos.
d) sais.

9. O fermento em pó apresenta o $NaHCO_3$ como principal componente. O nome comercial dessa substância é:
a) carbonato básico de sódio.
b) bicarbonato de sódio.
c) carbonato de sódio.
d) acetato de sódio.
e) carboneto de sódio.

10. Indique as fórmulas e os nomes do ácido e da base que reagem para produzir os sais abaixo.
a) $MgSO_4$
b) $Ca_3(PO_4)_2$

11. Complete as reações de neutralização parcial, com base nos coeficientes indicados, e dê o nome do sal formado.
a) $1\,NaOH + 1\,H_3PO_4 \longrightarrow$
b) $2\,NaOH + 1\,H_3PO_4 \longrightarrow$
c) $1\,A\ell(OH)_3 + 1\,HNO_3 \longrightarrow$
d) $1\,A\ell(OH)_3 + 2\,HNO_3 \longrightarrow$

12. Equacione a reação de neutralização parcial do ácido carbônico pelo hidróxido de sódio e dê o nome do sal formado.

13. Equacione a reação de neutralização total entre solução aquosa de ácido carbônico e solução aquosa de hidróxido de sódio, nomeando o sal formado.

14. Em um rótulo de água mineral, um estudante encontrou informações sobre a composição da água. Ele percebeu que a água mineral apresenta pequenas quantidades de nitrato de sódio e nitrato de potássio dissolvidas em água e constatou, visualmente, que a água mineral é uma mistura homogênea. Desconsiderando a água, quais espécies químicas estão presentes na mistura?
a) $NaNO_3$ e KNO_3
b) $KNa(NO_3)_2$
c) Na^+, K^+ e NO_3^-
d) $NaOH$, KOH e HNO_3

15. O sulfato de cobre penta-hidratado, $CuSO_4 \cdot 5\,H_2O$, é azul. Quando aquecido, de azul passa a cinza pálido. Qual é a explicação para esse fenômeno?

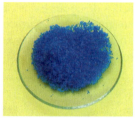 

Sulfato de cobre hidratado.   Sulfato de cobre anidro.

Fotografias: Sérgio Dotta Jr./ID/BRR

16. Um determinado cloreto apresenta fórmula $MC\ell_2$. Determine a fórmula do carbonato desse metal M.

17. Ao se realizar a reação de neutralização total entre soluções aquosas de ácido clorídrico e hidróxido de sódio, a solução resultante é condutora de eletricidade. Porém, a mistura de quantidades adequadas de soluções de ácido sulfúrico e hidróxido de bário com neutralização total dá um sistema que é péssimo condutor de eletricidade. Como se explica essa diferença de condutividade dos sais formados?

3. Óxidos

Óxidos são substâncias formadas geralmente pelo oxigênio e outro elemento qualquer, com exceção do flúor (único elemento mais eletronegativo que o oxigênio). Pelo fato de o gás oxigênio reagir com a maioria dos elementos químicos e estar disponível na atmosfera em grande quantidade, há uma enorme variedade de óxidos presentes no nosso cotidiano: gás carbônico, CO_2, cal, CaO, e vários minerais, como a hematita (mineral que contém Fe_2O_3), a bauxita (mineral que contém $A\ell_2O_3$), a pirolusita (mineral que contém MnO_2) e o quartzo (mineral constituído por SiO_2), que apresentam óxidos em sua composição.

Com base nesses exemplos, nota-se que há **óxidos iônicos**, formados por elemento metálico ligado ao oxigênio; **óxidos moleculares** e **óxidos de rede covalente**, estes últimos constituídos de elemento não metálico combinado ao oxigênio. Nos óxidos, o oxigênio é o elemento mais eletronegativo.

O gelo-seco (**A**), a hematita (**B**) e a cal (**C**) são exemplos de materiais formados por óxidos.

Nomenclatura dos óxidos

Os óxidos formados por metal geralmente são iônicos, apresentam o oxigênio com carga elétrica $2-$ e, usualmente, seguem a regra de nomenclatura abaixo:

óxido de _____
_{nome do cátion}

Exemplos:

Na_2O: óxido de sódio
CaO: óxido de cálcio, cal virgem ou cal viva
Fe_2O_3: óxido de ferro(III)

Os óxidos formados por elementos não metálicos ou são moleculares ou são de rede covalente, e o número de átomos de oxigênio e do outro elemento presentes na fórmula é indicado por prefixos numéricos em sua nomenclatura.

_____ óxido de _____
mono, di, tri, tetra (indica a quantidade de átomos de oxigênio) | mono, di, tri, tetra (indica a quantidade de átomos do outro elemento) seguido do nome do elemento ligado ao oxigênio

Exemplos:

CO: monóxido de carbono N_2O: monóxido de dinitrogênio
CO_2: dióxido de carbono NO_2: dióxido de mononitrogênio
NO: monóxido de mononitrogênio N_2O_5: pentóxido de dinitrogênio
SiO_2: dióxido de silício

Observação:
Os óxidos metálicos também podem seguir esta nomenclatura.

Exemplo:
Dióxido de chumbo – PbO_2 –, trióxido de diferro – Fe_2O_3 – e dióxido de manganês – MnO_2.

Química tem história

A alquimia e a Química

Gravura retratando Lavoisier, sem data. Biblioteca Nacional de Medicina, Maryland, Estados Unidos.

A palavra química é derivada da latina *chimica*, a qual se origina de *alchimia*, degeneração do vocábulo árabe *al-kimiyâ*, ou seja, grande arte dos filósofos herméticos da Idade Média. [...]

A química moderna se inicia no século XVIII com os trabalhos de Antoine-Laurent Lavoisier (1743--1794) [...].

Lavoisier esteve envolvido com a descoberta do elemento oxigênio, estabeleceu uma nomenclatura química, estudou as propriedades dos ácidos, desenvolveu técnicas calorimétricas, investigou a respiração animal e humana, as fermentações, fez a análise quantitativa da água e seus estudos mais destacados colocaram por terra a teoria do flogístico.

[...] O entendimento da intervenção do oxigênio nas reações constituiu-se na essência da teoria antiflogística, [...] abrindo de vez as portas para a ciência moderna.

AQUINO, Afonso Rodrigues de. Disponível em: <http://www.eca.usp.br/njr/voxscientiae/reportagemafonso3.html>. Acesso em: 23 mar. 2013.

Classificação dos óxidos

Há várias classes de óxidos, como será visto a seguir.

Óxidos básicos

Óxidos básicos são aqueles que reagem com a água, formando íons OH⁻, e com ácidos, formando sal e água.

Exemplos:

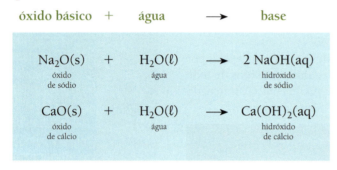

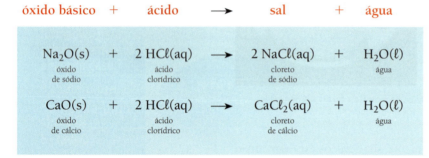

Óxidos ácidos

Óxidos ácidos reagem com a água, formando ácidos, e com soluções básicas, formando sal e água.

Exemplos:

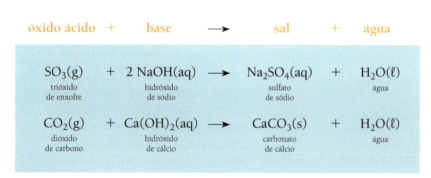

> ### Saiba mais
>
> #### "Envenenamento" de motores de automóveis
>
> O monóxido de dinitrogênio, N_2O, ou **óxido nitroso**, é usado em motores para aumentar o desempenho de automóveis. O nitro (óxido nitroso) é uma substância que aumenta instantaneamente a potência do veículo.
>
> O nitro usado nos carros é líquido e, para se manter nesse estado, tem de ser submetido a altas pressões em cilindros que podem ser armazenados no porta-malas do veículo. Entretanto, o óxido nitroso apresenta várias outras aplicações.
>
> O N_2O, também conhecido como gás hilariante, é capaz de estimular contrações musculares, provocando "risos", e causar sensação de alegria. Em medicina e odontologia, ele é utilizado pelo seu efeito anestésico.
>
> Apesar de suas vantajosas aplicações, o óxido nitroso é poluente e intensifica o efeito estufa.
>
>
>
> Cilindros de NOS (*Nitrous Oxide Systems*) contêm óxido nitroso, substância responsável por aumentar a potência de automóveis.

Óxidos anfóteros

Esses óxidos geralmente são sólidos iônicos pouco solúveis em água que reagem tanto com ácidos fortes como com bases fortes.

Exemplos:

óxido anfótero + ácido forte ⟶ sal + água

$$ZnO(s) + H_2SO_4(aq) \longrightarrow ZnSO_4(aq) + H_2O(\ell)$$
óxido de zinco — ácido sulfúrico — sulfato de zinco — água

$$A\ell_2O_3(s) + 6\ HC\ell(aq) \longrightarrow 2\ A\ell C\ell_3(aq) + 3\ H_2O(\ell)$$
óxido de alumínio — ácido clorídrico — cloreto de alumínio — água

óxido anfótero + base forte + água ⟶ sal

$$ZnO(s) + 2\ NaOH(aq) + H_2O(\ell) \longrightarrow Na_2[Zn(OH)_4](aq)$$
óxido de zinco — hidróxido de sódio — água — tetra-hidroxizincato de sódio

$$A\ell_2O_3(s) + 2\ KOH(aq) + 3\ H_2O(\ell) \longrightarrow 2\ K[A\ell(OH)_4](aq)$$
óxido de alumínio — hidróxido de potássio — água — tetra-hidroxialuminato de potássio

Os óxidos anfóteros mais comuns são os de zinco e de alumínio. Entretanto, há outros formados por metais: SnO e SnO_2; PbO e PbO_2; Sb_2O_3 e Sb_2O_5; e por ametais: As_2O_3 e As_2O_5.

Óxidos neutros

São óxidos moleculares que não apresentam caráter ácido ou básico em água. Os mais comuns são o CO (monóxido de carbono), o NO (monóxido de nitrogênio ou óxido nítrico) e o N_2O (monóxido de dinitrogênio ou óxido nitroso).

Óxidos duplos ou mistos

São aqueles que se comportam como se fossem formados por dois óxidos de um mesmo elemento ou de elementos diferentes. Os mais comuns são o Fe_3O_4 (tetróxido de triferro), formado por $FeO \cdot Fe_2O_3$; o Pb_3O_4 (tetróxido de trichumbo), formado por $PbO_2 \cdot 2\ PbO$; e o $FeTiO_3$ [óxido duplo de ferro(II) e titânio(IV)], formado por $FeO \cdot TiO_2$.

Exemplo de reação:

$$Fe_3O_4 + 8\ HC\ell \longrightarrow 2\ FeC\ell_3 + FeC\ell_2 + 4\ H_2O$$

Peróxidos

São compostos que contêm o grupo —O—O—, denominado peróxido. Os mais comuns são os peróxidos de metais alcalinos e alcalinoterrosos e, principalmente, o peróxido de hidrogênio (H_2O_2).

O **peróxido de hidrogênio**, H—O—O—H, é molecular e líquido em condições ambientes. Em solução aquosa é vendido em farmácias como **água oxigenada**.

Os peróxidos **alcalinos** e **alcalinoterrosos** são sólidos iônicos que apresentam o ânion peróxido, $(O-O)^{2-}$ ou O_2^{2-}, e caráter básico.

Exemplos:
K_2O_2 (peróxido de potássio), CaO_2 (peróxido de cálcio) e Na_2O_2 (peróxido de sódio).

Saiba mais

A água oxigenada

Água oxigenada é o nome comercial de soluções aquosas de peróxido de hidrogênio, H_2O_2. Quando puro, esse peróxido é um líquido viscoso instável, que se decompõe de acordo com a seguinte reação.

$$2\ H_2O_2(\ell) \longrightarrow 2\ H_2O(\ell) + O_2(g)$$

A decomposição do peróxido de hidrogênio é acelerada em presença de luz e de catalisadores.

Em solução aquosa, comercializada geralmente em farmácias, a indicação 10 volumes ou 20 volumes indica a concentração da solução.

A concentração 10 volumes, por exemplo, indica que a decomposição do H_2O_2 presente em 1 litro dessa solução gera 10 litros de gás oxigênio, O_2, sob 1 atm e a 0 °C. Essa solução é usada como agente bactericida de ferimentos porque, em contato com enzimas presentes no sangue, sofre rápida decomposição, gerando gás O_2, que mata as bactérias anaeróbias, promovendo a assepsia do ferimento.

A água oxigenada tem várias outras aplicações, como:
- descolorante de pelos e cabelos;
- alvejante de tecidos;
- conservante em indústrias alimentícias;
- restaurador de pinturas a óleo;
- agente oxidante em indústrias.

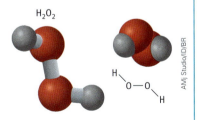

Representação, em cores-fantasia, de molécula de água oxigenada.

Alguns óxidos importantes

Óxido de cálcio, CaO

O óxido de cálcio, também chamado de cal, cal virgem ou cal viva, é um sólido branco obtido a partir da decomposição térmica do calcário, $CaCO_3$.

$$CaCO_3 \xrightarrow{\Delta} CaO + CO_2$$

Ao reagir com a água, obtém-se hidróxido de cálcio, $Ca(OH)_2$, chamado de cal extinta ou cal apagada.

A cal é amplamente utilizada em diversos setores.
- Construção civil: no preparo de argamassa, cimento, cerâmicas, etc.
- Agricultura: na correção do pH de solos ácidos, processo chamado de calagem do solo.
- Indústria siderúrgica: na remoção das impurezas.
- Tratamento de água e esgotos.

Monóxido de carbono, CO

O monóxido de carbono é o gás usado nas siderúrgicas para reduzir o óxido de ferro(III), presente na hematita (um dos mais importantes minérios de ferro), a ferro metálico.

$$Fe_2O_3(\ell) + 3\ CO(g) \longrightarrow 2\ Fe(\ell) + 3\ CO_2(g)$$

Combina-se também com hidrogênio gasoso para formar metanol (combustível orgânico de fórmula CH_3OH).

$$CO(g) + 2\ H_2(g) \longrightarrow CH_3OH(\ell)$$

O CO é um gás extremamente tóxico. A exposição a ele provoca vários sintomas, os quais dependem da quantidade de CO no sangue: dor de cabeça, problemas de visão, redução da capacidade de trabalho e até mesmo morte. A poluição atmosférica e o fumo passivo e ativo são exemplos de exposição ao monóxido de carbono.

Dióxido de carbono, CO₂

O dióxido de carbono, também conhecido por gás carbônico, é essencial para os seres vivos, pois participa da fotossíntese – processo pelo qual a energia solar é transformada em energia química por intermédio de organismos fotossintetizantes. Essa energia é repassada aos outros seres vivos através da cadeia alimentar. Por outro lado, plantas e animais restituem dióxido de carbono para a atmosfera por meio da respiração.

Quando sólido (abaixo de $-78\ °C$), é chamado de **gelo-seco**, muito usado na armazenagem de produtos perecíveis sob temperatura muito baixa.

O gelo-seco sublima, isto é, passa diretamente do estado sólido ao gasoso nas condições ambientes. Por ter temperatura muito baixa, ele deve ser manuseado com muito cuidado, pois pode provocar lesões graves. Além disso, sua rápida e contínua sublimação pode elevar sua concentração no ambiente, tornando o ar "asfixiante". Essa substância é muito utilizada em shows, teatros e filmes pelo efeito de "fumaça branca" (ou neblina) que proporciona quando em contato com a água.

Dióxido de silício, SiO₂

O SiO_2, também chamado de **sílica**, é o óxido mais abundante da crosta terrestre. Ele constitui o principal componente da areia e é matéria-prima essencial na produção do vidro. É muito utilizado na construção civil, na indústria de refratários e de fundição. Pode ser encontrado em diversas formas cristalinas, como o quartzo puro, o topázio e a ametista. Trata-se de um óxido cuja estrutura é de rede covalente.

Cristais de quartzo.

Química e Biologia

O organismo humano e o CO

O monóxido de carbono (CO) é um gás incolor, inodoro e não irritante produzido pela combustão incompleta (queima em presença de pouco oxigênio) de materiais como carvão, madeira, papel, gasolina e outros combustíveis. Esse gás pode deixar uma pessoa inconsciente e até mesmo matá-la em poucos minutos.

O CO tem enorme afinidade com a hemoglobina contida nos glóbulos vermelhos do sangue, os quais transportam oxigênio para os tecidos de todos os órgãos do corpo. Sua ação tóxica deve-se à conversão da oxi-hemoglobina em carboxi-hemoglobina, reduzindo a quantidade de O_2 disponível nos tecidos.

O fumo passivo, o tabagismo ativo e a exposição ao gás em locais de trabalho, principalmente em indústrias de aço, papel, automotiva e refinarias de petróleo, são outras formas de exposição a esse óxido.

A concentração elevada de CO em garagens e outros ambientes fechados pode levar uma pessoa à morte.

Poluição atmosférica e óxidos

Efeito estufa e aquecimento global

O efeito estufa é um processo natural que ocorre quando uma parte da radiação solar refletida pela superfície da Terra é absorvida por alguns gases presentes na atmosfera, chamados de **gases de efeito estufa**. Assim, o calor fica retido na atmosfera terrestre e é esse fenômeno que mantém o planeta aquecido e possibilita a vida. O aumento da concentração de gases de efeito estufa, entretanto, provoca maior retenção de calor, gerando o aquecimento global e acarretando mudanças climáticas.

No século XX, a temperatura média global se elevou 0,6 °C. A previsão é que ela suba, em média, 3 °C até o final do século XXI. A partir da Revolução Industrial, a quantidade de CO_2 na atmosfera aumentou 31%. Esse gás absorve radiação infravermelha e o aumento de sua concentração implica aumento de temperatura. O CO_2 é formado, principalmente, pela **queima de combustíveis fósseis** e **queimadas de florestas**.

Metano, CH_4, monóxido de dinitrogênio, N_2O, e clorofluorocarbonetos (CFCs) são outros gases de efeito estufa. A concentração de metano – que tem poder estufa muito superior ao do gás carbônico – vem crescendo de forma alarmante. Esse gás é formado pela decomposição de matéria orgânica em ambientes pouco oxigenados, como em plantações de arroz em terrenos inundados, e em intestinos de animais ruminantes, como o gado bovino, o suíno e o caprino.

Chuva ácida

As **chuvas normais** são naturalmente ácidas pela presença na atmosfera de dióxido de carbono, CO_2, que, ao se dissolver na água, forma o ácido carbônico, H_2CO_3. Embora fraco, esse ácido faz o pH da água da chuva normal aproximar-se de 5,6. Veja abaixo a representação do processo.

$$CO_2(g) + H_2O(\ell) \longrightarrow H_2CO_3(aq) \longrightarrow H^+(aq) + HCO_3^-(aq)$$

A **chuva ácida** apresenta pH inferior a 5,6 devido à presença de poluentes na atmosfera, principalmente óxidos de enxofre e de nitrogênio. A **queima de carvão** e de **combustíveis fósseis** é a maior fonte desses óxidos. A dissolução desses óxidos na água da chuva implica a formação de ácido sulfuroso, H_2SO_3, ácido sulfúrico, H_2SO_4, e ácido nítrico, HNO_3.

$$SO_2(g) + H_2O(\ell) \longrightarrow H_2SO_3(aq)$$
$$SO_3(g) + H_2O(\ell) \longrightarrow H_2SO_4(aq)$$
$$2\,NO_2(g) + H_2O(\ell) \longrightarrow HNO_3(aq) + HNO_2(aq)$$

A chuva ácida provoca sérios prejuízos.
- O solo torna-se improdutivo e a vegetação fica enfraquecida devido à dissolução e ao arraste de nutrientes do solo. Compostos de ferro e de alumínio presentes nele são parcialmente dissolvidos. Cátions metálicos como o $A\ell^{3+}$ são liberados pela ação da chuva ácida, comprometendo a vegetação, o ecossistema de rios e lagos e toda a cadeia alimentar envolvida.
- Monumentos históricos feitos com calcário, cimento, mármore, metais e outros materiais têm sido destruídos pela chuva ácida, que também contribui para a corrosão de materiais usados na construção de casas, edifícios, pontes, etc. A ação da chuva ácida sobre o mármore pode ser representada da seguinte maneira:

$$CaCO_3(s) + H_2SO_4(aq) \longrightarrow CaSO_4(s) + H_2O(aq)$$

Química e Física

Inversão térmica

A temperatura tende a ser mais baixa em altitudes mais elevadas por causa da distância em relação à superfície terrestre, que irradia calor. Essa irradiação contribui para a dispersão dos poluentes gerados próximos à superfície, os quais, por estarem a uma maior temperatura, são menos densos, sobem e se dispersam, sendo substituídos pelo ar mais denso, menos quente e bem menos poluído.

Entretanto, em certas ocasiões – sobretudo no inverno –, o fenômeno se inverte. A superfície terrestre, mais fria, deixa o ar das baixas altitudes mais frio e mais denso. É chamada de inversão térmica. Uma camada de ar mais quente e menos denso fica acima do ar frio e age como se fosse uma barreira que impede a troca de componentes entre a camada de ar abaixo (fria) e a localizada acima dela (mais quente). Nesses dias, em locais poluídos, não há como dispersar a massa de ar, que acumula substâncias prejudiciais à saúde, atingindo principalmente crianças e idosos.

A chuva ácida deixa marcas em estátua feita por Aleijadinho em pedra-sabão, em Congonhas (MG).

Atividades

Exercício resolvido

18. A chuva ácida, que contém ácido sulfúrico e ácido nítrico, corrói objetos de ferro (Fe). Represente as reações descritas abaixo.

a) Ácido sulfúrico e ferro, com produção de sulfato de ferro(II) e gás hidrogênio (H_2).

b) Ácido nítrico e ferro, com formação de nitrato de ferro(II) e gás hidrogênio.

Solução

a) $H_2SO_4(aq) + Fe(s) \longrightarrow FeSO_4(aq) + H_2(g)$

b) $2 HNO_3(aq) + Fe(s) \longrightarrow Fe(NO_3)_2(aq) + H_2(g)$

---

19. Dê a fórmula dos óxidos abaixo.

a) Trióxido de enxofre

b) Pentóxido de difósforo

c) Óxido de ferro(III)

d) Óxido de magnésio

e) Óxido de potássio

f) Óxido de níquel(II)

g) Monóxido de carbono

h) Óxido de chumbo(IV)

20. Dê o nome dos seguintes óxidos.

a) ZnO
b) $A\ell_2O_3$
c) N_2O_3
d) PbO
e) SiO_2
f) BaO
g) N_2O
h) CO_2

21. Dentre os óxidos abaixo, indique o único que reage com base, formando sal e água.

a) MgO
b) K_2O
c) Na_2O
d) SO_2

22. Dentre os óxidos a seguir, indique o único que reage com ácido, produzindo sal e água.

a) N_2O
b) CaO
c) CO_2
d) Br_2O_3
e) P_2O_3

23. Equacione a reação dos seguintes óxidos com a água.

a) Li_2O
b) BaO
c) CO_2
d) N_2O_5

24. Copie as equações abaixo em seu caderno, complete-as e dê o nome dos sais formados.

a) $Li_2O + H_2SO_4 \longrightarrow$

b) $BaO + 2 HNO_3 \longrightarrow$

c) $CO_2 + 2 NaOH \longrightarrow$

d) $N_2O_5 + 2 KOH \longrightarrow$

25. Escolha, dentre os óxidos abaixo, o anfótero.

a) MgO
b) K_2O
c) ZnO
d) Br_2O_3
e) P_2O_3

26. Analise as substâncias SO_2 e Na_2O e faça o que se pede.

a) Indique o tipo de ligação presente em cada uma delas.

b) Escreva os nomes dessas substâncias.

27. Escreva a fórmula dos peróxidos abaixo e indique se o composto é iônico ou molecular.

a) Peróxido de hidrogênio.

b) Peróxido de sódio.

c) Peróxido de cálcio.

d) Peróxido de potássio.

28. Por que a água da chuva é ligeiramente ácida, mesmo em locais não poluídos?

29. A queima de enormes quantidades de combustível fóssil é apontada como uma das principais causas do aumento da concentração de gás carbônico na atmosfera e do aquecimento global. Porém, tanto o carvão mineral como as frações do petróleo contêm porcentagens razoáveis de enxofre (S), que, durante a combustão (reação com O_2), transformam-se em dióxido de enxofre. Na atmosfera, o dióxido de enxofre reage com água, originando ácido sulfuroso. Reage também com mais gás oxigênio, transformando-se em trióxido de enxofre. Este, por sua vez, reage com a água da chuva, produzindo ácido sulfúrico. Represente as reações citadas no texto.

30. A cal virgem, nome comercial do óxido de cálcio, pode ser utilizada para corrigir o pH de solos ácidos. Por se tratar de um óxido básico, reage com água, formando base, e reage com ácidos, formando sal e água. Escreva a equação que representa:

a) a reação da cal viva com a água e dê o nome do produto formado;

b) a reação entre solução aquosa de ácido nítrico e óxido de cálcio e dê o nome dos produtos formados.

31. Quando uma solução de hidróxido de cálcio — chamada de água de cal — é assoprada com a ajuda de um canudo, ocorre a formação de um precipitado branco de carbonato de cálcio. Justifique por que isso acontece.

Atividade experimental

A chuva ácida

Objetivo
Entender e reproduzir a chuva ácida em pequena escala.

Equipamentos de segurança: Óculos de segurança e avental de algodão com mangas compridas.

Material
- forma de gelo, de preferência com as cavidades bem pequenas
- repolho roxo
- álcool
- água de chuva
- almofariz e pistilo (pode ser usado socador de alho)
- conta-gotas
- enxofre
- cadinho (pode ser substituído por prato ou recipiente fundo de cerâmica)
- palitos de fósforo
- espátula ou colher de café metálica
- tubo de ensaio de 10 mL

Procedimento

1. Prepare previamente o extrato de repolho roxo usando o almofariz, o pistilo e o álcool e macerando as folhas de repolho picadas.
2. Faça um teste colocando 2 gotas do extrato em um tubo de ensaio sobre, aproximadamente, 2 mL de água de chuva (o equivalente a 40 gotas). Observe a cor e armazene a solução até o final do experimento.
3. Coloque o extrato nas cavidades da forma de gelo.
4. Posicionando-se em um dos cantos da forma, sopre várias vezes sobre o líquido até observar alguma alteração na coloração do extrato.
5. Anote, lave a forma e repita o procedimento 3.
6. Coloque uma pequena quantidade (cerca de 1 g) de enxofre em pó em uma espátula ou colher de café metálica.
7. Agora, seu professor inclina a espátula ou a colher metálica e a aproxima de um palito de fósforo aceso, colocando o pó de enxofre imediatamente dentro do cadinho.
8. Coloque a forma com os extratos de repolho roxo nas proximidades da fumaça formada no cadinho. Observe e anote.

Extrato de repolho roxo em diferentes pH.

Fonte de pesquisa: Estudando o equilíbrio ácido-base. Revista *Química Nova na Escola*, n. 1, maio 1995. Disponível em: <http://qnesc.sbq.org.br/online/qnesc01/exper1.pdf>. Acesso em: 1º ago. 2014.

Resíduos: Se sobrar enxofre sem queimar, guarde-o em outro recipiente.

Analise e discuta

1. O extrato de repolho roxo pode apresentar diferentes cores em diferentes meios. Naqueles fortemente ácidos, ele se torna vermelho e, à medida que o pH aumenta, aproximando-se do valor 7, ele vai se tornando rosa até chegar a roxo. Utilize essa propriedade do repolho roxo para explicar as alterações observadas ao soprar sobre a forma e ao soprar a fumaça do enxofre que estava queimando no cadinho.
2. O que o teste da água de chuva permite verificar? Com qual das situações descritas na questão anterior ele mais se assemelha?
3. Ao observar as cavidades da forma de gelo, é possível notar alguma diferença comparando-se a cavidade mais próxima do sopro com a que está mais distante? Como isso pode ser explicado?
4. Diante do que foi estudado neste experimento, explique o significado da expressão: "a chuva é naturalmente ácida".

Questões globais

32. Dê as fórmulas dos seguintes compostos inorgânicos. Consulte a tabela de cátions (página 265) e ânions (pagina 260) sempre que necessário.
   a) Ácido sulfuroso
   b) Óxido de magnésio
   c) Hipoclorito de sódio
   d) Dióxido de manganês
   e) Hidróxido de alumínio
   f) Óxido de alumínio
   g) Sulfito de cobre(II)

33. Uma substância pura é sólida na temperatura ambiente, apresenta elevadas temperaturas de fusão e de ebulição e conduz corrente elétrica tanto fundida como dissolvida em água. Indique a alternativa cuja substância apresenta as propriedades citadas.
   a) SO_3
   b) SO_2
   c) NH_3
   d) H_2SO_4
   e) Na_2SO_4

34. Indique os nomes de duas substâncias que apresentem as seguintes propriedades.
   I. Conduzem corrente elétrica no estado líquido.
   II. São sólidas em temperatura ambiente.
   III. Não conduzem corrente elétrica no estado sólido.

35. Indique a alternativa que apresenta apenas óxidos básicos.
   a) CO_2 e K_2O
   b) SO_2 e Na_2O
   c) K_2O e Na_2O
   d) P_2O_5 e MgO
   e) CaO e CO

36. Copie as equações abaixo em seu caderno e complete-as, respeitando os coeficientes fornecidos. A seguir, dê o nome e a classificação de acordo com a natureza dos íons presentes na estrutura dos sais formados.
   a) $1\ HC\ell + 1\ Mg(OH)_2 \longrightarrow$
   b) $2\ HC\ell + 1\ Mg(OH)_2 \longrightarrow$
   c) $1\ H_2SO_4 + 1\ KOH \longrightarrow$
   d) $1\ H_2SO_4 + 2\ KOH \longrightarrow$
   e) $1\ H_2SO_4 + 1\ A\ell(OH)_3 \longrightarrow$
   f) $3\ H_2SO_4 + 2\ A\ell(OH)_3 \longrightarrow$

37. Analise as substâncias abaixo e responda aos itens a seguir.

$$CO_2,\ CaC\ell_2,\ CaO\ e\ KHSO_3$$

   a) Indique o tipo de ligação presente em cada uma delas.
   b) Dê uma propriedade de cada uma delas.
   c) Escreva os seus nomes.

38. Uma das propostas de combate ao aquecimento global consiste em injetar o dióxido de carbono líquido no fundo do oceano. No entanto, esse método poderia implicar numa possível e crescente acidificação da água do mar, ocasionando drásticas modificações nos ecossistemas marinhos. Equacione a reação que representa a reação entre o dióxido de carbono e a água e explique o efeito desse aumento de acidez sobre os corais e outros organismos que apresentam carbonato de cálcio em sua constituição.

39. O sal marinho é um sal constituído principalmente pelo cloreto de sódio (NaCℓ). A obtenção do sal marinho ocorre por meio da evaporação da água do mar e o processo de extração divide-se, ao menos, em 4 etapas: aumento da quantidade de sal por volume de água, cristalização do sal marinho, coleta e lavagem. O esquema a seguir representa algumas dessas etapas.

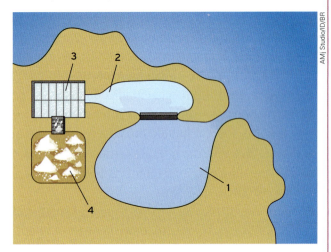

1 – A água do mar é estocada e, por meio da exposição ao sol, o processo de evaporação da água é acelerado.
2 – Com o aumento da concentração do sal, a água do mar torna-se uma salmoura.
3 – Nos cristalizadores ocorre o processo de precipitação do sal marinho.
4 – O sal marinho é coletado, lavado e estocado em forma de montes.

Antes da distribuição, é adicionado iodo ao sal marinho, de acordo com a legislação brasileira.
   a) Qual dos estados listados a seguir seria o mais indicado para produção de sal marinho? Justifique sua resposta.
      I. Paraná
      II. Goiás
      III. Acre
      IV. Sergipe
      V. Tocantins
   b) Pesquise em *sites* e livros a importância do iodo no sal.

Ciência, tecnologia e sociedade

Terra em alerta
O planeta esquenta e a catástrofe é iminente. Mas existe solução

Ondas de calor inéditas. Furacões avassaladores. Secas intermináveis onde antes havia água em abundância. Enchentes devastadoras. Extinção de milhares de espécies de animais e plantas. Incêndios florestais. Derretimento dos polos. E toda a sorte de desastres naturais que fogem ao controle humano.

Há décadas, pesquisadores alertavam que o planeta sentiria no futuro o impacto do descuido do homem com o ambiente. Na virada do milênio, os avisos já não eram mais necessários – as catástrofes causadas pelo aquecimento global se tornaram realidades presentes em todos os continentes do mundo. Os desafios passaram a ser dois: adaptar-se à iminência de novos e mais dramáticos desastres naturais; e buscar soluções para amenizar o impacto do fenômeno.

Em tempos de aquecimento planetário, uma nova entidade internacional tomou as páginas de jornais e revistas de toda a Terra – o Painel Intergovernamental sobre Mudança Climática (IPCC), criado pela ONU para buscar consenso internacional sobre o assunto. Seus aguardados relatórios ganharam destaque por trazer as principais causas do problema, e apontar para possíveis caminhos que podem reverter alguns pontos do quadro.

Em 2007, o painel escreveu e divulgou três textos. No primeiro, de fevereiro, o IPCC responsabilizou a atividade humana pelo aquecimento global – algo que sempre se soube, mas nunca tinha sido confirmado por uma organização deste porte. Advertiu também que, mantido o crescimento atual dos níveis de poluição da atmosfera, a temperatura média do planeta subirá 4 graus até o fim do século. O relatório seguinte, apresentado em abril, tratou do potencial catastrófico do fenômeno e concluiu que ele poderá provocar extinções em massa, elevação dos oceanos e devastação em áreas costeiras.

A surpresa veio no terceiro documento da ONU, divulgado em maio. Em linhas gerais, ele diz o seguinte: se o homem causou o problema, pode também resolvê-lo. E por um preço relativamente modesto – pouco mais

O urso-polar é um dos animais mais afetados pelo aquecimento global.

de 0,12% do produto interno bruto mundial por ano até 2030. Embora contestado por ambientalistas e ONGs verdes, o número merece atenção.

O 0,12% do PIB mundial seria gasto tanto pelos governos, para financiar o desenvolvimento de tecnologias limpas, como pelos consumidores, que precisariam mudar alguns de seus hábitos. O objetivo final? Reduzir as emissões de gases do efeito estufa, que impedem a dissipação do calor e esquentam a atmosfera.

O aquecimento global não será contido apenas com a publicação dos relatórios do IPCC. Nem com sua conclusão de que não sai tão caro reduzir as emissões de gases. Apesar de serem bons pontos de partida para balizar as ações, os documentos não têm o poder de obrigar uma ou outra nação a tomar providências. Para a obtenção de resultados significativos, o esforço de redução da poluição precisa ser global. O fracasso do Tratado de Kyoto, ao qual os Estados Unidos, os maiores emissores de CO_2 do mundo, não aderiram, ilustra os problemas colocados diante das tentativas de conter o aquecimento global.

A Terra em alerta. *Veja.com*, Abril. Disponível em: <http://veja.abril.com.br/idade/exclusivo/aquecimento_global/contexto_int.html>. Acesso em: 29 maio 2014.

Analise e discuta

1. "Efeito estufa" é o mesmo que "aquecimento global"? Justifique.
2. Plataforma de Durban é a denominação dada aos acordos firmados na 17ª Conferência da ONU sobre Mudanças Climáticas (COP-17), ocorrida na cidade sul-africana de Durban, no final de 2011. O documento inclui um segundo período de compromissos do Protocolo de Kyoto e uma estrutura do Fundo Verde para o Clima que inclui financiamento, transferência de tecnologia, desenvolvimento e capacitação dos países pobres na adaptação às mudanças climáticas. Pesquise e relacione alguns países que têm obrigações de reduzir suas emissões de poluentes e os que não têm metas ou não aderiram aos acordos.
3. Que medidas o governo brasileiro poderia adotar para diminuir a emissão de gás carbônico no país?

Esquema do capítulo

SUBSTÂNCIAS INORGÂNICAS

são agrupadas em funções como

- **ácidos e bases**
- **sais**
  - que são
  - **compostos iônicos**
    - que são classificados de acordo com a
      - **natureza dos íons presentes**
        - normal e duplo → produtos da **neutralização** total entre ácidos e bases
        - hidrogenossal hidroxissal → produtos da **neutralização parcial** entre ácidos e bases
      - **presença de água no retículo cristalino**
        - sal hidratado
      - **solubilidade em água**
        - solúvel, pouco solúvel ou praticamente insolúvel
- **óxidos**
  - que podem ser
  - **compostos iônicos e moleculares**
    - que são classificados de acordo com o comportamento químico em
      - **óxido ácido** → reage com água formando ácido e com base formando sal e água → alguns óxidos ácidos são poluentes atmosféricos importantes: CO_2 (efeito estufa), SO_3 e NO_2 (chuva ácida)
      - **óxido básico** → reage com água formando base e com ácido formando sal e água
      - **óxido anfótero** → reage tanto com ácido forte como com base forte
      - **óxido neutro** → **não reage** com água, ácido ou base, embora participe de outras reações
      - **óxido misto** → formado pela combinação de dois óxidos
      - **peróxido** → apresenta o grupo [—O—O—] em sua estrutura

Vestibular e Enem

40. (Vunesp) O "gasolixo", um combustível alternativo obtido pela fermentação anaeróbica do lixo, é composto aproximadamente por 65% de CH_4, 30% de CO_2 e 5% de uma mistura de H_2S, H_2 e traços de outros gases. Para melhorar o rendimento do "gasolixo" e diminuir a poluição provocada por sua queima, é necessário remover CO_2 e H_2S. Isto pode ser feito convenientemente borbulhando-se o "gasolixo" através de:

a) água pura.

b) solução concentrada de $NaC\ell$.

c) solução concentrada de H_2SO_4.

d) solução concentrada de SO_2.

e) solução concentrada de NaOH.

41. (PUC-RS) Responder à questão com base nas reações de neutralização a seguir.

I. $2\,HNO_3 + Mg(OH)_2 \longrightarrow X + 2\,H_2O$

II. $Y + 2\,KOH \longrightarrow K_2HPO_4 + 2\,H_2O$

III. $H_2CO_3 + 2\,NaOH \longrightarrow Z + 2\,H_2O$

A nomenclatura correta das substâncias X, Y e Z é, respectivamente,

a) nitrito de magnésio, ácido fosforoso e bicarbonato de sódio.

b) nitrito de manganês, ácido ortofosfórico e carbeto de sódio.

c) nitrato de magnésio, ácido fosfórico e bicarbonato de sódio.

d) nitrato de magnésio, ácido fosfórico e carbonato de sódio.

e) nitrato de magnésio, ácido fosforoso e carbonato de sódio.

42. (Enem) O processo de industrialização tem gerado sérios problemas de ordem ambiental, econômica e social, entre os quais se pode citar a chuva ácida. Os ácidos usualmente presentes em maiores proporções na água da chuva são o H_2CO_3, formado pela reação do CO_2 atmosférico com a água, o HNO_3, o HNO_2, o H_2SO_4 e o H_2SO_3. Esses quatro últimos são formados principalmente a partir da reação da água com os óxidos de nitrogênio e de enxofre gerados pela queima de combustíveis fósseis.

A formação de chuva mais ou menos ácida depende não só da concentração do ácido formado, como também do tipo de ácido. Essa pode ser uma informação útil na elaboração de estratégias para minimizar esse problema ambiental. Se consideradas concentrações idênticas, quais dos ácidos citados no texto conferem maior acidez às águas das chuvas?

a) HNO_3 e HNO_2 d) H_2SO_4 e HNO_3

b) H_2SO_4 e H_2SO_3 e) H_2CO_3 e H_2SO_3

c) H_2SO_3 e HNO_2

43. (Fuvest-SP) Para identificar quatro soluções aquosas, A, B, C e D, que podem ser soluções de hidróxido de sódio, sulfato de potássio, ácido sulfúrico e cloreto de bário, não necessariamente nessa ordem, foram efetuados três ensaios, descritos a seguir, com as respectivas observações.

I. A adição de algumas gotas de fenolftaleína a amostras de cada solução fez com que apenas a amostra de B se tornasse rosada.

II. A solução rosada, obtida no ensaio I, tornou-se incolor pela adição de amostra de A.

III. Amostras de A e C produziram precipitados brancos quando misturadas, em separado, com amostras de D.

Com base nessas observações e sabendo que sulfatos de metais alcalinoterrosos são pouco solúveis em água, pode-se concluir que A, B, C e D são, respectivamente, soluções aquosas de:

a) H_2SO_4, NaOH, $BaC\ell_2$ e K_2SO_4

b) $BaC\ell_2$, NaOH, K_2SO_4 e H_2SO_4

c) NaOH, H_2SO_4, K_2SO_4 e $BaC\ell_2$

d) K_2SO_4, H_2SO_4, $BaC\ell_2$ e NaOH

e) H_2SO_4, NaOH, K_2SO_4 e $BaC\ell_2$

44. (Ufla-MG) Para analisar a teoria da dissolução eletrolítica de Arrhenius, foi testada a condutividade elétrica de alguns compostos, observando-se que:

I. $HC\ell$ em solução aquosa conduz corrente elétrica.

II. $NaC\ell$ anidro no estado fundido conduz corrente elétrica.

III. NaOH no estado sólido conduz corrente elétrica.

IV. Glicose ($C_6H_{12}O_6$) em solução aquosa conduz corrente elétrica.

Dessas afirmações **apenas**

a) I e II são corretas.

b) I e III são corretas.

c) II e IV são corretas.

d) III e IV são corretas.

45. (UFSM-RS) A exposição dos atletas ao sol intenso exige cuidados especiais com a pele. O dióxido de titânio é usado em vestimentas a fim de proteger os atletas da radiação solar. A fórmula química do dióxido de titânio é _____, trata-se de um óxido _____ formado por um _____ e oxigênio.

Assinale a alternativa que completa corretamente as lacunas.

a) TiO_2 – iônico – não metal

b) Ti_2O – molecular – não metal

c) TiO_2 – iônico – metal

d) Ti_2O – iônico – não metal

e) TiO_2 – molecular – metal

293

Vestibular e Enem

Texto para a questão 46.

"Desde a invenção da pólvora negra no século IX pelos chineses, sabe-se que determinados materiais, quando queimados, produzem chamas coloridas. Foram, porém, os italianos e alemães que, na Idade Média, deram mais cores e efeitos às chamas. Eles aprenderam a adicionar compostos metálicos na pólvora, obtendo variada gama de cores e efeitos. A origem das cores geradas pela presença de metais nas chamas está na estrutura eletrônica dos átomos. Com a energia liberada na combustão, os elétrons externos dos átomos de metais são promovidos a estados excitados e, ao retornarem ao seu estado eletrônico inicial, liberam a energia excedente na forma de luz, com essas cores mostrados na tabela abaixo:"

Elemento	Cor da chama	Elemento	Cor da chama
Antimônio	Azul esverdeada	Cobre	Verde
Arsênio	Azul	Estrôncio	Vermelho tijolo
Bário	Verde amarelada	Lítio	Carmim
Cálcio	Alaranjada	Potássio	Violeta
Chumbo	Azul	Sódio	Amarela

46. (Uepa) A respeito dos metais da tabela acima, leia as afirmativas abaixo:

I. Dos três elementos Li, K e Na, o K apresenta maior raio atômico.

II. Ca, Sr e Ba combinam-se com o Cloro para formar sais por ligação iônica.

III. Os cloretos dos sais de Ba, Ca e Sr têm fórmulas, respectivamente: $BaC\ell_3$, $CaC\ell_2$ e $SrC\ell$.

IV. $SbC\ell_3$ apresenta geometria piramidal e chama-se Cloreto de Antimônio.

V. Os elementos químicos Sb, As, Pb são considerados elementos representativos.

A alternativa que contém todas as afirmativas corretas é:

a) I, II, III e IV.
b) I, II, III e V.
c) II, III, IV e V.
d) I, II, IV e V.
e) I, III, IV e V.

47. (Vunesp) A ampliação do uso de combustíveis fósseis para geração de energia contribui para o aumento da concentração de SO_3 que, ao reagir com H_2O, presente na atmosfera, produz H_2SO_4. Esta solução é, também, responsável por danificar a cobertura vegetal próxima às fontes poluidoras, desequilibrar ecossistemas aquáticos e destruir monumentos históricos. Tal fenômeno climático é denominado

a) efeito estufa.
b) chuva ácida.
c) inversão térmica.
d) El Niño.
e) ilhas de calor.

48. (IFMG) A chuva ácida é decorrente principalmente da poluição gerada por processos industriais e veículos automotores.

Com relação à chuva ácida, um aluno fez as seguintes afirmativas:

I. A presença de monóxido de carbono (CO) na atmosfera juntamente com água produz um ácido forte.

II. Uma maneira de reduzir a quantidade de SO_2 liberada no meio ambiente é remover o enxofre do carvão e do petróleo antes de utilizá-los.

III. A formação de ácido sulfúrico (H_2SO_4) na atmosfera é decorrente da reação de óxido ácido com água.

Sobre as afirmativas do aluno, é(são) **correta(s)** apenas:

a) a opção II.
b) as opções I e II.
c) as opções I e III.
d) as opções II e III.

49. (Mackenzie-SP) O hipoclorito de sódio é um sal utilizado frequentemente em soluções aquosas como desinfetante e/ou agente alvejante. Esse sal pode ser preparado pela absorção do gás cloro em solução de hidróxido de sódio mantida sob resfriamento, de modo a prevenir a formação de clorato de sódio. As soluções comerciais de hipoclorito de sódio sempre contêm quantidade significativa de cloreto de sódio, obtido como subproduto durante a formação do hipoclorito.

Assim, é correto afirmar que as fórmulas químicas do hipoclorito de sódio, clorato de sódio e cloreto de sódio são, respectivamente,

a) $NaC\ell O$, $NaC\ell O_3$ e $NaC\ell$.
b) $NaC\ell O_2$, $NaC\ell O_4$ e $NaC\ell$.
c) $NaC\ell O$, $NaC\ell O_2$ e $NaC\ell$.
d) $NaC\ell O$, $NaC\ell O_4$ e $NaC\ell O_2$.
e) $NaC\ell O_2$, $NaC\ell O_3$ e $NaC\ell$.

50. (FGV-SP) Alterações de pH do solo podem ser danosas à agricultura, prejudicando o crescimento de alguns vegetais, como a soja. O solo pode tornar-se mais ácido, devido às alterações nas composições de alguns minerais e ao uso de fertilizantes, ou mais alcalino, pela ausência de chuvas. Os óxidos que, ao serem adicionados ao solo e entrarem em contato com a água, podem resolver os problemas de acidez e alcalinidade são, respectivamente,

a) CO e SO_2
b) Na_2O e SO_2
c) Na_2O e CO
d) CaO e Na_2O
e) SO_2 e CaO

Para explorar

Livros

- *Chuva ácida*, de M. Bright. São Paulo: Melhoramentos, 2001.
  Esse volume da coleção SOS Planeta Terra traz informações básicas sobre o conceito de chuva ácida, bem como dos outros temas relacionados a esse assunto, como poluição atmosférica, dos solos, etc. O livro também relata os impactos dessas mudanças na saúde do ser humano e de outros seres vivos.

- *Como combater o aquecimento global*, de Joanna Yarrow. São Paulo: Publifolha, 2008.
  O livro oferece sugestões para minimizar o impacto ambiental causado pela ação humana. Trata-se de um manual que explica e defende a aplicação do conceito de sustentabilidade.

- *Manual Live Earth de sobrevivência ao aquecimento global*, de David de Rothschild. São Paulo: Manole, 2007.
  O livro descreve 77 táticas essenciais para evitar o aquecimento global, como a forma correta de atarraxar uma lâmpada, os novos destinos para o lixo, etc. Segundo o autor, a soma de pequenas ações, multiplicadas por milhões de pessoas, pode levar a efeitos decisivos.

Site

- <http://condigital.ccead.puc-rio.br/condigital/index.php?option=com_content&view=article&id=481:classificacao-de-acidos-bases-e-sais-animacao-nomenclatura-de-elementos-&catid=18:animacoes&Itemid=99>. Acesso em: 2 abr. 2014.
  Esta animação, desenvolvida pelo grupo de pesquisa Cooperação e Avaliação em EaD da PUC-RJ, aborda a classificação e a nomenclatura de ácidos, bases e sais.

Química e Biologia

Qualidade do ar

Nos dias atuais, quase todos os lugares sofrem com os efeitos da poluição atmosférica provocados localmente ou não. Nas metrópoles, por exemplo, a grande circulação de veículos que utilizam combustíveis fósseis é uma das principais causas da poluição do ar. Além de carros, caminhões e ônibus, outras fontes de emissão contribuem para a piora da qualidade do ar, como processos industriais e usinas termoelétricas. Já nas regiões rurais, a utilização de pesticidas dispersos no ar por aviões ou veículos, as queimadas de matas e lavouras e o emprego de combustíveis fósseis para movimentar tratores, geradores e máquinas são alguns exemplos de fontes de emissão de poluentes.

O Conselho Nacional do Meio Ambiente (Conama) considera poluente qualquer espécie química presente no ar que, pela sua concentração, torna o ar impróprio ou nocivo à saúde humana, à fauna e à flora, ou cause danos às construções, monumentos, etc.

Diferentes fontes de emissão de poluentes. Em **A**, caminhão liberando fumaça preta na Marginal Pinheiros em São Paulo (SP), 2012. Em **B**, poluição liberada pela chaminé de uma fábrica de peças de cerâmica em Boa Vista (RR), 2012. Em **C**, incêndio na Estação Ecológica do Taim (RS), 2013. Em **D**, avião pulverizando pesticida em plantação de arroz em Lagoa da Confusão (TO), 2005.

Os poluentes atmosféricos podem ser classificados de diversas formas. Veja, a seguir, algumas delas:

- quanto ao tipo da fonte de emissão – natural, por exemplo, os vulcões; ou artificial, como as usinas termoelétricas;
- quanto à mobilidade da fonte de emissão – fixa, por exemplo, indústria; ou móvel, como os veículos automotivos.

Além dessas classificações, os poluentes podem ser divididos em duas categorias: poluentes primários e poluentes secundários.

Os primários são aqueles lançados diretamente pelas fontes de emissão, por exemplo, a emissão de fuligem dos escapamentos de veículos.

Os secundários são formados pela reação química entre poluentes primários e componentes naturais da atmosfera. O ozônio formado na camada mais baixa da atmosfera, a troposfera, é um exemplo de poluente secundário obtido da reação entre óxidos de nitrogênio (NO_x) e hidrocarbonetos – grupo de substâncias que contêm em sua composição apenas átomos de carbono e de hidrogênio.

O quadro a seguir apresenta alguns poluentes atmosféricos.

Compostos de enxofre	Compostos de nitrogênio	Compostos halogenados	Outros poluentes
SO_2	NO	$HC\ell$	CO
SO_3	NO_2	HF	O_3
Sulfatos	NH_3	Cloretos	Hidrocarbonetos
Outros derivados de enxofre	HNO_3	Fluoretos	Material particulado

Fonte de pesquisa: Cetesb. Disponível em: <http://www.cetesb.sp.gov.br/ar/Informa??es-B?sicas/21-Poluentes>. Acesso em: 29 maio 2014.

A poluição atmosférica afeta principalmente o sistema respiratório, podendo agravar ou mesmo provocar pneumonia aguda, enfisema pulmonar, infarto, acidente vascular cerebral (AVC) e câncer do sistema respiratório. Segundo dados de 2013 da Organização Mundial da Saúde (OMS), os poluentes atmosféricos provocam mais mortes do que a malária e a aids combinados. Somente na cidade de São Paulo, uma das mais poluídas do país, a mortalidade em decorrência desse tipo de poluição superou em 2012 o número de óbitos da cidade por aids e tuberculose.

Atividades

1. Considerando a grande quantidade de veículos automotores nos centros urbanos brasileiros, faça uma pesquisa para identificar quais os poluentes que eles podem liberar.
2. Por ser um problema de saúde pública, em sua opinião, como se pode melhorar a qualidade do ar em ambientes urbanos?
3. O ozônio é considerado um poluente atmosférico na troposfera, ao passo que na estratosfera é fundamental para a vida na Terra. Explique a afirmação.
4. A tabela da página anterior apresenta algumas substâncias que são classificadas como óxidos. Pesquise em *sites* e livros e explique resumidamente os efeitos negativos desses poluentes para a fauna e a flora ou para as construções.

Leia o texto a seguir e responda o que se pede.

As combustões são exemplos de reações de oxirredução de extrema importância, não só pela energia liberada no processo, mas também por sua participação no metabolismo de organismos aeróbios, ou seja, que utilizam o oxigênio (O_2) na respiração celular. Veja, a seguir, a equação de combustão do gás metano.

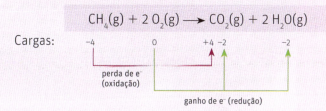

A combustão de um material é considerada completa quando a quantidade de oxigênio é suficiente para que a reação produza apenas gás carbônico (CO_2) e água (H_2O). Caso não seja suficiente, a combustão será incompleta e os produtos formados monóxido de carbono (CO) e água ou fuligem, que pode ser representado por C, e água. Veja abaixo um exemplo para as combustões incompletas.

$$2\ CH_4(g) + 3\ O_2(g) \rightarrow 2\ CO(g) + 4\ H_2O(g)$$
$$CH_4(g) + O_2(g) \rightarrow C(s) + 2\ H_2O(g)$$

Os combustíveis fósseis contêm impurezas em sua composição, como o enxofre. Portanto, durante a queima desse combustível ocorre também a oxidação do enxofre e formação de óxidos de enxofre.

5. Sabendo que o principal componente da gasolina é o isoctano, um hidrocarboneto de fórmula molecular C_8H_{18}, represente a equação balanceada de sua combustão completa.
6. Os óxidos de nitrogênio (NO_x) são emitidos principalmente na forma de monóxido de nitrogênio (NO) e dióxido de nitrogênio (NO_2). Esses poluentes são formados nos motores a explosão pela reação entre os gases atmosféricos nitrogênio (N_2) e oxigênio (O_2). Essa reação requer alta temperatura e pressão elevada, ambas fornecidas pelo pistão do motor do veículo e pela queima do combustível. O NO emitido para atmosfera também pode reagir com o oxigênio do ar e ser convertido a NO_2.
   a) Escreva a equação balanceada de formação do NO e do NO_2.
   b) De acordo com o texto, classifique os dois poluentes em primário e secundário.

UNIDADE 8

Contando átomos e moléculas

Nesta unidade

16 Relações entre massas de átomos e moléculas

17 Mol: quantidade de matéria

As estimativas da quantidade de átomos, de moléculas ou de outras espécies químicas são fundamentais, tanto para processos produtivos quanto para detecção e quantificação de materiais, como em casos de contaminação de alimentos e da água, em análises de sangue e urina, entre outras aplicações. Essas estimativas também são usadas para determinar o grau de pureza ou de impureza de materias.

Nesta unidade você verá como esses cálculos são realizados.

(A) *Aloe vera*, planta conhecida popularmente como babosa. O gel incolor, mucilagem, provém da polpa da folha.
(B) Líquido amarelo extraído da babosa.

As fotos abaixo são da primeira etapa de um processo de produção industrial. Inicialmente, são efetuados testes em laboratório, em pequena escala, em que o pesquisador extrai material de parte de um vegetal (imagem **A**). De outra parte dessa planta é extraído material de tonalidade amarelo-esverdeada (imagem **B**). Na segunda etapa, tem início a produção em larga escala, ou em escala industrial.

Ou seja, a reação efetuada em pequena escala passa a ser feita em um reator e com quantidade bem maior de material. O produto obtido nesse processo resulta de uma mistura reacional.

Questões para reflexão

1. Em sua opinião, que tipos de pesquisa precisam ser realizados antes do lançamento de determinado produto?
2. Para o desenvolvimento de novos processos de produção, pode ser necessário efetuar medidas de massa e volume. Essas medidas permitem aos químicos estimar a quantidade de átomos, de moléculas e de outras espécies químicas em determinada massa ou volume de material. Como você acha que essa estimativa é feita?

CAPÍTULO 16
Relações entre massas de átomos e moléculas

Neste capítulo

1. Massa atômica.
2. Massas moleculares.

Após um jogo de futebol, alguns atletas são escolhidos aleatoriamente para a coleta de urina, a qual será encaminhada para exame *antidoping*. No destaque, o "teste do pezinho" — procedimento fundamental para diagnosticar doenças. Tanto a análise de sangue quanto a de urina têm como objetivo detectar a presença de uma substância ou de um agente e, se necessário, determinar a sua quantidade na amostra.

A análise de materiais envolve a determinação das massas de átomos ou de outras espécies químicas e está bem presente no dia a dia das pessoas.

Por meio de uma técnica denominada **espectrometria de massa** – amplamente aplicada em laboratórios de análise química – é possível, por exemplo, detectar drogas na urina de atletas. Essa é a finalidade dos exames *antidoping*, comuns nas atividades esportivas, como em jogos de futebol, pois alguns atletas consomem substâncias prejudiciais à saúde em busca de um melhor rendimento físico.

A espectrometria de massa também é usada para identificar agentes contaminantes na água e em alimentos, bem como para analisar o sangue de recém-nascidos, cuja amostra é colhida no "teste do pezinho". Esse teste permite identificar até trinta doenças metabólicas, genéticas ou infecciosas, a partir de algumas gotas de sangue colhidas do calcanhar.

Todas essas análises fornecem as massas de átomos ou de outras espécies químicas.

Sendo os átomos invisíveis, como você imagina que é possível determinar suas massas?

Neste capítulo, você verá que os químicos desenvolveram uma escala relativa de massas atômicas, a qual lhes permite determinar as massas das espécies químicas mesmo sem conhecer suas fórmulas químicas.

1. Massa atômica

O modelo de Dalton, apresentado no capítulo 7, já sugeria um método para a determinação das massas relativas dos átomos.

Nessa teoria atômica, proposta no início do século XIX, três proporções se aplicam para uma mesma substância: a relação das massas dos elementos (Lei das Proporções Definidas); a quantidade de átomos na substância (fórmula química); e a relação entre as massas de cada átomo (massa atômica relativa).

Veja, a seguir, um exemplo do raciocínio utilizado pelos cientistas do século XIX para comparar as massas atômicas dos elementos. O exemplo escolhido é o da reação de síntese da água.

Dados experimentais indicam que, para a síntese de 18,0 g de água, são consumidos 2,0 g de gás hidrogênio e 16,0 g de gás oxigênio.

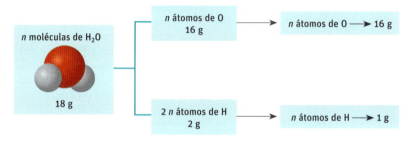

Pela análise desse esquema, pode-se concluir que o átomo de oxigênio apresenta massa 16 vezes maior que a do hidrogênio.

A relação entre a Lei das Proporções Definidas, as massas atômicas e as fórmulas das substâncias está resumida no quadro a seguir.

$$\underbrace{\frac{\text{número de átomos de A}}{\text{número de átomos de E}}}_{\text{fórmula molecular}} \cdot \underbrace{\frac{\text{massa atômica de A}}{\text{massa atômica de E}}}_{\text{Tabela Periódica}} = \underbrace{\frac{\text{massa do elemento A}}{\text{massa do elemento E}}}_{\text{Lei das Proporções Definidas}}$$

Para uma comparação adequada das massas atômicas dos elementos, convencionou-se que a massa do isótopo C-12 (^{12}C) seria utilizada como padrão. Por definição, a massa desse isótopo é 12,0 u (1 u = 1,67 × 10^{-27} kg).

Logo, a unidade de massa atômica (u) equivale a $\frac{1}{12}$ (um doze avos) da massa do isótopo ^{12}C.

No século XIX, muitos outros padrões foram sugeridos. Padronizou-se que o átomo de hidrogênio (H), por ser o mais leve, teria massa relativa igual a 1,0. Outros cientistas propuseram o átomo de oxigênio como padrão devido à sua facilidade de combinar-se com outros elementos, formando os respectivos óxidos.

Conhecendo a composição centesimal do agregado e a razão entre as massas atômicas de seus átomos constituintes, é possível determinar sua fórmula. Veja como proceder no exercício resolvido apresentado a seguir.

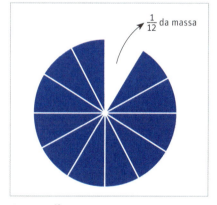

O isótopo ^{12}C possui 6 prótons e 6 nêutrons. Por definição, a sua massa é 12,0 u. Uma unidade de massa atômica (u) corresponde, então, a $\frac{1}{12}$ da massa do ^{12}C.

Exercício resolvido

1. Sabendo que o átomo de enxofre apresenta o dobro da massa do átomo de oxigênio, qual é a fórmula do óxido de enxofre formado por 60% em massa de oxigênio e 40% em massa de enxofre?

Solução
Para a mesma quantidade de átomos, a cada 4 g de enxofre deve haver 2 g de oxigênio. Entretanto, verifica-se que, para 4 g de enxofre, têm-se 6 g de oxigênio — o triplo do esperado. Assim, o óxido apresenta três átomos de O para cada átomo de S, o que é coerente com a fórmula SO_3, do trióxido de enxofre.

⟩ Número de massa e massa do átomo

Você estudou, no capítulo 7, que desde o início do século XX a definição de elemento químico deixou de ser dada pela massa atômica. O número atômico (Z), que representa o número de prótons no núcleo atômico, tornou-se a base para a definição de elemento.

O desenvolvimento dos modelos atômicos abriu caminho para a detecção de nêutrons no núcleo atômico, e o átomo de cada elemento passou a ser representado da seguinte forma:

$$\text{número de massa} \longrightarrow {}^A_Z E \text{ – símbolo do elemento}$$
$$\text{número atômico} \longrightarrow$$

Como prótons e nêutrons apresentam massas aproximadamente iguais e próximas a $1,0$ u (1 u $= 1,67 \cdot 10^{-27}$ kg) e como o elétron apresenta massa muito pequena em relação a eles, podem ser utilizados o número de prótons e o de nêutrons para estimar a massa do átomo. Entretanto, trata-se somente de uma aproximação – adequada para grande parte das aplicações do Ensino Médio –, que não corresponde à massa precisa do átomo.

Para determinar com boa precisão a massa de um átomo, utiliza-se um equipamento denominado **espectrômetro de massas**, o qual permitiu a descoberta de um grande número de isótopos de elementos não radioativos.

As massas de alguns isótopos são apresentadas na tabela a seguir.

Massa de alguns isótopos em u			
Isótopo	Massa (u)	Isótopo	Massa (u)
${}^1H$	1,0078	${}^{31}P$	30,973761
${}^{12}C$	12,0 (exatos)	${}^{35}C\ell$	34,968852
${}^{16}O$	15,994914	${}^{37}C\ell$	36,965902
${}^{19}F$	18,998403	${}^{127}I$	126,904473
${}^{27}A\ell$	26,981538	${}^{197}Au$	196,966568

Fonte de pesquisa: LIDE, David R. *CRC handbook of Chemistry and Physics.* Internet version (87th edition). CRC-Press. Taylor and Francis Group. Florida: Boca Raton, 2007. p. 15-17.

Note que as massas de muitos isótopos são conhecidas com exatidão de seis casas decimais. Essa precisão não se justifica para a maioria das aplicações deste curso, portanto será adotado um valor aproximado, que corresponde ao número de massa dado, expresso em unidade de massa atômica (u).

É importante, contudo, não confundir o conceito de **número de massa** com o de **massa do átomo**. O número de massa não tem unidade, pois se trata da soma dos números de prótons e de nêutrons presentes em determinado átomo. A massa do átomo é determinada experimentalmente, constituindo uma propriedade física de determinado corpo.

A massa de um átomo não corresponde exatamente ao número de massa, pois a massa do próton e a do nêutron não são exatamente iguais, e a do elétron também não pode ser desprezada. Dependendo da exatidão adotada, a massa de um íon é ligeiramente distinta da massa do átomo neutro.

Partícula subatômica	Massa (u)
Elétron	$5,485799 \times 10^{-4}$
Nêutron	1,008664
Próton	1,007276

Fonte de pesquisa: LIDE, David R. *CRC handbook of Chemistry and Physics.* Internet version (87th edition). CRC-Press. Taylor and Francis Group. Florida: Boca Raton, 2007. p. 7-9.

Além disso, a massa do núcleo atômico é ligeiramente inferior à soma das massas dos prótons e dos nêutrons que o compõem. A interação entre essas partículas nucleares resulta em um fenômeno denominado **defeito de massa**.

De todo modo, para os propósitos deste livro, considera-se que as massas dos átomos correspondem ao respectivo número de massa do isótopo analisado, e a massa dos elétrons é desprezada.

Saiba mais

Escala de massas atômicas

Para criar uma escala de massas atômicas, é necessário escolher um elemento como padrão e atribuir determinado valor à sua massa atômica. Desse modo, as massas atômicas de outros elementos químicos adquirem valores relativos a esse padrão.

O primeiro elemento utilizado como padrão foi o oxigênio. Atribuiu-se o valor 100 para sua massa atômica e, segundo essa escala, o flúor deveria ter valor 349, pois esse átomo é 3,49 vezes mais "pesado" do que o do oxigênio.

Outro elemento utilizado posteriormente como referência foi o átomo de hidrogênio, com valor 1 para a sua massa.

Atualmente, o padrão de referência é o isótopo 12 do carbono, a cuja massa se atribui o valor 12. Dessa maneira, todos os outros elementos tiveram suas massas atômicas recalculadas, e o resultado constitui a escala hoje aceita internacionalmente.

Fonte de pesquisa: AMBROGI, Angélica; LISBOA, Julio Cezar Foschini; FREGONESE, Elena Versolato. *Unidades modulares de Química.* São Paulo: Hamburg/Cecisp, 1987. p. 43-44.

Isótopos e massa atômica

Isótopos de um mesmo elemento químico apresentam o mesmo número de prótons no núcleo (número atômico) e diferentes quantidades de nêutrons, o que implica diferentes números de massa.

Esse fenômeno é bastante comum na natureza. Somente vinte elementos apresentam apenas um isótopo natural.

^{9}Be, ^{19}F, ^{23}Na, ^{27}Aℓ, ^{31}P, ^{45}Sc, ^{55}Mn, ^{59}Co, ^{75}As, ^{89}Y, ^{93}Nb, ^{103}Rh, ^{127}I, ^{133}Cs, ^{141}Pr, ^{159}Tb, ^{165}Ho, ^{169}Tm, ^{197}Au e ^{209}Bi

Fonte de pesquisa: Iupac periodic table of the isotopes. Disponível em: <http://www.ciaaw.org/pubs/Periodic_Table_Isotopes.pdf>. Acesso em: 1º ago. 2014.

Para esses elementos, a massa atômica corresponde à massa do seu único isótopo natural.

Os isótopos de um mesmo elemento apresentam igual comportamento químico, o qual depende unicamente do número atômico. Cada substância é formada por elementos que contam com certa composição de isótopos. Como a reatividade dos isótopos é a mesma, a composição isotópica geralmente se mantém em diversos materiais.

Desse modo, quando se avalia a massa atômica de determinado elemento químico, considera-se a média ponderada da massa de cada isótopo natural proporcionalmente à sua abundância.

Por exemplo, a massa atômica do boro (10,8 u) é dada pela média da ocorrência de seus isótopos na natureza: aproximadamente 20% de ^{10}B e 80% de ^{11}B.

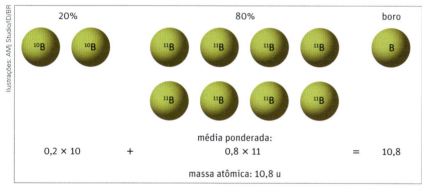

Esquema, em cores-fantasia, de ^{10}B e ^{11}B. A abundância isotópica relativa (20% e 80%, respectivamente) é considerada no cálculo da massa atômica.

Observe que, conhecendo a massa atômica, é possível determinar a abundância relativa de alguns isótopos. É o que mostra o exercício resolvido a seguir.

Exercício resolvido

2. Determine a abundância relativa de cada isótopo (porcentagem isotópica) do elemento gálio, cuja massa atômica é de 69,7 u. Os isótopos naturais desse elemento são, respectivamente, ^{69}Ga e ^{71}Ga.

Solução
$69x + 71y = 69{,}7$ (x e y correspondem às abundâncias relativas).
$x + y = 1$ (a soma corresponde a 100%); logo, $x = 1 - y$.
Resolvendo o sistema, encontramos:
$x = 65\%$ de ^{69}Ga e $y = 35\%$ de ^{71}Ga

Química tem história

Espectrometria de massa e elementos naturais

[...]

Francis William Aston ganhou o prêmio Nobel de Química em 1922 pela descoberta, realizada em 1919, de isótopos de grande número de elementos não radioativos, assim como pelo enunciado da regra do número inteiro – a afirmação de que todos os isótopos têm números de massas atômicas relativas muito próximas de números inteiros em relação ao ^{16}O (ou como diríamos hoje, em relação ao ^{12}C). Aston utilizou, para isso, um novo instrumento, por ele mesmo construído: o espectrógrafo de massa.

Francis William Aston, foto sem data.

É importante assinalar, no entanto, que Aston não foi o primeiro a utilizar o conceito de isótopo, mas sim o primeiro a estabelecer evidências convincentes de que tal conceito não se restringia aos elementos radioativos [...].

MEDEIROS, Alexandre. Aston e a descoberta dos isótopos. Revista *Química Nova na Escola*, n. 10, nov. 1999. Disponível em: <http://qnesc.sbq.org.br/online/qnesc10/historia.pdf>. Acesso em: 29 maio 2014.

A figura a seguir ilustra o espectro de massa do neônio (Ne). A localização dos picos informa a massa dos isótopos e as intensidades sobre suas abundâncias relativas.

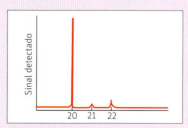

O isótopo de número de massa 20 é o mais abundante, daí o valor da massa atômica do Ne: 20,19 u.

Fonte de pesquisa: ATKINS; JONES. *Princípios de química*: questionando a vida moderna e o meio ambiente, 2001.

Atividades

3. Defina a unidade de massa atômica (u).

4. Qual é a diferença entre o número de massa e a massa atômica de um átomo?

5. Discuta por que a descoberta da ocorrência de isótopos contradiz o segundo postulado da Teoria Atômica de Dalton, segundo a qual átomos de um mesmo elemento químico são iguais em massa.

6. Quais as características em comum dos átomos de carbono-12, carbono-13 e carbono-14 com relação às partículas subatômicas que os compõem? Em que eles diferem?

7. Sabendo que certo elemento X possui massa atômica relativa 56 vezes superior a $\frac{1}{12}$ da massa do isótopo do ^{12}C, determine a massa atômica de X.

8. O elemento rubídio (Rb) é encontrado na natureza na forma de dois isótopos: 72% deles contêm 48 nêutrons; e 28%, 50 nêutrons. Determine a massa atômica desse elemento (demonstrar os cálculos).

9. Em um determinado óxido de cloro, a porcentagem de cloro é de 81,6%.
   a) Determine a quantidade de oxigênio que reage totalmente com 5,0 g de cloro e resulta nesse óxido.
   b) Sabendo que a fórmula do óxido é Cl_2O, determine a razão entre as massas atômicas do cloro e do oxigênio.

10. O gás metano (CH_4) é constituído por 25% de hidrogênio em massa.
    a) Qual a razão entre a massa de carbono e de hidrogênio nesse gás?
    b) Qual a quantidade de hidrogênio necessária para reagir totalmente com 36 g de carbono e resultar em metano?
    c) Sem consultar a Tabela Periódica, determine quantas vezes a massa de um único átomo de carbono é superior à de um hidrogênio.

11. Em 100 g de óxido de cálcio, CaO, há 28,6 g de oxigênio. Determine:
    a) a massa de cálcio nessa amostra de óxido de cálcio;
    b) a porcentagem de cálcio e de oxigênio nesse composto;
    c) a razão entre as massas atômicas do cálcio e do oxigênio.

12. Calcule a massa atômica do enxofre a partir da composição química isotópica desse elemento, que é apresentada na tabela a seguir.

Isótopo	Abundância (%)
Enxofre-32	95
Enxofre-33	0,8
Enxofre-34	4,2

Fonte de pesquisa: LIDE, David R. *CRC handbook of Chemistry and Physics*. Internet version (87th edition). CRC-Press. Taylor and Francis Group. Florida: Boca Raton, 2007. p. 1671.

13. O bromo é encontrado na natureza em duas formas isotópicas: ^{79}Br e ^{81}Br. Determine a massa atômica do bromo, sabendo que a abundância relativa dos isótopos é, respectivamente, 54,5% e 45,5%.

14. O lítio possui dois isótopos estáveis: ^6Li e ^7Li. Um deles apresenta abundância de 92,5%, e o outro, de 7,5%. Sabendo que a massa atômica do lítio é igual a 6,941 u, qual o isótopo mais abundante? Justifique.

15. O enxofre, ao reagir com oxigênio, pode formar dois óxidos distintos: dióxido de enxofre e trióxido de enxofre. A tabela a seguir mostra diferentes valores de massa de oxigênio que reagem com 4,0 g de enxofre, levando à formação de cada um dos dois possíveis óxidos.

Massa de enxofre	Massa de oxigênio	Óxido
4,0	4,0	
4,0	6,0	

Sabendo-se que o enxofre apresenta o dobro da massa do oxigênio, faça o que se pede a seguir.
a) Escreva na tabela a fórmula dos óxidos formados.
b) Determine a composição centesimal de cada um dos óxidos.

16. Francis W. Aston utilizou a espectrometria de massas para comprovar a existência de um grande número de isótopos de elementos não radioativos. A figura a seguir mostra o espectro de massa do antimônio (Sb).

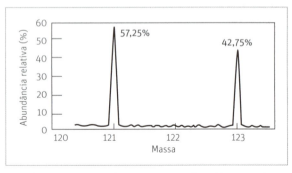

Fonte de pesquisa: KOTZ, John C.; TREICHEL, Paul M. *Chemistry and chemical reactivity*. 3rd ed., Saunder College Publishing 1996. p. 72.

No eixo das abscissas, os picos indicam a massa atômica. E no das ordenadas são mostradas as abundâncias relativas dos isótopos.

Analise o espectro do antimônio e faça o que se pede nos itens a seguir.
a) Como são representados os símbolos dos dois isótopos do Sb?
b) Qual é a massa atômica relativa do antimônio?

2. Massas moleculares

Neste item você vai entender como foi possível determinar as massas moleculares a partir de experimentos que envolveram substâncias no estado gasoso.

❯ Lei volumétrica de Gay-Lussac

O químico francês Joseph Louis Gay-Lussac (1778-1850) investigou, entre outras reações, as que envolviam a síntese do cloreto de hidrogênio gasoso, HCℓ, da água, H₂O, e da amônia, NH₃.

Ele observou que, na síntese do cloreto de hidrogênio, HCℓ, a partir dos gases hidrogênio, H₂, e cloro, Cℓ₂, 10 L de H₂ reagem com 10 L de Cℓ₂, produzindo 20 L de HCℓ (esses gases foram medidos nas mesmas condições de pressão e temperatura).

Volumes iguais de H₂ e Cℓ₂ reagem para formar o dobro do volume em HCℓ. Esquema em cores-fantasia.

Independentemente das quantidades utilizadas, essa proporção se mantém, desde que inalteradas as condições de temperatura e pressão. Se, por acaso, for realizada a reação entre 5 L de H₂ e 3 L de Cℓ₂, serão formados 6 L de cloreto de hidrogênio, havendo excesso de H₂ (o correspondente a 2 L), que não reagirá.

Na reação de obtenção de vapor de água, foi observado que a proporção entre o volume de H₂ e o de O₂ necessária para a reação era de 2 L de H₂ para cada 1 L de O₂, gerando 2 L de água no estado gasoso.

Na síntese da água é utilizado o dobro do volume de H₂ em relação ao de O₂. Caso a água seja obtida no estado gasoso, o volume final é igual ao volume de H₂ consumido. Esquema em cores-fantasia.

Se fossem utilizados volumes iguais de gás hidrogênio e gás oxigênio, haveria um excesso de gás oxigênio equivalente à metade da quantidade colocada para reagir.

Na reação de síntese da amônia, NH₃, observa-se que a proporção entre os volumes dos gases H₂, N₂ e NH₃ é de 3 : 1 : 2, ou seja, 3 L de H₂ reagem com 1 L de N₂, resultando em 2 L de NH₃.

Relação entre volumes de gases envolvidos na síntese da amônia. Esquema em cores-fantasia.

Como decorrência dessas observações, Gay-Lussac formulou, em 1808, a Lei das Combinações Gasosas (ou Lei Volumétrica).

Os **volumes de gases** envolvidos em uma determinada reação química apresentam uma **proporção constante entre si**, desde que medidos nas **mesmas condições de temperatura e pressão**.

▌Química tem história

Contribuições de Gay-Lussac

As primeiras medidas das propriedades dos gases foram realizadas pelo cientista anglo-irlandês Robert Boyle, em 1662, quando estudou o efeito da pressão sobre o volume.

Um século e meio depois, Jacques Charles e Gay-Lussac, investigando a tecnologia de voo em balão de ar quente, realizaram, independentemente, várias experiências para melhorar o desempenho de seus balões.

Os dados experimentais resultaram na Lei de Charles, que estabelece que, em volume constante, a pressão de um gás varia na razão direta da temperatura.

Em 1805, Gay-Lussac determinou com precisão a composição volumétrica da água. Em 1808, ele enunciou a Lei das Combinações dos Gases, que contribuiu para o estabelecimento da Hipótese de Avogadro.

Gay-Lussac também investigou processos fermentativos e compostos contendo enxofre e contribuiu para o desenvolvimento das análises volumétricas.

O Princípio de Avogadro

Considerando a Lei Volumétrica de Gay-Lussac, nota-se que há uma relação entre as proporções dos volumes dos gases e as proporções entre o número de moléculas dos gases envolvidos nas reações. Observe os exemplos abaixo.

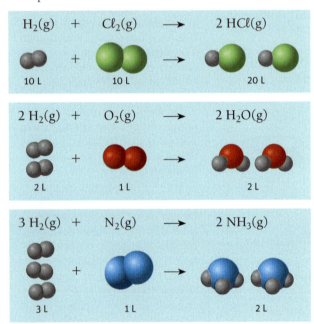

Para explicar essa relação entre o número de moléculas de um gás e o volume ocupado, independentemente da substância envolvida, o químico italiano Amedeo Avogadro (1776-1856) propôs, em 1811, uma hipótese, conhecida hoje por **Princípio de Avogadro**.

Volumes iguais de quaisquer gases **medidos nas mesmas condições de temperatura e pressão** contêm o **mesmo número de moléculas**.

Avogadro sugeriu que, para qualquer gás, o número de moléculas é proporcional ao volume ocupado pelo gás, desde que mantidas constantes as condições de temperatura e pressão. Essa hipótese baseia-se na ideia de que as distâncias intermoleculares das substâncias no estado gasoso são muito maiores do que o tamanho da molécula, que pode ser considerado desprezível em relação a essas distâncias.

Desse modo, independentemente do tamanho da molécula, o volume que o gás ocupa é proporcional ao número de moléculas presentes no frasco. A temperatura e a pressão devem ser as mesmas, pois esses parâmetros caracterizam a agitação das moléculas e sua proximidade, indicando que há igual quantidade de moléculas de gás naquele volume.

Na prática, o Princípio de Avogadro só não é válido em condições de temperaturas próximas à temperatura de ebulição da substância e em altas pressões, quando as moléculas estão muito próximas.

No esquema abaixo, o frasco A e o frasco B apresentam o mesmo número de moléculas, entretanto a massa do frasco B é maior, pois a molécula de CO_2 tem maior massa. Os frascos C, D e E possuem o dobro de moléculas que os frascos A e B. O frasco C, porém, possui o dobro de átomos que o frasco D, uma vez que cada molécula de NH_3 possui quatro átomos, enquanto as de O_2 têm somente dois.

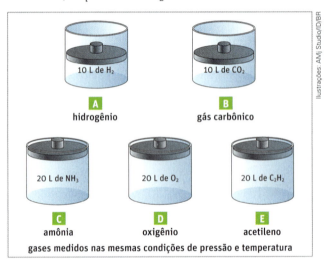

gases medidos nas mesmas condições de pressão e temperatura

Considere $t = 25\ °C$ e $p = 1\ atm$ para $V = 10\ L$ nos frascos **A** e **B**, os quais contêm, respectivamente, hidrogênio e gás carbônico; e $V = 20\ L$ nos frascos **C**, **D** e **E**, os quais contêm, respectivamente, amônia, oxigênio e acetileno.

Química tem história

Avogadro e o conceito de molécula

Amedeo Avogadro nasceu em Turim, Itália, em 1776. De ascendência nobre (herdou o título de conde), teve formação em Direito e em Física.

Durante trinta anos ocupou o posto de professor de Física e Química na Universidade de Turim, atuando como pesquisador nas áreas de Física e Química.

Em 1811, ele enunciou o Princípio de Avogadro para explicar as leis volumétricas propostas por Gay-Lussac. Entretanto, suas ideias permaneceram desacreditadas por cerca de cinquenta anos.

Para o Princípio de Avogadro explicar as leis volumétricas era preciso considerar que as substâncias simples hidrogênio, oxigênio, nitrogênio e cloro fossem formadas por moléculas diatômicas: H_2, O_2, N_2 e Cl_2.

Essa ideia foi considerada absurda na época por Dalton e Berzelius, químicos de muito mais renome e poder no meio científico. Segundo eles, as substâncias simples seriam monoatômicas.

Os trabalhos de Avogadro só foram reconhecidos pela comunidade científica depois da morte de seu autor, quando foram retomados por Stanislao Cannizzaro, em 1860, possibilitando a uniformização das massas atômicas e fórmulas moleculares conhecidas na época.

❯ Determinação das massas moleculares

Uma vez conhecidas as fórmulas químicas e as massas atômicas dos átomos, é possível determinar as massas das moléculas e das outras espécies químicas, denominadas **massas moleculares**.

Nesse cálculo, somam-se as massas dos átomos que compõem a espécie química.

A determinação da massa molecular do ácido sulfúrico, por exemplo, cuja fórmula é H_2SO_4, pode ser realizada da seguinte forma:

2 átomos de hidrogênio:	1 u · 2 =	2 u
1 átomo de enxofre:	32 u · 1 =	32 u
4 átomos de oxigênio:	16 u · 4 =	64 u
massa molecular do H_2SO_4 = 2 + 32 + 64 =		98 u

Lembre-se de que a unidade de massa atômica (u) equivale a $\frac{1}{12}$ da massa do isótopo de ^{12}C, ou seja, o ácido sulfúrico tem massa 98 vezes maior que $\frac{1}{12}$ da massa do isótopo de ^{12}C.

Se por acaso o padrão de medida adotado se alterar, os valores de massa precisarão ser corrigidos.

Atenção: Os valores determinados para as massas moleculares correspondem a valores absolutos de massas das espécies químicas. Na realidade, quando se efetua a soma das massas atômicas, compara-se a massa da espécie química com a unidade de massa u.

Massa molecular é a soma das massas atômicas de determinada espécie química. Ela indica quantas vezes a massa dessa espécie química é maior que $\frac{1}{12}$ da massa do isótopo do carbono-12.

Se o cilindro utilizado como medida de quilograma-padrão for alterado, todas as medidas de massa, como a dos alimentos, serão corrigidas. A mesma analogia pode ser feita com a unidade-padrão de massa atômica, que, quando alterada, muda as massas atômicas de todas as espécies químicas.

Exercício resolvido

17. Têm-se três frascos iguais, fechados, denominados A, B e C. Cada um deles contém um gás puro diferente, a saber: dióxido de carbono, CO_2, metano, CH_4, e dióxido de enxofre, SO_2. Os três gases estão armazenados nas mesmas condições de temperatura e pressão.

 a) Qual dos frascos deve apresentar maior massa?

 b) Sabendo que no frasco A há 22 gramas de CO_2, determine as massas dos frascos B e C.
 Dados: massas moleculares: CO_2 = 44 u; CH_4 = 16 u; SO_2 = 64 u.

 Solução

 a) O Princípio de Avogadro estabelece que os três frascos contêm o mesmo número de moléculas; portanto, o frasco de maior massa será aquele cujo gás apresenta maior massa molecular.

 Logo, o frasco com maior massa será o que contém SO_2.

 b) Como o número de moléculas é o mesmo em ambos os frascos, a razão entre as massas obedece à razão das massas moleculares em u.

 - $\dfrac{\text{massa de } n \text{ moléculas de } CO_2}{\text{massa de } n \text{ moléculas de } CH_4} = \dfrac{44}{16} = 2{,}75$

 $\dfrac{22}{\text{massa de } n \text{ moléculas de } CH_4} = 2{,}75$

 massa de n moléculas de CH_4 = 8,0 g

 - $\dfrac{\text{massa de } n \text{ moléculas de } CO_2}{\text{massa de } n \text{ moléculas de } SO_2} = \dfrac{44}{64}$

 $\dfrac{22}{\text{massa de } n \text{ moléculas de } SO_2} = \dfrac{44}{64}$

 massa de n moléculas de SO_2 = 32 g

Atividades

18. Experimentalmente observa-se que, mantidos os gases nas mesmas condições de temperatura e pressão, 10 L de gás hidrogênio, H_2, reagem com 10 L de gás cloro, Cl_2, produzindo 20 L de cloreto de hidrogênio, HCl.
   a) Escreva a equação química balanceada que representa o processo.
   b) Ao analisar os volumes de gases envolvidos, é possível afirmar que uma transformação química sempre ocorre com conservação de volume, sendo o volume do produto correspondente à soma dos volumes de reagentes? Explique.

19. Considere as seguintes amostras gasosas armazenadas nas mesmas condições de temperatura e pressão.
   a) 1 L de CO_2 e 5 L de O_2
   b) 10 L de H_2 e 2 L de O_2
   c) 4 L de He e 4 L de CH_4
   d) 1 L de CO e 10 L de H_2
   Indique, em seu caderno, para cada um dos itens, em qual dos frascos há maior número de moléculas. Justifique.

20. Nos automóveis, os produtos da combustão – poluentes atmosféricos – são convertidos pelo catalisador em substâncias menos nocivas ao meio ambiente e às pessoas. Um exemplo dessa conversão é a combustão do monóxido de carbono, obtido da queima incompleta do combustível, em dióxido de carbono. Considerando que os reagentes e produtos estão sob as mesmas condições de temperatura e pressão, o que deve acontecer com o volume de gases durante a conversão: manter-se constante, aumentar ou diminuir? Justifique.

21. Consulte a Tabela Periódica e determine as massas moleculares das seguintes substâncias.
   a) Cloreto de sódio.
   b) Hidróxido de magnésio.
   c) Ácido sulfúrico.
   d) Sulfato de alumínio.
   e) Pentóxido de dicloro.
   f) Nitrato de bário.
   g) Trióxido de enxofre.

22. Considere 4 L de gás hidrogênio e o mesmo volume de dióxido de carbono, ambos medidos a 25 °C e 1 atm.
   a) Indique em qual dos frascos há maior número de moléculas. Justifique.
   b) Indique em qual dos frascos há maior número de átomos. Justifique.
   c) Sabendo que a razão entre as massas de dióxido de carbono e de hidrogênio é igual a 22, indique qual dos frascos deve apresentar maior massa. Justifique.

23. As figuras abaixo representam moléculas dos gases H_2, CO_2 e CH_4, os quais estão armazenados nas mesmas condições de temperatura e pressão, em recipientes de mesmo volume.

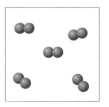 

   a) Pode-se afirmar que as figuras das moléculas em cada um dos recipientes obedecem ao Princípio de Avogadro? Justifique.
   b) Em qual dos frascos há maior número de átomos? Justifique.

24. Dois frascos de igual volume, mantidos à mesma temperatura e pressão, contêm, respectivamente, os gases X e Y. A massa do gás X é 0,34 g, e a do Y, 1,28 g. Considerando que X seja amônia (NH_3), qual dos gases a seguir pode ser o gás Y?
   a) H_2
   b) Cl_2
   c) CO_2
   d) SO_2
   e) He

25. Considere a reação entre 2 L de metano (CH_4) e 4 L de oxigênio, gerando dióxido de carbono e vapor de água. Os volumes dos gases foram medidos nas mesmas condições de temperatura e pressão.
   a) Escreva a equação química balanceada que representa o processo.
   b) Determine os volumes máximos de gases formados nessa reação. Justifique.
   c) Determine o volume de gás oxigênio necessário para reagir totalmente com 80 L de metano, com os gases armazenados nas mesmas condições de temperatura e pressão.

26. Considere a reação entre duas moléculas de gás etileno, C_2H_4, e sete moléculas de gás oxigênio, O_2, formando moléculas de água no estado gasoso, H_2O, e de gás carbônico, CO_2.
   a) Represente o sistema inicial e o sistema final. **Dica:** adote C = ⊗ ; H = • ; O = ○.
   b) Considere que 3,0 L de etileno foram colocados para reagir com 10,0 L de gás oxigênio. A reação se processou até o consumo total de pelo menos um dos reagentes. Após a reação, os componentes do sistema final foram isolados e armazenados em frascos sob as mesmas condições de temperatura e pressão. Determine o volume de gás carbônico obtido, CO_2, e o volume do reagente em excesso recuperado. Explique seu raciocínio.

Atividade experimental

Determinação de um padrão de massa

Objetivo
Definir um padrão de massa e utilizá-lo para determinar a massa de diversos materiais.

Material

- $\frac{1}{2}$ copinho (de café) de cada um destes grãos:
  - feijão
  - lentilha
  - milho
  - arroz

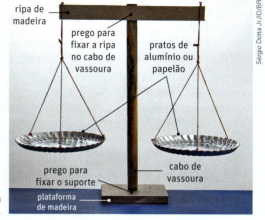

Balança de pratos.

Procedimento

Parte A: Construção de balança artesanal (etapa realizada pelo professor)
Construa uma balança de pratos, como a mostrada na fotografia acima, usando os seguintes materiais:

- plataforma de madeira
- pedaço de cabo de vassoura
- 2 pratos de alumínio ou papelão
- 2 m de barbante
- ripa de madeira
- pregos
- martelo

Equipamentos de segurança: Óculos de segurança e avental de algodão com mangas compridas.

Parte B

1. Coloque 10 grãos de feijão em um dos pratos da balança.
2. No outro prato, deposite lentilhas uma a uma, de modo que a balança fique equilibrada.
3. Copie a tabela ao lado em seu caderno e anote a quantidade de lentilhas utilizadas para equilibrar a balança.

Quantidade de grãos de feijão	Quantidade de grãos de lentilha	Quantidade de grãos de milho	Quantidade de grãos de arroz
10			

4. Repita os procedimentos 2 e 3, substituindo a lentilha por grãos de milho e, depois, por grãos de arroz.
5. Os grupos devem compartilhar os valores obtidos, de forma que todos tenham a tabela totalmente preenchida.

Observação: A tabela pode ser copiada na lousa e preenchida por integrantes dos diversos grupos, a fim de que todos tenham acesso aos dados.

Resíduos: Os grãos podem ser guardados para atividades experimentais posteriores ou descartados no lixo comum.

Analise e discuta

1. Qual a proporção existente entre a massa de um grão de feijão e a de um grão de lentilha? E entre a massa de um grão de feijão e a de um grão de milho? E entre a massa de um grão de feijão e a de um grão de arroz?
2. É possível saber a relação de massa existente entre um grão de lentilha e um grão de milho? E entre um grão de milho e um grão de arroz?
3. Admitindo que a massa de um grão de feijão equivale a 10 u.i. (unidade inventada), calcule a massa de um grão de lentilha, de um grão de milho e de um grão de arroz utilizando essa mesma unidade.
4. Admitindo que a massa média de um grão de feijão seja 0,3 g e que um pacote desses grãos possui 1 kg (1 000 g), quantas unidades de feijão, aproximadamente, possui o pacote?
5. Utilizando a massa de uma unidade de feijão do exercício anterior, quantos grãos de arroz possui um saco de arroz de 1 kg (1 000 g)?
6. É possível, na prática, determinar a massa de um grão de açúcar em u.i.?

Questões globais

27. Considere a reação entre 16 g de enxofre e 24 g de oxigênio, que leva à formação de trióxido de enxofre, SO_3. Determine:
 a) a quantidade de trióxido de enxofre formada nessa reação;
 b) a composição centesimal do trióxido de enxofre;
 c) a massa de enxofre, em gramas, necessária para reagir totalmente com 48 g de oxigênio;
 d) a massa de oxigênio, em gramas, necessária para reagir totalmente com 4 g de enxofre;
 e) a razão entre as massas atômicas do enxofre e do oxigênio.

28. O elemento irídio (Ir), de número atômico 77, é encontrado na natureza na forma de dois isótopos, na seguinte proporção:
 • 37,5% dos isótopos têm 114 nêutrons;
 • 62,5% dos isótopos têm 116 nêutrons.

 Determine a massa atômica desse elemento (os cálculos devem estar demonstrados).

29. Gases diferentes são armazenados nas mesmas condições de temperatura e pressão em cinco recipientes distintos, como mostrado na tabela a seguir.

Frasco	Volume	Gás	Massa
A	40 L	CO	56 g
B	40 L	C_2H_6	60 g
C	60 L	CO_2	132 g
D	60 L	SO_3	240 g
E	80 L	N_2	112 g

 Determine:
 a) o frasco que contém a maior quantidade de átomos;
 b) a massa de uma amostra de 40 L do gás metano, CH_4, armazenada nas mesmas condições de temperatura e pressão;
 c) a relação entre a massa de um átomo de enxofre, S, e a de um átomo de carbono, C.

 Justifique a sua resposta em função dos dados fornecidos.

30. Um frasco **A**, de 2,0 L de capacidade, contém 0,34 g de NH_3 em determinadas condições de temperatura e pressão. Nas mesmas condições, o frasco **B**, de 6 L de capacidade, contém 0,96 g de um gás.
 Dados: massas atômicas relativas: H = 1,0 u; He = 4,0 u; C = 12,0 u; N = 14,0 u; O = 16,0 u.
 a) Qual dos gases deve estar presente no frasco **B**: hélio (He), metano (CH_4) ou oxigênio (O_2)?
 b) Determine a massa de gás carbônico (CO_2) armazenada em um recipiente de 10 L de capacidade

nas mesmas condições de temperatura e pressão dos frascos **A** e **B**.
 c) Determine a massa molecular do argônio, sabendo que um frasco de 4 L de capacidade contém 1,6 g desse gás armazenado nas mesmas condições de temperatura e pressão dos frascos **A** e **B**.

31. Determine a abundância relativa dos isótopos naturais do tálio ($^{203}Tℓ$ e $^{205}Tℓ$), considerando que a massa atômica desse elemento seja 204,4 u.

32. A tabela a seguir apresenta as massas, em gramas, de 50 L de alguns gases armazenados nas mesmas condições de temperatura e pressão.

Gás	Massa (g)
Hidrogênio	4,46
Etano	67
Dióxido de carbono	98
Trióxido de enxofre	178,4

 a) Quais moléculas apresentam maior e menor massa, respectivamente? Justifique.
 b) Qual a razão entre a massa de uma única molécula de trióxido de enxofre e uma única molécula de gás hidrogênio? Justifique.
 c) Sabendo que a massa molecular do gás hidrogênio é 2 u, calcule as massas moleculares das demais moléculas listadas na tabela.

33. Gases distintos são armazenados nas mesmas condições de temperatura e pressão em cinco recipientes distintos, como mostrado na tabela a seguir.

Frasco	Volume	Gás	Massa
A	40 L	H_2	4 g
B	60 L	CO	84 g
C	60 L	CH_4	48 g
D	80 L	NH_3	68 g
E	80 L	SO_2	256 g

 Determine:
 a) o frasco que contém a maior quantidade de moléculas;
 b) o frasco que contém a maior quantidade de átomos;
 c) a massa de uma amostra de 40 L do gás oxigênio, O_2, armazenada nas mesmas condições de temperatura e pressão.

 Justifique a sua resposta em função dos dados fornecidos.

Capítulo 16 ■ Relações entre massas de átomos e moléculas

310

Ciência, tecnologia e sociedade

A química e o controle de dopagem no esporte

A procura de meios ou substâncias químicas capazes de alterar artificialmente o desempenho, numa atividade física ou intelectual, faz parte da cultura do [ser humano]. Essa tentativa de obter um rendimento por meios não naturais, que deveria ser alcançado através de um condicionamento físico e mental eficiente, realizado em boas condições de saúde, caracteriza a dopagem.

[...]

Esteroides anabólicos androgênicos (EAA) são um grupo de substâncias tanto naturais quanto sintéticas (produzidas em laboratório) que imitam a ação da testosterona produzida no organismo humano [...]. Os EAA têm sido usados por atletas por mais de cinquenta anos, com o objetivo de aumentar a capacidade de treinamento, resistência e desempenho. O uso dos EAA por atletas foi proibido [...]

[...]

A detecção dos EAA no contexto do controle de dopagem no esporte é [...] realizada pela técnica de Cromatografia Gasosa de Alta Resolução acoplada a Espectrometria de Massas (CGAR-EM). Essa técnica é amplamente usada [...], possui alta sensibilidade [...].

A análise dos EAA é feita na urina [...] e exige a detecção de um grande número de esteroides diferentes. Essas substâncias podem ser analisadas por si mesmas ou através de seus metabólitos (ou seja, através de substâncias produzidas no organismo, a partir das originais), presentes em baixa concentração (de 2 ng/mL a 10 ng/mL).

[...]

[...]. Os EAA, em homens, podem reduzir a fertilidade [...], provocar a [...] a impotência [...] e o estreitamento da uretra; em mulheres podem provocar a masculinização [...], pelos corporais excessivos [...], calvície de padrão masculino, [...], voz rouca e acne. Outros efeitos adversos incluem: problemas cardiovasculares (infarto agudo do miocárdio e cardiopatias), disfunção hepática (icterícia), tumores no fígado (adenoma, carcinoma), desordens psiquiátricas (aumento da agressividade, psicose, disforia, depressão), acidente vascular cerebral e embolia pulmonar. [...].

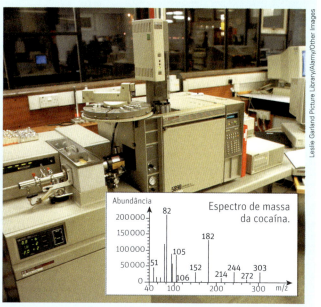

Cromatógrafo acoplado a espectrômetro de massa. No destaque, espectro de massa da cocaína.

O uso de produtos aparentemente produzidos com o objetivo de burlar o controle de dopagem chamou a atenção das autoridades esportivas. Infelizmente, fatos desta natureza parecem sugerir que possa ocorrer envolvimento voluntário ilícito, com o objetivo de aumentar massa muscular e ganhar força, aspecto fundamental em várias modalidades esportivas.

[...]

Estimulantes [...]: Mecanismo de ação [...]

Estimulantes são fármacos que agem no sistema nervoso central, promovendo um aumento no estado de alerta e diminuição da sensação de fadiga. São muito utilizados por atletas no dia da competição, na tentativa de melhorar seu desempenho. [...] As anfetaminas são estimulantes potentes.

Dentre os efeitos colaterais do uso de estimulantes, destacam-se o aumento da pressão arterial, dores de cabeça, arritmia, ansiedade, tremores, possibilidade de adicção (vício, como com as anfetaminas e cocaína), convulsão, hipertermia e falência renal.

[...]

PEREIRA, H. M. G.; PADILHA, M. C.; NETO, F. R. A. *A química e o controle de dopagem no esporte.* Sociedade Brasileira de Química – 2010. Coleção Química no Cotidiano, v. 3.

Analise e discuta

1. A espectrometria de massa foi utilizada inicialmente por Aston para comprovar a existência de isótopos de elementos naturais. Atualmente, essa técnica encontra inúmeras aplicações em laboratórios de análise. Registre suas ideias sobre a importância das pesquisas científicas para o desenvolvimento de técnicas em favor da sociedade, apontando as aplicações desse tipo de análise.
2. Qual é a sua opinião sobre atletas que fazem uso de substâncias proibidas pelos comitês esportivos?
3. Em grupo, discuta com seus colegas as medidas que podem ser tomadas pelos comitês organizadores e pelos técnicos esportivos para conscientizar os atletas sobre os malefícios causados à saúde por essa prática.

Esquema do capítulo

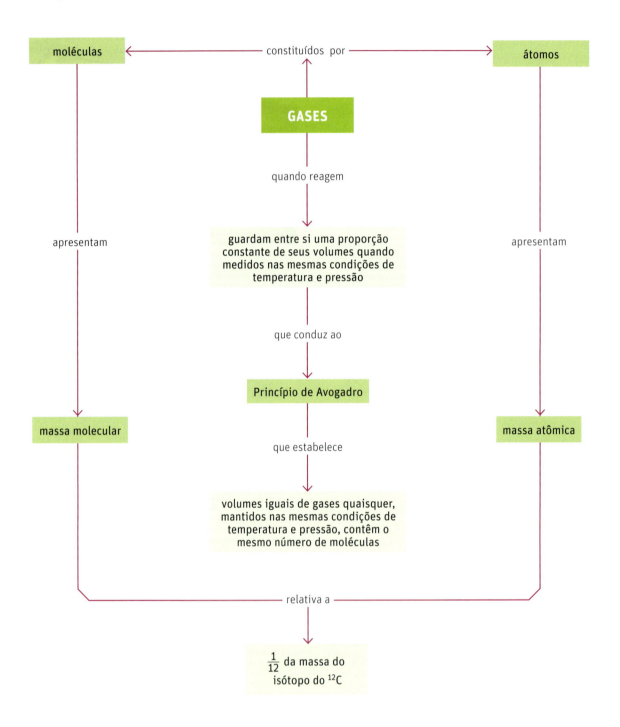

Vestibular e Enem

34. (UFRJ) Um elemento M apresenta os isótopos ^{79}M e ^{81}M. Sabendo que a massa atômica do elemento M é 79,90 u, determine os percentuais de cada isótopo do elemento M.

35. (Fuvest-SP) O carbono ocorre na natureza como uma mistura de átomos dos quais 98,90% são ^{12}C e 1,10% são ^{13}C.
a) Explique o significado das representações ^{12}C e ^{13}C.
b) Com esses dados, calcule a massa atômica do carbono natural.

Massas atômicas: ^{12}C = 12,000; ^{13}C = 13,003.

36. (UFRGS-RS) A porcentagem ponderal de enxofre existente no SO$_2$ é igual a:

Dado: O = 16 u; S = 32,1 u

a) 2,0
b) 16,0
c) 32,0
d) 33,3
e) 50,0

37. (UEL-PR) Certa liga metálica em pó, à qual os dentistas acrescentam mercúrio ao preparar amálgamas para obturações, tem a seguinte composição (em massa):
Ag 70%   Cu 12%   Sn 18%
Para preparar a amálgama deve-se misturar bem mercúrio líquido com a liga em pó na proporção em massa de 1,2 para 1,0, respectivamente.
A porcentagem em massa de mercúrio na amálgama é, aproximadamente,
a) 10%
b) 12%
c) 22%
d) 33%
e) 55%

38. (Fatec-SP) Dois frascos de igual volume, mantidos à mesma temperatura e pressão, contêm, respectivamente, os gases X e Y. A massa do gás X é 0,34 g, e a do gás Y é 0,48 g. **Massas atômicas:** H = 1,0; C = 12,0; N = 14,0; O = 16,0; S = 32,0.
Considerando que Y é o ozônio (O$_3$), o gás X é:
a) N$_2$
b) CO$_2$
c) H$_2$S
d) CH$_4$
e) H$_2$

39. (FGV-RJ) As figuras A, B, C e D representam recipientes de volumes dados e contendo substâncias gasosas nas mesmas condições de pressão e temperatura.

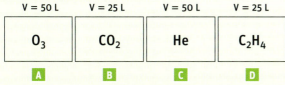

Pela lei de Avogadro ("volumes iguais de gases quaisquer, nas mesmas condições de pressão e temperatura, encerram o mesmo número de moléculas") é possível afirmar que o número total de átomos é igual em:
a) A e C.
b) B e D.
c) C e D.
d) A e D.
e) B e C.

40. (Uerj) Algumas substâncias, por fornecerem o nitrogênio indispensável à síntese de proteínas dos vegetais, têm grande aplicação em fertilizantes na agricultura. Analise as fórmulas de quatro dessas substâncias:

CO(NH$_2$)$_2$	NH$_4$NO$_3$
ureia	nitrato de amônio
I	II

HNC(NH$_2$)$_2$	(NH$_4$)$_2$SO$_4$
guanidina	sulfato de amônio
III	IV

Massas atômicas (u):
H = 1,0; N = 14,0; O = 16,0; S = 32,0.
A substância que possui maior teor em massa de nitrogênio é a identificada pelo número:
a) I
b) II
c) III
d) IV

41. (UFRN) Um fertilizante obtido industrialmente apresenta compostos dos elementos nitrogênio, fósforo e potássio. O teor de nitrogênio é geralmente expresso em NH$_3$. Um saco de 17 kg desse fertilizante contém 10%, em massa, de amônia.

Massas atômicas (u): H = 1; N = 14.
A massa de nitrogênio contida no saco é:
a) 1,0 kg
b) 1,4 kg
c) 1,7 kg
d) 2,8 kg

42. (Unifesp) Amostras dos gases oxigênio e dióxido de enxofre foram coletadas nos frascos idênticos A e B, respectivamente. O gás trióxido de enxofre pode se formar se ocorrer uma reação entre os gases dos frascos A e B, quando estes são misturados em um frasco C.

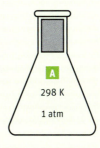
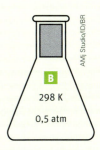

Vestibular e Enem

Sobre esses gases, são feitas as seguintes afirmações:

I. O frasco **A** apresenta o dobro de moléculas em relação ao frasco **B**.

II. O número de átomos do frasco **B** é o dobro do número de átomos do frasco **A**.

III. Ambos os frascos, **A** e **B**, apresentam a mesma massa.

IV. Considerando que a reação ocorreu por completo, o frasco **C** ainda contém gás oxigênio.

São **corretas** as afirmações:

a) I, II, III e IV.

b) I, II e III, somente.

c) I, II e IV, somente.

d) I, III e IV, somente.

e) II, III e IV, somente.

43. (UFRGS-RS) Dois recipientes idênticos, mantidos na mesma temperatura, contêm o mesmo número de moléculas gasosas. Um dos recipientes contém hidrogênio, enquanto o outro contém hélio. Qual das afirmações a seguir está **correta**?

a) A massa de gás em ambos os recipientes é idêntica.

b) A pressão é a mesma nos dois recipientes.

c) Ambos os recipientes contêm o mesmo número de átomos.

d) A massa gasosa no recipiente que contém hidrogênio é o dobro da massa gasosa no recipiente que contém hélio.

e) A pressão no recipiente que contém hélio é o dobro da pressão no recipiente que contém hidrogênio.

44. (Unicamp-SP) Em uma pessoa adulta com massa de 70,0 kg, há 1,6 kg de cálcio. Qual seria a massa desta pessoa, em kg, se a Natureza houvesse, ao longo do processo evolutivo, escolhido o bário em lugar de cálcio?

Dados: massas atômicas relativas:

Ca = 40; Ba = 137.

45. (UFRGS-RS) Desde o século XIX, uma das questões mais preocupantes para os químicos era a definição do peso dos átomos. Atualmente, as massas atômicas dos elementos químicos são representadas, em sua maior parte, por números fracionários.

O elemento magnésio, por exemplo, apresenta massa atômica aproximada de 24,3 unidades de massa atômica.

Uma justificativa adequada para este valor fracionário é que:

a) os átomos de magnésio podem apresentar um número de elétrons diferente do número de prótons.

b) o número de nêutrons é sempre maior que o número de prótons nos átomos de magnésio.

c) o elemento magnésio pode originar diferentes variedades alotrópicas.

d) a massa de um átomo de magnésio é relativamente 24,3 vezes maior que a de um átomo isótopo 12 do carbono.

e) o elemento magnésio é formado por uma mistura de isótopos naturais que apresentam massas atômicas diferentes.

46. (UCSal-BA) Uma maneira eficiente de se retirar a umidade de armários é utilizar sais que tenham grande capacidade de absorção de água. Um exemplo é o cloreto de cálcio, $CaC\ell_2$, que consegue retirar duas moléculas de água do ar para cada molécula de sal, formando o sal hidratado $CaC\ell_2 \cdot 2\,H_2O$.

Qual a massa molecular do sal hidratado?

Dados: H = 1; O = 16; Ca = 40; Cℓ = 35,5.

a) 111 u

b) 147 u

c) 75,5 u

d) 92,5 u

e) 3,996 u

47. (Unicamp-SP) Em 1953, Miller e Urey realizaram experimentos simulando as condições da atmosfera primitiva que era, provavelmente, constituída de CO_2 (80%), CH_4 (10%), CO (5%) e N_2 (5%) (porcentagens em volume).

Considerando válida a hipótese de Avogadro, pode-se afirmar que o número de átomos presentes nos experimentos simulando a atmosfera primitiva obedece à ordem:

a) H > C > O > N

b) H > C = O > N

c) C > H > O = N

d) O > C > H > N

(Nas alternativas o número de átomos de cada elemento é representado pelo seu símbolo.)

48. (UFPE) As massas atômicas são essenciais para os cálculos da química. Se uma nova escala de massas atômicas médias fosse definida, baseada na suposição de a massa de um átomo de carbono-12 (^{12}C) ser exatamente 1 u, qual seria a massa atômica média do neônio? (Massa atômica média do neônio na escala atual = 20,18 u)

a) $\frac{20,18}{12}$ u

b) 12 u

c) 20,18 u

d) 20,18 $\times$ 12 u

e) $\frac{12}{20,18}$ u

49. (Uerj) Em grandes depósitos de lixo, vários gases são queimados continuamente. A molécula do principal gás que sofre essa queima é formada por um átomo de carbono e átomos de hidrogênio.

O peso molecular desse gás, em unidades de massa atômica, é igual a:

a) 10 b) 12 c) 14 d) 16

50. (UEL-PR) Quantas vezes a massa da molécula de glicose, $C_6H_{12}O_6$, é maior que a da molécula de água, H_2O?

a) 2 b) 4 c) 6 d) 8 e) 10

51. (FGV-RJ) O cloro é encontrado na natureza em duas formas isotópicas de 35 e 37 unidades de massa atômica. Dado que a massa atômica média do cloro é de 35,45 u, qual a percentagem dos dois isótopos na natureza?

a) 86,7% ^{35}Cl e 13,3% ^{37}Cl.
b) 66,7% ^{35}Cl e 33,3% ^{37}Cl.
c) 80,0% ^{35}Cl e 20,0% ^{37}Cl.
d) 72,2% ^{35}Cl e 27,8% ^{37}Cl.
e) 77,5% ^{35}Cl e 22,5% ^{37}Cl.

52. (PUC-SP) Em determinadas condições, o dióxido de nitrogênio (NO_2) pode ser formado a partir de nitrogênio (N_2) e oxigênio (O_2).

Considere um recipiente de 24 L com êmbolo móvel em que há uma mistura estequiométrica de nitrogênio (N_2) e oxigênio (O_2), ou seja, o número de moléculas de nitrogênio no recipiente é metade do número de moléculas de oxigênio.

A quantidade máxima que pode ser obtida do gás dióxido de nitrogênio, mantidas as condições de temperatura e pressão, é:

a) 8 L c) 16 L e) 46 L
b) 12 L d) 24 L

53. (PUC-SP) Três recipientes de volumes fixos contêm, cada um, uma substância pura no estado gasoso. Os gases estão armazenados nas mesmas condições de temperatura e pressão e os recipientes estão representados no esquema a seguir.

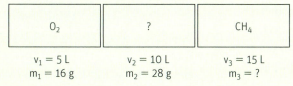

Pode-se afirmar que o gás contido no recipiente 2 e a massa de gás no recipiente 3 são, respectivamente,

a) CO_2 e 16 g.
b) N_2 e 8 g.
c) CO e 24 g.
d) C_4H_{10} e 24 g.
e) N_2 e 16 g.

54. (UEL-PR) Considerando os gases estomacais: nitrogênio (N_2), oxigênio (O_2), hidrogênio (H_2) e dióxido de carbono (CO_2) e observando a figura a seguir, quais deles estão sob a mesma temperatura e mesma pressão? O tamanho das moléculas dos gases não está em escala real, encontra-se ampliado em relação ao volume constante e igual do recipiente que as contém, para efeito de visualização e diferenciação das espécies.

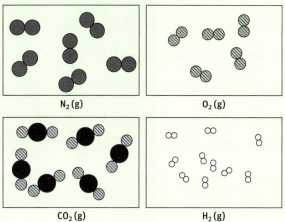

a) N_2 e O_2 c) O_2 e CO_2 e) CO_2 e N_2
b) H_2 e N_2 d) O_2 e H_2

55. (UPE) Os compostos de cálcio têm grande importância na economia de um país, pois grandes quantidades são utilizadas nos materiais de construção civil, na fabricação de vidro, papel e outros produtos. A argamassa para assentamentos de tijolos é feita, comumente, com hidróxido de cálcio (cal extinta), areia e água. Sabemos que, calcinando-se o carbonato de cálcio a 900 °C, obtém-se, como um dos produtos, óxido de cálcio (cal virgem) que, ao reagir com água, origina o hidróxido de cálcio. Na preparação da argamassa para assentamento de tijolos, foram consumidos 66,6 kg de cal extinta. Considerando os dados: Ca = 40 u; C = 12 u; O = 16 u; H = 1 u, a massa de carbonato de cálcio, necessária para produzir a quantidade exata de cal extinta, consumida na preparação da argamassa, é:

a) 75,0 kg c) 85,0 kg e) 125,0 kg
b) 90,0 kg d) 65,0 kg

56. (UFPE) O principal componente inorgânico dos ossos no corpo humano é a hidroxiapatita, $Ca_{10}(PO_4)_6(OH)_2$, que constitui 70% da massa óssea. O corpo humano possui em sua composição 1,5% em massa de cálcio, concentrado justamente no esqueleto. Qual será, aproximadamente, a massa óssea de uma pessoa com 70 kg?

Massas atômicas: Ca = 40; P = 31; O = 16; H = 1. Considere que a massa atômica da hidroxiapatita é 1 000 u.

a) 1 000 g c) 2 500 g e) 25 kg
b) 1,05 kg d) 3,75 kg

315

CAPÍTULO

17 Mol: quantidade de matéria

Neste capítulo

1. Quantidade de matéria.
2. Relações entre mol, massa molar e constante de Avogadro.

Cada um dos recipientes acima apresenta amostras com o mesmo número de aglomerados atômicos das substâncias indicadas nos rótulos.

A imagem acima apresenta recipientes com amostras das substâncias cloreto de sódio, NaCl, cloreto de ferro(III) hexa-hidratado, $FeCl_3 \cdot 6\ H_2O$, sulfato de cobre(II) penta-hidratado, $CuSO_4 \cdot 5\ H_2O$, iodeto de potássio, KI, nitrato de cobalto(II) hexa-hidratado, $Co(NO_3)_2 \cdot 6\ H_2O$, e permanganato de potássio, $KMnO_4$.

As etiquetas apresentam os nomes e as massas das substâncias correspondentes.

Comparando as amostras, constata-se que apesar de as massas dos materiais serem distintas, a quantidade de pares K^+ e I^- no iodeto de potássio é a mesma quantidade de pares Na^+ e Cl^- no cloreto de sódio ou de espécies $Co(NO_3)_2 \cdot 6\ H_2O$ no nitrato de cobalto(II) hexa-hidratado. O mesmo acontece nas demais amostras representadas.

Qual será essa quantidade? Como você acha que ela pode ser determinada?

Essas e outras questões que relacionam **massa** e **número de espécies químicas** de determinada substância serão respondidas durante o estudo deste capítulo.

1. Quantidade de matéria

▸ Determinação da proporção entre átomos

Considere uma bola azul e outra vermelha, cuja massa equivale à metade da massa da azul. Imagine duas caixas de mesma massa e tamanho: em uma delas há 1,0 kg de bolas azuis e, na outra, 1,0 kg de bolas vermelhas. Mesmo sem contá-las, você pode afirmar que em uma das caixas há o dobro de bolas vermelhas em relação à que contém bolas azuis?

Suponha agora que em uma caixa na qual foram colocados 10,0 kg de bolas azuis existam n bolas dessa cor. Qual massa de bolas vermelhas apresenta a mesma quantidade n de bolas azuis? Como a massa de cada bola vermelha é metade da azul, a massa de bolas vermelhas é de 5,0 kg.

Para átomos e moléculas (bem como para agregados atômicos, íons, etc.), a lógica de contagem é a mesma.

É possível determinar a quantidade de átomos ou moléculas de uma amostra de material partindo-se do modelo atômico proposto por Dalton.

Apesar de Dalton e seus contemporâneos não terem conseguido determinar a massa dos átomos em unidades macroscópicas – como o quilograma (kg) –, a conservação e o rearranjo de átomos por ele propostos permitem comparar as massas das moléculas e dos átomos utilizando um raciocínio fundamental da Matemática: a proporção.

Na síntese da amônia, por exemplo, sabe-se que cada 28 g de N_2 reage com 6 g de H_2, resultando em 34 g de NH_3.

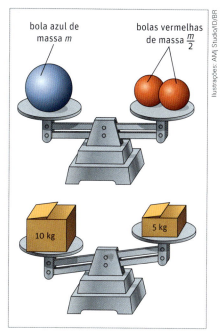

Representação em cores-fantasia.

$$N_2(g) + 3\ H_2(g) \longrightarrow 2\ NH_3(g)$$
$$28\ g \qquad 6\ g \qquad\qquad 34\ g$$

$$\frac{\text{massa de } x \text{ moléculas de } N_2}{\text{massa de } 3x \text{ moléculas de } H_2} = \frac{28\ g}{6\ g} \longrightarrow \frac{\text{massa de 1 molécula de } N_2}{\text{massa de 1 molécula de } H_2} = 14$$

$$\frac{\text{massa de } 2y \text{ átomos de N}}{\text{massa de } 2y \text{ átomos de H}} = 14 \longrightarrow \frac{\text{massa de 1 átomo de N}}{\text{massa de 1 átomo de H}} = 14$$

Assim, a exemplo do procedimento adotado para as bolas azuis e vermelhas, é possível estabelecer que, considerando-se dois conjuntos com a mesma quantidade de átomos de N e H, o primeiro apresenta massa 14 vezes superior à do segundo.

Considere um conjunto que contenha x átomos de hidrogênio, cuja massa é igual a 1,0 g. Qual deve ser a massa de um conjunto contendo a mesma quantidade x de átomos de nitrogênio?

Como cada átomo de nitrogênio apresenta massa 14 vezes superior à do átomo de hidrogênio, o conjunto de átomos de nitrogênio apresenta massa de 14 g.

> **Você se lembra?**
>
> **Modelo atômico de Dalton**
>
> Segundo Dalton, a matéria é constituída de átomos, os quais são caracterizados pela massa atômica. Nas transformações da matéria ocorrem rearranjos de átomos, o que explica a conservação de massa e as proporções constantes entre as massas de reagentes e produtos nas transformações.
>
> $$N_2 + 3\ H_2 \longrightarrow 2\ NH_3$$
>
>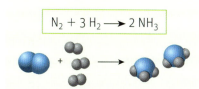
>
> Representação fora de escala, em cores-fantasia, da síntese da amônia, segundo o modelo atômico de Dalton.

Exercício resolvido

1. Durante um mês, foram consumidos 20 kg de abacaxi, 20 kg de manga e 10 kg de maçã no preparo de saladas de frutas em um restaurante.

Qual é a proporção das frutas na receita da sobremesa, sabendo que uma manga tem massa quatro vezes maior que uma maçã e que um abacaxi tem massa oito vezes maior do que uma maçã?

Solução

A massa de uma maçã é quatro vezes menor que a de uma manga. Como a proporção na receita é de duas vezes, temos o dobro de maçãs.

Um abacaxi tem o dobro da massa de uma manga, e como são utilizadas massas iguais, são duas mangas para cada abacaxi.

Logo, para cada abacaxi são utilizadas quatro maçãs e duas mangas.

317

Mol, a unidade de quantidade de matéria

A tabela abaixo relaciona as massas dos átomos de alguns elementos em unidades de massa atômica, as massas de 1 000 átomos de cada um desses elementos e a massa, em gramas, de N_A átomos de cada um desses elementos.

Átomo	Massa atômica	Massa de 1 000 unidades	Massa de N_A unidades
H	1 u*	1 000 u	1,0 g
C	12 u	12 000 u	12,0 g
O	16 u	16 000 u	16,0 g
S	32 u	32 000 u	32,0 g

*Nota: 1 u = 1,66 × 10^{-27} kg.

Sendo a massa de um átomo de C 12 vezes superior à de um de H, a razão entre as massas de 1 000 átomos de C e 1 000 átomos de H será 12, pois em ambos os conjuntos há a mesma quantidade de átomos. Por sua vez, para 1,0 g de átomos de H, o conjunto que contém a mesma quantidade (N_A) de átomos de C apresenta massa de 12,0 g. É possível estabelecer também que as massas de conjuntos que contêm N_A átomos de O e N_A átomos de S apresentam massas iguais a 16,0 g e 32,0 g, respectivamente.

Observe que, para o estabelecimento das proporções entre as massas, é necessário trabalhar com um número fixo de átomos.

Conhecendo as massas atômicas de C e H, é possível determinar a massa molecular do metano, CH_4, que é 16 u. Para 16 g de gás metano e 12 g de C, pode-se supor que, em ambos os conjuntos, há o mesmo número (N_A) de entidades.

É dessa forma que os químicos estabelecem relações entre as quantidades de átomos, moléculas, íons, elétrons, etc. Nessas relações, eles utilizam a grandeza denominada **quantidade de matéria**, cuja unidade de medida é o **mol** – uma das sete grandezas de base do Sistema Internacional (SI).

O **mol** é a **quantidade de matéria** de um sistema que contém tantas entidades elementares quantos átomos existem em 0,012 kg de carbono-12.

A utilização do mesmo padrão para a unidade de massa atômica – o isótopo de carbono-12 (^{12}C) – mantém uma importante correlação entre a massa atômica e a quantidade de matéria.

A escolha de 12 g de carbono, de massa atômica 12 u, não é casual. Com essa definição, garante-se que a quantidade 1 mol de qualquer átomo corresponda ao valor de sua massa atômica, expresso em gramas. No caso de substâncias, a massa de 1 mol corresponde ao valor de sua massa molecular (soma das massas atômicas) expresso em gramas.

Observe alguns exemplos na tabela e no esquema a seguir.

Substância	Massa molecular (u)	Massa de 1 mol de moléculas (g)
H_2	2	2
O_2	32	32
H_2O	18	18
CO_2	44	44
$C_6H_{12}O_6$	180	180

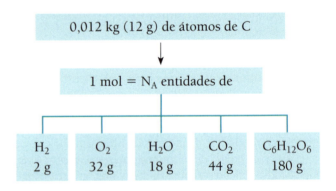

Saiba mais

O uso da unidade mol

A unidade de quantidade de matéria é denominada **mol**, e o seu símbolo também é **mol**. Essa coincidência causa alguma confusão, pois a palavra mol aceita plural — mols. Entretanto, o símbolo não, devendo ser sempre grafado **mol**.

Veja os exemplos a seguir.

- Esta escada tem **dois metros** de altura, ou h_{escada} = 2 m.

- Nesta amostra encontram-se **três mols de moléculas** de dióxido de carbono, ou a quantidade de matéria de dióxido de carbono é de **3 mol**.

Outro ponto importante é que a unidade mol sempre se refere a entidades elementares, sendo acompanhada desta descrição.

Observe os exemplos.

- **2 mol** de moléculas de metano ou **2 mol** de CH_4.
- **2,73 mol** de elétrons.
- **0,03 mol** de cátions sódio ou **0,03 mol** de Na^+.

318

A constante de Avogadro

Qualquer amostra de substância contém um número extremamente grande de átomos, íons ou moléculas que a constituem.

Para estimar a dimensão do átomo e compreender a sua contribuição na estrutura da matéria, é importante determinar a quantas entidades (átomos, moléculas, íons e outras espécies) corresponde 1 mol.

O número de moléculas existente em 18 g de água, H_2O, 32 g de gás oxigênio, O_2, e 46 g de álcool etílico, C_2H_6O, ou seja, em 1 mol de matéria, é conhecido como **constante de Avogadro (N_A)**.

A constante de Avogadro tem seu valor determinado experimentalmente, e o mais preciso é **$6,02214179 \times 10^{23}$ mol^{-1}**, ou seja, em 18 g de água encontram-se $6,02214179 \times 10^{23}$ moléculas de água. Geralmente arredonda-se o valor para **$6,0 \times 10^{23}$**.

$$600\,000\,000\,000\,000\,000\,000\,000$$
ou
$$600 \text{ sextilhões}$$

Esse valor é absurdamente grande e difícil de compreender, já que não é possível mensurar nenhum material com essa grandeza. Um mol de folhas de papel sulfite poderia ser dividido em 1 milhão de pilhas e ainda assim cada uma, colocada na superfície da Terra, teria altura suficiente para chegar ao Sol (na verdade, ultrapassaria um pouco). Um mol de grãos de arroz corresponde ao consumo mundial de arroz por cerca de 4 milhões de anos.

Esses dados reforçam a ideia de que o átomo é muito pequeno, pois em um gole de água (18 g de água correspondem a 18 mL) estão presentes $6,0 \times 10^{23}$ moléculas de água, ou $1,2 \times 10^{24}$ átomos de H e $6,0 \times 10^{23}$ átomos de O.

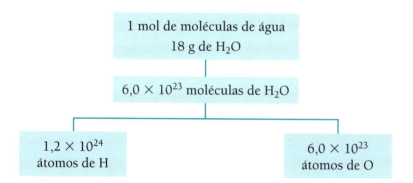

Afinal, de onde vem esse valor tão alto? Por que é chamado de constante de Avogadro?

Na verdade, não foi Avogadro quem determinou esse valor – ele nem o conheceu. A ideia de mol estava inserida na elaboração do seu princípio e na definição de molécula. Contudo, suas ideias não foram aceitas prontamente. Além disso, os métodos para determinar a quantidade de entidades contidas em 1 mol demoraram a ser desenvolvidos.

O termo **constante de Avogadro** é, portanto, uma homenagem ao químico italiano, e o seu valor é uma decorrência da definição de mol e da unidade grama.

Os trabalhos de Lorenzo Avogadro (1776-1856) contribuíram para a definição de mol. Gravura, s. d.

Química tem história

Determinação da constante de Avogadro

No início do século XX, o francês Jean Perrin (1870-1942) realizou a primeira determinação precisa da constante de Avogadro (N_A), obtendo um valor entre $6,5 \times 10^{23}$ e $7,2 \times 10^{23}$ entidades por mol. Ele contou o número de partículas coloidais por unidade de volume em uma suspensão e mediu, simultaneamente, suas massas.

No entanto, foi o trabalho desenvolvido pelo radioquímico Bertram Boltwood (1870-1927) e pelo físico E. Rutherford (1871-1937) que permitiu a determinação mais precisa da N_A. De maneira simplificada, o experimento consistia na contagem de partículas α emitidas por uma fonte radioativa e na determinação do volume de gás hélio obtido. Há que salientar, contudo, que os cientistas não determinaram o valor da N_A, pois não era esse o objetivo de sua investigação. James Dewar (1842-1923), utilizando esse método, chegou ao valor da N_A igual a $6,04 \times 10^{23}$ mol^{-1}.

Ainda no início do século XX, com o experimento de Robert A. Millikan (1868-1953) para determinar a carga de um elétron ($1,6 \times 10^{-19}$ C), já sendo então conhecida a carga de 1 mol de elétrons (96 500 C), foi possível calcular a N_A. O valor obtido para essa constante foi: $6,03 \times 10^{23}$ mol^{-1}.

Atualmente, o valor da N_A utilizado é obtido por meio de difração de raios X. A técnica consiste na determinação do volume de alguns átomos de um retículo cristalino, cuja massa de 1 mol de átomos e a densidade da amostra sejam conhecidas.

Atividades

2. Para a descrição de um sistema, realiza-se uma série de medidas das grandezas que indicam as propriedades dos materiais que o compõem. Para comparar as propriedades de sistemas distintos medidos em situações diferentes, são utilizadas unidades estabelecidas para quantificar as grandezas determinadas. Indique uma unidade adequada para cada grandeza listada a seguir.
   a) Distância.
   b) Volume.
   c) Temperatura.
   d) Massa.
   e) Quantidade de matéria.
   f) Densidade.

3. Qual a relação entre mol e a constante de Avogadro?

4. Com auxílio de uma Tabela Periódica que apresente a massa atômica dos elementos, indique a massa presente nas seguintes amostras.
   a) 1,5 mol de átomos de Fe
   b) 3,0 mol de N_2
   c) 0,5 mol de dióxido de enxofre
   d) 10,0 mol de gás argônio

5. O metano (CH_4) é o principal componente do gás natural, combustível de origem fóssil cujas reservas são encontradas próximas ao petróleo. No início da exploração do petróleo, esse gás era desprezado. Ao verificar o seu poder calorífico, as empresas petrolíferas passaram a usá-lo para gerar energia para as próprias unidades exploradoras. Mais recentemente, o gás natural passou a ser explorado como fonte de energia nas indústrias, lares e automóveis. Considere uma amostra contendo 80 g de gás metano e determine:
   a) a quantidade de matéria existente;
   b) o número de átomos de C e de H contidos;
   c) a massa correspondente ao número de átomos de carbono e ao número de átomos de hidrogênio presentes em 80 g do gás metano.

6. As substâncias oxigênio (O_2) e ozônio (O_3) são formas alotrópicas do elemento oxigênio. Considere um frasco **A** contendo 96 g de gás oxigênio e um frasco **B**, de mesmo volume, que contém apenas ozônio, medidos nas mesmas condições de temperatura e pressão do frasco **A**.

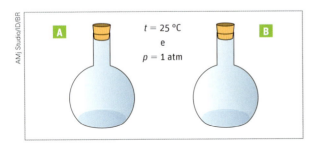

Determine:
a) a quantidade de matéria presente no frasco **A**;
b) a massa de ozônio presente no frasco **B**;
c) a quantidade de átomos de oxigênio presente em cada frasco.
d) Considere que todo o gás ozônio contido no frasco **B** se transforme em gás oxigênio. Determine a massa de O_2, o número de átomos e o número de moléculas presentes no frasco **B** ao final da transformação.

7. O dióxido e o trióxido de enxofre são gases provenientes da combustão de substâncias que contêm o elemento enxofre. Esses óxidos dissolvem-se na água formando ácidos, contribuindo para um problema ambiental conhecido como "chuva ácida".
   a) Calcule a massa de 1 mol de moléculas de SO_3 e de SO_2.
   b) Amostras de mesmo volume dos dois gases armazenadas nas mesmas condições de temperatura e pressão apresentam a mesma massa? Explique.
   c) Amostras de mesmo volume dos dois gases armazenadas nas mesmas condições de temperatura e pressão possuem o mesmo número de átomos de enxofre? Explique.
   d) Amostras de mesma massa contam com o mesmo número de moléculas? Explique.
   e) Amostras de mesma massa apresentam o mesmo número de átomos de enxofre? Explique.

8. Em um laboratório há quatro cubos metálicos feitos de titânio, alumínio, prata e titânio, respectivamente. Os cubos **A** e **B** têm 240 g de massa, e os **C** e **D**, 480 g. Analise o esquema a seguir e responda.

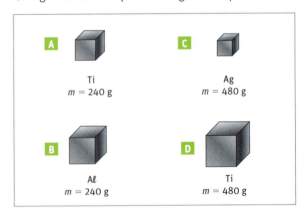

a) Os cubos **A** e **B** têm a mesma quantidade de átomos? Explique.
b) Compare a quantidade de átomos entre os cubos **A** e **D**. Explique.
c) Compare a quantidade de átomos entre os cubos **B** e **C**. Explique.
d) A massa de um corpo pode, isoladamente, indicar sua quantidade de matéria? Explique.

2. Relações entre mol, massa molar e constante de Avogadro

Como em 1 mol de qualquer substância há um mesmo número (N_A) de entidades elementares, a massa de 1 mol dessas entidades é proporcional à massa de uma única entidade elementar.

Massa molar

Considere átomos dos elementos carbono (C) e oxigênio (O), cujas massas atômicas são, respectivamente, 12 u e 16 u. A razão entre as massas atômicas do oxigênio e do carbono é $\frac{16}{12}$, ou seja, a massa de um átomo de O é 1,33 vezes maior que a de um átomo de C. Para 1 mol de átomos de cada um dos elementos, C e O, a razão entre as massas é a mesma, pois o número de partículas ($N_A = 6 \times 10^{23}$ mol^{-1}) é o mesmo em cada um dos conjuntos.

$$\frac{\text{massa de 1 átomo de O}}{\text{massa de 1 átomo de C}} = \frac{16\,u}{12\,u} \longrightarrow \frac{\text{massa de 1 mol de O}}{\text{massa de 1 mol de C}} = \frac{N_A \cdot 16u}{N_A \cdot 12u} = \frac{16\,g}{12\,g} =$$

$$= N_A \cdot 16\,u = 6 \times 10^{23} \times 16 \times 1,66 \times 10^{-27}\,kg = 0,016\,kg \cdot mol^{-1} = 16\,g \cdot mol^{-1}$$

Raciocínio semelhante pode ser aplicado se for considerada a razão entre as massas moleculares e as massas de 1 mol de moléculas de substâncias distintas, como, dióxido de carbono (CO_2) e gás oxigênio (O_2).

$$\frac{\text{massa de 1 molécula de } CO_2}{\text{massa de 1 molécula de } O_2} = \frac{44\,u}{32\,u} \longrightarrow \frac{\text{massa de 1 mol de } CO_2}{\text{massa de 1 mol de } O_2} = \frac{N_A \cdot 44u}{N_A \cdot 32u} = \frac{44\,g}{32\,g}$$

Em 12 g carbono e 16 g de oxigênio há a mesma quantidade de átomos. Da mesma forma, em 44 g de dióxido de carbono há o mesmo número de moléculas que em 32 g de gás oxigênio.

A massa do conjunto que contém 1 mol de entidades elementares (átomos, moléculas, íons, etc.) é denominada **massa molar**. No primeiro caso, é numericamente igual à massa atômica; no segundo caso, é numericamente igual à massa molecular. Sua unidade de medida é **g/mol** ou **g · mol⁻¹**.

Assim, a massa molar do C é 12 g · mol^{-1} e a do O é 16 g · mol^{-1}. Já as massas molares do CO_2 e do O_2 são, respectivamente, 44 g · mol^{-1} e 32 g · mol^{-1}.

Saiba mais

Analogias para o conceito de mol

A grandeza **quantidade de matéria**, expressa em mol, não é utilizada em nosso dia a dia. Daí é que vem a causa de certo estranhamento por parte de muitos alunos.

Contudo, quando a quantidade de matéria é pensada como um conjunto que contém um número determinado de unidades, pode-se estabelecer analogia com um conjunto muito utilizado no cotidiano: a dúzia.

Uma dúzia, seja de laranjas, latas de refrigerantes, canetas ou melancias, apresenta sempre 12 unidades.

De forma semelhante, 1 mol apresenta sempre $6,0 \times 10^{23}$ unidades.

Sabe-se que uma dúzia de melancias possui massa muito maior que uma dúzia de laranjas. Em outras palavras, a massa do conjunto (dúzia) depende de sua identidade.

De forma análoga, a massa correspondente a 1 mol de átomos ou moléculas (massa molar) também depende dos tipos de átomos ou moléculas.

Observação: A utilização de melancias e laranjas, por exemplo, constitui uma analogia, a qual está sujeita a problemas. Nesse caso, é preciso considerar que seja possível estimar a massa média dessas frutas.

A massa da melancia é maior que a da laranja.

A massa molar e a constante de Avogadro

Quando se atribui à massa de 1 mol de partículas um valor numérico igual à massa atômica ou molecular, expressa em gramas, é possível explicar por que a conversão da unidade massa atômica, em u, para unidades SI (quilograma ou grama) é $1\ u = 1{,}66 \times 10^{-27}\ kg$ ou $1\ u = 1{,}66 \times 10^{-24}\ g$.

Para determinar a massa, em gramas, de um único átomo de hidrogênio, pode-se calcular da seguinte maneira.

$$\frac{6{,}0 \times 10^{23}\ \text{átomos}}{1\ \text{átomo}} = \frac{1\text{g}}{x} \longrightarrow$$

$$\longrightarrow x = \frac{1\text{g}}{6{,}0 \times 10^{23}} = 1{,}66 \times 10^{-24}\ g$$

De maneira geral, supõe-se que 1,0 g (massa molar do hidrogênio) equivale à constante de Avogadro (N_A) de unidades de massa atômica, pois a massa atômica do hidrogênio é igual a 1 u.

Logo, $1\ g = 6{,}0 \times 10^{23}\ u$ ou $1\ u = 1{,}66 \times 10^{-24}\ g$.

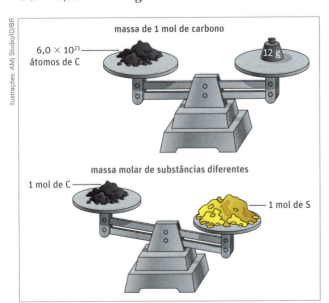

Relação entre a massa molar e a constante de Avogadro. Massas de 1 mol de diferentes substâncias contêm o mesmo número de entidades elementares (N_A). Esquema em cores-fantasia.

A partir da definição de mol, entende-se que a massa molar do hidrogênio é $1\ g \cdot mol^{-1}$, o que significa que 6×10^{23} átomos (1 mol de átomos) de hidrogênio apresentam massa de 1 g.

Relação entre mol, massa molar e quantidade de partículas

Assim como o quilograma é a unidade de massa, o mol é a unidade de medida adotada pelo Sistema Internacional de Unidades (desde 1971) para a grandeza quantidade de matéria.

Por isso, é comum, em textos e problemas que envolvem cálculos químicos, a expressão das quantidades dos materiais em mol, por exemplo: 10 mol de H_2O, 2,0 mol de CO_2, 5,0 mol de H_2. A conversão de quantidade de matéria, em mol, para massa, em gramas, implica o estabelecimento da seguinte relação.

Em **1,0 mol** há $6{,}0 \times 10^{23}$ entidades elementares, sendo a massa do conjunto correspondente ao valor numérico da sua massa molar, expresso em gramas.

Portanto, 2,0 mol de H_2O correspondem a 36,0 g (pois 1,0 mol de moléculas tem a massa de 18,0 g) e contêm $1{,}2 \times 10^{24}$ moléculas ($2 \times 6{,}0 \times 10^{23}$ moléculas).

Em 1 mol de NaCℓ há 1 mol de íons Na^+ e 1 mol de íons $Cℓ^-$ ou 1 mol de pares NaCℓ.

Saiba mais

Relação entre massa e quantidade de matéria

Na fotografia abaixo são apresentadas amostras que contêm 1 mol de diferentes substâncias simples: enxofre (S), mercúrio (Hg), alumínio (Aℓ), cobre (Cu) e carbono (C).

Essas amostras contêm 1,0 mol de átomos diferentes entre si: enxofre (**A**), mercúrio (**B**), carbono (**C**), alumínio (**D**) e cobre (**E**).

Apesar de haver a mesma quantidade de partículas em todas as amostras, $6{,}0 \times 10^{23}$, suas massas são distintas: há 32 g de enxofre, 201 g de mercúrio, 27 g de alumínio, 64 g de cobre e 12 g de carbono. Essa variação decorre das diferentes massas molares dos materiais que constituem as amostras.

Considere uma amostra de mercúrio contendo $1{,}20 \times 10^{25}$ átomos do metal. A quantidade de matéria (*x*), em mol, e a massa (*y*) da amostra, em gramas, podem ser calculadas da seguinte forma.

$$\frac{1\ \text{mol de Hg}}{x} = \frac{201\ g}{y} = \frac{6{,}0 \times 10^{23}\ \text{átomos}}{1{,}20 \times 10^{25}\ \text{átomos}}$$

$$x = 20\ mol,\ y = 4\ 020\ g$$

Observe que as determinações de *x* e *y* implicam o estabelecimento de relações de proporcionalidade com o número de átomos presentes na amostra.

Quantidade de matéria de átomos e de moléculas – determinação de fórmulas

A fórmula H₂O indica que a molécula de água é constituída por dois átomos de hidrogênio e um de oxigênio e apresenta massa molecular de 18 u.

A partir das relações estabelecidas entre mol, massa molar e a constante de Avogadro, definiu-se que 1 mol de moléculas de água é constituído por $6{,}0 \times 10^{23}$ moléculas com massa igual a 18 g.

Pode-se também afirmar que, em 1 mol de moléculas de H₂O, há 2 mol de átomos de hidrogênio ($1{,}2 \times 10^{24}$ átomos) e 1 mol de átomos de oxigênio ($6{,}0 \times 10^{23}$ átomos). Pode-se ainda estabelecer que 1 mol de H₂O é constituído por 2,0 g de átomos de hidrogênio e 16,0 g de átomos de oxigênio.

Observe o esquema a seguir.

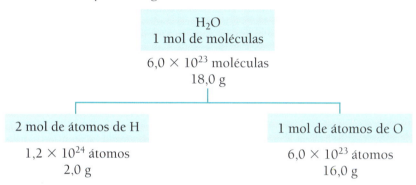

Essas relações permitem a determinação de fórmulas quando conhecidas as massas ou quantidades de átomos que compõem determinada quantidade de matéria de uma espécie química específica.

Considere, por exemplo, a sacarose – açúcar comum.

Exemplo:

Sabendo que em 1,0 mol de moléculas de sacarose há 144 g de átomos de carbono, 22 mol de átomos de hidrogênio e $6{,}6 \times 10^{24}$ átomos de O, para determinar a fórmula da sacarose ($C_xH_yO_z$), devem-se determinar x, y, z, os quais correspondem à quantidade de matéria, em mol, de cada um dos átomos que compõem a molécula.

Como em 1 mol de moléculas há 22 mol de átomos de H, $y = 22$. Para a determinação de x e z, são montados os algoritmos representados a seguir.

$$\frac{1 \text{ mol de átomos de C}}{x} = \frac{12 \text{ g}}{144 \text{ g}} \longrightarrow 12 \text{ g} \cdot x = 1 \text{ mol} \cdot 144 \text{ g} \longrightarrow$$

$$\longrightarrow x = \frac{144 \text{ g} \cdot \text{mol}}{12 \text{ g}} = 12 \text{ mol de C}$$

$$\frac{1 \text{ mol de átomos de O}}{z} = \frac{6 \times 10^{23} \text{ átomos}}{6{,}6 \times 10^{24} \text{ átomos}} \longrightarrow$$

$$\longrightarrow 6 \times 10^{23} \text{ átomos} \cdot z = 1 \text{ mol} \cdot 6{,}6 \times 10^{24} \text{ átomos} \longrightarrow$$

$$\longrightarrow z = \frac{1 \text{ mol} \cdot 6{,}6 \times 10^{24} \text{ átomos}}{6 \times 10^{23} \text{ átomos}} = 11 \text{ mol de O}$$

Logo, a sacarose apresenta fórmula molecular $C_{12}H_{22}O_{11}$ e massa molar de 342 g · mol^{-1}.

Saiba mais

Hidratos

A fotografia de abertura do capítulo mostra alguns sais que apresentam moléculas de água em suas fórmulas.

Esses compostos são denominados **hidratos** ou **sais hidratados**, e o valor numérico que sucede o ponto da fórmula do sal indica o número de moléculas de água de hidratação por espécie química.

A fórmula do cloreto de cobalto(II) hexa-hidratado (CoCℓ₂ · 6 H₂O), por exemplo, indica que, para cada mol de sal hidratado, há 6 mol de moléculas de água. O número de moléculas de água de hidratação é representado pelos prefixos mono, di, tri, tetra, penta, hexa, hepta, etc.

O sal anidro (sem água) pode ser obtido a partir do hidrato. Com o aquecimento do CoCℓ₂ · 6 H₂O, as moléculas de água de hidratação se desprendem da estrutura cristalina na forma de vapor, obtendo-se o CoCℓ₂ (sal anidro). Para cada mol de sal hidratado aquecido obtêm-se 6 mol de moléculas de água e 1 mol de sal anidro. Enquanto a massa molar do hidrato é de 237,9 g · mol^{-1}, a do sal anidro é de 129,8 g · mol^{-1}.

Aquecimento de cloreto de cobalto(II) hexa-hidratado (sal de coloração roxa). Observe que, com aquecimento, as moléculas de água de hidratação se desprendem formando o cloreto de cobalto(II) anidro (sal de coloração azul).

Atividades

9. Calcule as massas molares das substâncias cujas fórmulas são representadas a seguir.

a) $HC\ell$

b) K_2O

c) Na_2CO_3

d) H_3PO_4

10. Determine a quantidade de matéria, em mol, presente em 100 g de monóxido de carbono (CO).

11. Calcule o número de entidades elementares (átomos, moléculas, íons e pares iônicos) presentes em:

a) 2,0 g de gás hidrogênio (H_2)

b) 10 g de hidróxido de sódio (NaOH)

c) 49 g de ácido sulfúrico (H_2SO_4)

12. Coloque em ordem crescente de quantidade de matéria as amostras das seguintes substâncias.

a) 5,0 g de água, H_2O

b) 1,5 mol de dióxido de carbono, CO_2

c) 30 g de hidróxido de sódio, NaOH

d) $3,0 \times 10^{23}$ moléculas de gás cloro, $C\ell_2$

13. Um rolo de papel-alumínio, utilizado na cozinha, apresenta massa de alumínio aproximadamente igual a 350 g.

a) Qual é a massa molar do alumínio?

b) Qual é a quantidade de matéria, em mol, de alumínio contida no rolo?

c) Quantos átomos de alumínio estão presentes em um rolo do material?

14. Indique, nos casos a seguir, o sistema que apresenta maior número de moléculas. Justifique.

a) 22 g de dióxido de carbono e 1,7 g de amônia.

b) 180 g de água e 980 g de ácido sulfúrico.

c) 73 g de cloreto de hidrogênio e 10 g de gás hidrogênio.

15. Um átomo de um elemento apresenta massa igual a $9,786 \times 10^{-23}$ g. Qual é sua massa atômica?

16. Quantas moléculas de cloro, $C\ell_2$, há em 12 g de gás? Se todas as moléculas de $C\ell_2$ se dissociarem dando origem a átomos de cloro, quantos átomos de cloro serão obtidos?

17. A vitamina C, também conhecida como **ácido ascórbico**, é uma das principais vitaminas necessárias para o funcionamento adequado do organismo humano. Ela é encontrada em alimentos como frutas cítricas, tomate, morango, pimentão e brócolis.

Muitos refrescos e sucos disponíveis no mercado contêm essa vitamina em quantidades variáveis. A embalagem de uma bebida sabor morango, à base de soja, traz a seguinte informação: "Um copo de 200 mL fornece 30 mg de vitamina C, que correspondem a 67% das necessidades diárias para um adulto".

a) Sabendo que em 1 mol de ácido ascórbico há 72 g de átomos de carbono, $4,8 \times 10^{24}$ átomos de hidrogênio e 6 mol de átomos de oxigênio, determine a fórmula molecular e a massa molar, em g/mol, do composto.

b) Calcule a massa, em gramas, de uma única molécula de vitamina C.

c) Encontre a quantidade de matéria, em mol, da vitamina C presente em um copo dessa bebida sabor morango à base de soja.

d) Determine a quantidade de moléculas de vitamina C presente em um copo dessa bebida sabor morango à base de soja.

18. Leia a matéria abaixo e responda.

Um dia comum na aula de química. Sobre as mesas, os alunos utilizam pequenas esferas de tamanhos e cores variadas para montar estruturas químicas de moléculas. A pequena Clara Lazen, de 10 anos, constrói uma estrutura pouco usual e pergunta que molécula seria aquela. O professor – talvez um pouco desconcertado, mas muito entusiasmado – admite não saber, sem desconfiar que se tratava de uma molécula completamente nova.

Isso aconteceu em uma escola do Kansas, nos Estados Unidos. Kenneth Boehr, o professor em questão, procurou a ajuda do amigo, o também químico Robert Zoellner, da Universidade Humboldt, na Califórnia, para identificar a molécula misteriosa. A curiosa descoberta do tetranitratoxicarbono rendeu um artigo publicado em janeiro na revista *Computational and Theoretical Chemistry* – assinado pelos três personagens. [...]

Sorte e criatividade

A descoberta casual ressalta a relação próxima que muitas vezes a ciência estabelece com a criatividade, o espírito artístico e até com a sorte. Sem amarras de conhecimentos profundos de química, a menina foi levada [...] a desenvolver um arranjo improvável, que muitos químicos teriam descartado logo a princípio. [...]

"Clara não tinha conhecimentos prévios que a fizessem pensar que o arranjo seria improvável ou impossível. A criatividade a levou a uma estrutura bastante simétrica que, por sorte, mostrou-se viável na teoria", analisa Zoellner.

[...]

GARCIA, Marcelo. *A menina que inventava moléculas*. Disponível em: <http://cienciahoje.uol.com.br/alo-professor/intervalo/2012/02/a-menina-que-inventava-moleculas-1>. Acesso em: 29 maio 2014.

a) Considerando que a fórmula molecular do tetranitratoxicarbono é $C_5N_4O_{12}$, encontre a massa molar dessa substância.

b) Pesquise, em *sites* ou em livros, descobertas que ocorreram nas ciências por acidente. Escreva um resumo sobre uma delas.

Atividade experimental

Água de hidratação

Cuidados especiais: Todos devem usar óculos de proteção. O sistema com o equipamento e o sal precisa ser mantido distante dos alunos para evitar que eles sejam atingidos em caso de haver projeção de material sólido devido a eventual superaquecimento.

Objetivo

Calcular a quantidade de matéria de água de hidratação por fórmula de composto iônico (proporção).

Material

- 5 g de sulfato de cobre hidratado, $CuSO_4 \cdot x\ H_2O$
- tripé, tela de amianto*, fósforos e lamparina
- balança com exatidão mínima de 0,1 g
- pires de aço inoxidável e bastão de vidro
- óculos de segurança

* **Nota**: Apesar de o nome não ter mudado, o disco central da tela é feito de cerâmica e não mais de amianto, um produto cancerígeno.

Procedimento

1. Pese o pires de aço vazio e anote a massa dele (m_v).
2. Acrescente cerca de 5 g de sulfato de cobre hidratado no pires. Anote a nova massa do conjunto m_c.
3. Anote a massa de sulfato de cobre hidratado fazendo a conta: $m_{CuSO_4 \cdot x_{H_2O}} = m_c - m_v$
4. Monte a aparelhagem para o aquecimento como indicado na figura ao lado.
5. Coloque o pires contendo $CuSO_4 \cdot x\ H_2O$ para aquecer e observe o que acontece. Mexa o sólido com o bastão de vidro.
6. Depois que não forem observadas mais alterações, apague a chama da lamparina com cuidado e aguarde o resfriamento do pires.
7. Pese novamente o pires (m_f) e subtraia do valor encontrado a massa do pires vazio.
8. Essa diferença representa a massa de água liberada ($m_{liberada} = m_f - m_v$) durante o aquecimento e que pode ser transformada em quantidade de matéria, em mol, utilizando-se a massa molar da água.

ATENÇÃO!

Medidas de segurança

O sulfato de cobre anidro, quando em contato com a pele, provoca graves queimaduras. O sulfato de cobre hidratado não pode ser ingerido nem entrar em contato com olhos e mucosas. Experimentos que utilizam fonte de calor (chama da lamparina) sempre devem ser realizados com cuidado e com o uso de óculos de segurança. O laboratório deve ter caixa de areia ou mesmo extintor de incêndio. Luvas de amianto e pinças metálicas precisam estar à disposição do aluno. Se a lamparina tombar, o álcool poderá esparramar pela superfície e produzir chama.

Sistema em aquecimento.

❖ **Resíduos**: Devem ser guardados para outras experiências.

Analise e discuta

1. Calcule a quantidade de matéria de água eliminada durante o aquecimento do $CuSO_4 \cdot x\ H_2O$.
2. Qual a quantidade de matéria, em mol, de $CuSO_4$ anidro presente na massa após o aquecimento? **Dado**: $M_{CuSO_4} = 159{,}5$ g/mol.
3. Calcule a proporção entre a quantidade de matéria de sulfato de cobre e a de água liberada.
4. Qual a quantidade de matéria de água que você encontrou para cada mol de sulfato de cobre(II) analisado? Compare o resultado com a proporção indicada na fórmula do sal hidratado fornecida pelo professor.

325

Questões globais

19. A imagem abaixo mostra diferentes substâncias simples, cada qual em quantidade igual a 1,0 mol.

No sentido horário têm-se: raspas de cobre (Cu), folhas de alumínio amassadas (Aℓ), pesinhos de chumbo (Pb), raspas de magnésio (Mg), crômio (Cr) e enxofre (S).

a) Quantos átomos de cada uma das substâncias há nas diferentes amostras?
b) Indique a massa molar de cada uma das substâncias mostradas na fotografia.
c) Qual a massa de cada uma das amostras?
d) Explique por que as amostras apresentam massas diferentes apesar de conterem a mesma quantidade de matéria.

20. Considere amostras de água e de peróxido de hidrogênio, H_2O_2, com massas de 72 g e 102 g, respectivamente.

a) Que amostra contém a maior quantidade de moléculas?
b) Em qual amostra existe maior quantidade de átomos?

21. O ácido acetilsalicílico, $C_9H_8O_4$, é o princípio ativo de muitos medicamentos destinados ao alívio da dor, da febre e das inflamações. Considere um comprimido de 500 mg contendo 36% em massa de ácido acetilsalicílico. Determine:

a) a massa, em gramas, de ácido acetilsalicílico presente no comprimido;
b) a massa molar desse ácido;
c) a quantidade de matéria, em mol, de ácido acetilsalicílico presente no comprimido;
d) o número de moléculas desse ácido presente no comprimido.

22. A sucata de alumínio pode ser empregada na fabricação de itens para os segmentos de embalagens, construção civil, indústria automotiva, indústria siderúrgica e bens de consumo. Em 2011, o Brasil reciclou 248,7 mil toneladas de latinhas de alumínio, o que corresponde a 18,4 bilhões de latas ou um índice de reciclagem de 98,3%.

a) Segundo o texto, qual a massa média aproximada de uma única lata de alumínio?
b) Considerando que a massa das latas decorra apenas do alumínio que as constitui, determine a quantidade de matéria, em mol, de alumínio presente em uma lata.
c) Quantos átomos de alumínio há em uma única lata do metal?
d) Qual a quantidade de matéria, em mol, do alumínio que foi reciclado no Brasil em 2011?
e) Quantos átomos de alumínio foram reciclados no Brasil em 2011?

23. O Brasil é pioneiro na utilização de álcool etílico, C_2H_6O, como biocombustível. Suponha que um veículo apresente um consumo de 10 km/L na estrada (para percorrer 10 km, consome 1 L de combustível) e que tenha percorrido a distância de 400 km.

Dado: densidade do álcool etílico: $0,8\ g/cm^3$.

a) Quantos litros de combustível o veículo deve ter consumido para percorrer 400 km?
b) Qual a massa, em quilogramas, de etanol correspondente ao volume calculado na questão anterior?
c) Quantas moléculas de álcool são consumidas durante o percurso?
d) Qual a quantidade de matéria, em mol, de álcool consumida durante o percurso?

24. A dose diária recomendada de cálcio para um adulto é de 1 000 mg. Suponha que certo suplemento nutricional à base de cascas de ostras seja 100% $CaCO_3$. Se um adulto tomar diariamente três tabletes desse suplemento de 500 mg cada, qual a porcentagem de cálcio da quantidade recomendada que essa pessoa vai ingerir?

Dados: $C = 12\ g \cdot mol^{-1}$; $O = 16\ g \cdot mol^{-1}$; $Ca = 40\ g \cdot mol^{-1}$.

25. Suponha que 70% do corpo humano seja constituído por água. Calcule o número de moléculas de água presente no corpo de uma pessoa de 65 kg.

26. Considere uma amostra de glicose ($C_6H_{12}O_6$) que contém $1,5 \times 10^{22}$ átomos de carbono.

a) Quantos átomos de hidrogênio essa amostra deve conter?
b) Calcule também a quantidade de moléculas de glicose.
c) Qual a quantidade de matéria, em mol, de glicose?
d) Qual a massa, em grama, da amostra?

27. Coloque as amostras a seguir em ordem crescente de massa.

a) 1,5 mol de moléculas de glicose ($C_6H_{12}O_6$)
b) $4,2 \times 10^{24}$ moléculas de H_3PO_4
c) 2,5 mol de átomos de ouro (Au)
d) $6,0 \times 10^{24}$ moléculas de O_2

Ciência, tecnologia e sociedade

Quilograma: uma questão de peso?

Em breve o modo como definimos o quilograma, unidade de massa, a mais básica e familiar propriedade da matéria, poderá ser redefinido. Hoje a medida de 1 quilo de qualquer coisa, seja o do nosso corpo numa balança, até a quantidade de alimentos que compramos, é definida pela massa de um cilindro criado em 1889, composto por uma liga de platina e irídio, de apenas 39 milímetros de altura e que fica armazenado no Bureau Internacional de Pesos e Medidas (BIPM), em Sèvres, na França.

Há cerca de oitenta cópias espalhadas pelo mundo do protótipo original [...]. No Brasil, uma reprodução do protótipo internacional fica sob a guarda do Instituto Nacional de Metrologia e Qualidade Industrial (Inmetro) [...]

O problema, que intriga a Metrologia (ciência das medições) praticamente desde a criação do protótipo padrão, é que o quilograma é a única das sete unidades básicas do Sistema Internacional de Unidades (SI) ainda definida por um artefato – algo físico, é bom ressaltar. As outras seis são: metro (unidade de comprimento); segundo (de tempo); ampère (de corrente elétrica); kelvin (de temperatura); mol (de quantidade de substância) e candela (de intensidade luminosa).

Todas são definidas em termos de propriedades da natureza e podem ser medidas por qualquer laboratório devidamente capacitado do mundo. O metro, por exemplo, é definido como o comprimento do trajeto percorrido pela luz no vácuo, durante um intervalo de 1/299 792 458 de segundo. [...]

Pesquisadores de várias partes do mundo argumentam que o ideal seria redefinir o quilograma tendo por base constantes universais, e não um artefato que pode sofrer algum dano. Isso porque mesmo com todos os cuidados, até a limpeza do cilindro, feito com material anticorrosivo e mantido numa redoma sem ar, pode retirar átomos da sua superfície, alterando o padrão. As cópias existentes estão sujeitas às mesmas variações. Além disso, não são reproduções 100% fiéis, algo praticamente impossível de ser alcançado. [...] Acredita-se que a diminuição tenha sido de 15 nanogramas (bilionésimos de um grama). [...]

Existem várias propostas para uma nova definição do quilograma; o melhor candidato para tirar o pequeno cilindro brilhante do seu posto no cofre é um método em estudos há mais de 20 anos, denominado "balança de Watt". [...]

[...] a balança de Watt "é um sistema incrivelmente sensível de escalas, com o quilograma num prato e um campo eletromagnético influenciando o outro prato. Definir o quilograma, então, se torna uma questão de medir a força eletromagnética necessária para compensar o peso do quilograma".

Para finalizar, uma curiosidade. O uso popular costuma se referir à massa de um objeto como o seu peso, ainda que, estritamente falando, o peso de um objeto seja a força que a gravidade exerce sobre ele (medido em newtons). Daí a interrogação posta no título desta matéria. Quilograma: uma questão de massa e não, em termos estritos, de peso.

Disponível em: <http://www.ipemsp.com.br/index.php?option=com_content&view=article&id=3271:quilograma-uma-questao-de-peso&catid=155:noticias-de-2008&Itemid=475>. Acesso em: 29 maio 2014.

O quilograma-padrão é uma liga formada por 90% de platina e 10% de irídio.

Analise e discuta

1. Qual é a importância de um sistema métrico padronizado de unidades para o desenvolvimento científico e tecnológico da humanidade?
2. Por que a redução da massa do cilindro que serve de padrão internacional para a unidade de massa é apontada como um problema? Essa perda de massa poderia acontecer também com o metro, considerando sua atual definição?
3. Explique a preocupação da comunidade científica em manter um cilindro como padrão internacional para a unidade de massa.
4. Certa pessoa usou um pedaço de barbante como referência de medidas de distância e um cilindro de alumínio para medidas de massa. Uma mesa, por exemplo, media 3 pedaços de barbante × 2 pedaços de barbante. A massa de sua mochila correspondia a dez vezes a massa do cilindro de alumínio. Comente os problemas relacionados aos padrões utilizados. Como esses problemas estão relacionados ao texto acima?

Esquema do capítulo

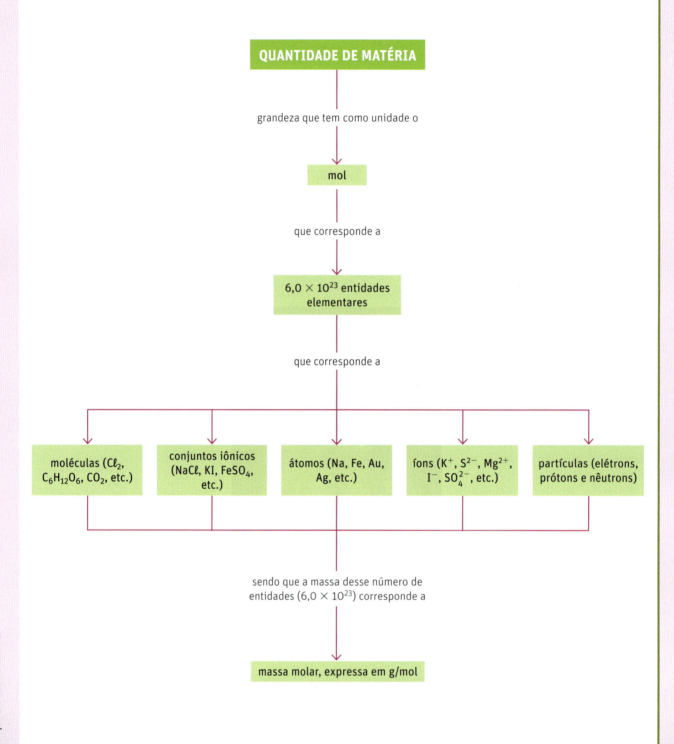

Vestibular e Enem

28. (Ufal) Certa amostra de mármore contém 80% em massa de carbonato de cálcio, $CaCO_3$.
Calcule a porcentagem em massa do elemento cálcio dessa amostra.
Massas molares (g/mol): $CaCO_3 = 100$; $Ca = 40$.

29. (Unesp) O mercúrio, na forma iônica, é tóxico porque inibe certas enzimas. Uma amostra de 25,0 gramas de atum de uma grande remessa foi analisada, e constatou-se que continha $2,1 \times 10^{-7}$ mol de Hg^{2+}. Considerando-se que os alimentos com conteúdo de mercúrio acima de $0,50 \times 10^{-3}$ gramas por quilograma de alimento não podem ser comercializados, demonstrar se a remessa de atum deve ou não ser confiscada. (Massa atômica do Hg = 200.)

30. (UFRGS-RS) O número de elétrons existentes em 1,0 mol de hélio é aproximadamente igual a:
a) 2
b) 4
c) 18
d) 12×10^{23}
e) 24×10^{23}

31. (Fuvest-SP) O aspartame, um adoçante artificial, pode ser utilizado para substituir o açúcar de cana. Bastam 42 miligramas de aspartame para produzir a mesma sensação de doçura que 6,8 gramas de açúcar de cana. Sendo assim, quantas vezes, aproximadamente, o número de moléculas de açúcar de cana deve ser maior do que o número de moléculas de aspartame para que tenha o mesmo efeito sobre o paladar?
Massas molares aproximadas (g/mol): açúcar de cana = 340, adoçante artificial = 300.
a) 30
b) 50
c) 100
d) 140
e) 200

32. (PUC-MG) Os motores a *diesel* lançam na atmosfera diversos gases, entre eles o dióxido de enxofre e o monóxido de carbono. Uma amostra dos gases emitidos por um motor a *diesel* foi recolhida. Observou-se que ela continha 0,2 mol de dióxido de enxofre e $3,0 \times 10^{23}$ moléculas de monóxido de carbono.
Dados: S = 32; C = 12; O = 16. A massa total, em gramas, referente à amostra dos gases emitidos, é igual a:
a) 12,8
b) 14,4
c) 26,8
d) 40,4

33. (UFG-GO) O corpo humano necessita diariamente de 12 mg de ferro. Uma colher de feijão contém cerca de $4,28 \cdot 10^{-5}$ mol de ferro. Quantas colheres de feijão, no mínimo, serão necessárias para que se atinja a dose diária de ferro no organismo?
a) 1
b) 3
c) 5
d) 7
e) 9

34. (Uerj) O esquema adiante representa a distribuição média dos elementos químicos presentes no corpo humano.

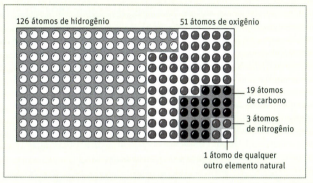

Adaptado de SNYDER, Carl H. *The extraordinary chemistry of ordinary things*. New York: John Wiley & Sons, Inc., 1997.

O elemento que contribui com a maior massa para a constituição do corpo humano é:
a) carbono.
b) oxigênio.
c) nitrogênio.
d) hidrogênio.

35. (UEA-AM) Quase todo o estanho produzido atualmente no mundo é destinado à fabricação de latas de conservas. Considerando que foram fabricadas 200 latas de conserva contendo, cada uma delas, uma massa de estanho igual a 11,87 g, o número de mols de átomos de estanho utilizado nessa remessa foi de:
a) 10 mol
b) 20 mol
c) 100 mol
d) $6,0 \times 10^{24}$ mol
e) $1,2 \times 10^{25}$ mol

36. (Unesp) Durante o ano de 2010, no período de vacinação contra a gripe A (H1N1), surgiram comentários infundados de que a vacina utilizada, por conter mercúrio (metal pesado), seria prejudicial à saúde. As autoridades esclareceram que a quantidade de mercúrio, na forma do composto tiomersal, utilizado como conservante, é muito pequena. Se uma dose dessa vacina, com volume igual a 0,5 mL, contém 0,02 mg de Hg, calcule a quantidade de matéria (em mol) de mercúrio em um litro da vacina.
Dado: massa molar do Hg = 200 g · mol^{-1}.

Vestibular e Enem

37. (FGV-SP) O rótulo de um pacote de batata frita indica que o produto possui 5% do valor diário de referência (VD) de $NaC\ell$. Dadas as massas molares em g mol^{-1}, $Na^+ = 23$; $C\ell^- = 35,5$ e a constante de Avogadro, $6,02 \times 10^{23}$ mol^{-1}, e sabendo-se que o VD definido pela Organização Mundial da Saúde para o $NaC\ell$ é de 2,4 g, quantos íons Na^+ são ingeridos se o conteúdo total desse pacote for consumido?

a) 0,012

b) 0,020

c) 12×10^{20}

d) 31×10^{20}

e) 20×10^{20}

38. (UFG-GO) Cloreto de cobre(II) tem grande aplicação em sínteses orgânicas e como catalisador. Esse sal pode ser encontrado nas formas anidra ou hidratada. A fórmula molecular do sal hidratado é $CuC\ell_2 \cdot nH_2O$, onde n representa o número de moléculas de água presentes na estrutura do cristal. Com base nessas informações, considere:

a) Se 2,6 g do sal hidratado são aquecidos de forma completa, restando 2,0 g do sal anidro, qual é a fórmula molecular do sal hidratado?

b) O sal anidro se decompõe em altas temperaturas, formando cloreto de cobre(I) e um gás. Escreva a reação química que representa esse processo.

39. (Ufal) Quando bebemos 250 g de água (aproximadamente 250 mL), admitindo ser desprezível a presença de impurezas, podemos considerar correto dizer que estamos ingerindo aproximadamente:

Dado: constante de Avogadro = 6×10^{23} mol^{-1}.

a) 2×10^{24} átomos de oxigênio

b) 4×10^{24} átomos de hidrogênio

c) 2×10^{23} moléculas de água

d) 25 mol de átomos

e) 42 mol de átomos

40. (UFV-MG) Sabendo que o número de Avogadro é igual a $6,02 \times 10^{23}$ e que a densidade do álcool etílico (CH_3CH_2OH) é 0,80 g cm^{-3}, o número aproximado de moléculas contidas em dez litros desta substância é:

a) $6,0 \times 10^{24}$

b) $1,0 \times 10^{26}$

c) $4,8 \times 10^{22}$

d) $2,5 \times 10^{22}$

41. (Unicamp-SP) Entre os vários íons presentes em 200 mililitros de água de coco há aproximadamente 320 mg de potássio, 40 mg de cálcio e 40 mg de sódio. Assim, ao beber água de coco, uma pessoa ingere quantidades diferentes desses íons, que, em termos de massa, obedecem à sequência:

potássio > sódio = cálcio. No entanto, se as quantidades ingeridas fossem expressas em mol, a sequência seria:

Dados de massas molares em g/mol: cálcio = 40; potássio = 39; sódio = 23.

a) potássio > cálcio = sódio.

b) cálcio = sódio > potássio.

c) potássio > sódio > cálcio.

d) cálcio > potássio > sódio.

42. (PUC-RJ) A massa, em gramas, de $6,02 \times 10^{23}$ moléculas de uma substância é igual à massa molar dessa substância.

Essa relação permite o cálculo da massa de uma molécula de SO_2, que é, em gramas, mais próximo do valor:

Dados: S = 32; O = 16.

a) $1,0 \times 10^{-24}$

b) $1,0 \times 10^{-23}$

c) $1,0 \times 10^{-22}$

d) $1,0 \times 10^{21}$.

e) $1,0 \times 10^{23}$.

43. (Fuvest-SP) A densidade da água a 25 ºC é 1,0 g/mL. O número aproximado de átomos de hidrogênio contidos em uma gota de água, de volume 0,05 mL, é:

Dados: Massa molar da água = 18 g/mol

Constante de Avogadro = $6,0 \cdot 10^{23}$ mol^{-1}

a) $\dfrac{5}{9} \times 10^{-2}$

b) $\dfrac{15}{9} \times 10^{-21}$

c) $\dfrac{30}{9} \times 10^{21}$

d) $\dfrac{30}{9} \times 10^{23}$

e) $\dfrac{5}{18} \times 10^{25}$

44. (Cefet-MG) O carbonato de lítio é um medicamento empregado para o tratamento de transtornos bipolares. Se um indivíduo toma um comprimido de 750 mg ao dia, então, estará ingerindo diariamente

a) $6,0 \times 10^{21}$ íons lítio.

b) $6,0 \times 10^{23}$ íons carbonato.

c) 0,01 mol de carbonato de lítio.

d) $1,8 \times 10^{24}$ átomos de oxigênio.

e) 2,0 íons carbonato para cada íon lítio.

45. (PUC-PR) O diabetes é uma doença causada pela deficiência na produção de insulina pelo pâncreas e sua principal função é reduzir a taxa de glicose no sangue. A molécula de insulina tem massa aproximadamente igual a 5 800 u e sua composição consiste em carbono, hidrogênio, nitrogênio, oxigênio e enxofre. O elemento nitrogênio corresponde a 15,68% da massa de sua molécula; portanto, o número aproximado de átomos de nitrogênio existentes na molécula de insulina é de:

Dado: N = 14 u

a) 257

b) 909

c) 65

d) 77

e) 56

Capítulo 17 ∎ Mol: quantidade de matéria

330

Para explorar

Sites

- <http://condigital.ccead.puc-rio.br/condigital/index.php?option=com_content&view=article&id=487&Itemid=91>. Acesso em: 2 abr. 2014.
  Esta animação relaciona a quantidade de "partículas" com a quantidade de "massa" e aborda também o conceito de mol.

- <http://qnesc.sbq.org.br/online/qnesc19/a03.pdf>. Acesso em: 2 abr. 2014.
  Essa matéria traz dois experimentos que ajudam a entender as relações entre os conceitos de massa e de massa atômica.

- <http://qnesc.sbq.org.br/online/qnesc33_4/211-AQ-9011.pdf>. Acesso em: 2 abr. 2014.
  Essa matéria aborda a aprovação pela Iupac do uso de um intervalo de massas atômicas, no lugar de um único valor, para dez elementos cujas composições isotópicas variam frequente e significativamente: H, Li, B, C, N, O, Si, S, Cl e Tl.

- <http://lqes.iqm.unicamp.br/canal_cientifico/pontos_vista/pontos_vista_artigos_opiniao29-1.html>. Acesso em: 2 abr. 2014.
  Este texto aborda as tentativas da comunidade científica em aumentar a precisão do número de Avogadro, o que teria impacto, por exemplo, nos valores de muitas outras constantes fundamentais da natureza.

UNIDADE

Estudo dos gases

Nesta unidade

18 Os gases e suas transformações

Nesta unidade você vai estudar o comportamento da matéria no estado gasoso, a relação entre a quantidade de matéria de gás em um recipiente de volume fixo, sua temperatura e a pressão que esse gás exerce nas paredes do recipiente que o contém.

Você vai analisar a contribuição de cada gás de uma mistura para a pressão, o volume e a temperatura do sistema.

Você também vai saber o que ocorre quando uma amostra de gás tem sua pressão, seu volume e sua temperatura alterados, bem como conhecer os fatores que interferem na sua densidade.

Mergulhadores observam tartaruga marinha no litoral do nordeste brasileiro. Fotografia de 2009.

Os gases são de extrema importância para a vida na Terra como a conhecemos.

Na camada mais baixa da atmosfera, o oxigênio é indispensável para a respiração da grande maioria dos seres vivos, assim como o dióxido de carbono, para a fotossíntese. O nitrogênio participa em transformações que levam à produção de compostos de nitrogênio que fertilizam o solo e possibilitam a síntese de proteínas.

A camada de ozônio funciona como filtro, absorvendo radiação ultravioleta do Sol e contribuindo para o controle da temperatura na Terra.

Questões para reflexão

1. Os mergulhadores mostrados na fotografia carregam cilindros que fornecem ar. Por que eles usam esses cilindros quando embaixo da água?

2. Para você, a necessidade de uso de cilindros é explicada por não haver oxigênio na água ou há outra explicação? Caso haja oxigênio na água, como ele se apresenta? Justifique sua resposta.

3. É comum a mortandade de peixes em rios nos quais a poluição é alta. Por que a poluição provoca a morte desses animais?

CAPÍTULO 18
Os gases e suas transformações

Neste capítulo

1. Características e variáveis dos gases.
2. Transformações gasosas.
3. Misturas de gases.
4. Difusão e efusão.

Diversos gases combustíveis são utilizados para o fornecimento de energia, como o metano (principal componente do gás natural), o propano (usado como propulsor em aerossóis) e o butano. A mistura de propano e butano é conhecida como "gás de cozinha".

Um dos estados físicos em que a matéria pode ser encontrada é o gasoso.

Os gases interagem com a vida na Terra de diferentes maneiras. O oxigênio, por exemplo, está presente no ar na proporção de, aproximadamente, 20% em volume; o ozônio encontrado na estratosfera é responsável pela absorção de parte significativa da radiação ultravioleta do Sol.

A presença de gás carbônico (dióxido de carbono) e vapor de água na atmosfera causam o chamado "efeito estufa", fundamental para a vida. Sem ele, a Terra seria um planeta gelado e não poderia abrigar a vida como é conhecida. A intensificação desse efeito, em decorrência de queimadas e da combustão, é que pode elevar a temperatura do planeta a níveis comprometedores.

Há gases que são lançados à atmosfera e que intensificam a acidez da chuva (naturalmente ácida), tornando-a prejudicial ao ambiente; há aqueles que causam problemas respiratórios nos seres humanos e em outros animais, e ainda os que reagem com o ozônio, deixando os seres vivos vulneráveis à radiação ultravioleta.

Neste capítulo, você vai conhecer a história do estudo dos gases e as principais características desse estado da matéria que é de extrema importância para a compreensão de vários processos químicos.

1. Características e variáveis dos gases

❯ Teoria cinética dos gases

O estudo dos gases é feito pelo comportamento de suas partículas, que podem ser átomos ou moléculas. Como não é possível vê-las, elaborou-se um modelo teórico para descrever as características mais importantes do comportamento gasoso. Esse modelo é chamado de **teoria cinética dos gases**.

Segundo a teoria cinética dos gases, a matéria, nesse estado, é formada de partículas (átomos ou moléculas) mais afastadas umas das outras do que nos estados líquido ou sólido. Essas partículas estão em movimento constante e desordenado e chocam-se continuamente entre si e com as paredes do recipiente que as contém.

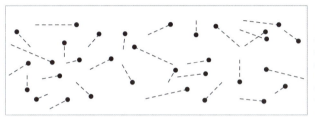

Esquema de modelo cinético dos gases: as esferas representam as partículas, e as linhas tracejadas, o movimento delas dentro de um recipiente.

A observação do comportamento dos gases possibilita o levantamento de algumas características importantes.

- **Massa**. Qualquer gás tem massa.
- **Volume variável**. O volume de um gás corresponde sempre ao volume do recipiente no qual ele está contido.
- **Dilatação e compressão**. Quando um gás é aquecido ou resfriado, ocorre uma alteração na movimentação dos átomos ou das moléculas que o formam. O gás se dilata quando aquecido e se contrai quando resfriado.
- **Forças sobre as paredes do recipiente**. As partículas de um gás, quando colidem com as paredes do recipiente, exercem uma força de dentro para fora que é distribuída pela superfície das paredes. A intensidade da força por unidade de área das paredes dá o valor da pressão.
- **Difusão**. Facilidade com que as moléculas de um gás se dispersam em outro meio gasoso. A velocidade de difusão de um gás depende da mobilidade de suas moléculas no meio em que é colocado.

▍ Saiba mais

Gases ideais e reais

Um gás **ideal** (ou perfeito) corresponde a um gás cujas partículas apresentam as seguintes características.

- Têm volume considerado nulo em relação ao volume ocupado pelo gás.
- Chocam-se elasticamente, isto é, sem perda de energia cinética.
- Estão em constante e desordenado movimento.
- Não estão sujeitas a forças de atração ou repulsão.

É importante ressaltar que o gás ideal não existe. No entanto, sob determinadas condições de pressão e temperatura (baixas pressões e altas temperaturas), todo gás pode ter comportamento próximo do ideal. Alguns deles exibem um comportamento próximo do ideal mesmo nas condições ambientes.

Entretanto, em determinadas condições, como em altas pressões ou baixas temperaturas, o gás se contrai, a proximidade entre as partículas constituintes do gás aumenta e as forças que atuam entre elas – atração e repulsão – não podem ser mais consideradas desprezíveis. Nesta situação, há um desvio da idealidade e o gás passa a ter um comportamento real.

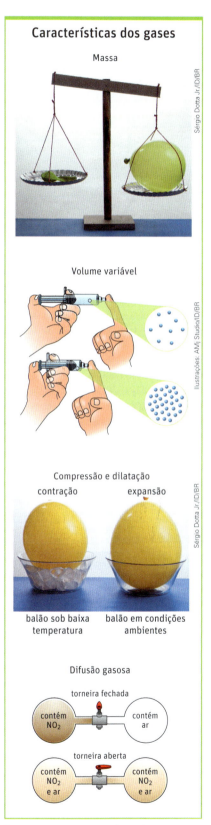

Representação em cores-fantasia.

Variáveis de estado de um gás

Pressão

A pressão é uma grandeza física definida como a força exercida sobre uma unidade de área de determinada superfície.

Os gases atmosféricos exercem uma força-peso sobre cada unidade de área da superfície terrestre. Essa força é denominada pressão atmosférica.

Evangelista Torricelli (1608-1647) foi o primeiro cientista a medir a pressão atmosférica.

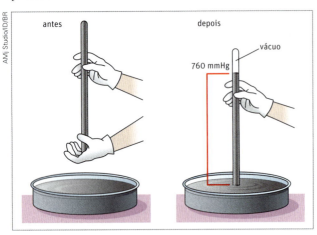

Representação adaptada, em cores-fantasia, do experimento de Torricelli.

Em 1643, ele preencheu um tubo com mercúrio e o inverteu sobre um recipiente que também continha mercúrio. Torricelli observou que o mercúrio não escoava completamente e que havia um espaço vazio na parte superior da coluna (vácuo). O mercúrio descia até uma altura de 760 mm, ao nível do mar. Essa altura é proporcional à pressão exercida pelo ar. Assim, a pressão de 1 atmosfera equivale a 760 mmHg ou 760 torr.

O Sistema Internacional de Medidas (SI) determina que as pressões sejam indicadas pela unidade Pascal (Pa), definida como a pressão exercida por uma força de 1 newton aplicada numa área de 1 m². Entretanto, o SI aceita o **bar** como unidade de pressão **em uso**. Por outro lado, as unidades **torr** e **atm** não são mais recomendadas e, sempre que utilizadas – geralmente em referência a fatos ou documentos antigos –, devem ser acompanhadas de sua conversão em unidades SI, como mostra a tabela abaixo.

Pressão atmosférica	Conversão para Pascal
milímetro de mercúrio (mmHg)	760 mmHg = $1,013 \times 10^5$ Pa
atmosfera (atm)	1 atm = $1,013 \times 10^5$ Pa
bar (bar)	1 ≅ $1,013 \times 10^5$ Pa
torricelli (torr)	760 torr = $1,013 \times 10^5$ Pa

A pressão de um gás corresponde à força média por unidade de área com que as partículas desse gás colidem com as paredes do recipiente em que se encontram. Assim, para uma dada temperatura, quanto maior a proximidade entre as partículas, maior o número de colisões e, portanto, maior a pressão do gás.

Volume

Corresponde ao espaço ocupado pelo gás. Você já sabe que o volume de um gás pode variar de acordo com o recipiente que o contém. O volume dos gases, geralmente, é medido em litros (L). No Sistema Internacional de Medidas (SI) usa-se o metro cúbico (m³), embora a unidade litro também possa ser utilizada.

Química tem história

Evangelista Torricelli

Torricelli nasceu em Faenza, Itália, em 15 de outubro de 1608; e faleceu em Florença, Itália, em 25 de outubro de 1647. [...]

[...] o nome de Torricelli é acima de tudo conhecido por seus experimentos barométricos. O argumento do vácuo remonta às primeiras escolas gregas de filosofia, principalmente com Aristóteles, variando com o passar das épocas. Em aproximadamente 1613, Galileu opôs-se aos argumentos de Aristóteles contra o vácuo e demonstrou experimentalmente o peso do ar. [...] apesar de verificar o peso do ar, ele não era capaz de deduzir pressões com o ar atmosférico. Galileu avançou a hipótese da existência de uma "força de vácuo", que empurrava uma coluna de água, como num tubo de aproximadamente 9 metros ou mais. [...]

Torricelli [...] procedeu em repetir o experimento [...] usando progressivamente líquidos mais pesados[*] como água salgada, mel e mercúrio. O uso do mercúrio também permitiu a ele simplificar o processo de preenchimento trocando o sifão de Baliani por um simples tubo de vidro de aproximadamente 1 metro. [...]

Em uma carta de 11 de junho de 1644 a Michelangelo Ricci, Torricelli descreveu o experimento, rejeitando a teoria da força de vácuo [...]. De acordo com Torricelli, a força que suporta a coluna de mercúrio não é interna ao tubo, mas externa, produzida pela atmosfera [...]. Se, em vez de mercúrio, o tubo contivesse água, Torricelli previa que a altura da coluna teria proporção bem maior, devido ao maior peso[*] que o mercúrio possui em relação à água; o resultado foi confirmado por Pascal em 1647.

PARIZOTTO, Carlos Eduardo A. Disponível em: <http://www.fem.unicamp.br/~em313/paginas/person/torricel.htm>. Acesso em: 29 maio 2014.

[*] **Nota:** As palavras "pesados" e "peso" utilizadas no texto estão se referindo à densidade.

Temperatura

Está diretamente relacionada à agitação das moléculas do gás. A escala Kelvin (K) é bastante utilizada para se referir a temperaturas de gases.

A temperatura de 273,15 K corresponde a 0 °C, e a de 373,15 K, a 100 °C, ou seja, as duas escalas possuem o mesmo intervalo. Assim, 0 K corresponderia, teoricamente, a uma temperatura de −273,15 °C. Nesse ponto da escala, considera-se que as partículas não têm movimento. Isso é conhecido como **zero termodinâmico**. A temperatura na escala Kelvin não tem valores negativos.

Tendo em vista a exatidão da maioria dos termômetros de uso em laboratório, é comum arredondar o valor 273,15 K para 273 K nos cálculos realizados com temperatura.

❯ Volume molar e Hipótese de Avogadro

Como foi visto no capítulo 16, Amedeo Avogadro acreditava que os gases fossem formados por agrupamentos chamados de moléculas. Ele constatou que o mesmo número de moléculas de dois ou mais gases, medidos nas mesmas condições de temperatura e pressão, ocupam o mesmo volume. A generalização dessa constatação foi denominada Hipótese de Avogadro.

Para uma mesma pressão, o volume de um gás está relacionado com a sua quantidade de matéria e é independente do gás analisado.

A 0 °C e pressão de 1 atm (condições normais de temperatura e pressão – CNTP), 1 mol de gás ocupa o volume de 22,4 L. É importante, também, relacionar o volume de 1 mol de gás ideal com as condições ambientes de temperatura e pressão (CATP), que corresponde a 25 L. Isso porque várias tabelas encontradas em manuais de Química e Física apresentam dados nessas condições. Veja no quadro abaixo que condições são essas.

Sigla	Denominação	Temperatura	Pressão
CATP	Condições ambiente de temperatura e pressão	25 °C ($\cong$ 298 K)	1 bar ($\cong$ 1 atm) ($\cong 1 \times 10^5$ Pa)

Química e Física

Qual é a diferença entre vapor e gás?

Quando a água evapora, costuma-se dizer que ela passa para a "forma de vapor". Para o oxigênio do ar usa-se o termo "forma gasosa". Afinal, qual a diferença entre vapor e gás?

O vapor é um gás que pode ser liquefeito apenas por compressão, enquanto um gás, que, para ser liquefeito, precisa ser submetido também a um abaixamento suficiente de temperatura, não pode ser considerado vapor. Resumindo: todo vapor pode ser considerado gás, mas nem todo gás pode ser considerado vapor.

Muitos acreditam que tanto as nuvens como a "fumaça" que se forma quando a água é fervida são constituídas por vapor de água, mas são basicamente formadas de gotículas de água no estado líquido e, em casos de nuvens de tempestade, pode haver gelo em suspensão no ar. O vapor de água é invisível.

Saiba mais

As escalas de temperatura

A escala mais conhecida no Brasil é a chamada **Celsius (°C)**. Os gases, por sua vez, são comumente medidos na escala **Kelvin (K)**. Nos Estados Unidos é comum o uso da escala **Fahrenheit (°F)**.

Para comparar essas escalas, é comum utilizar como referência as **temperaturas de fusão (TF)** e de **ebulição (TE)** da água ao nível do mar.

A tabela ao lado apresenta as principais diferenças entre essas três escalas.

Escala	TF	TE	Intervalo
°C	0	100	100
K	273	373	100
°F	32	212	180

2. Transformações gasosas

Ao longo dos séculos XVII, XVIII e XIX, os cientistas estudaram as transformações provocadas por variações de pressão, volume e temperatura em uma massa fixa de gás. Essas transformações podem ocorrer com temperatura constante (isotérmica), com pressão constante (isobárica), com volume constante (isocórica ou isovolumétrica) e com variação das três grandezas (transformação geral). O prefixo "iso" vem do grego *isos* e significa "igual".

› Transformação isotérmica ou Lei de Boyle

Esse é o tipo de transformação que ocorre quando o gás contido em um recipiente é comprimido sob temperatura constante. Essa transformação foi estudada por Robert Boyle (1627-1691), que observou que, quando se dobra a pressão em uma massa fixa de gás, seu volume cai pela metade.

Imagine uma seringa de injeção sem agulha, com o orifício obstruído, contendo certa quantidade de nitrogênio, N_2. Admitindo que esse gás esteja em condições ideais, ao dobrar a pressão sobre o êmbolo da seringa, o volume de nitrogênio em seu interior cai pela metade.

Observe o esquema abaixo, que ilustra essa situação.

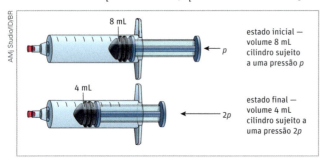

A seringa, sem agulha e com o orifício obstruído, contém o gás nitrogênio. Representação em cores-fantasia.

Pode-se dizer, portanto, que a pressão e o volume são inversamente proporcionais, isto é, quando a pressão aumenta, o volume do gás diminui proporcionalmente.

Observe, na tabela abaixo, os valores de pressão e de volume de determinada massa fixa de gás.

Pressão (atm)	Volume (mL)	Produto $p \cdot V$
1	8	8
2	4	8
4	2	8
8	1	8

Se os valores de pressão e volume forem colocados em um gráfico, para cada situação observa-se a formação de uma curva.

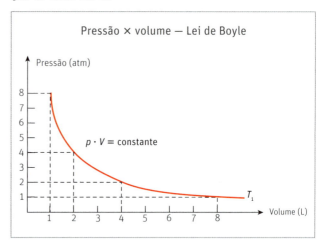

Pode-se expressar a relação entre pressão e volume antes e depois da transformação para gases em condições ideais por:

$$p_1 V_1 = p_2 V_2 \text{ ou } pV = \text{constante}$$

■ Química tem história

Joseph Louis Gay-Lussac

Químico e físico francês, Joseph Louis Gay-Lussac nasceu em [...] 6 de dezembro de 1778, e faleceu em Paris a 9 de maio de 1850. Estudou na École Polytechnique, onde foi discípulo de Berthollet. Em 1809 assumiu a cadeira de Química da École Polytechnique e a de Física da Sorbonne.

Em 1804, designado pelo governo francês, fez duas ascensões em balão, com o objetivo de estudar as regiões elevadas da atmosfera. Suas investigações científicas foram coroadas de êxito, havendo, entre outros importantes resultados, averiguado a invariabilidade da composição do ar [...].

Em 1802, procedendo a investigações sobre o fenômeno da expansão dos gases [...] demonstrou que, *sob pressão constante, o volume de um gás perfeito varia na razão direta da temperatura*. A **Lei de Gay-Lussac**, também conhecida por Lei de Charles, ou Lei de Charles e Gay-Lussac, é simples corolário* do princípio estabelecido, em 1787, pelo físico francês Jacques Charles: *em volume constante, a pressão de um gás perfeito varia na razão direta da temperatura.* [...]

Esse princípio, conhecido como **Lei das combinações simples** ou Lei de Gay-Lussac, contribuiu decisivamente para o estabelecimento da hipótese de Avogadro.

Disponível em: <http://allchemy.iq.usp.br/metabolizando/beta/01/gay.htm>. Acesso em: 29 maio 2014.

* **Nota:** Corolário significa "dedução".

❯ Transformação isobárica ou Lei de Gay-Lussac

Em 1802, Joseph Louis Gay-Lussac, ao estudar o comportamento do volume e da temperatura de uma massa fixa de gás sob pressão constante, observou que o volume era diretamente proporcional à temperatura termodinâmica. Isso significa que, nessas condições, quando a temperatura termodinâmica de um gás dobra, seu volume também dobra.

Imagine que a seringa de injeção do exemplo anterior, contendo certo volume de nitrogênio, N_2, seja feita de material resistente a altas temperaturas.

Observe, no esquema abaixo, que a pressão que age sobre o êmbolo do cilindro é a mesma.

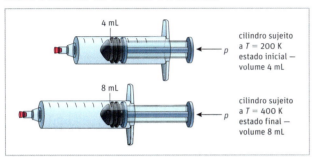

A tabela abaixo fornece os valores de volumes e temperaturas para o aquecimento de 4 mL de um gás ideal, inicialmente, a 200 K.

Volume (mL)	Temperatura (K)	Relação $\frac{V}{T}$
4	200	$\frac{1}{50}$
8	400	$\frac{1}{50}$

Se os valores de volume e temperatura forem colocados em um gráfico, para cada situação observa-se a formação de uma reta.

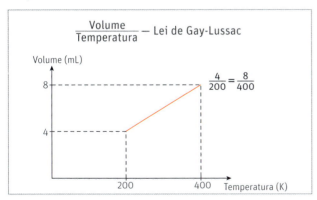

Volume (mL) × Temperatura (K).

O volume e a temperatura, portanto, relacionam-se da seguinte maneira.

$$\frac{V_1}{T_1} = \frac{V_2}{T_2} \text{ ou } \frac{V}{T} = \text{constante} \quad \text{(em condições ideais)}$$

❯ Transformação isocórica (isovolumétrica) ou Lei de Charles e Gay-Lussac

Em 1787, o físico francês Jacques Charles estudou a relação entre a pressão e a temperatura termodinâmica de uma massa fixa de gás sob volume constante e observou que, quando se dobrava a temperatura termodinâmica, a pressão do gás também dobrava.

Observe, no esquema abaixo, a relação entre pressão e temperatura.

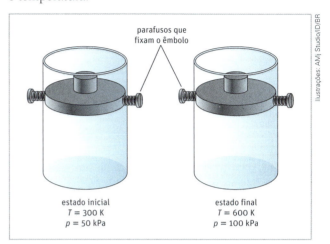

A tabela abaixo fornece os valores de pressão e temperatura para o aquecimento de um gás ideal, inicialmente, a 50 kPa e 300 K.

Pressão (kPa)	Temperatura (K)	Relação $\frac{p}{T}$
50	300	$\frac{1}{6}$
100	600	$\frac{1}{6}$

Se os valores de pressão e temperatura forem colocados em um gráfico, este será uma reta.

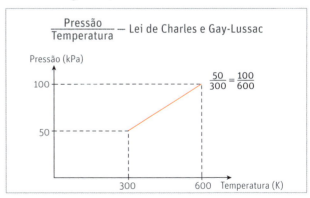

Pressão (kPa) × Temperatura (K).

A pressão e a temperatura, portanto, relacionam-se da seguinte maneira.

$$\frac{p_1}{T_1} = \frac{p_2}{T_2} \text{ ou } \frac{p}{T} = \text{constante} \quad \text{(em condições ideais)}$$

Equação de estado dos gases

Quando uma massa fixa de gás sofre uma transformação em que as três grandezas (pressão, volume e temperatura) se alteram, a relação $\frac{pV}{T}$ permanece constante.

A relação entre o estado inicial e o final pode ser expressa por uma equação denominada **equação da transformação geral dos gases**.

$$\frac{p_i V_i}{T_i} = \frac{p_f V_f}{T_f}$$

estado inicial
$p_1 = 100$ kPa
$V_1 = 5$ L
$T_1 = 300$ K
$N_2(g)$

estado final
$p_2 = 250$ kPa
$V_2 = 4$ L
$T_2 = 600$ K
$N_2(g)$

Assim, para uma quantidade fixa de um gás, o quociente entre um produto pV e a temperatura permanece constante.

$$\frac{pV}{T} = \text{constante}$$

O valor da constante é proporcional à quantidade de matéria do gás (n), de modo que se possa escrever a seguinte equação.

$$\frac{pV}{T} = n\text{R}$$

Nessa expressão, R é chamada de **constante universal** dos gases e pode assumir diferentes valores, dependendo da unidade de pressão.

Valor de R	Unidades
0,082	L · atm · K^{-1} · mol^{-1}
62,36	L · mmHg · K^{-1} · mol^{-1}
8,314	L · kPa · K^{-1} · mol^{-1}

Essa equação é denominada **equação de estado** e relaciona a pressão de uma amostra gasosa com seu volume, sua temperatura e com a quantidade de matéria nela presente.

A equação de estado pode também ser escrita da seguinte forma.

$$pV = n\text{R}T$$

Exercícios resolvidos

1. Determine que volume ocupa 1 mol de uma substância gasosa:
   a) em condições normais (1 atm de pressão e 0 °C);
   b) a 10 atm de pressão e 25 °C.

   Solução

   a) $pV = n\text{R}T \Rightarrow V = \frac{n\text{R}T}{p}$

   $V = \frac{1 \text{ mol} \cdot 0{,}082 \text{ atm L} \cdot \text{K}^{-1} \cdot \text{mol}^{-1} \cdot 273 \text{ K}}{1 \text{ atm}}$

   $V = 22{,}4$ L

   b) $pV = n\text{R}T \Rightarrow V = \frac{n\text{R}T}{p}$

   $V = \frac{1 \text{ mol} \cdot 0{,}082 \cdot \text{atm} \cdot \text{L} \cdot \text{K}^{-1} \cdot \text{mol}^{-1} \cdot 298 \text{ K}}{10 \text{ atm}}$

   $V = 2{,}24$ L

2. Um gás no estado 1 apresenta volume de 14 L, pressão de 5 atm e temperatura de 300 K. Qual será a pressão do gás em um estado 2 se o volume for dobrado à temperatura constante?

   Solução

   Essa é uma transformação isotérmica.
   Assim, $p_1V_1 = p_2V_2$. Substituindo os valores, tem-se:

   5 atm · 14 L = p_2 · 28 L

   Logo, $p_2 = \frac{5 \text{ atm} \cdot 14 \text{ L}}{28 \text{ L}}$

   $p_2 = 2{,}5$ atm

Saiba mais

Como funcionam os motores a vapor

O conhecimento sobre as transformações gasosas e sua relação com a energia foi essencial para o desenvolvimento das máquinas a vapor.

Nesses equipamentos, o calor gerado com a queima de combustível (carvão) transformava a água líquida em vapor. O gás formado era então conduzido a um cilindro, expandia-se e empurrava o êmbolo.

Essa transformação possibilitou, por exemplo, o bombeamento de água de minas de carvão e de ferro alagadas, bem como promoveu o deslocamento mais rápido de embarcações e o desenvolvimento de locomotivas.

Fontes de pesquisa: AMARAL, Danilo. História da mecânica: o motor a vapor. Disponível em: <http://www.demec.ufmg.br/port/d_online/diario/Ema078/historia%20do%20motor%20a%20vapor.pdf>. Acesso em: 29 maio 2014.

BRAIN, Marshall. Como funcionam os motores a vapor. Disponível em: <http://ciencia.hsw.uol.com.br/motor-a-vapor.htm>. Acesso em: 29 maio 2014.

Atividades

3. Quais são as principais características de um gás? Explique.

4. Observe, na figura a seguir, que a cidade de São Paulo está localizada a uma altura de 760 metros, em média, acima do nível do mar. Ribeirão Preto, cidade localizada no interior do estado de São Paulo, tem altura média de 560 metros. Em qual das duas cidades o barômetro de Torricelli apresenta coluna com menor altura de mercúrio? Por quê?

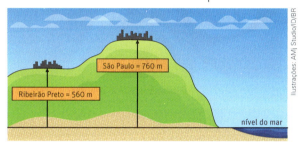

5. Avalie se cada uma das afirmações abaixo é verdadeira ou falsa. Justifique.
   a) Quanto maior o número de colisões de um gás com as paredes do recipiente em que está contido e entre suas partículas, maior será a pressão do gás.
   b) A pressão que os gases fazem sobre a superfície da Terra é menor ao nível do mar que no alto de uma montanha.
   c) Os gases apresentam volume fixo.

6. 1 mol de qualquer gás ocupa o volume de 22,4 L quando a temperatura é de 0 °C e a pressão, de 1 atm.
   a) Qual é o volume da mistura que contém 5 mol de um gás A e 2 mol de um gás B, nessas condições de temperatura e pressão?
   b) Qual é a quantidade de matéria de um gás que ocupa um volume de 33,6 L a 0 °C e 1 atm?

7. A pressão atmosférica em Plutão corresponde a 0,30 Pa. Sabendo que em Vênus a pressão é 90 vezes maior que a da Terra, compare a diferença de pressão entre Plutão e Vênus.

8. Um recipiente contém 8 g de O_2 em condições normais. Qual deve ser o volume desse recipiente?

9. Um gás encontra-se a uma temperatura de 373 K e a uma pressão de 2,50 atm. Supondo que não haja nenhuma variação de volume, qual é a nova temperatura do gás se a pressão cair a 1,50 atm?

10. Um recipiente, cujo volume é de 10 L, contém hidrogênio molecular (H_2) em condições normais de temperatura e pressão.
   a) Qual é a quantidade de matéria de hidrogênio que deve haver no recipiente?
   b) Qual é a massa correspondente desse gás?
   Dados: R = 0,082 atm L · K^{-1} · mol^{-1}.

11. A uma pressão constante se aquece um gás até que seu volume inicial de 150 L dobre. Se a temperatura inicial do gás era de 20 °C, qual deve ser a temperatura final?

12. Certa quantidade de um gás ocupa um volume de 120 L à pressão de 700 mmHg e temperatura de 20 °C. A que pressão o volume será apenas de 30 L, mantendo-se a temperatura constante?

13. Observe a figura a seguir. Inicialmente, o ar está confinado em apenas uma das partes do aparelho. Quando a torneira é aberta, o gás se espalha e ocupa a outra parte. Calcule a temperatura final no estado II, desconsiderando o volume do tubo que liga os dois compartimentos do aparelho.

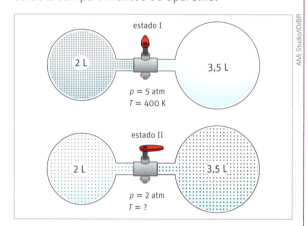

14. Dada a tabela abaixo, calcule os valores das incógnitas, considerando que a quantidade de gás não muda do estado inicial para o estado final.

Transformação	Estado	V (L)	T (K)	p (atm)
I	Inicial Final	3 3	273 298	p_1 2
II	Inicial Final	3 6	298 T_2	2 2
III	Inicial Final	6 V_2	$T_1 = T_2$ não há variação	2 5

15. Um cilindro de 50 L, de paredes indeformáveis, contém hélio gasoso (massa molar = 4 g mol^{-1}) a 27 °C. Uma parte do gás vazou e a pressão interna passou a ser 0,4 atm menor que a inicial sob as mesmas condições de temperatura. Com base nas informações, pode-se afirmar que:
   a) a massa de hélio perdida foi de $\cong$ 10 g.
   b) a massa de hélio perdida foi de $\cong$ 5,0 g.
   c) a massa de hélio perdida foi de $\cong$ 3,2 g.
   d) a quantidade de matéria de hélio perdida foi de $\cong$ 1,5 mol.
   e) a quantidade de matéria de hélio perdida foi de $\cong$ 4,4 mol.

341

3. Misturas de gases

› Pressão parcial

Imagine que os pneus de um automóvel sejam "calibrados" com uma pressão de 2,0 atm por meio de um compressor de ar, num local em que a pressão atmosférica seja de 1,0 atm.

Admitindo que o ar é formado por 80% em volume de nitrogênio, N_2, e 20% em volume de oxigênio, O_2, pode-se dizer que a pressão total da mistura gasosa dentro do pneu corresponde a 2,0 atm e que o nitrogênio contribui para essa pressão com 80% desse valor enquanto o oxigênio é responsável por 20% da pressão total.

A pressão que cada gás exerceria, isoladamente, nas mesmas condições de temperatura e volume da mistura é chamada de **pressão parcial do gás**. Pode-se dizer que a pressão parcial do oxigênio é 0,4 atm (20% da pressão total de 2,0 atm) e a pressão parcial do nitrogênio é 1,6 atm (80% da pressão total de 2,0 atm). Observe que a soma das pressões parciais é igual à **pressão total**.

A manutenção da calibragem adequada dos pneus é um dos requisitos de segurança de um automóvel.

É possível determinar a pressão parcial (p) do nitrogênio no pneu pela equação de estado dos gases, em que p_{N_2} é a pressão parcial do nitrogênio, e n_{N_2}, a quantidade de matéria de nitrogênio na mistura gasosa.

$$p_{N_2} \cdot V = n_{N_2} \cdot RT$$

Lei de Dalton

Dalton constatou que a pressão total de uma mistura de gases é igual ao somatório das pressões parciais dos gases que formam essa mistura.

Como o nitrogênio ocupa 80% do volume da mistura, pode-se concluir que, para cada 1 mol da mistura, 0,8 mol corresponde a nitrogênio. A fração $\dfrac{0,8 \text{ mol}}{1 \text{ mol}}$ é chamada **fração em quantidade de matéria** do nitrogênio na mistura gasosa (X_{N_2}). A pressão parcial de nitrogênio na mistura gasosa pode ser calculada pela seguinte expressão.

$$p_{N_2} = p \cdot X_{N_2} \Rightarrow$$
$$\Rightarrow p_{N_2} = 1,0 \text{ atm} \cdot 0,8 = 0,8 \text{ atm}$$

De modo análogo, a pressão parcial do oxigênio pode ser calculada como 0,2 atm (1,0 atm · 0,2 = 0,2 atm). Logo, a pressão total é:

$$p_{total} = 0,8 \text{ atm} + 0,2 \text{ atm} = 1,0 \text{ atm}$$

> **Você se lembra?**
>
> **Quantidade de matéria**
>
> Como átomos e moléculas são partículas muito pequenas, é importante trabalhar com um número fixo de átomos ou de moléculas: o **mol**.
>
> A massa de 1 mol de átomos de determinado elemento é a massa de $6,02 \times 10^{23}$ átomos, a qual corresponde à sua massa atômica em gramas.
>
> A massa de 1 mol de moléculas (massa molar — M) é a massa de $6,0 \times 10^{23}$ moléculas, a qual corresponde à sua massa molecular em gramas.
>
> Pode-se calcular a quantidade de matéria de uma dada massa (m) de substância pela seguinte relação.
>
> 1 mol ——— M g/mol
> n ——— m g
>
> n = quantidade de matéria
> m = massa da substância
> M = massa molar da substância

Exercício resolvido

16. Calcule a pressão total de uma mistura gasosa formada por 3 mol de um gás A e 2 mol de um gás B, considerando que a temperatura final é de 300 K e o volume é de 15 L.

Solução
$pV = n_T RT$
$p \cdot 15 \text{ L} = 5 \text{ mol} \cdot 0,082 \text{ atm} \cdot \text{L} \cdot \text{K}^{-1} \cdot \text{mol}^{-1} \cdot 300 \text{ K}$
$p = 8,2 \text{ atm}$

❯ Volume parcial

Considere um cilindro de combustível de 20 L que contém gás natural. A composição desse gás, em volume, é 85% de metano, CH_4, 10% de etano, C_2H_6, e 5% de propano, C_3H_8.

Pode-se dizer que se apenas o metano, nas mesmas condições de pressão e temperatura da mistura, fosse separado da mistura, ocuparia 85% desse volume, ou seja, 17 L. Se o etano fosse isolado, nessas mesmas condições, ocuparia 10% do volume do cilindro, o que corresponderia a 2,0 L; se o propano fosse isolado, nas mesmas condições, ocuparia 5% do volume total, ou seja, 1,0 L. O volume que cada gás ocupa nas condições da mistura corresponde ao volume parcial do gás na mistura.

Observe que a soma dos volumes parciais (V) é igual ao volume total (V).

$$V = V_{CH_4} + V_{C_2H_6} + V_{C_3H_8}$$
$$V = 17\ L + 2{,}0\ L + 1{,}0\ L = 20\ L$$

Pode-se calcular o volume parcial de um desses gases com o auxílio da equação de estado dos gases.

$$pV_{CH_4} = n_{CH_4}RT$$

Outro procedimento possível consiste em calcular o volume parcial de cada um dos gases da mistura pela fração em quantidade de matéria. Para cada 100 mol de mistura, 85 mol correspondem ao metano. Portanto, o volume parcial de metano é dado da seguinte forma.

$$V_{CH_4} = \frac{85\ mol}{100\ mol} \cdot 20\ L = 17\ L$$

O mesmo raciocínio pode ser efetuado para calcular os volumes parciais dos demais componentes da mistura gasosa.

Essas considerações, feitas para a mistura de metano, etano e propano, valem para qualquer mistura de gases: o volume total de uma mistura gasosa é a soma dos volumes parciais dos gases dessa mistura. Tal generalização é conhecida como **Lei de Amagat dos Volumes Parciais**.

❯ Densidade dos gases

Densidade absoluta

A densidade de um gás pode ser calculada pela relação entre sua massa e seu volume.

$$d_{gás} = \frac{m_{gás}}{V_{recipiente}}$$

Geralmente, a densidade é expressa em **gramas por litro** $(g \cdot L^{-1})$.

Como, para 1 mol de qualquer gás nas CNTP, a densidade absoluta é descrita pelo quociente entre sua massa molar e seu volume molar, tem-se:

$$d_{gás} = \frac{M}{22{,}4\ L \cdot mol^{-1}}$$

É possível também calcular a densidade de um gás (em $g \cdot L^{-1}$) pela equação de estado.

$$pV = \frac{mRT}{M}$$

Essa equação também pode ser escrita de outra forma. Veja.

$$\frac{pM}{RT} = \frac{m}{V} = d$$

Conclui-se da expressão acima que, sob pressão constante, a densidade de um gás é inversamente proporcional à sua temperatura. O aumento da temperatura de um gás provoca diminuição de sua densidade.

Exercício resolvido

17. Um gás de massa molar igual a 30 g está dentro de um recipiente a uma pressão de 0,5 atm e temperatura 273 K.

Qual é a densidade desse gás?

Solução

$$d = \frac{pM}{RT}$$
$$d = \frac{0{,}5\ atm \cdot 30\ g}{0{,}082\ atm \cdot L \cdot K^{-1} \cdot mol^{-1} \cdot 273\ K}$$
$$d = 0{,}67\ g \cdot L^{-1}$$

Saiba mais

Relação entre densidade e temperatura

O ar quente pode ser usado para elevar balões na prática do balonismo esportivo. Isso ocorre porque quando a temperatura de um gás (ou de uma mistura gasosa) aumenta, suas moléculas se afastam e, portanto, seu volume aumenta.

O aumento da temperatura de um gás provoca, portanto, a diminuição de sua densidade.

Densidade relativa

Para fugir dos problemas decorrentes do vazamento de um gás tóxico, uma pessoa deve deitar-se no chão ou procurar um lugar alto? A resposta envolve algumas considerações.

- Se a densidade do gás for maior que a do ar, ele tende a se acumular nas camadas inferiores. Portanto, a pessoa deve procurar um local alto, em que haja predominância de ar não contaminado.
- Se a densidade do gás for menor que a do ar, ele tende a se dirigir para as camadas mais altas da atmosfera. Nesse caso, o aconselhável é que a pessoa se deite no chão.

Na análise do problema proposto acima é levada em consideração a densidade do gás em relação à do ar.

A **densidade relativa de dois meios gasosos** é definida como a relação entre suas densidades absolutas.

A relação entre a densidade do gás A e a densidade do gás B, ambos nas mesmas condições de temperatura e pressão, é chamada de **densidade relativa**. A densidade relativa (d_{rel}) é obtida por meio da divisão dos valores de densidade absoluta. Observe.

$$d_{rel} = \frac{\dfrac{m_A}{V_A}}{\dfrac{m_B}{V_B}}$$

Admitindo que os gases tenham volumes iguais e estejam sob a mesma temperatura, suas densidades relativas podem ser expressas pelo quociente entre suas massas.

$$d_{rel} = \frac{\dfrac{m_A}{\cancel{V}}}{\dfrac{m_B}{\cancel{V}}} \Rightarrow d_{rel} = \frac{m_A}{m_B}$$

Da mesma forma, se a densidade for calculada em função da equação de estado dos gases, tem-se que:

$$d_{rel} = \frac{\dfrac{p_A M_A}{R T_A}}{\dfrac{p_B M_B}{R T_B}}$$

T e p são iguais para os dois gases, pois estão nas mesmas condições. R é constante e também igual. Assim, a equação anterior pode ser simplificada da seguinte forma.

$$d_{rel} = \frac{M_A}{M_B}$$

Exercícios resolvidos

18. Calcule a densidade absoluta dos gases que apresentam as seguintes características.

Gás A

$m = 4,5$ g, $V = 9$ L,
$M = 37$ g $\cdot$ mol^{-1}

Gás B

$m = 5,3$ g, $V = 7$ L,
$M = 54$ g $\cdot$ mol^{-1}

Solução

As densidades absolutas são dadas pela equação

$d = \dfrac{m}{V}$

Para **A**, $d = \dfrac{4,5 \text{ g}}{9 \text{ L}} = 0,5$ g $\cdot$ L^{-1}

Para **B**, $d = \dfrac{5}{9} = 0,6$ g $\cdot$ L^{-1}

19. Calcule as densidades relativas entre os gases **A** e **B**, supondo que eles ocupem o mesmo volume e estejam sob a mesma temperatura.

Solução

A densidade relativa será dada pela seguinte equação.

$d_{rel} = \dfrac{M_A}{M_B}$

$d_{rel} = \dfrac{37 \text{ g} \cdot \text{mol}^{-1}}{54 \text{ g} \cdot \text{mol}^{-1}}$

$d_{rel} = 0,69$

Química e Física

Densidade dos gases e poluição atmosférica

A densidade de um gás pode estar relacionada com seu potencial poluidor. Geralmente, quanto mais denso for um gás, maior o seu potencial poluidor devido à dificuldade de sua dispersão.

Em condições normais, o ar é mais frio em lugares mais altos. Ao longo do dia, o ar frio (mais denso) tende a descer, e o ar quente (menos denso) tende a subir por causa da diferença de densidade. Esse movimento cria correntes de convecção, as quais renovam o ar junto ao solo.

Em dias frios, uma camada de ar frio pode se interpor entre duas camadas de ar quente, evitando a formação de correntes de convecção. Dessa forma, o ar junto ao solo fica estagnado e nele há acúmulo de poluentes.

Fonte de pesquisa disponível em: <http://www.iag.usp.br/siae98/meteorologia/poluicao.htm>. Acesso em: 29 maio 2014.

4. Difusão e efusão

Em um dos cantos de uma sala totalmente fechada, um indivíduo abre, simultaneamente, dois frascos: um deles contém vinagre (solução aquosa contendo ácido acético – H$_4$C$_2$O$_2$), e o outro, detergente amoniacal (solução aquosa que libera amônia gasosa – NH$_3$). Alguém que esteja situado em outro canto da sala percebe primeiro o odor de vinagre ou o de amônia? É possível fazer esse tipo de previsão?

O espalhamento de um gás em outro meio gasoso é chamado **difusão**. Quanto maior a densidade de um gás, maior a sua massa molar e menor a velocidade de difusão. Quanto menor a densidade de um gás, menor a sua massa molar e maior a sua velocidade de difusão.

O gás hélio (He – massa molar 4 g · mol^{-1}) se difunde rapidamente. Já o butano (C$_4$H$_{10}$ – massa molar 58 g · mol^{-1}), um dos componentes do gás de cozinha, apresenta velocidade de difusão bem menor que a do hélio.

A difusão de dois gases está ilustrada no esquema ao lado.

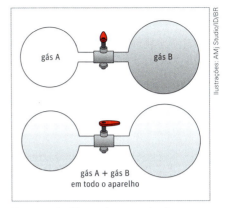

Esquema de difusão dos gases A e B. Representação em cores-fantasia.

Imagine um balão de borracha cheio de ar. Depois de alguns dias, ele fica murcho, pois as substâncias gasosas presentes no ar atravessam os pequenos orifícios presentes no balão, como mostrado na figura ao lado. A passagem de um gás por um pequeno orifício é chamada **efusão**.

Quanto maior a densidade de um gás e, portanto, maior sua massa molar, menor a velocidade de efusão.

Thomas Graham estudou os fenômenos de efusão e difusão. Para ambos, ele verificou que as velocidades de difusão e efusão de um gás são inversamente proporcionais à raiz quadrada de sua densidade.

$$v \propto \frac{1}{\sqrt{d}}$$

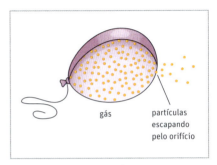

Representação em cores-fantasia. Na imagem acima foi destacada a efusão em um dos orifícios do balão.

Essa é a expressão matemática que descreve a Lei de Graham.

Lembrando que a densidade de um gás pode ser dada em função da massa molar, é possível também relacionar as velocidades de difusão relativa de dois gases, nas mesmas condições de temperatura e pressão, pela seguinte expressão.

$$\frac{v_A}{v_B} = \sqrt{\frac{M_B}{M_A}}$$

Química tem história

Thomas Graham

Thomas Graham nasceu em 1805. Seu pai, um fabricante têxtil, estava convencido de que ele deveria entrar para a Igreja [Católica], mas Graham resistiu e graduou-se, em 1826, na Universidade de Glasgow seguido de uma pós-graduação em Edimburgo, onde ele apresentou suas primeiras aulas de química.

Em 1828, Graham retornou a Glasgow para trabalhar como consultor industrial [...]. Em 1830 tornou-se um dos primeiros professores da Universidade Andersonian [...]

[...]

Graham era fascinado pelo movimento dos átomos em gases e líquidos e passou grande parte de seu tempo estudando a difusão de gases [...]

Seu trabalho sobre a difusão de gases foi utilizado em 1868 para descobrir a fórmula química do ozônio (O$_3$). [...]

Traduzido por BRUNI, A. T. *Science on the streets*. Disponível em: <http://scienceonstreets.phys.strath.ac.uk/new/Thomas_Graham.html>. Acesso em: 29 maio 2014.

Concepção artística de Thomas Graham. s. d.

Atividades

Exercício resolvido

20. A velocidade de efusão do O₂ por um orifício é de 5 litros por minuto (L · min⁻¹).

Qual a velocidade de efusão do gás neônio (Ne) pelo mesmo orifício, sabendo que os dois gases estão nas mesmas condições de pressão e temperatura? Dados: $M_{Ne} = 20$ g · mol⁻¹; $M_{O_2} = 32$ g · mol⁻¹

Solução

$$\frac{v_{O_2}}{v_{Ne}} = \sqrt{\frac{M_{Ne}}{M_{O_2}}}$$

Substituindo os valores, tem-se:

$$\frac{5 \text{ L} \cdot \text{min}^{-1}}{v_{Ne}} = \sqrt{\frac{20 \text{ g} \cdot \text{mol}^{-1}}{32 \text{ g} \cdot \text{mol}^{-1}}} \Rightarrow \frac{5 \text{ L} \cdot \text{min}^{-1}}{v_{Ne}} = 0{,}79 \Rightarrow v_{Ne} \cong 6{,}3 \text{ L} \cdot \text{min}^{-1}$$

---

21. Calcule a pressão parcial de um gás (**A**) sabendo que a pressão total do sistema é de 750 kPa e a pressão parcial do outro gás (**B**) é de 450 kPa.

22. Calcule o volume parcial de cada um dos gases do exercício anterior, considerando que há 3 mol do gás **A** e 5 mol do gás **B** sob pressão de 7,5 atm e temperatura de 25 °C.

23. Um gás encontra-se a uma pressão de 740 torr e à temperatura de 10 °C. Qual é a densidade desse gás, sabendo que sua massa molar é de 25 g · mol⁻¹?

24. O gás do exercício anterior foi misturado com um gás **B** de massa molar igual a 34 g · mol⁻¹. Admitindo que ambos estão nas mesmas condições de pressão e temperatura, faça o que se pede a seguir.
a) Calcule a densidade relativa entre os dois gases.
b) Calcule a densidade absoluta do gás **B**, sabendo que 0,76 mol desse gás se encontra em um recipiente de 40 L.

25. Considere um sistema formado por dois recipientes (**A** e **B**) interligados como mostra o esquema a seguir.
Após ser aberta a torneira, os gases se misturaram e observou-se, após um tempo, que a pressão e a temperatura do sistema eram 2 atm e 25 °C, respectivamente. Calcule as pressões parciais para os gases **A** e **B**.

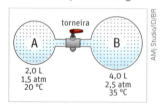

26. Em junho de 2006, um caminhão carregando cilindros de *t*-butilmercaptana sofreu um acidente na cidade de São Paulo. A *t*-butilmercaptana é um gás de fórmula $C_4H_{10}S$, de odor desagradável, que é colocado em pequena quantidade nos botijões de gás de cozinha para que eventuais vazamentos sejam rapidamente detectados. As pessoas próximas ao acidente, além de se distanciar do local da ocorrência, devem procurar:

a) locais baixos, pois o gás tem densidade baixa.
b) locais altos, pois o gás é de densidade elevada.
c) locais baixos, pois o gás possui densidade alta.
d) locais altos, pois o gás tem densidade baixa.

27. Um gás A tem velocidade de efusão 1,65 vez a do O₂ sob as mesmas condições. Qual a massa molar desse gás?

28. Considere os isótopos naturais do cloro e do hidrogênio: ¹H e ²H; ³⁵Cℓ e ³⁷Cℓ. O cloreto de hidrogênio consiste então de quatro diferentes tipos de molécula: ¹H³⁵Cℓ, ¹H³⁷Cℓ, ²H³⁵Cℓ e ²H³⁷Cℓ. Coloque essas moléculas em ordem crescente de velocidade de efusão.

29. Um contêiner termicamente isolado contém hélio a uma temperatura *T*. O contêiner é colocado no vácuo, e sua parede possui um pequeno orifício. A temperatura do gás hélio muda como resultado da efusão do gás pelo orifício? Se a resposta for positiva, a temperatura aumenta ou diminui?

30. Use a Lei de Graham para calcular a massa molar de um gás A que demora 300 s para atravessar um pequeno orifício. Sabe-se que o mesmo volume de CH_4, sob a mesma condição de temperatura e pressão, atravessa esse orifício em 219 s.

31. Num dos cantos de uma sala totalmente fechada são abertos, simultaneamente, dois frascos. Um deles contém solução aquosa de amônia [NH_3(aq)], e o outro, solução aquosa de sulfeto de hidrogênio [H_2S(aq)]. Pode-se afirmar que um indivíduo localizado na outra extremidade da sala:

a) sente primeiro o odor de ovo podre e, depois, o de amoníaco.
b) sente primeiro o odor de amoníaco e, depois, o de ovo podre.
c) sente os dois odores ao mesmo tempo.
d) não sente odor nenhum, pois esses gases reagem rapidamente com o oxigênio do ar, formando substâncias inodoras.

Atividade experimental

Volume molar dos gases

Objetivo
Determinar o volume molar de um gás.

Material
- hidrogenocarbonato de sódio (0,5 g)
- termômetro
- garrafa PET de 500 mL (aproximadamente) com rolha furada para adaptar mangueira de borracha
- proveta graduada de 200 mL
- 50 cm de mangueira flexível de borracha
- rolha de borracha com furo no centro
- 2 tubos cilíndricos de vidro
- bacia com água
- 100 mL de vinagre

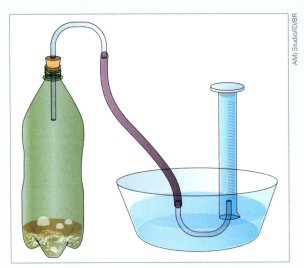

Representação, em cores-fantasia, do sistema de recolhimento de gás.

Equipamentos de segurança: Óculos de segurança e avental de algodão com mangas compridas.

Procedimento
1. Pese cerca de 0,5 g de hidrogenocarbonato de sódio e anote o valor exato (m).
2. Monte um sistema para coletar gases utilizando garrafa PET, rolha de borracha, mangueira flexível munida de vidro recurvado em sua extremidade, bacia com água e proveta de 200 mL completamente cheia de água, conforme mostrado na figura acima.
3. Com um termômetro, meça a temperatura da água da bacia.
4. Coloque cerca de 50 mL de vinagre na garrafa PET.
5. Coloque a extremidade da mangueira com vidro recurvado dentro da proveta cheia de água acidulada com vinagre e emborcada na bacia com água.
6. **Rapidamente**, coloque o hidrogenocarbonato de sódio na garrafa juntamente com o vinagre e tampe, recolhendo o gás.
7. Observe a reação química que ocorre dentro da garrafa. Você vai perceber que houve desprendimento de gás e que ele chegou à proveta por meio da mangueira flexível.
8. Faça a leitura na graduação da proveta e verifique o volume de gás formado pela diferença do volume de água nessa proveta.
9. Compare o valor do volume formado de gás lido na proveta com o volume esperado quando se utilizam a equação da reação balanceada e a equação de estado dos gases.

◆ **Resíduos**: O descarte líquido pode ser despejado na pia.

Analise e discuta
1. Observe a montagem do experimento e explique a necessidade de colocar água dentro da proveta **antes** de iniciá-lo.
2. Qual é a equação da reação de bicarbonato de sódio com uma solução ácida?
3. Com a massa medida de hidrogenocarbonato de sódio, calcule a quantidade de matéria dessa substância utilizada como reagente e, usando a equação da questão 2, a massa de dióxido de carbono esperada se o experimento fosse feito nas CATP.
4. Com a equação de estado dos gases e os dados de temperatura e pressão no local e momento da experiência, determine o volume ocupado pela quantidade de matéria de dióxido de carbono calculada na questão anterior.
5. Discuta o resultado obtido comparando-o com o teórico (25 L).

Questões globais

32. Avalie os fenômenos abaixo de acordo com o comportamento esperado para os gases.

a) Se uma determinada massa de gás for colocada em um recipiente de volume igual à metade do inicial sem que a temperatura seja afetada, haverá uma duplicação de sua pressão.

b) O gás não exerce pressão quando sua temperatura corresponde a zero kelvin.

c) Um gás pode se expandir ou se contrair para ocupar o volume do recipiente.

d) A temperatura de um gás está relacionada com a agitação de suas partículas.

e) A densidade de um gás aumenta com o aumento da temperatura.

33. Um recipiente de 2 litros contém certa quantidade de um gás a determinada temperatura. É possível guardar essa quantidade de gás em outro recipiente cujo volume seja de 1 litro, mantendo a mesma temperatura? Justifique.

34. Dois mols do gás amônia — NH_3 — decompõem-se, de acordo com a equação abaixo.

$$2\,NH_3 \longrightarrow N_2 + 3\,H_2$$

N_2 e H_2 são gases à temperatura ambiente. O gás H_2, quando liberado, ocupa um volume de 9 L. Qual deve ser o volume do gás N_2? E do gás NH_3?

35. A pressão atmosférica na Lua é considerada desprezível. Na realidade, sua pressão atmosférica é muito pequena. Como você acha que o barômetro de Torricelli se comportaria na Lua?

36. A tabela a seguir apresenta a relação entre a altitude e a pressão atmosférica.

Pressão atmosférica (mmHg)	Altitude (m)
760	0
670	1 000
600	2 000
530	3 000
470	4 000
410	5 000

a) O que você pode concluir dessa tabela?

b) O que você acha que acontece com a densidade do ar em lugares de altitude elevada?

37. Muitos gases emitidos em erupções vulcânicas são mais densos que o ar. A destruição da cidade de Pompeia, na Itália, pela erupção do Vesúvio, no ano 79, é uma das tragédias naturais mais conhecidas da história. Muitas pessoas provavelmente morreram por inalarem gases tóxicos. Suponha que os gases estejam todos na mesma temperatura e exibam comportamento ideal. Você acha que esses gases tóxicos têm uma velocidade de difusão maior ou menor que a do ar?

38. Em 27 de outubro de 2002, uma página da internet apresentou a seguinte manchete.

Gás tóxico lançado pela polícia matou 115 reféns em Moscou

MOSCOU (Reuters) – O gás tóxico lançado no teatro de Moscou para imobilizar guerrilheiros chechenos foi o responsável pela morte de 115 reféns, disse no domingo [27/10/2002] a autoridade máxima em saúde da cidade.

[...]

Questionado sobre quantas vítimas haviam morrido sob o efeito do gás, Andrei Seltisovsky, presidente do comitê da saúde de Moscou, respondeu: "Dos 117 mortos, um morreu baleado." Questionado sobre o que matou os outros, ele disse: "Os efeitos da exposição ao gás".

[...]

Ainda havia 646 reféns em hospitais, e 150 deles estavam na UTI, disse ele. Desses, 45 estavam em "estado grave".

O gás, cujo agente não havia ainda sido identificado, era tão potente que, segundo imagens dos guerrilheiros mortos, eles não tiveram tempo de detonar os explosivos atados a seus corpos, apesar de os detonadores estarem em suas mãos.

Um especialista em segurança, Michal Yardley, disse em Londres acreditar que o gás usado tenha sido o BZ, que é incolor e inodoro e tem efeitos alucinógenos. Esse gás foi usado pelos Estados Unidos no Vietnã e provoca sintomas como incapacidade de andar, perda de memória, arritmias cardíacas e enjoo. Yardley disse que, segundo o Exército dos EUA, os efeitos duram 60 horas.

REUTERS. Disponível em: <http://noticias.uol.com.br/inter/reuters/2002/10/27/ult27u27879.jhtm>. Acesso em: 7 abr. 2014.

a) De acordo com os dados apresentados a seguir, calcule o número de moléculas de BZ que foram necessárias para provocar essa tragédia, e a massa correspondente.

Fórmula molecular do BZ: $C_{21}H_{23}NO_3$

Pressão parcial a 25 °C $= 3{,}26 \times 10^{-12}$ atm

Teatro de Moscou: pressão $= 760$ torr, $t = 25$ °C, $V = 10^9$ L

b) Comente o potencial tóxico e o uso dessa arma química.

39. Um balão de paredes flexíveis contém 25 L de oxigênio nas CATP (condições ambientes de temperatura e pressão). Se o sistema passar para uma temperatura de 320 K sob pressão constante, seu volume deve aumentar, diminuir ou permanecer constante? Justifique.

40. Um gás passa de um volume de 23,0 L para um de 13,0 L a uma pressão constante. Supondo que o gás estava inicialmente a uma temperatura de 298 K, qual o valor da temperatura após a transformação?

41. Uma quantidade de oxigênio molecular ocupa um volume de 825 mL a 27 °C com pressão de 705 mmHg. Que volume ocupa essa quantidade de oxigênio nas CNTP?

42. Um recipiente de 20 L de capacidade contendo 68 g de amônia (NH_3) é transportado da Noruega, sob temperatura de 10 °C, para o Egito, a 40 °C.
Dado: R = 0,082 atm L · K^{-1} · mol^{-1}.
a) Qual a quantidade de matéria de amônia presente no recipiente?
b) Qual a pressão que a amônia exerce nas paredes do recipiente a 10 °C?
c) Qual a pressão exercida pela amônia no Egito?

43. Quando dois gases que ocupam, cada um deles, certo volume V, sob pressão p e à temperatura T são misturados em um recipiente de volume V, o que acontece com a pressão resultante?

44. Calcule as densidades relativas entre os gases A e B, sabendo que:
Gás A: m = 33 g e V = 11 L
Gás B: m = 24,2 g e V = 12,1 L

45. Suponha uma mistura de gases na qual haja 2,25 mol de um gás A, 1,75 mol de um gás B e 1,00 mol de um gás C. A pressão total da mistura é de 13,0 atm. Qual a pressão parcial de cada um dos gases na mistura?

46. Considere que as massas dos gases do exercício anterior sejam, respectivamente, 43,5 g, 13,5 g e 22 g.
a) Qual será o valor da densidade absoluta de cada um se o volume do recipiente em que se encontram for de 32 L?
b) Calcule as densidades relativas entre:
 • A e B
 • B e C
 • A e C

47. Um recipiente de 20 L, de paredes indeformáveis, contém 2 mol de dióxido de carbono, 3 mol de oxigênio e 5 mol de argônio. O sistema está à temperatura constante de 27 °C.
Sobre esse sistema, pode-se afirmar que:
a) a pressão total da mistura é de 12,3 atm.
b) a pressão parcial do argônio é de 2,46 atm.
c) a pressão parcial do oxigênio é de 6,15 atm.
d) o volume parcial do dióxido de carbono é 5 L.

48. Observe a figura abaixo e indique qual dos gases deve ter a maior massa molar. Fundamente sua resposta.

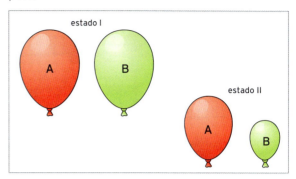

49. Considere que um botijão contendo gás de cozinha (mistura de, aproximadamente, 50%, em volume, de propano — C_3H_8 — e 50%, em volume, de butano — C_4H_{10}) apresenta um problema na válvula e perde parte de seu conteúdo.
Pode-se afirmar que a mistura gasosa presente no botijão depois dessa ocorrência
a) é mais rica em propano do que em butano.
b) é mais rica em butano do que em propano.
c) contém 50%, em volume, de cada gás.
d) apresenta menos de 50%, em volume, de propano e menos de 50%, em volume, de butano.

50. Compare a velocidade de efusão relativa da molécula de oxigênio e de xenônio. Qual delas é mais rápida e quanto mais rápida?

51. Um cilindro de 10,0 L contém de uma mistura de 20% (em V) de O_2, 30% (em V) de N_2 e 50% (em V) de Ar. A pressão total da mistura é de 200 kPa. A pressão parcial de O_2 na mistura é de:
a) 10 kPa
b) 20 kPa
c) 40 kPa
d) 50 kPa
e) 100 kPa

52. A atmosfera terrestre é dividida em troposfera, estratosfera, mesosfera, ionosfera e exosfera. A pressão e a temperatura em cada camada variam conforme a mudança de altitude. Considere que um balão meteorológico resistente a altas pressões e preenchido com gás hélio até um volume de 10 L foi solto ao nível do mar. Qual será o volume deste balão quando atingir o topo da troposfera?
Dados: temperatura inicial do gás hélio: 27 °C; temperatura final do gás hélio: −33 °C; pressão no topo da troposfera: 0,4 atm.
a) 20,0 L
b) 30,6 L
c) 12,2 L
d) 8,0 L
e) 88,9 L

Ciência, tecnologia e sociedade

Hidratos gasosos: gás armazenado no gelo
Os hidratos gasosos também são conhecidos por "gelo que queima"

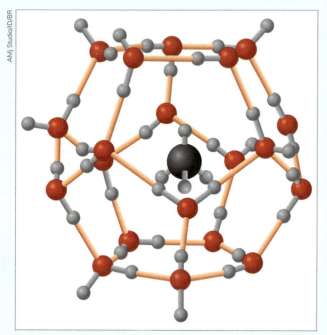

Representação, em cores-fantasia, de um hidrato gasoso: a molécula de metano está no centro de uma estrutura feita com moléculas de água.

Uma bola de neve em chamas?

A humanidade utiliza gás natural (metano, CH_4), um dos combustíveis fósseis, para fornecer 25% da energia utilizada diariamente. No momento, isso significa a queima de cerca de 2,4 trilhões de metros cúbicos (85 trilhões de pés cúbicos) de gás natural por ano. Infelizmente, estimamos que as reservas de gás natural no mundo sejam suficientes para outros 60 anos se o consumo continuar nessa frequência. Isso significa que os netos dos atuais alunos do Ensino Médio podem presenciar o fim da utilização de gás natural, como o conhecemos hoje.

Há algumas boas notícias para esse panorama desolador. Existe outro recurso mundial de gás natural suficiente para suprir 100% de nossas necessidades atuais de energia, por até 2 000 anos no futuro. [...]

Essas reservas particulares de gás natural, chamadas de **hidratos gasosos**, consistem de pequenas estruturas tipo gaiola de gelo, contendo em seu interior moléculas de metano (gás natural). A unidade básica de hidrato é um cristal oco de moléculas de água com uma única molécula de gás natural aprisionada em seu interior. [...] As poucas vezes nas quais os hidratos gasosos foram observados intactos, eles pareciam gelo. Mas eles não agem como o gelo: quando acesos com um fósforo, eles queimam!

Esse é um tópico particularmente "quente" para o mundo do século XXI. As vastas estimativas de hidratos gasosos em todo o mundo têm levado vários países a iniciar programas de exploração e pesquisa para entender o comportamento dos hidratos, identificar os acúmulos e desenvolver possíveis métodos de extração. Japão, Índia, EUA, Canadá, Noruega e Rússia estão entre os países com pesquisas em andamento sobre os hidratos gasosos.

Fogo e gelo: a história dos hidratos gasosos. Seed Science. Disponível em: <http://www.planetseed.com/pt-br/sciencearticle/fogo-e-gelo-historia-dos-hidratos-gasosos>. Acesso em: 29 maio 2014.

Copyright © 2014 Schlumberger Excellence in Education Development, Inc. Todos os direitos reservados. Para mais informações, visite o nosso *site* <http://www.planetseed.com>.

Analise e discuta

1. Qual é a grande vantagem da queima do metano e qual é o maior problema em utilizá-lo como fonte energética?
2. Em que consiste um hidrato gasoso?
3. Que outras formas de energia você conhece além daquela obtida pela queima de combustíveis fósseis?

Esquema do capítulo

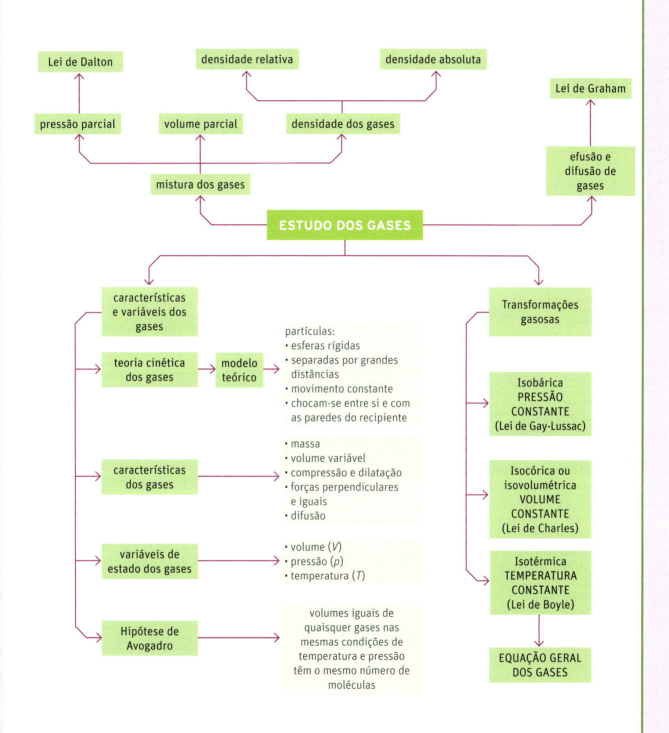

Vestibular e Enem

53. (Enem) A adaptação dos integrantes da seleção brasileira de futebol à altitude de La Paz foi muito comentada em 1995, por ocasião de um torneio, como pode ser lido no texto abaixo.

> A seleção brasileira embarca hoje para La Paz, capital da Bolívia, situada a 3700 metros de altitude, onde disputará o torneio Interamérica. A adaptação deverá ocorrer em um prazo de 10 dias, aproximadamente. O organismo humano, em altitudes elevadas, necessita desse tempo para se adaptar, evitando-se, assim, risco de um colapso circulatório.
>
> Adaptado da revista *Placar*, fev. 1995.

A adaptação da equipe foi necessária principalmente porque a atmosfera de La Paz, quando comparada à das cidades brasileiras, apresenta:

a) menor pressão e menor concentração de oxigênio.

b) maior pressão e maior quantidade de oxigênio.

c) maior pressão e maior concentração de gás carbônico.

d) menor pressão e maior temperatura.

e) maior pressão e menor temperatura.

54. (ITA-SP) A pressão total do ar no interior de um pneu era de 2,30 atm, quando a temperatura era de 27 °C. Depois de se rodar um certo tempo com esse pneu, mediu-se novamente sua pressão e verificou-se que esta era agora de 2,53 atm. Supondo a variação de volume desprezível, a nova temperatura será:

a) 29,7 °C c) 33 °C e) 570 °C

b) 57,0 °C d) 330 °C

55. (UFJF-MG) A calibração dos pneus de um automóvel deve ser feita periodicamente. Sabe-se que o pneu deve ser calibrado a uma pressão de 30 lb/pol^2 em um dia quente, a uma temperatura de 27 °C. Supondo que o volume e o número de mol injetados são os mesmos, qual será a pressão de calibração (em atm) nos dias mais frios, em que a temperatura atinge 12 °C?

Dado: Considere 1 atm = 15 lb/pol^2.

a) 1,90 atm d) 0,89 atm

b) 2,11 atm e) 14,3 atm

c) 4,50 atm

56. (UFPE) O ar é uma solução gasosa contendo 20%, aproximadamente, de oxigênio. Em um recipiente com 5 atmosferas de ar, qual a pressão parcial do oxigênio?

a) 0,2 b) 0,8 c) 1 d) 2 e) 5

57. (Uece) Nas mesmas condições de pressão e temperatura, um gás X atravessa um pequeno orifício com velocidade três vezes menor que a do hélio. A massa molecular de X é:

Dado: He = 4.

a) 30 c) 36 e) 45

b) 32 d) 40

58. (ITA-SP) A concentração de O_2 na atmosfera ao nível do mar é 20,9% em volume. Assinale a opção que contém a afirmação **falsa**.

a) Um litro de ar contém 0,209 L de O_2.

b) Um mol de ar contém 0,209 mol de O_2.

c) Um volume molar de ar às CNTP contém 6,7 g de O_2.

d) A concentração de O_2 no ar é de 20,9% em massa.

e) A concentração de O_2 expressa como uma relação de volume ou uma relação de mol não se altera, se a temperatura ou a pressão são modificadas.

59. (UEPG-PR) Certa massa de gás ocupa um volume de 1 m^3 a 323 °C, exercendo uma pressão de 1 atm no recipiente que a contém. Reduzindo-se a temperatura para 25 °C e o volume ocupado pelo gás para 25 L, qual a pressão no sistema, em atm?

60. (Uespi) Uma criança com severa infecção nos brônquios apresenta problemas respiratórios, e o médico administra "heliox", uma mistura de oxigênio e hélio com 90,0% em massa de O_2. Se a pressão atmosférica é igual a 1 atm, calcule a pressão parcial de oxigênio que foi administrada à criança.

Dados: Massas molares em g · mol^{-1}: He = 4; O = 16.

a) 0,53 atm c) 0,69 atm e) 0,82 atm

b) 0,60 atm d) 0,75 atm

61. (UEM-PR) Balões vendidos em parques e festas sobem porque são preenchidos com hélio ou hidrogênio. Após algumas horas, esses balões tendem a murchar, pois o gás escapa pela borracha do balão. A esse respeito, assinale a(s) alternativa(s) correta(s).

(01) Hidrogênio e hélio escapam do balão através de um processo chamado difusão de gases.

(02) Se um balão fosse preenchido com hidrogênio e hélio, esta mistura de gases seria homogênea.

(04) A velocidade de efusão de gases depende somente do meio pelo qual esses gases efundem.

(08) A densidade absoluta de um gás pode ser expressa como sendo a razão entre a sua massa molar em gramas e 22,4 litros, nas CNTP.

(16) Gás sulfídrico, um gás tóxico, por ser mais denso que o ar, acumula-se junto ao solo quando escapa de seu recipiente.

Dê como resposta a soma dos números associados às afirmações corretas.

62. (UFPB) Recentemente, foram divulgados pela imprensa local (Jornal *Correio da Paraíba* de 3/7/2011) resultados de uma pesquisa sobre a poluição atmosférica causada pela emissão de CO_2 por veículos automotores que circulam em João Pessoa. Segundo esses resultados, para neutralizar os efeitos dessa poluição, seria necessário que a área de Mata Atlântica fosse cinco vezes maior que a existente na Paraíba. Ainda segundo a pesquisa, num trajeto de ida e volta na Avenida Epitácio Pessoa, totalizando 20 km, um automóvel chega a liberar 3 kg de CO_2. Nesse contexto, considere que essa massa equivale a 68 mol de CO_2 e que essa quantidade é transformada pela fotossíntese em igual quantidade de matéria de O_2.

Com base nessas considerações, é **correto** afirmar que, nas CNTP, o volume de O_2 produzido nessa transformação é:

a) 1523,2 L c) 2992,0 L e) 67,2 L

b) 1523,2 mL d) 2992,0 mL

63. (UEG-GO) Considere um recipiente de 6 L de capacidade e 27 °C de temperatura, o qual apresenta uma mistura de 1, 2 e 5 mols de dióxido de carbono, nitrogênio e argônio, respectivamente. A pressão exercida no recipiente, em atm, será de, aproximadamente,

Dado: R = 0,082 atm · L · mol^{-1} · K^{-1}

a) 4,1 b) 8,2 c) 20,5 d) 32,8

64. (Fuvest-SP) Maçaricos são queimadores de gás utilizados para produzir chamas de elevadas temperaturas, como as requeridas para soldar metais. Um gás combustível muito utilizado em maçaricos é o acetileno, C_2H_2, sendo que a sua combustão pode ser promovida com ar atmosférico ou com oxigênio puro.

a) Escreva a equação química balanceada da combustão completa do acetileno com oxigênio puro.

b) Em uma oficina de solda, existem dois cilindros idênticos, um deles contendo oxigênio puro (cilindro A) e o outro, ar atmosférico (cilindro B). Sabendo que, no interior dos dois cilindros, as condições de pressão e temperatura são as mesmas, qual dos dois cilindros contém a maior massa gasosa? Explique.

c) A temperatura da chama do maçarico é maior quando se utiliza a mistura de oxigênio e acetileno do que quando se usa a mistura de ar atmosférico e acetileno, mesmo estando os reagentes em proporção estequiométrica nos dois casos. Considerando as substâncias gasosas que recebem o calor liberado na combustão, em cada caso, explique essa diferença de temperatura.

	massa molar g mol^{-1}
O_2	32
N_2	28

65. (UFU-MG) Em uma atividade experimental o professor pegou duas garrafas PET vazias e colocou bexigas cheias na boca de cada uma delas. Em seguida, colocou uma das garrafas em uma bacia com água quente e a outra em uma bacia com água fria. Um dos balões murchou e o outro ficou mais cheio.

Sobre estes fatos, assinale a alternativa **correta**.

a) O balão que murchou foi colocado em água quente, pois o aumento da temperatura causou uma contração dos gases da bexiga.

b) O balão que ficou mais cheio foi colocado em água quente, devido ao aumento da temperatura do sistema e à expansão dos gases presentes na bexiga.

c) O volume do balão que foi colocado em água fria diminuiu, porque a pressão do sistema aumentou, reduzindo o choque das partículas de gás com as paredes do balão.

d) Em qualquer um dos casos, o volume dos balões foi alterado, porque o tamanho das partículas de gás foi modificado.

66. (UFG-GO) Balões voam por causa da diferença de densidade entre o ar interno e o externo ao balão. Considere um planeta com atmosfera de nitrogênio e um balão cheio com esse gás. Demonstre, e explique, se esse balão vai flutuar quando o ar interno estiver a 100 °C e o externo, a 25 °C. Admita o comportamento ideal dos gases, pressão de 1 atm e desconsidere a massa do balão.

Dado: R = 0,082 atm L/K mol.

67. (Fuvest-SP) A tabela abaixo apresenta informações sobre cinco gases contidos em recipientes separados e selados.

Recipiente	Gás	T (K)	p (atm)	V (L)
1	O_3	273	1	22,4
2	Ne	273	2	22,4
3	He	273	4	22,4
4	N_2	273	1	22,4
5	Ar	273	1	22,4

Qual recipiente contém a mesma quantidade de átomos que um recipiente selado de 22,4 L, contendo H_2, mantido a 2 atm e 273 K?

a) 1 b) 2 c) 3 d) 4 e) 5

68. (UERN) Numa pequena competição usando quadriciclos, um dos competidores usou Nitrogênio (N_2) para encher os pneus de seu veículo, observando que foram necessários 20,5 L de gás para cada pneu, resultando em uma pressão de 5,1 atm, na temperatura de 27 °C. Um outro competidor, entretanto, apesar de usar um veículo idêntico, encheu os pneus com Hélio, conseguindo assim, uma pequena redução de massa, nas mesmas condições de pressão e temperatura. Considerando a situação descrita, qual a redução total de massa conseguida pelo segundo competidor?

Dados: N_2: massa molar = 28 g/mol; He: massa molar = 4 g/mol; R = 0,082 atm · L/(K · mol)

a) 24 g c) 408 g

b) 96 g d) 192 g

353

Vestibular e Enem

69. (UFPE) Um estudante de química utiliza três balões idênticos para montar o aparato descrito pela figura abaixo. Ele encheu os balões A, B e C com hidrogênio, hélio e metano, respectivamente, e, então, os prendeu num suporte de metal. Após o enchimento, todos possuem a mesma temperatura e a mesma pressão. Os balões A e C possuem o mesmo volume, sendo o volume do balão B igual à metade do volume de A. Os gases possuem comportamento ideal.

Considerando o conteúdo de cada balão e sabendo que H = 1 g/mol, He = 4 g/mol e C = 12 g/mol, analise as proposições abaixo.

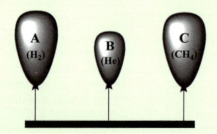

0-0) A massa de B é igual à massa de A.
1-1) O número de mols de A é maior que o número de mols de C.
2-2) O número de moléculas de A é igual ao número de moléculas de C.
3-3) A densidade de B é maior que a densidade de A.
4-4) Devido ao processo de efusão, C murchará mais rápido que A.

Indique as alternativas verdadeiras (V) e falsas (F).

70. (IFBA) "Thomas Graham (1805-1869), escocês de Glasgow, químico contra a vontade do pai e por isso deserdado, sustentou seus estudos escrevendo e ensinando química no Andersonian College (atual Royal College of Science and Technology) em Glasgow (1830-1837).(...) Após seu trabalho sobre a lei de velocidade de difusão dos gases (1829), examinou também a difusão entre líquidos e denominou cristaloides as partículas com alta difusão, como as de sais, e coloides aquelas com baixa difusão, como as da goma arábica. Divide o reconhecimento como 'pai dos coloides' com Francesco Selmi,..."

JAFELICCI JUNIOR, Miguel e VARANDA, Laudemir Carlos. O mundo dos coloides. Química Nova na escola: São Paulo, n. 9, maio/1999.

Os estudos sobre a difusão e efusão dos gases levou Graham a estabelecer relações de interdependência entre velocidade de difusão e densidade relativa de um gás em um meio gasoso, e da massa molar de um gás com as duas variáveis citadas. Essas relações podem ser descritas pelas equações:

$$d_{rel} = \frac{m_A}{m_B}, d_{rel} = \frac{M_A}{M_B}$$

onde d_{rel} é a densidade relativa do gás A frente ao gás B; m_A é a massa do gás A; m_B a massa do gás B; M_A é a massa molar do gás A e M_B a massa molar do gás B.

$$\frac{v_A}{v_B} = \sqrt{\frac{M_B}{M_A}},$$

v_A é a velocidade de difusão do gás A e v_B é a velocidade de difusão do gás B.

Sobre a difusão e a efusão dos gases e partindo das equações de densidade relativa e velocidades de difusão relativas, pode-se afirmar que:

a) Quanto mais denso o gás maior a sua velocidade de espalhamento pelo ar atmosférico.
b) O formaldeído, um poluente atmosférico, de fórmula molecular CH_2O, difunde-se com maior velocidade no ar atmosférico que o gás sulfídrico H_2S.
c) Ao se quebrarem, simultaneamente, recipientes contendo soluções aquosas de HCl e de NH_3, em ambientes separados, foi detectado mais rápido o odor acre do cloreto de hidrogênio que o odor da amônia.
d) Os isótopos ^1H, ^2H e ^3H difundem no ar com a mesma velocidade.
e) A velocidade de efusão do O_2 é o dobro da velocidade de efusão do SO_2, por um orifício em um recipiente que contenha a mistura dos dois gases.

71. (IFMG) Em uma experiência de simulação de um foguete são produzidos os gases hidrogênio e oxigênio que, em seguida, são postos a reagir produzindo água. A equação não balanceada que representa a reação de combustão do hidrogênio é:

$$H_2(g) + O_2(g) \rightarrow H_2O(g)$$

Sobre o exposto, é CORRETO afirmar que:

a) um litro de gás hidrogênio reage estequiometricamente com meio litro de gás oxigênio, considerando que ambos estejam nas mesmas condições de pressão e temperatura.
b) 6 mol de gás hidrogênio reagem estequiometricamente com 3 mol de gás oxigênio se, e somente se, ambos estiverem nas CNTP.
c) a massa de gás hidrogênio que reage estequiometricamente com 32 g de gás oxigênio é 2 g.
d) a pressão parcial do gás hidrogênio é igual à do gás oxigênio em um recipiente fechado no qual se têm quantidades estequiométricas dos dois gases para reagir.

72. (Mackenzie-SP) Um recipiente, de capacidade 500 cm³, contém 340 mg de uma substância no estado gasoso, a 0,4 atm e 43 °C. De acordo com essas informações, a substância contida no recipiente possui fórmula molecular

Dados: massa molar (g/mol) H = 1, C = 12, N = 14, O = 16; R = 0,082 L · atm · mol⁻¹ · K⁻¹.

a) NH_3
b) CO
c) CH_4
d) CO_2
e) C_2H_2

Para explorar

Sites

- <http://qnesc.sbq.org.br/online/cadernos/05/quimica_da_atmosfera.pdf>. Acesso em: 2 abr. 2014.

O artigo expõe um estudo sobre as reações químicas que ocorrem na atmosfera e sua relação com o planeta. Nesse artigo são apresentados os ciclos biogeoquímicos do carbono, nitrogênio e enxofre.

- <http://condigital.ccead.puc-rio.br/condigital/index.php?option=com_content&view=category&id=17&Itemid=77>. Acesso em: 2 abr. 2014.

Nesse *site*, produzido pelo grupo de pesquisa Cooperação e Avaliação em EaD da PUC-RJ, você encontra diversas animações relacionadas ao estudo da Química, incluindo algumas sobre gases.

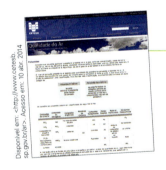

- <http://www.cetesb.sp.gov.br/ar/Informa??es-B?sicas/21-Poluentes>. Acesso em: 20 abr. 2014.

O *site* da Companhia Ambiental do Estado de São Paulo (Cetesb) disponibiliza informações sobre a qualidade do ar, os poluentes atmosféricos primários e secundários e as principais fontes de emissão de poluentes.

- <http://www.if.usp.br/gref/termo/termo3.pdf>. Acesso em: 20 abr. 2014.
Nesse *site* estão disponíveis as *Leituras de física do GREF* (Grupo de Reelaboração do Ensino de Física) sobre gases.

Química e Biologia

A produção de biogás

O biogás é uma mistura gasosa inflamável produzida pela decomposição de matéria orgânica na ausência de gás oxigênio. A composição do biogás varia de acordo com o tipo de material orgânico e do tratamento anaeróbio utilizado. De maneira geral, pode-se dizer que o biogás bruto apresenta cerca de 50% (V/V) de metano (CH_4), 40% (V/V) de dióxido de carbono (CO_2) e 10% (V/V) de outros gases, como sulfeto de hidrogênio (H_2S), nitrogênio (N_2) e amônia (NH_3).

O biogás ocorre naturalmente em pântanos, mangues, lagos e rios, mas também pode ser obtido, de forma artificial, em reservatórios que contêm matéria orgânica, chamados de **biodigestores**. É possível utilizar matéria orgânica proveniente de dejetos humanos e de animais, lodo de esgotos, restos de comida, resíduos agrícolas, entre outros. No processo, além da formação do biogás, ocorre a produção de um líquido, o chorume, que apresenta propriedades fertilizantes e, por isso, é utilizado como adubo em plantações.

Veja a seguir um exemplo de um sistema que utiliza o biodigestor.

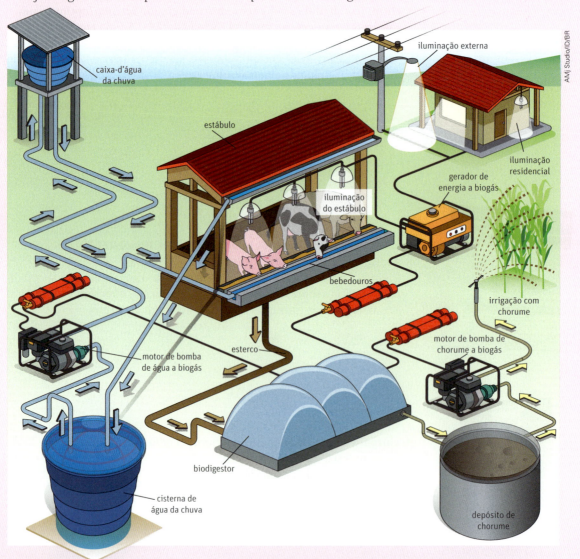

Representação de um sistema de biodigestão. O gás metano coletado no biodigestor é utilizado como combustível para bombear a água da chuva da cisterna para a caixa-d'água, irrigar a plantação com fertilizante produzido no processo (chorume) e iluminar ruas e residências. As setas azuis indicam o fluxo de água; as marrons, o fluxo de dejetos animais; e as amarelas, o fluxo de fertilizante. Esquema fora de escala e em cores-fantasia.

Atividades

1. As fezes humanas também podem ser aproveitadas para produzir o biogás, mas nesse caso os resíduos não devem ser reutilizados como adubo para evitar contaminação por microrganismos patogênicos. Pesquise em *sites* ou livros de Biologia e de Ciências e cite três possíveis doenças que podem ser veiculadas em alimentos irrigados por água contaminada por dejetos humanos.

2. Nos biodigestores, as bactérias metanogênicas liberam, como produtos do processo de respiração, o gás metano e o dióxido de carbono.
   a) Sabendo que as bactérias metanogênicas são anaeróbias, explique qual a diferença entre organismos aeróbios e anaeróbios.
   b) Quando o gás metano presente no biogás é queimado, a energia proveniente da sua combustão pode ser utilizada para movimentar motores, como mostra a imagem da página 356, aquecer ambientes ou água e iluminar locais. Escreva a equação química balanceada que representa a combustão completa do metano.

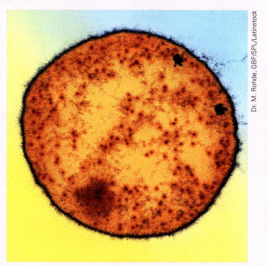

Imagem gerada por microscópio eletrônico de varredura da bactéria *Methanococcoides burtonii*, um exemplo de bactéria metanogênica descoberta em 1992 na Antártica. Imagem colorizada artificialmente. Aumento: cerca de 69 000 vezes.

3. O tratamento prévio do biogás antes da queima elimina algumas substâncias nocivas à fauna e à flora, como o sulfeto de hidrogênio. A combustão dessa substância produz dióxido de enxofre, um poluente atmosférico, e água.
   a) Escreva a equação que representa a combustão do sulfeto de hidrogênio.
   b) Por que o H_2S é nocivo ao meio ambiente e aos organismos vivos?

4. Um grupo de estudantes analisou os efeitos de difusão dos gases que compõe o biogás e montou um sistema representado pelo seguinte esquema experimental:

Considerando que o biogás é formado somente pelos gases metano, dióxido de carbono, sulfeto de hidrogênio, nitrogênio e amônia e que o indicador de pH fica amarelo em meio ácido, verde em meio neutro e azul em meio básico, responda os itens a seguir:
   a) Admitindo que o papel indicador no início do experimento encontra-se neutro, qual a primeira cor observada após a abertura da válvula? Justifique sua resposta.
   b) É esperado que haja novas mudanças no pH após algum tempo? Justifique.

UNIDADE

10

Estequiometria

Nesta unidade

19 Relações estequiométricas nas transformações químicas

20 Rendimento das reações

Uma reação química pode ocorrer em pequena escala, como nas atividades experimentais propostas neste livro e em diferentes situações observadas no ambiente doméstico, ou em grande escala, como nas indústrias químicas. Independentemente da quantidade empregada, a **proporção** entre reagentes e produtos é a mesma nos dois casos.

Essa proporção constante permite relacionar as quantidades de reagentes e produtos envolvidos em um processo químico por meio de **cálculos estequiométricos** — assunto que será discutido nesta unidade.

Para fazer biscoitos, é preciso conhecer a lista dos ingredientes e também a proporção entre eles.

Toda receita culinária possui uma lista de ingredientes e o modo de preparo. Observe um exemplo:

- **Ingredientes:** 2 ½ xícaras de farinha de trigo, 2 xícaras de açúcar, 1 colher (sopa) de fermento, 1/2 copo de óleo, 3 cenouras raladas e 4 ovos.
- **Modo de preparo:** misture os três primeiros ingredientes em uma tigela. Depois, bata as cenouras, os ovos e o óleo no liquidificador e misture com os ingredientes da tigela. Em seguida, despeje em uma forma untada e asse por 40 minutos em forno a 180 °C.

Questões para reflexão

1. Compare essa atividade culinária com uma das atividades experimentais dos capítulos anteriores. Em que elas se parecem?
2. Se um cozinheiro quiser fazer um bolo equivalente a duas receitas, ele poderá dobrar apenas a quantidade de farinha? Justifique.
3. As reações químicas também ocorrem por meio de uma proporção bem definida entre reagentes e produtos. Seria possível prever a quantidade de produtos formados com determinada quantidade de reagentes?

CAPÍTULO 19
Relações estequiométricas nas transformações químicas

Neste capítulo
1. Tipos de fórmulas.
2. Cálculo estequiométrico.

A manutenção e a recuperação de florestas são algumas das ações propostas pelos cientistas para combater o aquecimento global. Vista panorâmica da reserva biológica de Pedra Talhada, Vale do Paraíba (AL), 2012.

A fotossíntese – termo que significa "síntese pela luz" – é um dos processos biológicos mais importantes da Terra. Nesse processo, as plantas utilizam a energia solar para converter dióxido de carbono atmosférico e água em carboidratos e oxigênio.

Por outro lado, quando respiramos ou queimamos combustíveis, os compostos formados direta ou indiretamente por meio da fotossíntese podem ser convertidos novamente em dióxido de carbono e água, com consumo de oxigênio.

Os combustíveis fósseis, formados ao longo de milhões de anos, vêm sendo amplamente queimados em todo o planeta, elevando em muito a concentração de CO_2 na atmosfera. O desmatamento e a queimada de grandes áreas ricas em vegetação e a poluição dos mares – onde ocorre a maior parte da fotossíntese – também contribuem para elevar a taxa de dióxido de carbono na atmosfera, fato apontado como uma das principais causas do aquecimento global e de diversas alterações climáticas.

Segundo o que você já estudou ou soube pelos meios de comunicação, quais seriam algumas das ocorrências associadas ao aquecimento global?

Além de acordos internacionais para diminuir a emissão de CO_2, os ambientalistas têm proposto medidas como o plantio de árvores, para aumentar a taxa de fotossíntese. Em sua opinião, que outras medidas e adaptações contribuiriam para amenizar o aquecimento global?

1. Tipos de fórmulas

A análise da composição de uma substância desconhecida permite determinar quais são os elementos (análise qualitativa) que a constituem e em que proporção eles se encontram (análise quantitativa).

Neste capítulo, o foco do estudo será a **análise quantitativa** que leva à determinação das fórmulas **porcentual**, **mínima** e **molecular**.

❱ Composição centesimal ou fórmula porcentual

Amostras de uma substância pura sempre apresentam os **mesmos** elementos combinados na **mesma** proporção em massa, fato já enunciado pelo químico J. L. Proust em sua **Lei das Proporções Constantes**. Isso possibilita determinar a composição centesimal (% em massa de cada elemento) a partir da análise de **qualquer** massa dessa substância.

Observe o exemplo a seguir.

Exemplo:
Determinação da composição centesimal de um sal inorgânico, sabendo que a análise de uma amostra de 50 g dessa substância indicou a presença de 20 g de cálcio, 6 g de carbono e 24 g de oxigênio.

substância	massa de Ca
50 g	20 g
100 g	x

x = 40 g de Ca em 100 g da amostra ou 40% de Ca

substância	massa de C
50 g	6 g
100 g	y

y = 12 g de C em 100 g da amostra ou 12% de C

substância	massa de O
50 g	24 g
100 g	z

z = 48 g de O em 100 g da amostra ou 48% de O

A substância analisada apresenta as seguintes porcentagens em massa: 40% de cálcio, 12% de carbono e 48% de oxigênio. Essas porcentagens correspondem à sua composição centesimal, que também pode ser expressa pela fórmula porcentual $Ca_{40\%}C_{12\%}O_{48\%}$.

A **composição centesimal** (ou **fórmula porcentual**) indica, portanto, as porcentagens em massa dos elementos formadores da substância analisada.

❱ Fórmula mínima ou empírica

A fórmula mínima (ou empírica) indica a proporção em menores números inteiros entre os átomos dos elementos que formam a substância.

Uma vez conhecidos os elementos químicos que constituem uma substância, por meio de análises qualitativas, e a sua composição centesimal, é possível determinar qual é a proporção entre os números de átomos de seus elementos constituintes, chegando à fórmula mínima (ou empírica) da substância.

> **Você se lembra?**
>
> **Modelos de esferas e palitos**
>
> O álcool comum (álcool etílico) tem fórmula molecular C_2H_6O, e sua fórmula estrutural plana está representada ao lado.
>
> A representação das moléculas também pode ser feita por meio do modelo de **esferas** e **palitos**, em que é possível verificar a geometria espacial da molécula. As esferas correspondem aos átomos, geralmente com cores e tamanhos diferentes para cada elemento químico, e os palitos representam as ligações entre eles.
>
> Compare a fórmula estrutural apresentada acima com o modelo ao lado.

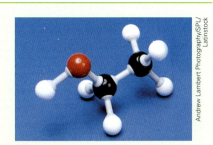

Modelo, em cores-fantasia, de esferas e palitos da molécula de etanol.

Cálculo da fórmula mínima a partir da centesimal

A maneira mais simples de realizar esse cálculo é considerar uma amostra de massa 100 g, pois a massa de cada elemento em 100 g da substância corresponde à porcentagem em massa dos elementos.

Em seguida, é necessário obter as quantidades de matéria de cada elemento dividindo essas massas pelas respectivas massas atômicas.

A fórmula mínima corresponde à proporção entre as quantidades de matéria dos elementos que compõem a substância.

Para obter essa proporção, dividem-se ou multiplicam-se todos os valores pelo mesmo número, pois desse modo não há alteração da proporção.

Exemplo:

Determinação da fórmula empírica de um composto que apresenta 40,00% de carbono, 6,67% de hidrogênio e 53,33% de oxigênio.

Composição centesimal	Massa de cada elemento em 100 g da amostra	Quantidade de matéria, em mol $\left(n = \dfrac{massa}{A}\right)$	Proporção entre as quantidades de matéria (divisão pelo menor valor de quantidade de matéria)
40,00% de C	40,00 g	$\dfrac{40}{12} = 3,33$	$\dfrac{3,33}{3,33} = 1$
6,67% de H	6,67 g	$\dfrac{6,67}{1} = 6,67$	$\dfrac{6,67}{3,33} = 2$
53,33% de O	53,33 g	$\dfrac{53,33}{16} = 3,33$	$\dfrac{3,33}{3,33} = 1$

Portanto, a fórmula mínima do composto é CH_2O.

❯ Fórmula molecular

A fórmula molecular de um composto pode ser obtida por meio da determinação do **número de fórmulas mínimas (n)** necessárias para que se chegue à sua **massa molar**, de forma que:

fórmula molecular = (fórmula mínima) · n, em que *n* é número inteiro ⩾ 1;

massa molar = (massa da fórmula mínima) · n, em que *n* é número inteiro ⩾ 1.

A **fórmula molecular** indica o número de átomos de cada elemento que compõe a molécula ou espécie química da substância, bem como a proporção entre eles.

Cálculo da fórmula molecular a partir da mínima

Para determinar a fórmula molecular de um composto a partir da fórmula mínima, basta calcular quantas fórmulas mínimas são necessárias para atingir a massa molecular.

Exemplo:

Determinação da fórmula molecular do ácido ascórbico (vitamina C), sabendo que sua fórmula mínima é $C_3H_4O_3$ e sua massa molar é 176 g · mol^{-1} (massas atômicas relativas: H = 1; C = 12; O = 16).

Cálculo da massa da fórmula mínima:

$$3 \times 12 + 4 \times 1 + 3 \times 16 = 88$$

Saiba mais

Composição centesimal, alimentos e fertilizantes

A composição centesimal não é utilizada somente para quantificar os elementos químicos que constituem uma substância desconhecida. Ela também pode ser empregada em misturas, como alimentos e bebidas, para identificar e quantificar nutrientes, íons, elementos ou substâncias. A análise da composição de alimentos possibilita, por exemplo, a elaboração de rótulos com informações nutricionais aos consumidores. Veja o exemplo a seguir.

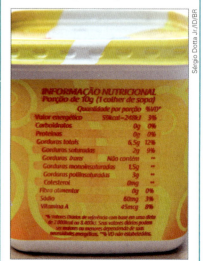

Rótulo de margarina. Observe que no rótulo há informações sobre a quantidade em massa dos nutrientes por porção, quanto corresponde à ingestão daquele nutriente em relação a uma dieta diária de 2000 kcal (ou 8 400 kJ), bem como o valor energético da porção.

Além de alimentos e bebidas, é comum a análise da composição de macronutrientes (carbono, hidrogênio, oxigênio, nitrogênio, fósforo, potássio, cálcio, magnésio e enxofre) e micronutrientes (boro, cloro, cobre, ferro, manganês, molibdênio, zinco, sódio, silício e cobalto) do solo de uma plantação. Com essa informação, o agricultor pode decidir sobre a melhor forma de proceder, pois, caso o solo não apresente quantidade suficiente de um desses nutrientes, é muito provável que ocorra algum prejuízo no desenvolvimento da planta.

Cálculo da fórmula molecular:

$$n = \frac{176}{88} = 2$$

Fórmula molecular = (fórmula mínima) · n

Fórmula molecular = $(C_3H_4O_3) \cdot 2 = C_6H_8O_6$

A fórmula mínima pode coincidir com a molecular, como ocorre, por exemplo, no caso da água e do ácido sulfúrico.

Substância	Água	Ácido sulfúrico	Peróxido de hidrogênio	Tetróxido de dinitrogênio
Fórmula molecular	H_2O	H_2SO_4	H_2O_2	N_2O_4
Fórmula mínima	H_2O	H_2SO_4	HO	NO_2

É importante salientar que a fórmula mínima não é suficiente para identificar uma substância.

Há até mesmo casos em que a fórmula mínima de uma substância corresponde à fórmula molecular de outra. E há substâncias que podem apresentar a **mesma** fórmula mínima, como demonstra o quadro a seguir.

Substância	Fórmula molecular	Fórmula mínima
Glicose	$C_6H_{12}O_6$	CH_2O
Ácido acético	$C_2H_4O_2$	CH_2O
Ácido lático	$C_3H_6O_3$	CH_2O
Formaldeído	CH_2O	CH_2O

Cálculo da composição centesimal a partir da fórmula molecular

A fórmula porcentual de uma substância pode ser facilmente calculada quando se conhece sua fórmula molecular.

Veja a seguir.

Exemplo:

Determinação da fórmula percentual do ácido nítrico, sabendo-se que sua fórmula molecular é HNO_3 (massas atômicas relativas: H = 1; N = 14; O = 16).

Cálculo da massa molar do ácido nítrico:

massa molar do $HNO_3 = (1 \times 1 + 1 \times 14 + 3 \times 16) = 63$ g/mol

Cálculo das porcentagens de cada elemento:

massa porcentagem
63 g ——————— 100%
1×1 g ——————— x

$$x = \frac{1 \times 1 \times 100}{63} = 1,6\% \text{ de H}$$

massa porcentagem
63 g ——————— 100%
1×14 g ——————— y

$$y = \frac{1 \times 14 \times 100}{63} = 22,2\% \text{ de N}$$

massa porcentagem
63 g ——————— 100%
3×16 g ——————— z

$$z = \frac{3 \times 16 \times 100}{63} = 76,2\% \text{ de O}$$

■ Química tem história

O significado das fórmulas químicas

[...] Quando Lavoisier anunciou [...] em 1783, que a água era composta por hidrogênio e oxigênio, estava propondo uma maneira de definir um elemento químico completamente diferente da visão aristotélica: um elemento poderia ser definido experimentalmente como qualquer substância que não pudesse ser decomposta por métodos químicos.

Quando John Dalton propôs a teoria atômica em 1803, sugeriu a interpretação de que cada elemento fosse constituído por uma única espécie de átomos. Em uma reação química, os átomos de diferentes elementos poderiam combinar-se para formar moléculas (chamadas por Dalton de "átomos compostos") [...].

Para Dalton, um átomo de hidrogênio combinava-se com um átomo de oxigênio para formar a molécula de água – que teria a fórmula HO. Gay-Lussac [...] verificou que na formação da água dois volumes de hidrogênio combinam-se com um volume de oxigênio. Logo após a publicação desses resultados por Gay-Lussac, em 1808, Berzelius sugeriu a fórmula H_2O para a água. A ideia de fórmula química surgiu, portanto, como uma forma de expressar as quantidades das substâncias elementares que se combinam.

MORTIMER, Eduardo Fleury. Revista *Química Nova na Escola*, n. 3, maio 1996.

363

Atividades

Exercício resolvido

1. Em um laboratório de Química, a análise de uma substância desconhecida mostrou que 2,64 g desse composto contêm 2,16 g de carbono, 0,20 g de hidrogênio e 0,28 g de nitrogênio. Determine a fórmula porcentual e mínima da substância.

Solução

Cálculo da fórmula porcentual:

Substância	Massa de C
2,64 g —————— 2,16 g	
100 g —————— x	
$x = 81,8$ g de C em 100 g	
ou 81,8% de C	

Substância	Massa de H
2,64 g —————— 0,20 g	
100 g —————— y	
$y = 7,6$ g de H em 100 g	
ou 7,6% de H	

Substância	Massa de N
2,64 g —————— 0,28 g	
100 g —————— z	
$z = 10,6$ g de N em 100 g	
ou 10,6% de N	

Fórmula porcentual: $C_{81,8\%}H_{7,6\%}N_{10,6\%}$

Cálculo da fórmula mínima:

Composição centesimal	Massa de cada elemento em 100 g de amostra	Quantidade de matéria, em mol $\left(n = \dfrac{massa}{A}\right)$	Proporção entre as quantidades de matéria (divisão pelo menor valor de quantidade de matéria)
81,8 % de C	81,8 g	$\dfrac{81,8}{12} = 6,81$	$\dfrac{6,81}{0,76} = 9$
7,6% de H	7,6 g	$\dfrac{7,6}{1} = 7,6$	$\dfrac{7,6}{0,76} = 10$
10,6% de N	10,6 g	$\dfrac{10,6}{14} = 0,76$	$\dfrac{0,76}{0,76} = 1$

Fórmula mínima: $C_9H_{10}N_1$

Importante: Consulte as massas atômicas dos elementos na Tabela Periódica (p. 143).

2. O ácido succínico ocorre em liquens e fungos. Determine a fórmula molecular desse ácido orgânico sabendo que sua fórmula empírica é $C_2H_3O_2$ e sua massa molar é igual a 118 g/mol.

3. O poliestireno é um plástico usado na fabricação de copos descartáveis e várias peças de uso doméstico ou embalagens. A matéria-prima para sua obtenção é o estireno, cuja massa molar é de 104 g/mol e fórmula mínima CH. Determine a fórmula molecular do estireno.

4. O gás amoníaco é formado pela reação completa de 28,0 g de nitrogênio com 6,0 g de hidrogênio.
   a) Qual é a quantidade, em gramas, do gás amoníaco formado?
   b) Determine a porcentagem em massa de nitrogênio e hidrogênio no gás amoníaco.

5. Em determinado óxido de cloro há 81,6% de cloro. Calcule a quantidade de oxigênio necessária para reagir com 5 g de cloro e formar o óxido de cloro em questão.

6. Consulte uma tabela de massas atômicas para determinar a massa, em gramas, e a porcentagem, em massa, de chumbo em 100 g de sulfeto de chumbo (PbS).

7. Folhas de eucalipto contêm um ingrediente ativo — o eucaliptol — usado para aliviar dores de garganta. A análise de 9,49 g de eucaliptol revelou a presença de 7,38 g de carbono, 1,12 g de hidrogênio e 0,99 g de oxigênio. Determine as porcentagens em massa de carbono, hidrogênio e oxigênio no eucaliptol.

8. O aspartame é um adoçante artificial cujo poder adoçante é cerca de 200 vezes maior que o do açúcar comum. Por isso, é muito utilizado em bebidas *diet*. Sua fórmula molecular é $C_{14}H_{18}N_2O_5$. Determine sua fórmula percentual.

9. Um químico constatou que 8,28 g de fósforo se combinam com cloro, formando 55,6 g de uma única substância sólida e de cor branca. Determine a fórmula mínima do composto.

10. A decomposição de carnes e peixes pela ação de bactérias resulta na formação de uma substância chamada cadaverina. O odor dessa substância é bem desagradável. Sua fórmula porcentual é $C_{58,8\%}H_{13,7\%}N_{27,5\%}$ e sua massa molar é igual a 102 g/mol. Determine a fórmula molecular da cadaverina.

11. O composto $MgSO_4 \cdot x\ H_2O$ perde toda a água de cristalização quando é aquecido a 250 °C. Ao aquecer uma amostra de 8,435 g de uma amostra do composto hidratado, obtém-se um resíduo sólido de 4,12 g do sal anidro. Determine o valor de x na fórmula do composto em questão.

Capítulo 19 ■ Relações estequiométricas nas transformações químicas

2. Cálculo estequiométrico

Os **cálculos estequiométricos** correspondem aos cálculos de massa, de quantidade de matéria e, em alguns casos, de volume das substâncias envolvidas em uma reação química, que são feitos com base na proporção entre os coeficientes estequiométricos da reação (proporção estequiométrica).

▸ Relações entre grandezas

A quantidade de matéria de uma substância, em mol, está relacionada com outras grandezas e, portanto, com outras unidades.

Acompanhe os exemplos.

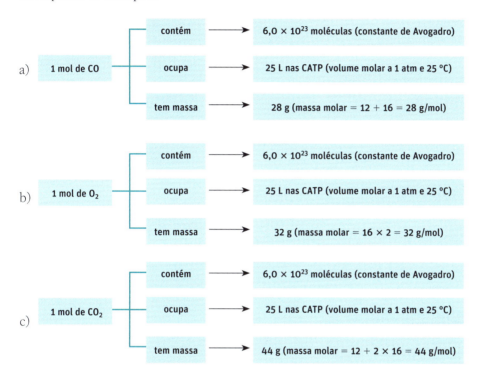

Com base nesses exemplos, é possível interpretar a equação química que representa a reação de combustão do monóxido de carbono de forma mais ampla.

	2 CO(g) +	**1 O₂(g)** →	**2 CO₂(g)**
Proporção molecular	2 moléculas	1 molécula	2 moléculas
Proporção molar	2 mol	1 mol	2 mol
Proporção volumétrica	2 × 25 L = 50 L (CATP)	1 × 25 L = 25 L (CATP)	2 × 25 L = 50 L (CATP)
Proporção em massa	2 × 28 gramas = 56 g	1 × 32 gramas = 32 g	2 × 44 gramas = 88 g

Analisando esses dados, nota-se que a proporção entre o número de moléculas, quantidade de matéria e volume na reação é a mesma (2 : 1 : 2). Porém, a proporção entre as massas é outra (56 : 32 : 88, ou seja, 7 : 4 : 11). Isso acontece porque os átomos dos elementos envolvidos na reação têm massas diferentes.

Em seguida, veremos como essas relações podem ser empregadas para prever quantidades de substâncias envolvidas nas transformações químicas. Para tanto, discutiremos alguns casos de cálculos estequiométricos envolvendo, por exemplo, a fotossíntese, representada pela equação:

$$6\ CO_2(g) + 6\ H_2O(\ell) \longrightarrow C_6H_{12}O_6(s) + 6\ O_2(g)$$

> Proporção entre as quantidades de matéria

A proporção entre as quantidades de matéria das substâncias corresponde à proporção estabelecida pelos seus respectivos coeficientes.

Observe os exemplos abaixo.

Exemplo 1

Calcule quanto oxigênio (O_2), em quantidade de matéria, é formado quando 15 mol de dióxido de carbono (CO_2) são consumidos na fotossíntese.

A equação balanceada indica a proporção em mol das substâncias participantes do processo:

$$6\ CO_2(g) + 6\ H_2O(\ell) \longrightarrow C_6H_{12}O_6(s) + 6\ O_2(g)$$
$$\text{6 mol} \qquad\qquad\qquad\qquad\qquad\qquad \text{6 mol}$$

$$\text{6 mol} \longrightarrow \text{6 mol}$$
$$\text{15 mol} \longrightarrow x$$

$$x = \frac{6\ mol \times 15\ mol}{6\ mol}$$

$$x = 15\ mol\ de\ O_2$$

Exemplo 2

Determine a quantidade necessária de dióxido de carbono, em quantidade de matéria, para produzir 5 mol de glicose ($C_6H_{12}O_6$).

$$6\ CO_2(g) + 6\ H_2O(\ell) \longrightarrow C_6H_{12}O_6(s) + 6\ O_2(g)$$
$$\text{6 mol} \qquad\qquad\qquad\qquad\qquad \text{1 mol}$$

$$\text{6 mol} \longrightarrow \text{1 mol}$$
$$x \longrightarrow \text{5 mol}$$

$$x = \frac{5\ mol \times 6\ mol}{1\ mol}$$

$$x = 30\ mol\ de\ CO_2$$

> Proporção entre números de moléculas

Nesse caso, é possível fazer o cálculo estequiométrico em termos de quantidade de matéria e, depois, converter essa quantidade em número de moléculas ou realizar diretamente o cálculo, lembrando que 1 mol corresponde a $6{,}0 \times 10^{23}$ entidades elementares.

Exemplo 1

Calcule o número de moléculas de água consumidas na formação de 10 mol de oxigênio durante a fotossíntese.

$$6\ CO_2(g) + 6\ H_2O(\ell) \longrightarrow C_6H_{12}O_6(s) + 6\ O_2(g)$$
$$\text{6 mol} \qquad\qquad\qquad\qquad\qquad\qquad \text{6 mol}$$

$$\text{6 mol} \longrightarrow \text{6 mol}$$
$$x \longrightarrow \text{10 mol}$$

$$x = 10\ mol \longrightarrow$$
$$\text{Número de moléculas de } H_2O = 10 \times 6{,}0 \times 10^{23}$$
$$x = 6{,}0 \times 10^{24}\ \text{moléculas de } H_2O$$

Exemplo 2

Quantas moléculas de dióxido de carbono são consumidas na formação de $18{,}0 \times 10^{23}$ moléculas de glicose, $C_6H_{12}O_6$?

$$6\ CO_2(g) + 6\ H_2O(\ell) \longrightarrow C_6H_{12}O_6(s) + 6\ O_2(g)$$
$$\text{6 mol} \qquad\qquad\qquad\qquad\qquad \text{6 mol}$$

$$6 \times 6{,}0 \times 10^{23}\ \text{moléculas} - 1 \times 6{,}0 \times 10^{23}\ \text{moléculas}$$
$$x - 18{,}0 \times 10^{23}\ \text{moléculas}$$

$$x = \frac{6 \times 6{,}0 \times 10^{23}\ \text{moléculas} \times 18{,}0 \times 10^{23}\ \text{moléculas}}{6{,}0 \times 10^{23}\ \text{moléculas}}$$

$$x = 108 \times 10^{23}\ \text{ou}\ 1{,}08 \times 10^{25}\ \text{moléculas de } CO_2$$

▌ Saiba mais

Carvão mineral e CO_2

O carvão mineral é a segunda fonte de energia mais utilizada no mundo. É um combustível fóssil, formado há centenas de milhões de anos, a partir do soterramento e da compactação de florestas. Com o passar do tempo, a matéria orgânica que sofreu decomposição anaeróbica (sem oxigênio) se transformou em **turfa**, **linhito**, **hulha** e **antracito**, sucessivamente. A principal diferença entre esses materiais é a porcentagem de carbono: a madeira possui cerca de 40% de carbono; a turfa, 55%; o linhito, 70%; a hulha, 80%; e o antracito, 90% a 96%.

A queima do carvão mineral libera poluentes, como a fuligem, os óxidos de enxofre e o monóxido de carbono, além de dióxido de carbono.

Segundo a Agência de Avaliação Ambiental (PBL) e a Comissão Europeia de Investigação (JRC), em 2011, a China atingiu padrões semelhantes de emissão *per capita* em relação aos europeus. De acordo com a agência, em 2011, cada habitante liberou para a atmosfera o correspondente a 7,2 toneladas de gás carbônico.

Um dos motivos para esse crescimento é uma matriz energética apoiada na queima do carvão mineral. Segundo dados do Centro de Informações Energéticas (EIA), o consumo chinês correspondeu, em 2010, a 46% do consumo mundial de carvão mineral.

Fontes de pesquisa disponíveis em: <http://www.eia.gov/todayinenergy/detail.cfm?id=4390>; <http://veja.abril.com.br/noticia/ciencia/emissoes-de-gas-carbonico-aumentam-3-no-mundo>. Acessos em: 29 maio 2014.

❯ Proporção entre massas e quantidade de matéria

Para obter a proporção entre massas e quantidade de matéria, a conversão de unidades na proporção estequiométrica deve ser feita por meio das massas molares. Na realização desses cálculos, consulte a Tabela Periódica para obter as massas atômicas.

Observe a demonstração das etapas desses cálculos feita nos exemplos 1 e 2 a seguir.

Exemplo 1

Determine a massa de dióxido de carbono, em gramas, consumida quando são formados 20 mol de glicose.

Massa molar do $CO_2 = 1 \times 12 + 2 \times 16 = 44$ g/mol

$$6\ CO_2(g) + 6\ H_2O(\ell) \longrightarrow C_6H_{12}O_6(s) + 6\ O_2(g)$$
$$\text{6 mol} \qquad\qquad\qquad\qquad \text{1 mol}$$

$$
\begin{array}{ll}
6 \times 44\ g & \text{——————— 1 mol} \\
x & \text{——————— 20 mol}
\end{array}
$$

$$x = \frac{20\ mol \times 6 \times 44\ g}{1\ mol}$$

$$x = 5\,280\ g\ de\ CO_2$$

$$ou\ x = 5,28\ kg\ de\ CO_2$$

Exemplo 2

Calcule a massa de oxigênio formada durante a fotossíntese quando o consumo de água é de 360 g.

Massa molar do $H_2O = 2 \times 1 + 1 \times 16 = 18$ g/mol

Massa molar do $O_2 = 2 \times 16 = 32$ g/mol

$$6\ CO_2(g) + 6\ H_2O(\ell) \longrightarrow C_6H_{12}O_6(s) + 6\ O_2(g)$$
$$\text{6 mol} \qquad\qquad\qquad\qquad\quad \text{6 mol}$$

$$
\begin{array}{ll}
6 \times 18\ g & \text{————— } 6 \times 32\ g \\
360\ g & \text{————————— } x
\end{array}
$$

$$x = \frac{6 \times 32\ g \times 360\ g}{6 \times 18\ g}$$

$$x = 640\ g\ de\ O_2$$

❯ Proporções entre volumes de gases e quantidade de matéria

A conversão de unidades na proporção estequiométrica é feita com a substituição de 1 mol do gás pelo **volume molar** da substância gasosa, nas condições de temperatura e pressão em que ela se encontra. Se o sistema em estudo estiver nas CATP, o volume molar é de 25 L/mol e, se estiver nas CNTP, o volume molar é de 22,4 L/mol. Caso contrário, determina-se a quantidade de matéria pelo cálculo estequiométrico, e o volume pode ser obtido por meio da equação de estado dos gases.

$$pV = nRT$$
$$\text{em que R} = 0,082\ atm \cdot L \cdot mol^{-1} \cdot K^{-1}\ ou$$
$$R = 62,3\ mmHg \cdot L \cdot mol^{-1} \cdot K^{-1}$$

Exemplo 1

Calcule o volume de CO_2 consumido nas CNTP, em litros, na formação de 5 mol de glicose.

$$6\ CO_2(g) + 6\ H_2O(\ell) \longrightarrow C_6H_{12}O_6(s) + 6\ O_2(g)$$
$$\text{6 mol} \qquad\qquad\qquad\qquad \text{1 mol}$$

$$
\begin{array}{ll}
6 \times 22,4\ L & \text{————— 1 mol} \\
x & \text{————— 5 mol}
\end{array}
$$

$$x = \frac{5\ mol \times 6 \times 22,4\ L}{1\ mol} = 672\ L\ de\ CO_2$$

Exemplo 2

Calcule o volume, em litros, de CO_2 consumido na fotossíntese em que 5 mol de O_2 são formados, a 27 °C e 2 atm.

$$6\ CO_2(g) + 6\ H_2O(\ell) \longrightarrow C_6H_{12}O_6(s) + 6\ O_2(g)$$
$$
\begin{array}{ll}
\text{6 mol} & \text{——————————— 6 mol} \\
x & \text{——————————— 5 mol}
\end{array}
$$

$$x = 5\ mol\ de\ CO_2$$

$$pV = nRT \longrightarrow 2\ atm \cdot V =$$
$$= 5\ mol \times 0,082\ atm \cdot L \cdot K^{-1} \cdot mol^{-1} \times 300\ K \longrightarrow$$
$$\longrightarrow V = 61,5\ L$$

▮ Saiba mais

Sequestro de carbono

Esse é o nome do processo de remoção de gás carbônico, CO_2, presente na atmosfera, que ocorre principalmente em oceanos e florestas, onde algas e plantas, por meio de fotossíntese, capturam o CO_2 e lançam oxigênio na atmosfera.

Os maiores estoques de carbono são encontrados no ecossistema marinho ou no ecossistema terrestre (vegetação e solo). Na fase de crescimento, as árvores precisam de grande quantidade de carbono para se desenvolver, "retirando" esse elemento do ar.

Esse processo natural ajuda a diminuir consideravelmente a quantidade de CO_2 na atmosfera: cada hectare de floresta em desenvolvimento é capaz de absorver de 150 t a 200 t de carbono. Uma única árvore é capaz de absorver 180 kg de CO_2 em sua fase de crescimento.

Atividades

Importante:
- Consulte as massas atômicas dos elementos na Tabela Periódica (p. 143).
- Considere o volume molar de 22,4 L/mol nas CNTP e 25 L/mol nas CATP e a constante de Avogadro igual a $6,0 \times 10^{23}$ mol^{-1}.

12. Na indústria siderúrgica, o principal componente do minério de ferro, Fe_2O_3, converte-se em ferro de acordo com a reação representada pela equação:

$$Fe_2O_3(s) + 3\ CO(g) \longrightarrow 2\ Fe(\ell) + 3\ CO_2(g)$$

a) Qual é a quantidade de matéria de monóxido de carbono necessária para produzir 20 mol de ferro?

b) Qual é a quantidade de matéria de CO_2 liberada para cada 10 mol de ferro formado?

13. Equacione a reação de combustão incompleta do carvão, C, com formação de monóxido de carbono, CO.

a) Qual é a quantidade de matéria de monóxido de carbono que se forma quando oxigênio suficiente reage com 24 g de carbono?

b) Qual é a massa de oxigênio necessária para reagir com 24 g de carbono?

14. A aspirina, $C_9H_8O_4$, é obtida pela reação do ácido salicílico, $C_7H_6O_3$, com anidrido acético, $C_4H_6O_3$. A equação da reação é:

$$C_7H_6O_3 + C_4H_6O_3 \longrightarrow C_9H_8O_4 + C_2H_4O_2$$

Determine a massa necessária de cada reagente para obter 50,0 g de aspirina.

15. O peróxido de bário decompõe-se a altas temperaturas de acordo com a equação química:

$$2\ BaO_2(s) \longrightarrow 2\ BaO(s) + O_2(g)$$

Determine o volume de oxigênio medido, a 27,0 °C e 1,00 atm, na decomposição térmica de 33,8 g de peróxido de bário, BaO_2. Constante universal dos gases: $R = 0,082\ atm \cdot L \cdot mol^{-1} \cdot K^{-1}$

16. Considere a equação que representa a reação entre o gás cloreto de hidrogênio e o gás amoníaco com formação do sólido cloreto de amônio.

$$HC\ell(g) + NH_3(g) \longrightarrow NH_4C\ell(s)$$

a) Qual é o volume de gás amoníaco necessário para reagir com 10 L de cloreto de hidrogênio medidos a 0 °C e 1 atm?

b) Calcule a quantidade de cloreto de amônio, em mol, formada a partir de 11,2 L de $HC\ell$ a 0 °C e 1 atm.

17. O carbonato de cálcio reage com ácido clorídrico para formar cloreto de cálcio, dióxido de carbono e água. Partindo da reação total de 25,0 g de carbonato de cálcio com quantidade suficiente de ácido clorídrico, pede-se:

a) Represente a equação da reação química.

b) Calcule a massa de cloreto de cálcio que pode ser obtida, em gramas.

c) Determine a quantidade de água formada, em mol.

d) Calcule a quantidade de matéria e o volume de CO_2, em litros, liberado nas CATP.

18. O gás butano, C_4H_{10}, é um dos componentes do gás liquefeito do petróleo (GLP), mais conhecido por gás de cozinha. Sua combustão corresponde à reação com gás oxigênio, produzindo gás carbônico e água. Considere a combustão completa de 1,00 kg de butano e faça o que se pede abaixo.

a) Escreva a equação química que representa a combustão do butano.

b) Qual é o volume de oxigênio, em litros, nas CNTP, necessário para essa combustão?

c) Determine a massa de água, em quilogramas, obtida nesse processo.

d) Calcule a massa de gás carbônico liberado, em kg.

19. Considere a seguinte equação.

$$2\ C\ell_2(g) + 5\ O_2(g) \longrightarrow 2\ C\ell_2O_5(s)$$

Faça o que se pede.

a) Explique o significado da equação.

b) Partindo de 20 L de cloro medidos em condições ambientes de temperatura e pressão, qual é o volume de oxigênio necessário para reagir com todo o cloro?

c) Qual é a quantidade de matéria de pentóxido de dicloro obtida no processo?

d) Calcule a massa de pentóxido de dicloro obtida.

20. Ao calcinar (decompor sob aquecimento) certa massa de carbonato de cálcio, obtêm-se 224 g de óxido de cálcio. Equacione o processo e calcule:

a) a massa calcinada de carbonato de cálcio;

b) a massa liberada de dióxido de carbono;

c) o volume obtido de dióxido de carbono, a 227 °C e 1 atm.

Dado: $R = 0,082\ atm \cdot L \cdot mol^{-1} \cdot K^{-1}$

Atividade experimental

Determinação das quantidades de reagentes e de produtos que participam de uma reação química

ATENÇÃO!
A parte que envolve a queima da esponja de aço é demonstrativa e deve ser feita somente pelo professor.

Equipamentos de segurança: Óculos de segurança e avental de algodão com mangas compridas.

Objetivo
Coletar e avaliar dados quantitativos de uma reação química.

Material
- esponja de aço
- vela e fósforos
- tampa metálica de lata
- balança e pinça

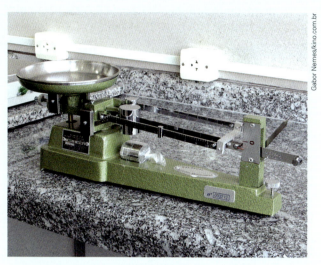

Balança de prato com exatidão de 0,1 g.

Procedimento

1. Determine, na balança, a massa de uma esponja de aço pela média aritmética das massas encontradas pelos integrantes dos grupos.
2. Pese uma tampa de lata. Anote a sua massa (m_1).
3. Divida a esponja de aço em pedaços e estique esses pedaços o máximo possível. Cada pedaço deve ficar a cargo de uma equipe.
4. O professor irá queimar cada pedaço de esponja na chama de uma vela inclinada, de forma que o material escuro formado caia sobre a tampa de lata. Para a queima da esponja, o professor irá segurá-la com uma pinça e, cuidadosamente, colocá-la na chama da vela inclinada.
   Professor: evite que a parafina da vela caia na tampa de lata.
5. Pese a tampa de lata novamente e anote a massa (m_2).
6. Calcule a massa de sólido formado pela diferença $m_2 - m_1$.
7. Determine a massa total de óxido obtido somando as massas dos sólidos formados por todas as equipes.
8. Estabeleça uma relação entre a massa de ferro, presente inicialmente na esponja de aço, e a massa total de óxido de ferro(III) formada.

Resíduos: O sólido obtido pode ser posto num frasco e identificado como **óxido de ferro(III)**.

Analise e discuta

1. Equacione a reação que ocorre durante a combustão do ferro metálico da esponja de aço (Fe) com o oxigênio do ar (O_2).
2. Qual é a relação, em quantidade de matéria, das substâncias envolvidas na reação?
3. Que massa total de esponja foi utilizada na experiência?
4. Qual seria a massa de óxido de ferro(III) obtida, admitindo-se que a esponja fosse feita apenas de ferro?
5. Qual foi a massa de óxido de ferro(III) obtida?
6. O resultado experimental ficou de acordo com o esperado?
7. Quais poderiam ser as causas de desvios entre o valor calculado e o valor esperado?
8. Qual massa de oxigênio reagiu com o ferro da esponja?

Questões globais

Importante:
- Consulte as massas atômicas dos elementos na Tabela Periódica (p. 143)
- Considere o volume molar de 22,4 L/mol nas CNTP, a constante de Avogadro igual a $6,02 \times 10^{23}$ mol^{-1} e o volume molar de 25 L/mol nas CATP.

21. Com base na Lei da Conservação das Massas e na Lei das Proporções Definidas de Proust, complete a tabela abaixo.

Reação:	A	+	B	→	C	+	D
Experimento 1	16 g		64 g		44 g		Não sobra reagente
Experimento 2	8 g						Não sobra reagente
Experimento 3	40 g						Excesso de 8 g de **A**
Experimento 4			100 g				Excesso de 4 g de **B**

22. Com base na Lei das Proporções Definidas de Proust, faça o que se pede nos itens a seguir.

a) A decomposição térmica de 159 g de óxido de cobre(II) produz 127 g de cobre metálico e 32 g de oxigênio. Quais são as massas de cobre metálico e de oxigênio possíveis de serem obtidas pela decomposição térmica de 795 g de óxido de cobre(II)?

b) Sabendo-se que 34 g de amônia são formados a partir de 28 g de nitrogênio e 6 g de hidrogênio, determine as massas de nitrogênio e de hidrogênio que devem reagir para produzir 170 g de amônia.

23. Determine a fórmula molecular de um óxido de enxofre, sabendo-se que ele apresenta composição centesimal de 50% de enxofre e 50% de oxigênio e massa molar igual a 64 g/mol.

24. O iodeto de zinco é um composto iônico de fórmula Zn_xI_y. É possível obtê-lo por meio da reação entre 25,0 g de zinco metálico e 97,0 g de iodo. Calcule os valores de x e y.

25. A pirita de ferro apresenta brilho metálico e cor amarelo-dourada e, por isso, é também conhecida por "ouro dos tolos". Ela apresenta as seguintes porcentagens em massa: 46,67% de ferro e 53,33% de enxofre. Determine sua fórmula empírica.

26. O etanol, C_2H_6O, é uma substância obtida da fermentação de açúcares. No Brasil, essa substância é empregada como combustível de motores de explosão. Trata-se de um combustível obtido a partir da utilização de biomassa de origem agrícola e renovável. Sobre o etanol, pedem-se:

a) sua composição centesimal;

b) a equação da reação de sua combustão completa;

c) a massa de oxigênio necessária para alimentar a combustão completa de 23 kg de etanol;

d) o volume de gás carbônico, a 27 °C e 1,0 atm, liberado na combustão completa de 57,5 litros de etanol, dado que a densidade desse álcool é 0,8 g/mL.

27. Considere que, em 499 g de sulfato de cobre hidratado ($CuSO_4 \cdot x\ H_2O$), há 180 g de água. Determine o valor de x e a porcentagem, em massa, de água presente no composto hidratado.

28. Com base na Lei Volumétrica de Gay-Lussac, complete a tabela abaixo.

Reação:	A	+	B	→	C
Experimento 1	1 L		3 L		2 L	Não sobra reagente
Experimento 2	15 L					Não sobra reagente
Experimento 3	15 L					Excesso de 5 L de **A**
Experimento 4	15 L					Excesso de 5 L de **B**

29. Ferro metálico e ácido sulfúrico reagem entre si, produzindo sulfato de ferro(II) e hidrogênio.

a) Escreva a equação química correspondente.

b) A partir da equação escrita, calcule a massa de sulfato de ferro(II) obtida da reação de 840 g de ferro metálico com excesso de ácido sulfúrico.

c) Determine o volume de hidrogênio formado nas CATP a partir da reação de 840 g de ferro.

30. O dióxido de enxofre — um poluente produzido na queima de carvão em usinas termoelétricas — pode ser removido pela reação com carbonato de cálcio.

$$2\ SO_2(g) + 2\ CaCO_3(s) + O_2(g) \longrightarrow$$
$$\longrightarrow 2\ CaSO_4(s) + 2\ CO_2(g)$$

a) Qual é a massa de $CaCO_3$ necessária para remover 640 g de SO_2?

b) Qual é a massa de $CaSO_4$ formada quando 640 g de SO_2 são totalmente consumidos?

31. O acetileno é um gás incolor, de fórmula C_2H_2. Sua combustão é altamente exotérmica (libera muito calor). Sabendo-se que a combustão (reação com O_2) completa desse gás produz gás carbônico e água, calcule:

a) a quantidade de matéria de oxigênio, em mol, necessária para produzir 630 g de água;

b) a quantidade de matéria de gás carbônico, em mol, formada na combustão completa de 10,0 mol de acetileno;

c) o volume de gás carbônico, nas CATP, gerado na combustão completa de 260 g de acetileno;

d) o número de moléculas de água formado quando 25,0 mol de gás oxigênio são consumidos na combustão completa do acetileno.

Ciência, tecnologia e sociedade

Carbono contabilizado
Método calcula quantidade de gás carbônico emitida por indústrias e aponta meios de neutralizá-la

O cálculo do carbono emitido pela indústria é feito a partir de uma avaliação detalhada de seu processo de produção e dos insumos que demandam consumo de energia. Usina termoelétrica em Candiota (RS), 2011.

As emissões de gás carbônico pela atividade industrial são uma das principais causas da poluição atmosférica. Diante disso, pesquisadores do Instituto de Pesquisas Tecnológicas (IPT) da Universidade de São Paulo (USP) desenvolveram um método para calcular a quantidade de gás carbônico emitida pelas indústrias e apontar maneiras de neutralizar essas emissões, por meio do plantio de árvores ou da adoção de tecnologias que liberem menos gases poluentes.

Para fazer o cálculo, uma equipe multidisciplinar, composta por engenheiros, biólogos e matemáticos, avalia minuciosamente o processo de produção industrial e identifica os insumos (matéria-prima, maquinário, etc.) empregados que demandaram o uso de energia. Ao final, o grupo calcula a quantidade de carbono emitida – em toneladas – em função do total de energia utilizado. Segundo o engenheiro florestal Márcio Nahuz, coordenador do projeto, "é preciso traçar limites para cada item analisado, ou seja, reconhecer até que ponto o uso daquele insumo influenciará o total de energia".

Após a quantificação, a equipe propõe às indústrias alternativas para neutralizar as emissões de carbono, por meio do uso de energia limpa ou do plantio de árvores. A partir da análise profunda do processo produtivo, é possível eliminar insuficiências e desperdícios e, assim, reduzir o uso dos recursos naturais. A adoção de matérias-primas que poluem menos o ambiente também é recomendada. "O uso de materiais biodegradáveis e a reciclagem de resíduos, por exemplo, são mudanças no processo produtivo que diminuem a poluição do meio ambiente", cita Nahuz. [...]

O engenheiro florestal e sua equipe também aconselham o plantio de árvores, já que, através da fotossíntese, a árvore absorve gás carbônico e produz oxigênio e glicose. Para saber quantas árvores devem ser plantadas, calcula-se, primeiramente, a sua massa. Em uma árvore com tempo médio de vida de vinte anos e aproximadamente 30 centímetros de diâmetro, por exemplo, geralmente 50% da massa são constituídos por carbono, taxa que equivale à capacidade de fixação desse elemento pela árvore.

Depois, basta dividir a quantidade de carbono que se deseja neutralizar pela quantidade fixada pela árvore para se obter o número de árvores a serem plantadas. [...]

RIMAS, Raquel. Carbono contabilizado. *Ciência Hoje Online*. Disponível em: <http://cienciahoje.uol.com.br/noticias/engenharia-florestal/carbono-contabilizado> Acesso em: 29 maio 2014.

Analise e discuta

1. Por que o plantio de árvores contribui para reduzir o aquecimento global?
2. Aponte algumas variáveis que podem ser levadas em conta no cálculo da capacidade de estocagem de carbono das árvores.
3. Qual é o significado do termo "neutralização" no contexto das emissões de gás carbônico?

Esquema do capítulo

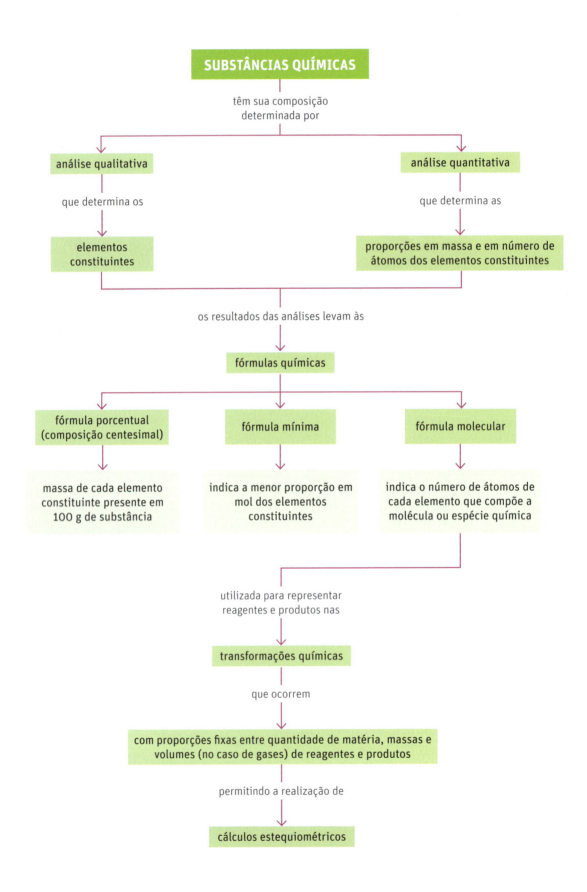

Vestibular e Enem

32. (Fatec-SP) Eugenol, o componente ativo do óleo do cravo-da-índia, tem massa molar 164 g/mol e fórmula empírica C_5H_6O.

Dados: Massas molares (g/mol)

H 1

C 12

O 16

A porcentagem em massa de carbono no eugenol é, aproximadamente,

a) 10,0%
c) 60,0%
e) 86,0%

b) 36,5%
d) 73,0%

33. (Unesp-SP) Um composto de carbono, hidrogênio e oxigênio apresenta na sua constituição 40,0% de carbono e 6,6% de hidrogênio. **Massas molares, em g/mol:** H = 1; C = 12; O = 16. A sua fórmula mínima é:

a) CHO.
d) C_2HO.

b) CH_2O.
e) C_2H_2O.

c) CHO_2.

34. (Uerj) A combustão completa do álcool comum está representada pela seguinte equação química:

$$C_2H_6O \ (\ell) + 3 \ O_2 \ (g) \longrightarrow 2 \ CO_2 \ (g) + 3 \ H_2O \ (v)$$

Considerando que a massa molar do C_2H_6O é igual a 46 g $\times$ mol^{-1}, a massa de álcool que possivelmente foi queimada para produzir 448 L de gás carbônico a 0 °C e 1 atm equivale a:

a) 460 g
c) 1 560 g

b) 690 g
d) 1 810 g

35. (Ufla-MG) Uma célula de combustível (hidrogênio-oxigênio) tem as funções de fornecer eletricidade e água potável em um ônibus espacial. Os projetistas da missão sabem quanto de água é formada quando certa quantidade de O_2 reage com o H_2. A equação química para a reação é

$$2 \ H_2 + O_2 \longrightarrow 2 \ H_2O + Energia$$

Quando 0,25 mol de O_2 reage com H_2, a quantidade de água formada é:

a) 18,0 g   b) 36,0 g   c) 4,5 g   d) 9,0 g   e) 2,0 g

36. (UFPE) Nas usinas siderúrgicas, a obtenção de ferro metálico a partir da hematita envolve a seguinte reação (não balanceada):

$$Fe_2O_3 \ (s) + CO \ (g) \longrightarrow Fe \ (s) + CO_2 \ (g)$$

Percebe-se dessa reação que o CO_2 é liberado para a atmosfera, podendo ter um impacto ambiental grave relacionado com o efeito estufa. Qual o número de moléculas de CO_2 liberadas na atmosfera,

quando 1 mol de óxido de ferro (III) é consumido na reação? Considere: número de Avogadro igual a 6×10^{23} mol^{-1}.

a) 6×10^{23}
d) 36×10^{23}

b) 24×10^{23}
e) 18×10^{23}

c) 12×10^{23}

37. (Unesp-SP) A nicotina contém 73,5% de carbono, 8,6% de hidrogênio e 17,3% de nitrogênio. Sabe-se que este composto contém dois átomos de nitrogênio por molécula. Quais são as fórmulas empírica e molecular da nicotina? **Dados:** Massas atômicas: C = 12; H = 1; N = 14.

38. (Enem) O ferro pode ser obtido a partir da hematita, minério rico em óxido de ferro, pela reação com carvão e oxigênio. A tabela abaixo apresenta dados da análise de minério de ferro (hematita) obtido de várias regiões da Serra de Carajás.

Minério da região	Teor de enxofre (S)/% em massa	Teor de ferro (Fe)/% em massa	Teor de sílica (SiO₂)/% em massa
1	0,019	63,5	0,97
2	0,020	68,1	0,47
3	0,003	67,6	0,61

Fonte: ABREU, S. F. *Recursos minerais do Brasil*, v. 2. São Paulo: Edusp, 1973.

No processo de produção do ferro, a sílica é removida do minério por reação com calcário ($CaCO_3$). Sabe-se, teoricamente (cálculo estequiométrico), que são necessários 100 g de calcário para reagir com 60 g de sílica. Dessa forma, pode-se prever que, para a remoção de toda a sílica presente em 200 toneladas do minério na região **1**, a massa de calcário necessária é, aproximadamente, em toneladas, igual a:

a) 1,9
d) 6,4

b) 3,2
e) 8,0

c) 5,1

39. (UFU-MG) Um óxido de nitrogênio foi analisado e apresentou as seguintes porcentagens em massa: 25,9% de nitrogênio e 74,1% de oxigênio.

Dados: N = 14; O = 16.

Tendo em vista as informações apresentadas, faça o que se pede.

a) Dê a fórmula empírica deste composto, demonstrando os cálculos utilizados.

b) O óxido apresentado é um óxido molecular ou iônico? Justifique sua resposta.

c) Escreva a equação que representa a reação entre este óxido e a água.

373

Vestibular e Enem

40. (Fuvest-SP) Devido à toxicidade do mercúrio, em caso de derramamento desse metal, costuma-se espalhar enxofre no local, para removê-lo. Mercúrio e enxofre reagem, gradativamente, formando sulfeto de mercúrio. Para fins de estudo, a reação pode ocorrer mais rapidamente se as duas substâncias forem misturadas num almofariz. Usando esse procedimento, foram feitos dois experimentos. No primeiro, 5,0 g de mercúrio e 1,0 g de enxofre reagiram, formando 5,8 g do produto, sobrando 0,2 g de enxofre. No segundo experimento, 12,0 g de mercúrio e 1,6 g de enxofre forneceram 11,6 g do produto, restando 2,0 g de mercúrio.
a) Mostre que os dois experimentos estão de acordo com a Lei da Conservação da Massa (Lavoisier) e a Lei das Proporções Definidas (Proust).
b) Existem compostos de Hg (I) e de Hg (II). Considerando os valores das massas molares e das massas envolvidas nos dois experimentos citados, verifique se a fórmula do composto formado, em ambos os casos, é HgS ou Hg_2S. Mostre os cálculos.
Dados: massas molares (g · mol^{-1})
mercúrio (Hg) 200
enxofre (S) 32

41. (UFSCar-SP) Um homem exala cerca de 25 mol de dióxido de carbono por dia em sua respiração. O acúmulo de dióxido de carbono em recintos fechados pode tornar impossível a sobrevivência de seres vivos, tornando-se necessário controlar seu nível no ambiente. Durante a primeira viagem de balão sem escala ao redor da Terra, realizada em 1999, o nível de dióxido de carbono na cabina do balão foi controlado pelo uso de hidróxido de lítio sólido. No processo, ocorre reação entre o hidróxido de lítio e o dióxido de carbono, formando carbonato de lítio sólido e água como produtos.
a) Escreva a equação balanceada da reação entre hidróxido de lítio e dióxido de carbono.
b) Calcule a massa de hidróxido de lítio (massa molar = 24 g/mol), necessária para reagir com todo o dióxido de carbono exalado na respiração de um homem durante um dia. Suponha que a reação de absorção do dióxido de carbono ocorra com 100% de rendimento.

42. (UFSCar-SP) A termita é uma reação que ocorre entre alumínio metálico e diversos óxidos metálicos. A reação do $A\ell$ com óxido de ferro (III), Fe_2O_3, produz ferro metálico e óxido de alumínio, $A\ell_2O_3$. Essa reação é utilizada na soldagem de trilhos de ferrovias. A imensa quantidade de calor liberada pela reação produz ferro metálico fundido, utilizado na solda. Dadas as massas molares, em g/mol: $A\ell = 27$ e Fe = 56, a quantidade, em kg, de ferro metálico produzido a partir da reação com 5,4 kg de alumínio metálico e excesso de óxido de ferro (III) é:
a) 2,8   b) 5,6   c) 11,2   d) 16,8   e) 20,4

43. (Fuvest-SP) Uma instalação petrolífera produz 12,8 kg de SO_2 por hora. A liberação desse gás poluente pode ser evitada usando-se calcário, o qual por decomposição fornece cal, que reage com o SO_2 formando $CaSO_3$, de acordo com as equações:

$$CaCO_3 (s) \longrightarrow CaO (s) + CO_2 (g)$$
$$CaO (s) + SO_2 (g) \longrightarrow CaSO_3 (s)$$

Qual é a massa mínima de calcário (em kg), por dia, necessária para eliminar todo o SO_2 formado? Suponha 100% de rendimento para as reações.

Massas molares (g/mol)
$CaCO_3$ 100
SO_2 64

a) 128   b) 240   c) 480   d) 720   e) 1 200

44. (Unifesp-SP) A figura apresenta um esquema de equipamento utilizado para determinação de carbono e hidrogênio em uma determinada amostra de um composto orgânico (constituído por C, H e O) com massa molar 90 g/mol. A amostra no forno sofre combustão completa com excesso de gás oxigênio. No equipamento, o interior das regiões **A** e **B** contém substâncias sólidas para reter por completo, respectivamente, a água e o gás carbônico produzidos na combustão.

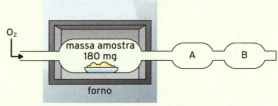

a) Determine a fórmula molecular do composto orgânico analisado, sabendo-se que as massas de água e gás carbônico produzidas foram respectivamente 36 mg e 176 mg.
b) O compartimento **B** contém a substância hidróxido de sódio. Escreva a equação da reação que lá ocorre, sabendo-se que é classificada como reação de síntese.

45. (UFRN) A mineração do calcário no Rio Grande do Norte, embora seja uma atividade que se destaca no Setor da Economia Local, gerando empregos, renda e crescimento econômico para o Estado, também apresenta vários riscos ambientais. A cal (óxido de cálcio), que é obtida pela decomposição térmica do calcário (fundamentalmente carbonato de cálcio), mesmo apresentando numerosas aplicações na Indústria, na Agricultura, dentre outras, emite dióxido de carbono para a atmosfera, conforme se observa na equação a seguir, que representa a decomposição do carbonato de cálcio.

$$CaCO_3(s) \xrightarrow{\Delta} CaO(s) + CO_2(g)$$

Com a decomposição de 400 kg de calcário, se emitem para a atmosfera

a) 22 kg de CO_2.
b) 44 kg de CO_2.
c) 88 kg de CO_2.
d) 176 kg de CO_2.

46. **(Unicamp-SP)** Apesar de todos os esforços para se encontrar fontes alternativas de energia, estima-se que em 2030 os combustíveis fósseis representarão cerca de 80% de toda a energia utilizada. Alguns combustíveis fósseis são: carvão, metano e petróleo, do qual a gasolina é um derivado.

O hidrocarboneto n-octano é um exemplo de substância presente na gasolina. A reação de combustão completa do n-octano pode ser representada pela seguinte equação não balanceada:

$$C_8H_{18}(g) \;+\; O_2(g) \;\longrightarrow\; CO_2(g) \;+\; H_2O(g)$$

Dados de massas molares em g/mol: $C_8H_{18} = 114$; $O_2 = 32$; $CO_2 = 44$; $H_2O = 18$.

Após balancear a equação, pode-se afirmar que a quantidade de

a) gás carbônico produzido, em massa, é maior que a de gasolina queimada.

b) produtos, em mol, é menor que a quantidade de reagentes.

c) produtos, em massa, é maior que a quantidade de reagentes.

d) água produzida, em massa, é maior que a de gás carbônico.

47. **(PUC-MG)** O ácido fosfórico (MM = 98 g/mol), usado em refrigerantes do tipo "cola" e possível causador de osteoporose, pode ser formado a partir da seguinte equação não balanceada:

$$Ca_3(PO_4)_2 \;+\; H_2SO_4 \;\longrightarrow\; H_3PO_4 \;+\; CaSO_4$$

Partindo-se de 62 g de fosfato de cálcio (MM = 310,0 g/mol) e usando-se quantidade suficiente de ácido sulfúrico, a massa de sulfato de cálcio obtida, em gramas, é aproximadamente igual a:

a) 27,2 b) 40,8 c) 81,6 d) 244,8

48. **(UFU-MG)** Na indústria moderna de fertilizantes, a produção da amônia, NH_3, é a base para a elaboração de todos os outros fertilizantes nitrogenados. A amônia é obtida pela reação entre o nitrogênio (N_2), que vem da atmosfera, e o hidrogênio (H_2), que pode vir de diversas fontes (renováveis ou não). A reação ocorre em pressão elevada com auxílio de catalisadores.

Dados: R = 0,082 atm $\cdot$ L $\cdot$ mol^{-1} $\cdot$ K^{-1} e 1 atm = 760 mmHg

A massa de amônia obtida a partir de 820 L de hidrogênio a 38 000 mmHg e 227 °C será de, aproximadamente,

a) 17,0 kg
b) 11,3 kg
c) 25,0 t
d) 28,5 t

49. **(PUC-RS)** Uma porção de ferro, de massa 560 g, sofreu corrosão ao ser exposta ao ar úmido por um período prolongado. Toda a camada de ferrugem foi removida e a sua massa foi determinada, resultando em 160 g.

Considerando que a ferrugem tem a composição Fe_2O_3 e que a corrosão consiste na reação do ferro com o oxigênio, qual a porcentagem aproximada de ferro que sofreu corrosão?

a) 20%
b) 40%
c) 60%
d) 80%
e) 90%

50. **(PUC-RS)** Os hidretos de metais alcalino terrosos reagem com água para produzir hidrogênio gasoso, além do hidróxido correspondente. Considerando que a constante universal dos gases é 0,082 atm $\cdot$ L/mol $\cdot$ K, a massa de hidreto de cálcio, CaH_2, necessária para produzir gás suficiente para inflar um balão com 24,6 litros, a 27 °C e 1 atm, é, aproximadamente, _____ gramas.

a) 21
b) 42
c) 50
d) 63
e) 80

51. **(UFPA)** A absorção de nitrogênio é um processo químico vital para a nutrição das plantas. Com o aumento da população mundial, a agricultura precisa fazer uso de fertilizantes à base de amônia (NH_3) para aplicação nas áreas de plantio.

A produção anual de amônia é de mais de 100 milhões de toneladas, e o processo mais utilizado para sua obtenção é a reação entre os gases nitrogênio (N_2) e hidrogênio (H_2), conhecido como processo Haber-Bosch. Considerando a conversão completa, em um ensaio utilizando 168,0 L de gás nitrogênio e 448,0 L de gás hidrogênio, a massa, em gramas, de amônia produzida é aproximadamente igual a:

Dados: massa molar: H = 1,00 g mol^{-1}; N = 14,00 g mol^{-1}; Volume molar = 22,40 L mol^{-1}

a) 127,5
b) 226,7
c) 340,0
d) 467,5
e) 536,8

52. **(Uespi)** Os avanços tecnológicos na eletrônica levaram à invenção do espectrômetro de massa, um aparelho que determina a massa de um átomo. Um mineiro, procurando ouro em um riacho, coleta 10 g de peças finas de ouro conhecidas como "pó de ouro". Sabendo que a massa de um átomo de ouro é $3,27 \cdot 10^{-25}$ kg, calcule quantos átomos de ouro o mineiro coletou.

a) 3×10^{25}
b) 3×10^{22}
c) 5×10^{20}
d) 5×10^{17}
e) 7×10^{16}

375

CAPÍTULO 20
Rendimento das reações

Neste capítulo

1. Reagente em excesso e reagente limitante.
2. Reagentes impuros e rendimento de uma reação.

A fabricação dos chamados carros com tecnologia *flex*, os quais podem utilizar tanto a gasolina quanto o etanol como combustível, ganhou grande impulso no Brasil a partir de 2003.

Há várias décadas o Brasil vem desenvolvendo tecnologia para a produção de etanol. Nos últimos anos, a indústria automobilística aumentou consideravelmente a produção de carros movidos tanto a etanol como a gasolina. São os chamados carros bicombustíveis ou *flex*.

O custo de obtenção do etanol brasileiro é o mais baixo do mundo por causa da alta eficiência do processo de conversão de açúcares em etanol.

Entretanto, a descoberta de uma tecnologia mais eficiente e de melhor custo-benefício para a obtenção do etanol pode melhorar ainda mais o rendimento do processo, o que tem despertado interesse e investimentos não só no Brasil. Trata-se de aproveitar milhões de toneladas de bagaço – atualmente usado para gerar energia elétrica – e palha da cana-de-açúcar – material que é pouco usado ou que é descartado pelas usinas – que sobram depois de cada safra. Se hoje são obtidos de 70 a 90 litros de etanol a partir de 1 tonelada de cana-de-açúcar por meio do processamento tradicional, o aproveitamento do bagaço e da palha elevaria o rendimento (estima-se de 30% até 80%), ampliando a produção nas usinas já instaladas, sem mudança de matéria-prima, infraestrutura ou expansão das áreas cultivadas com cana-de-açúcar.

O cálculo do rendimento é fundamental nos processos químicos. Neste capítulo, você vai estudar os cálculos que envolvem quantidade e grau de pureza dos reagentes.

1. Reagente em excesso e reagente limitante

Em geral, os químicos desejam preparar a maior quantidade possível de um composto a partir de determinada quantidade de reagentes. Para isso, eles devem verificar as quantidades disponíveis de reagentes e fazer o cálculo do quanto utilizar de cada material.

Considere, por exemplo, a reação entre o monóxido de carbono e o oxigênio, representada pela equação química balanceada a seguir.

$$2\,CO(g) + O_2(g) \longrightarrow 2\,CO_2(g)$$

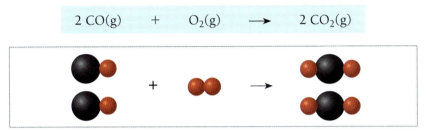

Esquema, em cores-fantasia, da reação balanceada entre monóxido de carbono e oxigênio.

Quando moléculas de CO reagem com moléculas de O_2 para formar moléculas de CO_2, a proporção entre elas sempre é de 2 : 1 : 2.

Do ponto de vista macroscópico, pode-se afirmar que a equação balanceada indica que a reação entre 2 mol de CO e 1 mol de O_2 resulta na formação de 2 mol de CO_2.

Observe, a seguir, a equação dessa mesma reação quando são misturadas quantidades de reagentes que não obedecem à proporção estequiométrica. Terminada a reação de uma mistura inicial de 2 mol de CO com 2 mol de O_2, verifica-se que o monóxido de carbono é totalmente consumido e há sobra de 1 mol do oxigênio. Nessa situação, o **CO** é chamado de **reagente limitante**, e o O_2, de **reagente em excesso**.

$$2\,CO(g) + 2\,O_2(g) \longrightarrow 2\,CO_2(g) + O_2(g)$$

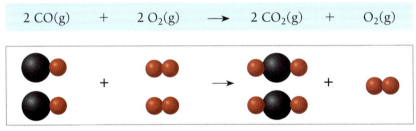

Esquema, em cores-fantasia, da reação não balanceada entre monóxido de carbono e oxigênio.

A reação ocorre de acordo com a proporção estequiométrica, e a quantidade dos produtos formados é determinada (limitada) pela quantidade do reagente limitante.

Considerando o exemplo, a partir de 2 mol de CO só é possível obter 2 mol de CO_2, por maior que seja o excesso de O_2 utilizado.

Para neutralizar o ácido sulfúrico derramado numa estrada em um acidente rodoviário, coloca-se sobre o local carbonato de cálcio. Observe, a seguir, a equação da reação envolvida nessa neutralização.

$$CaCO_3(s) + H_2SO_4(\ell) \longrightarrow CaSO_4(s) + H_2O(\ell) + CO_2(g)$$

Embora a reação se processe na proporção de 1 mol de $CaCO_3$ (100 g) para 1 mol de H_2SO_4 (98 g), para se certificar de que todo o ácido foi efetivamente neutralizado, coloca-se carbonato de cálcio em excesso.

> **Saiba mais**
>
> **Injeção eletrônica**
>
> A evolução dos motores dos automóveis tornou-se incompatível com o uso do carburador, que foi substituído pelos sistemas de injeção eletrônica, que proporcionam melhor desempenho do motor, menor consumo de combustível e redução no índice de emissão de poluentes.
>
> A injeção eletrônica é um sistema de alimentação de combustível e gerenciamento eletrônico do motor de um automóvel. Esse sistema permite um controle eficaz da mistura ar-combustível, mantendo-a mais próxima da proporção ideal (mistura estequiométrica) para o trabalho do motor em todas as faixas de rotação.
>
> O controle do sistema é realizado por meio de uma unidade de comando que recebe as mensagens enviadas pelo sistema sobre as condições a cada momento de funcionamento do motor e que, com base nessas informações, determina a quantidade exata de combustível a ser injetada e de ar (oxigênio) presente no sistema. Assim, assegura-se a formação de uma mistura ideal, o que garante o bom funcionamento do motor.

› Determinação do reagente limitante

A partir da equação balanceada de uma reação, é possível determinar a relação entre as quantidades das substâncias envolvidas. Para isso, como já foi visto, parte-se da proporção entre as quantidades de matéria com base nos coeficientes dessas substâncias.

No cotidiano das indústrias e dos laboratórios, por exemplo, nem sempre os reagentes são colocados em contato na proporção exata, determinada pela estequiometria da reação. Quando os reagentes não estão na proporção estequiométrica, sempre há consumo total de um deles (reagente limitante) e sobra de outro (reagente em excesso). Nesse caso, podem-se determinar as quantidades das substâncias envolvidas com base na quantidade consumida do reagente limitante.

Imagine que, para neutralizar 4,9 t de ácido sulfúrico, sejam utilizadas 8,0 t de carbonato de cálcio. É possível saber se há excesso de algum dos reagentes? Como determinar a massa de sulfato de cálcio formado? Havendo excesso, como saber a massa do reagente em excesso que não participa da reação?

Observe a equação da reação entre ácido sulfúrico e carbonato de cálcio.

$$H_2SO_4(\ell) + CaCO_3(s) \longrightarrow CaSO_4(s) + H_2O(\ell) + CO_2(g)$$

1 mol	1 mol	1 mol
98 g	100 g	136 g
4,9 t	8,0 t	

Por meio da análise desses dados, percebe-se que a massa de carbonato de cálcio é proporcionalmente maior que a massa de ácido sulfúrico. O carbonato de cálcio, portanto, é o reagente em excesso. O ácido sulfúrico é o reagente limitante.

A quantidade do reagente limitante deve servir de base para os cálculos das quantidades com que as outras substâncias participam da reação.

A massa de sulfato de cálcio formado pode ser calculada com base na seguinte proporção.

$$98 \text{ g de } H_2SO_4 \longrightarrow 136 \text{ g de } CaSO_4$$
$$4,9 \text{ t de } H_2SO_4 \longrightarrow x$$
$$x = 6,8 \text{ t de } CaSO_4$$

A massa de carbonato de cálcio que participa da reação é determinada de forma análoga.

$$98 \text{ g de } H_2SO_4 \longrightarrow 100 \text{ g de } CaCO_3$$
$$4,9 \text{ t de } H_2SO_4 \longrightarrow y$$
$$y = 5 \text{ t de } CaCO_3$$

A massa de excesso de carbonato de cálcio corresponde à diferença entre o que foi colocado para reagir e o que efetivamente reagiu.

$$8,0 \text{ t} - 5,0 \text{ t} = 3,0 \text{ t}$$

Exercício resolvido

1. O silício é utilizado na produção de ligas metálicas, na preparação de silicones, na indústria cerâmica e, em especial, na indústria eletrônica e microeletrônica. É material básico na produção de transistores para *chips*, células solares e outros tipos de circuitos eletrônicos. O silício puro pode ser obtido por meio da reação:

$$SiC\ell_4(\ell) + 2 Mg(s) \longrightarrow Si(s) + 2 MgC\ell_2(s)$$

Considerando a reação entre 510 g de $SiC\ell_4$ e 150 g de Mg até que o reagente limitante seja totalmente consumido, determine:
a) a massa de silício formado no processo;
b) a massa do reagente em excesso.

Solução

a) 1 mol $SiC\ell_4$ —— 2 mol Mg —— 1 mol Si

    170 g —— 48 g —— 28 g

    510 g —— 150 g —— x

O $SiC\ell_4$ é o reagente limitante. O Mg é o reagente em excesso.

$x = 84,0$ g ou $x = 84$ g

b) 170 g $SiC\ell_4$ —— 48 g Mg

    510 g $SiC\ell_4$ —— y

        $y = 144$ g

Excesso: $150 - 144 = 6$ g.

Você se lembra?

Extintores de incêndio

Combustível, oxigênio e calor são os componentes de sustentação do fogo. Assim, é possível combater incêndios mediante a retirada de um desses componentes, como nos métodos de resfriamento — que retira calor — e abafamento — que isola o combustível do oxigênio.

Por exemplo, quando o extintor de pó químico é acionado, o bicarbonato de sódio liberado se decompõe em gás carbônico, água e um resíduo sólido de carbonato de sódio que recobre o material combustível, separando-o do oxigênio do ar. A falta de oxigênio (reagente limitante) interrompe a combustão.

2. Reagentes impuros e rendimento de uma reação

Os exemplos e cálculos apresentados até o momento consideraram apenas situações ideais em que os reagentes se encontravam puros e sem ocorrência de perdas de materiais ou formação de subprodutos. Entretanto, praticamente todos os materiais disponíveis na natureza são misturas de substâncias e, por isso, nem toda a massa do material participa da reação desejada. Além disso, normalmente há algumas causas – por exemplo, reações secundárias que utilizam os mesmos reagentes ou reações que não se completam – para um rendimento abaixo do teoricamente esperado pelos cálculos estequiométricos.

Na prática, portanto, é preciso considerar esses fatores e acrescentar outros cálculos envolvendo a impureza de reagentes e o rendimento porcentual de um processo químico.

Reagentes impuros

A obtenção do alumínio feita a partir da bauxita – seu minério mais importante – ocorre por meio de algumas etapas.

Na primeira etapa, a bauxita é processada para a obtenção de alumina, Al_2O_3, de forma que, normalmente, é possível obter 1 quilograma de Al_2O_3 a partir de 2 quilogramas de bauxita.

Em outra etapa, o metal alumínio é obtido a partir da alumina por meio da eletrólise.

Por enquanto, apenas a primeira etapa será analisada. Nela se percebe que 50% do minério corresponde a substâncias que não interessam ao processo de obtenção de alumínio e, portanto, devem ser "descontados" da quantidade inicial. Nesse caso, diz-se que a bauxita apresenta 50% de pureza em Al_2O_3.

Para compreender melhor esses "descontos", observe a resolução do exercício a seguir.

Exercício resolvido

2. A reação de obtenção de alumínio através de eletrólise é representada pela equação:

$$2\,Al_2O_3(s) \longrightarrow 4\,Al(s) + 3\,O_2(g)$$

Considerando que apenas 50% da massa de bauxita corresponde ao óxido de alumínio, pede-se:

a) a massa do minério, em kg, necessária para a obtenção de 1,35 quilogramas de alumínio metálico;
Dados: massas molares em g/mol:
$Al = 27$; $O = 16$; $R = 0{,}082\ atm \cdot L \cdot mol^{-1} \cdot K^{-1}$

b) o volume de oxigênio formado a 927 °C e 1 atm.

Solução

a) Cálculo da quantidade de Al_2O_3, em gramas, necessária para a obtenção de 1,35 kg de Al:

$$n_{Al} = \frac{1\,350\ g}{27\ g \cdot mol^{-1}} = 50\ mol$$

$$2\,Al_2O_3(s) \longrightarrow 4\,Al + 3\,O_2$$
$$2\ mol4\ mol$$

2 mol ——— 4 mol
x ——— 50 mol

$$x = \frac{2\ mol \cdot 50\ mol}{4\ mol} = 25\ mol\ de\ Al_2O_3$$

Massa de $Al_2O_3 =$
$= n \cdot M = 25\ mol \cdot 102\ g \cdot mol^{-1} = 2\,550\ g$
ou 2,55 kg

Cálculo da massa de bauxita que contém 50% de Al_2O_3:

2,55 kg ——— 50%
y ——— 100%

y = 5,1 kg de bauxita

b) Cálculo da quantidade de oxigênio formada, em mol:

$$2\,Al_2O_3(s) \longrightarrow 4\,Al(s) + 3\,O_2(g)$$

4 mol ——— 3 mol
50 mol ——— z

z = 37,5 mol de O_2

Cálculo do volume de oxigênio formado, a 927 °C e 1 atm:

Substituindo na equação $pV = nRT$, tem-se:

$1\ atm \cdot V =$
$= 37{,}5\ mol \cdot 0{,}082\ atm \cdot L \cdot K^{-1} \cdot mol^{-1} \cdot 1\,200\ K \Rightarrow$
$\Rightarrow V = 3\,690\ L$

Saiba mais

Alumínio

O alumínio não é encontrado na forma elementar na crosta terrestre. É obtido a partir da bauxita por meio de um processo que compreende várias etapas e requer muita energia.

A bauxita deve apresentar no mínimo 30% de alumina (Al_2O_3) para que a produção de alumínio seja economicamente viável. São necessárias cerca de 4 t de bauxita para produzir 2 t de alumina e 2 t de alumina para produzir 1 t de alumínio pelo processo chamado de redução (eletrólise da alumina).

Extração de bauxita na cidade de Paragominas (PA), 2012.

Rendimento de uma reação

No processo atual de obtenção de etanol, apenas um terço da cana – o caldo – é aproveitado para a produção de açúcar e etanol. O restante constitui-se de bagaço e da palha descartada na colheita. O grande desafio é aproveitar a celulose presente no bagaço e na palha da cana para aumentar o rendimento de produção de etanol. O aumento do rendimento dos processos é uma preocupação da indústria química de maneira geral.

Da mesma forma, os processos químicos geralmente apresentam um rendimento **menor** do que o teoricamente esperado pelos cálculos estequiométricos. Além de várias reações não ocorrerem com consumo total dos reagentes, há casos em que se formam produtos secundários indesejáveis, os quais consomem parte dos reagentes. É comum, também, ocorrerem perdas de produtos, por exemplo, durante o processo de purificação dos produtos formados. Todos os exemplos e exercícios propostos até o momento consideraram casos com rendimento de 100%, chamado de **rendimento teórico**, que corresponde à massa de produtos calculada pela estequiometria da reação. O **rendimento real** corresponde à massa de produtos obtida efetivamente. É comum empregar o **rendimento porcentual** em uma reação química. Ele pode ser calculado da seguinte forma.

$$r_{porcentual} = \frac{r_{real}}{r_{teórico}} \times 100\%$$

Exercício resolvido

3. Uma amostra de calcário e de outros componentes do solo foi intensamente aquecida. Nessas condições, o calcário sofre decomposição em óxido de cálcio e dióxido de carbono.

$$CaCO_3(s) \longrightarrow CaO(s) + CO_2(g)$$

A análise de 35,71 g de uma amostra de calcário forneceu 13,0 g de óxido de cálcio (CaO), além de dióxido de carbono (CO_2), após aquecimento a alta temperatura. Determine o rendimento porcentual da transformação.

Dados: C = 12 g/mol; Ca = 40 g/mol; O = 16 g/mol

Solução
Cálculo da massa de óxido de cálcio que seria obtida por meio de rendimento teórico:
$CaCO_3(s) \longrightarrow CaO(s) + CO_2(g)$
100 g ——— 56 g
35,71 g ——— x
$x = \dfrac{35,71 \times 56}{100}$
Massa de CaO = 20,0 g (r = 100%)
20,0 g ——————— 100%
13,0 g ——————— y %
y = 65%
Portanto, o rendimento da reação é igual a 65%.

Química tem história

A síntese da amônia mudou o mundo

Em 1908, o químico alemão Fritz Haber publicou o primeiro trabalho sugerindo a possibilidade técnica da **síntese da amônia a partir do nitrogênio e do hidrogênio atmosféricos**. Dez anos depois, ele ganharia o Prêmio Nobel de Química por essa descoberta. [...]

Carl Bosch, engenheiro [...], transformou a possibilidade teórica prevista por Haber em uma realidade prática. Os aperfeiçoamentos renderiam a Bosch o mesmo Prêmio Nobel de Química em 1931. [...]

Processo Haber-Bosch

[...] um século mais tarde, bilhões de pessoas são alimentadas graças a essa descoberta. Foi a síntese da amônia que permitiu o desenvolvimento dos fertilizantes químicos nitrogenados sintéticos que hoje garantem a produtividade de quase metade de toda a agricultura mundial.

Fritz Haber (à esquerda) e Carl Bosch. s. d.

Disponível em: <http://www.inovacaotecnologica.com.br/noticias/noticia.php?artigo=100-anos-de-sintese-da-amonia--a-descoberta-que-mudou-o-mundo&id=010160081014>. Acesso em: 29 maio 2013.

Atividades

Importante: Consulte as massas atômicas dos elementos na Tabela Periódica (p. 143).

4. Determine o volume de $CO_2(g)$, nas condições ambiente de pressão e temperatura, obtido quando 1 mol de $HC\ell$ é posto para reagir com 1 mol de Na_2CO_3.
Dados:
Reação não balanceada:

$$HC\ell(aq) + Na_2CO_3(aq) \longrightarrow$$
$$\longrightarrow NaC\ell(aq) + H_2O(\ell) + CO_2(g)$$

Volume molar de gás nas CATP = 25 L/mol.

5. A cal hidratada, $Ca(OH)_2$, forma-se a partir da cal viva, CaO, por meio da reação:

$$CaO(s) + H_2O(\ell) \longrightarrow Ca(OH)_2(s)$$

Determine a massa de cal hidratada produzida a partir da mistura de 20,0 g de CaO e 4,5 g de água.

6. Em uma das etapas da produção de ácido nítrico, a amônia é queimada sobre telas de platina em presença de ar atmosférico. Essa reação é representada pela equação abaixo.

$$4\,NH_3(g) + 5\,O_2(g) \longrightarrow 4\,NO(g) + 6\,H_2O(g)$$

Se forem misturados 150 g de NH_3 com 150 g de O_2, pergunta-se.

a) Os reagentes foram misturados em proporção estequiométrica?

b) Qual é a massa, em gramas, de NO formada nessas condições?

c) Há algum reagente em excesso? Em caso afirmativo, determine a massa do excesso.

7. Colocam-se 50 g de zinco metálico (Zn) em contato com uma solução aquosa que contém 49 g de ácido sulfúrico. A respeito dessa reação:

a) equacione o processo;

b) determine o reagente limitante;

c) calcule o volume máximo de gás hidrogênio que pode ser formado a 27 °C e 1 atm.

8. Uma mistura de perclorato de amônio, $NH_4C\ell O_4$, e alumínio em pó é utilizada como combustível sólido do foguete auxiliar de um ônibus espacial. Na ignição, a reação que ocorre é representada por:

$$6\,NH_4C\ell O_4(s) + 10\,A\ell(s) \longrightarrow$$
$$\longrightarrow 5\,A\ell_2O_3(g) + 3\,N_2(g) + 6\,HC\ell(g) + 9\,H_2O(g)$$

Considere a reação entre 3,0 kg de alumínio e 7,05 kg de perclorato de amônio e determine:

a) a massa de óxido de alumínio formada;

b) a quantidade produzida de nitrogênio, em mol;

c) o número de moléculas de água formado;

d) a massa produzida de cloreto de hidrogênio;

e) a massa do reagente que sobrou, sem reagir.

9. O método de conversão de nitrogênio (N_2) em amônia, chamado de processo Haber-Bosch, é responsável pela produção anual de mais de 100 milhões de toneladas de amônia. O processo exige altas temperaturas e pressões para que o N_2 e o H_2 interajam sobre uma superfície de ferro, que serve como catalisador, por meio da equação:

$$N_2(g) + 3\,H_2(g) \longrightarrow 2\,NH_3(g)$$

Sabendo que o rendimento do processo é de 50%, determine a massa de NH_3 obtida pela reação entre 900 g de H_2 com quantidade suficiente de N_2.

10. Pequenas quantidades de gás cloro podem ser produzidas em laboratório por meio da adição de solução de ácido clorídrico sobre dióxido de manganês em pó. A reação é representada pela equação:

$$4\,HC\ell(aq) + MnO_2(s) \longrightarrow$$
$$\longrightarrow 2\,H_2O(\ell) + MnC\ell_2(aq) + C\ell_2(g)$$

Partindo de 43,5 g de MnO_2, por meio de um processo que apresenta rendimento igual a 70%, calcule:

a) o volume de gás cloro obtido nas CATP. **Dado:** volume molar: $25\,L \cdot mol^{-1}$;

b) a massa de cloreto de manganês(II) obtida no processo.

11. O dióxido de titânio é um pó branco, seco e finamente pulverizado. É o pigmento branco mais utilizado no mundo devido ao seu alto índice de refração. Sua utilização em tintas oferece alta durabilidade a intempéries e resistência ao calor, características de valor nas tintas para decoração de superfícies exteriores. Um dos métodos para determinar o teor de pureza de uma amostra de TiO_2 é combiná-la com trifluoreto de bromo.

$$3\,TiO_2(s) + 4\,BrF_3(\ell) \longrightarrow$$
$$\longrightarrow 3\,TiF_4(s) + 2\,Br_2(\ell) + 3\,O_2(g)$$

O gás oxigênio formado pode ser recolhido e sua massa pode ser determinada com bastante precisão. Considere que uma amostra de 25,0 g contendo TiO_2, submetida à determinação de pureza, libera 7,0 g de gás oxigênio. Qual é a porcentagem, em massa, de dióxido de titânio na amostra analisada?

12. Amônia pode ser preparada pela reação entre cal virgem (óxido de cálcio) e cloreto de amônio.

$$CaO(s) + 2\,NH_4C\ell(s) \longrightarrow$$
$$\longrightarrow 2\,NH_3(g) + H_2O(g) + CaC\ell_2(s)$$

Utilizando 7,0 g de uma amostra de cal virgem com excesso de $NH_4C\ell$, obtiveram-se 3,4 g de NH_3. Qual é o grau de pureza em CaO da amostra utilizada?

Atividade experimental

Há limitações para a ocorrência de uma reação?

Objetivo
Compreender o conceito de reagente limitante da reação.

Material

- esponja de aço
- solução de sulfato de cobre(II) colocada em frasco com conta-gotas (ou utilizar conta-gotas para retirar a solução)
- conta-gotas (caso o frasco contendo a solução de sulfato de cobre não seja do tipo conta-gotas)
- estante para tubos de ensaio
- 3 etiquetas
- 2 rolhas para os tubos de ensaio
- 3 tubos de ensaio

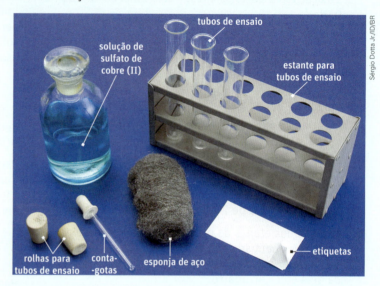

Procedimento

1. Etiquete os tubos, numerando-os da seguinte forma: 1, 2 e 3.
2. Faça duas bolas pequenas de esponja de aço (do tamanho de um grão de ervilha — 0,5 cm de diâmetro).
3. Coloque uma bola no tubo 1, e outra, no tubo 2.
4. Pingue solução de sulfato de cobre(II) nos tubos, como indicado na tabela a seguir.

	Tubo 1	Tubo 2	Tubo 3
Quantidade de sulfato de cobre(II)	20 gotas	40 gotas	40 gotas

5. Tampe os tubos 1 e 2 e espere alguns minutos, agitando-os de vez em quando.

Analise e discuta

1. O que aconteceu com a esponja de aço nos tubos 1 e 2?
2. Como ficou a cor do sulfato de cobre(II) nesses dois tubos?
3. Na sua opinião qual foi a utilidade do tubo 3?
4. Se você colocasse outra bola pequena de esponja de aço no tubo 1, o que aconteceria com ela? E com o sulfato de cobre(II)?
5. O que aconteceria se você colocasse mais bolas de esponja de aço nos tubos 1 e 2?
6. O que você faria para verificar se suas previsões feitas nas questões 4 e 5 foram corretas? Converse com seu professor e, se ele autorizar, faça essa verificação. Com os testes realizados, você deve ter percebido que, dependendo da quantidade de um reagente em relação ao outro, nem tudo se transforma em produtos. A cor azul na solução colocada no tubo de ensaio indica que há sulfato de cobre(II) sem reagir. A cor cinza da esponja de aço também indica que há ferro sem reagir.
7. Quando os reagentes são misturados, tudo se transforma em produtos, quaisquer que sejam as quantidades misturadas?

Equipamentos de segurança: Óculos de segurança e avental de algodão com mangas compridas.

Fonte de pesquisa: AMBROGI, Angélica; FOSCHINI LISBOA, Júlio Cezar. *Misturas e substâncias*: reações químicas. CECISP (Centro de Treinamento para Professores de Ciências Exatas e Naturais de São Paulo). São Paulo: Gráfica e Editora Hamburg, 1973.

Questões globais

Importante: Consulte as massas atômicas dos elementos na Tabela Periódica (p. 143).

13. Ao se misturarem 2 L de gás hidrogênio e 2 L de gás oxigênio, ocorre a formação de certa quantidade de água.

a) Escreva a equação química desse processo.

b) Qual é o reagente em excesso?

c) Qual o reagente limitante?

d) Calcule o volume de vapor de água formado.

14. Supõe-se que o ácido acetilsalicílico atue bloqueando uma enzima que produz prostaglandinas – substâncias que sinalizam quando nos ferimos ou quando nosso corpo é invadido por microrganismos. Esse ácido é utilizado como antipirético, analgésico, anti-inflamatório e anticoagulante, podendo ser preparado em laboratório por meio da seguinte reação:

$$C_7H_6O_3(s) + C_4H_6O_3(\ell) \longrightarrow C_9H_8O_4(s) + CH_3CO_2H(\ell)$$

| ácido salicílico | anidrido acético | ácido acetilsalicílico | ácido acético |

Supondo a reação de 20,7 g de ácido salicílico, $C_7H_6O_3$, e excesso de anidrido acético, $C_4H_6O_3$, calcule o rendimento da reação quando são obtidos 16,2 g de ácido acetilsalicílico, $C_9H_8O_4$.

15. Por meio da ustulação da pirita de 90% de pureza em FeS_2, obtém-se óxido de ferro(III), segundo a reação:

$$FeS_2(s) + O_2(g) \longrightarrow SO_2(g) + Fe_2O_3(s)$$

a) Acerte os coeficientes da equação de ustulação da pirita.

b) Calcule a massa de óxido de ferro obtida a partir de 5 t de pirita, considerando que o processo apresenta rendimento de 75%.

16. Ao aquecer 3,3 g de magnésio, Mg, em presença de oxigênio, O_2, suficiente para que a reação seja total, formam-se 5,5 g de óxido de magnésio, MgO. Qual é a porcentagem, em massa, de magnésio e de oxigênio no óxido de magnésio?

17. Suponha a combustão completa de 40 litros de gasolina, representada por C_8H_{18}. Faça o que se pede abaixo considerando a densidade da gasolina igual a 0,72 g/mL.

a) Equacione a reação de combustão completa do C_8H_{18}.

b) Determine a massa de CO_2 produzida.

c) Calcule a massa de gás oxigênio necessária para a combustão completa de toda a gasolina.

18. A partir de sulfeto de cálcio, CaS, obtém-se sulfeto de hidrogênio, H_2S, de acordo com a equação:

$$CaS(s) + H_2O(\ell) + CO_2(g) \longrightarrow H_2S(g) + CaCO_3(s)$$

O sulfeto de hidrogênio obtido se oxida e forma enxofre:

$$2\ H_2S(g) + O_2(g) \longrightarrow 2\ H_2O(\ell) + 2\ S(s)$$

Determine:

a) a massa de enxofre, em quilogramas, obtida a partir de 500 kg de uma amostra que contém 80% de CaS;

b) o volume de ar medido nas CNTP necessário para oxidar o sulfeto de hidrogênio produzido na primeira reação. Considere que o ar contém 20% de oxigênio em volume.

19. Em uma atividade experimental, um grupo de alunos ficou encarregado de calcular o rendimento da reação de precipitação do iodeto de chumbo. Os procedimentos adotados pelo grupo estão descritos a seguir.

- dissolveram-se 6,62 g de nitrato de chumbo – $Pb(NO_3)_2$ – em 100 mL de água destilada. A solução obtida foi separada e rotulada como frasco **A**.
- dissolveram-se 7,64 g de iodeto de potássio – KI – em 100 mL de água destilada. A solução obtida foi separada e rotulada como frasco **B**.
- misturaram-se as soluções dos frascos **A** e **B**, obtendo um precipitado de cor amarela – PbI_2 – que foi separado da solução e teve medida sua massa. O resultado registrado na balança foi de 10,22 g.
- o sólido formado ficou em repouso em uma estufa e, após 1 hora, a sua massa foi novamente medida, obtendo o valor de 7,84 g.

Com base nesses dados, responda aos itens a seguir.

Dados: Pb = 207 g/mol; K = 39 g/mol; I = 127 g/mol

a) Escreva a equação química que representa a reação realizada no experimento.

b) Qual dos reagentes está em excesso? Justifique.

c) Calcule o rendimento porcentual da reação nas duas medições de massa do iodeto de chumbo. Explique uma razão para a diferença dos rendimentos obtidos.

20. O composto $Cu(NH_3)_4SO_4$ é formado pela reação de sulfato de cobre(II) com amônia.

$$CuSO_4(aq) + 4\ NH_3(g) \longrightarrow Cu(NH_3)_4SO_4(aq)$$

Determine o rendimento do processo quando se obtêm 63 g de $Cu(NH_3)_4SO_4$ a partir de 50 g de sulfato de cobre II com excesso de amônia.

Ciência, tecnologia e sociedade

Crise ambiental e energias renováveis
O etanol da cana-de-açúcar no contexto internacional

[...] A diversidade de matéria-prima utilizada, que se verifica na produção de etanol nos vários países produtores, impõe a necessidade de se avaliar comparativamente as características do processo de produção de cada uma dessas matérias-primas.

Um dos parâmetros que pode ser analisado se refere à relação entre quantidade de energia fóssil gasta em toda a cadeia produtiva do etanol e a quantidade de energia renovável que é obtida. Este número é importante para caracterizar a substituição do combustível fóssil – o quão bom o combustível novo é como substituto do fóssil. Outro parâmetro importante é a produtividade, determinada pelas características da matéria-prima com respeito ao uso de solo, produção de alimentos e de energia.

A tabela [abaixo] apresenta os dados desses dois parâmetros para as várias matérias-primas utilizadas para a produção de etanol.

Balanço de energia na produção de álcool, com diversas matérias-primas		
Matérias-primas	Energia renovável ou energia fóssil usadas	Produtividade (L/ha)
Álcool de milho (EUA)	1,3–1,6	4 700
Álcool de cana-de--açúcar (Brasil)	8,9	7 000
Álcool de beterraba (Alemanha)	2,0	1 600
Álcool de sorgo sacarino (África)	4,0	1 100
Álcool de trigo (Europa)	2,0	1 100
Álcool de mandioca	1,0	4 900

Observa-se que a cana-de-açúcar se destaca por sua produtividade em relação às demais matérias-primas, mas também, e principalmente, pela significativa proporção entre a energia renovável obtida em relação à energia fóssil gasta.

Vale ressaltar outros dados referentes à produção de etanol a partir da cana-de-açúcar em comparação com as demais matérias-primas. Em termos de emissão de dióxido de carbono, no caso do etanol da cana o valor é de 0,4 t de CO_2 equivalente por metro cúbico de etanol anidro, enquanto o etanol de milho é de 1,9 t de CO_2 equivalente por metro cúbico. Ainda, os custos de produção do etanol de cana no Brasil se situam na faixa de US$ 0,20-0,25/litro, enquanto os custos avaliados para o etanol de milho nos Estados Unidos são de US$ 0,33/litro, para o etanol de trigo na Europa são de US$ 0,48/litro, e para o etanol de beterraba na Europa alcançam US$ 0,52/litro.

Verifica-se, portanto, que em todos os parâmetros considerados o etanol da cana produzido no Brasil apresenta as maiores vantagens comparativas.

O governo brasileiro está atualmente empenhado na implantação de um processo de certificação do agrocombustível (etanol e do biodiesel), que confira ao combustível alternativo um selo de qualidade que lhe permita obter reconhecimento internacional. A certificação identificará que tipos de combustíveis são produzidos de forma sustentável, ou seja, aqueles que cumprem todos os requisitos de proteção ambiental e social, ao não explorar a mão de obra na cadeia produtiva. [...]

BERMANN, Célio. Revista *Ciência e cultura*. Campinas: SBPC, n. 3, v. 60, set. 2008.

Analise e discuta

1. A tabela apresenta o balanço energético entre a quantidade de energia renovável obtida a partir de diferentes matérias-primas e a energia fóssil gasta no processo. Indique algumas das possíveis fontes de gasto de energia fóssil que podem ser consideradas na produção de etanol a partir da cana-de-açúcar.

2. Grande parte da energia contida na biomassa do bagaço é usada como fonte de calor e energia no processo de conversão dos açúcares em etanol. Os norte-americanos, por outro lado, utilizam energia fóssil para produzir etanol a partir do milho. Essa diferença nos dois processos é significativa no balanço energético?

3. A questão levantada no item anterior também pode ser relacionada com a diferença na emissão de gás carbônico apresentada pelos diferentes métodos?

4. Os custos da produção do etanol de cana são bem menores que os da beterraba. Aponte algumas razões para essa diferença.

Esquema do capítulo

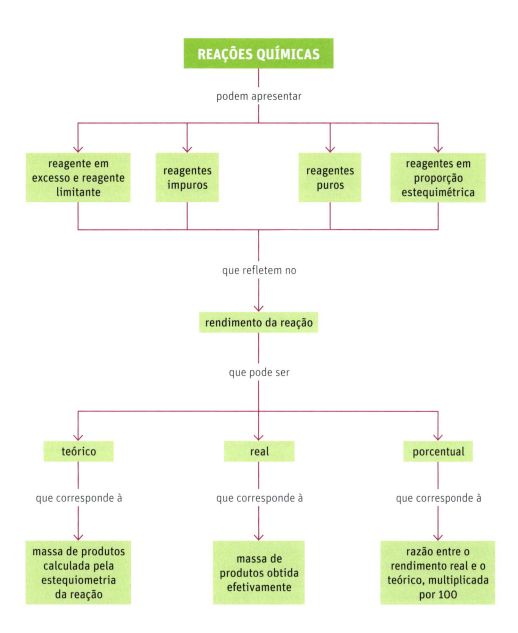

Vestibular e Enem

21. (Enem) Para se obter 1,5 kg do dióxido de urânio puro, matéria-prima para a produção de combustível nuclear, é necessário extrair-se e tratar-se 1,0 tonelada de minério. Assim, o rendimento (dado em % em massa) do tratamento do minério até chegar ao dióxido de urânio puro é de:

a) 0,10%   c) 0,20%   e) 2,0%
b) 0,15%   d) 1,5%

22. (UnB-DF) Um aluno decidiu realizar um projeto de Química para sua escola, investigando o teor de iodato de potássio em uma marca de sal. Uma amostra de massa igual a 1,0 g do sal de cozinha foi dissolvida em água e o iodo foi precipitado na forma de iodeto de prata (AgI), conforme representado pelas seguintes equações:

$$KIO_{3(aq)} + 3H_2SO_{3(aq)} \longrightarrow KI_{(aq)} + 3H_2SO_{4(aq)}$$
$$KI_{(aq)} + AgNO_{3(aq)} \longrightarrow AgI_{(s)} + KNO_{3(aq)}$$

Sabendo que a massa de iodeto de prata obtida foi de $4,70 \times 10^{-5}$ g e considerando que $M(KIO_3) = 214$ g/mol e $M(AgI) = 235$ g/mol, calcule, **em gramas**, a massa de iodato de potássio (KIO_3) presente em uma tonelada de sal. Despreze a parte fracionária de seu resultado, caso exista.

23. (Uerj) A pólvora consiste em uma mistura de substâncias que, em condições adequadas, reagem, com rendimento de 100%, segundo a equação química a seguir:

$$4\,KNO_3\,(s) + 7\,C\,(s) + S\,(s) \longrightarrow$$
$$\longrightarrow 3\,CO_2\,(g) + 3\,CO\,(g) + 2\,N_2\,(g) + K_2CO_3\,(s) + K_2S\,(s)$$

Sob condições normais de temperatura e pressão, e admitindo comportamento ideal para todos os gases, considere a reação de uma amostra de pólvora contendo 1 515 g de KNO_3 com 80% de pureza. Calcule o volume total de gases produzidos na reação. Em seguida, nomeie os sais formados.

24. (Cefet-CE) O trióxido de enxofre pode ser obtido através da reação entre dióxido de enxofre e oxigênio na presença de um catalisador. Colocando-se 128 g de dióxido de enxofre em presença de 160 g de oxigênio (nas condições ideais), a quantidade máxima de trióxido de enxofre que poderá ser obtida é:
Dados: S — 32g/mol; O — 16g/mol

Reação (não balanceada): $SO_2 + O_2 \longrightarrow SO_3$

a) 32 g   c) 128 g   e) 288 g
b) 80 g   d) 160 g

25. (PUC-RJ) Queimando-se um saco de carvão de 3 kg, numa churrasqueira, com rendimento de 90%, quantos quilogramas de CO_2 são formados?

a) 2,7   c) 4,4   e) 11
b) 3,0   d) 9,9

26. (UFSCar-SP) O estanho é usado na composição de ligas metálicas, como bronze (Sn-Cu) e solda metálica (Sn-Pb). O estanho metálico pode ser obtido pela reação do minério cassiterita (SnO_2) com carbono, produzindo também monóxido de carbono. Supondo que o minério seja puro e o rendimento da reação seja 100%, a massa em quilogramas, de estanho produzida a partir de 453 kg de cassiterita com 96 kg de carbono é

a) 549   c) 357   e) 119
b) 476   d) 265

27. (Fatec-SP) A ureia, $CO(NH_2)_2$, substância utilizada como fertilizante, é obtida pela reação entre CO_2 e NH_3, conforme mostra a equação:

$$CO_2\,(g) + 2\,NH_3\,(g) \longrightarrow CO(NH_2)_2 + H_2O\,(g)$$

Se 340 toneladas de amônia produzem 540 toneladas de ureia, o rendimento desse processo é:

a) 80%   c) 90%   e) 100%
b) 85%   d) 95%

28. (PUC-RJ) Ferro-gusa é o principal produto obtido no alto-forno de uma siderúrgica. As matérias-primas utilizadas são: hematita (Fe_2O_3 mais impurezas), calcário ($CaCO_3$ (s) mais impurezas), coque (C) e ar quente.

Considere as principais reações que ocorrem no alto-forno:

$$CaCO_3 \xrightarrow{\ \Delta\ } CaO + CO_2$$
$$CO_2 + C \longrightarrow 2\,CO$$
$$Fe_2O_3 + 3\,CO \longrightarrow 2\,Fe + 3\,CO_2$$
$$\downarrow$$

Ferro-gusa (ferro na forma líquida contendo impurezas)

a) A partir de uma tonelada de hematita com 10% de impurezas em massa, calcule a quantidade máxima, em kg, que se pode obter de ferro-gusa (Fe mais 7%, em massa, de impurezas).

b) Escreva a fórmula dos agentes redutores nas reações de oxirredução.

c) Dentre os reagentes e produtos presentes, identifique e escreva a reação do anidrido com a água.

29. (UFC-CE) O ácido fosfórico, H_3PO_4, pode ser produzido a partir da reação entre a fluoroapatita, $Ca_5(PO_4)_3F$, e o ácido sulfúrico, H_2SO_4, de acordo com a seguinte equação química:

$$Ca_5(PO_4)_3F\,(s) + 5\,H_2SO_4\,(\ell) \longrightarrow$$
$$\longrightarrow 3\,H_3PO_4\,(\ell) + 5\,CaSO_4\,(s) + HF\,(g)$$

Considere a reação completa entre 50,45 g de fluoroapatita com 98,12 g de ácido sulfúrico.

a) Qual é o reagente limitante da reação?

b) Determine a quantidade máxima de ácido fosfórico produzida.

30. (Unesp-SP) Na indústria, a amônia é obtida pelo processo denominado Haber-Bosch, pela reação entre o nitrogênio e o hidrogênio na presença de um catalisador apropriado, conforme mostra a reação não balanceada:

$$N_2\ (g) + H_2\ (g) \xrightarrow{catalisador} NH_3\ (g)$$

Com base nessas informações, considerando um rendimento de 100% e sabendo que as massas molares desses compostos são: N_2 = 28 g/mol, H_2 = 2 g/mol, NH_3 = 17 g/mol:

a) Calcule a massa de amônia produzida reagindo-se 7 g de nitrogênio com 3 g de hidrogênio;

b) Nas condições descritas no item a, existe reagente em excesso? Se existir, qual a massa em excesso desse reagente?

31. (FGV-SP) Alguns metais sofrem risco de escassez na natureza, e por isso apresentam um alto valor agregado. A recuperação dos metais de resíduos industriais e de laboratórios torna-se importante porque associa dois fatores: o econômico e a redução do impacto ambiental, causado pelo descarte dos metais diretamente na natureza. A figura representa um fluxograma para recuperação dos metais Aℓ, Mg e Cu, de 88,0 kg de resíduo de uma liga metálica utilizada na aviação.

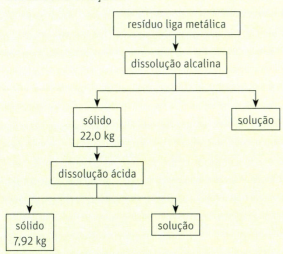

Na recuperação dos metais desse resíduo, considera-se que a dissolução alcalina é empregada para dissolver somente o alumínio, não reagindo com os outros dois metais, e a dissolução ácida, para dissolver o magnésio. Sabendo-se que o resíduo da liga contém somente Aℓ, Mg e Cu e que não há perda de massa durante o processo, a porcentagem, em massa, de magnésio nessa liga é igual a:
a) 9%
b) 16%
c) 25%
d) 66%
e) 75%

32. (Enem) Em setembro de 1998, cerca de 10 000 toneladas de ácido sulfúrico (H_2SO_4) foram derramadas pelo navio *Bahamas* no litoral do Rio Grande do Sul. Para minimizar o impacto ambiental de um desastre desse tipo, é preciso neutralizar a acidez resultante. Para isso pode-se, por exemplo, lançar calcário, minério rico em carbonato de cálcio ($CaCO_3$), na região atingida.

A equação química que representa a neutralização do H_2SO_4 por $CaCO_3$, com a proporção aproximada entre as massas dessas substâncias é:

$$H_2SO_4 + CaCO_3 \longrightarrow CaSO_4 + H_2O + CO_2$$
1 tonelada reage com | 1 tonelada | sólido sedimentado | | gás

Pode-se avaliar o esforço de mobilização que deveria ser empreendido para enfrentar tal situação, estimando a quantidade de caminhões necessária para carregar o material neutralizante. Para transportar certo calcário que tem 80% de $CaCO_3$, esse número de caminhões, cada um com carga de 30 toneladas, seria próximo de:
a) 100
b) 200
c) 300
d) 400
e) 500

33. (Fuvest-SP) Embalagens de fertilizantes do tipo NPK trazem três números, compostos de dois algarismos, que se referem, respectivamente, ao conteúdo de nitrogênio, fósforo e potássio, presentes no fertilizante. O segundo desses números dá o conteúdo de fósforo, porém expresso como porcentagem, em massa, de pentóxido de fósforo.

Para preparar 1 kg de um desses fertilizantes, foram utilizados 558 g de mono-hidrogenofosfato de amônio e 442 g de areia isenta de fosfatos. Na embalagem desse fertilizante, o segundo número, relativo ao fósforo, deve ser, aproximadamente,

a) 10
b) 20
c) 30
d) 40
e) 50

Dados: mono-hidrogenofosfato de amônio: massa molar (g/mol): 132 pentóxido de fósforo: massa molar (g/mol): 142.

34. (UFJF-MG) O cromo é um metal empregado na produção do aço *inox* e no revestimento (cromação) de algumas peças metálicas. Esse metal é produzido por meio da reação a seguir:

$$Cr_2O_3\ (s) + 2\ Aℓ\ (s) \longrightarrow 2\ Cr(s) + Aℓ_2O_3\ (s)$$

Partindo-se de 15,2 gramas de Cr_2O_3 e admitindo-se que esse processo tem um rendimento de 75%, a massa produzida de cromo é igual a:
a) 11,8 g
b) 10,4 g
c) 13,8 g
d) 15,2 g
e) 7,8 g

387

Vestibular e Enem

35. (UFRGS-RS) Num experimento, 1 000 kg do minério hematita (Fe_2O_3 + impurezas refratárias) foram reduzidos com coque, em temperatura muito elevada, segundo a reação representada a seguir.

$$Fe_2O_3 + 3\,C \longrightarrow 2\,Fe + 3\,CO$$

Supondo-se que a reação tenha sido completa, a massa de ferro puro obtida foi de 558 kg. Pode-se concluir que a percentagem de pureza do minério é aproximadamente igual a:
a) 35,0%
b) 40,0%
c) 55,8%
d) 70,0%
e) 80,0%

36. (UFRGS-RS) Em um experimento, 10 g de uma liga de latão, constituída por Cu e Zn, foram tratados com uma solução de HCℓ. O Cu não reagiu, mas o Zn reagiu de acordo com

$$Zn\,(s) + 2\,H^+\,(aq) \longrightarrow Zn\,(aq) + H_2\,(g)$$

Após o ataque por HCℓ, a massa do sólido remanescente, filtrado e seco, era igual a 7,8 g.
Com base nesses dados, é correto afirmar que a porcentagem ponderal de Zn na liga era aproximadamente igual a:
a) 2,2%
b) 10%
c) 22%
d) 50%
e) 78%

37. (UFSCar-SP) No Brasil, os dois combustíveis mais utilizados são a gasolina e o álcool hidratado, cujos principais componentes são C_8H_{18} e C_2H_5OH, respectivamente. Para liberar a mesma quantidade de energia que 1 L de gasolina, é necessário 1,7 L de álcool, o que corresponde a 6,5 mols de octano e 28,0 mols de etanol, respectivamente. Considerando combustão completa com 100% de eficiência, a relação entre as quantidades de CO_2 produzidas por 1,7 L de álcool hidratado e 1 L de gasolina será:
a) 0,23
b) 0,39
c) 1,08
d) 2,54
e) 4,31

38. (UFV-MG) O gás de cozinha é formado principalmente pelos gases butano e propano. A reação que ocorre no queimador do fogão é a combustão destes gases. A equação a seguir representa a combustão do butano.

$$2\,C_4H_{10}\,(g) + 13\,O_2\,(g) \longrightarrow 8\,CO_2\,(g) + 10\,H_2O\,(g)$$

A massa de água que pode ser obtida a partir da mistura de 10 g de butano com 10 g de oxigênio é:
a) 20 g
b) 4,3 g
c) 3,1 g
d) 15,5 g
e) 10 g

39. (UEL-PR) Um joalheiro possui uma barra metálica constituída de uma liga ouro-cobre. Desejando separar e quantificar os dois metais, solicitou a um químico que realizasse os procedimentos necessários. Para a separação e quantificação de cada um dos metais desta barra, utilizando os reagentes em quantidades estequiométricas, foram realizados os seguintes procedimentos:

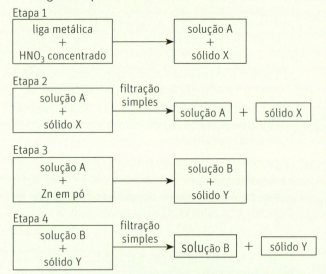

Dados: Massas molares (g/mol): H = 1; N = 14; O = 16; Cu = 64; Zn = 65; Au = 197.

Considere que o Zn em pó foi adicionado em quantidade suficiente para completar a reação e que os sólidos X e Y têm pureza de 100%. Sabendo que a porcentagem de ouro da barra metálica é de 60% e que na etapa 3 foram usados 13 gramas de zinco em pó, assinale a alternativa que apresenta as massas dos sólidos X e Y recuperados nas etapas 2 e 4, respectivamente.
a) Sólido X (grama): 8,5; sólido Y (grama): 23,5
b) Sólido X (grama): 19,2; sólido Y (grama): 12,8
c) Sólido X (grama): 39,4; sólido Y (grama): 26,3
d) Sólido X (grama): 26,3; sólido Y (grama): 39,4
e) Sólido X (grama): 12,8; sólido Y (grama): 19,2

40. (Unifesp-SP) A geração de lixo é inerente à nossa existência, mas a destinação do lixo deve ser motivo de preocupação de todos. Uma forma de diminuir a grande produção de lixo é aplicar os três R (Reduzir, Reutilizar e Reciclar). Dentro dessa premissa, o Brasil lidera a reciclagem do alumínio, permitindo economia de 95% no consumo de energia e redução na extração da bauxita, já que para cada kg de alumínio são necessários 5 kg de bauxita. A porcentagem do óxido de alumínio ($Aℓ_2O_3$) extraído da bauxita para produção de alumínio é aproximadamente igual a
a) 20,0%
b) 25,0%
c) 37,8%
d) 42,7%
e) 52,9%

Para explorar

Livros

- **Cálculos básicos da Química**, de Romeu C. Rocha-Filho e Roberto Ribeiro da Silva. São Carlos: EDUFSCar, 2010.
  Esse material é escrito em linguagem acessível ao estudante de Química e traz dicas para a realização de cálculos.

- **Os pesos pesados da Química**, de Jorge L. Narciso Jr. e Marcelo P. Jordão. São Paulo: Editora do Brasil, 2000.
  Esse material analisa os processos de produção, o rendimento e as propriedades dos metais e das ligas metálicas, além de avaliar o seu papel na economia e os impactos ambientais envolvidos.

- **Comunicação e Linguagem Científica**: guia para estudantes de Química, de Jane Raquel Silva de Oliveira e Salete Linhares Queiroz. Campinas: Átomo, 2007.
  Esse livro tem como principal objetivo apresentar, de forma simples e sucinta, aspectos relevantes da comunicação científica. No segundo capítulo, há informações sobre o formato de alguns documentos que veiculam a informação científica (relatórios, artigos científicos e de divulgação científica, etc.) e no terceiro capítulo há a abordagem dos principais componentes encontrados nesses documentos (resumo, palavras-chave, introdução, materiais e métodos, resultados e discussão, etc.).

Site

- <http://qnesc.sbq.org.br/online/qnesc10/exper3.pdf>. Acesso em: 7 abr. 2014.
  Esse exemplar apresenta um experimento que envolve estequiometria. O material, de autoria de Flávio Cazzaro, professor de Química em duas escolas estaduais em Poços de Caldas, MG, proporciona ao aluno a realização de um experimento bem simples sobre estequiometria sem a necessidade de usar uma balança de alta precisão.

Química e Geografia

Minerais e metais

O domínio do fogo significou um grande avanço tecnológico para a humanidade. Além dos exemplos já citados no capítulo 1, o fogo possibilitou diversas transformações da matéria, como a extração de metais a partir de seus minerais.

Os minerais são formados por processos físicos, químicos e geológicos. Alguns deles são constituídos de uma única substância, como é o caso do diamante. No entanto, a maioria desses minerais é uma mistura.

Para que um material seja classificado como mineral, ele precisa ser sólido nas condições ambiente, ter sido formado naturalmente, apresentar composição química definida, ser constituído de substâncias inorgânicas e ter estrutura cristalina, ou seja, as espécies químicas que os compõem precisam possuir uma disposição espacial ordenada. Lembre-se de que as substâncias orgânicas, conforme visto no capítulo 14, apresentam átomos de carbono em sua composição, os quais, geralmente, estão ligados entre si formando cadeias, como a sacarose ($C_{12}H_{22}O_{11}$) – principal constituinte do açúcar –, o etanol (C_2H_6O) – utilizado como combustível –, e o isoctano (C_8H_{18}) – um dos componentes da gasolina.

Alumínio

O Brasil é o terceiro maior produtor de bauxita, mineral cujo principal componente é o óxido de alumínio (Al_2O_3), com produção de 31,7 milhões de toneladas em 2010. As reservas brasileiras de bauxita são estimadas em 3,8 bilhões de toneladas, o que corresponde à 5ª maior reserva mundial. Os principais estados produtores de bauxita em 2010 foram Pará (85%) e Minas Gerais (14%).

O alumínio, extraído do mineral, pode ser utilizado em embalagens, utensílios domésticos, na construção civil, na estrutura de aviões e foguetes. Uma parte desta produção é destinada às indústrias químicas e de refratários.

Ferro

O Brasil assume lugar de destaque no cenário internacional na produção de minérios de ferro. Isso ocorre devido ao alto teor de ferro encontrado em seus minérios. A hematita, predominante no Pará, possui teor de 60% (m/m) de ferro, ou seja, a cada 100 g do mineral, 60 g correspondem ao óxido de ferro(III) – Fe_2O_3.

Segundo os dados das Nações Unidas para o Comércio e o Desenvolvimento (Unctad), o Brasil ocupava o 2º lugar em 2011 na produção de minério de ferro. Sua produção em 2010 chegou a 372 milhões de toneladas, o que equivale a 15% da produção mundial. Os principais estados produtores de minérios de ferro são Minas Gerais (67%) e Pará (29,3%).

O ferro é muito utilizado na fabricação de diversos tipos de aço empregados na construção civil e na indústria naval e aeronáutica.

Ouro

A produção brasileira de ouro, em 2010, foi de 58 toneladas, o que corresponde à décima segunda maior produção mundial. Esse metal é encontrado na forma de pepitas e em aluviões (depósitos em águas fluviais). O ouro também pode estar combinado com outros minérios (como impureza), sendo extraído como subproduto. Os estados produtores de ouro no Brasil são Minas Gerais (64%), Goiás (11%), Bahia (11%) e Pará (3%).

Cobre

Os principais minérios de cobre encontrados no Brasil, em ordem de abundância, são: a bornita (cujo principal componente é o Cu_5FeS_4), a calcocita (cujo principal constituinte é o Cu_2S) e a calcopirita (cujo principal componente é o $CuFeS_2$).

A produção no país de minérios de cobre, em 2010, foi 213 mil toneladas, quantidade insuficiente para atender a demanda do mercado interno. Estimativas apontam que o Brasil conseguirá autossuficiência em cobre até 2015.

Os principais estados produtores de minérios de cobre são Pará (51%), Goiás (38%) e Bahia (11%). O cobre é utilizado principalmente na construção civil e para produção de cabos e fios.

Nióbio

Os minérios de nióbio são classificados como minerais estratégicos, ou seja, grupos de minerais utilizados como matéria-prima de alta tecnologia, como ligas de aço de elevada resistência empregadas em tubulações de grandes diâmetros, obras de grande porte, naves espaciais, etc.

O Brasil é o maior produtor mundial de nióbio e o país que detém as maiores reservas desse mineral. Sua produção em 2010 foi de aproximadamente 80 mil toneladas, o que corresponde a 96% da produção mundial.

Os principais estados produtores desses minérios são Minas Gerais (56,7%), Goiás (41,9%) e Amazonas (1,4%).

Fontes de pesquisa: CHOQUE FERNANDEZ, O. J.; COSTA, M. L. da; POLLMANN, H.; BRANDÃO, P. R. G. Química mineral e relações texturais entre as fases sulfetadas do minério de cobre de salobo, Carajás (PA): implicações no beneficiamento. *Geochimica Brasil*, v. 19, n. 2, 2005, p. 67-84. Disponível em: <http://www.geobrasiliensis.org.br/ojs/index.php/geobrasiliensis/article/download/224/266>.

Instituto Brasileiro de Mineração (Ibram). Informações e Análises da Economia Mineral Brasileira. 6 ed., 2011. Disponível em: <http://www.ibram.org.br/sites/1300/1382/00001669.pdf>. Acessos em: 29 maio 2014.

Atividades

1. A quantidade de minerais produzidos por um país, bem como a extração dos metais, é fundamental para atender a demanda do mercado interno. De acordo com as informações da economia mineral brasileira, realizadas em 2011 pelo Instituto Brasileiro de Mineração (Ibram), o país importa 91% de todas as suas necessidades de potássio e 51% das de fosfato.

    Pesquise em *sites*, livros e em suas anotações sobre o principal uso de potássio e de fosfato em um país. Discuta sobre as implicações dessas informações.

2. A disposição dos átomos de carbono no carvão mineral está representada a seguir.

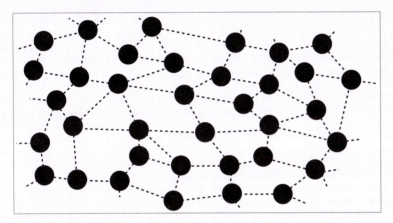

    De acordo com as informações da página anterior, o carvão mineral é considerado um mineral? Justifique.

3. Além dos minerais citados nesta seção, o Brasil produz outros minerais em grandes quantidades. Veja a tabela abaixo.

Mineral de	Produção brasileira em 2010 (em toneladas)	Principal(is) estado(s) produtor(es)
estanho	12 mil	Amazonas (60%) e Roraima (40%)
manganês	2,6 milhões	Minas Gerais (87%), Mato Grosso do Sul (6,5%) e Pará (4,3%)
níquel	67 mil	Bahia (46%), Goiás (42%) e Minas Gerais (12%)
urânio	180	Bahia (100%)

Fonte de pesquisa: Instituto Brasileiro de Mineração (Ibram). Informações e Análises da Economia Mineral Brasileira. 6 ed., 2011. Disponível em: <http://www.ibram.org.br/sites/1300/1382/00001669.pdf>. Acesso em: 7 abr 2014.

    Represente o mapa do Brasil com a divisão por estados em seu caderno e informe quais deles são produtores de minerais de acordo com as informações desta atividade e da seção. Procure indicar por meio de símbolos os minérios e não se esqueça de inserir uma legenda explicativa.

4. A extração de ferro da hematita envolve transformações em altas temperaturas, onde o carvão (C) ou monóxido de carbono (CO) reage com o óxido de ferro(III) (Fe_2O_3) do mineral, produzindo ferro (Fe) e dióxido de carbono (CO_2).
    a) Escreva as duas equações que representam as transformações descritas.
    b) Quantos quilogramas de ferro podem ser obtidos de 1 tonelada de hematita? Considere que o teor de óxido de ferro(III) na amostra é de 60% (*m/m*).
    - **Dados:** Fe = 56 g/mol; O = 16 g/mol; C = 12 g/mol

PROJETO 2

Corrosão de materiais: como enfrentá-la?

Atitudes que podem reduzir os prejuízos materiais, financeiros e ambientais relacionados à corrosão

■ O que você irá fazer

Você e seus colegas vão fazer visitas a casas de familiares, amigos e vizinhos, que morem nas proximidades da escola, para divulgar, por meio de uma cartilha, informações sobre os prejuízos decorrentes da corrosão de materiais e sobre procedimentos simples que podem minimizar esses prejuízos.

O objetivo dessa divulgação é estimular a adoção de atitudes cotidianas para a conservação dos metais, de modo a retardar ao máximo o processo de corrosão, aumentando assim a sua durabilidade com o emprego de métodos que retardem esse processo. Tem também como objetivo alertar as pessoas para a necessidade de se dar um destino correto a objetos metálicos que muitas vezes são jogados no lixo comum. Ações como essa adquirem especial importância porque, além de evitar prejuízos financeiros, ajudam a poupar recursos naturais que um dia se esgotarão. Além do mais, a obtenção de metais a partir de suas fontes naturais provoca grandes danos ambientais.

Para organizar e realizar essa ação social, você e seus colegas irão dividir-se em cinco equipes que deverão cumprir as seguintes ações.

1. Programar e realizar visitas a familiares, amigos e vizinhos que morem nas proximidades da escola.

2. Elaborar uma cartilha para ser distribuída às pessoas visitadas.

3. Organizar um sistema de coleta e destinação de metais para reciclagem.

■ Desenvolvimento do conteúdo

No quadro a seguir estão indicados os tópicos que deverão, necessariamente, ser tratados neste projeto. Mas a classe, em conjunto com o professor, pode incluir outros que considerar importantes.

Tópicos	O que é preciso informar
Obtenção de metais	Fontes naturais; impactos ambientais da extração e do processamento de minérios
Corrosão de metais	O que é corrosão; o que provoca a corrosão de metais
Proteção contra a corrosão	Procedimentos que retardam a corrosão
Descarte de metais usados	Problemas do descarte no lixo comum; importância da reciclagem; onde depositar

■ Pesquisa

Decididos os tópicos, a classe deverá levantar informações sobre cada um deles. As fontes sugeridas a seguir são boas opções para a pesquisa.

1. Livros especializados sobre metais e suas ligas.

2. Artigos de revista de divulgação científica que discorram sobre lixo e reciclagem.

3. Páginas da internet. Você pode selecionar os endereços em *sites* de busca, a partir das palavras-chave "corrosão de metais". Os sugeridos a seguir tratam do tema.

• MSPC — Informações técnicas. Disponível em: <http://www.mspc.eng.br/tecdiv/corr_110.shtml>. Acesso em: 12 abr. 2014.

392

- Serviço Brasileiro de Respostas Técnicas. Disponível em: <http://sbrt.ibict.br/>. Acesso em: 12 abr. 2014.
- Associação Brasileira de Corrosão. Disponível em: <http://www.abraco.org.br>. Acesso em: 7 abr. 2014.
- Revista *Química Nova na Escola*, n. 26, nov. 2007. Artigos: "Maresia no ensino de Química" e "Corrosão de metais por produtos de limpeza". Disponíveis em: <http://qnesc.sbq.org.br/online/qnesc26>. Acesso em: 12 abr. 2014.
- Projeto Pintou Limpeza — Rádio Eldorado. Disponível em: <http://com.limao.com.br/wikisite/pintoulimpeza/index.htm>. Acesso em: 22 abr. 2013.

Você pode também entrevistar membros de cooperativas e de depósitos de sucatas. A entrevista deve ter como foco o levantamento de informações acerca de como classificar e preparar adequadamente os objetos metálicos usados para encaminhá-los à reciclagem.

■ Tratamento das informações

Você e seus colegas devem ter coletado na pesquisa um bom número de informações. Com a ajuda do professor e junto com os colegas, procure selecionar primeiramente aquelas que estão mais relacionadas com cada um dos tópicos escolhidos. Depois, entre as informações selecionadas, devem ser escolhidas as melhores, ou seja, as que foram mais bem compreendidas, consideradas importantes e que você e seus colegas gostariam que fizessem parte da cartilha que será elaborada para ser entregue às pessoas que serão visitadas.

■ Organização das ações

> **Equipes 1 e 2** Responsáveis pela elaboração completa da cartilha, incluindo textos, diagramação e cópias.
>
> Uma cartilha é um livreto que contém orientações úteis, que podem ser apresentadas em forma de texto e incluir ilustrações. Com uma única folha de papel sulfite, pode ser feita uma cartilha de oito páginas. Veja na imagem abaixo como isso pode ser feito. Na capa devem estar o nome da escola, o título da cartilha e o nome dos autores. Nas outras páginas devem estar todos os tópicos abordados de forma sucinta e objetiva. As equipes devem decidir quantas páginas serão destinadas a cada tópico, de acordo com as informações coletadas, considerando também tudo o que foi escolhido como sendo de maior importância. Imagens podem ajudar a "dar o recado". Por exemplo, uma foto de exploração de jazida a céu aberto já mostra como o ambiente é alterado.
>
>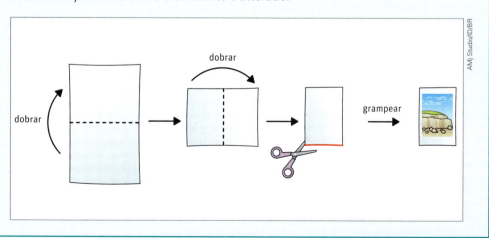

PROJETO 2

Equipe 3 **Responsável pela logística necessária à realização das visitas às casas para divulgação.**

Essa equipe deverá, com a ajuda de colegas de outras equipes, escolher as pessoas que serão visitadas, com base em critérios que levem em conta a proximidade da escola e o grau de relacionamento dos alunos com essas pessoas. Deverá também estabelecer contatos com as pessoas escolhidas, informando-as o objetivo das visitas, e, caso aceitem, agendar data e horário. A equipe deverá ainda montar uma planilha na qual serão anotados o nome de quem será visitado, a data e o horário da visita, o endereço e os nomes dos alunos que farão a visita. Veja um exemplo.

Nome do visitado	Data	Horário	Endereço	Nome dos alunos visitantes	Observações

Equipe 4 **Responsável pelas visitas.**

Essa equipe deverá preparar o que será explicado às pessoas que serão visitadas, considerando os tópicos escolhidos, presentes na cartilha. Cada visita, que deve ser feita por, pelo menos, dois alunos juntos, não deve ser muito longa. Após a explicação, os alunos devem entregar a cartilha à pessoa visitada e orientá-la sobre como encaminhar objetos metálicos usados para reciclagem. Os alunos visitantes poderão recolher materiais metálicos que iriam para o lixo comum e entregá-los à Equipe 5, que será responsável pelo destino desses materiais.

Equipe 5 **Responsável pelo destino dos materiais metálicos coletados.**

Essa equipe deve primeiramente escolher, juntamente com a direção da escola, um local adequado para que sejam depositados materiais metálicos coletados durante as visitas realizadas pela Equipe 4. Depois disso, a equipe deve decidir o destino desses metais, que podem ser doados a catadores ou vendidos a empresas que trabalham com reciclagem, como, por exemplo, ferros-velhos. Em caso de venda, devem decidir sobre o melhor destino para os recursos arrecadados.

■ Avaliação do trabalho

Faça com seus colegas uma avaliação de todo o processo e dos resultados obtidos.

1. A organização do trabalho foi eficiente? O que mudariam em outra oportunidade?

2. Na opinião da classe, o projeto atingiu os objetivos iniciais?

3. A classe acha que as pessoas compreenderam o motivo das visitas? Ficaram sensibilizadas com os problemas relacionados à corrosão? Discutam uma forma de registrar a conclusão do grupo.

Respostas dos exercícios

Capítulo 1

Atividades (p. 22)

1. Não, pois a Química está presente em toda parte: na água do mar, na areia, no ar atmosférico, nas rochas.

2. Domínio do fogo, reconhecimento de materiais inflamáveis, conservação dos alimentos, identificação de metais e de suas propriedades para confecção de ferramentas, obtenção de metais a partir de minérios, entre outros.

3. Além da iluminação noturna, aquecimento e proteção contra animais, o fogo permitiu o cozimento de alimentos, ampliando as possibilidades de consumo de vegetais e carnes.

4. O estado físico de um material depende das condições (temperatura e pressão) a que ele está exposto. Considerando as condições ambientes, diversos materiais podem ser encontrados no estado sólido: cloreto de sódio e ferro; no estado líquido: água e etanol; e no estado gasoso: oxigênio e gás carbônico.

5. A borracha, usada na sola e em outras partes do tênis; o tecido utilizado para confeccionar o tênis; a tinta; o metal usado nos ilhoses para a fixação do cadarço.

6. I. Afirmação verdadeira. Toda transformação da matéria envolve algum tipo de energia. A passagem de uma substância do estado sólido para o estado líquido (fusão) envolve absorção de energia. A passagem de uma substância do estado líquido para o sólido (solidificação) envolve liberação de energia.

   II. Afirmação verdadeira. É possível transformar a energia química da gasolina em energia cinética correspondente ao movimento de um automóvel.

7. a) Térmica e luminosa (**A**) e térmica (**B**).

   b) Aquecimento da água.

   c) Queima de gás: liberação de energia térmica e luminosa.

8. *Resposta pessoal.* Faça um balanço dos prós e dos contras da atividade industrial para a sociedade.

Questões globais (p. 24)

9. *Resposta pessoal.* Citar situações corriqueiras como cozinhar, construir uma pipa (papagaio), entre outras.

10. O êmbolo não pode ser pressionado até o final, pois há ar dentro da seringa, que ocupa volume.

11. a) Identificar propriedades nos materiais metálicos que permitem a obtenção de ferramentas mais resistentes e eficazes.

    b) Identificar propriedades dos minerais e as possíveis transformações que possibilitam extrair o metal do minério.

12. A Química é a ciência que estuda a matéria, suas propriedades e transformações. Se tudo é constituído de matéria, a Química está em toda parte. Há Química em todos os exemplos citados, pois todos também são exemplos de matéria.

13. O aumento da produção de etanol pode provocar, em relação à preservação do meio ambiente, problemas relacionados com o uso intensivo da terra e consequente empobrecimento do solo e aumento da concentração de gás carbônico na atmosfera, no caso de utilizar a queimada na colheita da cana-de-açúcar. Em relação ao combate à fome, o plantio de cana-de-açúcar pode substituir plantações de arroz, feijão, milho, etc.

Capítulo 2

Atividades (p. 33)

1. 307 K

2. $0,75$ g/cm³

3. $171,6$ g

4. a) 250 cm³

   b) 0,25 L

   c) $2,5 \times 10^{-4}$ m³

   d) 0,25 dm³

5. 200 °C

6. 1 mL —— 20 gotas

   x —— 1 gota $\Rightarrow x = 0,05$ mL

   1 L —— 10^3 mL

   y —— 0,05 mL $\Rightarrow y = 5 \times 10^{-5}$ L

7. Volume do sólido = 0,6 mL e $d = \dfrac{m}{V} = \dfrac{2,1}{0,6} = 3,5$ g/cm³.

   O sólido era diamante, com densidade de 3,5 g/cm³.

8. a) 2,85 cm

   b) 2 e 8

   c) 5

9. a) Estudante **A**, pois suas medidas apresentam mais algarismos significativos e são muito próximas entre si.

   b) O último algarismo da direita.

   c) Três algarismos significativos. A incerteza encontra-se no último algarismo da direita.

10. a) 1 630,4 mL

    b) A garrafa poderá estourar porque o gelo ocupará um volume maior que o do recipiente.

11. Ele deveria calcular o volume equivalente a essa massa

    ($V = \dfrac{5,0}{0,8} = 6,25$ mL)

    e medir esse volume na proveta.

12. a) 240 g

    b) 300 g

Questões globais (p. 35)

13. 0,7 atm

14. a) $d = 9$ g/mL

    b) $V = 0,02$ L

15. 0,007 kg ou 7×10^{-3} kg e 7 000 mg ou 7×10^3 mg

16. a) 1,25 mL   b) 1 000 mg

17. 2,9 g/cm³

18. d

19. O valor médio corresponde à média aritmética dos valores encontrados para o diâmetro do disco metálico.

    a) Estudante **A**: 1,29 cm; estudante **B**: 1,293 cm

    b) Os resultados obtidos pelo estudante **B**, pois apresentam um algarismo significativo a mais pelo uso de um instrumento mais preciso.

20. Pode-se sugerir a colocação de uma amostra de cada líquido em diferentes tubos de ensaio e o acréscimo de água em cada tubo. A amostra que se dissolver totalmente na água é o etanol; a que afundar na água é a amostra de clorofórmio (mais denso que a água).

21. a) 483 g

    b) 66,7 mL

22. 40 g

Vestibular e Enem (p. 38)

23. d

24. e

25. e

26. b

27. e

Capítulo 3

Atividades (p. 46)

1. Química: queima de gás na boca do fogão. Física: ebulição da água.

2. Físicas: densidade e solubilidade em água. Química: capacidade de entrar em combustão.

3. Citar materiais comuns, como, por exemplo, álcool e água.

Respostas dos exercícios

4. a) Todos.
b) Todos.
c) E.
d) D e G.
e) B e C.
f) B e C.

5. Intensivas: a, b, c. Extensiva: d.

6. Há várias respostas possíveis: cor, brilho, dureza, densidade, tenacidade, etc.

7. a) Extensiva.
b) Intensiva.

8. Propriedades físicas: b, d, e; químicas: a, c, f.

9. Os gases ocupam todo o espaço do recipiente que os contêm. Os sólidos geralmente têm forma própria e definida.

10. A temperatura em que se encontra o líquido é a temperatura ambiente, que corresponde à temperatura de outros materiais que se encontram no mesmo ambiente, sendo uma propriedade geral. Porém, a temperatura em que o líquido ferve é diferente da temperatura em que outros materiais fervem, sendo essa uma propriedade física específica.

Atividades (p. 50)

12. 12. Sólido: a, b, c. Líquido: d. Gasoso: e.

13. a) Sólidos: cálcio, cobre e ouro. Líquido: bromo. Gás: amônia.
b) Sólidos: cálcio, cobre, bromo, amoníaco e ouro. Líquido e gás: nenhum.
c) Sólidos: cobre e ouro. Líquido: cálcio. Gás: bromo e amônia.

14. a

15. a) $T_A = T_B = 100\ ^oC$, pois a temperatura de ebulição da água (sob pressão de 1 atm) é 100 °C (a temperatura de ebulição de um material não depende da quantidade de material analisado).
b) Por haver maior massa de água no béquer B.

16. a) Entre 10 °C e 20 °C.
b) Entre 20 °C e 40 °C.
c) 40 °C.
d) 10 minutos.

17. a) Incorreto; o fenômeno que ocorre na região B é a condensação.
b) Incorreto; na região C da curva há somente a fase líquida.
c) Correto.
d) Correto.

18. a) $-38,8\ ^oC$. Abaixo dessa temperatura o mercúrio metálico solidifica e, portanto, não pode ser mais utilizado em termômetros.
b) Sim. A temperatura de ebulição da água (sob pressão de 1 atm) é 100 °C, valor que se encontra entre as temperaturas de fusão e de ebulição do mercúrio. Portanto, nessa temperatura o mercúrio está no estado líquido.
c) O mercúrio afunda, uma vez que ele é insolúvel e mais denso que a água.

Questões globais (p. 52)

19. A: fusão. B: ebulição.

20. As afirmativas III e IV. Na III, a amostra A, por ter menor massa, tem sua temperatura aumentada mais rapidamente que a amostra B (de maior massa), quando ambas são aquecidas por uma mesma quantidade de calor. Na IV, por se tratar da mesma substância, ambas as amostras apresentam a mesma temperatura de fusão.

21. As bolinhas de naftalina sofrem sublimação, isto é, passam diretamente do estado sólido para o gasoso (vapor).

22. a) Mercúrio.
b) Amônia.
c) Benzeno e naftaleno.
d) Amônia, benzeno e naftaleno.

e) Mercúrio ou benzeno.
f) Todos.

23. 234 K

24. O ferro apresenta densidade oito vezes maior que a da água e, combinado com determinados outros componentes, transforma-se em aço.

25. Sublimação.

26. Ao evaporar, o álcool retira calor do nosso corpo, o que causa sensação de frio no local.

27. a) 540 g
b) 60 cm^3
c) Aumentando-se a temperatura, a mesma massa de mercúrio vai ocupar um volume maior. Portanto, sua densidade será menor.

28. a) 10 minutos.
b) 80 °C.

Vestibular e Enem (p. 55)

29. c

30. e

31. a

32. e

33. (02) + (04) + (32) = 38

Capítulo 4

Atividades (p. 61)

1. a) Mistura: 1 fase e 3 substâncias.
b) Substância pura: 2 fases e 1 substância.
c) Mistura: 2 fases e 2 substâncias.
d) Mistura: 3 fases e 3 substâncias.

2. a e c: homogêneos; b e d: heterogêneos.

3. Há mais de uma possibilidade de resposta para cada um dos itens. Por exemplo:
a) água e álcool;
b) água, álcool e areia;
c) água líquida, gelo e óleo;
d) farinha de trigo e amido de milho.

4. a) Falsa, pois o sistema heterogêneo pode ser formado por uma única substância em diferentes estados físicos. Exemplo: água líquida e gelo.
b) Falsa, pois o sistema homogêneo pode ser formado por uma substância pura. Exemplo: água no estado líquido.
c) Falsa, pois um sistema homogêneo pode ser formado por uma mistura homogênea. Exemplo: água e álcool.
d) Verdadeira, pois uma mistura gasosa é sempre homogênea.
e) Verdadeira, pois o sal e o açúcar, presentes no soro caseiro, dissolvem-se na água formando uma mistura homogênea, também chamada de solução. **Observação:** O soro caseiro é fundamental nos casos de desidratação e apresenta propriedades diferentes do soro fisiológico.
f) Verdadeira, pois o álcool anidro é uma substância pura e apresenta propriedades específicas, como a densidade e a temperatura de ebulição. **Observação:** O álcool normalmente é obtido hidratado porque o álcool 96 °GL corresponde a uma mistura azeotrópica. O álcool anidro é obtido a partir do hidratado pela retirada da água residual (4%). O álcool misturado à gasolina deve ser anidro. O álcool combustível pode ser hidratado.
g) Verdadeira, pois o ar empoeirado é formado por uma mistura bifásica constituída da fase gasosa (mistura de gases) e de partículas sólidas (poeira).

5. Poderiam ser medidas as temperaturas de fusão e de ebulição dos dois sólidos. Se os sólidos apresentarem as mesmas temperaturas de fusão e de ebulição é porque eles são a mesma substância. Se

396

apresentarem temperaturas de fusão ou de ebulição diferentes é porque são misturas.

6. a) A: gasoso. C: líquido. E: sólido.
   b) Significa que, nesses trechos, a temperatura permanece constante. Nesses trechos ocorrem as mudanças de estado: no trecho B ocorre a condensação da água, e no trecho D ocorre a solidificação da água.
   c) Nos trechos B e D. Em B há água nos estados líquido e gasoso. Em D há água nos estados sólido e líquido.

7. a) Se a massa da amostra fosse maior, o tempo de aquecimento seria maior, ou seja, os patamares seriam mais longos.

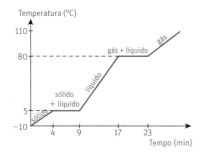

   b) Se o sólido não fosse puro, as regiões do gráfico correspondentes aos processos de fusão e ebulição seriam inclinadas não patamares, ou seja, as temperaturas de mudança de estado físico seriam variáveis.

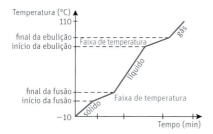

Questões globais (p. 63)

8. A: mistura heterogênea. B: mistura homogênea. C: substância pura.
9. a) A densidade pode ser utilizada como um critério de análise de pureza porque cada material tem uma densidade específica.
   b) As temperaturas de fusão e de ebulição são constantes e específicas para as substâncias puras, constituindo um bom critério de pureza dos materiais. Para que um material seja puro é necessário que as duas temperaturas — fusão e ebulição — sejam constantes.
   c) O aspecto homogêneo não é critério de pureza, pois vários sistemas formados por misturas de muitas substâncias são homogêneos.
10. Não, pois o fato de o sistema ser homogêneo e branco não garante que a amostra seja substância pura. Substâncias e misturas diferentes podem ter o mesmo aspecto visual. A homogeneidade e a cor branca não são sinônimos de pureza dos materiais.
11. a) Z.
    b) T e W.
    c) X, Y, Z e W.
    d) Ele afunda por ser mais denso. A densidade de Y é 1,74 g/mL (174 g/100 mL) e a de W é igual a 1,00 g/mL (100 g/100 mL).
12. O sistema era formado por uma mistura eutética (mistura que apresenta temperatura de fusão constante e ebulição em temperaturas variáveis).
13. 45 °C

14. a) A densidade do leite adulterado é menor porque a densidade da água (substância introduzida na adulteração) é menor que a do leite. A densidade do leite adulterado, neste caso, terá um valor intermediário entre a densidade da água e a do leite não adulterado.
    b) Será maior, pois a gordura tem a menor densidade entre as substâncias presentes no leite, e a sua retirada implica o aumento da porcentagem das substâncias mais densas, aumentando a densidade do leite que restou.
    c) Sim. Se ao leite for adicionado uma substância menos densa que ele, como a água, e houver a retirada de substâncias menos densas, como a gordura. Esses dois fatores podem se compensar e a densidade do leite permanecer dentro dos valores permitidos.
15. Ele poderia comparar os volumes dos líquidos contidos nos frascos. Lembrando que densidade é uma relação entre a massa e o volume do material, ao compararmos a mesma massa de diferentes materiais, aquele de maior densidade deve ocupar o menor volume. A acetona, por ser menos densa, deve apresentar um volume maior, e o clorofórmio, mais denso, deve ocupar um volume menor. Essa comparação visual é possível porque os dois frascos apresentavam a mesma massa das duas substâncias.
16. a) A amostra corresponde a uma mistura. As susbtâncias puras têm temperatura de ebulição constante.
    b) Não. As frações do petróleo, como gasolina, querosene, óleo *diesel*, etc., são formadas por várias substâncias e apresentam uma faixa de temperatura de ebulição.
17. a) Por ser uma mistura eutética, ela se comporta como uma substância pura durante a fusão, ou seja, ela funde a temperatura constante.
    b) $d_{liga} = \dfrac{(d_{chumbo} \cdot \%_{chumbo}) + (d_{estanho} \cdot \%_{estanho})}{100}$

    $d_{liga} = \dfrac{\left(11,3 \dfrac{g}{cm^3} \cdot 37\%\right) + \left(7,3 \dfrac{g}{cm^3} \cdot 63\%\right)}{100}$

    $d_{liga} = 8,78 \dfrac{g}{cm^3}$
18. c
19. d
20. e
21. I–d, II–b, III–g, IV–c, V–f, VI–e, VII–h, VIII–a.

Vestibular e Enem (p. 67)

22. a
23. b
24. c
25. São três fases e quatro substâncias.
26. d
27. c
28. d
29. a) A margarina *light* contém menos gorduras vegetais hidrogenadas do que a margarina "normal". O tubo que corresponde à margarina *light* está representado abaixo.

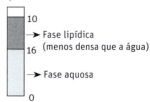

    b) Margarina *light*: fase lipídica, 4 unidades de volume. Margarina "normal": fase lipídica, 8 unidades de volume. A gordura da margarina *light* custa mais que a gordura da margarina "normal". O preço é duas vezes maior.
30. d
31. O benzeno está contido no frasco II, porque o benzeno sólido apresenta densidade maior que o benzeno líquido, ficando no fundo do frasco.

Respostas dos exercícios

32. e

33. c

34. a

35. c

36. a

Capítulo 5

Atividades (p. 76)

1. a) Separação magnética.

b) Decantação em funil de separação.

2. a) Extração por solvente e filtração.

b) Filtração.

c) Filtração.

3. Destilação simples, que pode ser usada para separar uma mistura homogênea de água e sal. Nessa aparelhagem, há suportes universais, garra, argola, tela de amianto, chapa elétrica, balão de destilação, termômetro, condensador e erlenmeyer.

4. d

5. d

6. a) Destilação fracionada.

b) Decantação.

c) Destilação simples.

d) Peneiração.

7. **A**: funil de separação ou funil de decantação; separação de líquidos imiscíveis por decantação.

B: condensador; destilações.

C: funil; filtração simples.

D: funil de Büchner, rolha e kitassato; filtração a vácuo.

8. a) Apenas a mistura I, formada por água e areia. O sólido retido no filtro é a areia.

b) Apenas a mistura II. O resíduo sólido é o sal de cozinha.

9. 1. Filtração. No filtro ficam a areia e a limalha de ferro. O filtrado é formado por água e álcool. 2. Separação magnética. A limalha de ferro é separada da areia. 3. Destilação fracionada. O álcool é separado da água.

Questões globais (p. 78)

10. c

11. c

12. Figura **A**: água e sal dissolvido; temperatura de ebulição. Figura **B**: água e pó de mármore; solubilidade. Figura **C**: água e gasolina; densidade.

13. **X**: filtração. **Y**: destilação simples.

14. Nitrogênio, pois apresenta menor TE.

15. a) Água: líquido incolor.

b) Sulfato de cobre: sólido azul.

16. a) Sistema heterogêneo constituído de duas fases líquidas.

b) Mais densa = 62 cm^3; menos densa = 38 cm^3. Havia 12 cm^3 (24% de 50 cm^3) de álcool na gasolina. Esse volume foi extraído pela água, pois o álcool tem maior afinidade com a água do que com a gasolina, de forma que a solução aquosa (mais densa) passou a ter volume de 62 cm^3. A gasolina, menos densa, corresponde à fase líquida superior e apresenta volume de 38 cm^3.

c) Decantação para separar a gasolina da mistura água + álcool e destilação fracionada para separar a água do álcool.

17. 10 g de sal de cozinha ——— 0,5 g de areia

100 g de sal de cozinha ——— x g de areia

x = 5 g

Porcentagem de areia (impurezas não solúveis em água): 5% em massa.

18. Por destilação da água do mar, obtêm-se água, como destilado, e uma mistura de sais (contendo alto teor de sódio e de cloreto) como resíduo da destilação. Na destilação simples de uma amostra de água do mar, o sistema tem temperaturas de ebulição variáveis. Isso ocorre por se tratar da ebulição da água em uma mistura.

Vestibular e Enem (p. 81)

19. d

20. e

21. d

22. a

23. b

24. c

25. d

26. a

27. d

28. c

29. d

30. d

31. b

32. b

33. b

34. a

35. b

36. b

37. b

Capítulo 6

Atividades (p. 88)

2. Transformações químicas: a, b, e, g; transformações físicas: c, d, f. Observação: a produção de gasolina a partir do petróleo pode ou não envolver transformação química, pois, dependendo das necessidades, os processos se modificam: o *cracking*, que é transformação química, é utilizado para a obtenção de gasolina.

3. a) No primeiro sistema (**A**), dissolução do comprimido e liberação de gás; no segundo (**B**), separação do sólido presente no sistema inicial; no terceiro (**C**), mudança de cor.

b) Imagens a e c: transformações químicas. Indícios: liberação de gás (a) e mudança de cor (c).

4. a) Significa que está havendo uma transformação.

b) Hematita e monóxido de carbono.

c) Ferro e dióxido de carbono.

d) Reagentes: hematita e monóxido de carbono. Produtos: ferro e dióxido de carbono.

5. Não. Para investigar o fenômeno é necessário analisar as propriedades dos materiais constituintes dos sistemas inicial e final.

6. a) Há liberação de energia térmica e luminosa.

b) Há absorção de energia elétrica.

c) Há liberação de energia térmica.

Atividades (p. 94)

11. a) 80 g

b) 4 000 g

12. a) 1,07 g

b) 730 g

13. 1,26 g

14. 128 t

Atividades (p. 98)

19. a) Falsa. Há substâncias puras como a água e o carbonato de cálcio que podem ser decompostas.

b) Verdadeira.

398

20. a) Carbono e oxigênio são substâncias simples. Dióxido de carbono é uma substância composta.
    b) carbono + oxigênio ⟶ dióxido de carbono
       reagentes   produto
21. a) O processo é químico, pois houve formação de novas substâncias.
    b) Todas as substâncias envolvidas são compostas.
    c) carbonato de cobre(II) ⟶ óxido de cobre(II) + dióxido de carbono
22. a) O processo é químico, uma vez que há formação de novas substâncias.
    b) água ⟶ hidrogênio gasoso + oxigênio gasoso
       A água é reagente. Hidrogênio gasoso e oxigênio gasoso são produtos.
    c) A água é uma substância composta.
    d) Eletrólise.
23. a) Não. A hematita é um mineral que contém óxido de ferro(III) e outras substâncias.
    b) O óxido de ferro(III) é uma substância composta. Se decomposto, o óxido de ferro(III) forma ferro metálico e oxigênio gasoso.
24. a) Não, a bauxita é uma mistura de substâncias que apresenta, entre outras, o óxido de alumínio.
    b) O óxido de alumínio é uma substância composta: a partir dele obtém-se o alumínio metálico.
25. a) *Resposta pessoal*. Os alunos podem ser divididos em grupos para a realização de um debate no qual serão apresentados argumentos favoráveis e contrários à exibição de propagandas de bebidas alcoólicas nos principais meios de comunicação.
    b) Sim. De acordo com o texto, as moléculas de açúcar são transformadas em etanol e dióxido de carbono.

Questões globais (p. 100)

26. a) nitrogênio + hidrogênio ⟶ amônia
       reagentes   produto
    b) 4 g
    c) 51 g
27. a) ácido clorídrico + carbonato de sódio ⟶ dióxido de carbono + + água + cloreto de sódio
    b) 44 g
    c) 106 g carbonato de sódio — 44 g dióxido de carbono
       2 g carbonato de sódio — x g dióxido de carbono
       $x = 0{,}83$ g
28. a) 0,18 g de oxigênio.
    b) 1,60 g de óxido férrico e 0,12 g de oxigênio (excesso).
29. a) ferro sólido + oxigênio gasoso ⟶ óxido de ferro(III)
    b) 0,0192 g
30. a) Como indica o enunciado, a gasolina é uma mistura de substâncias, não uma substância química.
    b) octano + oxigênio ⟶ gás carbônico + vapor de água
    c) 400 g
    d) 7 040 g

Vestibular e Enem (p. 103)

31. b
32. b
33. e
34. (01) + (02) + (04) + (32) = 39
35. d
36. a
37. e
38. c
39. c
40. b
41. d
42. d

Capítulo 7
Atividades (p. 116)

2. Toda matéria é formada por átomos, partículas esféricas, maciças, indivisíveis e indestrutíveis; átomos de um mesmo elemento são iguais entre si, átomos de elementos distintos diferem quanto à massa, tamanho e propriedades químicas; uma substância simples é formada por apenas um tipo de átomo; uma substância composta é formada por agregados atômicos que possuem quantidade fixa dos átomos de cada elemento; em uma reação química, os átomos se mantêm em tipo e quantidade, apenas ocorrendo o rearranjo deles na formação de novas espécies químicas.

3. Segundo Dalton, durante uma transformação química os átomos não se modificam, mas se rearranjam gerando novas espécies químicas. Se os átomos são caracterizados por sua massa e há conservação de átomos, então a massa se conserva. Como cada substância é representada por uma única espécie química e, em uma transformação química, existe uma relação entre as quantidades de espécies que se combinam e espécies formadas, então existe uma proporção fixa e constante entre as massas de reagentes e produtos em uma transformação.

4. Segundo Thomson, o átomo é constituído por uma esfera maciça, de massa positiva, que contém elétrons (partículas de carga negativa).

5. Íons são partículas carregadas eletricamente, formadas em decorrência do ganho ou da perda de elétrons por um átomo ou grupo de átomos. Íons com carga elétrica positiva são denominados cátions; e os íons com carga elétrica negativa, ânions.

6. Em ambos os modelos, os átomos são esféricos. A grande diferença entre as propostas é a incorporação, no modelo de Thomson, de partículas em uma esfera positivamente carregada com cargas negativas (elétrons). As ideias de Dalton sobre as massas dos átomos foram mantidas no modelo de Thomson.

7. A massa mantém-se praticamente inalterada, pois a massa dos elétrons é muito menor que a do átomo. **Observação:** A massa de um elétron é cerca de 1 840 vezes inferior à massa do átomo de hidrogênio.

8. Os raios eram constituídos por partículas carregadas negativamente (uma vez que eram atraídas para o polo positivo).

9. No balão 1, há somente uma substância simples. No balão 2, há 2 substâncias compostas (⊖⊕ e ⊖⊠⊖) e 2 substâncias simples (⊕⊕ e ⊖⊖).

10. a) Substância composta.
    b) Substância simples.
    c) Substância composta.
    d) Substância simples.

11. A alternativa b.

12.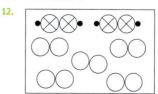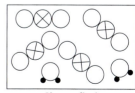

    Sistema inicial   Sistema final

13. a) Reagentes: CH_4 (metano) e O_2 (oxigênio). Produtos: CO (monóxido de carbono) e H_2O (água).
    b) 5 átomos (1 átomo de nitrogênio e 4 átomos de oxigênio) e 2 elementos (nitrogênio e oxigênio).
    c) $SO_2 + H_2O \longrightarrow H_2SO_3$

Respostas dos exercícios

Atividades (p. 121)

14. Uma finíssima lâmina de ouro foi bombardeada com partículas α, as quais, depois de atravessar a lâmina, eram detectadas em um anteparo fluorescente. Ele observou que a maioria das partículas atravessava a lâmina sem sofrer desvios, que um número menor sofria grandes desvios e que um número menor ainda colidia com a lâmina e voltava, sem atravessá-la.

15. a) Falso. O modelo de Rutherford baseia-se em experimentos de bombardeio de finas lâminas de um metal por partículas α.

b) Falso. Segundo o modelo de Rutherford, os elétrons estão na região periférica do átomo (eletrosfera).

c) Verdadeiro.

16. Os dois átomos apresentam seis prótons e seis elétrons. Entretanto, o ^{12}C possui seis nêutrons enquanto o ^{14}C tem oito nêutrons. São isótopos entre si por pertencerem a um mesmo elemento e por apresentarem números de massa diferentes.

17. O elétron tem massa desprezível. Não se pode dizer que ele não tenha massa.

18. Dalton: átomo indivisível. Thomson: átomo divisível, maciço e com partículas carregadas eletricamente. Rutherford: átomo com núcleo maciço e eletrosfera contendo elétrons em torno do núcleo.

19. Átomos são partículas neutras (número de prótons igual ao de elétrons). Íons são partículas não neutras (número de prótons diferente do número de elétrons). Os íons podem ser do tipo cátion (íon positivo) ou do tipo ânion (íon negativo).

20. O núcleo do átomo passa a ter 12 prótons e 12 nêutrons. Além de formar um novo elemento, há um elétron a menos, resultando no cátion $^{24}Mg^+$.

21. A alteração de massa é desprezível, o núcleo é o mesmo, mas o átomo neutro transforma-se no ânion $^{128}Te^{2-}$.

22. a) Falsa. A espécie $^{238}U^{6+}$ possui 92 prótons, 146 nêutrons e 86 elétrons. O número de prótons está na Tabela Periódica. Se o número de nêutrons é obtido por $238 - 92\,(Z - A)$, esse cátion possui seis elétrons a menos do que prótons (carga $6+$).

b) Falsa. O átomo de Fe, ao incorporar dois prótons, forma o Ni^{2+}. Para a formação do cátion Fe^{2+} a partir do ferro, o átomo neutro deve perder dois elétrons.

23. a)

Partícula	Z	Partículas por átomo			A	Símbolo
		Prótons	Elétrons	Nêutrons		
A	83	83	83	126	209	^{209}Bi
D	55	55	54	78	133	$^{133}Cs^+$
E	16	16	18	16	32	$^{32}S^{2-}$
G	56	56	54	81	137	$^{137}Ba^{2+}$
J	55	55	55	82	137	^{137}Cs

b) D e J são isótopos, pois possuem o mesmo número de prótons (número atômico), pertencendo ao mesmo elemento (Cs).

24. O átomo de sódio (símbolo Na) apresenta número atômico 11. Portanto, não é necessário escrever as duas informações (o símbolo e o número atômico). Uma implica na outra. Já o número de massa pode variar (23 ou 24). É importante, portanto, que esse número seja expresso ao lado do símbolo para que se possa saber a qual isótopo se está referindo.

a) O número de prótons é o número atômico (11). Número de nêutrons: $A = Z + N$, $24 = 11 + N$, $N = 13$.

b) Número de elétrons $= 11$ (para átomos neutros, o número de prótons é igual ao número de elétrons).

c) Um cátion cujo número de carga é $1+$ apresenta o mesmo número de prótons (11) e um elétron a menos que os prótons. O $_{11}Na^+$ tem 10 elétrons.

25. As afirmações a, b e c são verdadeiras; d é falsa. Os núcleos de átomos isótopos têm mesmo número de prótons e diferentes números de nêutrons. O número de prótons do núcleo é característico do elemento químico a que ele pertence. Assim, átomos de elementos diferentes possuem diferentes números de prótons e átomos de um mesmo elemento podem ter ou não o mesmo número de nêutrons.

26. a) $^{52}Cr^{3+}$

b) $^{37}Cl^-$

c) ^{31}P

d) $^{137}Ba^{2+}$

e) ^{129}Xe

f) $^{108}Ag^+$

27. a) I^-: 53 prótons ($Z = 53$) e 54 elétrons.

b) Ca^{2+} e K^+, Na^+ e Mg^{2+}

Atividades (p. 127)

29. O modelo não explicava como os elétrons, sendo negativos, podiam girar em torno de um núcleo positivo sem perder energia e colidir com ele.

30. É a imagem observada na decomposição da luz, formada por regiões com cores que se sucedem.

31. O modelo é assim denominado porque Bohr aprimorou as hipóteses de Rutherford, admitindo que os elétrons movimentavam-se ao redor do núcleo em diferentes níveis de energia. Segundo esse modelo, em cada órbita o elétron possuía energia constante. Essa energia aumentava à medida que o elétron se afastava do núcleo.

32. Bohr admitiu que as linhas observadas no espectro do hidrogênio correspondiam às transições eletrônicas que ocorriam quando o elétron retornava de diferentes níveis de energia para o estado fundamental.

33. Quanto mais longe do núcleo, maior a energia associada à órbita do elétron. Assim, para passar do nível de menor energia para o de maior energia, o elétron absorve energia. Ao passar do nível 3 para o 1, há emissão de energia.

34. a)

K	L	M	N	O
2	8	18	8	1

b) Rb, rubídio.

35. Devido à absorção de energia, um elétron pode ser excitado e ocupar uma camada de maior energia e, em seguida, retornar à camada de menor energia (ao estado fundamental). Nesse retorno, ele libera energia na forma de radiação eletromagnética, que é correspondente à diferença de energia entre as camadas.

36. a) Descontínuo, pois é constituído por linhas coloridas intercaladas por espaços escuros.

b) Quando um tubo contendo uma substância elementar a baixas pressões é submetido a altas temperaturas ou a uma descarga elétrica, há emissão de radiação eletromagnética. Quando o feixe de luz dessa radiação atravessa um prisma, observa-se um espectro descontínuo.

37. $E = 6,63 \times 10^{-34}\,J \cdot s \times 5,5 \times 10^{14}\,s^{-1} = 3,6 \times 10^{-19}\,J$

38. a) $2,2 \text{ eV} = 3,52 \times 10^{-19}$ J; $\Delta E = h\upsilon$;

logo, $\upsilon = \dfrac{\Delta E}{h} = \dfrac{3,52 \times 10^{-19}}{6,63 \times 10^{-34}} = 5,3 \times 10^{14}$ s^{-1}.

$\upsilon = \dfrac{c}{\lambda}$, logo $\lambda = \dfrac{c}{\upsilon}$, $\lambda = \dfrac{3 \times 10^{8}}{5,3 \times 10^{14}} = 0,566 \times 10^{-6}$ m.

$\lambda = 566$ nm

b) A faixa do visível do espectro eletromagnético compreende radiações com comprimentos de onda que variam entre 400 nm e 700 nm. Como a radiação emitida apresenta comprimento de onda de 566 nm, o olho humano é capaz de percebê-la.

c) Amarelo-esverdeado ou verde-amarelado.

39. No teste de chama ocorre excitação eletrônica, seguida de emissão de energia na faixa do visível (correspondente à passagem do elétron do estado excitado para o fundamental). Como a quantidade de energia necessária para excitar um elétron é única para cada elemento, torna-se possível identificar a presença de certos elementos devido à cor característica emitida por eles quando aquecidos.

Questões globais (p. 129)

40. a) Se houvesse uma distribuição homogênea das cargas positivas e negativas no átomo, não haveria núcleo e eletrosfera e, portanto, a matéria seria maciça. Nesse caso, as partículas α não atravessariam a folha de ouro.

b) I. Elas passavam pela eletrosfera, maior parte do átomo, praticamente sem matéria. II. Elas se aproximavam frontalmente do núcleo do átomo — onde se concentra praticamente toda a massa e toda carga positiva do átomo — e por isso eram repelidas retornando à região de onde tinham sido emitidas. III. As partículas α que passavam próximo ao núcleo sofriam desvio devido à carga positiva nuclear, o que causava a repulsão.

41.

Símbolo	^{127}I$^-$	^{78}Rb$^+$	^{40}Ar	^{32}S^{2-}	^{69}Ga^{3+}
Prótons	53	37	18	16	31
Nêutrons	74	41	22	16	38
Elétrons	54	36	18	18	28
Carga total	1–	1+	0	2–	3+

42. d

43. a) Os isótopos são os átomos que apresentam o mesmo número atômico. Os isótopos são A e Z, E e R$^-$, que correspondem, respectivamente, a ^{64}Zn e ^{66}Zn; ^{35}Cℓ e ^{37}Cℓ$^-$.

b) Os isoeletrônicos são as espécies que apresentam o mesmo número de elétrons e pertencem a elementos distintos: ^{79}Br$^-$ e ^{88}Sr^{2+}, ambos com 36 elétrons.

44. a) p$^+$ = 46, n = 60, e$^-$ = 42.
b) p$^+$ = 50, n = 69, e$^-$ = 50.
c) p$^+$ = 51, n = 71, e$^-$ = 54.

45. a

46. a) Com os símbolos utilizados por Dalton:

Com os símbolos atuais:

$2 H_2 + O_2 \longrightarrow 2 H_2O$

b) A simbologia mais prática é a atual. Nela os símbolos dos elementos químicos são identificados mais facilmente.

47. a) 4 t
b) 2,67 t/m^3
c) 18,7 m^3
d) 52,9% de Aℓ e 47,1% de O
e) 14 nêutrons
f) 3 camadas
g) 10 elétrons
h) 1 335 g
i) 4 380 g

48. a) Líquido
b) 26
c) 59 g
d) 45,4% em massa
e) 58
f) 3 560 g
g) 30 cm^3

49. 32 t
b) Não. O carvão não se dissolve na água. A mistura de carvão e água forma, portanto, um sistema heterogêneo.
c) $_6$C: 2 – 4
d) 18 t de carbono
e) 8 nêutrons
f) Porque as reservas de carvão são finitas. Elas não podem ser repostas pela ação humana ou pela natureza, na mesma velocidade em que são consumidas.

50. a) Petróleo
b) 40 BTU
c) $1,0 \times 10^{19}$ calorias

Vestibular e Enem (p. 133)

51. a
52. e
53. a
54. b
55. a
56. c
57. e
58. c
59. c
60. b
61. d
62. c
63. d
64. d

Capítulo 8

Atividades (p. 145)

3. Tríade é o nome que Döbereiner atribuiu a cada conjunto de três elementos com propriedades parecidas. Esse modelo não perdurou porque outros cientistas perceberam que as propriedades se estendiam além das tríades.

4. Parafuso telúrico é o modelo criado pelo cientista Chancourtois para explicar como os elementos já descobertos poderiam ser arranjados. Esse cientista organizou elementos com massas que apresentavam diferença de 16 unidades. Em seguida, ligou-os por ordem crescente de massa. A linha de ligação lembra uma espiral em parafuso.

5. Chancourtois observou que as propriedades eram comuns a cada conjunto de sete elementos.

401

Respostas dos exercícios

6. Nesse modelo, os elementos — pela primeira vez — foram organizados em conjuntos de oito unidades, em ordem crescente de massa atômica.

7. Porque ele foi o primeiro cientista a fazer previsões a respeito das propriedades de elementos químicos de acordo com a localização desses elementos na Tabela Periódica.

8. Na Tabela de Mendeleiev, as linhas apresentavam os elementos em ordem crescente de massa atômica, enquanto nas colunas ficavam os elementos agrupados em propriedades semelhantes.

9. Porque Moseley, por meio de experimentos de raios X, descobriu os prótons. Suas descobertas ocasionaram a seguinte mudança na Tabela Periódica: uma organização dos elementos por número de prótons (número atômico) de seus átomos.

10. Sim, esses elementos formam uma tríade porque possuem massa atômica crescente e apresentam propriedades semelhantes.

11. As linhas são mais parecidas com a Tabela Periódica atual do que as colunas.

12. Similaridade: os elementos são organizados em ordem crescente de massa atômica; pares de elementos que apresentavam uma diferença de oito unidades de massa tinham propriedades semelhantes.

Diferença: ao contrário de Newlands, Mendeleiev reservou lacunas para elementos ainda não descobertos, mas cujas propriedades podiam ser previstas.

13. a) O número de massa é a soma do número de partículas subatômicas que apresentam massa significativa em relação à massa do átomo. Número de massa = número de prótons + número de nêutrons; o número atômico é o número de prótons.

b) O número atômico é mais importante porque está relacionado às propriedades do elemento químico.

14. Na linha 4: Sc

Na linha 5: Ga e Ge

Na linha 6: Y e Tc

15. a) As colunas correspondem aos grupos ou famílias.

b) As linhas indicam os períodos.

c) Os elementos colocados na mesma coluna apresentam propriedades físico-químicas semelhantes.

16. Os períodos da Tabela Periódica estão relacionados com o número de camadas eletrônicas preenchidas para cada átomo.

17. Estrôncio: metais alcalinoterrosos. Iodo: halogênios. Rádio: metais alcalinoterrosos. Frâncio: metais alcalinos.

18. Estrôncio: dois elétrons na camada de valência. Iodo: sete elétrons na camada de valência. Rádio: dois elétrons na camada de valência. Frâncio: um elétron na camada de valência.

19. a) *Resposta pessoal.* Algumas propriedades que podem ser citadas: sólidos à temperatura ambiente (exceto o mercúrio); boa condutibilidade elétrica e térmica, etc.

b) *Reposta pessoal.* Exemplos: Na (sódio), Sr (estrôncio), Fe (ferro), Ni (níquel) e Cu (cobre).

c) Exemplos: Na e Sr são metais pertencentes aos dois primeiros grupos; Fe, Ni e Cu estão localizados na região central da Tabela Periódica.

20. A mais simples divide os elementos em metais e não metais. Podem ser indicadas outras classificações, como a de grupos ou a de elementos representativos e de elementos de transição.

21. a) Na: sódio, elemento representativo do grupo dos metais alcalinos.

b) Mg: magnésio, elemento representativo do grupo dos metais alcalinoterrosos.

c) N: nitrogênio, elemento representativo do grupo do Nitrogênio.

d) Ar: argônio, elemento representativo do grupo dos gases nobres.

22. Os três primeiros elementos do grupo 17 são flúor, cloro e bromo.

$$_9F: \ 2-7; \ _{17}C\ell: \ 2-8-7; \ _{35}Br: \ 2-8-18-7.$$

Da configuração eletrônica resulta que todos eles têm sete elétrons na camada de valência.

23. Resposta pessoal. Pode-se escolher qualquer elemento do quarto período. Exemplo: K, Fe, Br, Kr.

24. a) I. Ga, gálio. II. W tungstênio. III. Rb, rubídio. IV. Sr, estrôncio. V. I, iodo.

b) I. Ga: grupo 13, período 4. II. W: grupo 6, período 6. III. Rb: grupo 1, período 5. IV. Sr: grupo 2, período 5. V. I: grupo 17, período 5.

c) Metais: Ga, W, Rb, Sr. Não metal: I.

25. a) Be e Ca (pertencem ao mesmo grupo: metais alcalinoterrosos ou grupo 2).

b) Be, Ca e K (conduzem bem eletricidade e calor).

c) N, Se, F e Kr (não conduzem bem eletricidade e calor).

d) Kr (grupo 18)

e) Se (assim como o O, pertence ao grupo 16).

Questões globais (p. 147)

26. Há mais semelhanças do que diferenças.

27. a) Os elementos que estão organizados em linhas na Tabela de Newlands apresentam-se em colunas na Tabela Periódica atual.

b) Os gases nobres.

28. a) A diferença de massas atômicas entre o magnésio e o cálcio é de 16 unidades. Entre Be e Mg a diferença é de, aproximadamente, 16 unidades de massa. Portanto, esses elementos se encaixam no padrão da Tabela de Newlands.

b) A coluna de elementos químicos na Tabela Periódica atual é chamada grupo ou família.

c) O fato de eles apresentarem propriedades semelhantes.

d) O ferro.

29. O hidrogênio (H), apesar de estar posicionado no grupo 1 por causa da sua configuração eletrônica, não possui propriedades similares as dos outros elementos do grupo e, portanto, não é considerado um metal.

30. a) A primeira linha é associada ao grupo 17, em que estão os halogênios. Coincidem quatro elementos: F, Cℓ, Br, I.

A segunda linha é associada ao grupo 1, em que estão os metais alcalinos. Coincidem cinco elementos: Li, Na, K, Rb, Cs.

A terceira linha é associada ao grupo 2, em que estão os metais alcalinoterrosos. Coincidem quatro elementos: Mg, Ca, Sr, Ba.

A quarta linha é associada ao grupo 13. Coincidem dois elementos: B (Bo) e Aℓ.

A quinta linha é associada ao grupo 14. Coincidem três elementos: C, Si e Sn.

A sexta linha é associada ao grupo 15. Coincidem cinco elementos: N, P, As, Sb e Bi.

A sétima e última linha é associada ao grupo 16. Coincidem quatro elementos: O, S, Se e Te.

b) A sexta linha, pois retrata todos os elementos do grupo 15: N, P, As, Sb e Bi.

31. Zn, Z = 30: 2 − 8 − 18 − 2.

Cd, Z = 48: 2 − 8 − 18 − 18 − 2.

Hg, Z = 80: 2 − 8 − 18 − 32 − 18 − 2.

Zn: grupo 12; Cd: grupo 12; Hg: grupo 12.

32. a) $4^{\underline{o}}$ período.

b) Grupo 8.

c) 4 camadas de elétrons.

d) O ferro metálico tem 26 elétrons. O íon Fe^{3+} tem 23 elétrons.

Vestibular e Enem (p. 150)

33. c

34. c

35. e

36. b

37. c

38. d

39. e

40. d

41. a

42. a

43. b

44. b

45. c

46. a

47. b

Capítulo 9

Atividades (p. 154)

1. O número atômico (Z) indica o número de prótons e, consequentemente, o número de elétrons dos átomos do elemento químico. Na Tabela Periódica, os elementos apresentam-se como átomos neutros.

2. As propriedades dos elementos químicos são definidas pelo número de elétrons na camada de valência, bem como pelo número de prótons (número atômico).

3. *Resposta pessoal.* Exemplo: K (Z = 19); Se (Z = 34); Br (Z = 35); Kr (Z = 36).

K = metal; Se e Br = não metais; Kr = gás nobre.

4. a) *Resposta pessoal.* Exemplo: Metais alcalinos (grupo 1), metais alcalinoterrosos (grupo 2), halogênios (grupo 17).

b) *Resposta pessoal.* Exemplo: Metais alcalinos: lítio (Li), sódio (Na), potássio (K). Alcalinoterrosos: berílio (Be), magnésio (Mg), cálcio (Ca). Halogênios: cloro (Cℓ), bromo (Br), iodo (I).

5. C: 2 − 4; quatro elétrons na camada de valência. Grupo 14 (4 A).

Br: 2 − 8 − 18 − 7; sete elétrons na camada de valência. Grupo 17 (7 A).

Ra: 2 − 8 − 18 − 32 − 18 − 8 − 2; dois elétrons na camada de valência. Grupo 2 (2 A).

Cs: 2 − 8 − 18 − 18 − 8 − 1; um elétron na camada de valência. Grupo 1 (1 A).

P: 2 − 8 − 5; cinco elétrons na camada de valência. Grupo 15 (5 A).

6. a) Figura 1: Ne (Z = 10). Figura 2: K (Z = 19). Figura 3: Rb (Z = 37).

b) Ne: nível 1 = dois elétrons, nível 2 = oito elétrons.

K: nível 1 = dois elétrons, nível 2 = oito elétrons, nível 3 = oito elétrons, nível 4 = 1 elétron.

Rb: nível 1 = dois elétrons, nível 2 = oito elétrons, nível 3 = 18 elétrons, nível 4 = 18 elétrons, nível 5: 1 elétron.

7. Mg = 2 − 8 − 2; Sr = 2 − 8 − 18 − 8 − 2; I: 2 − 8 − 18 − 18 − 7

Metais: Mg e Sr. Ametal: I.

Mg: grupo 2; $3^{\underline{o}}$ período. Sr: grupo 2; $5^{\underline{o}}$ período. I: grupo 17; $5^{\underline{o}}$ período.

8.

Elemento	Última camada	Elétrons na última camada	Z	Símbolo
1	M	1	11	Na
2	P	4	82	Pb
3	N	8	36	Kr
4	O	7	53	I

9. a) Nada, pois, para formar cátions, o elemento apenas perde elétrons, ficando seu núcleo (prótons e nêutrons) inalterado.

b) O Mg tem 12 elétrons. O Mg^{2+} conta, portanto, com 10 elétrons. O elemento cujo átomo neutro é isoeletrônico do Mg^{2+} é o neônio, que tem número atômico igual a 10 e, portanto, está localizado no terceiro período e no grupo 18. O Mg^{2+} é um cátion de metal alcalinoterroso enquanto o Ne corresponde a um gás nobre.

10. X^{3+} tem 18 elétrons, portanto o átomo neutro de X conta com 21 prótons. O elemento de número atômico 21 é o escândio (Sc), localizado no grupo 3 e no $4^{\underline{o}}$ período.

11. a) $Cℓ = 2 − 8 − 7$.

b) $Cℓ^{-} = 2 − 8 − 8$.

c) Ar, argônio (localizado no grupo 3 e no $4^{\underline{o}}$ período).

12.

Símbolo	$^{23}Na^{+}$	$^{31}P^{3-}$	$^{19}F^{-}$	$^{59}Ni^{2+}$	^{197}Au
Prótons	11	15	9	28	79
Nêutrons	12	16	10	31	118
Elétrons	10	18	10	26	79
Carga	1+	3−	1−	2+	0

Atividades (p. 158)

13. a) Raio atômico é baseado no número atômico e no número de elétrons. Para um átomo neutro, o número atômico é igual ao número de elétrons. A configuração eletrônica fornece o número de camadas e de elétrons na última camada e pode ser utilizada para a previsão do raio atômico.

b) Nos grupos, o raio atômico aumenta com o aumento do número atômico (de cima para baixo). Nos períodos, ele aumenta com a diminuição do número atômico (da direita para a esquerda).

14. Os três elementos estão no mesmo período. Assim, a ordem crescente de raio atômico é flúor, carbono e lítio, porque esta é a ordem decrescente de número atômico.

15. Os três elementos estão no mesmo grupo. Assim, a ordem decrescente é rádio, estrôncio e berílio, pois no grupo o raio atômico diminui com a diminuição do número atômico.

16. a) A afinidade eletrônica é a energia liberada quando um átomo (isolado e no estado gasoso) ganha um elétron. A energia de ionização é a energia que deve ser fornecida para que um átomo (ou íon) isolado e em fase gasosa perca um elétron.

b) Ambas crescem de baixo para cima nos grupos e da esquerda para a direita nos períodos.

403

Respostas dos exercícios

17. a) Energia de ionização.
b) Afinidade eletrônica.

18. A afinidade eletrônica é a energia liberada por um átomo isolado e no estado gasoso ao ganhar um elétron. A eletronegatividade está relacionada com a capacidade de um átomo em atrair os elétrons da ligação quando combinado com outro átomo.

19. Para qualquer átomo, a perda do primeiro elétron é mais fácil do que a perda do segundo elétron (EI_1 é sempre menor que EI_2). Isso ocorre porque, quando o átomo perde o primeiro elétron, o número de prótons no núcleo fica maior que o de elétrons, o que aumenta a atração exercida pelo núcleo sobre os elétrons restantes.

20. Br, Se, Ca, K: o raio atômico cresce da direita para a esquerda no período.

21. Ra, Ba, Sr, Ca, Mg, Be: a energia de ionização cresce de baixo para cima no grupo.

22. a) F (Z = 9): 2 — 7. Sete elétrons na camada de valência, dois níveis eletrônicos preenchidos.
K (Z = 19): 2 — 8 — 8 — 1. Um elétron na camada de valência, quatro níveis eletrônicos preenchidos.
Ca (Z = 20): 2 — 8 — 8 — 2. Dois elétrons na camada de valência, quatro níveis eletrônicos preenchidos.
S (Z = 16): 2 — 8 — 6. Seis elétrons na camada de valência, três níveis eletrônicos preenchidos.
b) F, S, Ca, K.

23. A espécie que possui maior tamanho é o íon óxido O^{2-}, pois apresenta mesma carga nuclear e maior número de elétrons em sua eletrosfera.

24. Até a quarta EI há certa regularidade em termos do aumento do valor. Na quinta EI o valor é muito alto. Isto ocorre porque os quatro primeiros elétrons retirados pertencem à mesma camada ou nível eletrônico.

25. A EI diminui com o aumento do raio atômico, ou seja, a EI diminui de cima para baixo no grupo. EI_2 é bem maior que EI_1, o que justifica o fato de esses elementos serem encontrados na natureza com carga 1+.

26. O Na, pois essa propriedade cresce da direita para a esquerda no período. Para átomos do mesmo período, quanto menor o número atômico, maior será o raio do átomo, pois a carga positiva do núcleo será menor e atrairá com menos força os elétrons.

27. O alumínio tem as três primeiras energias de ionização muito mais baixas que a quarta. Necessita, portanto, muito menos energia para perder três elétrons do que para a perda do quarto elétron.

Questões globais (p. 160)

28. O número atômico (que indiretamente dá a posição do elemento na Tabela Periódica) ou a localização na Tabela Periódica. Essas informações permitem avaliar propriedades como raio atômico, eletronegatividade, energia de ionização, etc.

29. Quando um átomo ganha ou perde elétrons para transformar-se em íon, ele passa a ter o mesmo número de elétrons de outro átomo neutro (passa a ser isoeletrônico desse átomo).

30. a) O tamanho dos átomos pode ser associado ao seu número atômico e à sua posição na Tabela Periódica.
b) O raio atômico dependerá do número atômico e, consequentemente, da configuração eletrônica. Assim, quanto maior o número de camadas preenchidas, maior será o átomo.

31. a) Quando um átomo ganha elétrons, sua nuvem eletrônica aumenta, diminuindo a atração que o núcleo exerce pelos elétrons. Isso faz com que o raio atômico aumente.
b) Quando um átomo perde elétrons, a sua nuvem eletrônica diminui e os elétrons restantes são mais fortemente atraídos pelo núcleo. Isso faz que o raio atômico diminua.

32. a) Se o elemento estiver no 3° período, ele apresenta três camadas. Se for alcalinoterroso, tem dois elétrons na camada de maior energia. Portanto, a distribuição eletrônica desse elemento é: 2 — 8 — 2. O seu número total de elétrons é 12. Z = 12; A = Z + n ⇒ ⇒ A = 12 + 12 = 24.
b) Será maior, pois o raio atômico cresce no grupo de cima para baixo.
c) O seu raio iônico será menor que o raio atômico, pois, como o átomo perde elétrons, os elétrons restantes serão mais fortemente atraídos pelo núcleo, contraindo a eletrosfera e diminuindo o raio iônico.

33. Os metais alcalinos têm maior raio atômico que os alcalinoterrosos do mesmo período. O raio atômico aumenta, no período, da direita para a esquerda.

34. Porque, se a energia liberada quando o átomo no estado gasoso e isolado ganha um elétron é grande em comparação a outro, ele terá maior tendência para atrair para si os elétrons da ligação quando combinado com outro átomo e, portanto, terá alta eletronegatividade.

35. Pelo posicionamento na Tabela Periódica, o cientista pode deduzir que se trata de um não metal altamente eletronegativo, de alta energia de ionização e pequeno raio atômico.

36. a) Cℓ
b) Se
c) Br
d) F

37. Mg: 2 — 8 — 2; Mg^{2+}: 2 — 8; O: 2 — 6; O^{2-}: 2 — 8
Ordem crescente de tamanho: Mg^{2+}, O, O^{2-}, Mg.
Sim, O^{2-} e Mg^{2+} apresentam o mesmo número de elétrons, conforme indica a configuração eletrônica.

38. O enxofre está no mesmo período que o fósforo, mas à direita deste. No período, a eletronegatividade aumenta da esquerda para a direita. O enxofre está no mesmo grupo que o O, mas abaixo deste. Nos grupos, a eletronegatividade aumenta de baixo para cima.

39. a) Todos estão no mesmo período. No período, a energia de ionização cresce com o aumento do número atômico. Assim, tem-se que a ordem crescente de energia de ionização é: Mg, Si e S.
b) Todos estão no mesmo grupo e a energia de ionização aumenta de baixo para cima, conforme a diminuição do número atômico. Assim, a ordem crescente será: Br, Cℓ e F.

40. a)

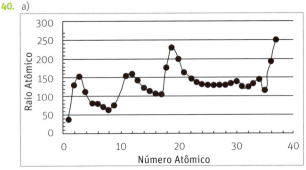

b) Tabela Periódica abaixo. Em um mesmo grupo, podemos observar que há um aumento do raio atômico com o aumento do número atômico, com exceção do grupo 13. Já em um mesmo período, não ocorre uma relação constante, por exemplo, no 4° período, a diminuição do raio atômico com o aumento do número atômico ocorre em alguns casos (10 dos 17 casos).

1	2	3	4	5	6	7	8	9	10	11	12	13	14	15	16	17	18
37,5																	128
152	111,3											79,5	77,2	71	60,4	70,9	
153,7	159,9	3	4	5	6	7	8	9	10	11	12	143,2	117,6	110,5	103,5	99,4	174
227,2	197,4	162	144,8	134	128	127	126	125,3	124,6	127,8	134	122,1	122,5	124,5	140	114,5	189
247,5																	

404

c) *Resposta pessoal.* O raio atômico é considerado uma propriedade periódica. No entanto, sendo mais rigoroso, é possível observar com os dados desses elementos que há diversas exceções. Devido a isso, algumas pessoas podem considerar que o raio atômico não possui uma periodicidade constante.

Vestibular e Enem (p. 163)

41. b
42. a
43. 04
44. c
45. b
46. c
47. c
48. c
49. d
50. c
51. b
52. e
53. d
54. c
55. a

Capítulo 10

Atividades (p. 174)

1. **Iônicas:** sólidas à temperatura ambiente, com altas temperaturas de fusão e ebulição; más condutoras de corrente elétrica no estado sólido e boas condutoras no estado líquido ou quando dissolvidas em água. **Metálicas:** apresentam boa condutibilidade térmica e elétrica, são maleáveis e dúcteis e, com exceção do mercúrio, são sólidas à temperatura ambiente. **Moleculares:** podem se apresentar nos estados sólido, líquido e gasoso à temperatura ambiente; são más condutras de corrente elétrica.
2. **X:** iônica, **Y:** metálica, **Z:** molecular.
3. a) I e II b) I c) III
4. **A:** CH_4. **B:** NaBr. **C:** Au; CH_4 é molecular (possui apenas ametais). Au é metálico. NaBr é iônico (metal ligado a não metal).
5. As características descritas são de composto iônico. Portanto, pode tratar-se do KBr ou do NaCℓ.
6. a) Não. Só é possível diferenciar as substâncias metálicas das não metálicas, porque tanto as substâncias iônicas quanto as moleculares não conduzem eletricidade no estado sólido, enquanto as metálicas conduzem.
   b) Sim. O material que acende, mesmo no estado sólido, é o titânio, um metal. Portanto, ele é o material E. As demais substâncias não conduzem eletricidade no estado sólido.
7. Tanto a borracha quanto o plástico são materiais não condutores, servindo, dessa forma, como maus condutores elétricos. Eles são usados como revestimentos de fios metálicos para evitar que as pessoas tomem choques ao manusear os aparelhos.

Atividades (p. 178)

8. No estado sólido, os íons têm pouca liberdade de movimento na estrutura rígida do retículo cristalino, por isso são isolantes elétricos. A fusão provoca a quebra do retículo, permitindo que os íons adquiram movimento, o que possibilita a condução de corrente elétrica.
9. As partículas negativas do ânion são neutralizadas pelas positivas do cátion e vice-versa: o número de cargas positivas é igual ao número de cargas negativas.
10. Quando substâncias iônicas, solúveis em água, são adicionadas a esse solvente, ocorre quebra do retículo cristalino gerando íons em solução, os quais são separados devido à interação com o solvente.

Esse processo é denominado dissociação iônica.

11. a) NaI, iodeto de sódio.
    b) Li_2O, óxido de lítio.
    c) BaS, sulfeto de bário.
    d) $AℓBr_3$, brometo de alumínio.
    e) K_2O, óxido de potássio.
    f) $CaCℓ_2$, cloreto de cálcio.
    g) $Fe(NO_3)_2$, nitrato de ferro(II).
    h) $(NH_4)_3PO_4$, fosfato de amônio.
    i) $Aℓ_2(CO_3)_3$, carbonato de alumínio.
    j) $(NH_4)_2S$, sulfeto de amônio.

12. a) $KCℓO_3$
    b) $Fe(NO_3)_3$
    c) $Aℓ_2(SO_4)_3$
    d) $Mg_3(PO_4)_2$
    e) CaO
    f) KOH
    g) $AℓPO_4$
    h) FeS

13. a) $Fe_2(CO_3)_3$: Fe^{3+}, CO_3^{2-}. Na_2SO_4: Na^+, SO_4^{2-}. K_3PO_4: K^+, PO_4^{3-}.
    b) Carbonato de ferro(III), sulfato de sódio, fosfato de potássio.

14. a) $NaAℓ(SO_4)_2$ b) 6

15. a) $FeSO_4(s) \xrightarrow{H_2O} Fe^{2+}(aq) + SO_4^{2-}(aq)$
    b) $CaS(s) \xrightarrow{H_2O} Ca^{2+}(aq) + S^{2-}(aq)$
    c) $(NH_4)_2S(s) \xrightarrow{H_2O} 2\ NH_4^+(aq) + S^{2-}(aq)$
    d) $Pb(NO_3)_2(s) \xrightarrow{H_2O} Pb^{2+}(aq) + 2\ NO_3^-(aq)$

16. Em solução (A)   No estado sólido (B)

17. a) CaC_2O_4
    b) A solução aquosa de sulfato de cobre(II) deve ser boa condutora de corrente elétrica.
    c) $Fe_2(C_2O_4)_3$

Atividades (p. 186)

18. a)

    b) :S:H
       H

    c) (F, C, F com F acima e abaixo)

    d)

Como os elementos flúor e cloro possuem o mesmo número de elétrons na última camada, eles formam estruturas semelhantes quando ligados ao mesmo átomo.

Respostas dos exercícios

19. Na solução da imagem B. Ao dissolver um sólido iônico em água, os íons passam a apresentar maior liberdade de movimento, o que permite a condução de eletricidade.

20. a) N_2, diatômica.

b) $C\ell_2$, diatômica.

c) CS_2, triatômica.

d) SiF_4, poliatômica.

e) H_2O ou H_2O_2, triatômica ou poliatômica, respectivamente.

21. Equação de ionização:

$$HBr(g) \xrightarrow{\text{água}} H^+(aq) + Br^-(aq)$$

O HBr é um composto molecular e, portanto, não apresenta íons em sua composição. Entretanto, ao interagir com a água, a ligação covalente entre os átomos de hidrogênio e os átomos de bromo é rompida e há formação de íons.

22. Por esse modelo, os elétrons da camada de valência do átomo metálico circulam livremente pelo material formado por cátions, os quais ficam imersos neste "mar de elétrons". Essa liberdade de movimentação dos elétrons no estado sólido explica a condução de eletricidade (movimentação ordenada de carga) devida à aplicação de um potencial elétrico.

A maleabilidade pode ser explicada pelo rearranjo do retículo metálico devido à tensão mecânica. A aproximação dos cátions provocaria repulsões amenizadas pelo movimento dos elétrons, não ocorrendo ruptura do material, mas um deslizamento dos átomos e rearranjo do retículo.

23. a) O fusível que permite a passagem de corrente mais alta é aquele que possui a temperatura de fusão mais alta, pois, como se afirma no enunciado, quando a corrente elétrica excede um determinado valor, a liga metálica que compõe o dispositivo irá se fundir. Assim, nesse caso, quanto maior a temperatura de fusão do fusível, maior a corrente elétrica que ele poderá aguentar. O fusível que permite a passagem de maior corrente, na tabela, é o 1.

b) A densidade será 8,84 g/cm³.

24. a) Como é uma mistura, suas propriedades e sua composição dependem da forma pela qual tenha sido obtida, o que não acontece com uma substância química, cujas propriedades e composição independem da forma pela qual tenha sido obtida.

b) Se os átomos apresentam raios atômicos muito distintos, fica mais difícil para esses átomos se organizarem em um mesmo retículo cristalino, favorecendo a separação dos átomos e formação de material heterogêneo.

c) A condução de corrente elétrica em um metal está relacionada à organização do retículo cristalino, facilitando a passagem dos elétrons entre os átomos. Em uma liga metálica os átomos apresentam tamanhos diferentes, constituindo um retículo cristalino menos organizado do que o respectivo metal puro.

25. a) 240 g de cobre e 60 g de zinco.

b) A liga contendo 80% de cobre apresenta maior densidade, pois o cobre é um metal mais denso do que o zinco. Quanto maior o teor de cobre na liga, mais denso o material (densidade mais próxima de 8,9 g/cm³).

Questões globais (p. 188)

26. a) A ligação química do brometo de potássio (KBr) é iônica. No estado líquido ocorre a quebra do retículo cristalino, o que dá mobilidade aos íons. Assim, o sistema é um bom condutor de corrente elétrica.

b) O zinco apresenta ligação metálica, cujo modelo é explicado por um "mar de elétrons" em movimento, razão da boa condutividade elétrica.

c) O etanol apresenta ligações covalentes e suas moléculas conduzem mal a corrente elétrica. Como os elétrons são compartilhados, não há movimentação de carga elétrica responsável pela condução de corrente.

27. a) O_2 e CH_4, ligações covalentes. $CaC\ell_2$, ligação iônica. Na, ligação metálica.

b)

$$O=O \qquad H-\overset{\displaystyle H}{\underset{\displaystyle H}{\overset{|}{\underset{|}{C}}}}-H$$

c) $CaC\ell_2(s) \xrightarrow{H_2O} Ca^{2+}(aq) + 2\,C\ell^-(aq)$

28. a) K_2S (iônica)

b) $SrBr_2$ (iônica)

c) $CC\ell_4$ (covalente)

d) $A\ell_2O_3$ (iônica)

e) BaF_2 (iônica)

f) Ba (metálica)

g) N_2 (covalente)

h) Ti (metálica)

29. a) A: K = 2, L = 8, M = 8, N = 2.

B: K = 2, L = 8, M = 18, N = 7.

b) A: grupo 2. B: grupo 17.

c) A: Ca. B: Br.

d) AB_2 ou $CaBr_2$. Ligação iônica, uma vez que envolve o cátion Ca^{2+} e o ânion Br^-.

30. a) Exemplo: CaF_2

b) K_2S

c) Exemplo: Cr

d) $A\ell_2O_3$

e) CF_4

f) $PC\ell_3$

31.

Código	A	B	C	D
TF (°C)	858	63	80,5	1 700
TE (°C)	1 505	766	218	2 230
Condutibilidade elétrica no estado sólido	Mau condutor	Condutor	Mau condutor	Mau condutor
Condutibilidade elétrica no estado líquido	Condutor	Condutor	Mau condutor	Mau condutor
Substância	KF	K	$C_{10}H_8$	SiO_2

O único metal é **B** (potássio), o qual conduz corrente elétrica no estado sólido e no líquido. O único composto iônico é **A** (fluoreto de potássio, formado por um metal e um ametal), pois no estado sólido é mau condutor e no líquido, condutor. **D** (dióxido de silício) é um sólido covalente, pois apresenta alta temperatura de fusão e é mau condutor no estado sólido e no líquido. A substância **C** (naftaleno) é molecular, pois é mau condutor e apresenta baixa temperatura de fusão.

32. a) O NaCℓ, ao ser adicionado à água, sofre dissociação iônica, gerando íons livres em solução. Como a sacarose é uma substância molecular, não há movimento de cargas elétricas em solução; portanto, sua solução é má condutora.

b) Os átomos de cobre se ligam por meio de ligações metálicas, cujo modelo implica núcleos atômicos unidos por meio de um mar de elétrons. Como há movimento de elétrons, o material é condutor.

406

33. a) K, Na, Ca ou Mg.
b) 24 elétrons.
c) $FeCl_2$.

Vestibular e Enem (p. 191)
34. d
35. a
36. d
37. c
38. d
39. b
40. c
41. a) X = O, Y = C, Z = K.
b) CO_2 (gás carbônico).
c) K_2CO_3 (carbonato de potássio).
42. c
43. c
44. e
45. a
46. c
47. a
48. b
49. b
50. d
51. d
52. d
53. c
54. e
55. e
56. d
57. a
58. c
59. e

Capítulo 11
Atividades (p. 198)

1. No modelo bola e bastão, os átomos são apresentados por esferas e, as ligações químicas, por hastes que unem as esferas. No modelo de preenchimento espacial, os átomos são mostrados como esferas que penetram umas nas outras, simulando a interpenetração das eletrosferas nas ligações químicas.
2. I. b; II. d; III. a; IV. c; V. c; VI. e
3. a) Nas três moléculas há ligações covalentes, pois são todas formadas de elementos não metálicos.
   b)
   c) Fosgênio: trigonal plana. Monóxido de carbono e gás cloro são lineares.
4. a) **A**: linear. **B**: linear. **C**: angular. **D**: trigonal plana. **E**: pirâmide trigonal. **F**: tetraédrica.
   b) **A**: Cl_2. **B**: CO_2. **C**: SO_2. **D**: SO_3. **E**: NH_3. **F**: CH_4
5. a)
   b) S=C=S
   c)
   $$Cl-\underset{Cl}{\overset{P}{|}}-Cl$$
   d) H—C≡C—H
   e) H—C≡N
   f)
   $$Cl-\overset{S}{\underset{}{}}-Cl$$
6. a) Respostas possíveis: I, cloreto de hidrogênio (HCl); II, dióxido de carbono (CO_2); e III. amônia (NH_3); embora haja várias possibilidades, como HBr, CS_2 e PH_3.
   b) I e II, linear. III, piramidal.
7. :Ö::X::Ö:, Geometria angular
8. d
9. d

Atividades (p. 202)

10. a) e b)

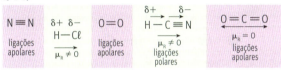

c) apolar, polar, apolar, polar, apolar.

11. a)

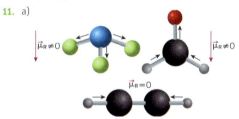

b) polar, polar, apolar

12. a) Linear.
    b) Linear.
    c) Angular.
    d) Angular.

13. a)

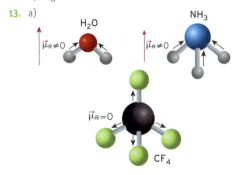

b) C — F do CF_4
c) H_2O e NH_3, polares. CF_4, apolar.
d) Falsa, pois essa afirmação só é válida para moléculas diatômicas. No caso de moléculas formadas por três ou mais átomos, se houver distribuição homogênea de cargas, mesmo com ligações altamente polares, a molécula será apolar, como ocorre com o CF_4.

14. Ambos são lineares, porém, no CO_2, os momentos de dipolo das ligações se anulam:
O=C=N

407

Respostas dos exercícios

No caso do HCN, os momentos de dipolo se somam, havendo maior densidade de carga negativa sobre o átomo de nitrogênio:

H — C ≡ O

Portanto, o HCN é polar.

15. a) e b)

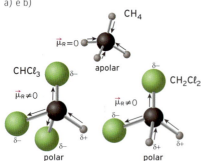

16. a) e b)

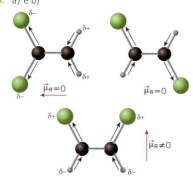

17. a) A água tem geometria angular e é essa geometria que a torna polar, pois a soma vetorial dos momentos de dipolo na molécula resulta em um $\vec{\mu}_R \neq 0$. Os dois dipolos $^{\delta-}O — H^{\delta+}$ se encontram a um ângulo diferente de 180° e não se cancelam.

b) Se a geometria da molécula de água fosse linear, a distribuição de cargas sobre ela seria uniforme e ela seria apolar.

Questões globais (p. 204)

18. a) F
b) V
c) V
d) V
e) F

19.

Molécula	H••F̈:	H••Ö: •• H	H••N̈••H • H	H •• H••C••H •• H
Número de átomos ligados no átomo central	Não há átomo central	2	3	4
Número de pares de elétrons ao redor do átomo central	0	4	4	4
Polaridade	Polar	Polar	Polar	Apolar
Geometria	Linear	Angular	Piramidal	Tetraédrica

20. H₂S – angular; PH₃ – piramidal.

21. CO₂, apolar; H₂O, polar; NH₃, polar; CH₄, apolar; H₂S, polar; e PH₃, polar.

22. a)

```
   H  H  H
   |  |  |
H—C—C—C—H
   |  |  |
   H  H  H
   propano

   H  H  H  H
   |  |  |  |
H—C—C—C—C—H
   |  |  |  |
   H  H  H  H
   butano
```

b) Apolares, pois há distribuição homogênea de cargas ao longo de ambas as moléculas ($\vec{\mu}_R \neq 0$).

23. a) ligação iônica.
b) MgO
c) É a hora em que os dois ponteiros estão o mais próximo possível do F, ou seja, por volta das 8h 45min. Essa molécula é apolar e sua geometria é linear.
d) Haverá cinco átomos na molécula (CH₄) e ela será apolar com geometria tetraédrica.

24. a) Em moléculas diatômicas, quanto maior a diferença de eletronegatividade entre os átomos, maior o momento dipolar.
b) A água apresenta geometria angular e seus dipolos não se cancelam. A geometria do CO₂ é linear e seus dipolos se cancelam.
c) O CO é constituído por dois átomos de elementos de diferentes eletronegatividades. Nesses casos, a polaridade da molécula coincide com a da ligação. No CO₂, os dipolos das ligações se anulam.
d) CO₂ apresenta geometria linear, e CCℓ₄, tetraédrica. Em ambos os casos, os momentos de dipolo se anulam.

25. a) C — F do CF₄
b) Falsa, pois essa afirmação só é válida para moléculas diatômicas. No caso de moléculas formadas por três ou mais átomos, se houver distribuição homogênea de cargas, mesmo com ligações altamente polares, a molécula será apolar, como ocorre com o CF₄.

26. Devido ao par de elétrons a mais que o átomo de nitrogênio possui em relação ao átomo de boro, a geometria da molécula de NF₃ é piramidal e o momento dipolar resultante é diferente de zero. A molécula de BCℓ₃, por sua vez, apresenta geometria trigonal planar, o que faz com que o momento dipolar resultante seja igual a zero.

27.

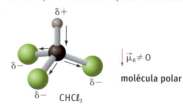

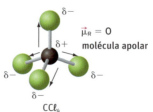

28. C
29. F – F – V – F – V – F – V – F – V – V – V – F

Vestibular e Enem (p. 208)

30. d
31. b
32. d
33. a) CH₄; PH₃
b) CH₄, tetraédrica. PH₃, piramidal.

34. d
35. c
36. d
37. d
38. d
39. a) A molécula de água é polar. A soma dos momentos dipolares de suas ligações não é nula.

b) O modelo **A**. Na solvatação do NaCℓ, o sódio (Na⁺) fica cercado de moléculas de H₂O, as quais voltam sua extremidade negativa (oxigênio) para o Na⁺. O cloro (Cℓ⁻) fica cercado por moléculas de H₂O, as quais voltam sua extremidade positiva (hidrogênio) para o Cℓ⁻.

40. d
41. d
42. a
43. e
44. e

Capítulo 12
Atividades (p. 214)
1. a) Ligação covalente.
   b) O iodo, I₂, é formado por moléculas apolares. Entre suas moléculas ocorrem forças de dispersão de London: interações do tipo dipolo induzido-dipolo induzido. A aproximação de duas moléculas vizinhas gera um dipolo momentâneo em ambas, responsável pela atração.
   c) As ligações entre os átomos são mais fortes que as interações entre as moléculas. Portanto, a energia para quebrar as ligações entre os átomos é muito maior do que a necessária para separar as moléculas.
2. a) NF₃ — molécula polar: interações dipolo-dipolo.
   b) BF₃ — molécula apolar: interação dipolo induzido-dipolo induzido.
   c) C₂H₂ — molécula apolar: interação dipolo induzido-dipolo induzido.
3. a) Ligações de hidrogênio.
   b) Ligações de hidrogênio.
   c) Dipolo-dipolo.
   d) Dipolo induzido-dipolo induzido.
   e) Dipolo-dipolo.
4. A molécula de CO₂ é apolar. No estado sólido, as moléculas dessa substância se mantêm unidas por meio de forças de dispersão de London: interações dipolo induzido-dipolo induzido.
5. a) Dipolo induzido-dipolo induzido.
   b) Ligação de hidrogênio.
   c) Dipolo-dipolo induzido.
   d) Dipolo induzido-dipolo induzido.
   e) Dipolo-dipolo.
6. Ligações de hidrogênio.
7. Ligações de hidrogênio.
8. a) Com base nos momentos dipolares das ligações entre oxigênio e carbono, as moléculas de éter dietílico são polares.

b) Dipolo-dipolo.
c) *Resposta pessoal.*

Atividades (p. 218)
10. Se as moléculas tiverem tamanhos semelhantes, deve-se comparar o tipo de interação intermolecular presente em cada substância: quanto mais intensa a interação, maior será a TE. Caso as moléculas das substâncias apresentem o mesmo tipo de interação, devem-se comparar os tamanhos dessas moléculas. Quanto maior a extensão da molécula, maior deverá ser a TE.
11. Para substituir as atrações intensas entre as moléculas do soluto ou do solvente polares, deve ocorrer uma interação intensa entre as moléculas do soluto e do solvente; logo, ambos precisam ser polares. Caso os dois sejam apolares, as interações que ocorrem entre soluto e solvente substituem as presentes no soluto e no solvente.
12.

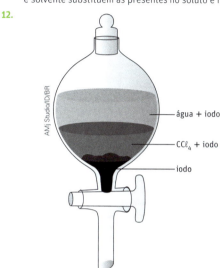

13. a) Ebulição: curva 1. Fusão: curva 2.
    b) As moléculas são apolares; logo, as interações são do tipo dispersão de London ou dipolo induzido-dipolo induzido.
    c) Quanto maior a molécula, maior a polarizabilidade da nuvem eletrônica e mais intensas as dispersões de London entre as moléculas, aumentando a temperatura de ebulição.
    d) Gases: F₂ e Cℓ₂; Líquido: Br₂; Sólido: I₂.
14. A interação representada entre a timina e a adenina e a interação representada entre a citosina e a guanina são do tipo ligação de hidrogênio. Estas moléculas apresentam em sua estrutura átomos de hidrogênio ligados a átomos de nitrogênio, os quais podem interagir com átomos de nitrogênio e oxigênio presentes na outra molécula do par.
15. HCℓ, HBr e HI apresentam o mesmo tipo de interação (dipolo-dipolo). Entretanto, possuem diferentes extensões de nuvens eletrônicas. Quanto maior a molécula, maior a sua polarizabilidade, o que aumenta a TE. Já o HF, apesar de ser menor, apresenta uma interação intermolecular mais intensa: ligação de hidrogênio, o que justifica a maior TE.
16. II: – 88,6 °C; I: 20,1 °C; IV: 64,6 °C; III: 78,29 °C; V: 97,2 °C.

Questões globais (p. 220)
17. As moléculas de nitrogênio e oxigênio se ligam por meio de interações dipolo induzido-dipolo induzido, mais fracas que as interações dipolo-dipolo presentes nas moléculas de NO.
18. a) (A) NH₃, (B) N₂, (C) CO₂, (D) O₂.
    b) (A) polar; (B), (C) e (D) apolares.
19. O CO₂ é formado por moléculas apolares. Portanto, suas moléculas se atraem por meio de interações do tipo dipolo induzido-dipolo induzido (fracas). Na água, as moléculas se atraem por meio de ligações de hidrogênio, interações moleculares de maior intensidade.

Respostas dos exercícios

20. a) Ambos são polares:

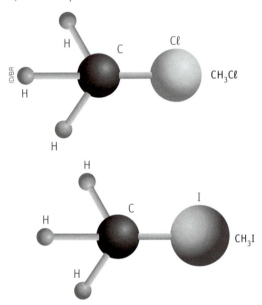

b) Interações dipolo-dipolo em ambas as substâncias.

c) O CH₃I apresenta forças intermoleculares mais intensas, pois possui maior TE. As forças atrativas no CH₃I são maiores que no CH₃Cℓ devido à maior superfície de contato entre as moléculas do primeiro. No CH₃I, a polarizabilidade é maior.

21. a) F
b) F
c) V

22. Entre as substâncias H₂Te, H₂Se e H₂S, o aumento na TE acompanha o aumento no tamanho das moléculas. Como as forças intermoleculares aumentam com o tamanho da nuvem eletrônica, a TE também aumenta nesse sentido. No caso da água (H₂O), existem interações mais intensas devido à formação das ligações de hidrogênio, o que faz com que ela apresente uma TE muito acima da apresentada pelos outros hidretos de calcogênios.

23. a) V
b) IV
c) I
d) III
e) II

24. a) Interação entre as espécies químicas no retículo cristalino.
b) Interações dipolo induzido-dipolo induzido.
c) Interações dipolo induzido-dipolo induzido.
d) Interação entre as espécies químicas no retículo cristalino.
e) Interações dipolo induzido-dipolo induzido entre moléculas de Cℓ₂.

25. a) O NaCℓ é um sólido iônico formado pela união de cátions Na⁺ e ânions Cℓ⁻, fortemente atraídos devido à atração eletrostática. As ligações iônicas são fortes, e é necessário fornecer muita energia para romper o retículo cristalino. No Cℓ₂, os átomos se unem por meio de ligações covalentes, e as moléculas se atraem por meio de interações fracas, as forças de London.

b) Os átomos de cobre se unem por meio de ligações metálicas, cujo modelo é explicado pela nuvem de elétrons em movimento, responsável pela atração entre os núcleos atômicos. No I₂, os átomos se unem por meio de ligações covalentes, e as moléculas, por meio de interações do tipo dipolo induzido-dipolo induzido. Como os elétrons no I₂ não têm liberdade de movimento, essa substância é um isolante.

c) Ambos são apolares, portanto suas moléculas se associam por meio de interações do tipo dipolo induzido-dipolo induzido. Contudo, no C₈H₁₈ a superfície da molécula é maior, o que possibilita maior polarizabilidade e, portanto, maior força de atração entre as moléculas.

26. a) C₈H₁₈: apolar. C₂H₅OH: polar.
b) Dipolo induzido-dipolo induzido.
c) Ligações de hidrogênio.
d) Dipolo-dipolo induzido.
e) O etanol estabelece ligações de hidrogênio com a água que são mais fortes do que as forças dipolo-dipolo induzido estabelecidas com o iso-octano.
f) A gasolina é uma mistura de substâncias apolares. Como a água é fortemente polar, essas duas substâncias não apresentam miscibilidade elevada.

27. a) F b) F c) V d) V

28. TE etano < TE propano < TE éter dimetílico < TE etanol < TE etilenoglicol
O etano e o propano são as substâncias com TE mais baixas, pois são formados por moléculas apolares (associadas por forças do tipo dipolo induzido-dipolo induzido). Entre eles, o etano tem TE menor por ser formado de moléculas menores e de menor massa. O éter dimetílico é polar (tem suas moléculas associadas por forças dipolo-dipolo). Isso justifica o fato de que sua TE seja mais elevada do que a do propano e a do etano. O etanol e o etilenoglicol têm as TE mais altas, pois as moléculas dessas duas substâncias estão associadas por ligações de hidrogênio. Entre elas, o etilenoglicol é o que tem maior TE por apresentar moléculas com mais grupos OH.

29. a) O ácido propanoico.

b) I < II < III. Todas as moléculas têm tamanho semelhante, mas apresentam interações intermoleculares distintas: I, dispersão de London. II, dipolo-dipolo. III, ligação de hidrogênio.

c) O menos solúvel em água é o propano (I), pois é formado por moléculas apolares, enquanto a água é formada por moléculas muito polares.

30. A trimetilamina não tem átomo de hidrogênio ligado ao nitrogênio; logo, não realiza ligações de hidrogênio. As ligações na trimetilamina são mais fracas (dipolo-dipolo). Na propilamina, as ligações intermoleculares são ligações de hidrogênio, pois ela apresenta o grupo NH₂.

Vestibular e Enem (p. 224)

31. c
32. a
33. c
34. a
35. (04) + (08) + (16) = 28
36. c
37. d
38. a
39. c
40. a
41. a) Quanto mais intensas forem as forças intermoleculares, maior será o ponto de fusão da substância. No cloreto de sódio, existem interações eletrostáticas entre os íons Na⁺ e Cℓ⁻. Na molécula de glicose, existem ligações de hidrogênio, além de interações dipolo-dipolo. Já a naftalina é um composto formado apenas por átomos de carbono e hidrogênio, no qual existem apenas forças de London.

b) Como a molécula de água é polar tem-se:

NaCl: solúvel. Ocorre interação do tipo íon-dipolo.

Glicose: solúvel. Ocorrem ligações de hidrogênio entre os grupos hidroxila da glicose e a molécula de água.

Naftalina: insolúvel. Não há interações com a molécula de água, pois a naftalina é um composto apolar.

42. c

43. e

44. e

45. d

46. Os compostos N_2 e CF_4 são apolares e apresentam interações dipolo instantâneo-dipolo induzido em seus estados líquido e sólido. Essas interações são fracas, e consequentemente seus pontos de fusão e de ebulição são menores. O CF_4, por ter maior área superficial, apresenta maiores valores de pontos de fusão e de ebulição do que o N_2. O HBr é polar e apresenta interações do tipo dipolo-dipolo, que são mais fortes do que as interações dipolo instantâneo-dipolo induzido. A água é polar e apresenta ligações de hidrogênio (pontes de hidrogênio) que são uma interação intermolecular forte e faz com que os pontos de fusão e de ebulição da água sejam maiores do que os demais.

47. c

48. c

Capítulo 13

Atividades (p. 234)

2. Reação química é a interação que ocorre entre substâncias, denominadas reagentes, para a formação de outras substâncias, denominadas produtos. Para que ocorra uma reação química é necessário que os reagentes possuam tendência a reagir entre si e que estejam em condições adequadas, como contato, temperatura, pressão, etc.

3. Equação química é a forma de representação de uma reação química por meio de fórmulas que representem as substâncias reagentes (colocadas sempre à esquerda) e os produtos da reação (colocados sempre à direita). Entre reagentes e produtos é colocada sempre uma seta.

4. São equações em que se colocam as substâncias como elas efetivamente aparecem em meio aquoso. Devem indicar necessariamente os íons que participam da reação (como reagentes) e a substância que não aparece na forma de íons (como produto).

5. Os símbolos indicam que 1 molécula da substância formada por 2 átomos do elemento H reage com 1 molécula da substância formada por 2 átomos do elemento $C\ell$. Ambos os reagentes estão em estado gasoso. O produto corresponde a 2 moléculas do composto formado por 1 átomo do elemento H e 1 átomo do elemento $C\ell$.

6. A equação química correspondente é: $N_2 + O_2 \longrightarrow NO$. Para cada molécula de N_2 reage uma molécula de O_2. Assim, no sistema, há excesso de uma molécula de nitrogênio (N_2) e, portanto, o sistema não está balanceado no que se refere à quantidade de átomos.

7. a) $3 H_2SO_4(aq) + 2 Fe(OH)_3(s) \longrightarrow Fe_2(SO_4)_3(aq) + 6 H_2O(\ell)$

b) $2 N_2H_4(g) + N_2O_4(g) \longrightarrow 3 N_2(g) + 4 H_2O(g)$

c) $2 SO_2(g) + O_2(g) \longrightarrow 2 SO_3(g)$

8. a) Não há formação de precipitado, pois o sulfato formado é solúvel.

b) Não há formação de precipitado, pois os nitratos são solúveis.

c) Há formação de precipitado, pois o cloreto de prata, de acordo com a tabela, não é solúvel.

9. a) $2 NH_4^+(aq) + 2 HCO_3^-(aq) + 2 H^+(aq) + SO_4^{2-}(aq) \longrightarrow$

$\longrightarrow 2 NH_4^+(aq) + SO_4^{2-}(aq) + 2 H_2O(\ell) + 2 CO_2(g)$

b) $2 Ag^+(aq) + 2 NO_3^-(aq) + Ca^{2+}(aq) + 2 C\ell^-(aq) \longrightarrow$

$\longrightarrow 2 AgC\ell(s) + Ca^{2+}(aq) + 2 NO_3^-(aq)$

10. a) $2 A + B_2 \longrightarrow 2 AB$

b) Para estarem na proporção correta, é necessário haver duas vezes mais átomos de A que moléculas de B_2. No esquema, há seis moléculas de B_2 e seis átomos de A. Deveria haver doze átomos de A, o que indica que não estão na proporção correta.

c) O reagente B_2 está em excesso.

11. $CO + 2 H_2 \longrightarrow CH_3OH$

Atividades (p. 242)

14. São reações químicas que ocorrem com transferência de elétrons entre os átomos das substâncias reagentes.

15. a) Metátese.

b) Oxirredução.

c) Síntese ou adição.

d) Análise ou decomposição.

16. a) É o processo no qual há perda de elétrons.

b) É o processo no qual há ganho de elétrons.

c) É a espécie química que sofre redução, pois ganha elétrons e, portanto, causa oxidação do outro reagente.

d) É a espécie química que sofre oxidação, pois perde elétrons e, portanto, causa redução do outro reagente.

17. Nada ocorre com o núcleo dos átomos, havendo apenas mudança na eletrosfera.

18. c

O magnésio (Mg), pois ele é mais reativo do que o níquel.

19. De acordo com a fila de reatividade, é o Sr. O K reage com os dois. O Cr e o Pb não reagem com nenhum dos dois.

20. a) Não reagem, pois o Au está à direita do H na fila de reatividade.

b) Reagem, pois o Ba está à esquerda do H na fila de reatividade.

$Ba(s) + 2 HC\ell(aq) \longrightarrow BaC\ell_2(aq) + H_2(g)$

c) Reagem, pois o $A\ell$ está à esquerda do H na fila de reatividade.

$A\ell(s) + 3 HC\ell(aq) \longrightarrow A\ell C\ell_3(aq) + \frac{3}{2} H_2(g)$

21. Todas essas reações ocorrem por decomposição de seus reagentes. A diferença entre elas é o mecanismo de decomposição.

a) Pirólise: decomposição pelo calor.

b) Fotólise: decomposição pela luz.

c) Eletrólise: decomposição pela eletricidade.

22. Reação de metátese:

$NaHCO_3(aq) + HC\ell(aq) \longrightarrow NaC\ell(aq) + CO_2(g) + H_2O(\ell)$

23. a) Esta reação é classificada como de oxirredução.

b) O Mg cede elétrons para o H, reduzindo-o. Ao fazê-lo, o Mg torna-se uma espécie oxidada.

24. a) $C\ell_2$.

b) Br^-, pertencente ao KBr.

c) $C\ell$.

d) Br.

25. O agente redutor é o $A\ell$, pois se oxida (perde elétrons). O oxidante é o Cr, pois se reduz (ganha elétrons).

26. c

27. O termo volatilidade se refere a uma grandeza que está relacionada à facilidade ou tendência de uma substância passar da fase líquida à fase de vapor. Quanto maior for a intensidade da interação intermolecular, mais difícil será para o líquido evaporar, ou seja, menor será sua volatilidade.

28. $Pb(NO_3)_2(aq) + 2 NaI(aq) \longrightarrow PbI_2(s) + 2 NaNO_3(aq)$

29. a e c.

30. a) Não ocorre.

b) Ocorre, porque o $AgC\ell$ é muito pouco solúvel.

$CoC\ell_2(aq) + 2 AgNO_3(aq) \longrightarrow 2 AgC\ell(s) + Co(NO_3)_2(aq)$

c) Não ocorre.

411

Respostas dos exercícios

31. A molécula de F_2, que, por ser a espécie mais reativa, recebe elétrons de qualquer outro ametal quando em uma reação de oxirredução.

a) O Au, porque é menos reativo que o H.

b) $2\,A\ell\ +\ 6\,HC\ell\ \longrightarrow\ 2\,A\ell C\ell_3\ +\ 3\,H_2$

$Co\ +\ 2\,HC\ell\ \longrightarrow\ CoC\ell_2\ +\ H_2$

$Mg\ +\ 2\,HC\ell\ \longrightarrow\ MgC\ell_2\ +\ H_2$

32. a) II, III e IV.

b) II. $2\,Li\ +\ MgBr_2\ \longrightarrow\ Mg\ +\ 2\,LiBr$

III. $Zn\ +\ 2\,HC\ell\ \longrightarrow\ ZnC\ell_2\ +\ H_2$

IV. $CH_3CH_2OH + 3\,O_2\ \longrightarrow\ 2\,CO_2 + 3\,H_2O$

c) II. Li sofre oxidação, Mg sofre redução.

III. Zn sofre oxidação, H sofre redução.

IV. C sofre oxidação, O sofre redução.

33. O ácido carbônico, H_2CO_3, formado numa reação de metátese, se decompõe em dióxido de carbono, CO_2, e água, H_2O.

a) $(NH_4)_2SO_4 + 2\,KOH\ \longrightarrow\ K_2SO_4 + NH_3 + H_2O$

A reação ocorre com formação de produto volátil, o NH_3.

b) $Na_2CO_3 + H_2SO_4\ \longrightarrow\ Na_2SO_4 + H_2CO_3$

H_2CO_3 é instável e se decompõe. A equação pode ser escrita assim:

$Na_2CO_3 + H_2SO_4\ \longrightarrow\ Na_2SO_4 + H_2O + CO_2$

34. a) Não ocorre.

b) $Na_2S(aq) + H_2SO_4(aq)\ \longrightarrow\ Na_2SO_4(aq) + H_2S(g)$

A reação ocorre com formação de produto volátil, o H_2S.

c) $K_2SO_4(aq) + Ca(NO_3)_2(aq)\ \longrightarrow\ CaSO_4(s) + 2\,KNO_3(aq)$

A reação ocorre com formação de precipitado, o $CaSO_4$.

35. a) Equação total:

$Ca(NO_3)_2(aq) + K_2CO_3(aq)\ \longrightarrow\ CaCO_3(s) + 2\,KNO_3(aq)$

Equação iônica:

$Ca^{2+}(aq) + 2\,NO_3^-(aq) + 2\,K^+(aq) + CO_3^{2-}(aq)\ \longrightarrow$

$\longrightarrow\ CaCO_3(s) + 2\,K^+(aq)\ +\ 2\,NO_3^-(aq)$

Equação reduzida:

$Ca^{2+}(aq) + CO_3^{2-}(aq)\ \longrightarrow\ CaCO_3(s)$

b) Equação total:

$CaCO_3(s) + 2\,HC\ell(aq)\ \longrightarrow\ CaC\ell_2(aq) + H_2CO_3(aq)\ \longrightarrow$

$\longrightarrow\ CaC\ell_2(aq) + H_2O(\ell) + CO_2(g)$

Equação iônica:

$CaCO_3(s) + 2\,H^+(aq) + 2\,C\ell^-(aq)\ \longrightarrow$

$\longrightarrow\ Ca^{2+}(aq) + 2\,C\ell^-(aq) + H_2CO_3(aq)\ \longrightarrow$

$\longrightarrow\ Ca^{2+}(aq) + 2\,C\ell^-(aq) + H_2O(\ell) + CO_2(g)$

Equação reduzida:

$CaCO_3(s) + 2\,H^+(aq)\ \longrightarrow\ Ca^{2+}(aq) + H_2CO_3(aq)\ \longrightarrow$

$\longrightarrow\ Ca^{2+}(aq) + H_2O(\ell) + CO_2(g)$

36. a) I. $HBr(aq) + KOH(aq)\ \longrightarrow\ KBr(aq) + H_2O(\ell)$

Forma iônica:

$H^+(aq) + Br^-(aq) + K^+(aq) + OH^-(aq)\ \longrightarrow$

$\longrightarrow\ Br^-(aq) + K^+(aq) + H_2O(\ell)$

II. $3\,Na(s) + FeC\ell_3(aq)\ \longrightarrow\ 3\,NaC\ell(aq) + Fe(s)$

Forma iônica:

$3\,Na(s) + Fe^{3+}(aq) + 3\,C\ell^-(aq)\ \longrightarrow\ 3\,Na^+ + 3\,C\ell^-(aq) + Fe(s)$

III. $K_3PO_4(aq) + 3\,AgNO_3(aq)\ \longrightarrow\ Ag_3PO_4(s) + 3\,KNO_3(aq)$

Forma iônica:

$3\,K^+(aq) + PO_4^{3-}(aq) + 3\,Ag^+(aq) + 3\,NO_3^-(aq)\ \longrightarrow$

$\longrightarrow\ Ag_3PO_4(s) + 3\,K^+(aq) + 3\,NO_3^-(aq)$

b) I. reação de metátese.

II. reação de oxirredução.

III. reação de metátese.

37. No béquer A ocorreu a reação:

$Zn(s) + CuSO_4(aq)\ \longrightarrow\ ZnSO_4(aq) + Cu(s)$

A intensidade de cor azul diminuiu porque o sulfato de cobre(II) (substância responsável pela tonalidade azul da solução) foi parcialmente consumido. O cobre metálico formado (Cu) confere à parte da lâmina que ficou imersa uma tonalidade avermelhada característica. No béquer B não houve reação. A prata é menos reativa que os íons cobre presentes na solução de sulfato de cobre(II).

38. a) $S(s) + O_2(g)\ \longrightarrow\ SO_2(g)$

b) A reação pode ser classificada como síntese e oxirredução.

Questões globais (p. 245)

39. A oxidação é a tendência a perder elétrons e, portanto, está relacionada com a energia de ionização. Assim, os metais que têm maior tendência à oxidação são aqueles com menor energia de ionização, ou seja, os metais alcalinos e alcalinoterrosos, localizados à esquerda na Tabela Periódica.

40. Ocorre a remoção da camada superficial do mármore, conforme a reação:

$CaCO_3(s) + 2\,HC\ell(aq)\ \longrightarrow\ CaC\ell_2(aq) + H_2CO_3(aq)\ \longrightarrow$

$\longrightarrow\ CaC\ell_2(aq) + H_2O + CO_2$

41. $KCN(aq) + HC\ell(aq)\ \longrightarrow\ KC\ell(aq) + HCN(g)$

42. O composto formado nessa reação é o hidróxido de alumínio:

$A\ell_2(SO_4)_3(aq) + 3\,Ca(OH)_2(aq)\ \longrightarrow\ 2\,A\ell(OH)_3(s) + 3\,CaSO_4(s)$

43. Esses metais são os pouco reativos e, por isso, estáveis no corpo humano. Dessa maneira, mesmo sendo caros, há a garantia de que não vão reagir e formar subprodutos indesejáveis.

44. Fotografia **A**: antes da adição de ácido.

Fotografia **B**: depois da adição de ácido.

Quando o ácido clorídrico é adicionado em uma solução aquosa de hidróxido de sódio, ocorre a neutralização, ou seja, parte dos íons livres H^+ e OH^- reagem formando água, o que diminui a quantidade de íons por volume de solução e, consequentemente, a intensidade da luz da lâmpada.

45. Apenas a combinação do $Ba(NO_3)_2$ com H_2SO_4 é capaz de fornecer esses dois produtos:

$Ba(NO_3)_2(aq) + H_2SO_4(aq)\ \longrightarrow\ BaSO_4(s) + 2\,HNO_3(g)$

O H_2SO_4 também pode reagir com Na_2CO_3. Nesse caso, apenas se forma o gás dióxido de carbono a partir do ácido carbônico que se decompõe. De forma semelhante, o $HC\ell$ também reage com o Na_2CO_3 com formação de dióxido de carbono, mas também sem formação de um precipitado.

46. a)

	Ag^+	Cu^{2+}	Mg^{2+}
NaOH	$AgOH(s)$	$Cu(OH)_2(s)$	$Mg(OH)_2(s)$
$NaC\ell$	$AgC\ell(s)$	—	—
Na_2S	$Ag_2S(s)$	$CuS(s)$	—

b) O objetivo é separar um cátion por vez. Deve-se primeiro adicionar $NaC\ell$, pois ocorrerá formação de apenas um precipitado, o $AgC\ell$. Após ser retirado o precipitado por filtração, adiciona-se o Na_2S, para precipitar o Cu^{2+}. O sulfeto de cobre(II) precipitado, CuS, deve, em seguida, ser retirado por filtração. Por último, adiciona-se o NaOH para a formação do precipitado de $Mg(OH)_2$.

47. Em uma reação química, a soma das massas dos reagentes é igual à soma das massas dos produtos. Os índices não podem mudar porque eles fazem parte da identificação das substâncias existentes nos reagentes e nos produtos.

412

48. Os reagentes devem ser solúveis e se dissociarem em íons. Dentre as novas combinações de íons de cargas opostas geradas, há alguma que leva à formação de um produto de menor solubilidade do que os reagentes.

49. Segundo a Lei de Lavoisier, em um sistema fechado, quando duas ou mais substâncias reagem entre si, a massa total dos produtos é igual à soma das massas dos reagentes. No item **a**, esta lei é obedecida, o que não ocorre no item **b**.

50. A equação iônica completa apresenta todos os íons em solução. Na simplificada, há a representação apenas dos íons que efetivamente participam da reação.

51. a) Equação iônica completa:

$$2\,K^+(aq) + CO_3^{2-}(aq) + Mg^{2+}(aq) + SO_4^{2-}(aq) \longrightarrow$$
$$\longrightarrow MgCO_3(s) + SO_4^{2-}(aq) + 2\,K^+(aq)$$

Equação iônica simplificada:
$$CO_3^{2-}(aq) + Mg^{2+}(aq) \longrightarrow MgCO_3(s)$$

b) Equação iônica completa:

$$2\,Ag^+(aq) + 2\,NO_3^-(aq) + 2\,Na^+(aq) + S^{2-}(aq) \longrightarrow$$
$$\longrightarrow Ag_2S(s) + 2\,NO_3^-(aq) + 2\,Na^+(aq)$$

Equação iônica simplificada:
$$2\,Ag^+(aq) + S^{2-}(aq) \longrightarrow Ag_2S(s)$$

c) Equação iônica completa:

$$2\,H^+(aq) + 2\,Br^-(aq) + Ca^{2+}(aq) + 2\,OH^-(aq) \longrightarrow$$
$$\longrightarrow 2\,Br^-(aq) + Ca^{2+}(aq) + 2\,H_2O(\ell)$$

Equação iônica simplificada:
$$H^+(aq) + OH^-(aq) \longrightarrow H_2O(\ell)$$

52. $N_2 + 3\,H_2 \longrightarrow 2\,NH_3$
Reação de síntese.

53. $(NH_4)_2Cr_2O_7(s) \xrightarrow{\Delta} Cr_2O_3(s) + N_2(g) + 4\,H_2O(g)$
Reação de decomposição ou análise.

54. a) $Zn(s) + 2\,HC\ell(aq) \longrightarrow ZnC\ell_2(aq) + H_2(g)$
Reação de oxirredução.

b) $2\,H_2(g) + O_2(g) \longrightarrow 2\,H_2O(\ell)$
Reação de síntese.

c) $Mg(s) + ZnSO_4(aq) \longrightarrow MgSO_4(aq) + Zn(s)$
Reação de substituição e de oxirredução.

d) $(NH_4)_2SO_4(aq) + 2\,NaOH(aq) \longrightarrow$
$$\longrightarrow Na_2SO_4(aq) + 2\,NH_3(g) + 2\,H_2O(\ell)$$
Reação de metátese.

e) $Fe_2(SO_4)_3(aq) + 6\,NaOH(aq) \longrightarrow$
$$\longrightarrow 2\,Fe(OH)_3(s) + 3\,Na_2SO_4(aq)$$
Reação de metátese.

f) $N_2(g) + 3\,H_2(g) \longrightarrow 2\,NH_3(g)$
Reação de síntese.

55. I: $CaCO_3 \xrightarrow{\Delta} CaO + CO_2$
II: $CuSO_4(aq) + Zn(s) \longrightarrow Cu(s) + ZnSO_4(aq)$
III: $Mg(OH)_2(s) + 2\,HC\ell(aq) \longrightarrow MgC\ell_2 + 2\,H_2O(\ell)$
IV: $O_2(g) + 2\,H_2(g) \longrightarrow 2\,H_2O(g)$

56. $Ag^+(aq) + NO_3^-(aq) + Na^+(aq) + C\ell^-(aq) \longrightarrow$
$$\longrightarrow AgC\ell(s) + Na^+(aq) + NO_3^-(aq)$$
$Mg^{2+}(aq) + 2\,NO_3^-(aq) + Na^+(aq) + C\ell^-(aq) \longrightarrow$
$$\longrightarrow Mg^{2+}(aq) + 2\,NO_3^-(aq) + Na^+(aq) + C\ell^-(aq)$$
Não houve reação química.

57. $CaCO_3(s) \xrightarrow{\Delta} CaO(s) + Co_2(g)$
$CaO(s) + H_2O(\ell) \longrightarrow Ca(OH)_2(s)$

58. $2\,NaC\ell(aq) + 2\,H_2O(\ell) \longrightarrow 2\,NaOH(aq) + C\ell_2(g) + H_2(g)$

Vestibular e Enem (p. 249)

59. e

60. b

61. b

62. a

63. a

64. $BaBr_2$

65. Temos de transformar o nitrato de chumbo em um sólido colorido para que se possa fazer a leitura. Uma possibilidade é borrifar sobre o papel uma solução de Na_2S (sulfeto de sódio), para que ocorra a formação de PbS, um sólido de cor preta:

$$Pb(NO_3)_2(s) + Na_2S(aq) \longrightarrow PbS(s) + 2\,NaNO_3(aq)$$

Outra possibilidade é borrifar uma solução de NaI (iodeto de sódio) para que ocorra a formação de PbI_2, um sólido de cor amarela:

$$Pb(NO_3)_2(s) + 2\,NaI(aq) \longrightarrow PbI_2(s) + 2\,NaNO_3(aq)$$

66. e

67. c

68. e

69. A: prata, B: cobre, C: alumínio, D: chumbo.

70. d

71. c

72. d

73. e

74. c

Capítulo 14

Atividades (p. 261)

1. a) V

b) V

c) V

d) V

e) F

2. a) Conduz bem corrente elétrica porque se trata de um composto iônico que se dissocia em água liberando os íons K^+ e $C\ell^-$ (íons livres).

b) Conduz bem corrente elétrica porque, assim como o $HC\ell$, é um composto molecular que sofre ionização em água liberando íons livres.

c) Conduz mal porque o $CaCO_3$ libera pequena quantidade de íons por ser praticamente insolúvel em água, apesar de ser um composto iônico.

3. A água de torneira pode conduzir corrente elétrica porque apresenta íons dissolvidos.

4. a) Verdadeira, pois o retículo cristalino do $NaC\ell$ é rompido durante a fusão, liberando os íons. Íons livres são capazes de conduzir eletricidade.

b) Verdadeira, pois o $HC\ell$ é composto molecular e não apresenta íons, quer esteja no estado gasoso quer no líquido.

c) Verdadeira, pois o $NaC\ell$ sofre dissociação iônica, o $HC\ell$ sofre ionização em água e ambos apresentam íons livres em solução.

5. a) Ácido perclórico.

b) Ácido bórico.

c) Ácido cianídrico.

d) Ácido sulfuroso.

e) Ácido pirofosfórico.

f) Ácido sulfídrico.

6. Grau de ionização =
$$\left(\dfrac{n^\circ\ de\ moléculas\ ionizadas}{n^\circ\ de\ moléculas\ dissolvidas}\right) \times 100 = \left(\dfrac{13}{1\,000}\right) \times 100 = 1,3\%$$
Ácido fraco.

413

Respostas dos exercícios

7.

Nome	Fórmula
Ácido nítrico	HNO_3
Ácido nitroso	HNO_2
Ácido fosfórico	H_3PO_4
Ácido fosforoso	H_3PO_3
Ácido sulfúrico	H_2SO_4
Ácido sulfuroso	H_2SO_3

8. H_2SO_3, ácido sulfuroso:
$H_2SO_3(aq) \longrightarrow 2\,H^+(aq) + SO_3^{2-}(aq)$
HNO_3, ácido nítrico:
$HNO_3(aq) \longrightarrow H^+(aq) + NO_3^-(aq)$

Atividades (p. 267)

9. a) $3\,Na^+(aq) + 3\,OH^-(aq) + Au^{3+}(aq) \longrightarrow$
$\longrightarrow Au(OH)_3(s) + 3\,Na^+(aq)$
Base formada: $Au(OH)_3$, hidróxido de ouro(III) ou hidróxido áurico.

b) $2\,Na^+(aq) + 2\,OH^-(aq) + Fe^{2+}(aq) \longrightarrow$
$\longrightarrow Fe(OH)_2(s) + 2\,Na^+(aq)$
Base formada: $Fe(OH)_2$, hidróxido de ferro(II) ou hidróxido ferroso.

c) $3\,Na^+(aq) + 3\,OH^-(aq) + Aℓ^{3+}(aq) \longrightarrow$
$\longrightarrow Aℓ(OH)_3(s) + 3\,Na^+(aq)$
Base formada: $Aℓ(OH)_3$, hidróxido de alumínio(III).

d) $4\,Na^+(aq) + 4\,OH^-(aq) + Mn^{4+}(aq) \longrightarrow$
$\longrightarrow Mn(OH)_4(s) + 4\,Na^+(aq)$
Base formada: $Mn(OH)_4$, hidróxido de manganês(IV) ou hidróxido mangânico.

10. Apresentam o íon OH^- (hidróxido).

11. $Ba(OH)_2(s) \xrightarrow{H_2O} Ba^{2+}(aq) + 2\,OH^-(aq)$
$KOH(aq) \xrightarrow{H_2O} K^+(aq) + OH^-(aq)$

12. a) $Sr(OH)_2(s) \xrightarrow{H_2O} Sr^{2+}(aq) + 2\,OH^-(aq)$
b) $KOH(aq) \xrightarrow{H_2O} K^+(aq) + OH^-(aq)$

13.
amônia / cátion amônio

14. a) $Cu(OH)_2$
b) $AgOH$
O algarismo romano é necessário sempre que o metal formar cátions de diferentes cargas, como é o caso do cobre, que pode estar na forma de cátion monovalente ou bivalente. O nome hidróxido de cobre(II) indica que o cátion formador dessa base é o Cu^{2+}. A prata só forma o cátion monovalente e, portanto, o hidróxido de prata só pode ser formado pelo cátion Ag^+.

15. d

16. O hidróxido de sódio é solúvel em água e, portanto, uma base forte e altamente corrosiva. O hidróxido de magnésio, é praticamente insolúvel em água, o que o torna menos agressivo.

17. a

18. Azul de bromotimol. É o único indicador listado onde a faixa de pH identifica uma substância de caráter neutro como a água destilada.

Questões globais (p. 269)

19. Ácidos: HBr, H_3BO_3, HNO_2, H_3PO_4. Bases: $Fe(OH)_3$, $NH_3(aq)$, $CsOH$, $Mg(OH)_2$.

20. d
21. a
22. e
23. b
24. a
25. a) $1,0 \times 10^{22}$ moléculas.
b) $1,9 \times 10^{23}$ moléculas.
c) $1,0 \times 10^{22}$ cátions.
d) $1,0 \times 10^{22}$ ânions.

26. $Ca(OH)_2(s) \xrightarrow{H_2O} Ca^{2+}(aq) + 2\,OH^-(aq)$

27. c
28. 37,5 toneladas
29. a) Vermelho de fenol = vermelho; fenolftaleína = incolor; vermelho do congo = vermelho.
b) Vermelho de fenol. A introdução de ácido concentrado em um meio neutro ou levemente alcalino provocaria a diminuição do pH para valores inferiores a 7. Neste caso, o vermelho de fenol seria o indicador ácido-base mais adequado para verificar a existência da contaminação.

30. Resposta variável. A adição de sal de bicarbonato ou de carbonato em uma amostra de cada frasco evidenciaria qual deles contém uma solução ácida, pois essas substâncias reagem com ácidos produzindo bolhas. Outras opções: uso de pHmêtros e de indicadores ácido-base.

31. d
32. A amostra apresenta um pH entre 5 e 6 e, por isso, é classificado como ácido.

Vestibular e Enem (p. 273)

33. b
34. d
35. e
36. V – F – V – V
37. c
38. e
39. c
40. c
41. a
42. d
43. c
44. b

Capítulo 15

Atividades (p. 282)

2. a
3. a) NH_4NO_3
b) $Fe(NO_3)_3$
c) Li_2SO_4
d) $MgSO_4$
e) $(NH_4)_3PO_4$

4. a, b, c
5. c
6. a) Praticamente insolúvel.
b) Solúvel.
c) Solúvel.
d) Praticamente insolúvel.

7. a) Sulfato de magnésio hepta-hidratado.
b) Cloreto de cálcio deca-hidratado.
c) Cloreto de cálcio hexa-hidratado.
d) Cloreto de cobalto(II) di-hidratado.

8. d
9. b
10. a) $Mg(OH)_2$, hidróxido de magnésio, e H_2SO_4, ácido sulfúrico.
b) $Ca(OH)_2$, hidróxido de cálcio, e H_3PO_4, ácido fosfórico.

11. a) $1\ NaOH + 1\ H_3PO_4 \longrightarrow NaH_2PO_4 + H_2O$

Sal: NaH_2PO_4, di-hidrogenofosfato de sódio.

b) $2\ NaOH + 1\ H_3PO_4 \longrightarrow Na_2HPO_4 + 2\ H_2O$

Sal: Na_2HPO_4, mono-hidrogenofosfato de sódio.

c) $1\ A\ell(OH)_3 + 1\ HNO_3 \longrightarrow A\ell(OH)_2NO_3 + H_2O$

Sal: $A\ell(OH)_2NO_3$, di-hidroxinitrato de alumínio.

d) $1\ A\ell(OH)_3 + 2\ HNO_3 \longrightarrow A\ell(OH)(NO_3)_2 + 2\ H_2O$

Sal: $A\ell(OH)(NO_3)_2$, mono-hidroxinitrato de alumínio.

12. $H_2CO_3 + NaOH \longrightarrow NaHCO_3 + H_2O$

Sal: $NaHCO_3$, hidrogenocarbonato de sódio.

13. $H_2CO_3 + 2\ NaOH \longrightarrow Na_2CO_3 + 2\ H_2O$

Sal: Na_2CO_3, carbonato de sódio.

14. c

15. O aquecimento faz a água de hidratação sair do retículo cristalino do sulfato de cobre, ocorrendo a mudança de cor. O sulfato de cobre hidratado é azul, e o sulfato de cobre anidro é cinza.

16. MCO_3

17. A neutralização total entre ácido clorídrico e hidróxido de sódio forma água, e os íons de sódio e de cloreto permanecem livres em solução conduzindo eletricidade, já que o cloreto de sódio é bastante solúvel em água. No caso da neutralização entre ácido sulfúrico e hidróxido de bário, ocorre formação do sal sulfato de bário, que é praticamente insolúvel em água e, portanto, não libera íons livres para a solução, o que compromete a passagem de corrente elétrica.

Atividades (p. 288)

19. a) SO_3 b) P_2O_5 c) Fe_2O_3 d) MgO e) K_2O f) NiO

g) CO h) PbO_2

20. a) Óxido de zinco.

b) Óxido de alumínio.

c) Trióxido de dinitrogênio.

d) Óxido de chumbo(II).

e) Dióxido de silício.

f) Óxido de bário.

g) Monóxido de dinitrogênio ou óxido nitroso.

h) Dióxido de carbono.

21. d

22. b

23. a) Óxido básico.

$Li_2O + H_2O \longrightarrow 2\ LiOH$

b) Óxido básico.

$BaO + H_2O \longrightarrow Ba(OH)_2$

c) Óxido ácido.

$CO_2 + H_2O \longrightarrow H_2CO_3$

d) Óxido ácido.

$N_2O_5 + H_2O \longrightarrow 2\ HNO_3$

24. a) $Li_2O + H_2SO_4 \longrightarrow Li_2SO_4 + H_2O$

Sal: Li_2SO_4, sulfato de lítio.

b) $BaO + 2\ HNO_3 \longrightarrow Ba(NO_3)_2 + H_2O$

Sal: $Ba(NO_3)_2$, nitrato de bário.

c) $CO_2 + 2\ NaOH \longrightarrow Na_2CO_3 + H_2O$

Sal: Na_2CO_3, carbonato de sódio.

d) $N_2O_5 + 2\ KOH \longrightarrow 2\ KNO_3 + H_2O$

Sal: KNO_3, nitrato de potássio.

25. c

26. a) SO_2: ligações covalentes. Na_2O: ligações iônicas.

b) SO_2: dióxido de enxofre. Na_2O: óxido de sódio.

27. a) H_2O_2, molecular.

b) Na_2O_2, iônico.

c) CaO_2, iônico.

d) K_2O_2, iônico.

28. A acidez natural da água da chuva deve-se à presença de dióxido de carbono na atmosfera. Esse óxido reage com a água formando ácido carbônico, de acordo com a equação:

$CO_2(g) + H_2O(\ell) \longrightarrow H_2CO_3(aq) \longrightarrow H^+(aq) + HCO_3^-(aq)$

29. $S(s) + O_2(g) \longrightarrow SO_2(g)$

$SO_2(g) + H_2O(\ell) \longrightarrow H_2SO_3(aq)$

$2\ SO_2(g) + O_2(g) \longrightarrow 2\ SO_3(g)$

$SO_3(g) + H_2O(\ell) \longrightarrow H_2SO_4(aq)$

30. a) $CaO + H_2O \longrightarrow Ca(OH)_2$

Hidróxido de cálcio.

b) $2\ HNO_3(aq) + CaO(s) \longrightarrow Ca(NO_3)_2(aq) + H_2O(\ell)$

Nitrato de cálcio e água.

31. O CO_2 dissolvido na água produz ácido carbônico (H_2CO_3). Este ioniza-se liberando H^+ e HCO_3^-. O HCO_3^- reage com o íons Ca^{2+} formando um produto pouco solúvel, o carbonato de cálcio, $CaCO_3$.

Questões globais (p. 290)

32. a) H_2SO_3 e) $A\ell(OH)_3$

b) MgO f) $A\ell_2O_3$

c) $NaC\ell O$ g) $CuSO_3$

d) MnO_2

33. e

34. Podem ser dados os nomes de quaisquer compostos iônicos, como sais, óxidos básicos e bases fortes ($NaC\ell$, Na_2O, $NaOH$).

35. c

36. a) $1\ HC\ell + 1\ Mg(OH)_2 \longrightarrow Mg(OH)C\ell + H_2O$

Hidroxicloreto de magnésio: hidroxissal.

b) $2\ HC\ell + 1\ Mg(OH)_2 \longrightarrow MgC\ell_2 + H_2O$

Cloreto de magnésio: sal normal.

c) $1\ H_2SO_4 + 1\ KOH \longrightarrow KHSO_4 + H_2O$

Hidrogenossulfato de potássio: hidrogenossal.

d) $1\ H_2SO_4 + 2\ KOH \longrightarrow K_2SO_4 + 2\ H_2O$

Sulfato de potássio: sal normal.

e) $1\ H_2SO_4 + 1\ A\ell(OH)_3 \longrightarrow A\ell(OH)SO_4 + 2\ H_2O$

Hidroxissulfato de alumínio: hidroxissal.

f) $3\ H_2SO_4 + 2\ A\ell(OH)_3 \longrightarrow A\ell_2(SO_4)_3 + 6\ H_2O$

Sulfato de alumínio: sal normal.

37. a) CO_2: ligações covalentes. $CaC\ell_2$: ligações iônicas. CaO: ligação iônica. $KHSO_3$: ligações iônica e covalentes.

b) *Resposta pessoal*. São várias as propriedades que podem ser citadas. O CO_2 é um óxido ácido, que reage com água, formando ácido, e com base, formando sal e água; apresenta baixas temperaturas de fusão e de ebulição; é gás à temperatura ambiente. O $CaC\ell_2$ é um sal normal, que apresenta elevadas temperaturas de fusão e de ebulição; é sólido em condições ambientes e higroscópico (absorve umidade do ambiente). O CaO é um óxido básico, que reage com água, formando base, e com ácido, formando sal e água; apresenta elevadas temperaturas de fusão e de ebulição; é sólido em condições ambientes. O $KHSO_4$ é um hidrogenossal, que apresenta elevadas temperaturas de fusão e de ebulição; é sólido em condições ambientes.

c) CO_2: dióxido de carbono. $CaC\ell_2$: cloreto de cálcio. CaO: óxido de cálcio. $KHSO_3$: hidrogenossulfito de potássio.

38. $CO_2(g) + H_2O(\ell) \longrightarrow H_2CO_3(aq) \longrightarrow H^+(aq) + HCO_3^-(aq)$

O carbonato de cálcio reage com ácidos, produzindo água e gás carbônico. Como, na presença de água, o gás carbônico reage tornando o meio ácido (reação equacionada acima), conclui-se que os corais e as carapaças de animais marinhos seriam drasticamente afetados, com a "dissolução" do carbonato de cálcio, que pode ser representada pela equação:

$CaCO_3(s) + H^+(aq) \longrightarrow Ca^{2+}(aq) + HCO_3^-(aq)$

39. a) IV. Sergipe é o único Estado da lista com litoral e altas temperaturas ao longo do ano.
    b) *Resposta pessoal.*

Vestibular e Enem (p. 293)

40. e
41. d
42. d
43. e
44. a
45. c
46. d
47. b
48. d
49. a
50. b

Capítulo 16
Atividades (p. 304)

3. A unidade de massa atômica (u) equivale a $\frac{1}{12}$ (um doze avos) da massa do isótopo ^{12}C.

4. O número de massa indica a soma de prótons e de nêutrons no núcleo atômico e não tem unidade de medida. A massa atômica de um elemento indica a razão entre a massa média dos átomos desse elemento e a massa de $\frac{1}{12}$ da massa do isótopo ^{12}C, levando em consideração a abundância dos isótopos.

5. Com a descoberta dos isótopos, átomos de um mesmo elemento não podem mais ser caracterizados por sua massa, pois isótopos de um mesmo elemento apresentam números de massa diferentes, por contarem com diferentes números de nêutrons no núcleo. Como a massa de um próton é aproximadamente igual à de um nêutron, isótopos diferentes devem apresentar massas atômicas diferentes.

6. Todos eles têm o mesmo número atômico, Z = 6, pois átomos de um mesmo elemento químico contêm o mesmo número de prótons no núcleo. Seus átomos neutros também apresentam o mesmo número de elétrons: 6. Contudo, o ^{12}C apresenta 6 nêutrons no núcleo; o ^{13}C, 7 nêutrons; e o ^{14}C, 8 nêutrons.

7. 56 u

8. Rb apresenta Z = 37; logo, tem-se:
   ^{85}Rb = 72% e ^{87}Rb = 28%.
   Massa atômica do Rb:
   $0,72 \times 85 + 0,28 \times 87$ u = 85,56 u

9. a) 1,13 g
   b) 2,2

10. a) 3
    b) 12 g
    c) 12

11. a) 71,4 g
    b) 71,4% de cálcio e 28,6% de oxigênio.
    c) 2,5

12. Massa atômica de S:
    $0,95 \times 32$ u $+ 0,008 \times 33$ u $+ 0,042 \times 34$ u = 32,092 u

13. 79,91 u

14. O ^7Li, pois a massa atômica é muito próxima à massa desse isótopo.

15. a)

Massa de enxofre	Massa de oxigênio	Óxido
4,0	4,0	SO_2
4,0	6,0	SO_3

b) SO_2: 50% de S, 50% de O.
   SO_3: 40% de S, 60% de O.

16. a) ^{121}Sb e ^{123}Sb
    b) Massa atômica:
       $0,5725 \times 121$ u $+ 0,4275 \times 123$ u = 121,855 u

Atividades (p. 308)

18. a) $H_2(g) + Cl_2(g) \longrightarrow 2\ HCl(g)$
    b) Não. Quando uma reação química envolve gases em idênticas condições de temperatura e pressão, seus volumes são proporcionais aos seus coeficientes estequiométricos. Reações entre gases podem ocorrer com expansão, contração ou conservação de volumes.

19. a) 5 L de O_2.
    b) 10 L de H_2.
    c) Apesar de os dois frascos possuírem o mesmo volume e, consequentemente, o mesmo número de espécies químicas, o gás hélio é monoatômico, ou seja, não é formado por moléculas. Portanto, o frasco que possui maior número de moléculas é o que contém gás metano (CH_4).
    d) 10 L de H_2.

20. O volume de gases deve contrair, pois a soma dos coeficientes estequiométricos das substâncias gasosas dos reagentes é maior do que a dos produtos. Veja a equação a seguir:
    $2\ CO(g) + 1\ O_2(g) \longrightarrow 2\ CO_2(g)$
    3 volumes   2 volumes

21. a) 58,5 u
    b) 58 u
    c) 98 u
    d) 342 u
    e) 151 u
    f) 261 u
    g) 80 u

22. a) O número de moléculas é igual em ambos os frascos, pois contêm o mesmo volume de gás armazenado nas mesmas condições de temperatura e pressão.
    b) No frasco que contém CO_2, pois cada molécula desse gás contém três átomos, enquanto cada molécula de H_2 contém dois átomos.
    c) O frasco contendo CO_2, pois ambos os frascos contêm o mesmo número de moléculas, e cada molécula de CO_2 apresenta massa 22 vezes superior à de H_2. Assim, o frasco que contém CO_2 apresenta massa 22 vezes superior à de H_2.

23. a) Sim, em todos os frascos observa-se o mesmo número de moléculas.
    b) No frasco contendo CH_4, pois cada molécula é constituída por 5 átomos, enquanto as moléculas de O_2 e CO_2 são constituídas, respectivamente, por 2 e 3 átomos.

24. d

25. a) $CH_4(g) + 2\ O_2(g) \longrightarrow CO_2(g) + 2\ H_2O(g)$
    b) 2 L de CO_2 e 4 L de H_2O.
    $CH_4(g) + 2\ O_2(g) \longrightarrow CO_2(g) + 2\ H_2O(g)$
    1 L   2 L   1 L   2 L
    2 L   4 L V_1 V_2
    $V_1 = 2$ L; $V_2 = 4$ L
    c) 160 L

26. a)

sistema inicial

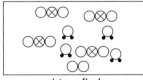
sistema final

b) Equação química balanceada:

$$C_2H_4(g) + 3\,O_2(g) \longrightarrow 2\,CO_2(g) + 2\,H_2O(g)$$
$$\quad 1\,V \qquad 3\,V \qquad\quad 2\,V \qquad\quad 2\,V$$

Proporção em volume entre reagentes e produtos.

Logo, 3,0 L de acetileno devem reagir com 9,0 L de gás oxigênio, formando 6,0 L de CO_2 e 6,0 L de H_2O. Haverá, portanto, 1,0 L de gás oxigênio em excesso.

Questões globais (p. 310)

27. a) 40 g

b) 40% de S, 60% de O

c) 32 g

d) 6 g

e) 2

28. $0,375 \times 191\ u + 0,625 \times 193\ u = 192,25\ u$

29. a) Frasco **B,** pois o C_2H_6 apresenta o maior número de átomos por molécula.

b) 32 g, pois uma amostra de 40 L de CH_4 possui o mesmo número de moléculas que uma amostra de 40 L de CO ou de C_2H_6.

c) 2,67

30. a) CH_4 b) 4,4 g c) 40 u

31. $^{203}T\ell - 30\%,\ ^{205}T\ell - 70\%$

32. a) Hidrogênio: menor massa. Trióxido de enxofre: maior massa. Armazenados nas mesmas condições de temperatura e pressão, volumes iguais de gases apresentam o mesmo número de moléculas.

b) 40. Dividir a massa do frasco contendo SO_3 pela do que contém H_2, pois ambos apresentam o mesmo número de moléculas e estão nas mesmas condições de temperatura e pressão.

c) Deve-se dividir a massa de cada um dos gases por 2,23. Etano: 30 u. Dióxido de carbono: 44 u. Trióxido de enxofre: 80 u.

33. a) Frascos **D** e **E**, pois contêm maior volume.

b) Frasco **D**, pois NH_3 possui maior número de átomos por molécula do que SO_2.

c) 64 g, em uma amostra de 40 L de O_2 há o mesmo número de moléculas que em uma amostra de 40 L de H_2.

Vestibular e Enem (p. 313)

34. $^{79}M = 55\%$ e $^{81}M = 45\%$.

35. a) Isótopos do elemento químico carbono de números de massa 12 e 13, ou seja, átomos com o mesmo número de prótons (6) e diferentes números de nêutrons.

b) 12,011 u

36. e

37. e

38. c

39. d

40. c

41. b

42. d

43. b

44. 73,88 kg

45. e

46. b

47. d

48. a

49. d

50. e

51. e

52. c

53. c

54. e

55. d

56. d

Capítulo 17

Atividades (p. 320)

2. a) metro (m), centímetro (cm), quilômetro (km).

b) litro (L), metro cúbico (m^3), centímetro cúbico (cm^3).

c) grau Celsius (°C).

d) grama (g), quilograma (kg), tonelada (t).

e) mol (mol).

f) g/cm^3, kg/m^3, g/mL, g/L.

3. A constante de Avogadro corresponde ao número de entidades elementares existentes em 1 mol dessas entidades. Dizer que existe 1 mol de átomos na amostra equivale dizer que nela estão presentes $6,02 \times 10^{23}$ átomos.

4. a) 83,78 g

c) 32,04 g

b) 84,06 g

d) 399,5 g

5. a) 5 mol de CH_4.

b) $3,0 \times 10^{24}$ átomos de C e $1,2 \times 10^{25}$ átomos de H.

c) 60 g de C e 20 g de H.

6. a) 3 mol de O_2.

b) 144 g de O_3.

c) 6 mol de O ($3,6 \times 10^{24}$ átomos de O no frasco **A**) e 9 mol de O ($5,4 \times 10^{24}$ átomos de O no frasco **B**).

d) 144 g de O_2; 9 mol de O ($5,4 \times 10^{24}$ átomos de O no frasco **B**); 4,5 mol de O_2 ($2,7 \times 10^{24}$ moléculas de O_2).

7. a) 1 mol de $SO_2 = 64$ g

1 mol de $SO_3 = 80$ g

b) Não. Pelo Princípio de Avogadro, essas amostras apresentam o mesmo número de moléculas e a mesma quantidade de matéria. A razão entre as massas de SO_3 e de SO_2 é 80 : 64. A amostra que contém SO_3 é $\frac{5}{4}$ mais "pesada" que a de SO_2.

c) Sim, as amostras têm o mesmo número de moléculas, e cada molécula apresenta um átomo de enxofre.

d) Não.

1 molécula SO_3 — 80 u

1 molécula SO_2 — 64 u

Proporção: 80 : 64 ou 5 : 4.

e) Amostras de mesma massa apresentam números diferentes de moléculas e, portanto, números diferentes de átomos de enxofre.

8. a) Não. Como os átomos desses elementos têm massas diferentes, o fato de esses cubos apresentarem a mesma massa implica que eles não encerram o mesmo número de átomos.

b) O número de átomos no cubo **D** é o dobro do número de átomos no cubo **A**. Ambos os cubos são formados por átomos do mesmo elemento. O número de átomos, portanto, é diretamente proporcional à massa.

c) O cubo **C** apresenta metade dos átomos do cubo **B**. A massa do átomo de prata é quatro vezes maior que a do átomo de alumínio (108 u e 27 u, respectivamente). Logo, para se ter o dobro de massa de prata, deve-se ter a metade dos átomos.

d) Somente no caso de ele ser formado por substância pura. Só assim se pode estabelecer uma relação entre a massa e a quantidade de matéria da substância presente em um corpo.

Atividades (p. 324)

9. a) $36,5\ g \cdot mol^{-1}$

c) $106\ g \cdot mol^{-1}$

b) $94\ g \cdot mol^{-1}$

d) $98\ g \cdot mol^{-1}$

10. 3,57 mol

11. a) $6,0 \times 10^{23}$ moléculas de H_2 e $1,2 \times 10^{24}$ átomos de H.

b) $1,5 \times 10^{23}$ pares iônicos de NaOH e $3,0 \times 10^{23}$ íons (Na^+ e OH^-).

c) $3,0 \times 10^{23}$ moléculas de H_2SO_4 e $2,1 \times 10^{24}$ átomos (H, S e O).

12. a) 0,28 mol

b) 1,5 mol

c) 0,75 mol

d) 0,5 mol

$H_2O < C\ell_2 < NaOH < CO_2$

13. a) 27 g/mol

b) 12,96 mol

c) $7,8 \times 10^{24}$ átomos.

Respostas dos exercícios

14. a) O dióxido de carbono. CO_2: $3,0 \times 10^{23}$ moléculas. NH_3: $6,0 \times 10^{22}$ moléculas.

b) Os dois possuem a mesma quantidade: $6,0 \times 10^{24}$ moléculas.

c) O gás hidrogênio. $HC\ell$: $1,2 \times 10^{24}$ moléculas. H_2: $3,0 \times 10^{24}$ moléculas.

15. $\dfrac{1\,g}{9,786 \times 10^{-23}\,g} = \dfrac{6 \times 10^{23}\,u}{x} \Rightarrow x = 58,7\,u$

16. $\dfrac{71\,g}{12\,g} = \dfrac{6 \times 10^{23}}{x} \Rightarrow x = 1,0 \times 10^{23}$ moléculas

1 molécula de $C\ell_2$ ——— 2 átomos de cloro

$1,0 \times 10^{23}$ moléculas ——— x

$x = 2,0 \times 10^{23}$ átomos de cloro

17. a) $C_6H_8O_6$, 176 g/mol

b) $2,9 \times 10^{-22}$ g

c) $1,7 \times 10^{-4}$ mol

d) $1,0 \times 10^{20}$ moléculas

18. a) $364\,g \cdot mol^{-1}$

b) *Resposta pessoal.* Alguns exemplos de descobertas acidentais que podem ser apresentados: o antibiótico penicilina, o corante malva, o processo de vulcanização da borracha e o adoçante sacarina.

Questões globais (p. 326)

19. a) $6,0 \times 10^{23}$ átomos de Cu, $A\ell$, Pb, Mg e Cr; $4,8 \times 10^{24}$ átomos de enxofre no S_8.

b) Cu: 63,5 g/mol, $A\ell$: 27,0 g/mol, Mg: 24,3 g/mol, Cr: 52,0 g/mol, S_8: 256,0 g/mol.

c) Cu: 63,5 g, $A\ell$: 27,0 g, Mg: 24,3 g, Cr: 52,0 g, S: 256,0 g.

d) Um mol indica a quantidade correspondente a $6,0 \times 10^{23}$ entidades. Como as substâncias têm massas molares diferentes, conjuntos contendo a mesma quantidade de matéria de substâncias diferentes devem apresentar massas diferentes.

20. a) H_2O: $2,4 \times 10^{24}$ moléculas.

b) Ambas apresentam mesma quantidade de átomos ($7,2 \times 10^{24}$ átomos).

21. a) 0,18 g
c) 0,001 mol

b) $180\,g \cdot mol^{-1}$
d) $6,0 \times 10^{20}$ moléculas.

22. a) 13,5 g
d) $9,2 \times 10^9$ mol

b) 0,5 mol
e) $5,5 \times 10^{33}$ átomos.

c) $3,0 \times 10^{23}$ átomos.

23. a) 40 L

b) 32 kg

c) $4,2 \times 10^{26}$ moléculas de etanol.

d) 695,7 mol de etanol.

24. A quantidade consumida é 600 mg, ou seja, 60% da quantidade recomendada.

25. $1,52 \times 10^{27}$ moléculas.

26. a) $3,0 \times 10^{22}$ átomos.
c) $4,2 \times 10^{-3}$ mol

b) $2,5 \times 10^{21}$ moléculas.
d) 0,756 g

27. a) 270 g

b) 686 g

c) 492,5 g

d) 320 g

$C_6H_{12}O_6 < O_2 < Au < H_3PO_4$

Vestibular e Enem (p. 329)

28. 32%

29. A amostra apresenta $1,68 \times 10^{-3}$ g de Hg^{2+}/kg de atum. Portanto, deve ser confiscada.

30. d

31. d

32. c

33. c

34. b

35. b

36. 2×10^{-4} mol

37. c

38. a) Massa de água = 2,6 g – 2,0 g = 0,6 g

Quantidade de matéria de água = $\dfrac{0,6\,g}{18\,g/mol}$ = 0,03 mol

Quantidade de matéria de sal anidro = $\dfrac{2,0\,g}{134,5\,g/mol}$ = 0,015 mol

Logo, a razão é de $\dfrac{0,03\,mol}{0,015\,mol}$ = 2 mol de água para 1 mol de $CuC\ell_2$.

Portanto, a fórmula molecular do sal anidro é $CuC\ell_2 \cdot 2\,H_2O$

b) $2\,CuC\ell_2(s) \longrightarrow 2\,CuC\ell(s) + C\ell_2(g)$

39. e

40. c

41. c

42. c

43. c

44. c

45. c

Capítulo 18
Atividades (p. 341)

3. Os gases apresentam massa que depende da quantidade de gás, e volume variável, que depende do volume do recipiente no qual estão contidos. Os gases têm facilidade em sofrer dilatação e compressão. O volume de um gás aumenta com o aumento da temperatura e diminuição da pressão, e diminui com o aumento da pressão e diminuição da temperatura.

4. Em São Paulo, pois sua altitude média é maior que a de Ribeirão Preto e, portanto, a pressão atmosférica é menor.

5. a) Afirmação verdadeira, pois as colisões exercem uma força nas paredes do recipiente que corresponde à pressão do gás.

b) Afirmação falsa, pois, ao nível do mar, a massa de ar sobre a superfície da Terra é maior, o que faz a pressão exercida também ser maior.

c) Afirmação falsa. O volume de um gás é igual ao do recipiente que o contém. É portanto, variável.

6. a) 1 mol ——— 22,4 L

7 mol ——— V

$V = 7 \times 22,4\,L = 156,8\,L$

Observe que não importa que estejam presentes gases diferentes; o que importa é a quantidade de matéria total.

b) 1 mol ——— 22,4 L

n ——— 33,6 L

$n = 1,5$ mol

Assim, 1,5 mol desse gás ocupa um volume de 33,6 L nas condições especificadas.

7. Se 1 atm = $1,013 \times 10^5$ Pa, a pressão em Vênus é de $90 \times 1,013 \times 10^5$ Pa, ou seja, $9,1 \times 10^6$ Pa (muito maior que a de Plutão).

8. $pV = (m/M)RT$

Assim, $n = \dfrac{8\,g}{32\,g \cdot mol^{-1}}$ = 0,25 mol

Substituindo, tem-se:

$1\,atm \cdot V = 0,25\,mol \cdot 0,082\,atm \cdot L \cdot K^{-1} \cdot mol^{-1} \cdot 273\,K$

$V = 5,60\,L$

418

9. Essa é uma transformação isocórica, da qual resulta: $\dfrac{p_1}{T_1} = \dfrac{p_2}{T_2}$

Substituindo os valores, tem-se:

$2,5 \text{ atm} \cdot T_2 = 1,5 \text{ atm} \cdot 373 \text{ K} \Rightarrow T_2 = 224 \text{ K}$

10. a) $pV = nRT; n = \dfrac{pV}{RT}$

Substituindo os valores, tem-se:

$$n = \frac{1 \text{ atm} \cdot 10 \text{ L}}{0,082 \text{ atm} \cdot \text{L} \cdot \text{K}^{-1} \cdot \text{mol}^{-1} \cdot 273 \text{ K}}$$

Portanto, $n = 0,45$ mol.

b) $n = m/M$. Assim, para o H_2, $M = 2 \text{ g} \cdot \text{mol}^{-1}$.

Substituindo os valores, tem-se:

$m = 0,45 \text{ mol} \cdot 2 \text{ g} \cdot \text{mol}^{-1} = 0,90 \text{ g}$

11. O primeiro passo é converter a temperatura de graus Celsius para kelvin: $273 + 20\ ^{\circ}C = 293 \text{ K}$

Em seguida, como a pressão é constante, a temperatura final deve ser:

$\dfrac{V_1}{T_1} = \dfrac{V_2}{T_2} \Rightarrow 150 \text{ L} \cdot T_2 = 300 \text{ L} \cdot 293 \text{ K} \Rightarrow T_2 = 586 \text{ K}$

12. $p_1 V_1 = p_2 V_2$

$700 \text{ mmHg} \cdot 120 \text{ L} = 30 \text{ L} \cdot p_2 \Rightarrow p_2 = 2\,800 \text{ mmHg}$

13. Nesse caso, deve-se usar a equação que contém as três variáveis, ou seja:

$\dfrac{p_1 \cdot V_1}{T_1} = \dfrac{p_2 \cdot V_2}{T_2} \Rightarrow \dfrac{5 \text{ atm} \cdot 2 \text{ L}}{400 \text{ K}} = \dfrac{2 \text{ atm} \cdot 5,5 \text{ L}}{T_2} \Rightarrow T_2 = 440 \text{ K}$

14.

Transformação	Estado	Volume (L)	Temperatura (K)	Pressão (atm)
I	Inicial	3	273	1,8
	Final	3	298	2
II	Inicial	3	298	2
	Final	6	596	2
III	Inicial	6	$T_1 = T_2$ do estado II	2
	Final	2,4	Não há variação	5

Transformação I. A transformação é isovolumétrica. O valor da pressão inicial é:

$\dfrac{p_1}{T_1} = \dfrac{p_2}{T_2} \Rightarrow p_1 = 2 \text{ atm} \cdot \dfrac{273 \text{ K}}{298 \text{ K}} \Rightarrow p_1 = 1,8 \text{ atm}$

Transformação II. A transformação é isobárica. O valor da temperatura final é:

$\dfrac{V_1}{T_1} = \dfrac{V_2}{T_2} \Rightarrow T_2 = 6 \text{ L} \cdot \dfrac{298 \text{ K}}{3 \text{ L}} \Rightarrow T_2 = 596 \text{ K}$

Transformação III. A transformação é isotérmica. O valor do volume final é:

$p_1 V_1 = p_2 V_2 \Rightarrow V_2 = \dfrac{2 \text{ atm} \cdot 6 \text{ L}}{5 \text{ atm}} \Rightarrow V_2 = 2,4 \text{ L}$

15. c

Atividades (p. 346)

21. $p = p_A + p_B \Rightarrow 750 \text{ kPa} = p_A + 450 \text{ kPa} \Rightarrow p_A = 300 \text{ kPa}$

22. $V_A = \dfrac{n_A RT}{p}$

$V_A = 3 \text{ mol} \cdot 0,082 \text{ atm} \cdot \text{L} \cdot \text{K}^{-1} \cdot \text{mol}^{-1} \cdot \dfrac{298 \text{ K}}{7,5 \text{ atm}} \Rightarrow V_A = 9,8 \text{ L}$

$V_B = \dfrac{n_B RT}{P}$

$\Rightarrow V_B = 5 \text{ mol} \cdot 0,082 \text{ atm} \cdot \text{L} \cdot \text{K}^{-1} \cdot \text{mol}^{-1} \cdot \dfrac{298 \text{ K}}{7,5 \text{ atm}} \Rightarrow V_B = 16,3 \text{ L}$

23. Inicialmente, deve-se converter a pressão e a temperatura:

$p = 1 \text{ atm} \cdot \dfrac{740 \text{ mmHg}}{760 \text{ mmHg}} = 0,97 \text{ atm e } T = 283 \text{ K}$

$d = \dfrac{p\text{M}}{RT} \Rightarrow d = \dfrac{0,97 \text{ atm} \cdot 25 \text{ g} \cdot \text{mol}^{-1}}{0,082 \text{ atm} \cdot \text{L} \cdot \text{K}^{-1} \cdot \text{mol}^{-1} \cdot 283\text{K}} \Rightarrow d = 1,04 \text{ g} \cdot \text{L}^{-1}$

24. a) $d_{rel} = \dfrac{M_A}{M_B}$, ou seja,

$d_{rel} = \dfrac{25 \text{ g} \cdot \text{mol}^{-1}}{34 \text{g} \cdot \text{mol}^{-1}} = 0,74$

b) $m_B = n \cdot M$

$m_B = 0,76 \text{ mol} \cdot 34 \text{ g} \cdot \text{mol}^{-1} = 25,84 \text{ g}$

$d = \dfrac{m}{V}$

$d = \dfrac{25,84 \text{ g}}{40 \text{ L}} = 0,65 \text{ g} \cdot \text{L}^{-1}$

25. a) Inicialmente, calcula-se a quantidade de matéria de cada gás, de acordo com os valores dados antes da abertura da torneira.

Gás **A**:

$pV = nRT$

$n = \dfrac{pV}{RT}$

Substituindo os valores:

$$n = \frac{1,5 \text{ atm} \cdot 2 \text{ L}}{0,082 \text{ atm} \cdot \text{L} \cdot \text{K}^{-1} \cdot \text{mol}^{-1} \cdot 293 \text{ K}}$$

Portanto, temos: $n = 0,12$ mol.

Gás **B**:

$pV = nRT$

$n = \dfrac{pV}{RT}$

Substituindo os valores:

$$n = \frac{2,5 \text{ atm} \cdot 4 \text{ L}}{0,082 \text{ atm} \cdot \text{L} \cdot \text{K}^{-1} \cdot \text{mol}^{-1} \cdot 308 \text{ K}}$$

Portanto, $n = 0,40$ mol.

A quantidade de matéria total é de 0,52 mol.

O segundo passo é calcular as frações em quantidades de matéria.

$X_A = \dfrac{n_A}{n_T} \Rightarrow X_A = \dfrac{0,12 \text{ mol}}{0,52 \text{ mol}} \Rightarrow X_A = 0,23$

$X_B = \dfrac{n_B}{n_T} \Rightarrow X_B = \dfrac{0,40 \text{ mol}}{0,52 \text{ mol}} \Rightarrow X_B = 0,77$

Por último, é preciso calcular as pressões parciais.

$p_A = X_A p \Rightarrow 0,23 \times 2 \text{ atm} \Rightarrow 0,46 \text{ atm}$

$p_B = X_B p \Rightarrow 0,77 \times 2 \text{ atm} \Rightarrow 1,54 \text{ atm}$

26. a. O gás t-butilmercaptana tem densidade menor que a do ar.

27. $v_A = 1,65\ v_{O_2}$ e $\dfrac{v_A}{v_{O_2}} = \sqrt{\dfrac{M_{O_2}}{M_A}}$

Substituindo os valores, tem-se:

$1,65 = \sqrt{\dfrac{32 \text{ g} \cdot \text{mol}^{-1}}{M_A}} \Rightarrow M_A = 11,76 \text{ g} \cdot \text{mol}^{-1}$

28. $^{2}H^{37}C\ell < {}^{1}H^{37}C\ell < {}^{2}H^{35}C\ell < {}^{1}H^{35}C\ell$

29. Sim, há mudança na temperatura. O volume do gás hélio continua o mesmo, mas sua pressão diminui com a saída do gás. Assim, com a diminuição da pressão, a temperatura também diminui.

30. Inicialmente, calcula-se a relação entre as velocidades (não esquecer de transformar o tempo dado em segundos para minutos (1 min = 60 s).

$\dfrac{v_A}{v_{CH_4}} = \dfrac{\dfrac{V}{5 \text{ min}}}{\dfrac{V}{3,65 \text{ min}}} = 0,73 \Rightarrow 0,73 = \sqrt{\dfrac{M_{CH_4}}{M_A}} \Rightarrow$

$\Rightarrow 0,73 = \sqrt{\dfrac{16 \text{ g} \cdot \text{mol}^{-1}}{M_A}} \Rightarrow M_A = 30 \text{ g} \cdot \text{mol}^{-1}$

31. b

Questões globais (p. 348)

32. a) Afirmação verdadeira. As observações estão de acordo com a Lei de Boyle.

419

Respostas dos exercícios

b) Afirmação verdadeira. No zero termodinâmico, $pV = 0$. Como o volume não é nulo, essa expressão só é verdadeira se a pressão for zero.

c) Afirmação verdadeira. Devido ao movimento constante das partículas, um gás se contrai ou se expande para ocupar todo o volume do recipiente que o contém.

d) Afirmação verdadeira. A temperatura é uma medida da agitação das partículas de um gás.

e) Afirmação falsa. À pressão constante, quando a temperatura aumenta, o gás se expande e, portanto, sua densidade diminui.

33. Sim, é possível, pois os gases podem se comprimir e ocupar o volume do recipiente que os contém. É possível manter a temperatura constante se a variação de volume for acompanhada de uma variação na pressão.

34. Deve haver proporcionalidade entre os coeficientes estequiométricos e o volume dos gases, conforme sugere a hipótese de Avogadro. Assim, nas mesmas condições de pressão e temperatura, o volume de reagente (NH_3) será de 6 L e o de N_2 formado será de 3 L.

35. Na Lua a pressão atmosférica é muito baixa, pois a quantidade de gases em sua superfície é muito pequena. A altura do barômetro de Torricelli, portanto, seria muito pequena, ou seja, quase todo o mercúrio escoaria.

36. a) Quanto maior a altitude, menor a pressão atmosférica.

b) A pressão é proporcional à massa de ar sobre a superfície terrestre. Assim, quanto menor a pressão, menor também a densidade do ar.

37. De acordo com a Lei de Graham, quanto mais denso o gás, menor a sua velocidade de difusão. Dessa forma, esses gases tóxicos que ficam na parte inferior da atmosfera, por serem mais densos, têm uma velocidade de difusão menor que a dos principais componentes do ar.

38. a) De acordo com a fórmula molecular, a massa molar é $337 \text{ g} \cdot \text{mol}^{-1}$.

Quantidade de matéria total de ar dentro do teatro.

$$pV = nRT$$

$$n = \frac{1 \text{ atm} \cdot 10^9 \text{ L}}{0{,}082 \text{ atm} \cdot \text{L} \cdot \text{K}^{-1} \cdot \text{mol}^{-1} \cdot 298 \text{ K}}$$

$$n = 4 \times 10^7 \text{ mol}$$

Quantidade de matéria de BZ de acordo com a fração em quantidade de matéria.

$$p_{BZ} = \frac{n_{BZ}}{n_{total}} \cdot p$$

$$n_{BZ} = 1{,}3 \times 10^{-4} \text{ mol}$$

$$1 \text{ mol} \longrightarrow 6 \times 10^{23} \text{ moléculas}$$

$$1{,}3 \times 10^{-4} \text{ mol} \longrightarrow x$$

$$x = 7{,}8 \times 10^{19} \text{ moléculas}$$

b) $m = n \cdot M$

$$m = 1{,}3 \times 10^{-4} \text{ mol} \cdot 337 \text{ g} \cdot \text{mol}^{-1}$$

$$m = 0{,}044 \text{ g}$$

Assim, foram utilizados menos 500 mg em um volume de 10^9 L. Pode-se concluir, portanto, que o gás BZ é extremamente tóxico. Por ser extremamente tóxico, além de incolor e inodoro, o BZ é uma potente arma de destruição em massa. Em 1997, entrou em vigor a Convenção de Armas Químicas, que tem como objetivo coibir o uso de agentes químicos como armas. Na época da utilização pela polícia do gás BZ no teatro em Moscou, a Rússia já era signatária da Convenção de Armas Químicas.

39. O volume aumenta.

$$\frac{V_1}{T_1} = \frac{V_2}{T_2} \Rightarrow \frac{25}{298} = \frac{V_2}{320} \Rightarrow 26{,}8 \text{ L}$$

40. Essa é uma transformação isobárica, da qual resulta:

$$\frac{V_1}{T_1} = \frac{V_2}{T_2}$$

Substituindo os valores, tem-se:

$$23 \text{ L} \cdot T_2 = 13 \text{ L} \cdot 298 \text{ K}$$

$$T_2 = 168 \text{ K}$$

41. $0{,}825 \text{ L} = 825 \text{ mL}$

$$T = 300 \text{ K}$$

$$\frac{p_1 V_1}{T_1} = \frac{p_2 V_2}{T_2}$$

$$V_2 = \frac{p_1 V_1 T_2}{T_1 p_2}$$

$$V_2 = \frac{705 \text{ mmHg} \cdot 0{,}825 \text{ mL} \cdot 273 \text{ K}}{300 \text{ K} \cdot 760 \text{ mmHg}}$$

$$V_2 = 0{,}696 \text{ L} = 696 \text{ mL}$$

42. a) 4 mol

b) 4,6 atm

c) 5,1 atm

43. A pressão resultante aumenta, pois a pressão final é a soma das pressões dos gases.

44. $d_A = \dfrac{m}{V} = \dfrac{33 \text{ g}}{11 \text{ L}} = 3 \text{ g} \cdot \text{L}^{-1}$

$$d_B = \frac{m}{V} = \frac{24{,}2 \text{ g}}{12{,}1 \text{ L}} = 2 \text{ g} \cdot \text{L}^{-1}$$

$$\frac{d_A}{d_B} = \frac{3 \text{ g} \cdot \text{L}^{-1}}{2 \text{ g} \cdot \text{L}^{-1}} = 1{,}5$$

45. Quantidade de matéria total:

$$n_T = n_A + n_B + n_C$$

$$n_T = 2{,}25 \text{ mol} + 1{,}75 \text{ mol} + 1{,}00 \text{ mol}$$

$$n_T = 5{,}0 \text{ mol}$$

Fração em quantidade de matéria de cada um dos componentes:

$$X_A = \frac{n_A}{n_T} \Rightarrow X_A = \frac{2{,}25 \text{ mol}}{5{,}0 \text{ mol}} \Rightarrow X_A = 0{,}45$$

$$X_B = \frac{n_B}{n_T} \Rightarrow X_B = \frac{1{,}75 \text{ mol}}{5{,}0 \text{ mol}} \Rightarrow X_B = 0{,}35$$

$$X_C = \frac{n_C}{n_T} \Rightarrow X_C = \frac{1 \text{ mol}}{5{,}0 \text{ mol}} \Rightarrow X_C = 0{,}20$$

Pressões parciais:

$$p_A = X_A \cdot p \Rightarrow p_A = 0{,}45 \cdot 13 \text{ atm} \Rightarrow p_A = 5{,}85 \text{ atm}$$
$$p_B = X_B \cdot p \Rightarrow p_B = 0{,}35 \cdot 13 \text{ atm} \Rightarrow p_B = 4{,}55 \text{ atm}$$
$$p_C = X_C \cdot p \Rightarrow p_C = 0{,}20 \cdot 13 \text{ atm} \Rightarrow p_C = 2{,}60 \text{ atm}$$

46. a) $d_A = \dfrac{m_A}{V} = \dfrac{43{,}5 \text{ g}}{32 \text{ L}} = 1{,}36 \text{ g} \cdot \text{L}^{-1}$

$$d_B = \frac{m_B}{V} = \frac{13{,}5 \text{ g}}{32 \text{ L}} = 0{,}42 \text{ g} \cdot \text{L}^{-1}$$

$$d_C = \frac{m_C}{V} = \frac{22 \text{ g}}{32 \text{ L}} = 0{,}69 \text{ g} \cdot \text{L}^{-1}$$

b) • A e B

$$d_{rel} = \frac{d_A}{d_B} = \frac{1{,}36 \text{ g} \cdot \text{L}^{-1}}{0{,}42 \text{ g} \cdot \text{L}^{-1}} = 3{,}24$$

• B e C

$$d_{rel} = \frac{d_B}{d_C} = \frac{0{,}42 \text{ g} \cdot \text{L}^{-1}}{0{,}69 \text{ g} \cdot \text{L}^{-1}} = 0{,}61$$

• A e C

$$d_{rel} = \frac{d_A}{d_C} = \frac{1{,}36 \text{ g} \cdot \text{L}^{-1}}{0{,}69 \text{ g} \cdot \text{L}^{-1}} = 1{,}97$$

47. a

48. O gás A apresenta a maior massa molar, pois ele tem menor velocidade de efusão.

49. b

50. A molécula de O_2 é mais rápida que a de Xe porque sua massa molar é menor. Tem-se, portanto:

$$\frac{v_{Xe}}{v_{O_2}} = \sqrt{\frac{M_{O_2}}{M_{Xe}}} = \sqrt{\frac{32 \text{ g} \cdot \text{mol}^{-1}}{131 \text{ g} \cdot \text{mol}^{-1}}} = 0{,}49$$

51. c

52. a

Vestibular e Enem (p. 352)

53. a

54. b

55. a

56. c

57. c

58. d

59. 20 atm

60. a

61. (02) + (08) + (16) = 26

62. a

63. d

64. a) $2 C_2H_2 + 5 O_2 \longrightarrow 4 CO_2 + 2 H_2O$

b) Os dois cilindros contêm o mesmo número de mols de moléculas, uma vez que se encontram nas mesmas condições de pressão, temperatura e volume. Como o O_2 tem massa molar maior que a do N_2, o cilindro com O_2 deverá ter maior massa (o ar atmosférico tem cerca de 78% de N_2 e 21% de O_2).

c) O cilindro que contém somente O_2 poderá gerar uma queima de maior quantidade de acetileno por intervalo de tempo determinado. Nesse mesmo intervalo, a massa de acetileno que poderá ser queimada usando o oxigênio do ar como comburente (lembrando que nesse caso O_2 é só 21% da mistura) será menor, gerando menos calor e menor aumento de temperatura nas substâncias gasosas que estão sendo aquecidas.

65. b

66. Densidade interna do gás, $d_{int} = 0{,}915 \text{ g} \cdot \text{L}^{-1}$

Densidade externa do gás, $d_{ext} = 1{,}15 \text{ g} \cdot \text{L}^{-1}$

Como d_{int} é menor, ele vai flutuar.

67. c

68. c

69. V – F – V – V – F

70. b

71. a

72. d

Capítulo 19

Atividades (p. 364)

2. $C_4H_6O_4$

3. C_8H_8

4. a) 34,0 g   b) 82,4% de N e 17,6% de H.

5. 1,13 g de oxigênio.

6. 86,6 g e 86,6%

7. 77,77% de C, 11,80% de H e 10,43% de O.

8. 57,14% de C, 6,12% de H, 9,52% de N e 27,21% de O.

9. PCl_5

10. $C_5H_{14}N_2$

11. $x = 7$

Atividades (p. 368)

12. a) 30 mol   b) 15 mol

13. $C(s) + \frac{1}{2} O_2(g) \longrightarrow CO(g)$

a) 2 mol

b) 32 g

14. $C_7H_6O_3 = 38{,}3 \text{ g}$

$C_4H_6O_3 = 28{,}3 \text{ g}$

15. 2,46 L

16. a) 10 L   b) 0,5 mol

17. a) $CaCO_3 + 2 HCl \longrightarrow CaCl_2 + CO_2 + H_2O$

b) 27,75 g   c) 0,25 mol   d) 0,25 mol e 6,11 L

18. a) $2 C_4H_{10} + 13 O_2 \longrightarrow 8 CO_2 + 10 H_2O$

b) 2 510 L   c) 1,55 kg   d) 3,03 kg

19. a) Quando 2 mol de gás cloro reagem com 5 mol de gás oxigênio, há formação de 2 mol de pentóxido de dicloro.

b) 50 L   c) 0,82 mol   d) 123,5 g

20. $CaCO_3 \longrightarrow CaO + CO_2$

a) 400 g   b) 176 g   c) 164 L

Questões globais (p. 370)

21.

Reação:	A	+	B	→	C	+	D
Experimento 1	16 g		64 g		44 g		36 g
Experimento 2	8 g		32 g		22 g		18 g
Experimento 3	40 g		128 g		88 g		72 g
Experimento 4	24 g		100 g		66 g		54 g

22. a) 635 g de cobre e 160 g de oxigênio.

b) 140 g de nitrogênio e 30 g de hidrogênio.

23. SO_2

24. $x = 1$ e $y = 2$.

25. FeS_2

26. a) 52,17% de C, 13,04% de H e 34,78% de O.

b) $C_2H_6O + 3 O_2 \longrightarrow 2 CO_2 + 3 H_2O$

c) 48 kg   d) 49 200 L

27. $x = 5$ e 36,1% de água de cristalização, em massa.

28.

Reação:	A	+	B	→	C	
Experimento 1	1 L		3 L		2 L	não sobra reagente
Experimento 2	15 L		45 L		30 L	não sobra reagente
Experimento 3	15 L		30 L		20 L	Excesso de 5 L de A
Experimento 4	15 L		50 L		30 L	Excesso de 5 L de B

29. a) $Fe(s) + H_2SO_4(aq) \longrightarrow FeSO_4(aq) + H_2(g)$

b) 2 280 g   c) 367 L

30. a) 1 000 g   b) 1 360 g

31. a) 87,5 mol

b) 20,0 mol

c) 500 L

d) $6{,}0 \times 10^{24}$ moléculas de água

Vestibular e Enem (p. 373)

32. d

33. b

34. a

35. d

Respostas dos exercícios

36. e

37. Fórmula mínima: C_5H_7N. Fórmula molecular: $C_{10}H_{14}N_2$.

38. b

39. a) N_2O_5. Quantidade de matéria de cada elemento presente em 100 g do óxido:

N: $\dfrac{25,9 \text{ g}}{14 \text{ g} \cdot \text{mol}^{-1}} = 1,85$ mol

O: $\dfrac{74,1 \text{ g}}{16 \text{ g} \cdot \text{mol}^{-1}} = 4,63$ mol

Dividindo pela menor quantidade de matéria, temos:

N: $\dfrac{1,85}{1,85} = 1$

O: $\dfrac{4,63}{1,85} = 2,5$

A proporção 1 para 2,5 corresponde a 2 para 5. Fórmula empírica: N_2O_5.

b) É um óxido molecular, pois apresenta apenas ligações covalentes entre seus átomos.

c) $N_2O_5 + H_2O \longrightarrow 2 HNO_3$

40. a) Reagentes e produtos:

1ª exp: 5 g de mercúrio + 0,8 g de enxofre = 5,8 g de produto.

2ª exp: 10 g de mercúrio + 1,6 g de enxofre = 11,6 g de produto.

Existe conservação das massas. Logo, a Lei de Lavoisier é obedecida.

Como as massas são diretamente proporcionais, concluímos que a Lei de Proust é obedecida:

$\dfrac{5 \text{ g}}{10 \text{ g}} = \dfrac{0,8 \text{ g}}{1,6 \text{ g}} = \dfrac{5,8 \text{ g}}{11,6 \text{ g}}$

b) Quantidade de matéria de mercúrio:

$n = \dfrac{m}{M} = \dfrac{5 \text{ g}}{200 \text{ g}} \cdot \text{mol}^{-1} = 0,025$ mol

Quantidade de matéria de enxofre:

$n = \dfrac{m}{M} = \dfrac{0,8 \text{ g}}{32 \text{ g}} \cdot \text{mol}^{-1} = 0,025$ mol

A proporção 0,025 para 0,025 corresponde a 1 para 1. Portanto, a fórmula do composto formado é HgS.

41. a) $2 LiOH (s) + CO_2 (g) \longrightarrow Li_2CO_3 (aq) + H_2O (\ell)$

b) 1,2 kg

42. c

43. c

44. a) $C_2H_2O_4$

b) $CO_2 + NaOH \rightarrow NaHCO_3$

45. d

46. a

47. a

48. b

49. a

50. b

51. b

52. b

Capítulo 20

Atividades (p. 381)

4. 12,5 L

5. 18,5 g

6. a) Não.

b) 112,5 g

c) Sim, há 86,25 g de NH_3 em excesso.

7. a) $Zn(s) + H_2SO_4(aq) \rightarrow ZnSO_4(aq) + H_2(g)$

b) H_2SO_4

c) 12,3 L

8. a) 5,1 kg

b) 30 mol

c) $5,4 \times 10^{25}$ moléculas

d) 2,19 kg

e) 300 g

9. 2 550 g

10. a) 8,75 L

b) 44,1 g

11. 70%

12. 80%

Questões globais (p. 383)

13. a) $2 H_2 (g) + O_2 (g) \longrightarrow 2 H_2O (g)$

b) Oxigênio

c) Hidrogênio

d) 2 L

14. 60%

15. a) $4 FeS_2 (s) + 11 O_2 (g) \longrightarrow 8 SO_2 (g) + 2 Fe_2O_3 (s)$

b) 2,25 t

16. 60% de Mg e 40% de O

17. a) $C_8H_{18} + \dfrac{25}{2} O_2 \longrightarrow 8 CO_2 + 9 H_2O$

b) 88,93 kg

c) 101,05 kg

18. a) 177,8 kg

b) $3,1 \times 10^5$ L

19. a) $Pb(NO_3)_2 (aq) + 2 KI (aq) \longrightarrow PbI_2 (s) + 2 KNO_3 (aq)$

b) 1 mol de $Pb(NO_3)_2$ —— 2 mol de KI

331 g —— 332 g

6,62 g —— x

x = 6,64 g

Portanto, o KI está em excesso.

c) 110,8 % e 85,0 %.

O rendimento foi superior na primeira medida porque, além do sólido, havia água.

20. 88,4%

Vestibular e Enem (p. 386)

21. b

22. 43 g

23. 537,6 L. Carbonato de potássio e sulfeto de potássio.

24. d

25. d

26. c

27. c

28. a) 963 kg

b) C e CO.

c) $CO_2 + H_2O \longrightarrow H_2CO_3$

29. a) A fluoroapatita, $Ca_5(PO_4)_3F$, é o reagente limitante da reação.

b) 29,41 g

30. a) 8,5 g

b) Sim, existe excesso de gás hidrogênio, que pode ser calculado da seguinte maneira:

$m_{excesso} = 3 - 1,5 = 1,5$ g de H_2.

31. b

32. d

33. c

34. e

35. e

36. c

37. c

38. b

39. b

40. c

Referências bibliográficas

AMBROGI, A. *Misturas e substâncias*. São Paulo: Hamburg, 1986.

ATKINS, Peter W. *Moléculas*. São Paulo: Edusp, 2000.

_____. JONES, Loretta. *Princípios de Química*: questionando a vida moderna e o meio ambiente. 5. ed. Porto Alegre: Bookman, 2011.

BRADY, J. E.; SENESE, F. *Chemistry*: matter and its changes. 4. ed. Hoboken: John Wiley, 2004.

BRODY D. E.; BRODY, A. R. *As sete maiores descobertas científicas da História*. São Paulo: Cia. das Letras, 2000.

BROWN, T. L. et al. *Química – a Ciência central*. São Paulo: Pearson/Prentice Hall, 2005.

CANTO, E. L. *Minerais, minérios, metais*. De onde vêm? Para onde vão? São Paulo: Moderna, 1996.

CHASSOT, A. *A ciência através dos tempos*. São Paulo: Moderna, 2003.

EMSLEY, J. *Moléculas em exposição*. São Paulo: Edgard Blücher, 2001.

FARIAS, Robson F. *História da Química*. Campinas: Átomo, 2003.

GIESCRECHT, E. *Experiências de Química*: técnicas e conceitos básicos. São Paulo: Moderna, 1982. (Projetos de Ensino de Química).

GOLDSMITH, B. *Gênio obsessivo*: o mundo interior de Marie Curie. São Paulo: Companhia das Letras, 2006.

GRUPO DE PESQUISA em Educação Química (GEPEQ). *Interações e transformações I*. São Paulo: Edusp, 2005.

_____. *Química e sobrevivência*. São Paulo: Edusp, 2005.

GRUPO PEQS. *Química na sociedade*: projeto de ensino de Química em um contexto social. Brasília: UnB, 2000.

KOTZ, J.; TREICHEL Jr., P. *Química geral e reações químicas*. São Paulo: Thomson, 2005. v. 1.

_____. *Química geral e reações químicas*. São Paulo: Thomson, 2005. v. 2.

LEE, J. D. *Química inorgânica não tão concisa*. São Paulo: Edgard Blücher, 1999.

LIDE, David R. *CRC handbook of Chemistry and Physics*. Internet version (87th edition). CRC-Press. Taylor and Francis Group. Florida: Boca Raton, 2007.

ROBERTS, Royston M. *Descobertas acidentais em Ciências*. Campinas: Papirus, 1993.

SHRIVER, D. F.; ATKINS, P. W.; LANGFORD, C. H. *Inorganic Chemistry*. 2. ed. Oxford: Oxford University Press, 1994.

SNYDER, C. H. *The extraordinary chemistry of ordinary things*. Newark: John Wiley & Sons. 3. ed. 1997.

Siglas de universidades

Acafe-SC	Associação Catarinense das Fundações Educacionais
Cefet-CE	Centro Federal de Educação Tecnológica do Ceará
Cefet-MG	Centro Federal de Educação Tecnológica de Minas Gerais
Cesgranrio-RJ	Centro de Seleção de Candidatos ao Ensino Superior do Grande Rio
Enem	Exame Nacional do Ensino Médio
Fatec-SP	Faculdade de Tecnologia de São Paulo
FGV-RJ	Fundação Getúlio Vargas
FGV-SP	Fundação Getúlio Vargas
Fuvest-SP	Fundação Universitária para o Vestibular
IFBA	Instituto Federal de Educação, Ciência e Tecnologia da Bahia
IFMG	Instituto Federal de Educação, Ciência e Tecnologia de Minas Gerais
IFMT	Instituto Federal de Educação, Ciência e Tecnologia de Mato Grosso
IFNMG	Instituto Federal de Educação, Ciência e Tecnologia do Norte de Minas Gerais
Ifro	Instituto Federal de Educação, Ciência e Tecnologia de Rondônia
ITA-SP	Instituto Tecnológico de Aeronáutica
Mackenzie-SP	Universidade Presbiteriana Mackenzie
PUC-Campinas-SP	Pontifícia Universidade Católica de Campinas
PUC-MG	Pontifícia Universidade Católica de Minas Gerais
PUC-PR	Pontifícia Universidade Católica do Paraná
PUC-RJ	Pontifícia Universidade Católica do Rio de Janeiro
PUC-RS	Pontifícia Universidade Católica do Rio Grande do Sul
PUC-SP	Pontifícia Universidade Católica de São Paulo
UCSal-BA	Universidade Católica de Salvador
UEA-AM	Universidade do Estado do Amazonas
Uece	Universidade Estadual do Ceará
UEG-GO	Universidade Estadual de Goiás
UEL-PR	Universidade Estadual de Londrina
UEM-PR	Universidade Estadual de Maringá
Uepa	Universidade Estadual do Paraná
UEPG-PR	Universidade Estadual de Ponta Grossa
Uerj	Universidade Estadual do Rio de Janeiro
Uern	Universidade do Estado do Rio Grande do Norte
Uesc-BA	Universidade Estadual de Santa Cruz
Uespi	Universidade Estadual do Piauí
Ufal	Universidade Federal de Alagoas
Ufam	Universidade Federal do Amazonas
UFC-CE	Universidade Federal do Ceará
UFCG-PB	Universidade Federal de Campina Grande
Ufes	Universidade Federal do Espírito Santo
UFF-RJ	Universidade Federal Fluminense
UFG-GO	Universidade Federal de Goiás
UFJF-MG	Universidade Federal de Juiz de Fora
Ufla-MG	Universidade Federal de Lavras
UFMG	Universidade Federal de Minas Gerais
UFMS	Universidade Federal de Mato Grosso do Sul
UFPA	Universidade Federal do Pará
UFPB	Universidade Federal da Paraíba
UFPE	Universidade Federal de Pernambuco
UFPel-RS	Universidade Federal de Pelotas
UFPI	Universidade Federal do Piauí
UFPR	Universidade Federal do Paraná
UFRGS-RS	Universidade Federal do Rio Grande do Sul
UFRJ	Universidade Federal do Rio de Janeiro
UFRN	Universidade Federal do Rio Grande do Norte
UFRR	Universidade Federal de Roraima
UFSC	Universidade Federal de Santa Catarina
UFSCar-SP	Universidade Federal de São Carlos
UFSJ-MG	Universidade Federal de São João Del-Rei
UFSM-RS	Universidade Federal de Santa Maria
UFTM-MG	Universidade Federal do Triângulo Mineiro
UFT-TO	Universidade Federal do Tocantins
UFU-MG	Universidade Federal de Uberlândia
UFV-MG	Universidade Federal de Viçosa
UnB-DF	Universidade de Brasília
Uneb-BA	Universidade do Estado da Bahia
Unemat-MT	Universidade do Estado de Mato Grosso
Unesp	Universidade Estadual Paulista Júlio de Mesquita Filho
Unicamp-SP	Universidade Estadual de Campinas
Unifal-MG	Universidade Federal de Alfenas
Unifesp	Universidade Federal de São Paulo
Unirio-RJ	Universidade do Rio de Janeiro
Univali-SC	Universidade do Vale do Itajaí
UPE	Universidade de Pernambuco
UPF-RS	Universidade de Passo Fundo
UTFPR	Universidade Tecnológica Federal do Paraná
UVA-CE	Universidade Estadual Vale do Acaraú
Vunesp	Fundação para o Vestibular da Universidade Estadual Paulista